총회 100년
한국장로교회 회고와 전망

박용규 · 이은선 편

한국기독교사연구소
The Korea Institute of Christian History
KICH

총회 100년, 한국장로교회 회고와 전망

2014년 8월 15일 1판 1쇄 인쇄
2014년 8월 15일 1판 1쇄 발행

지은이: 공저
편　집: 박용규 이은선
펴낸이: 박용규
펴낸 곳: 한국기독교사연구소
등　록: 2005. 10. 5. 등록 제 25100-2005-212호
주　소: 122-8 서울 마포구 합정동 376-32
전　화: 070-8235-1963, (02) 3141-1964
이 메일: kich-seoul@hanmail.net

기　획: 한국기독교사연구소
표지디자인: 김은경
내지디자인: 조희원
교열 교정: 이영식
인　쇄: 아람 P&B

ISBN 978-89-967810-3-5

이 도서의 국립중앙도서관 출판예정도서목록(CIP)은 서지정보유통지원시스템 홈페이지(http://seoji.nl.go.kr)와 국가자료공동목록시스템(http://www.nl.go.kr/kolisnet)에서 이용하실 수 있습니다.(CIP제어번호: CIP2014020076)

총회 100년

한국장로교회 회고와 전망

박용규 · 이은선 편

머리말

주지하듯이 1912년 9월 한국장로교 총회가 결성되었다. 1907년 독노회가 조직된 지 불과 5년 만에 총회가 조직된 것은 전 세계에서 찾기 힘든 놀라운 역사다. 그로부터 정확히 100년의 세월이 지난 2012년 9월 한국장로교는 총회 설립 100주년을 맞았다. 거의 모든 장로교 교단들이 100주년 행사를 가졌고 신학계 일각에서도 지난 100년의 한국장로교 역사를 평가하며 앞으로의 방향을 모색해야 한다는 움직임이 일기 시작했다. 100주년 행사가 외형적인 행사로 그치지 말고 지난 100년의 한국장로교 역사를 회고하고 앞으로를 전망하는 것은 시대적 사명이다.

여러 장로교 계통의 신학교에서 교수로 사역하고 있는 국내외 신학교수들 14명이 동참한 가운데 한국기독교사연구소 (소장 박용규)가 주최가 되어 2012년 5월 양재동 교육문화회관에서 1박 2일 동안 심포지엄을 개최하였다. 안양대학교 이은선 교수, 성서대학교 조현진 교수, 고신대학교 이상규 교수, 토론토대학교 유영식 교수, 전 고신대학교 총장 전호진 교수, 총신대학교 신대원 박용규 교수, 한국기독교사연구소 이영식 실장, 한국기독교 역사연구소 김승태 목사, 한신대학교 연규홍 교수, 장신대학교 임희국 교수, 총신대학교 홍치모 교수, 전 합동신학대학원대학교 총장 김명혁 교수, 경동교회 박종화 목사, 총신대학교 성남용 교수, 고신대학교 양낙흥 교수, 그리고 백석대학교 주도홍 교수가 참여했다. 이중 전호진 교수와 홍치모 교수를 제외하고 14명의 교수들은 1박 2일 동안 숙박을 같이하며 처음부터 심포지엄을 함께했다.

이승구 교수와 허문영 교수의 옥고가 실리게 된 것도 감사한 일이다. 각 교수들은 성실하게 준비해온 주제 논문을 발표하고 참석자들이 질문하는 형식을 거치며 그동안의 연구를 공유하고 토론하는 시간을 가졌다.

이 일에 동참한 교수들은 국내외 유수한 신학대학교에서 학위를 마친 주로 대한예수교장로회 통합 합동 고신 기장 합신 개혁 등 현재 한국장로교 주류 교단으로 평가 받고 있는 장신 총신 고신 한신 합신 백석을 비롯한 여러 신학대학교나 신학대학원에서 교회사와 선교학을 가르치는 학자들이다. 한국장로교회가 사분오열된 오늘날 교단을 초월하여 진보와 보수를 넘어 한국장로교의 지난 100년의 역사를 함께 조명하는 심포지엄을 개최한 것은 매우 의미가 있다. 모인 이들 모두는 각자의 생각과 의견이 무엇인지 서로의 입장을 들을 수 있는 기회를 가졌고, 발표자는 다른 입장의 교수들의 의견을 피드백으로 듣는 시간을 가졌다. 끝없는 분열로 치달았던 지난 한국장로교의 부끄러운 분열의 역사를 반성하면서 일치와 연합의 가능성을 진지하게 논의하는 시간도 가졌다.

심포지엄이 끝난 후 각 교수들은 자신들의 원고를 다듬고 정리하는 시간을 가졌으며, 이런 과정을 거쳐 편집 책임을 맡은 박용규 교수와 이은선 교수가 중심이 되어 수정된 원고들을 역사적으로, 주제별로 정리하며 한권의 책으로 내놓게 되었다.

한 가지 언급하고 싶은 것은 이 일에 동참한 교수들이 한국장로교를 대변하는 것도 대표하는 것도 결코 아니라는 사실이다. 그럴 의도도 그런 의향에서 시작된 심포지엄도 아니다. 누군가 이 일을 해야 한다는 작은 시대적 소명이 이 일을 시작하는 출발 동기였고, 성령 하나님께서 크신 은혜를 베풀어 주셔서 가능했다. 때문에 교단과 소속 신학교가 달랐고 신학적 입장도 상호 차이가 있었지만 공동의 주제를 가지고 전체 한국교회를 함께 고민하고 논의할 수 있는 장을 가질 수 있었다. 동참한 교수들은 한국장로교 형성에 결정적인 역할을 한 칼빈과 낙스의 유산은 물론 미국 캐나다 호주 장로교의 역사와 신앙적 전통을 다시 진지하게 살펴보는 시간을 가졌다. 이어 참석자들은 일제 강점기 한국장로교를 논의하면서는 한국장로교의 신사참배 동참에 대한 깊은 자성의 시간을, 1960년대 이후 한국장로교 역사를 고찰하면서는 진보적인 교단에서는 보수 측 장로교 교단에서 한국교회성장과 해외선교발전에 이룩한 공헌을, 보수적인 교단에서는 진보주의 측 장로교 교단에서 한국의 민주주의 발전에 이룩한 공헌을 인정하고 상호 격려하며 존중해야 한다는 데도 인식을 같이했다. 그리고 신학적 입장이 달라도 한국장로교회가 통일의 문제를 깊이 함께 논의하며 준비해야 한다는데도 의견의 일치를 보았다.

무엇보다도 한국장로교회가 역사적 개혁주의, 역사적 칼빈주의 유산을 소중하게 계승하면서도 과거 청교도들이 사회 문화와 민족을 선도하는 역할을 감당했던 것처럼 대 사회적 책임을 충실하게 감당하는 교회로 지어져 가야 한다는 사실도 깊이 인식했다.

연구소 배후에서 드러나지 않고 지원을 아끼지 않은 김인덕과 이 책이 완성되기까지 헌신적으로 편집과 교정 실무를 담당한 한국기독교사연구소 이영식 실장과 조희원 간사, 아름다운 표지를 디자인해 준 김은경 자매, 그리고 재정지원을 해준 삼광교회와 성남용 목사에게 감사한다.

총회 설립 이후 지난 100년 동안 한국장로교를 인도하시고 축복하신 하나님께서 앞으로 이 땅의 교회를 더욱 견고하게 세우시고 성장케 하시길 간절히 기도하며 그 동안 이 작은 일에 기꺼이 동참한 교수님들과 목사님들에게 깊이 감사드리며 모든 영광을 하나님께 올려드린다.

2014년 6월 3일

박용규 (총신대 신학대학원 교수, 한국기독교사연구소 소장)
이은선 (안양대학교 교수)

목 차

제 3부 한국장로교 분열의 배경

제 4부 한국장로교의 평가와 전망

제 1부
한국장로교의 역사적 배경

1장 장로교의 기원과 역사적 발전/ **이은선 교수**

2장 총회 전 미국장로교의 형성·조직·성격/ **조현진 교수**

3장 총회 후 미국장로교의 발전·영향·성격/ **조현진 교수**

4장 호주 장로교의 역사와 전통/ **이상규 교수**

5장 캐나다 장로교와 한국선교 개략/ **유영식 교수**

제 1장
장로교의 기원과 역사적 발전

> 존 칼빈이 제네바 교회 개혁 과정에서 장로교 설립의 기원을 이룬 것은 다음의 세 가지 사항이다. 첫째는 장로교의 4중 직제를 교회법을 통하여 확실하게 정착시켰다. ... 둘째로 목사와 장로로 구성된 장로법원을 구성하였다. ... 셋째로 칼빈은 츠빙글리와 달리 장로법원의 법제화와 효율적인 운영을 통하여 행정관리들의 치리권과 구별되는 교회의 영적 치리권을 확립하였다.
>
> 이은선 교수(안양대학교 기독교문화학)

2012년은 한국장로교 총회가 조직된 지 100년이 되는 해이다. 한국장로교 총회가 100주년을 맞이하면서 한국장로교회의 뿌리가 되는 세계장로교회의 기원이 무엇인지 고찰해 보는 것은 매우 의미가 있는 일이다. 한국 장로교회가 총회 조직 100주년을 맞이하여 현재 당면하고 있는 여러 가지 문제들을 해결하면서 한 단계 더 성숙하기 위해서는 과거의 뿌리를 깊이 성찰하는 작업이 필요하다고 판단된다.

교회 역사에서 장로교 정치제도가 재건하여 정착된 곳은 칼빈이 종교개혁을 추진하였던 제네바 교회였다. 칼빈은 제네바에서 종교개혁을 시행하는 과정에서 가장 성경적이면서 교회개혁의 목적을 수행하기에 합당한 교회정치제도로서 장로교 정치제도를 추구하였다. 칼빈은 장로교 정치제도를 수립하면서 그 이전의 개혁자들의 영향을 받았다. 칼빈에게 영향을 미쳤던 인물들은 바젤에서 종교개혁을 추진했던 외콜람파디우스와 스트라스부르크의 마틴 부처였다. 물론 개신교의 교회정치제도가 형성되는데 루터와 츠빙글리도 영향을 미쳤고, 그 이전의 개혁자들도 영향을 미쳤다.

1. 루터의 만인제사장의 원리

루터는 종교개혁을 추진하면서 로마가톨릭교회의 성직자 계급제도와 가장 대비되는 만인제사장주의를 주장하였다. 로마가톨릭교회는 평신도와 성직자를 성속의 계급으로 나누었을 뿐만 아니라, 같은 성직자들 안에서도 계급을 두었다. 그러나 루터는 이신칭의를 근본원리로 삼아 종교개혁을 추진하면서 믿음으로 구원받은 신자들은 모두 제사장이 되어 하나님 앞에 나아갈 수 있기 때문에 성속의 계급적 구분과 성직자들 사이의 계급을 부인하고, 모두가 동일한 구원받은 성도의 신분을 가진다고 주장하였다. 그러므로 루터의 만인제사장의 원리는 개신교 모든 정치제도의 가장 근본적인 원리이다. 따라서 목사와 평신도들은 신분이나 계급이 다른 것이 아니라 하나님께 맡은 직분이 달라서 구별된다.

루터는 종교개혁을 추진하면서 만인제사장의 원리에 따라 평신도인 독일 귀족들에게 교회개혁활동을 담당하도록 요구하였으나, 평신도들이 교회 행정에 참여할 수 있는 구체적인 직제 마련하지 못하였다. 그래서 교회의 치리는 "아우구스부르그 신조의 변증서"와 "교황의 수위와 수위권에 관한 눈서"에 따르면 감독들과 목사들이 담당하도록 되어 있었다.[1)]

2. 츠빙글리의 시의회 치리권 시행

그런데 츠빙글리는 취리히에서 종교개혁을 추진하면서 성도들에 대한 치리권을 시의회에 맡겼다. 츠빙글리는 교회와 국가를 하나님의 주권 하에 있는 하나의 기구라고 이해하였고, 따라서 목사는 영적 사역인 말씀과 성례의 집행을 담당하고, 교회 정치와 치리는 시의회 의원들(seniores)에게 맡겼다. 그는 시의회의 의원들이 초대교회의 장로들과 동등하다고 보았다. 츠빙글리는 시의회와 목사들과의 협력 하에 치리를 할 필요성을 느껴 1525년 5월에는 목사 2명과 시의회 대표 4명으로 구성된 '결혼 법정'(marriage court)을 구성하였고, 다음

1 "아우구스불그 신앙고백 변증서(1531)," 『신앙고백서: 〈루터교 신앙고백집〉』, 지원용역(서울: 컨콜디아사, 1988), 257; "교황의 수위와 수위권에 관한 문서," 『신앙고백서』, 311.

해에는 '도덕 법정'으로 확대되었다.[2] 그러나 츠빙글리는 치리를 교회의 고유한 임무라고 생각하지 않았고 시의회와의 협력 하에서 처리하였다. 취리히에서 결혼법정은 관리들이 주도하는 법정으로 결혼뿐만 아니라 세례 기록과 파문 등의 치리를 담당하였다.[3] 츠빙글리는 1529년 12월에 열린 프라우엔펠드 회의(Frauenfeld Synod)에서 재세례파가 주장하는 성도의 출교에 관한 교회의 자율권에 대하여 반대하면서 교회는 시의회의 동의 없이 누구도 출교할 수 없다고 말했다.

3. 외콜람파디우스의 장로들의 치리권 주장

츠빙글리와 달리 종교개혁의 신앙의 새로운 도덕 질서 확립을 교회의 고유한 권한이라고 생각하고 이를 위해 장로 제도를 두려고 생각했던 첫 번째 인물이 바젤의 종교개혁에 가담하였던 외콜람파디우스였다. 바젤은 1529년 4월에 종교개혁에 가담하면서 종교개혁법(Reformationsordnung)을 제정했는데, 이 법에서 파문권이 교구 목사들과 집사들에게 주어졌다. 그러자 바젤의 관리들은 성직자들이 치리권을 독점하는 것에 반대하였다. 그는 이러한 반대를 극복하고자 치리를 담당하는 위원회에 4명의 목회자와 함께 4명의 시의회 의원과 4명의 평신도를 포함시켜 12명으로 구성하는 안을 제안하였다. 그는 이 위원회에 시의원과 평신도들을 참여시키는 선례를 초대교회의 장로들(seniores or presbyteroi)에서 찾았다. 그는 츠빙글리와 달리 교회의 치리권은 시의회가 아닌 교회가 관장해야 한다고 주장하였다. 그는 이 문제를 두고 츠빙글리와 논쟁을 하였으나 해결을 보지 못하였다. 그러나 바젤의 시의회는 그의 제안에

---

2 Lukas Visher, "The Office of the Elders," in *The Ministry of the Elders in the Reformed Churches: Papers Presented at a Consultation held in Geneva in August 1990 (Berne: Evangelische Arbeitsstelle Oekumene Schweiz, 1992, 23-25; Pieter Spierenburg, Herman Roodenburg eds., Social Control in Europe 1500-1800* V. 1 (Ohio State University Press, 2004), 81-82.

3 Michael F. Graham, *The Use of Reform 'Godly Discipline' and Popular Behavior in Scotland and Beyond, 1560-1610* (E. J. Brill, 1996), 12.

반대하였고 그도 1531년에 사망하여 그의 계획은 실현되지 못하였다.[4]

4. 부처의 교리 감독을 위한 교회감독위원회 설치

부처는 스트라스부르크의 종교개혁에 가담하였는데, 교회뿐만 아니라 개인의 삶의 성화에 관심을 가지고 율법을 실천하고자 하였다. 그는 1527-8년경에도 완강한 죄인은 그의 삶을 고칠 때까지 사랑으로부터 공동체에서 배제되어야 한다고 주장하였다. 스트라스부르크에서 1529년 2월에 미사가 폐지되었고 8월에 도덕 규정이 공포되면서 12월에 결혼법정이 세워졌는데, 모든 치리권은 시 관리들에게 있었다. 이러한 상황에서 부처는 1530년에 치리 문제에 대하여 외콜람파디우스와 서신을 교환하였고 그 해 10월에는 바젤을 방문하였다. 부처는 이 만남을 통해 시 관리들로부터 독립된 교회 치리 기구의 필요성을 분명하게 깨닫게 되었다. 그는 1530년에 복음서 주석을 통해 박사, 목사, 통치자(장로), 그리고 집사의 4중 직제를 주장하였다.

부처는 1531년 울름에서 개혁을 시행할 때 치리시행을 위해 시 관리 3명, 회중 대표 3명, 목사 2명으로 구성된 위원회를 구성하도록 하였다.[5] 그는 이 위원회에서 시행하는 치리와 시 관리들이 시행하는 치리를 분명하게 구별하고자 하였다. 물론 울름에서 이러한 그의 제안은 채택되지 않았다.

부처는 그 후 스트라스부르크 시의회와의 협상을 통해 1531년 10월에 21명으로 구성된 교회관리인단(Kirchenpfleger)을 임명했는데, 이들의 역할은 초대교회의 장로들과 같았다. 이들은 7개 교구에서 시 관리 한명, 시의회 의원 한명, 평신도 1명씩을 선출하여 구성되었다.[6] 시 관리들은 교리의 통일과 상호

---

4 Graham, *The Use of Reform 'Godly Discipline' and Popular Behavior in Scotland and Beyond, 1560-1610*, 11-12.

5 W. van 't Spijker *The Ecclesiastical Offices int the Thought of Martin Bucer,* trans. John Vriend and Lyle D. Bierma (E. J. Brill, 1996), 192.

6 Jean Rott, "Strasbourg Kirchenpfleger and parish discipline: theory and practice," *Martin Bucer: Reforming Church and Community*, ed. D. F. Wright (Cambridge University Press, 1994), 123.

감찰의 실천의 수단들로 목회자들이 주변 목회자들과 매주에 한 번씩 만나도록 규정하였는데, 이러한 목회자들과 그들의 조력자들의 모임은 장래의 장로법정(consistory)의 원형인 셈인데, 부처가 사회를 보았다.[7] 교회관리인단은 처음에는 목회자들을 도와주는 역할을 했는데, 1534년 6월에 이르면 교인들의 생활을 관리하게 되었다. 그런데 시 관리들이 부처를 이 위원회의 사회자로 공식적으로 임명하고 1541년에 감독(superintendent)으로 임명하였다. 그는 1541년에 이러한 직책을 계급적인 것이 아니라 교회의 좋은 질서 확립을 위한 것으로 보아서 수용하였다.

그러나 이러한 교회관리위원회는 문제가 있는 사람들에 대한 권징권이 없었으므로, 부처는 스트라스부르그에서 1532년부터 치리관리 위원회 임명을 촉구하였으나 시행되지 않았다.[8] 부처와 목사들은 1535년에도 동일한 방향의 제안을 하였으나, 받아들여지지 않았고 오히려 교회 생활과 관련된 시 관리들의 권한은 계속해서 확대되었다.

칼빈은 1539년의 스트라스부르크 회의(synod)에 참석했는데, 여기서도 치리와 관련해서 확실한 진전은 이루어지지 않았다. 결국 부처의 교회의 독립된 치리권에 대한 요구는 시행되지 못하였다. 스트라스부르크에서 교회감독위원회에서 목사들의 교리에 대한 감독은 이루어졌으나, 성도들의 도덕적인 삶에 대한 교회의 감독권은 인정되지 않았다.

5. 칼빈의 장로교 제도의 정착

칼빈은 『기독교강요』 초판을 쓸 때 마태복음 18장 17-18절에 근거하여 교회의 치리의 필요성을 언급하는데, 이 치리권이 주교(감독)가 아니라 평신도를 포함한 교회에 있다고 말하지만, 누가 시행할 것인지에 대하여 구체적으로

---

7 Spijker *The Ecclesiastical Offices int the Thought of Martin Bucer*, 200,

8 Spijker *The Ecclesiastical Offices int the Thought of Martin Bucer*, 203.

언급하지 않았다.[9]

칼빈은 1537년 1월에 시의회에 "제네바 교회와 예배의 조직을 위한 조항들"을 제출하면서 이러한 치리를 위해 덕망있는 평신도를 감독자로 선출할 것을 처음으로 언급하였다.[10] 그 후 칼빈은 1537년에 작성된 제네바 신앙고백에서도 출교의 치리가 신자들 사이에 있어야 할 거룩하고 유익한 것이라고 언급할 뿐 누가 출교를 어떻게 시행할 것인지 언급하지 않았다. 이와 같이 제1차 제네바 개혁을 시행하는 동안 1537년까지 칼빈은 아직 장로의 직분을 알지도 못했고, 어떤 조직을 통해 치리를 시행할 것인지 구체적인 방안을 제시하지 못하였다.

그런데 칼빈은 1538년 제네바 1차 개혁활동에서 실패하여 제네바를 떠나서 스트라스부르그로 갔다. 그는 이 스트라스부르그에서 1541년까지 3년간 프랑스 피난민 목회를 하면서 이 도시의 개혁자인 부처의 많은 영향을 받게 되었다. 그는 1541년 9월에 제네바로 귀환하면서 시의회에게 교회법 제정을 요청하여 11월에 승인을 받았다. 칼빈은 이 교회법에서 장로교제도에 대한 중요한 두 가지 사항을 법제화하였다. 첫째는 장로교회의 가장 중요한 4중 직제이다. 칼빈은 기독교강요 초판에서 목사와 집사의 두 직제를 언급할 뿐 장로와 신학교수에 대해서는 언급하지 않았다. 그런데 귀환해서 만든 교회법에서는 이 네 가지 직제를 분명하게 언급하는 것을 볼 때에 부처를 비롯한 다른 개혁자들을 만나면서 교회의 이러한 4중 직제를 알게 되었던 것으로 보인다. 칼빈은 4직분에 대해 "우리 주님께서 그의 교회를 다스리기 위해 제정하신 직제는 4가지이다. 첫째는 목사요, 둘째는 교사요, 셋째는 장로요, 넷째는 집사이다."[11] 칼빈은 주께서 이러한 4가지 직분을 통해 교회를 다스리신다고 이해하였다.

칼빈은 이러한 4중 직제들 가운데 목사와 장로가 치리를 담당하도록 하였다. 칼빈은 이러한 4가지 직분 가운데 목사의 직분이 가장 본질적이고 중요한 것으로 보았다. 목사는 교회의 표지인 말씀의 선포와 성례의 시행과 함께 치리를 시행한다. "성경이 종종 장로와 사역자라고도 부르는 목사의 직무는 하나님의

---

9 John Calvin, *Institutes of the Christian Religion,* trans. Ford L. Battles (Grand Rapids: Eerdmans Publishing Company, 1975), V. 30.

10 J. K. S. Reid ed. Calvin: *Theological Treatises* (London: SCM Press LTD, 1954), 52.

11 J. K. S. Reid ed., Calvin: *Theological Treatises* (London: SCM Press LTD, 1954), 58.

말씀을 선포하고, 공적으로 그리고 사적으로 교육하고 훈계하며 권고하고 견책하며, 성례를 집례하고 장로와 동료목사들과 함께 형제애적 교정을 시행하는 것이다."[12]

칼빈은 목사의 중요한 세 가지 직무 가운데 하나가 바로 장로와 동료목사들과 함께 형제애적 교정을 시행하는 치리의 임무라고 보았다. 칼빈은 목사와 함께 장로가 이 치리의 임무를 시행하는 것으로 보았다. 그는 장로의 사명의 대해 다음과 같이 설명한다. "장로의 직무는 모든 성도의 삶을 감독하고, 그들이 잘못을 범하거나 무질서한 삶을 산다고 판단하는 사람들을 사랑으로 훈계하고 필요한 경우에는 그들 자신이, 그 다음에는 다른 이들과 협의하여 형제애적 교정을 시행하는 것이다."[13]

칼빈은 목사와 함께 치리를 담당하는 장로의 선출과 관련하여 당시의 교회의 상황과 관련하여 12명을 선정하는 것이 좋다고 보았다. 12명 가운데 2명은 소의회로부터, 4명은 60인회로부터, 6명은 200인회로부터 선출하는데, 목회자들과 시의회가 협력하여 선출하였다. 먼저 소의회가 후보자를 지명하여 목회자들과 상의한 후에 200인회의 승인을 받아 선출하였다.[14] 이렇게 선출된 장로들은 시의 각 구역에 배치되어 사람들의 삶을 관찰하였다.

칼빈은 둘째로 이러한 목사와 장로들이 매주 목요일마다 모여 장로법원(consistory)을 열어 필요한 교육과 상담을 하고 권징도 하도록 규정하였다. 이러한 장로법원에는 제네바의 모든 목사들과 12명의 장로들이 참여하였다. 칼빈이 이 장로법원을 통해 구현하고자 하였던 것은 외콜람파디우스와 부처가 실현하고자 했던 교회의 독립된 치리권이었다. 종교개혁이 일어난 후에 시의회가 치리권을 행사하도록 인정한 츠빙글리의 입장이 대부분의 자치도시의 종교개혁에서 채택되어 외콜라파디우스와 부처가 교회의 독립된 치리권을 행사하고자 하였으나 바젤과 스트라스부르크 시 관리들은 허용하지 않았다. 칼빈은 1537년에부터 평신도 지도자를 세워 치리를 하고자 하는 자신의 계획을 가지고 있었는데, 스트라스부르크에서 사역하는 동안에 부처의 독립된 치리권의

12 J. K. S. Reid ed., *Calvin: Theological Treatises*, 58.

13 J. K. S. Reid ed., *Calvin: Theological Treatises,* 63.

14 J. K. S. Reid ed., *Calvin: Theological Treatises,* 63-4.

주장을 알게 되어 더욱 실천에 옮기고자 하였다. 제네바에서도 칼빈의 이러한 계획은 시 관리들과 충돌을 일으켰으나, 칼빈은 프랑스 출신의 우수한 목사들을 영입하여 의견의 일치 속에 자신의 지도력을 따라 개혁활동을 하려는 목사회를 구축하였고, 자신의 개혁을 지지하는 장로들을 세워 자신의 개혁의 비전을 실현하여 나갔다. 이러한 목사들과 장로들의 모임인 장로법원(consistoire)이 부처가 생각했던 교육, 상담, 치리의 목양의 사명을 잘 감당하여 1555년경에 이르면 시 관리들의 반대를 극복하고 교회가 독립적인 영적인 치리권을 확보하게 되었다.[15]

이러한 장로법원이란 용어가 1541년의 교회법에서는 결혼과 관련하여 사용되었고, 목사와 장로들의 모임에 대해서 이 용어가 사용되지는 않았다. 원래 이 용어는 중세 때 추기경단을 가리키는 용어였으나, 칼빈은 교회의 치리 담당자들의 모임이란 의미로 사용한 것으로 보인다.[16] 이러한 목사와 장로의 모임을 장로법원이라는 명칭을 사용한 것은 1561년의 제네바 개정교회법인 것으로 보인다.[17]

세 번째 직제인 집사에 대해 칼빈은 초대 교회에 구제에 필요한 자금을 조달하는 집사와 직접 봉사를 담당하는 집사가 있었는데, 당시 제네바에 그에 상응하여 4명의 재정담당집사(procurator)와 구빈원장(hospitaller, 봉사집사)이 있었으며, 이들의 선출 절차도 장로와 비슷하게 이루어졌다. 네 번째 직제인 교사는 신학교 교수들을 가리키며 올바른 교리를 정립하는 임무를 가지고 있었다.

칼빈은 이렇게 장로교회의 4중 직제를 제시하였는데, 그러면 그는 이러한 직제들의 성경적인 근거를 어떻게 제시하였는가? 칼빈은 기독교강요와 성경 주석을 통하여 각 직분의 성경적인 근거들은 분명하게 제시하였는데, 특히 장로에 대하여 어떠한 성경적 근거를 제시했는지를 검토해 보자.

---

15 William G. Naphy, *Calvin and the consolidation of the Genevan Reformation* (Manchester: Manchester University Press, 1994), 189.

16 송인설, "장로 직분의 역사적 발전과 신학적 전망," 『교회사학회지』 19 (2006), 222.

17 David W. Hall and Joseph H. Hall eds.,, *Paradigms in Polity* (Grand Rapids: Eerdmans Publishing Company, 1994), 147.

칼빈은 1541년 교회법의 제정을 요청한 후에 1543년의 기독교강요와 1545년의 성경 주석에서 로마서 12장 8절과 고전 12장 28절을 장로제도의 근거로 제시한다. 그가 장로제도의 근거로 삼는 성경 구절인 로마서 12장 8절의 다스림에 대해 기독교강요 초판에서는 세상 정치와 관련하여 논의하고 있다. 그는 다스림의 은사를 세상의 다스림과 교회의 다스림에서 동일하게 주어진 것으로 설명하고 있다. 왕들과 방백들의 다스림의 통치권은 하나님께서 정하신 것이었으며, 그리스도의 종들은 이 통치권을 교회의 건덕(aedificationem ecclesiae)에 사용해야 한다고 말한다. 여기서 칼빈은 로마서 12장 8절의 다스림을 교회만을 위한 것이 아니라 일반은총으로 주어진 것으로 설명하고 교회에서는 교회의 건덕을 위해 사용되어야 한다고 설명한다.

칼빈은 1539년의 기독교강요 2판에서는 로마서 12장 8절에 고전 12장 28절을 첨가하고 있다. 칼빈은 초대 교회의 공적 규율(publicae disciplinae)을 유지하며 주관하는 성실한 사람들의 회의를 '다스리는 것'이라고 말하여 다스리는 것이 공적 규율을 유지하는 것이라고 명확하게 설명하고 있다. 그러나 칼빈은 1539년까지는 로마서 12장 8절과 고전 12장 28절을 인용하고 있지만, 그가 여기서 강조하는 것은 세속통치의 통치권이 공정한 지배를 이루어야 한다는 것이었다.

칼빈은 1543년의 기독교강요에서는 이 다스리는 직분을 교회의 직제로 옮겨 논하면서 도덕적 견책과 권징을 시행하는 사람(censurae morum et exercendae disciplinae)이라고 말한다. 그는 에베소서 4장 11절에서는 말씀을 선포하는 직책만을 말하는데, 로마서 12장 7-8절과 고린도전서 12:28절에서 항존직으로 다스리는 것과 구제하는 직을 끌어낸다. 그는 위의 두 성경 구절을 인용하면서 장로를 위와 같이 해석하는 이유가 "다스리는 자는 부지런함으로 하라"(롬12:8)는 말을 다르게 해석할 수 없기 때문이라고 말한다. 그리고 처음부터 각 교회에 과오를 시정하는 장로회(senatum)가 있었다. 그러면서 칼빈은 이런 직분이 항존직이라는 것을 경험으로도 알 수 있다고 말한다.[18]

칼빈은 기독교 강요의 뒤 부분에서 교회의 재판권을 설명하면서 처음부터

---

18 *Institutes*(1543), VIII.42.

교회에 도덕을 바로잡고 죄악을 조사하여 열쇠의 직책을 수행하는 재판소가 설치되어 있었다고 설명한다. 그는 여기서도 다스리는 이 직분의 근거본문으로 고전 12장 28절과 로마서 12장 8절을 인용하는데, 이 다스리는 자들은 당시에 국가 관리 가운데 기독교인들이 없었으므로 국가관리가 아니라 목사들과 협력하여 교회의 영적 통치를 담당한 사람이라고 명시한다. 그리고 칼빈은 이러한 영적 통치를 담당한 사람이 목사와 구별된다는 것을 설명하기 위해 디모데전서 5장 17절을 인용한다. 그는 이 구절에 근거하여 이중 장로직(duplices presbyteros)이 있는데, 말씀에 수고하는 장로와 다스리기만 하는 장로가 있다고 설명한다. 이 둘째 장로는 도덕을 감독하고 열쇠의 권한을 사용하기 위해 세워진 사람이다.[19]

칼빈은 1541년 제네바 교회법에서 4중 직제를 세우고, 장로 제도를 도입했는데, 교회헌법에서는 그 구체적인 근거를 제시하지는 않았다. 그런데 1543년 기독교강요에 이르면 장로제도에 대한 성경적인 근거를 분명하게 제시하고 있다. 특히 주목할 만한 것은 1539년까지는 다스리는 직책에 대하여 일반 관리들의 임무를 설명하며 교회의 직책을 함께 설명했는데 반해, 1543년에 오면 교회의 다스리는 직분을 교회의 직분을 설명하는 부분으로 옮겨, 이 다스림을 세상의 다스림과 분명하게 구별시켰다는 점이다. 그와 함께 그는 디모데전서 5장 17절을 인용하여 가르치는 장로와 다스리기만 하는 이중 장로직을 확실하게 구별하였다. 이러한 그의 입장은 이후의 성경 주석에도 그대로 반영되었다. 칼빈은 부처를 비롯한 이전의 개혁자들의 영향을 받으면서 이렇게 장로의 직분을 가르침을 담당하는 목사의 직분과 치리만을 담당하는 장로의 직분으로 나누었다. 그리고 이러한 장로들이 장로회를 구성하여 교회의 재판권을 행사했다는 것을 설명한다. 그는 이러한 설명을 통해 시 관리와 의회가 가지고 있는 세상의 재판권과 구별되는 교회의 영적인 재판권을 확립하고자 노력하였다.

칼빈이 제네바 교회 개혁 과정에서 장로교 설립의 기원을 이룬 것은 다음의 세 가지 사항이다. 첫째는 장로교의 4중 직제를 교회법을 통하여 확실하게 정착시켰다. 그 이전의 사람들은 부처와 같이 4중 직제를 주장한 경우도 있으나,

---

19 *Institutes*(1543). VIII.169.

이것을 교회의 확실한 제도로 정착시키지 못하였다. 그런데 칼빈은 이러한 4중 직제를 교회의 확실한 제도로 정착시켰다. 그리하여 루터의 만인제사장의 원리를 구현하여 목회자뿐만 아니라 평신도들의 대표인 장로가 교회 정치에 참여하게 되었고, 집사들을 통하여 구제를 목회의 근본구조 속에 편입시켰다. 둘째로 목사와 장로로 구성된 장로법원을 구성하였다. 이러한 장로법원은 목사와 장로들의 협의체인 연합모임으로 이루어졌다. 여기서 주목해야할 것은 칼빈은 목사직과 장로직을 항존직으로 보았으나 장로의 임기는 1년으로 정해 매년 평가를 받아 연임할 수 있게 했다는 점이다. 칼빈은 목사의 직분을 교회의 표지인 말씀의 선포와 성례의 시행을 담당하는 가장 중요한 직분으로 보았고, 장로들은 목사의 목회를 도와서 치리를 담당하는 평신도로 보았다. 칼빈은 장로가 평신도의 대표로 교회 행정에 참여하게 하여 교회의 민주화에 기여하였다. 그렇지만 장로는 목사의 목회를 도와주는 역할을 감당하였고, 그들의 임기는 일 년이었다. 물론 이러한 장로법원은 오늘날의 당회나 노회와 완전히 일치하는 것은 아니나, 장로교회의 목사와 장로의 협의체에 의한 행정담당의 기원이 되었다. 장로법원은 단순히 치리기구의 역할만 한 것이 아니라 성도들의 신앙생활의 문제들에 대해 상담을 해주고, 올바른 신앙교육이 이루어지도록 감독하였다. 셋째로 칼빈은 츠빙글리와 달리 장로법원의 법제화와 효율적인 운영을 통하여 행정관리들의 치리권과 구별되는 교회의 영적 치리권을 확립하였다. 따라서 장로법원은 교회의 영적인 문제를 취급하는 목회적인 기구이었다.

6. 스코틀랜드 장로교회의 4심제의 정착

칼빈은 제네바에서 장로교의 4중 직제와 치리권을 행사하는 장로법원을 설치하여 장로교정치제도의 토대를 마련하였다. 이러한 칼빈의 개혁사상은 그의 조국인 프랑스에 전달되어 프랑스에도 1555년경에 장로교회가 세워졌다. 당시 프랑스 장로교회는 국가의 심한 탄압을 받고 있는 상황이었다. 이 상황에서 1559년에 프랑스 장로교회 대표들이 모여 총회(General Synod)를 결성하였다. 프랑스 신앙고백서에 따르면 프랑스 교회의 직제는 목사, 장로, 그리고 집사가 있었다(29조). 이 세 직제 이외에 감독(superintendent)이 있었다(32조). 이와 같이 프랑스장로교회는 총회를 조직하였고 지방교회들의 모임들도 조직하려 했으나 박해 때문에 커다란 발전을 하지 못하였다.[20]

프랑스에 이어 칼빈의 개혁사상에 따라 장로교회를 세운 곳이 스코틀랜드와 영국이다. 스코틀랜드는 녹스의 지도 아래 1560년 8월에 종교개혁을 성취하여 로마가톨릭교회가 무너지고 장로교회가 세워졌다. 종교개혁이 진행되어 가고 있던 1560년 4월에서 5월 사이에 존 녹스, 존 윈람(John Winram), 존 스포티스우드(John Spottiswood), 존 윌록(John Willock), 존 더글러스(John Douglas), 존 로우(John Row) 등 6명의 신학자들이 모여 가톨릭교회의 재산을 분배하고 교회직제를 세워 장로교회를 건설하기 위한 청사진으로 제1치리서를 작성하였다. 이들은 종교개혁이 성공한 후에 4일만에 신앙고백서를 작성하고 의회에 제출하여 8월 25일에 승인받아 스코틀랜드 장로교회가 탄생하였다. 그리고 1560년 12월에 장로교 총회를 소집하여 제1치리서를 승인하였으나, 1561년 1월 의회에서는 거부당해 국가법으로 시행되지는 못했다. 이와 같이 스코틀랜드 장로교회는 1560년에 개교회의 당회조직과 총회 조직이 이루어졌다.

스코틀랜드 장로교회는 이렇게 해서 출발하였으나 여러 가지 어려움에 봉착하였다. 개혁과정에서 드러난 가장 큰 어려움은 가톨릭교회가 소유하고 있던 토지를 종교개혁에 가담했던 대 귀족들이 소유하여 교회가 개혁에 필요한 재정을 확보할 수 없었다는 사실이다. 그리고 당시까지 대륙의 자치도시들을 벗어나 전국적인 규모의 장로교회 조직을 갖춘 나라가 없었기 때문에 어떻게 전국적인 장로교회조직을 갖추어야할지 방안을 마련하지 못하고 있었다. 각 지교회에 치리회가 조직되고 있는 상황이었고, 총회가 조직되어 있었으나 정기적인 회의가 이루어지지 못하고 있었다. 따라서 전국적인 교회들의 유기적인 조직이 이루어지지 못하고 있었다.

이러한 상황에서 스코틀랜드 장로교회는 이후에 노회 조직을 만들고 대회를 만들어 장로교회의 4심제도를 갖추게 되는데, 제1치리서는 4심제로 발전할 수 있는 배아들을 가지고 있었다. 교회 직제를 마련하기 위한 제1치리서 규정에

20 강남수, 『프랑스 종교개혁사』 (서울: 그리심, 2000).

따르면 지교회 치리회인 당회의 구성원은 목사, 장로, 그리고 집사였으며(7장), 장로와 집사의 임기는 모두 일 년이었다(8장).[21] 당회는 출교와 해벌에 관한 권징 문제를 비롯하여 교회의 제반문제를 처리하도록 하였다. 1559년에 프랑스 신앙고백서도 교회의 직분으로 목사, 장로, 집사를 규정하고 있으며, 1561년의 벨직 신앙고백서도 목사, 장로, 집사의 세 직분으로 구성되어 있는데, 이 세 직분이 개교회의 치리회(당회)를 구성하도록 하였다(30조). 이 시기 교회 당회는 제네바와는 달리 목사, 장로, 그리고 집사로 구성되어 있었다.

둘째로 스코틀랜드 장로교회의 대회 제도는 감독(superintendent) 제도와 관련되어 발전한다. 당시에 종교개혁이 이루어졌으나 교회들을 담당할 충분한 목사들이 없었기 때문에, 여러 지역을 순회하며 성도들을 돌보는 지역순회감독을 임명하였다. 이 순회감독은 사역 범위가 컸기 때문에 영향력이 개교회 목사보다는 컸으나 치리서는 권한에서 다른 목사들보다 우월하지 않고 동등하다고 규정하여 감독제적 요소가 아닌 임시적 규정이었다.[22] 총회는 1562년부터 총회와 지교회 당회 사이의 행정공백을 메우기 위하여 순회감독들을 중심으로 대회조직(synodal assembly)을 만들었다. 이 대회는 일 년에 두 번씩 모이는데 순회감독목사, 그 해당 지역 목사들, 그리고 지교회를 대표하는 한 명의 장로 혹은 집사로 구성되었다.[23] 대회는 총회와 지교회 사이의 연결조직으로, 목사의 이명, 상소법원으로서의 치리권 행사, 총대 선출권, 이웃 순회감독 치리 등을 담당하였다. 이와 같이 대회와 지역순회감독 사이에는 밀접한 관계를 맺고 발전하였다.

셋째로 노회조직은 성경연구회가 발전된 것이었다. 종교개혁 이후에 스코틀랜드에서 자연스럽게 생겨난 것이 주변지역의 교회 목회자들이 모여서 연합으로 성경을 연구하는 성경연구회(exercise)가 생겨났는데, 제1치리서도 고전

---

21 http://www.truecovenanter.com/kirkgovt/scotland_kirk_books_of_discipline_1621.phtml. 이것은 1621년에 스코틀랜드 교회 총회록과 함께 출판된 제1, 2치리서가 실려 있다.

22 W. Stanford Reid, "French Influence on the First Scots Confession and Book of Discipline," *Westminster Theological Journal* 35/1 (Fall 1972), 13.

23 *Acts of General Assembly*, Vol. 1, 29. http://www.british-history.ac.uk /source.aspx?pubid=595

14장의 예언회와 관련하여 이러한 모임을 언급하였다.[24] 이 성경연구회는 제네바의 목사들이 매주 금요일에 모여 성경을 연구했던 목사들의 모임(congregation of the pastors)과 유사하였다. 이러한 성경연구회는 목사들의 모임이었고 치리권을 가지고 있던 것은 아니었으나 앞으로 노회로의 발전가능성을 가지고 있었다.

이러한 과도기를 거쳐 1578년에 장로교회의 전국적인 골격을 갖춘 제2치리서가 작성되었다. 이 과도기간 동안에 스코틀랜드의 일부 귀족들을 중심으로 지역순회감독을 주교형태로 만들어 감독교회를 수립하려는 시도도 생겨났다. 이러한 순회감독제도는 일부 귀족들이 1570년대에 접어들어 감독제도로 발전시키려는 시도에 봉착하였고, 대회와 총회는 소집이 원활하지 못한 문제를 않고 있었다.

이러한 스코틀랜드 교회의 문제를 해결하기 위하여 1575년과 1578년 사이에 회집된 총회들은 정치제도 개선 특별위원회를 조직하였다. 이 특별위원회는 제네바에 가 있다 돌아온 앤드류 멜빌(Andrew Melville)을 중심으로 13장으로 구성된 제2치리서를 작성하였는데 1578년에 총회에서 승인되어 사용되기 시작하였다. 이 제2치리서에서 순회감독제도가 폐지되고 노회제도가 도입되었다. 제2치리서는 7장에서 총회와 함께 노회제도를 규정하고 있다. 이 문서는 4종류의 교회 모임에 대해 명시하고 있는데, 개교회, 지방교회 모임, 전국 교회 모임, 세계 교회들의 교회의 모임에 대하여 설명하고 있어, 이 네 종류의 모임이 장로교의 4대 치리회와 일치하지 않는다.[25] 그런데 이러한 교회 모임은 장로직을 가진 사람들의 모임으로 장로정치(eldership)였다.[26] 그래서 제2치리서에서 교회 정치 구성원은 목사, 박사, 장로로 되어 있어 집사들이 제외되어 있으며, 이 때 장로 임기가 종신직으로 바뀌었다.

그런데 이 문서는 개교회들의 회의를 설명하면서, 동시에 개교회를 넘어서서

---

24 http://www.truecovenanter.com/kirkgovt/scotland_kirk_books_of_discipline _1621.phtml

25 Assemblies are of foure sorts. For either are they of particular Kirks and Congregations one or more, or of a Province, or of a whole nation, or of all and divers Nations professing one Iesus Christ.(제2치리서 7장), 최은수는 이것이 장로교회의 4개 치리회를 명시하는 것이라고 하는데, 그렇게 보기는 어려운 것같다. (최은수, "스코틀랜드 장로교회의 'Eldership or Presbytery' 형성사 연구," 『개혁신학』 14 (2003), 259.)

26 제2치리서 제7장 제목은 "Of the Elderships, Assemblies, and Discipline"이다.

3개 내지 4개 교회들이 연합하여 공동의 사안을 처리하도록 설명하고 있는데, 이것이 지교회의 치리회를 말하는 것인지 아니면 노회를 언급하는 것인지 분명하지 않다. 그런데 이러한 모임이 초대교회의 유명한 도시들이나 장소들에 설치된 장로회(elders or colleges of Seniors)에 근거를 둔 것이라고 하여 노회인 것으로 보인다. 제2치리서가 규정한 노회의 임무는 하나님의 말씀의 순수한 선포, 성례의 올바른 집행, 권징의 시행, 헌금의 올바른 집행, 대회나 총회의 결정사항의 실행 등을 감독하였다. 그리고 지방교회 모임이 대회에 해당하는 것으로 보인다. 이러한 제2치리서가 교회 안에서 시행되기 시작하였으나, 정부는 1592년에 제정된 황금법(Golden Act)을 통해 이 문서를 국가의 법으로 승인하여 스코틀랜드 장로교회가 합법화되었다.

7. 나가는 말

장로교회는 종교개혁의 만인제사장의 원리가 반영된 평신도들의 교회정치 참여의 길을 장로제도를 통하여 확보하였다. 칼빈이 장로교회정치제도를 시행하면서 가장 중점을 두었던 것은 성경적인 원리에 따라 세상 정치로부터 독립된 교회의 치리권을 확보하여 교회의 영적 자유를 보장하려는 것이었다. 칼빈의 제네바교회에서 이러한 목양을 위한 교회치리권을 확보하여 성도들의 성화된 삶을 구현하고자 노력하였다. 이러한 치리권을 중심으로 성경말씀에 근거한 올바른 교회를 수립하기 위하여 칼빈은 목사와 장로로 구성된 장로법원을 세웠다. 칼빈은 교회 목회에서 말씀을 선포하고 성례를 시행하는 목사가 중심이 되면서, 치리와 함께 교회의 운영에 필요한 업무에서 장로들의 도움을 받도록 하였다. 그래서 칼빈은 장로직은 항존직으로 보았으나 장로의 임기를 1년으로 정하여 매년 평가를 받도록 하였다.

이렇게 출발한 장로교회가 당회, 노회, 대회, 총회의 4심제로 발전한 것은 스코틀랜드였다. 스코틀랜드에서도 제1치리서에는 장로의 임기가 1년 직이었으나 제 2치리서에서는 종신직으로 바뀌었다.

제 2장
총회 전 미국장로교의 형성 · 조직 · 성격

유럽으로부터 이민의 물결이 지속되면서 장로교인들의 숫자가 꾸준히 증가되고 이로 인해 노회의 상위 조직인 대회(Synod)를 구성하게 되었다. 1716년 필라델피아 노회를 4개로 나누어서 필라델피아대회를 조직하였는데, 이 4개 노회는 필라델피아, 뉴 캐슬(New Castle), 롱 아일랜드(Long Island), 스노우 힐(Snow Hill) 노회 등이다.

조현진 교수(한국성서대학교 역사신학)

한국 장로교회는 미국 장로교회와 긴밀한 관계를 그 시작부터 가지고 있었다. 1884년 알렌(Horace N. Allen, 1859-1932)이 미국 북장로교회 선교부 소속으로 파송되었고 광혜원을 설립하여 한국 선교를 위한 복음의 전초기지를 만들었으며, 1912년 열린 한국 장로회 총회에서 1대 총회장으로 피선된 이가 바로 미 북장로교회에서 파송되어 1885년부터 한국에서 활동하던 언더우드(Horace G. Underwood, 1859-1916) 선교사였다. 이런 면에서 한국 장로교는 미국 장로교 역사의 연장선상에 있다고 해도 과언이 아닐 것이다. 따라서 한국 장로회 총회 100주년을 기념하며 미국 장로교 역사를 통해 선교사들이 어떤 뿌리와 배경을 가지고 한국에 오게 되었는지를 이해하는 것은 매우 의미 있는 일이며 이와 함께 미국 장로교회가 한국 장로교회에 미친 영향을 생각해 보는 기회가 될 것이다.

1. 장로교인들의 신대륙 정착

미국을 건설한 이들을 역사적으로 거슬러 올라가 보면 1607년에 버지니아의 제임스타운에 정착한 영국인들을 생각해 볼 수 있다. 그들 대부분은 교파적으로는 영국 국교회에 소속된 사람들이었지만 개혁주의에 기반된 청교도 신앙을 고백하는 이들도 그들 가운데 있었다. 신대륙에서 장로교의 본격적인 시작은 1620년 메이플라워호(Mayflower)를 타고 메사츄세츠의 플리머스(Plymouth)에 도착한 청교도들에게서부터 찾을 수 있다. 그들은 영국 국교회에 반대하며 네덜란드로 피신하였다가 경제적 문화적 문제 등으로 결국 신앙의 자유를 찾아 신대륙으로 이주해 왔던 것이다. 이때부터 미국 장로교회를 구성하는 장로교인들이 본격적으로 신대륙으로 건너오게 되었다.

미국 장로교회는 다양한 유럽의 여러 나라에서 이민 온 개혁주의 신앙을 가진 신자들로 구성되었지만 그 주류를 이루는 이들은 크게 두 부류로 나눌 수 있다. 하나는 잉글랜드 출신의 장로교인들이고 다른 하나는 아일랜드에 살던 스코틀랜드 출신의 장로교인들이다. 먼저 잉글랜드에서 온 청교도들은 1620년과 1640년 사이에 대략 21,000명이 넘는 청교도가 신대륙으로 이주하였으며 이중에 4,000명의 장로교도가 있었다. 이들은 신대륙에서 주로 뉴잉글랜드 지방에 정착하게 되었다.

이어 미국 장로교회를 형성한 두 번째 부류는 스코틀랜드 출신의 장로교인들이다. 이들에 대해서는 역사적 설명이 필요한데, 영국과 아일랜드의 분쟁으로 인해 제임스1세는 프란시스 베이컨(Francis Bacon, 1561-1626)의 충고에 따라 개신교 신앙을 가진 스코틀랜드인들과 잉글랜드인들을 대규모로 아일랜드의 얼스터(Ulster)로 이주케 했다. 특별히 17세기에 전반적으로 장로교 신앙을 가진 스코틀랜드인들의 대규모 이주가 이루어졌다. 이런 스코틀랜드인들의 대규모 이주는 명예혁명을 겪으며 더욱 활성화되어 1690년과 1697년 사이에는 정점을 이루게 되었다. 비록 영국의 스튜어트 왕조의 찰스1세와 찰스2세는 이주민들을 영국 국교도 신앙으로 개종하도록 압력을 행사했지만 스코틀랜드인들의 장로교 신앙은 그들의 고유한 민족 정신과 연결되어 매우 굳건하였다. 하지만 17세기 말과 18세기 초에 아일랜드에서 발생한 경제적인 억압과 혼란은 수많은 스코틀랜드계 아일랜드인들이 신대륙을 찾도록 하는 계기가 되었다. 특별히 1704년 선서령(The Test Act)은 얼스터 장로교인들을 포함한 모든 비국교도 교인들에게 국교회의 성찬에 참여하도록 강요하면서 이를 따르지 않는 사람들에게는 공직에서 일하는 것을 원천적으로 금지시켜 버리는 등의 사회적 불이익을 주었다.[1] 결국 스코틀랜드계 아일랜드인들은 이런 핍박을 피해 1705년에서 1775년 사이에 50만명 이상이 신대륙으로 대거 이주하여 뉴햄프셔, 버몬트, 메인 주 등지에 자리를 잡고 정착했다. 하지만 이들은 뉴잉글랜드 청교도들과는 정서상 다소 불편한 관계로 지내다가 남쪽의 뉴욕과 펜실베이니아 쪽으로 내려갔다. 이곳에는 이미 1640년경에 소수의 스코틀랜드 이민자들이 뉴저지와 펜실베이니아에 정착해서 살고 있었기 때문에 보다 쉽게 정착할 수 있었다. 이들은 또한 더욱 남쪽으로 내려가서 서부 메릴랜드, 버지니아, 캐롤라이나, 그리고 결국에는 조지아까지 넓게 퍼져서 정착하게 되었다.

신대륙에 도착한 장로교인들은 주로 종교에 대한 관용정책을 펴던 뉴욕, 뉴저지, 펜실베니아에 정착하게 되었다. 그리고 미국 장로교의 두 기둥을 이루는 영국 청교도들과 스코틀랜드 출신 장로교인들은 시간이 지남에 따라 서로 만나게 되었으며 장로교회를 각지에서 형성하게 되었다.

2. 프란시스 매케미와 1706년 노회 설립

신대륙에서 장로교인들이 증가하게 되자 스코틀랜드 출신 장로교인들의 본토인 북아일랜드에 장로교 목회자를 요청하게 되었다. 이에 응하여 북아일랜드에서는 여러 장로교 목회자들을 파송하게 되었는데 그들 중에 "미국 장로교의 아버지"라 불리며 미국 장로교회를 세우는 데 커다란 공헌을 한 프란시스 매케미(Francis Makemie, 1658-1708)가 있었다.

매케미는 북아일랜드에서 태어나 스코틀랜드에서 교육을 받은 인물로, 1680년에 북아일랜드 라간 노회에서 선교사로 임명받아 미국 초기에 장로교를

1 John R. Fitzmier, *The Presbyterians*, 한성진 역, 『미국 장로교회사』 (서울: CLC, 2004), 40.

세우는 사명을 감당했다.[2] 그는 탁월한 지도력으로 메릴랜드와 버지니아에 여러 장로교회를 세우고 많은 소책자를 만들어서 장로교 사상을 적극적으로 전파했다. 이런 그의 왕성한 활동을 통한 장로교의 성장으로 신대륙에 장로교 목회자가 필요하게 되자 매케미는 직접 영국으로 건너가 영국 회중파와 장로교 목사회에 호소를 했고 응답으로 1703년-1704년에 존 햄프턴(John Hampton)과 죠지 맥니쉬(George McNish)가 신대륙에 파송되었다. 장로교회는 버지니아나 캐롤라이나 등지에서 영국 국교회의 불관용 정책과 박해에도 불구하고 지속적으로 성장하여, 1706년에는 미국 장로교 첫 노회를 결성할 수 있을 정도로 발전할 수 있었다.

1706년 12월 26일에 필라델피아에서 미국 장로교 최초의 노회인 필라델피아 노회(Presbytery of Philadelphia)가 매케미의 주도적 역할로 형성되어 매케미가 첫 노회장으로 선출되었다. 이 노회에서 "웨스트민스터 신앙고백서"를 성경의 진리가 가장 잘 함축되어 있는 신앙고백으로 인정하고 이를 생활의 규범으로 채택하였다. 첫 노회 당시의 노회 회원들은 7명의 목사 회원만으로 조직되었다. 하지만 노회의 설립으로 장로교는 크게 발전되어 1716년에는 17명의 목사, 40개의 교회, 3000명의 교인으로 성장하였다. 이들 가운데, 필라델피아에서 북으로 롱아일랜드까지의 목회자들은 주로 뉴잉글랜드 출신들이었고, 델라웨어와 메릴랜드의 목회자들은 주로 스코틀랜드계 아일랜드인들이었다.

미국 장로교회는 주로 스코틀랜드 계 아일랜드 신자들과 뉴잉글랜드 계열의 신자들로 구성되었고 이들 간에는 신학적으로 여러 견해 차이가 존재했다. 스코틀랜드계 아일랜드 신자들은 신앙고백과 교리적 엄밀성을 중시하는 경향을 가지고 있었고, 뉴잉글랜드 계열의 신자들은 영국 청교도들의 경험적인 신앙을 중시하는 경향을 가지고 있었다. 하지만 초창기 장로교 지도자들은 장로교회의 일치와 성장을 위해 분열을 일으킬 수도 있는 예민한 신학적 문제들에 대해서는 의도적으로 피하고자 했다. 그들의 목표는 교리적 엄밀성이 아니라, 장로교인들 간의 상호 일치와 장로교 신앙의 확산이었기 때문이다.[3]

---

2 Mark A. Noll, *A History of Christianity in the United States and Canada*, 최재건 역, 『미국 캐나다 기독교 역사』 (서울: CLC, 2005), 101.

3 Fitzmier, 『미국 장로교회사』, 42.

3. 1716년 대회(Synod)의 설립

한국 장로교회는 대회 제도가 없지만 미국 장로교회는 넓고 광활한 지역을 포괄하기 위해 노회와 총회 사이에 대회 제도가 일찍부터 존재하였다. 유럽으로부터 이민의 물결이 지속되면서 장로교인들의 숫자가 꾸준히 증가되고 이로 인해 노회의 상위 조직인 대회(Synod)를 구성하게 되었다. 1716년 필라델피아 노회를 4개로 나누어서 필라델피아대회를 조직하였는데, 이 4개 노회는 필라델피아, 뉴 캐슬(New Castle), 롱 아일랜드(Long Island), 스노우 힐(Snow Hill) 노회 등이다. 하지만 스노우 힐 노회는 끝내 정식으로 구성되지는 못했다.

이미 언급한 바와 같이 영국의 장로교인들은 종교적인 박해와 경제적인 어려움 때문에 계속하여 신대륙으로 이주해왔다. 당시에는 북아일랜드에서 가장 많은 이민자들이 쏟아져 들어왔다. 영국 국교회 아래에서 장로교인들은 종교에서 뿐만 아니라 경제적으로 정치적으로 차별당하고 고통을 견뎌야 했기 때문이다. 이런 문제들로 인해 장로교 배경을 가진 많은 사람들이 신대륙으로 이주해왔던 것이다. 1717-1718, 1727-1728, 1740-1741, 1754-1755, 1771-1775년 사이에 대거 이민을 오게 되었는데, 그 숫자는 대략 50만 명 정도까지 보기도 한다. 이들 중에 상당수가 장로교회에 가입하여 18세기 중엽에는 장로교가 신대륙에서 가장 커다란 교파를 형성하게 되었다.

필라델피아 대회는 이런 성장의 와중에서 목회자의 수급을 위해서 노력하는 동시에 목회자의 수준과 그 자격 기준을 유지하기 위해 많은 노력을 하였다. 유럽의 여러 신학교나 하버드나 예일 등에서 정규적인 신학교육을 받은 목회자들도 있긴 했지만 당시 대부분 목회자들은 경험있는 목사 밑에서 도제식으로 실천적인 신학 공부를 했기에 이에 대해 목회적 능력을 갖추고 있는지에 대한 검증이 필요했으며 따라서 각 노회는 이들에 대한 목사 자격시험을 치른 후에 안수를 주었다. 이와 함께 노회는 이미 안수를 받은 목사들에 대한 지속적인 훈련에도 관심을 가지게 되었다.[4] 이처럼 미국 장로교회가 점차 안정되어져 가면서 장로교

4 James Smylie, *A Brief History of the Presbyterians,* 김인수 역, 『간추린 미국 장로교회사』 (서울: 대한기독교서회, 2006), 75-76.

조직과 신학교육을 정비해가는 모습을 발견할 수 있다.

4. 서약 논쟁과 서약 법규(Adopting Act, 1729)

미국 장로교회를 구성하는 한 분파인 뉴잉글랜드 계열의 장로교인들은 신앙적 경건성이나 신앙생활에서 발생하는 영적인 차원을 강조하면서 교역자의 권위를 경계하고 저교회(low church)적 입장을 추구하는 반면에 스코틀랜드-아일랜드 계열의 장로교인들은 웨스트민스터 문서에 규정된 교리적이고 신조적인 정의에 대해서 분명한 지적 동의의 차원을 강조하면서 고교회(high church)적 입장을 취하였다.

1721년에 장로교 안에서 서로 다른 신학적 입장을 취하고 있던 이 두 분파 사이에 서약 논쟁이 일어났다. 장로교 뉴캐슬 노회에 소속된 목사인 로버트 크로스(Robert Cross)가 윤리적인 잘못을 저질렀는데 노회가 이를 관대하게 다루자 문제가 되었던 것이다. 일부 목사들은 장로교회에서 목회자들에 대한 권징을 더 엄격하게 지키도록 하는 규정을 도입해야 하며, 이를 위해 웨스트민스터 표준 문서에 대한 서약이 필요하다고 주장했다. 이 무렵부터 웨스트민스터 신앙고백에 대한 서약의 문제를 놓고 장로교 내부에서 큰 논쟁이 일어나게 되었다. 이 논쟁은 수년 동안 지속되었는데 스코틀랜드-아일랜드 계열의 목회자들은 웨스트민스터 문서에 대한 엄격한 서약이 필요하다는 견해를 피력한 반면, 뉴잉글랜드 계열의 목회자들은 그렇게까지는 하지 않아도 된다고 생각했다.

스코틀랜드-아일랜드 진영의 대표는 델라웨어에 위치한 루이스 장로교회의 목사인 존 톰슨(John Thomson)이었고, 뉴잉글랜드 진영의 대표는 엘리자베스타운 교회의 목사인 조나단 디킨슨(Jonathan Dickinson, 1688-1747)이었다. 디킨슨은 웨스트민스터 문서에 대한 엄격한 서약의 요구는 신앙과 행위의 최종 권위를 가진 성경의 충분성을 의문시하고 웨스트민스터 문서에 성경과 같은 권위를 부여하는 것일 뿐만 아니라 이는 로마 가톨릭과 성공회로 되돌아가는 것이라고 경고하고 비판했다. 그리고 이러한 서약의 요구는 결국 혼란과 분열을 일으킬 수밖에 없을 것이라고 주장했다. 디킨슨은 웨스트민스터 신앙고백서가 경건하고 정직하고 성실한 사람들에 의해서 작성되었음을 인정하지만, 그럼에도 불구하고 그 신앙고백서는 성경에 대한 해석이며 성경 자체는 아니라는 점을 지적했다. 그러면서 서약 논쟁을 둘러싼 문제를 해결하기 위해서 목사 후보자의 교리에 대한 승인 여부의 검증보다는 종교적 경험에 대한 조사를 하자고 제안했다.

이에 반해 톰슨은 교리적 표준 문서가 없는 교파는 "성벽이 없는 도시"와 같다고 주장했다. 톰슨에 따르면, 목사 후보자가 웨스트민스터 문서를 일반적인 동의의 수준에서 서약하는 것은 불충분하다고 보았다. 왜냐하면 누구라도 모호하고 위선적인 말로써 일반적인 동의를 쉽게 표현할 수 있기 때문이다. 그러므로 장로교 대회가 표준 문서(여기서는 웨스트민스터 문서)를 공식적으로 채택하고, 모든 성직자들에게 표준 문서에 대한 엄격한 서약을 요구해야 한다고 주장했다.

이로 인해 장로교회의 분열이 우려되는 상황이었지만 지도자들은 결코 교회 분열을 원하지 않았다. 긴 토론 후에 마침내 타협이 이루어져서 주로 디킨슨에 의해 초안이 작성된 서약 법규(Adopting Act)를 1729년 9월 19일에 결의하였다. 번서 그리스도와 성경이 신자들의 신앙과 생활의 유일한 원천과 법칙임을 선언하였으며 웨스트민스터 신조와 요리문답은 기본적이고 필요한 조항이며, 그리스도교 교리의 건전한 내용과 조직의 좋은 형식이 된다고 선언하였다. 이처럼 웨스트민스터 신앙고백서와 대소요리문답을 장로교의 신앙고백으로 채택하고 모든 노회원들은 이 표준 문서에 구두로 동의를 표명할 것이 요구되었다. 그리고 이 웨스트민스터 문서의 조항에 대하여 동의하지 못할 부분이 있다면 양심선언(scruples)[5]을 하여 이를 고시위원회에서 밝힐 것을

---

5 서약 법규의 결의 후에 웨스트민스터 일부 조항에 대한 양심선언이 선포되었다. 웨스트민스터 신앙고백서의 제20장과 제23장에서 정부의 위정자들이 교회 회의의 소집이나 권징의 문제에 대하여 권위를 행사할 수 있다는 내용에 대한 것이었다. 문제가 된 부분은 신앙고백서 초판(1647)의 23장 3항 88번과 31장 2항 89번이 문제가 되었다. 이 부분에서 국가 위정자가 종교 회의를 소집하고 또한 대회와 협의회를 소집할 수 있는 합법적인 권한이 있다는 부분이 문제였다. 이 조항은 당시 웨스트민스터 총회 자체가 당시 영국 의회의 건의로 시작되었기 때문에 그 영향을 입은 것으로 학자들은 보고 있다. 대회는 이 문제에 대해서 토론한 후에 이 조항은 신앙의 본질적이고 필수적인 조항이 아니라는데 동의하는 동의안을 가결하였다. 그래서 지금의 재판 원문은 수정된 형태의 조항을 사용하고 있다. 즉 웨스트민스터 신앙고백서의 원문에 기록된 국가 위정자의 종교 회의 소집권한과 대회와 협의회의 권한에 대한 부분을 삭제하게 되었다. 그리고 오직 교회 지도자만이 그 권한을 가질 수 있다고 명시하였다.

요구하였다. 또한 이 양심선언을 통해 문제된 부분이 신앙의 본질과 충돌되지 않는 한 장로교의 목사회원으로 받아들이기로 하였다.

1721년 무렵부터 진행된 서약 논쟁은 1729년 서약 법규의 가결로 일단락을 맺었다. 이미 말한 바와 같이 이 논쟁의 중심부에는 "정통"에 대한 서로 다른 두 견해가 대립하고 있었음을 이해하는 것이 중요하다. 스코틀랜드 아일랜드 계열의 '서약파'는 올바른 신학의 확립을 위해서는 신조에 대한 서약이 반드시 필요하다고 생각했다. 이와 달리 뉴잉글랜드 계열의 '비서약파'는 신자의 신앙생활은 교리적인 정확함보다 더 크고 풍성한 것이며 신조는 성경의 해석에 불과한 것이므로 신조를 신앙의 본질적인 기준으로 삼아서는 안 된다고 믿었다. 앞에서도 언급했던 것처럼, 비서약파들은 신조에 대한 승인(서약)을 중시하게 되면 이는 신앙과 행위에 있어서 성경의 권위를 오히려 떨어뜨리며 신앙을 이성적이고 합리적인 것으로 간주하여 신앙의 열정이 경시된다고 보았던 것이다.[6]

이 1729년의 서약 법규는 두 진영의 대립된 견해를 조정하면서 타협을 이루어낸 것으로 평가할 수 있다. 웨스트민스터 신앙고백과 요리문답을 공식적으로 교리적 표준으로 채택하고 목사 후보자들은 이 표준 문서에 대하여 동의한다고 서약할 것을 요구 받았지만, 양심선언이 있는 경우에는 이에 대한 문제를 제기할 수 있는 장치가 마련되었다. 이를 통해 미국 장로교 내부의 의견 대립은 원만하게 일단락되었지만 완전히 해결된 것은 아니었다. 제1차 대각성 운동이 일어나면서 부흥 운동에 대한 입장의 차이로 인해서 장로교 내부에서 또 다른 논쟁이 일어나게 되었기 때문이다.

5. 대각성운동과 장로교회의 분열(1741)과 재연합(1758)

1730년대와 40년대를 거쳐 영적대각성운동이 일어났다. 이를 우리는 1800년대에 일어난 부흥운동과 비교하여 제1차 대각성운동(the First Great Awakening)이라 부른다. 조지 휫필드(George Whitefield, 1714-1770)와

---

6 Fitzmier, 『미국 장로교회사』, 44.

조나단 에드워즈(Jonathan Edwards, 1703-1758)등을 중심으로 인해 일어난 대각성운동은 신앙의 자유를 찾아 이민 온 이주민들에게 하나님의 은혜를 깊이 체험하는 기회를 제공했다. 그리고 영적 부흥운동이 빠르게 확산되어 신앙을 고백하고 교인이 되는 회개의 역사가 일어났다. 이 대각성운동을 통해 이제 미국 복음주의의 모습이 희미하나마 서서히 드러나기 시작했다. 대각성운동으로 인해 영적 부흥운동을 경험한 개인이나 교회들은 평신도들이 함께 모여 기도하고 성경을 읽고 서로간의 경건을 권장하는 모임을 가지는 모습이 일반적이 되었다. 사실 청교도들은 로마가톨릭과 영국 국교회의 공식적이고 외식적인 형식들에 반대하였음에도 불구하고 교회에 내려오는 세습적인 제도들이 구원을 중재할 수 있다고 믿는 경향을 가지고 있었다. 따라서 그들은 개인적인 영성을 추구하면서도 형식적인 신앙고백을 존중하며, 전통적인 개신교 성경해석에 복종하였던 것이다. 하지만 대각성운동으로 인해 형성된 미국 복음주의의 물결은 개인적인 영적 체험과 성경 읽기로 강조점을 옮겨가면서 미국 복음주의의 특징을 형성했던 것이다.[7]

또한 대각성운동은 미국 최초의 전국적인 사건으로 이제까지 유럽 여러 나라에서 이민해 왔기에 다양한 민족과 언어, 문화적 배경을 지닌 이민자들이 자신들을 처음으로 "미국인"이라는 정체성을 가지게 만들었다. 마크 놀(Mark A. Noll)이 지적하는 것처럼 "부흥운동은 녹이는 냄비와 같은 어떠한 역할을 하여 이민 공동체들이 다른 식민지들과 더 많은 접촉"을 하도록 했던 것이다.[8] 대각성운동을 통해 북미 지역 전역에서 목회자들은 부흥운동을 격려하고 지지하는 편지를 서로 주고받았으며 찰스 촌시(Charles Chauncy)와 같이 부흥운동이 가진 열광주의를 반대하는 이들까지 전 지역에 이르는 방대한 네트워크를 활용함으로 자신들이 같은 사건에 같은 반응을 보이는 하나된 미국인들임을 깨닫는 기회가 되었던 것이다.

하지만 장로교회 안에서는 대각성운동으로 인해 분열의 씨앗도 싹트게 되었다. 장로교회 분열의 조짐은 1738년에 정규교육을 받지 않았다는 구실로 당시 부흥운동을 이끌던 통나무 대학 출신들의 목회를 제한하려는 루이스 노회의 보고서에서부터 시작되었다. 특별히 대각성운동을 이끌고 있던 통나무

7 Noll, 『미국 캐나다 기독교 역사』, 142-143.

8 Noll, 『미국 캐나다 기독교 역사』, 149.

대학 출신의 길버트 테넌트(Gilbert Tennent, 1703-1764)는 "회개하지 않은 목회의 위험성"이라는 제목의 설교로 당시 성령의 역사에 대해 치열한 논쟁에 기름을 부었다. 테넌트는 주장하기를 "회심을 체험하지 못하는 목사는 바리새인의 교사이며, 소경을 인도하는 소경과 같다"고 하면서 대각성운동을 외면하는 목회자들을 공개적으로 비판했던 것이다. 스코틀랜드 아일랜드 계열 목회자들은 열광주의로 변모해가는 모습의 부흥운동에 우려를 표명하며 반대하는 입장에 섰지만 뉴잉글랜드 계열 목회자들은 긍정적인 입장을 취하고 있었다. 심지어 대각성운동이 은사 중심이 되고 교구 질서가 깨어져 무질서하게 되자 스코틀랜드 아일랜드 계열의 목회자들은 부흥운동이 마귀에게서 온 것이라고 비판하였다.[9] 그래서 1741년에는 성령의 역사를 적극적으로 수용하는 뉴잉글랜드 출신의 신파(the New Side)와 성령의 역사와 여러 현상들에 대해 신중을 기할 것을 주장하는 스코틀랜드 아일랜드 출신의 구파(the Old Side)로 분열되었다. 결국 신파는 뉴욕대회를 만들어 구파로 구성된 필라델피아 대회에 대립하였다.[10]

이런 분열 속에서도 대각성운동을 통해 많은 영혼들이 장로교인이 되었으며 많은 목회자들이 필요하게 되었다. 결국 구파와 신파는 목회자들을 교육할 신학교들을 세우게 되는데 구파의 필라델피아 대회는 1743년에 뉴런던(New London)에 대학을 설립하였다. 이 학교가 후에 펜실베니아 대학교(University of Pennsylvania)와 델라웨어 대학교(University of Delaware)로 발전되었다. 이어 신파는 뉴저지 대학(College of New Jersey)을 세우고 조나단 에드워즈가 잠시 학장을 맡기도 하였으며 이 학교가 후에 프린스턴 대학교(Princeton University)로 발전되었다.

구파와 신파의 분열을 그리 오래가지 않았다. 1758년에 장로교회는 구파와 신파의 분열이 상호간에 유익이 되지 않는다는 판단 하에 다시 연합하게 되었다. 양파는 필라델피아에서 동시에 만나 통일안을 채택했다. 교회 명칭은 뉴욕-필라델피아 대회(the Synod of New York and Philadelphia)로 정하였다. 이들의 합동원칙을 보면, 먼저, 목사후보생의 훈련과 그들의 학문과 경건을

---

9 오덕교, 『장로교회사』 (수원: 합동신학대학원출판부, 2008), 260.

10 David F. Wells, *Reformed Theology in America: A History of Its Modern Develoment* (Grand Rapids: Eerdmans, 1985), 4-5.

시험하는 일을 노회의 관할에 맡긴다. 둘째, 목사가 속한 교구를 떠나 설교할 때는 반드시 그 교회 구역에 속한 목사의 허락을 받아야 한다. 셋째, 1741년 뉴브런스윅 노회를 제명했던 대회의 결정을 불법으로 간주한다고 하였다. 또한 이들의 타협안에서 그동안 문제가 되었던 대각성운동에 대해서도 하나님이 하신 사역으로 인정하는 것으로 일치하였다. 이 대회는 200여개의 교회, 100명의 목사, 100,000여명의 교인으로 구성되었다.[11]

6. 결 론

신앙의 자유를 찾아 신대륙으로 이주로부터 시작하여 1700년대 제1차 대각성운동에 이르기까지 이어진 미국 장로교회의 역사는 초창기 미국 장로교회의 자리를 잡아가며 장로교회 발전의 토대를 만들었던 시기로 평가할 수 있다. 이 기간 동안 미국 장로교회는 노회와 대회를 설립할 수 있었으며 전국적인 교파로 자리매김을 하게 되었다.

하나 더 우리가 주목해 볼 수 있는 것은 그들의 연합에 대한 노력이었다. 비록 제1차 대각성 이후 신파와 구파로 나누어지는 분열이 있긴 했지만 뉴잉글랜드 계열과 스코틀랜드 아일랜드 계열로 양분된 미국 장로교회는 서로의 신학적 견해와 성향의 차이를 인정하면서도 하나의 장로교회를 이끌어가기 위해 자신의 입장을 양보하며 서로를 끌어안기 위해 노력했으며 이는 다시 구파와 신파의 재결합으로 열매를 맺게 되었다.

한국장로교회와 관련하여 생각해 볼 수 있는 이 기간의 중요한 점은 제1차 대각성운동을 통해 미국의 복음주의의 모습이 점차 윤곽을 드러낸다는 점이다. 미국에서 파송되어 19세기 말 한국에 왔던 대부분의 선교사들이 미국 복음주의 영향을 받은 청교도 신앙에 기초한 복음주의자였기에 미국 복음주의의 형성의 모습은 한국의 장로교회의 형성에 매우 중요한 영향을 미치는 역사의 장면으로 기억된다.

11 오덕교, 『장로교회사』, 263-264.

제 3장
총회 후 미국장로교의 발전 · 영향 · 성격

1789년 5월 필라델피아 제2장로교회에서 미국 장로교회(PCUSA: Presbyterian Church in the United States of America) 1차 총회가 열렸다. 독립전쟁을 이끈 정신적 지주였던 존 위더스푼(John Witherspoon, 1723-1794)이 창립총회를 개회하는 주도적 역할을 하였으며 총회장으로는 뉴욕 제일장로교회의 존 로저스 목사가 초대 총회장으로 선출되었다.

조현진 교수(한국성서대학교 역사신학)

이 부분에서는 미국 장로교회가 총회 설립으로부터 시작하여 어떤 과정을 통해 현재의 모습까지 발전되어져 왔는지를 점검하게 될 것이다. 특별히 2차 대각성운동과 구학파(the Old School)와 신학파(the New School)의 분열, 노예제도로 인한 남북장로교회로의 재편, 무디의 부흥운동을 통한 복음주의 학생자원운동의 활성화는 한국에 파송된 장로교 선교사들에게 커다란 영향을 미친 사건들이다. 이제 한국에 온 장로교 선교사들이 어떤 신학적 배경을 가지게 되었는지를 미국 장로교회의 역사를 통해 살펴보게 될 것이다.

1. 1789년 총회 설립

독립 전쟁의 성공 이후 미국은 새로운 국가 건설에 매진하는 가운데 장로교도 발전을 계속하여 점차 신자들의 숫자가 증가하였고 지리적으로도 확장되어 하나의 대회로는 미국 전체를 커버하기에는 부족하게 되었다. 결국 독립전쟁 이전인 1774년부터 세 개의 대회로 장로교 조직을 재편성하자는 제안이 제출되었지만 독립 전쟁으로 인해 이 안건의 논의는 지연되어졌다. 독립전쟁 이후인 1787년에 총회 설립을 위한 특별위원회가 구성되어 대회와 총회보다는 노회의 중요성을 부각시키면서 대회를 4개로 확장 분리하여 이들을 설립될 총회의 권위 아래 두자는 보고를 하였다. 1788년 대회는 특별위원회의 보고서를 승인하고 다음 해에 총회를 설립하기로 결의하였다. 여기서 주목할 부분은 영국과 스코틀랜드의 장로교회는 개 교회 권위의 소재가 총회에 있는 반면 미국 장로교회는 노회의 중요성을 부각시켰다는 점이다. 대회와 총회의 역할은 단지 교회생활을 통일시키면서 상소를 고려하고 전체로서 교회의 일반적 복지를 증진시키는 대행자로 생각했던 것이다. 이런 미국장로교회의 특징은 미국 선교사들로 인해 한국장로교회에도 그대로 투영되어 노회의 역할을 중시하도록 영향을 미쳤다고 볼 수 있다.

1789년 5월 필라델피아 제2장로교회에서 미국 장로교회(PCUSA: Presbyterian Church in the United States of America) 1차 총회가 열렸다. 독립전쟁을 이끈 정신적 지주였던 존 위더스푼(John Witherspoon, 1723-1794)이 창립총회를 개회하는 주도적 역할을 하였으며 총회장으로는 뉴욕 제일장로교회의 존 로저스 목사가 초대 총회장으로 선출되었다. 이 당시의 장로교 교세는 대회 4개, 노회 16개, 목사 177명, 목사 후보생 111명과 419개의 교회로 구성되었다.[1]

2. 각성운동과 1938년 신구학파 분열

제 2차 대각성운동은 미국 역사에서 가장 영향력이 컸던 부흥운동으로 남북전쟁이 종료된 후에는 미국 전역에서 지속된 이후의 영적 부흥운동들에 디딤돌이 되었다. 사실 2차 대각성운동이 일어나기 전만해도 계몽주의(the Enlightenment)의 영향으로 인해 일어난 이신론(Deism)을 통해 미국인들의 관심은 더 이상 초자연적인 기적과 은혜를 주장하는 전통적인 기독교에서 마음이 떠난 것처럼 보였다. 이와 함께 당시의 여러 문제들 즉 새국가의 건설

1 John R. Fitzmier, *The Presbyterians*, 한성진 역, 『미국 장로교회사』 (서울: CLC, 2004), 63.

문제, 서부 개척지로의 이주와 정착 문제, 인플레이션 등의 경제적 문제들이 주된 관심사가 되어 버렸다. 이런 종교적 침체의 상태로 인해 청교도들이 신앙의 자유를 찾아 정착했던 미국은 1800년 전체 기독교인의 숫자가 겨우 총인구의 1/10도 되지 않을 정도로 영적인 침체는 매우 심각한 수준이었다.[2]

하지만 제임스 맥그래디(James McGready, 1758-1817)와 같은 장로교인들과 여러 순회 선교자들의 헌신적인 사역으로 인해 미국인들의 신앙은 다시 불붙기 시작했다. 켄터키 주에 위치한 맥그래디가 담임하던 교회는 1797년부터 사람들의 회심을 위해 기도회를 시작했으며 1801년에는 켄터키 캐인 릿지(Cane Ridge)에서 대규모의 "캠프집회"가 열리게 되었다. 장로교 침례교 감리교로 구성된 여러 교파의 설교자들이 순서를 맡아 릴레이식으로 돌아가며 설교하여 성공적으로 집회를 이끌면서 이 집회에 수많은 사람들이 몰려들었다. 서부 개척으로 인해 고단한 삶에 지친 영혼들은 당시 설교자들의 능력있는 복음의 선포에 대해 열정적으로 호응했다. 이것이 바로 2차 대각성운동의 시작이다. 이런 열광적인 반응과 함께하며 순회 설교에 힘쓰고 선교 사업에 박차를 가한 감리교와 침례교는 그들의 순회 설교가들을 앞세워 놀라운 성장을 이루어냈다. 물론 장로교의 성장도 놀라운 것이었지만 1830년대에 침례교와 감리교는 장로교를 대신해서 남부에서 뿐만 아니라 미국 전역에서 가장 커다란 교단이 되었다.[3]

하지만 1차 대각성운동으로 인한 분열처럼 2차 대각성운동으로 인해서도 장로교회의 분열이 초래되고 말았다. 당시 장로교회는 회중교회와의 통합에 대한 견해차이로 신학파(the New School)와 구학파(the Old School)로 분열되었고, 후에는 노예 폐지에 대한 문제로 찬성하는 남부 쪽과 반대하는 북부 쪽으로 다시 분리되게 되었다. 여기서 신구학파가 분열된 원인을 찾아보면, 먼저 1801년에 체결된 통합 계획안(the Plan of Union)이 문제가 되었다. 이 통합 계획안은 회중교회와 맺은 일종의 특별화해조약으로 서부변경지역의 인구가 급속히 증가하고 이곳에 복음을 전하게 되면서 장로교회는 당시 목회자 수급의 부족 문제를 해결하고 교회간의 불필요한 경쟁을 막고자 회중교회들과

---

2 박용규, 『근대교회사』 (서울: 총신대학교 출판부, 1995), 326.

3 Mark A. Noll, *A History of Christianity in the United States and Canada*, 최재건 역, 『미국 캐나다 기독교 역사』 (서울: CLC, 2005), 215-216.

협력하게 되었다. 이 통합 계획안에 따르면, 개 교회는 장로교회나 회중교회 중 어느 쪽 목사이든지 청빙할 수 있도록 했다. 분쟁이 생겼을 경우에는 주어진 상황에서 교회는 장로교회나 회중교회 어느 쪽의 치리 기구에 제소할 수 있거나 두 교회 동수의 치리위원회를 구성하여 처리하게 하였다. 교회는 장로들 또는 장로들이나 교인들로 구성된 위원회로 노회에 참가할 수 있게 하였다. 이 통합 계획안은 미국 장로교회 총회와 커네티컷 회중교회 협회에서 통과되었다. 이 통합 계획안에 참가한 사람들을 "장로회중주의자" (Presbygationalists)로 불렀다. 하지만 이 통합 계획안은 장로교회의 고백과 구조와 연관된 매우 중요한 문제에 타협을 한 것이라고 생각한 장로교인들에게 문제가 되었다. 즉 회중주의자들은 웨스트민스터 표준에 대한 공식 서약을 요구하지 않았기에 통합 계획안은 결코 웨스트민스터 신조를 인정하지 않는 목사라도 회중교회 소속이라면, 통합이라는 명목 하에 장로교 강단에 설수 있다는 점이 문제였던 것이다. 이에 대해서 목회자들의 분명한 교리와 신조에 대한 동의와 충성을 강조하는 구학파(the Old School) 목사들은 이를 용납할 수 없었다.

두 번째 원인은 찰스 피니(Charles Finney, 1792-1875)와 회중교회 목사였던 나다니엘 테일러(Nathaniel Taylor, 1786-1858)의 새로운 신학 사상에 대한 문제 때문이었다. 이들은 인간의 전적인 타락으로 인해서 인간의 자발적 의지만으로 구원을 이룰 수는 없다는 전통적인 개혁주의를 약화시키면서 인간의 자유의지를 강조했다. 사람들이 그리스도를 자신의 의지로 붙들 때에야 그 은혜를 체험할 수 있다고 가르쳤던 것이다. 또한 나다니엘 테일러는 펠라기우스 주의를 수용하면서 웨스트민스터 신앙고백을 부인하였다. 이어 1835년 필라델피아 제일장로교회의 목사인 알버트 반즈(Albert Barnes)는 로마서 주석을 출판하면서 주장하기를, 인간의 전적 타락의 기초가 되는 원죄교리를 부인하고 중생하지 않은 사람도 계명을 준수할 수 있을 뿐만 아니라 스스로 회심할 수 있다고까지 주장하였다.

이런 신학적 문제들로 인해서 엄격한 개혁주의 교리 준수를 주장했던 구학파(the Old School)와 이에 반대하는 신학파(the New School)간에 논쟁이 벌어지게 되었으며 1837년 총회에서 다수를 점령한 구학파는 통합 계획안을 공식적으로 파기하고 신학파에 동조하고 있던 대회들인 유로 웨스턴 리저브 (Western Reserve), 유티카(Utica), 제네시(Genessee), 제네바(Geneva) 대회를 폐지하는 결정을 내렸다. 이런 구학파의 움직임에 대해서 신학파는 뉴욕의 어번(Auburn)에 모여 통합 계획안의 파기를 선언하고 1837년 총회 결정을 무효로 선언하였다. 결국 1838년 총회에서 신학파의 도전과 여기에 대한 구학파의 반대로 인한 혼란이 일어났고 고함과 아우성 속에 신학파는 자신들을 법통 총회(Constitutional Assembly)라 선언하고 구학파와 신학파 모두 자신들을 미국 장로교회(The Presbyterian Church in the United States of America)라고 주장하기에 이르렀다. 이렇게 1838년 총회의 분열로 인해서 노회와 대회가 신구학파로 분열에 이르게 되었다. 신학파는 대체적으로 이런 분열을 통탄했지만 보수적인 입장을 견지하던 구학파는 많은 신학파 교회들을 잃었음에도 이는 개혁주의의 보수를 위한 어쩔 수 없는 희생으로 받아들였다. 하지만 구학파 쪽에서도 호의적인 정신을 가지고 신학파들 가운데에서 구학파의 주장을 따르는 사역자들과 교회들은 수용하겠다는 결의안을 통과시켰다.[4] 이로 인해 미국 장로교회는 다시 구학파와 신학파로 분열되었던 것이다.

2차 대각성 운동으로 장로교회는 분열되었지만 복음의 열정에 사로잡힌 많은 선교지망생들을 배출하며 국내와 해외의 선교를 촉진하게 되었고 이 결과로 여러 선교회가 탄생되었다. 또한 도덕 개혁이나 금주 운동과 같이 사회를 복음으로 개혁하려는 캠페인도 진행되었다. 1802년 총회는 상설선교위원회를 설립하였고 국내 선교를 위해서 장로교 목회자 수급에 노력하였다. 또한 해외 선교에도 관심을 가져서 1838년 독립적인 해외선교부를 장로교가 교단 내에 설립하기까지 초교파적인 미국 선교부를 통해 회중교회와 많은 면에서 협력하였다. 특별히 성장하는 교회에 대한 목회자의 적절한 수급과 교육이 필요했기에 신학교의 설립과 신학교육이 강조되었다. 1837년 총회가 분열되면서 프린스턴 신학교는 구학파를 변호하는 역할을 감당하였고 이 시기에 다른 많은 장로교 신학교가 설립되었다. 예를 들어보면, 1818년 뉴욕 주 어번에는 어번신학교, 1823년 버지니아에 유니온 신학교(버지니아), 1827년 펜실베니아주의 웨스턴 신학교, 1828년에는 콜럼비아 신학교, 1830년에는 맥코믹 신학교, 1832년에는 신시내티 주에 레인신학교가 설립되었다. 이어서 1836년에 뉴욕신학교

4 Fitzmier, 『미국 장로교회사』, 73-75.

(19세기말 지금의 유니온 신학교로 변경)가 개교하였다.[5] 1838년의 분열로 인해 이들 신학교들도 분열되어 북장로교회의 구학파에는 프린스턴 신학교, 웨스턴 신학교, 맥코믹 신학교가 속하게 되었고, 북장로교회의 신학파에는 레인신학교, 뉴욕신학교, 어번 신학교가 속하게 되었다. 이어 콜롬비아 신학교와 버지니아의 유니온 신학교는 후에 분열되는 남장로교회(PCUS)에 속하게 되었다.

결국 제2차 대각성운동으로 인해 성령을 깊이 체험하고 하나님 말씀에 사로잡힌 신실한 하나님의 일군들이 배출되었고 이와 함께 선교의 중요성이 다시 대두되어 많은 신학교육 기관이 장로교 안에 세워지게 되면서 한국 선교를 위한 하나님의 준비가 이미 19세기 초반부터 시작되고 있었음을 우리는 확인하게 된다.

3. 노예제도 문제와 남장로교회(PCUS)의 설립

1830년부터 1860년까지 미국의 정치적인 관심사는 노예제도에 대한 문제였다. 1832년 이후부터는 노예 제도에 대한 논란이 전국적으로 치열해지고 국론 분열로 인한 혼란한 상황이 이어지자, 1836년 총회는 "이 모든 문제를 무기한 연기할 것"을 결의했다. 1837년에 분열한 구학파와 신학파 모두 전통적으로 자신들의 기반을 북부에 두고 있었다.

당시 신학파 교회 중 1/8, 구학파 교회 중 1/3만이 남부에 소속되어 있었을 뿐이다. 남북의 위기가 점차 가중되자 구학파와 신학파 모두 노예제도에 관심을 가질 수밖에 없는 상황이 되었고 남부인들은 노예제 문제를 북부인들의 입장대로 해결한다면 거기에 맞서 총회로부터 탈퇴하겠다고 경고했다. 하지만 북부인들이 주류인 신구학파의 각 총회는 공히 노예제도에 대해서 단호한 반대의 입장을 취하였다.

1860년 노예폐지론자인 아브라함 링컨(Abraham Lincoln, 1809-1865)이 미국 대통령에 선출되고 1861년 남북전쟁이 발발한지 얼마 안 되어 구학파

---

5 James Smylie, *A Brief History of the Presbyterians*, 김인수 역, 『간추린 미국 장로교회사』 (서울: 대한기독교서회, 2006), 120-122.

총회가 필라델피아에서 열렸다. 남부의 장로교회들도 여전히 총회에 소속되어 있었기 때문에 대부분의 사람들은 총회가 정치적인 입장은 피해갔으면 하는 바람이었다. 하지만 뉴욕시 브릭 장로교회의 목사인 가드너 스프링스(Gardner Springs)는 북부 연방의 대의에 교회를 위탁할 것을 결의하도록 주도하여 "스프링 결의안"(Spring Resolution)을 통해 노예제도 폐지를 결정하였다.[6]

이 후 몇 달 동안 구학파 교회에 속한 남부 지역의 장로교회들은 총회의 이러한 조처를 반박하고 이를 탄핵까지 했으며 그 결과 "미연방장로교회"(The Presbyterian Church in the Confederate States of America)를 조직하기 위해 탈퇴하게 되었다. 이 교회들은 1861년 12월 4일 조지아 주 어거스타(Augusta)에서 창설 총회를 가졌다. 이 총회에서 쏜웰(Henley Thornwell, 1812-1862)은 주도적인 역할을 감당했는데 그는 남부의 입장을 변호하려 노력했다. 하지만 그는 노예제도의 필요성을 인정했고 흑인은 백인보다 열등하다고도 믿었다. 따라서 노예제도는 흑인들에게는 오히려 은혜를 베푸는 일로 야만성과 죄에 빠져있는 노예들을 구할 수가 있는 길이라고까지 주장하였다.

이렇게 창설된 "미연방장로교회"는 1864년에 장로교회의 연합대회(United Synod)와 병합했다. 이 연합대회는 북부에서는 아직 구성되지 않았지만 남부에서는 신구학파를 연합하는 조직이었다. 1865년 전쟁이 끝나자, 이 병합된 남부 교회는(Southern Church) 이것의 이름을 "미국 장로교회"(PCUS, The Presbyterian Church in the United States, 남장로교회)라고 하였다. 이어 1869년 켄터키 주의 구학파 대회 중 일부와 1874년 미주리 주의 구학파 대회 중 일부는 이 남부 교회에 가담했다.

이렇게 시작된 남장로교회는 제임스 댑니(James Dabney, 1820-1898)의 지도 아래 남부 고유의 전통과 노예제도를 옹호하게 되었다. 이 남장로교회는 버지니아의 유니온 신학교와 남 캐롤라이나의 콜럼비아 신학교의 두 신학교와 다수의 대학들을 운영하였다. 1866년 당시 이 남장로교회는 65,588명의 교인과 1,290처의 교회, 829명의 목사들이 소속되어 있었다.[7]

---

6 Lefferts A. Loetscher, *A Brief History of the Presbyterians* (Philadelphia: The Westminster Press, 1983), 102-103.

7 Smylie, 『간추린 미국 장로교회사』, 162.

남장로교회는 북장로교회와 함께 한국 선교와 장로교회에 중대한 영향을 미쳤던 교회이다. 1885년부터 한국에 입국해 선교하던 북장로교 선교사 언더우드가 1891년 휴가차 미국에 갔을 때 내슈빌에서 열린 미국 신학생 해외선교연맹 집회에서 강사로 초대되어 강연을 하게 되었다. 바로 이 집회에 남장로교회 소속 신학생들이 참여하였는데 그들이 바로 유니온 신학교의 학생인 존슨(C. Johnson)과 레이널즈(W. D. Reynolds)였다.

하지만 한국을 위한 선교기금이 확보되지 않았던 남장로교회는 선교사 파송에 대해 소극적이었지만 언더우드와 그의 친구들이 선교기금을 기부하면서 1892년에 한국 선교를 공식적으로 결정하고 레이널즈, 데이비스, 테이트, 레이번, 볼링 등을 한국을 위한 첫 번째 남장로회 선교사로 임명하여 파송하였다.[8] 특별히 레이널즈 선교사는 버지니아 유니온 신학교 출신으로 신학적으로는 구학파 전통에 있으면서 한국에서 성경번역과 신학교육에 지대한 업적을 남겼다.

4. 북장로교회(PCUSA) 설립과 한국 파송 선교사들

1870년이 되어 북부의 신구학파 교회는 재연합을 하게 된다. 이는 시간이 흘러가면서 갈등하던 세대가 교체되고, 재연합의 주변 환경, 즉 남북 전쟁과 노예 문제의 해결, 그리고 교회관의 변화 등이 작용하여 재연합을 이루게 된 것이다. 1869년 총회가 피츠버그에서 신학파는 제3장로교회에서, 구학파는 제1장로교회에서, 각각 열렸으며 구학파 총회에서는 144개 노회에서 128개 노회가 찬성을, 신학파 총회에서는 113개 노회가 만장일치로 재연합에 찬성하였다. 따라서 다음 총회인 1870년 필라델피아 총회에서 재연합을 이루고 PCUSA를 형성하였다. 이로써 미국 장로교회는 남부를 대표하는 PCUS(남장로교회)와 북부를 대표하는 PCUSA(북장로교회)로 크게 나뉘어지게 되었다.

이 북부의 신구학파 교회의 연합은 한국 선교사에 매우 중요한 사건이다. 1884년에 한국에 최초로 의료선교사로 들어온 알렌과 1885년에 들어온 언더우드

8 한국기독교역사학회 편, 『한국기독교의 역사1』 (서울: 기독교문사, 2011), 138-139.

등 대표적인 장로교 선교사들이 바로 북장로교 선교사들이었기 때문이다. 이후 한국에서 활동한 북장로교회의 대표적인 선교사들로는 사무엘 마펫(Samuel A. Moffet), 베어드(William M. Baird), 그래함(Graham Lee), 스왈런(William L. Swallen), 블레어(William Newton Blair), 헌트(William Hunt), 아담스(James E. Adams), 로스(Cyril Ross), 번하이셀(Charles F. Bernheisel), 바레트(William M. Barrett), 피터스(Alexander A. Pieters), 컨즈(Carl E. Kearns), 클락(Charles Allen Clark)등이 맥코믹 신학교 출신의 북장로교 선교사들이었으며, 로버트(Stacy L. Roberts), 어드만(Walter C. Eerdman), 로즈(Harry Rhodes), 해밀톤(Floyd E. Hamilton) 등이 프린스턴 신학교 출신의 북장로교 선교사들이었다. 특별히 박용규가 지적하고 있는 것처럼, 한국 선교 초기인 대략 25년간은 개혁파 복음주의 정신에 철저했던 맥코믹 출신 선교사들이 한국장로교의 신학을 주도했다.[9] 이런 맥코믹 신학교 출신 선교사들의 영향으로 인해 1901년에 설립된 한국 최초의 장로교 신학교인 평양신학교는 설립, 운영, 교육에 이르기까지 맥코믹 신학교와 긴밀한 관계를 지니며 발전하였고 이런 인연으로 맥코믹 여사가 기부한 5000달러가 기반이 되어 평양신학교의 교사가 1908년 2월에 신축되었다.

이외에도 프린스턴 신학교 출신 선교사들 역시 많은 영향을 한국장로교회에 끼쳤다. 프린스턴 신학교 출신들이 한국에서 주도적 역할을 감당하게 된 것은 1924년 로버트(Stacy L. Robert)가 제2대 평양신학교 교장에 오르면서부터이다. 로버트의 뒤를 이어 평양신학교 교수로 합류했던 어드만과 해밀톤은 모두 프린스턴 신학교의 학풍대로 성경이 오류 없는 하나님의 영감된 말씀이라는 전통적 성경관을 유지하고 있었고 이는 평양신학교의 학생들에게 그대로 영향을 미쳤다. 이에 대해서 미국 북장로교 해외 선교부 총무인 아더 브라운(Arthur J. Brown)은 설명하기를, "한국이 문호를 개방한 이후 25년에 걸쳐 입국한 장로교 선교사들의 전형적인 모습은 청교도 풍이었다. 잉글랜드 선조들이 지금으로부터 100년 전에 안식일을 지켰던 것처럼 그들도 엄격하게 안식일을 지켰다. 댄스, 흡연, 카드놀이는 그리스도의 참된 추종자들이 빠져서는 안되는 죄악이라고 생각했다. 성경 비평학에 있어서는 강한 보수주의였으며 또한 고등비평과

9 박용규, 『한국기독교회사1』 (서울: 생명의 말씀사, 2006), 469.

자유주의 신학은 아주 위험한 이단으로 생각했다."[10] 이처럼 장로교 선교사들이 성경과 교리에 대한 보수적인 입장은 그들이 배출한 한국인 목회자들에 의해 한국교회에도 그대로 전달되었던 것이다.

5. 무디의 부흥운동과 전천년설

드와이트 무디(Dwight L. Moody, 1837-1899)는 시카고를 기반으로 하여 부흥운동을 일으켰다. 그는 3R(Ruin-멸망, Redemption-구속, Regeneration-중생)을 강조하는 단순한 설교로 사람들에게 구원의 메시지를 전했다. 조지 마스든(George M. Marsden)이 지적하는 것처럼, "남북전쟁 이후 많은 신교도들은 세계의 문제에 대한 사회적 해결방식에 대한 신념을 상실하고 있었다."[11] 이런 변화로 인해 사람들에게 전천년설이 인기를 얻게 되었다. 전천년설을 통해 하나님의 심판과 구원의 메시지를 전달하는 복음의 전파에 대한 열정을 자극하였고, 전도와 선교 활동을 촉구하였다. 티모시 웨버(Timothy P. Weber)의 지적처럼, 전천년설은 19세기 말 복음주의 진영의 가장 지배적인 종말론이었던 것이다.[12]

이어 노스필드 회합을 통해 당시의 가장 큰 규모의 선교운동기관인 복음주의 학생자원운동(the Evangelical Student Volunteer Movement)이 1886년에 탄생되었다. 이 기관을 통해 수많은 학생들이 선교사가 되기로 헌신했고 이 헌신자들 중에 일부가 한국에 선교사로 오게 되었다. 그 선교사들 대부분의 종말론은 전천년설이었다. 이에 대해 박용규는 설명하기를, "대부분의 남북장로교 출신 선교사들은 구학파 전통에서 신학교육을 받았으면서도 당시 영국과 북미를 휩쓸고 있던 전천년운동, 학생자원운동, 복음주의 연합운동, 부흥운동과

10 A. J. Brown, *The Mastery of the Far East* (New York: Charles Scribners, 1919), 540.

11 George M. Marsden, *Understanding Fundamentalism and Evangelicalism*, 홍치모 역, 『미국의 근본주의와 복음주의 이해』 (서울: 성광문화사, 1992), 36.

12 Timothy P. Weber, *Living in the Shadow of the Second Coming: American Premilennianism*, 1875-1982 (Chicago and London: University of Chicago Press, 1987), 32-33.

사회개혁운동으로 특징되는 19세기 복음주의 영향을 강하게 받았던 것이다"[13] 고 한다. 이렇게 전천년주의로 무장된 선교사들의 신학적 영향력은 당대의 한국의 시대적 상황과 함께 그대로 반영되었다. 이에 대해 브라운은 다음과 같이 언급하였다: "조선은 오랫동안 신학적으로 장로교 선교에서 가장 보수적인 선교지중의 하나였다. 많은 사람이 전천년설 재림론을 지지하였는데 이런 종류의 말세 신앙을 한국 기독교인들은 쉽게 수용하였다."[14] 역사적으로 보면 1910년의 한일합방과 암울한 민족의 운명으로 인해 당시 시대 상황과 맞물려 전천년설 신앙이 한국장로교회에 자리 잡게 하는 중요한 토양이 되었던 것이다. 박용규가 지적하는 것처럼, "국가의 주권을 상실하고 슬픔 속에서 정치적인 희망을 포기한 한국교인들은 위로와 새로운 희망을 제시한 천년왕국 사상으로 그들의 발걸음을 돌렸던 것이다."[15] 그리고 이 전천년설은 오랫동안 한국장로교 신학의 독특한 특징 중의 하나로 자리매김하게 되었다.

6. 한국 선교 이후 미국 장로교회

1884년에 북장로교회가 한국 선교를 시작한 이후로 미국 장로교회는 통합의 분위기 속에서 하나의 장로교를 만들려고 노력했다. 1902년 북장로교회(PCUSA)는 미 전역을 커버하는 교단으로의 확장을 위해 남부지역을 차지하고 있던 컴버랜드 장로교회와의 통합 문제가 대두되었으며 이는 1903년 북장로교회 총회에서 웨스트민스터 신앙고백서의 수정으로 이어졌다. 이를 통해 미국 장로교회는 통합을 위해 컴버랜드 장로교회의 수정 칼빈주의를 어느 정도 수용하게 되었다.[16] 그리고 이는 전통적 개혁주의에서 신학적 이탈을 의미했다.

1950년대 초에 미국 북장로교회(PCUSA), 남장로교회(PCUS), 북미연합장로

---

13 박용규, 『한국기독교회사1』, 473-474.

14 Brown, *The Mastery of the Far East,* 540.

15 박용규, "한국교회 종말 신앙: 역사적 개관," 『성경과 신학』 27 (서울: 한국복음주의 신학회, 2000), 194.

16 Fitzmier, 『미국 장로교회사』, 113-114.

교회(UPCNA)는 장로교 연합에 대한 계획에 착수했다. 1954년 이 연합을 위한 계획안이 채택되었다. 북장로교회와 북미연합장로교회는 이 연합안을 통과시켰지만 남장로교회는 노회 추인과정에서 통과되지 못했다. 결국 1958년에 북장로교회와 북미 연합장로교회는 총회를 피츠버그에서 모여서 미연합장로교회(United Presbyterian Church in the United States of America: UPCUSA)를 형성하였다. 하지만 1967년 미연합장로교회는 바르트의 신정통주의 영향을 받아, 1647년 이래 전통적인 장로교 신앙고백이었던 웨스트민스터 신앙고백과 크게 상반되는 수정 신앙고백을 채택함으로써 일대 혼란을 가져왔다.

미연합장로교회 내에서는 좌파와 우파로 나뉘어서 여러 이슈들을 가지고 의견이 분열되었다. 1972년에는 여성 안수에 대한 논쟁으로, 지역교회의 재산권 소유문제, 지역 교구가 교단 내에서 어디까지 순종해야 하느냐의 문제를 가지고 토론이 벌어지던 중에 주도적인 여러 조직이 주류 교단을 떠나 미국장로교회(the Presbyterian Church in America, PCA) 가 탄생하였다. 이 미국장로교회는 보수적 입장을 대변하며 가장 급속히 성장하고 있는 교단 중의 하나로 발전하였다.

한편으로 1950년대에 통합에 실패했던 남장로교회(PCUS)와 미연합장로교회(UPCUSA)가 1960년대말부터 통합을 위한 진지한 논의를 시작하여 1983년 남장로교회(PCUS)와 미연합장로교회(UPCUSA)가 아틀란타에서 통합을 이룰 수 있었다. 통합된 교회명은 미국장로교회(PCUSA: the Presbyterian Church U.S.A)이며 대략 13,000개의 교회와 삼백만 이상의 회원을 확보함으로 전국적인 교회로 자리매김하게 되었다.[17]

7. 결　론

미국장로교회의 역사를 통해 우리는 한국장로교회가 가진 여러 특징과 성격들이 19세기 후반부터 들어온 미국 장로교 선교사들이 경험한 당시의

17 Fitzmier, 『미국 장로교회사』, 151-153.

신학과 부흥운동 등이 우리나라에 전달되고 지대한 영향을 미쳤음을 살펴볼 수 있었다. 한국장로교회는 미국 장로교 선교사들이 초기부터 전해 준 웨스트민스터 신앙고백서에 기초한 복음과 개혁주의 신학의 전통을 잘 이어왔다. 반면 미국 장로교회는 우리에게 복음을 전해준 이후로 분열된 교단간의 통합을 이루기 위해 진보적인 신학을 수용하여 수정 칼빈주의의 모습을 취하면서 사회 개혁에 많은 관심을 두어 오히려 복음 전도에 열심을 갖지 못해왔던 것이 사실이다.

그동안 한국 장로교회도 개혁주의 교리를 수호한다는 명목 아래에서 실제로는 교권 경쟁으로 인해 지나치게 많은 교단으로 분열되어 왔다. 이는 한국 장로교를 설립하면서 미국 남북장로교회가 장로교 선교 공의회를 통해 자신들은 분열되어 있지만 한국에서는 하나의 장로교 총회를 설립하기로 했던 연합의 정신에 위반된 것이다. 한국장로교 총회 100주년을 맞으면서 미국장로교회를 교훈 삼아 복음의 순수성과 개혁주의의 정통성을 지키면서도 만연되어 있는 개교회주의를 극복하고 서로 연합하는 모습이 오늘날 한국 장로교회에 필요한 시점이다.

제 4장
호주 장로교의 역사와 전통

호주에로의 이민과 함께 영국의 여러 종파의 성직자들이 호주로 이주해 옴으로서 호주에서의 기독교회가 형성되었다. 그래서 호주에서의 기독교회도 한국이나 다른 피선교국의 나라들과 마찬가지로 모교회인 영국, 곧 잉글랜드, 스코틀랜드, 아일랜드교회 교파단위의 선교활동에 의해 형성되었다. 장로교회는 스코트랜드인들의 이주나 선교활동에 절대적인 영향을 받았으므로 호주 장로교회는 모교회인 스코틀랜드장로교회의 역사와 신학, 예전을 그대로 답습하였다.

이상규 교수(고신대학교 교회사)

한국에서 활동했던 장로교 선교부는 미국북장로교(1884), 호주 장로교(1889), 미국 남장로교(1892), 그리고 캐나다장로교(1898)[1] 등 4개 장로교회였다. 이 네 장로교 선교부는 선교지역 분담 합의에 따라 각기 다른 지역에서 활동했으나 상호 협조하였고, 1907년에는 연합하여 하나의 치리회인 독노회를 조직하였고, 1912년에는 장로교총회를 조직하였다.

호주장로교회는 미국 북장로교회에 이어 두 번째로 한국에서 선교사역을 시작하였고 주로 부산 경남지역에서 활동했다. 이 글에서는 호주 장로교회의 역사와 신학에 대해 간략하게 소개함으로써 호주 장로교 한국 선교부의 배경과 한국에서의 활동을 이해하는데 도움이 되기를 바란다.

우리는 흔히 '호주장로교회의 한국선교'라고 말하지만, 적어도 1901

---

1 캐나다장로교회는 1925년 캐나다의 감리교, 회중교회와 연합하여 캐나다연합교회(The United Church of Canada)를 형성하였다. 물론 1925년 당시 모든 장로교회가 연합에 동참한 것은 아니었다. 약 30%의 장로교회는 연합에 반대하고 계속 장로교회로 남았다. 따라서 1925년 이후 한국선교는 '캐나다 연합교회' 이름으로 행해졌다. John S. Moir, *Enduring Witness, A History of the Presbyterian Church in Canada* (Toronto: PCC, 1987), 230.

년 이전까지의 사실에 대해서는 정확한 표현이라고 볼 수 없다. 왜냐하면 '호주장로교회'는 1901년에 조직되었고, 한국에 선교사를 파송했던 교회는 이보다 앞서 1859년에 조직된 '빅토리아주 장로교회'(PCV: The Presbyterian Church of Victoria)였기 때문이다.

이때는 호주 연방정부가 구성되기 이전이었고, 당시 빅토리아주는 영국의 직접적인 통치하에 있던 독립된 식민지였다. 호주 연방정부는 1901년 구성되었는데, 장로교회도 이 영향을 받아 각 지역(주) 별로 조직되어 있던 장로교회가 통합되어 '호주장로교회'(PCA: The Presbyterian Church of Australia)라는 이름의 전국적인 조직을 구성하였던 것이다. 그래서 한국에서 선교사역을 시작한 교회는 빅토리아장로교회였고, 1901년 이후에는 호주장로교회로 불리게 된다. 그럼에도 불구하고 한국선교를 주도한 교회는 빅토리아주 장로교회(PCV)였다.

호주 장로교회는 1889년 첫 선교사인 데이비스(Joshep Henry Davies)를 한국에 파송한 이래 1945년까지는 78명의 선교사를, 1980년대까지는 126여명의 선교사를 파송하였다. 이중 소수는 주한 장로교선교부의 연합사업에 참여하여 평양과 서울에서 활동했으나 거의 대부분의 선교사들은 부산과 경남지방에서 활동했다.[2]

따라서 호주장로교회는 한국장로교회, 특히 부산 경남 지방에서의 선교, 교육, 의료, 사회봉사 등 기독교운동에 크게 기여하였다. 이런 점에서 호주장로교회의 역사와 신학을 이해하는 것은 한국장로교회의 연원을 이해하고 오늘의 교회 현실을 헤아려 보는데 도움이 될 것이다.

---

2 해방 전까지 내한한 78명의 선교사중 19명은 선교사의 아내였고, 나머지 59명 중 24명은 해외선교회(FMC)가 파송한 선교사였고, 35명은 여전도회연합회(PWMU) 파송 선교사들이었다. 이들은 경남지방의 5개 선교지부, 곧 부산(설치연도 1891), 진주(1905), 마산(1911), 통영(1913), 거창(1913) 지부에서, 전도, 교육, 의료, 자선사업 등에 종사하였다.

1. 호주장로교회의 역사

1) 호주장로교회의 기원

호주에서의 기독교의 역사는 영국계 백인들의 호주 이주와 함께 시작되었다. 흔히 미지의 남쪽 나라(Terra Australis incognita)로 불리던 호주가 외부세계에 알려진 것은 1606년이지만 1770년 제임스 쿡 선장이 현재의 보타니 만(Botany Bay)에 상륙한 이후 호주는 영국령 식민지가 되었고, 1788년 1월 18일 아더 필립(Authur Phillip) 총독과 영국의 죄수들을 실은 첫 함대가 도착함으로서 백인들의 이주가 시작되었다. 호주 건국의 해로 보는 1788년 첫 영국인 범죄자들이 호주로 이주하게 될 때 동행했던 성공회의 리차드 존슨(Richard Johnson) 목사는 호주에서의 종교 활동을 시작했던 첫 인물이었다. 죄수들의 신앙과 갱생을 관장하기 위해 파송되었던 그가 성공회 목사였던 점은 매우 자연스럽다. 성공회(Church of England)는 영국국교였기 때문이다. 그가 호주에서 첫 예배를 인도한 날은 1788년 2월 3일로 알려져 있다. 이때로부터 영국인의 이주가 시작되었지만 자유이민이 시작된 것은 1793년부터였다.

이와 같은 호주에로의 이민과 함께 영국의 여러 종파의 성직자들이 호주로 이주해 옴으로서 호주에서의 기독교회가 형성되었다. 그래서 호주에서의 기독교회도 한국이나 다른 피선교국의 나라들과 마찬가지로 모교회인 영국, 곧 잉글랜드, 스코틀랜드, 아일랜드교회의 교파 단위의 선교활동에 의해 형성되었다. 장로교회는 스코트랜드인들의 이주나 선교활동에 절대적인 영향을 받았으므로 호주 장로교회는 모교회인 스코틀랜드장로교회의 역사와 신학, 예전을 그대로 답습하였다.

호주에 장로교가 처음 소개된 때는 1803년이었고, 이 때 뉴 사우스 웰즈(NSW) 주의 헉스베리 강(Hawkesbury River) 변에서 첫 모임으로 출발하여[3] 소수 그룹으로 있었으나 영국교회의 리차드 존슨목사가 도착한지 30년이 지난

3 C. A. White, *The Challenge of the Years, A History of the Presbyterian Church of Australia in the State of New South Wales* (Sydney: Angus and Robertson, 1951), 1-6.

1820년대에 와서 교회적 조직을 갖추기 시작했다. 1820년대부터 스코틀랜드인의 자유이민이 급증하였는데, 이러한 상황에서 장로교인들의 수가 증가하였고, 장로교 목사가 호주로 이주하게 된다. 1820년까지 이미 2만 5천명의 범죄자의 이주가 있었고, 자유이민의 증가와 함께 그 후 30년 동안 12만명이 더 이주하였다.

호주로 이주했던 모국의 3집단, 곧 잉글랜드계, 스코틀랜드계, 아이리쉬계는 종교적으로는 각기 성공회, 장로교회, 그리고 로마 가톨릭을 대표하는 집단이었다. 그래서 스코틀랜드인 이민자가 급증했다는 말은 장로교인들이 급증했다는 점을 의미했다.[4] 호주로 이주한 첫 3사람의 장로교 목사는 각기 다른 교회적 배경을 지닌 이들이었는데, 1822년 타스마니아 호바르트(Hobart)에 도착했던 아치발드 맥카더(Archibald MacArthur)는 유나이티드 세이션 쳐치(United Secession Church)에 속해 있었고, 두 번째로 호주에 왔던 존 던모 랭(John Dunmore Lang)은 스코틀랜드장로교회(Church of Scotland)의 복음주의 계열에 속한 자로서 1823년 시드니에 도착하였고, 세 번째로 이주해 온 장로교 목사는 존 멕그라비(John McGarvie)였는데, 그는 앞서 온 두 목사와는 달리 중도적인 입장의 인물로 1826년 시드니에 도착하였다. 이들은 모국인 스코틀랜드의 교회적 혹은 교단적 상황을 그대로 호주로 이식하는 결과를 가져왔다.

장로교회가 상당한 영향력을 행사했고, 후일 한국선교를 주도했던 지역인 빅토리아주에 온 첫 장로교 목사는 재임스 클루(James Clow, 1790-1861)였다. 스코틀랜드장로교회 출신인 그는 1837년 타스마니아로 왔고, 후일 멜버른으로 이주하여 스코틀랜드장로교회 목사로서 이곳에서 첫 예배를 인도했다. 그는 동인도회사 사목으로 약 20년간 봄베이(Bombay)에서 일한 바 있고, 스코틀랜드로 돌아와 3년 가까이 지낸 후 호주로 이주했다. 이듬해 제임스 폽스(James Forbes, 1813-1851)가 뉴 사우스 웰즈 노회의 파송을 받고 멜보른으로 이거하였다.

그는 교파를 막론하고 멜보른에 정착하였던 최초의 목사였고, 장로교회만이 아니라 초 교파적인 여러 영역에서 활동했던 영향력 있는 지도자였다.[5] 엄격한 칼빈주의자였던 그는 1838년 2월 3일 후일 스캇치 교회(Scots Church)라고

---

4 스코틀랜드인의 호주 이주와 장로교 목사들의 이주 및 호주에서의 장로교회 형성에 관련한 종합적인 연구로는 Malcolm D. Prentis, *The Scottish in Australia* (Melbourne: A. E. Press, 1987)를 참고할 것.

5 J. C. Robinson, *Melbourne's First Settled Minister* (Victorian Historical Society, 1928), 5-6.

불린 이 지역 최초의 장로교회를 설립했는데, 이 교회는 지금도 멜보른 시내 중심가에 위치하고 있다. 흔히 이 날을 빅토리아주에서의 장로교의 시작으로 보고 있다.[6] 이 교회는 후일 한국선교사를 후원하고 파송하고 또 귀국하거나 은퇴하는 선교사를 환영하는 행사가 치러진 중심 교회가 된다. 특히 폽스목사는 기독교교육에 커다란 자취를 남겼는데, 스캇치 칼리지(Scotch College)를 비롯한 여러 학교를 설립하였다.[7] 그는 1841년 3월에는 지금의 왕립 멜보른병원을 설립하기도 했고, 원주민들의 생활환경 개선을 위해서도 지대한 관심을 쏟았던 '수없이 일을 만드는'(abundant in Labours) 사람이었다. 폽스가 멜보른으로 이거 한 후 여러 장로교 목사들이 멜보른으로 이주함으로서 멜보른을 비롯한 빅토리아 주에는 스코틀랜드와 똑 같은 여러 장로교 교단들이 이식되었다.

2) 빅토리아주 장로교회의 형성

호주 사회에서 커다란 사회적 변화가 일기 시작한 것은 1850년대였다. 그 변화의 진원은 금광의 발견이었다. 흔히 골드 러쉬(gold rush)라고 불리는 이 변화는 이주민의 급증과 함께 사회혁명을 가져왔다. 빅토리아 인구는 1850년에서 1860년 사이에 4만 5천명에서 114만 5천명으로 증가되었다. 호주 전체 종교인구 중 40%가 성공회, 25%가 로마 가톨릭, 그리고 장로교인은 12%에 불과했으나 빅토리아주의 경우 장로교회가 다른 주에 비해 강했다. 예컨대, 1851년 당시 뉴 사우스 웰즈의 장로교인은 9.7%, 킨즈랜드는 12.3%에 지나지 않았으나 빅토리아의 경우 15.0%로서 뉴 사우스 웰즈의 약 두 배에 달했다.[8]

1850년대에 와서 빅토리아주에는 크게 3가지 장로교단이 조직되어 있었다. 첫째는 스코틀랜드장로교회(Established Church of Scotland)를 계승한 교회로서, 1840년부터 1854년까지는 시드니를 중심으로 호주대회(Synod of

---

6 Rowland Ward, *The Bush Still Burns, The Presbyterian and Reformed Faith in Australia,* 1788-1988 (Wantima, 1989), 189.

7 그가 호주 특히 빅토리아 주에서 교육에 끼친 영향에 대해서는 Monash University 교육학부에 박사학위청구논문으로 제출되었다가 후일 단행본으로 출판된 Mairi Harman, *James Forbes of Melbourne, Pioneer Clergyman and Educator* (Sydney: Crossing Press, 2001)을 참고할 것.

8 Malcolm D. Prentis, *The Scots in Australia* (Sydney: The University of Sydney Press, 1983), 219.

Australia)[9]로 불리다가, 1854년 4월 빅토리아주에서 빅토리아주 대회(Synod of Victoria)로 발전해 온 교회, 둘째는 1846년 호주(빅토리아) 대회로부터 분리된 빅토리아 자유장로교회(Free Presbyterian Church of Victoria)이다. 이 교회는 1843년 스코틀랜드에서 '스코틀랜드(장로)교회'에서 스코틀랜드 자유교회(Free Church of Scotland)가 분리되자 3년 뒤 호주에서도 동일한 분리가 있었던 것이다.[10]

셋째는 스코틀랜드 연합장로교회(United Presbyterian church of Scotland)를 계승하여 1850년에 조직된 빅토리아 연합장로교회(United Presbyterian Church of Victoria)가 그것이다. 이 세 장로교 집단은 정부의 지원이나 간섭을 반대하는 강력한 독립적인 교회 조직으로서 스코틀랜드에서의 장로교회의 모습을 그대로 반영하고 있었다. 말하자면 이때까지의 호주 장로교회들은 모국교회의 체제, 신학, 예전을 답습하는 호주 지부와 같은 성격을 지니고 있었다.

그러나 1859년 4월 7일 위의 3교회(단)는 약 10년간의 연합을 위한 토론을 거쳐 하나의 교회로 통합되었는데, 그것이 바로 빅토리아장로교회(PCV: Presbyterian Church of Victoria)이다. 당연한 일이지만 이 빅토리아 장로교회는 교리표준으로 웨스트민스터신앙고백을 받아드렸다. 물론 이 때 위의 3교회(단)의 모든 교회가 다 통합에 참여한 것은 아니었다. 그러나 후일 연합을 반대했던 이들 중 일부가 1867년에, 다른 일부가 1870년에 다시 빅토리아 장로교회로 흡수되어 명실상부하게 빅토리아 교회를 대표하는 장로교회가 되었다. 이 빅토리아 주 장로교회(PCV)는 다른 주의 장로교회들에 비해 가장 교세가 많고 부유하고, 가장 영향력 있는 장로교단으로서 후일 한국 선교를 주도하였던 장로교회가 된다.[11]

---

9 NSW의 경우 1822년 이래로 장로교회가 조직되기 시작했는데, 호주대회(The Synod of Australia in connection with the Established Church of Scotland)는 1840년 10월 5일 조직되었다. White, op. cit., 7.

10 이 교회가 지금의 The Presbyterian Church of Eastern Australia의 기원이 되는데, NSW에서도 Victoria와 동일한 해인 1846년 William McIntyre 목사에 의해 조직되었다.

11 빅토리아장로교회의 형성과 한국선교에 대한 보다 자세한 논의는 이상규, 『부산지방 기독교 전래사』 (도서출판 광야, 2001), 146ff., 혹은 이상규, "호주장로교회의 부산,경남지역선교활동," 『기독교사상연구』 5호(1998. 2), 63-84을 참고할 것.

3) 호주장로교회의 형성

1788년 호주 건국 이래로 개척된 각 주들은 영국왕의 직할 하에 있는 독립된 주들이었다. 그러나 호주 연방 구성의 필요성이 제기됨에 따라 1901년 1월 1일에는 공식적으로 호주 연방(Commonwealth of Australia)이 구성되었다. 이 당시 호주의 백인 인구는 3,773,801명에 불과했다. 그 동안 각주별로 독립적인 치리회로 있던 장로교회도 이런 정치적인 변화에 자극을 받고 통합을 추진하게 되었다. 이 과정에서 타 주에 비해 교세가 강했던 빅토리아주 장로교회가 통합운동을 선도하였다. 그 결과 1901년에는 호주장로교회(PCA: The Presbyterian Church of Australia)를 구성하게 되었다. 호주장로교회는 통합을 논의하는 과정에서 작성된 '연합의 기초'(The Basis of Union)에서는 이 교회의 교리적 입장을 다음과 같이 표명했다. "연합된 교회의 최고의 표준은 구약과 신약성경에 포함된 하나님의 말씀이다."(The Supreme Standard of the United Church shall be the Word of God contained in the Scriptures of the Old and New Testaments).[12] 이어서 성경에 종속되는 교리 표준으로 웨스트민스터신앙고백서와 대·소요리문답, 예배모범과 교회정치 등 5대 문서를 채택했다.[13]

첫 총회장으로는 이 연합을 선도하였던 빅토리아주의 존 메이클레이언 박사(Dr John Meiklejohn)가 선임되었다. 이렇게 되어 호주장로교회가 조직되었다. 이 장로교회가 1977년에 있었던 장로교회를 비롯한 감리교와 회중교회간의 통합 과정에서 약 3분지 2의 교회를 상실했지만 여전히 호주의 대표적인 장로교회로 남아 있다.

---

12 Board of Religious Education, Presbyterian Church of Australia, *Constitution and Procedure and Practice* (Melbourne, 1950), 20.

13 호주장로교회는 웨스트민스터신앙고백서의 채택과 함께 그 문서를 "선언적 규정에 따라 읽는다" 는 점을 명시했다. "The subordinate Standard of the United Church shall be the Westminster Confession of the Faith read in the light of the Declaratory Statement and amended by ..... [changes in Chapter XXIV and Chapter XXVII of the confession]. '선언적 규정' 에 대해서는 본 논문 Ⅱ. 2항을 참고할 것.

2. 호주 장로교회의 신학

그렇다면 호주 장로교회의 신학은 어떠했으며 어떤 변화의 과정을 거쳐 왔을까? 이 점에 대해 편의상 몇 시기로 나누어 고찰하되, 한국에 선교사를 파송한 시기까지만 소개하고자 한다.[14]

1) 장로교 초기의 복음주의 신학 (1850-1880)

자유주의적인 경향이 두드러지게 나타나는 1890년 이전시기를 '초기'라고 말할 때 19세기 호주 장로교회의 신학은 일반적으로 보수주의 신학으로 통칭되고 있다.[15] 이 시기의 신학은 복음주의적 장로교신학, 혹은 역사적 기독교 신앙을 견지했다고 볼 수 있으나 개혁주의적인 경향이 강했다. 이러한 신학경향은 스코틀랜드자유교회(Free Church of Scotland)의 영향이 컸기 때문이었다. 스코틀랜드 자유교회는 흔히 "스코틀랜드의 전 역사과정에서 이 보다 충격적인 사건이 없었다."고 평가받는 1843년 '대분열'(Great Disruption)을 통해 조직된 교회로서, 그리스도의 교회의 머리됨과 교회의 영적 자유를 주장하고 474명의 목사들이 자신들의 모든 것을 포기하고 기존의 국교회적인 스코틀랜드교회를 떠나 분리한 교회로서 언약 신학적 이념이 분명한 집단이었다. 제임스 폽스(James Forbes, 1813-1851)는 이 신학을 주도했고, 이 개혁주의 신학은 장로교 신학교육기관을 통해 유지 계승되고 있었다.

빅토리아주의 장로교신학 교육기관인 오르몬드 대학(Ormond College)은 1865년 설립되었고, 1866년 아담 케언즈(Adam Cairns, 1802-1881)를 교장으로 정식 개교하였다.[16] 케언즈는 존 렌툴(John L. Rentoul, 1846-

---

14 최근까지의 호주장로교회의 신학에 대해서는 이상규, "호주 장로교회의 신학," 『역사신학 논총』 5집, 131-158을 참고할 것.

15 P. F. Cooper, *Some Nineteenth Century Challenges to the Westminster Confession of the Faith in the Presbyterian Church of Victoria* (MCD, 1989), 2, 58ff.

16 Ormond College(신학교)의 설립과 역사, 신학에 대해서는 D. Chambers, *Theological Teaching and Thought in the Theological Hall of the Presbyterian Church of Victoria, 1865-1906* (Ormond College, 1967) 참고할 것.

1926) 교수와 함께 신학교육을 주도했는데, 이들은 역사적 기독교신앙을 견지하는 개혁주의자들이었다. 스코틀랜드자유교회 출신인 아담 케언즈는 위대한 설교자이자 칼빈주의적 신학배경에서 성장하고 양육을 받았던 강력한 복음주의자였다.[17] 금광의 발견으로 호주에로의 이주 인구가 급격히 증가하자 스코틀랜드자유교회는 이들에 대한 목회적 필요성 때문에 1853년 그를 포함하여 10명의 목사들을 멜보른으로 파송했는데, 케언즈는 적어도 1865년부터 1880년까지 15년 이상 장로교신학을 주도했던 중심인물이었다.[18]

또 한 사람의 지도적 인물은 존 렌톨이었다. 아일랜드장로교회 출신인 그는 케언즈와 함께 빅토리아주 장로교회가 조직된 이후 특출한 칼빈주의적인 인물로서 이 두 사람의 지도력 하에 개혁주의 신학이 가르쳐지고 변증되었다. 호주에서도 스코틀랜드교회가 경험했던 바처럼 국가와 교회간의 문제에 대한 이견이나, 유럽으로부터의 자유주의 신학의 영향이 없지는 않았다. 그럼에도 불구하고 위에서 언급한 케언즈나 렌톨의 영향 하에서 복음주의 입장에 굳게 서 있었다.

앞서 언급했지만 1859년과 1870년내의 자유 이민자들의 증가와 함께 스코틀랜드적인 교회상이 그대로 이식되자 교회연합의 필요성이 대두되지만 연합을 절대시하여 신앙고백적 혹은 교리적 일치를 경시하지는 않았다. 교회연합이 모든 이들을 만족시킬 수는 없다. 1859년 빅토리아장로교회가 조직될 당시 프리처치 계통의 일부가 연합을 반대하기도 했지만 이 시기의 신학은 여전히 역사적 장로교 신앙에서 떠나지 않았다.

2) 자유주의 신학의 유입 (1881-1910)

19세기 말부터 유럽의 자유주의 신학이 호주에 영향을 끼치기 시작하였다. 곧 1875년경부터 성경과 그 권위에 대한 회의적인 접근이 나타났고, 강력한

---

17 Aeneas Macdonald, *One Hundred Years of Presbyterianism in Victoria* (Melbourne: Robertson and Mullens, 1937), 35; Rowland Ward, ed., *Presbyterian Leaders in the Nineteenth Century Australia* (Melbourne, 1993), 55-69.

18 M. D. Prentis, *The Scots in Australia,* 263.

개혁주의적 입장은 퇴조하는 경향이 나타나더니 1881년 케언즈가 죽은 후 이 변화는 보다 분명해 졌다. 이 시기의 신학은 개혁주의적 이라기보다는 넓은 의미의 복음주의적 경향이 강했다. 그러나 점차 자유주의 신학이 유입되기 시작했다. 비록 호주장로교회가 자유주의 신학을 그대로 받아드리지는 않았지만 웨스트민스터 신앙고백서를 그대로 받아 드리고, 이를 고수하고자 하지도 않았다. 말하자면 호주장로교회의 신학은 자유주의 신학에 대해 점차 열려진 입장으로 전환되고 있었다. 이런 상황을 반영해주는 대표적인 경우가 1880년대의 스트롱목사의 경우였다.

스트롱(Dr. Charles Strong) 목사는 1875년은 멜보른의 가장 오래된 교회이자 가장 큰 교회로 상당한 영향력을 행사하던 스캇츠교회에 담임목사로 부임했다.[19] 그는 헤겔 철학의 영향을 받은 인물로서 성경의 그리스도가 실재 역사적 인물인가 아닌가 하는 것은 그리 중요한 문제가 아니라고 주장했다. 그에게 있어서 성경의 제시(biblical presentation)는 깨어져야 할 굴 껍데기 같은 것이었고, 진리의 진주를 찾아내기 위해 버려야 할 것으로 이해했다. 그래서 그는 성경의 역사성을 부인하고, 예수의 역사성마저 부인했다.

1880년 10월에는『빅토리아 평론』(Victorian Review)에 구속(Atonement)에 관한 논문을 발표했는데, 이 글에서 그는 그리스도의 신성, 중보자로서의 그리스도에 관해 언급하지 않음으로서 사실상 이를 부인하였다. 특히 그는 논설과 설교를 통해 그리스도의 대속을 부인함으로서 교회는 심각한 혼란에 휩싸였다. 이 문제는 심각한 신학적 파문을 야기하였다. 빅토리아 주 장로교 총회는 스트롱목사에게 그리스도의 신성, 그리스도의 죽음의 보상적 성격, 그의 몸의 부활에 대한 신앙고백을 요구했으나 그는 응답하지 않았다. 그는 역사적 기독교 신조에 대해 적대적이었고, 런던에 있는 유니테리안 교회의 초빙에 응하려했을 정도였다.

문제는 바로 웨스트민스터 신앙고백서였다. 웨스트민스터 신앙고백서는 1647년 작성된 역사적인 장로교회의 신앙고백서이자 빅토리아장로교회의 교리표준 문서였지만 스트롱과 영향력 있는 그의 교회 신도들은 이 신앙고백서를

---

[19] Charles Strong에 대해서는 John Hetherington, *Pillars of the Faith* (Melbourne: F. W. Cheshire, 1966), 19ff. 를 참고할 것.

극단적으로 비판했다. 이 당시 영향력 있던 일간 신문인 「아구스」(Argus)는 웨스트민스터신앙고백서 전문을 3회에 걸쳐 게재하기까지 했다.

1881년 8월에는 스캇츠교회 당회원이자 빅토리아 장로교회 법률고문(law agent)이었던 스츄어트(J. C. Stewart)씨는 스트롱의 견해를 지지하고 변호하면서 웨스트민스터 신앙고백의 예정교리를 비판하고 나왔다.[20] 이런 토론의 와중에서 스트롱목사는 1883년 말 교회를 사임하지 않으면 안 되었지만 1883년은 복음주의적인 장로교회에서 '다른 전통'의 출현을 보여주는 분명한 징표였다.[21]

다소 후의 일이기는 하지만 1899년 퍼거슨목사(Rev J. Ferguson) 또한 스트롱이나 스츄어트와 비슷한 견해를 피력하여 교회가 받아드리기 어려운 주장을 폈다. 그 또한 멜보른 북 노회에 의해 제명되었다. 이러한 조처는 빅토리아장로교회가 여전히 복음주의적 입장에 서 있음을 반증하는 조처였다. 동시에 19세기 말부터 호주 장로교회 안에는 자유주의 신학이 유입되고 있다는 분명한 증거였다.

이런 신학적 토론 과정에서 빅토리아장로교 총회는 1882년 웨스트민스터 신앙고백서에 나타난 주요한 교리들을 지키고 이를 선언하기 위해 소위 '선언적 규정'(a Declaratory Act)을 채택했다. 1901년 호주연방 장로교회 곧 PCA를 구성할 때에 이 기본 정신을 '통합의 기초'(the Basis of Union)속에 포함시켰다. 이러한 사실에는 두 가지 주요한 신학적 문제가 게재되어 있음을 간과해서는 안 된다. 첫째는 장로교 총회가 기본적이라고 여기는 중요한 교리가 있는가 하면, 다른 한편으로 중요한 교리라고 여기지 않는 다른 교리들에 대해서는 자유로울 수 있다는 점이다.[22] '선언적 규정'에서 예수님의 삶과 죽음을 통해서 보여주신

---

[20] 그는 다음과 같이 말했다. 즉 웨스트민스터신앙고백서 안에 그가 발견한 문제에 대해 이렇게 말했다."..... that the world and all things therein were created in six days of 24 hours each; that in order to satisfy the justice of God, millions on millions of God's people have been sent to perdition, simply because they never knew Christ; that there are elect and non-elect and that the elect will be saved whether they like it or not, and that the non-elect, do what theey can, cannot be saved; that there is such a thing as the eternal damnation of infants who had never lisped a name; and, further, that the men who pretended to assert, maintain and defend all the doctrines contained in the confession are dishonest men."

[21] R. Ward, ed., *op. cit.*, 81.

[22] Of the essential doctrines it said: "And inasmuch as the Christian faith rests upon, and the Christian consciousness takes hold of certain objective supernatural historic facts, especially the Incarnation, the

성육신, 대속적 죽음과 부활, 승천, 하나님의 예정, 유아기에 죽은 아이의 구원문제 등은 주요한 기본적 교리로 강조되었으나, 웨스트민스트신앙고백서에서 신학적으로 문제되지 않았던 사소한 점들에 대해서는 의견의 자유가 주어졌다. 이 점을 언급하는 제5항의 내용은 다음과 같다. "제시된 교리에 필수적이지 않는 보조적 기준문제에 관해서는 의견의 자유가 허용되는데, 교회는 자체의 통일성 및 평화를 침해하는 방향으로 이를 남용하지 않도록 주의해야 한다."

이 선언적 규정은 신앙고백을 부정하는 문서가 아니라 신앙고백을 확인(confession-affirming)해 주는 문서였으나 역사적 개혁주의 신학으로부터의 점진적인 변화를 시사해 주는 사건이었다. 결과적으로 말하면 이것은 자유주의 신학으로 나아가는 과정이었으며, 개혁주의 신학은 그 기초부터 흔들리기 시작하였다. 웨스트민스터신앙고백서는 곧 장로교신학교육기관인 오르몬드대학에서 가르쳐지지 않게 되었고, 박물관의 문서로 인식되기 시작하였다.[23]

1900년 이전에 내한했던 호주 선교사들은 다소 복음적인 신학과 진보적인 신학이 혼재해 있던 신학적 변화기에 신학교육을 받았으나 그래도 이 시기에 내한했던 선교사들은 상당히 복음적이었다는 것이 일반적인 평가이다.[24] 그러나 미국 북장로교 선교사들은 호주선교사들의 신학을 경계했던 것으로 보인다.

3) 신학적 자유의 추구 (1911-1945)

호주장로교가 비록 철저한 자유주의 신학을 따르지는 않았다 할지라도 1910년 이후 점차 자유주의적 경향이 두드러졌고, 1960년대에 이르는 기간 동안

---

atoning Life and Death, and the Resurrection and Ascension of our Lord, and His bestowment of his Holy spirit, this Church regards those whom it admits to the Holy ministry as pledged to give a chief place in their teaching."

23 T. l. Wilkinson, *The Westminster Confession Now* (Melbourne, 1992), 4.

24 초기 한국선교사였던 겔손 엥겔(G. Engel)의 장남으로 한국에서 태어나 한국에서 성장한 Frank Engel은 필자와의 면담(1988. 10. 6)에서 한국에서의 선교사 자녀로서의 생활과 호주에서의 에큐메니칼 운동에 대한 연구를 토대로 1930년대까지 한국에서 일한 호주 선교사들의 신학을 '복음주의적인 신학' 이었다고 평가했다.

호주장로교회 지도자들은 자유주의 신학이 주도적인 신학이었고, 복음주의 혹은 칼빈주의적인 전통은 소수파의 신학으로 남아 있었다. 그 분명한 증거가 사무엘 엥거스(Samuel Angus)가 1915년 뉴 사우스 웰즈 주의 장로교 신학교육기관인 세인트 엔드류스 대학(St. Andrews College)의 신약학 교수로 임명된 사건과 1920년대부터 호주 장로교회 안에서 활발하게 일어난 교회연합운동이다.[25]

엥거스는 1915년 뉴 사우스 웰즈 주의 신학교육기관인 세인트 앤드류스 대학(St. Andrews College)의 신약을 교수로 임명되었다. 그는 아일랜드의 왕립대학과 프린스톤대학, 그리고 마부르그대학 신학부와 베르린과 에딘버러에서 수학했던 뛰어난 고전학자였다.[26] 그러나 그는 복음주의 신학자가 아니었다. 그의 초기 기독교에 대한 연구는 종교사학파의 입장을 따랐고, 시카고학파의 방법론을 선호하고 있었다. 무엇보다도 그는 독일에서 전개된 자유주의 신학을 추구하고 있었다.

특히 그는 아돌프 다이스만(Adolf Deismann)과 아돌프 하르낙(Adolf von Harnack)의 깊은 영향을 받는 것으로 알려져 있다. 그래서 그는 삼위일체를 부인하고 그리스도의 신성과 속죄와 대속의 교리를 부인했고, 부활을 부인하기까지 했다.[27] 그의 신학사상은 29년간의 교수활동 중 마지막 10여

---

25 호주교회의 에큐메니칼 운동에 대해서는 Frank Engel, *Australian Christians in Conflict and Unity* (JBCE, 1984)를 참고할 것.

26 그는 『기독교의 배경』(*The Environment of Early Christianity*), 『신비종교와 기독교』(*The Mystery Religions and Christianity*), 『그레꼬-로만 세계에 대한 종교적 탐구』 (*The Religious Quests of the Graeco-Roman World*) 등의 역저를 출판함으로서 초기 기독교 상황에서의 신비종교와 기독교에 대한 세계적인 학자로 명성을 얻었다.

27 Samuel Angus를 비판했던 대표적인 인물은 Ashfield 장로교회의 Robert J. H. McGowan 목사였다. 그는 *No Compromise on the Deity of Christ, Address of Rev. R. J. H. McGowan on the Angus Case* (Sydney, 1934)에서 그리스도의 신성과 대속을 부인하는 것은 더 이상 기독교 일 수 없으며 그의 신학은 합리주의 철학에 근거한 것이라고 비판했다. McGowan의 Angus 비판에 대한 자세한 기록은 M. Hutchinson, *Iron in Our Blood, A History of the Presbyterian Church in the New South Wales, 1788-2001* (Sydney: The Centre of the Study of Australian Christianity, 2001), 249ff.를 참고할 것.

엥거스의 신학과 관련하여 다수의 논쟁서들이 출판되었다. 당시 출판된 엥거스의 신학에 대한 비판적 논술로는 F. A. Hagenauer, *Doctrinal Standards and the Angus Case* (East Melbourne, 1933), Ronald G. Macintyre, *The Theology of Dr Angus* (Angus & Robertson, 1934) 등이 있다. 엥거스는 자신에 대한 비판에 대해 *Christianity and Dogma* (Angus & Robertson, 1933)를 통해 변호했다. 이 글은 1933년 5월 18일 NSW주 총회석상에서 낭독한 원고였다. 최근에 출판된 엥거스의 생애와 신학에 대한 저술로

년간 논쟁을 불러 일으켰던 토론의 와중에서 작성된 「진리와 전승」(Truth and Tradition, Sydney, 1934) 속에 잘 나타나 있는데, 그는 이 책에서 삼위일체를 "교회가 기독교 신앙에서 사활적인 것으로 간주할 사안이 아니며 따라서 의견의 자유가 허용된다. 호주장로교회는 스스로 타당하거나 사활적이라고 선언한 삼위일체교리를 가지고 있지 않다"고 주장했다. 또 엥거스는 호주장로교회가 표명한 '선언적 규정'에 근거하여 웨스트민스터신앙고백서와 다른 교리를 가르칠 자유가 있다고 주장했다.

그는 1915년부터 1943년 61세의 나이로 사망하기까지 29년 동안 호주장로교회의 목사후보생들을 가르쳤다. 특히 그가 이단 논쟁에 휘말린 1930년대 이후 '이단자'(heretic), '기독교 신앙의 파괴자'(destroyer), '분란을 야기하는 자'(disturber), 심지어는 '적 그리스도'라는 격한 비난을 얻기도 했으나 이것은 자신이 감수해야 하는 신념의 몫이었다. 그는 예리한 지성을 소유한 신학자로서 반공주의자였고, 히틀러의 통치를 비판했으며, 비폭력적인 사상을 가진 경건한 인물로서 존경을 받기도 했으나[28] 그는 1930년대 호주 장로교회에 커다란 신학적 변화를 몰고 왔던 것이다. 1930년 대 초 한국장로교 총회에서 오경의 저작권과 여권문제, 아빙돈 성경 주석 발간 건으로 논쟁이 일고 있을 때, 호주 장로교회에는 자유주의 신학이 지경을 넓혀가며 신학적 격전장으로 변해가고 있었다. 1930년대는 물론이지만 그 이후의 호주장로교의 신학적 변화에 끼친 그의 영향력을 부인하는 사람은 아무도 없다.

호주 장로교회의 신학적 변화에 영향을 준 또 다른 한 인물은 존 에드워즈(John Edwards)였다. 뉴 사우스 웰즈(NSW) 주 장로교 총회장으로 피선된 존 에드워즈는 1921년 5월에 행한 "신학적 재건: 자유를 위한 청원"(Theological Reconstruction: A Plea for Freedom) 이란 제목의 총회장 취임강연에서 성경과 신조와 교회의 권위를 부정하고, 자유주의 신학의 추구를 요구하고 나왔던 것이다. 그는 축자영감설을 부인함으로서 성경관의 변화를 촉구하고

는 Susan Emilsen, *A Whiff of Heresy, Samuel Angus and the Presbyterian Church in New South Wales* (NSW University Press, 1991)이 있다.

28 Susan Emilsen, *A Whiff of Heresy, Samuel Angus and the Presbyterian Church in New South Wales* (Sydney: New South Wales University Press, 1991) 참고.

나섰다. 센 앤드류스(St. Andrew's College)의 교수였던 에드워즈는 케네스 에드워즈(Kenneth Edwards)와 함께 엥거스의 신학적 후원자였고, 신학적 동료였다.[29]

이러한 신학적 진보주의의 득세와 함께 호주 장로교회는 초 교파적 교회 연합을 추구하게 된다. 교파를 달리하는 교회들 간의 통합의 시도는 진보주의적 신학의 산물이라고 할 수 있을 것이다. 연합에의 추구는 1901년의 연방 장로교회의 구성과 같은 교회 연합 선례가 영향을 끼쳤기 때문이기도 하지만 무엇보다도 신학적으로 자유주의 사상이 교회의 주도적인 영향력을 행사했기 때문이다.

장로교회 안에서 교회 연합에 대한 논의는 이미 1906년부터 시작되었는데 이때는 성공회와의 연합을 시도했다. 이 일로 호주의 감리교회와 회중교회를 격분시키기도 했다. 1907년까지 계속된 이 때의 시도는 감독제도를 따르는 교회 외에는 연합을 위한 협상의 대상이 될 수 없다는 1908년의 '람베스 선언'(Lambeth Conference) 때문에 무산되었지만[30] 연합을 위한 노력은 계속되었다. 물론 이런 움직임에 대한 반대도 만만치 않았다. 조직적인 반대운동은 이 연합은 결국 웨스트민스터 신앙고백서에 표명된 바와 같은 기록된 하나님의 말씀으로서의 성경에 대한 전통적인 신앙의 희석(watering down)을 가져올 것이라고 우려했기 때문이다.

이와는 달리 연합을 추구했던 이들은 자유주의적 신앙을 가진 이들이 중심이 되어 신앙고백적 속박으로부터 자유 하고자 하는 이들이었다. 강력한 반대에도 불구하고 연합은 추진되었고, 상당히 전향적으로 타 교파와의 연합이 시도되었다.

그러다가 1920년에 와서 장로교회는 감리교와 회중교회와 교단 연합에 대한 기본 합의에 이르렀고, 이에 대한 찬반 투표를 실시하기에 이르렀다. 이 투표에서 감리교인들은 90%가, 회중교인들은 84%가 찬성했으나, 장로교회는 보다 부정적이었다. 장로교인 중에서 절반이 넘는 이들이 투표를 거부하였고, 투표에 응한 교인 중에서도 60%만이 연합을 찬성했다.[31]

---

29 M. Hutchinson, 250.

30 Ian Breward, *A History of the Australian Churches* (Allen & Unwin, 1993), 99.

31 Frank Engel, 175-6, J. S. Udy, "Australia Negotiations Towards Union: An Historical Survey 191-

1922년 호주장로교 총회는 이전에 작성된 '연합의 기초'(The Basis of Union)를 수정한 '교리와 정치의 기초'(Basis of Doctrine and Polity)에 근거하여 연합을 승인하고 이를 주 총회, 노회, 당회, 공동의회 순으로 투표에 회부할 것을 결의하였다. 비록 이 수정된 안이 전적으로 장로교회 측의 요구와 제안에 따라 만들어진 것이지만 장로교 주 총회 중 절반이 연합을 부결시켰다. 연합을 반대한 주들은 빅토리아 주와 빅토리아주와 관계된 주들, 곧 타스마니아, 남부 호주(South Australia)와 서부 호주(Western Australia) 총회였다.[32]

연합을 반대한 이들은 주로 스코틀랜드-아이리쉬(Scotland-Irish)적 성격을 지닌 집단으로서 모국의 장로교적 전통을 계승하고자 하는 이들이 다수를 점했고, 연합을 지지했던 이들은 호주적인 상황에서 하나의 연합된 새로운 교회를 형성하고자 하는 보다 진보적인 신학을 따르는 이들이었다.[33] 이들은 비슷한 시기에 전개된 캐나다에서의 교회연합운동의 직간접적인 영향을 받고 있었다고 볼 수 있다. 캐나다의 경우 장로교회와 감리교회, 그리고 회중교회는 피선교지인 캐나다에서 조차도 교파적으로 분리되어 있을 필요가 없다는 이유에서 연합을 추구하였고, 위의 3교회는 1925년 통합하여 캐나다연합교회(The United Church of Canada)를 형성했던 것이다.[34]

이런 영향에도 불구하고 이 연합안은 무산되었고, 1924년 호주장로교회 총회에서는 교회간 연합위원회의 해체를 결의하게 된다. 비록 연합은 무산되었지만 신조와 교회정치를 달리하는 교회들과 연합을 시도했다는 사실 자체가 장로교 신조나 전통에 연연하지 않겠다는 표현으로서 신학적인 포괄주의를 지향했음을 알 수 있다. 빅토리아 장로교회 또한 이러한 호주장로교의 신학적 분위기로부터

1977," in *Church Heritage*, no. 1 (Sep. 1978), 9.

32 Frank Engel, 177.

33 그래서 Udy는 이 통합을 위한 시도가 좌절된 것은 스코틀랜드인과 아이리쉬인들의 민족주의의 승리(Victory of Scottish and Irish nationalism)라고 불렀다. J. S. Udy, 12.

34 캐나다장로교회는 1925년 캐나다의 감리교, 회중교회와 합하여 캐나다연합교회(The United Church of Canada)를 형성하였다. 물론 1925년 당시 장로교회 전부가 연합에 동참한 것은 아니다. 약 30%의 장로교회는 연합에 반대하고 계속 장로교회로 남았다(John S. Moir, *Enduring Witness, A History of the Presbyterian Church in Canada,* Toronto: PCC, 1987, 230). 한국에서 사역하던 캐나다선교사 중 단 한 사람인 영재형(Luther Young) 외에는 전원이 연합교회로 이적하였다. 따라서 1925년 이후 한국선교는 '캐나다연합교회' 이름으로 행해졌다.

자유로울 수 없었다. 빅토리아에서는 존 레리 렌툴(John Larry Rentoul)교수가 이 연합을 가장 강력하게 반대했다. 그래서 그는 "싸우는 레리"(Fighting Larry)라고 불리기도 했던 보수주의자였지만 그도 점차 스며드는 신학적 자유의 물결을 막아 낼 수는 없었다.

성경비평학이 도입되었고, 성경의 절대적 권위는 거부되었다. 심지어는 그리스도의 속죄와 대속까지 부인하는 이들이 있었다. 즉 1920년대 이후 바르티안이 신학을 주도했던 것이다. 20세기 호주 장로교회는 점차 자유주의 신학에로 한걸음씩 나아가고 있었다.

3. 호주선교사들의 내한과 활동

1) 선교 활동 개관

이상에서 호주장로교회의 기원과 역사, 그리고 신학의 역사를 간략하게 소개하였다. 이런 역사적 환경에서 호주 빅토리아장로교회는 한국에 선교사를 파송하였고 부산과 경남지역에서 주로 활동했다. 호주 빅토리아장로교회는 미국 북장로교회의 알렌 의사가 입국한지 5년 후인 1889년 조셉 헨리 데이비스(Joseph Henry Davies)와 그의 큰 누나인 메리(Mary T. Davies)를 한국에 파송함으로서 한국 선교에 동참했다. 이때로부터 호주장로교회는 1945년 해방이전까지 78명의 선교사를 파송하였다. 해방 후 1947년에 한국선교를 다시 계시하였고, 1977년 이후에는 호주 연합교회[35]가 한국선교를 계승하여 48명을 파송하였다.

[35] 호주연합교회는 1977년 조직되었다. 캐나다의 경우와 같이 호주에서도 오랫동안 교회연합을 위한 시도가 있어왔다. 그러나 전쟁의 발발과 국내 사정으로 중단되었다가 1977년 호주 장로교회, 감리교회 그리고 회중교회는 연합하여 호주연합교회(The Uniting Church of Australia)로 통합되었다. 장로교회의 경우 약 75%가 이 연합에 가담하였고 나머지 25% 장로교회는 계속 장로교로 남아 현재 호주장로교회(The Presbyterian Church of Australia)를 구성하고 있다. 호주교회의 연합운동에 관한 역사적 연구로는 Frank Engel, *Australian Christians in Conflict and Unity* (Melbourne: JBCE, 1984)를 참고할 것.

선교 초기 파송된 선교사들은 부산에 정착하였고, 처음에는 미국 북장로교 선교부와 함께 사역했다. 그러나 1901년 이래로 양 선교부 간의 계속적인 대화를 통해 경남지역에서의 선교지역 분담과 재조정이 있었다. 1913년 말에는 미국 북장로교 선교부가 부산, 경남지방에서 완전히 철수함으로서 1914년 이후에는 경남지역 전역은 호주 장로교 선교부의 관할 하에 있게 된다. 당시 부산과 경상남도의 인구는 약 150만으로 추산되는데, 이들 지역을 효과적으로 감당하기 위해서는 더 많은 인적 물적 지원이 필요하였는데, 이러한 선교지의 요구에 따라 호주장로교 해외선교부는 1910년 '전진운동'(Forward Movement)을 전개하여 더 많은 선교사를 파송하였다. 그동안 호주선교부는 기존의 부산진과 초량 등 부산지부(1891) 중심으로 사역했으나, 곧 이어 진주(1905), 마산(1911), 통영(1913), 거창(1913)에 선교지부(Mission Station)를 열었고 이 5개 지부를 중심으로 경남지역 전역에서 사역하였다.[36]

호주선교부는 이들 5개 지역에서 만이 아니라 평양과 서울에서도 활동했는데, 왕길지(Gelson Engel) 선교사는 1906년부터 평양신학교 강사로, 1919년부터 은퇴할 때인 1935년까지는 신학교의 교수로 활동했다. 또 의료선교사인 마라연(Dr Charles McLaren)은 당시 한국에서의 유일한 신경정신과 의사로서 1923년부터 1938년까지 세브란스병원과 의전(醫專)에서 진료와 교육을 담당하였다.

2) 선교 정책, 영역, 신학

호주선교부도 사도시대 이후 선교사역의 가장 주요한 3부분인 전도, 교육, 의료 등 3대 분야에서 활동하였고, 이 모든 사역은 자선사업 혹은 자애정신과 깊이 관련되어 있었다. 한국에서 사역하는 동안 네비우스정책을 따랐고, 순회전도를 중시하였다.

호주선교부의 중요한 정책이 교육활동인데, 특히 부녀자와 아동 교육을 강조하였고, 여성교육에 특별한 관심을 기울였다. 경남지방은 경기 이북지방에

36 이들 선교지부의 관할 지역을 보면 다음과 같다. 부산(진)지부: 동래, 기장, 언양, 울산 양산, 김해, 울릉도, 밀양, 영산, 창녕, 마산지부: 마산일원, 함안, 창원, 웅천, 칠원, 진주지부: 진주일원, 사천, 곤양, 하동, 남해, 삼가, 산천, 의령, 거창지부: 거창일원, 안의, 함양, 합천, 통영지부: 거제, 칠암, 고성, 진해.

비해 보수적이었음으로 여성교육에 대한 무관심이 더욱 심했다. 호주선교부는 각 선교지부에 남, 여 학교를 설립하였는데, 남자학교는 정상 궤도에 오르면 해 지역 교회에 경영권을 넘겨주는 것을 고려했으나 여자학교는 선교부가 운영하도록 했다. 특히 호주선교부는 부산의 일신여학교(1895), 진주 시원여학교(1906),[37] 마산 의신여학교(1913), 통영에 진명여학교(1914)를 설립하고 여성교육에 힘썼다. 일신(日新)여학교는 한강 이남에서 가장 오래된 여자 학교로서 명성을 얻었고, 지금은 동래 여자중고등학교로 존속하고 있다. 무엇보다도 통영과 동래에 실업학교(Industrial, Vocational 혹은 Farm school)를 설립하고 가난한자, 장애인, 혹은 불우한 여인들의 생계를 위한 교육을 실시하였다.

호주선교사들은 근대적 의미의 교육활동, 곧 교육은 특수한 일부만을 위한 것이 아니라 모두가 교육이 대상이며 교육받을 권리가 있다는 점, 또 그 교육의 목표는 과거급제나 공직에 나가기 위한 것이 아니라 건실한 사회인, 교양 있는 그리스도인의 인격을 함양하는 것이라는 점을 고양하고 유치원 교육, 여성교육을 중요시하고 또 실용적인 직업교육을 통해 가난하고 가진 것 없는 이들에게 삶의 길을 제시한 것은 큰 공헌이라고 할 수 있다.

호주선교부의 의료 활동은 타 선교부에 비해 미약했다. 78명의 내한 호주선교사 중에서 의료선교사는 10명에 불과했다. 이 중 의사는 4명이었고 간호사는 6명이었다.[38] 당시만 하더라도 호주 장로교회는 다방면의 의료 활동을 전개할 만큼 재정적으로 부유하지 못했다. 그래서 진주를 의료활동의 중심지로 삼고 그곳에 배돈(培敦)병원을 설립하였다. 이 병원은 경남지방의 유일한 병원으로 이 지방민들에게 큰 기여를 하였고, 부산과 통영에는 아동 건강관리소(Baby Welfare Center)를 운영하였다. 특히 통영지부에서는 작은 선박을 이용하여

---

37 진주지방에는 정숙여학교와 더불어 1906년부터 남학생을 위한 안동(安東)학교가 시작되었는데, 정숙학교와 통합되어 광림(光林)학교로 발전하였다. 이 학교는 커를 선교사의 발의로 진주교회를 중심으로 시작되었는데 오랫동안 독립교사를 갖지 못하고 진주교회당을 교사로 사용하였다. 1925년에는 선교부의 후원으로 200여명의 아동들을 기숙시킬 수 있는 교사를 신축하였다. 설립 당시에는 커를 외에도 김경숙, 박성애, 안헌, 서윤보, 리영숙, 강주식, 김성숙 등 진주교회 구성원들이 교육과 행정에 관여하였다.

38 4명의 의사는 Hugh Currell, Charles McLaren, William Taylor, Jean Davies이었고, 간호사 6명은 Frances Clerke, Gertrude Napier, Mrs E. V. I. Trudinger, Ethel Dixion, Elsie T. Edgar, Mrs Taylor(nee Alice Main) 등이다.

위급한 섬 사람들을 진주로 후송하여 치료받도록 배려하였다.

호주선교부의 의료 혹은 자선사업 중에서 중요한 한 가지는 부산의 나환자 수용소 및 병원(Leprosy Asylum)을 운영한 일이다. 이 일은 1910년부터 시행되었는데, 수용시설의 책임자는 매견시(J. N. MacKenzie)였다. 그는 간단한 의학교육을 받았던 목사였고, 후일에는 의사자격을 얻기도 했는데, 인간이 당하는 가장 큰 고통을 가슴에 안고 사랑으로 이들을 보살폈다. 그의 이러한 기여 때문에 일본 천황과 조선총독으로부터 몇 차례 훈, 표창을 받기도 했고, 귀국 후 1939년에는 호주빅토리아장로교 총회장으로 추대되기도 했다. 부산의 일신병원을 설립한 매혜란, 매혜영은 바로 매견시 선교사의 장녀와 차녀이다.

해방 이전까지 내한했던 호주 선교사 78명 중 신학교육을 받은 목사 선교사는 20명이었다.[39] 이중 15명은 호주빅토리아 장로교회의 신학 교육기관이었던 오르몬드 대학(Ormond College)에서 신학교육을 받았다. 그러나 각기 다른 시기에 신학교육을 받았고 각기 다른 신학적 견해를 가질 수 있으므로 이들의 신학을 일괄적으로 말 할 수는 없을 것이다. 호주 장로교회, 특히 한국선교와 깊이 관련되어 있는 빅토리아주 장로교회 또한 1850년대 이래로 신학적 다양성과 변화를 겪어왔기 때문이다. 대체적으로 말하면 웨스트민스트신앙고백서에 표명된 하나님, 인간, 그리스도, 죄와 은혜, 그리고 구원에 기초한 장로교 신앙의 소유자들로서, 광의의 복음주의 계통의 신학을 견지하였다고 할 수 있다.

맺는 말

대체적으로 말해서 호주장로교 선교사가 한국교회의 신학 형성에 끼친 영향은 타 선교부에 비해 미미한 것으로 평가된다. 한국에서의 최초의 장로교신학교육기관은 1901년에 설립되었는데, 주한 장로교선교회 간의

---

[39] 내한했던 목사 선교사는 다음과 같다(괄호안의 연도는 내한 연도임) J. H. Davies(1889), J. H. Mackay(1891), A. Adamson(1894), G. Engel(1900), D. M. Lyall(1909), J. N. Mackenzie(1910), F. J. L Macrae(1910), R. D. Watson(1910), A. C. Wright(1912), J. T. Kelly(1912), F. W. Cunningham(1913), A. W. Allen(1913), F. J. Thomas(1916), M. Trudinger(1922), G. Anderson(1922), E. T. Borland(1929), A. T. Cottrell(1933), E. W. New(1934), H. W. Lane(1935), J. M. Stuckey(1935).

협의기관이었던 '장로교 공의회'는 1905년 이 신학교를 인준하고 이 신학교를 영문으로는 '연합신학교'(The Union Theological Seminary)라고 명명하였다. '연합'이라고 명명한 것은 주한 네 선교부의 연합적인 운영을 의미했다. 그러나 현실에 있어서 미국 북 장로교회가 신학교육을 주도하였고, 호주교회의 참여는 타 선교부에 비해 미미했고, 결국 그 영향력 또한 그러했다.

평양신학교는 북장로교 중심으로 운영되다가 1906년에 와서 미국 남장로교회와 호주 장로교회가 교수요원을 파송함으로서 신학교육에 동참했는데, 당시 10명의 교수 중 호주선교사는 오직 엥겔뿐이었다.[40] 엥겔선교사는 1906년 호주장로교 선교부를 대표하여 교수요원으로 선발되어 1906년부터 연 3개월 동안 평양에 체류하며 교수하였고, 1919년에는 전임교수로가 되어 1935년 은퇴할 때까지 교수하였다. 그는 한국에서 교회역사를 가르친 첫 교수였다.

그는 교회사만이 아니라 성경언어, 곧 헬라어와 히브리어를 가르쳤고, 도서관장으로 봉사하기도 했다. 이런 점을 감안해 볼 때 호주선교사들이 선교지역인 부산, 경남지역에서는 신학적 영향을 준 것이 사실이지만 당시 신학사조나 신학의 발전에 특별한 기여를 했다고 볼 수는 없다. 난시 미국 장로교회가 주도하는 신학에 순응하며, 이를 유지, 계승하는데 일조했을 뿐이다.

---

40 당시 교수를 선교부별로 보면 다음과 같다. 미국 북장로교: 마포삼열(Samuel Moffett), 원두우(H. G. Underwood), 이길함(Graham Lee), 소안론(W. L. Swallen), 배위량(W. M. Baird), 편하설(C. F. Bernheisel), 곽안련(A. D. Clark), 한위렴(W. B. Hunt), 미국 남장로교: 이눌서 (W. D. Reynold), 호주장로교: 왕길지(G. Engel).

제 5장
캐나다 장로교와 한국선교 개략

캐나다 장로교의 전통은 스코틀랜드의 칼빈주의자들 즉, 영국국교에서 분열되어 나온 '자유교회파교회' (Free Church)의 교회 체계 (ecclesi -astical structure)가 신대륙에 뿌리를 내린 전통을 이어 받았다.

유영식 교수(토론토대학 동양학부)

프랑스의 탐험가 사무엘 드 샹플랭 (1570-1635)은 1604년에 오늘날의 노바 스코시아 (Nova Scotia) 지역을 발견하고 아케디아 (Acadia) 즉 '신프랑스'라 불렀다. 그는 그의 탐험의 지경을 넓혀 1608년에는 오늘날의 퀘벡지역을 탐험하고 이 지역들을 불령으로 삼고 프랑스의 문장紋章 (Fleur-de-lis)을 높이 달아 올렸다. 아케디아와 퀘벡 점령지에는 프랑스의 모피 무역상들이 이주하여 정착하기 시작하였고, 처음에는 프란체스코 수도사들이, 후에는 예수회 전도자들이 새로운 점령지역에서 자국민과 원주민을 대상으로 포교활동을 전개하였다.[1] 이들 초기 프랑스 이민자들 중에는 프랑스 칼빈주의자들인 즉 위그노 교도들이 끼어 있기는 하였으나[2] 프로테스탄트가 캐나다에 발을 붙이게 된 계기는 1713년의 유트레헤트 조약 (The Treaty of Utrecht. 이하 'U조약') 이후부터이다.

'U조약'은 스페인 계승전쟁의 결과로 영국과 프랑스가 맺은 조약인데,

1 샹플랑과 '신프랑스'에 관하여는, Desmond Morton, *A Short History of Canada* (Hurtig Publishers Ltd., 1983) 16-19; H. H. Herstein, *Challenge and Survival: The History of Canada* (Prentice-Hall of Canada, 1970), passim 참고 바람.

2 John Moir, *Enduring Witness: A History of the Presbyterian Church in Canada* (Committee on History, The Presbyterian Church of Canada, 1975), 20-4.

프랑스는 오늘날의 캐나다 지역에서 그들의 점령지역인 허드슨 만 (Hudson Bay)과 아케디아, 즉 오늘날의 노바 스코시아 지역의 동부 연안을 영국에 양도한다는 조약을 맺었다.[3] 사실 'U조약'을 통하여 영국은 프랑스로부터 해상권마저 쟁취하여 이후 영국은 막강한 해상권을 갖는 계기를 마련하였다. 따라서 종전의 프랑스 점령지역에는 Fleur-de-lis (프랑스 문장)는 사라지고 Union Jack (영국 국기)이 깃발을 올리게 되었다.

'U조약'으로 인하여 캐나다의 연해주 지역이 영국의 식민지가 되는 정치적인 변동은 종교적인 지각에도 변화를 일으켜 이후 17세기의 프랑스식 구교에서 18세기 초 부터는 영국식 신교로 바뀌게 된 것이다.

캐나다 동부 연해주 지역에는 스코틀랜드 사람들이 많이 이주하여 와서 살게 되었다. 이들 스코틀랜드 이민자들은, 영국국교의 기성 틀에서 분열 (The Disruption)하여 새로운 교회를 청설한 이른바 '자유 교회파' (Free Church) 사람들인데, '스코틀랜드 분리 교회' (Scottish Secession Churches)라고도 부른다. 그들의 종교적 권위는 교권이 아니라 성서였다. 바로 칼빈주의 후예들이다. 이들 '자유 교회파' 초기 이민자들은 자연적으로 교회법이나 교회의 전통은 여진히 스코틀랜드의 전통을 이어가고 있다가, 1840년대 이르러 모국 교회와의 '탯줄' (umbilical cord)을 끊고 캐나다에서의 '우리' 교회를 창설하자는 모국교회 반대파 (Dissenter)와 여전히 스코틀랜드의 모교회에 속해야 한다는 모국교회 충성파 (Loyalist)와의 갈등으로 시련을 겪다가, 드디어 1875년에 캐나다에 산재해 있던 장로파 교회들은 연합하여 캐나다 장로교회를 태동하였다.[4]

결론적으로 캐나다 장로교의 전통은 스코틀랜드의 칼빈주의자들 즉, 영국국교에서 분열되어 나온 '자유교회파교회' (Free Church)의 교회체계가 (ecclesiastical structure)가 신대륙에 뿌리를 내린 전통을 이어 받았다.[5] 따라서 한국에 나온 선교사들의 종교적 신학적 배경은 바로 스코틀랜드의 칼빈주의 후예들이었음을 알 수 있다.

---

3 Herstein, 37, 68.

4 Moir, 137-42.

5 John Alexander Johnston, *The Presbyterian Church in Canada*, (The Committee on History, 1985), 5.

1. 캐나다 한국 선교의 시작: 독립선교기

캐나다 한국선교 역사는 다음과 같이 4단계로 구분하여 설명할 수 있다.

첫째 단계는 1888부터 1893까지 교단배경 없이 한국에 나갔던 독립 선교사들과, 혹은 캐나다 시민이면서 미국 선교부의 파송을 받고 한국에 나갔던 단계이다. 게일, 하크네스, 펜윅, 하디, 홀, 에비슨 등이 여기에 속한다.

둘째 단계는 캐나다 장로교회가 공식으로 파송한 선교사는 아니었지만, 장로교 목사로서 장로교 교인들의 개별적 후원을 받아 1893년에 한국에 온 '준' 장로교 선교사였던 매켄지를 말한다.

셋째 단계는 캐나다 장로교회가 공식으로 선교사를 파송한 1898년 한국에 나온 그리얼슨, 마구례 그리고 푸트이후 1925년 까지를 말한다.

넷째 단계는 1925년 이후 캐나다 연합교회의 선교기를 말한다.[6]

여기서는 위의 1, 2단계에 해당하는 캐나다 장로교 한국 선교를 개략하고자 한다. 제 1단계에 해당하는 선교사들 가운데 최초로 당시의 조선에 선교사로 나갔던 사람은 제임스 게일 (James S. Gale, 1863-1937. 한국명 긔일)이다. 게일은 현재의 토론토 대학교의 한 단과 대학이었던 University College (이하 UC)를 졸업하던 1888년에 나갔다. 2013년이면 그가 한국에 도착한 125주년이 된다.

게일은 스코틀랜드에서 이민 온 이민 2세로 칼빈주의 전통을 이어 받은 장로교 집안이었다. 게일의 증조 외할아버지였던 헨리 에싼 (1793-1853)은 1844년 그의 집에서 학생들을 가르치기 시작했는데, 이것이 바로 캐나다 최초의 장로교 신학교인 낙스신학교의 모체가 되었다. 게일의 친삼촌인 알렉산더 게일 (1800-1853)은 낙스 신학교에서 고전을 가르친 교수였고, 아버지 존은 고향 알마라는 곳에 최초의 장로교회를 세운 창립 멤버 중 하나였다.[7]

---

6 Young Sik, Yoo, *Earlier Canadian Missionaries in Korea: A Study in History 1888-1895 (The Scociety for Korean and Related Studies, 1987)*, 23. 한국에서의 캐나다 장로교회의 선교를 1925년 캐나다 연합교회가 수행하면서, 종전의 장로교 선교사들은 캐나다 연합교회 선교회의 맴버가 되었다. 그러나 장로교에 남아있기를 원하는 사람은 선교현장에서 철수를 해야만 했다. 이를테면, L. L. Young (영재영)은 캐나다 연합교회에 이적하는 것을 반대하여 한국을 떠났다. 그는 1927년 일본에 캐나다 장로교회 파송을 받도 재일동포를 위한 선교사업을 시작하였다. 이것이 캐나다 장로교회 재일동포 선교사업의 시작이 되었다.

7 John Longman, *St. Andrew's Church, Alma: The One Hudred Anniversary* (The Kirk Session,

게일은 교단적 배경이 없이 그의 모교의 YMCA의 파송을 받았다. 그의 연봉은 500불이었다. 게일은 신학을 전공한 목사가 아니었다. 선교지에서의 그의 신학과 신앙은 '복음주의연맹'의 노선을 준수하기로 서약하였다.[8] 그래서 게일 자신도 말하기를 자신이 조선에 온 것은 "남들과 같이 어떤 교파의 파견으로 순전한 선교목적도 아니었고 나의 모교인 캐나다대학 졸업생회의 파견으로 조선에서의 종교사업 보조나 또는 형편에 따라서는 무슨 교육사업 같은 것을 하라는 몽롱한 사명 이었습니다"[9]라고 말한다.

게일은 1888년에 도착하여[10] 모교의 "Y"선교사로 일하다가 1891년 미북장로교 선교부로 이적하였고, 1937년 은퇴하기까지 자신도 말했다시피 반평생을 한국에서 살았다. 게일은 존 번연의 기독교 종교소설인 Pilgrims Progress를 ≪천로역정≫으로 번역하였고(1895), 최초의 ≪한영사전≫(1897), ≪구운몽≫과 ≪춘양전≫등을 영문으로 번역하였다. 특히 1925년 신구약 성경을 우리말로 번역하는 큰 업적을 남겼고, 오늘날 한국교회는 게일의 공헌으로 '하나님'이라는 용어를 사용하고 있다.

게일이 한국사회와 기독교에 남긴 공헌은 한 선교사의 한계를 훨씬 넘어 사전편찬자, 저술가, 언어학자, 서양문학을 한글로 번역 또는 한국문학을 영어로 번역하는 등, 그의 공헌은 다양하다. 그래서 게일은 "한국인의 심성을 서양에

1954), 5; 게일의 가계와 종교적 배경에 대하여는, Scots Ancestry Research Society, "The Ancestry of John Gale."; 유영식, 이상규, 존 브라운, 탁지일, 《부산의 첫 선교사들》 (한국장로교출판사, 2007), 37-43; Young sik Yoo, "The Impact of Canadian Missionaries in Korea: A Historical Survey of Early Canadian Mission Work, 1888-1898", (Ph. D. Thesis, University of Toronto, 1996), 137-39; Yoo, *Earlier*, 25-26,; Richard Rutt, *A Biography of James Scarth Gale And A New Edition of His History of the Korean People* (Royal Asiatic Society, Korea Branch, 1972), 1-6 참고 바람.

8 게일이 선교사가 되기까지에 대하여는, 《부산의 첫 선교사들》, 41-3,; Yoo, "The Impact.," 139-44; 주홍근, "宣教師 奇一의 生涯와 韓國基督教에 끼친貢獻," (皮漁善神學校 神學研究院, 석사 논문, 1985), 4; Rutt, 7 참고 바람. 당시 모펫과 같은 미국인 독신 선교사는 년 1천불을 받은 것을 감안하면 게일의 년 500불은 모펫의 절반밖에 되지 않았다.

9 기일, "回顧四十年," 『新民』(1927년 7월), 9-10.

10 게일의 조선 도착 년월일에 관하여는 다양한 설들이 있다. 이에 대하여는 『부산의 첫 선교사들』, 44-50 참고.

소개한 가장 뛰어난 문학 해설자"[11] 혹은 "韓國文化의 전파자"[12]라는 평을 받는다.

두 번째 선교사는 말콤 펜윅 (Malcolm C. Fenwick, 1865-1935. 한국명 편위익)이다.[13] 펜윅은 토론토 근교인 말캄이라는 곳에서 태어났다. 유년시절 집안의 농사일을 돌보았다. 1990년대 필자가 펜윅의 고향을 방문했을 때는 필자를 안내해준 지역 주민이 펜윅 가문이 소유한 농장까지 대려다 주면서 설명을 해 주었다. 그리고 가까운 교회 부근에 있는 묘지에는 펜윅의 부모의 묘가 있는 것을 보았다.

게일의 모교인 UC 'Y'가 자체 선교사를 파견하도록 조선 선교에 열정을 가지고 있었는데, 이와 비등한 열정이 토론토 시내에 있는 일반 'Y' 멤버들 가운데도 일어났다. 그들은 말하자면 잘 알지도 못하고 잘 들어본 적도 없는 'Corea'라는 곳에 선교활동을 시작하기 위하여 '조선연합선교회' (Corean Union Mission. 이하 CUM로 표기)를 창설하였다. 그리고 첫 번째 선교사로 하크네쓰 (Robert Harkness)라는 선교사를 임명하였고, 그는 부인을 동반하여 게일과 함께 조선에 도착하였으나, 건강상의 문제로 1년이 채 못 되어 선교지를 떠났다.[14] 하크네스가 선교지를 떠나자 상기 CUM은 펜윅을 임명하였다.[15] 펜윅은 그의 자서전적 저술인 The Church of Christ in Corea 에서 언급한대로, 엄격하고 보수적인 스코틀랜드인의 교육을 받았고, 펜윅은 18세 때 고향을 떠나 메니토바라는 곳에서 약 3년을 살다가"[16] 1886년 당시 토론토에서 살고

---

11 Henry J. Morgan, ed., *The Canadian Men and Women of the Time: A Handbook of Canadian Biography of Living Characters* (Toronto: William Briggs, 1912), 428.

12 조정경, "J. S. Gale의 한국인식과 재한활동에 관한 일 연구," 석사논문 (이화여지대학교, 1985), 54; 게일의 공헌에 대하여는, 주홍근, "결론," 47-50을 참고; 『부산의 첫 선교사들』 참고.

13 일반적으로 펜윅은 1863년 혹은 1861년이고 알려있다. 그런데, 펜윅의 고향 박물관에 소장된 펜윅 가문에 대한 문건에는 가족들의 이름과 생년월일등이 기재되어 있는데, Malcolm난의 생년월일에는 "1865" 이라고 기록되어 있다.

14 로버트 하크네스에 대하여는 Yoo, "The Impact.." 219-221; Yoo, *Earlier*.., 37-39 참고.

15 Henry B. Gordon. "Annual Report of the Corean Union Mission Committee - 1890, in The Medical Missionary, (March 1891), 4.

16 Malcolm C. Fenwick. *The Church of Christ in Corea* (NY: Hodder & Stoughton, 1911), 4. *The Church of*..는 허긴, 역, 『대한기독교회사: 펜윅 선교사의 자서전적 이야기』 (1989) 라는 제목으로 출판되었다.

있던 홀로되신 어머니에게 돌아와 어머니와 함께 살면서 토론토의 다운타운에 있는 하드웨어 스토어의 점원으로 일했다. 펜윅과 어머니가 처음 살던 집은 현재는 다른 건물이 들어섰고, 그가 일했던 하드웨어 스토어는 토론토의 명물인 로얄요크 호텔로 변했다.

펜윅의 유년시절과 토론토 시절의 종교적 배경을 보면, 펜윅은 장로교인이었다. 그가 고향 말캄에 살 때에 도날드 M. 매킨타쉬라는 목사의 영향을 받았다고 썼는데[17] 매킨타쉬는 '캐나다 장로교 목사'였다.[18] 펜윅이 토론토에 살 때는 기록에 의하면, 펜윅 가족은 모두가 장로교회에 출석하였다.[19]

펜윅은 당대의 복음주의 운동의 지도자들이 인도하는 '나이아가라 성경 사경회'에 참석하였다가 선교사로 나갈 '콜'을 받았다. 펜윅은 그때를 회고하기를 "주님, 저는 단지 사업하는 사람인 것을 주님은 아십니다. 저는 교육을 받지 못했고, 목사도 아니고, 그렇다고 신학교를 다녀본 적도 없습니다."[20]라고 말한다. 이런 일이 있은 후 1889년 7월 당시 로버트 윌더라는 당대의 부흥사의 부흥회에 참석하였는데, 그는 목마른 사람에게는 물을 주어야 하듯이 복음에 목말라 하는 사람들에게 생명의 물을 줄 해외선교가 필요하다는 호소를 들었다. 윌더의 호소는 펜윅의 마음을 움직였고 "생명의 물을 전해주는 선교사"라는 말은 펜윅이 걱정하는 세상 적 조건을 일소해 버렸다. 그 후 CUM의 파송을 받고 1890년 12월에 한국에 나왔다.[21]

1893년 모친의 병환으로 일시 귀국하였고, 이때 "조선순회선교회" (Corean Itinerant Mission, 이하 CIM로 표기)를 설립하여 자신이 '디렉터'가 되어[22]

---

17 Fenwick, 5.

18 *Markham Township Census 1861,* C-3, p. 19. See also, Yoo, *Earlier*, 46.

19 *Annual Report of the Central Presbyterian Church: For the Year of Ending December 31, 1888,* p. 36에 Mrs. B[arbara] Fenwick, Catherine Fenwick, Malcolm Fenwick의 이름이 교인명부에 기재되어 있다.

20 Fenwick, 13.

21 펜윅이 한국 도착 날짜에 대하여 일반적으로 1890년 12월 8일이라고 알려져 있으나, 필자가 게일의 편지를 통하여 알게 된 것은 12월 8일이 아니라 1890년 12월 11일에 부산에 도착한 것으로 나타났다. 이에 대하여는 『부산의 첫 선교사들』, 69쪽의 주 77 참조. 필자도 여기저기에 펜윅의 도착 날짜를 12월 8일이라고 기록한 적이 있으나 여기서 시정한다.

22 이에 대하여는, Yoo, "The Impact.." 229; Yoo, *Earlier*, 49 참고.

독자적이고 자립적 선교활동의 기틀을 마련하였다. 이후 펜윅은 보스톤으로 갔는데 이는 당대의 침례교의 목사로 유명한 아도니람 고오든 목사가 있기 때문이다. 펜윅은 1894년 고오든 목사로부터 목사안수를 받고[23] 1896년 말에 다시 나와 이번에는 원산에 정착하였다.

펜윅이 창설한 '동아기독교'는 자신이 번역한 신약성경을 사용하였고, '복음찬미'를 만들어 사용하였다. 펜윅은 한국 기독교 "토착화의 한 거보巨步"[24] 라는 칭호를 받는다. 필자가 아는 한, 펜윅은 재한 선교사들 중 가장 많은 학위논문을 생산한 선교사다.[25] 특히 침례교회역사에는 역사적인 인물이다.

다음으로는 로버트 하디 (Robert Hardie 1865-1949, 하리영)이다.[26] 하디는 당시 토론토 의과대학을 졸업한 1890년 그해 부인과 함께 모교의 "Y"를 대표하는 의료선교사로 한국에 나갔다. 하디는 제중원 의사가 공석이었을 때 약 6개월간 제중원에서 일한 적이 있지만, 부산에서 첫 선교 사업을 시작하였다. 일반적으로 독립선교사들이 겪는 어려움이었지만, 하디도 경제적 어려움을 겪으면서 지내다가, 1892년 고향친구들인 게일과 펜윅이 있던 원산으로 선교지를 옮겨 펜윅으로부터 생존 방법을 터득하였다. 땅을 사서 농사를 지으면서 생계를 이어가는 방법이었다. 하디는 1898년 미남감리교 선교부로 이적하여 의료 선교 사업을 시작하였으나 결국 복음 전도자로 그리고 교육자로 전환하였다.

---

23 이에 대하여는, Yoo, "The Impact.." 2278; Yoo, *Earlier*, 49 참고.

24 민경배, 『한국기독교회사』 (기독교서회, 1982), 275; 최봉기, 『말콤 C. 펜윅: 한국기독교 토착화의 거보』 (펜윅신학연구소, 1996), 책표지.

25 다음의 Ph. D. (4편) Chapter 포함. 석사논문 1편. Heui Yeol Ahn, "The Influence of the Niagara Bible Conference and Adoniram Judson Gordon on Malcolm Fenwick and Korean Baptist Missions," Ph. D. thesis (Southwestern Baptist Theological Seminary, 2002); Yong Gook Kim, "An Analysis of the Theological Development and Controversies of the Korea Baptist Convention, 1889-1997," Ph.D. thesis, (The Southern Baptist Theological Seminary, 2001); Yoo, "Impact.., Fenwick Chapter,"; Timothy Hyo-Hoon Cho, "A History of the Korea Baptist Convention: 1889-1969," Ph. D. thesis, (The Southern Baptist Theological Seminary, 1971); Max Willocks, "Christian Missions in Korea, With Special Reference to the Work of Southern Baptists," Master of Theology, (Golden Gate Baptist Theological Seminary, 1962); 최봉기, 『말콤 C. 펜윅: 한국기독교 토착화의 거보』 (펜윅신학연구소, 1996; 허긴, 『한국침례교회사』 (침례신학대학교출판부, 1999), passim; Yoo, "The Impact.." 222-264; Yoo, *Earlier*, 41-53 참고.

26 Yoo, "The Impact..," 265-303; Yoo, Earlier.., 57-62; J. Earnest Fisher, *Pioneers of Modern Korea* (The Christrian Literature Society of Korea, 1977), 109.

무엇보다도 하디는 한국기독교에 성령강림의 횃불을 들고 회개와 부흥의 불을 지펴준 장본인이 되어 한국 기독교 역사의 전환점을 이루었다.[27]

다음으로는 윌리암 홀 (William James Hall, 1860-1894)이다.[28] 홀은 캐나다 시민이지만, 미북감리교의 파송으로 1891년 12월 15일 부산에 도착하였다. 그의 약혼녀였던 로제타 셜우드는 1년 전인 1890년에 이미 조선에 나와 있었는데, 의사인 이들은 뉴욕에서 만나 한국에 선교사로 약속하고 한국에서 만나 1892년에 결혼하였다. 홀은 평양에서 선교를 개척하고 학교를 세우는 등 열심히 선교활동을 하다가 1894년 사망하였다. 서울에서 출생한 그의 아들 셜우드는 후에 의사가 되었는데 그의 부인 역시 의사로 그들 부부는 함께 한국에 나와 아버지의 뒤를 이어 의료선교사로 봉사하였다. 아들 셜우드는 해주에 결핵요양원을 설립하였고, 1932년 우리나라 최초로 크리스마스 씰을 발행하여 결핵퇴치 운동에 전념하였다. 2대에 걸친 홀가는 4명이 의사로 그들의 한국선교 기간은 총 76년이나 된다. 현재 양화진에는 홀의 유복녀와 함께 5 가족이 묻혀있다.

다음으로는 에비슨 (Oliver R. Avison, 1860-1956, 魚丕信)이다.[29] 에이비슨은 아이리쉬계의 캐나다 이민 2세다. 그는 토론토대학교 약대의(1884) 의대를 졸업하고(1887) 개업을 하는 동시에 모교에 교수로 재직하고 있었던 장래가 촉망되는 의사로 당시 토론토시장 로버트 프레밍 (Fleming)의 주치의이기도 하였다. 1893년에 한국에 도착하여 고종의 어의가 되었다.

에이비슨은 최초의 서양 근대식 병원을 짓고, 조선의 젊은이들에게 의학을 가르쳐서 조선인 의사를 배출하였다. 뿐만 아니라, 간호학교를 설립하여 여성들을 개화 계몽하였다. 한국인 의사와 간호사를 양성하여 서양의술을 현지인화 하는데 성공하였다. 그래서 후세인들은 그를 향하여, "한국 근대 의학의 개척자,"[30] 혹은 "한국 근대 서양의학과 근대교육의 개척자"라고 부른다.

---

27 한국의 오순절 강림과 하디의 역할에 대하여는, 박용규, 『평양 대부흥운동』 (생명의 말씀사, 2000), 참고.

28 Hall가의 한국선교에 대하여는, Yoo, "The Impact..," 304-351 참고.

29 에이비슨에 관하여는, Yoo, "The Impact.," 352-95; 이광린, 『올리버 알 에비슨의 생애』 (연세대학교, 1992); Yoo, *Earlier*,; Allen D. Clark, *Avison of Korea* (Yonsei U. Press, 1979), 영한 합본;

30 Clark 책의 부제; 이광린 책의 부제.

2. 윌리엄 매켄지 입국, 사역, 순교

다음으로는 윌리암 매켄지 (William J. McKenzie, 1861-1895, 梅見施)다.[31] 매켄지는 캐나다 동부 노바스코샤주의 케이프 브레튼이라는 곳에서 출생하여 핼리팍스에 있는 달하지 대학에서 인문학을 공부하고, 그곳에 있는 장로교 신학교 (일명 "파인 힐")를 졸업하고 캐나다 장로교에서 안수를 받았다. 매켄지는 신학생 시절 캐나다의 최북단 레브라도어에서 18개월 동안 선교를 하였다.[32] 매켄지가 조선에 선교사로 나가게 된 동기는 그가 레브라도어로 가는 배 속에서 조선에 관한 책을 읽고 감동을 받았기 때문이다. 그는 그때의 심정을 그의 일기에 이렇게 기록하였다. "그 책에는 교훈이 가득 차 있다... 왜 사도 바울이 했던 것처럼 그 곳에 가서 복음을 전하지 않는가? 어떤 방법으로든지 조선에 가자. 현지에 도착하여 어떤 형태로든지, 노동을 하든지, 직업을 찾든지, 그들과 더불어 생활하면서 복음을 전하자. 그런 후에 도움이 필요하다고 생각되면 캐나다 교회를 설득하리라"[33] 매켄지를 향한 하나님의 섭리는 그를 북극의 혹한에서 가난과 무지로 시달리는 캐나다 원주민들의 영혼을 위하여 18개월을 훈련시키셨다. 선교지에서 돌아와 학업을 마치고 장로교 목사가 되어 스트위엑이라는 곳에서 약 2년간 국내 목회를 하고, 매켄지의 한국을 향한 선교의 정열은 아직도 식지 않아 마침내 캐나다 장로교 동부 해외선교부에 한국에 선교사로 파송해 줄 것을 청원하였다. 그러나 당시 캐나다 장로교가 중심적으로 선교활동을 펴고 있던 아프리카 선교에도 경제적으로 쪼들리고 있는 형편이어서,[34] 미국장로교에 청원하도록 하였다.[35] 그러나 매켄지는 자신은 캐나다 장로교의 후원을 받고 선교를 가야한다는 '고집'을 버리지 못하고, 그러면 비록

---

31 William John McKenzie에 대하여는, Yoo, "The Impact., " 395-45; Yoo, Earlier, 75-83; Elizabeth A. McCully, *A Corn of Wheat or the Life of Rev. W. J. McKenzie of Korea* (Westmінter, 1903); 유영식, 역, 『케이프 브레튼에서 소래가지: 윌리암 존 매켄지 선교사의 생애와 황해도 선교기』 (서회, 2002) 참고.

32 매켄지의 모교인 장로교 신학교의 학생회의 선교사로 1888년 5월부터 1889년 10월까지 레브라도어에서 선교활동을 하였다.

33 McCully, 20; 유영식, 『케이프 브레튼...』, 31.

34 John McNab, *They Went Forth* (McClelland and Stewart Ltd., 1933), 188.

35 McCully, 55.

공식적인 장로교 파송 선교사는 아니지만,[36] 캐나다 장로교회를 방문하여 선교를 호소하고, 선교비를 마련해도 좋다는 허락을 교회가 해 주도록 간청하였고, 교회는 그의 청을 허락하였다.[37]

매켄지는 조선에 갈 여비와 약간의 돈을 마련하여 고향을 떠나 50여일의 긴 여행 끝에 1893년 12월 12일 부산에 도착하였다. 서울에서 지내다 보니 두 가지 문제가 있는 것을 발견하였다. 첫째는 서울에 주재하고 있는 선교사들을 포함한 외국인들은 '그들'만이 오가며 모여 살고 있기 때문에 말을 배우는 일에 전념 (undivided attention) 할 수 없다는 것이다.[38] 둘째는 경제적인 부담감이다. 한 달이 채 못 되어 소래로 갔다.

소래에서의 매켄지의 의식주는 전적으로 주민들과 같았다. 그러한 생활방식은 주민들과의 응집력을 가져다주는 결과가 되었다고 했다.[39] 8개월 동안 생활비로 55불을 썼다고 했는데,[40] 이는 한 달에 약 7불이 되는 셈이다. 이는 그가 경제적으로 마을 사람들과 같은 생활을 하였다는 증거다.

소래사람들은 1895년, 선교사의 도움 없이 스스로의 힘으로 교회를 건축하였을 뿐만 아니라 사립교회로 성장하였다. "나는 그들에게 성전건축은 당신들의 임무"라는 것을 가르쳤다고 한다.[41]

교회가 신축되자 매켄지는 교회에서 아이들을 불러 학교를 시작하였는데, 남녀 공학이었다. 한국 교육사에 최초의 남녀 공학을 시작한 사람은 1895년 매켄지다.[42] 동학란이 일어났을 때는 두 차례 죽을 고비를 넘겼다.

---

36 *Minutes of the Foreign Mission Committee of the General Assembly of the Presbyterian Church in Canada,* (Truro, Nova Scotia, October 3, 1893), 2.

37 *Minutes of the Foreign Mission Committee of the General Assembly of the Presbyterian Church in Canada.*

38 McCully, 105.

39 McCully, 150.

40 Letter to John W. Mont, dated May 1, 1895.

41 McCully, 230.

42 기록으로 보면, 1898년 5월 창설한 배화학교는 처음에 여자 2명, 남자 3명으로 시작하였으나 동년 10월 2일에 여자학교로 전환하였다. 이에 대하여는, 『기독교대백과』, vol. 7 (교문사, 1982), 347; 손인수, 『한국근대교육사』 (연세대 출판부, 1971), 24에 있는 '기독교계 사립학교' 참고. 매켄지가 설립한 학교는 후일 해서제일학교로 발전하였다. 해서제일학교의 현황에 대하여는, Yoo, "The Impact.," 409 참고.

매켄지는 소래를 중심으로 활발한 선교활동을 하고 있을 때, 갑작스러운 죽음이 찾아왔다. 외딴 외지에서 과로와 독거 그리고 영양실조가 그 원인이었다. 그가 한국에서 살았던 날짜는 총 559일, 소래에서 지낸 날은 313일, 그의 나이 34세였다.

3. 1898년 캐나다 장로교의 한국 선교 착수와 진전

매켄지의 갑작스러운 죽음은 주위 사람들을 당황하게 만들었다. 특히 졸지에 지도자를 잃은 소래교회 교우들에게는 더욱 더 그랬다. "우리는 캐나다에 있는 우리의 믿음의 형제인 여러분이 우리를 위해 많은 기도를 해 주시고 우리에게 신앙의 지도자를 보내 주시기 바랍니다"[43]라는 간곡한 편지를 받은 캐나다 교회는 경제적인 부담 때문에 "현재로서는 현실성이 없다"[44]는 결론을 내렸다. 그러나 특별히 매켄지의 모교의 신학생들은 열광적으로 매켄지의 선교유업은 계승되어야 한다면서 선교사로 자원하는 학생들이 나타나기도 하였다. 동부 연안에 있는 교회의 정서는 한국으로 흐르고 있었다. 1896년 10월 드디어 캐나다교회는 "한국에 선교사를 파송하는 것이 옳은 방향"이라는 결정을 내렸다.[45] 이후 캐나다 장로교 한국 선교시대가 도래한 것이다.

캐나다 장로교의 파송을 받은 그리얼슨과 부인, 푸트와 부인 그리고 마구레등 5명의 선교사는 51간의 긴 여행 끝에 드디어 1898년 9월 4일 (6:30pm)에 부산항에 도착하였다.[46]

---

43 이 편지는 1895년 12월 26일자로 서경조가 쓴 것인데 언더우드가 원문은 McCully, 253-4; 번역은 유영식, 『케이프 브레튼에서..』, 214.

44 *The Acts and Proceedings of the Twenty-second General Assembly of the Presbyterian Church in Canada,* (Toronto, June 10-18, 1896), xix.

45 *The Acts and Preceedings of the Presbyterian Church in Canada,* (Monteal, June 8-17, 1897), 175.

46 그리얼슨, 푸트, 머크레의 한국 도착에 대하여는 여러 가지 날짜들이 다르게 기록되어 있지만, 필자는 그리얼슨이 그의 일기에 기록한 것을 택했다. 그리얼슨은 헬리팍스를 떠날 때부터 일기를 꼼꼼하게 기록하였다. 머크레와 푸트의 기록이 있긴 하지만, 그리얼슨의 기록은 마치 복음서중 누가의 기록과 같다. 그런데 누가와 그리얼슨은 의사였다. 도착 날짜에 대하여는, Helen McCrae, *A Tiger On Dragon*

캐나다 장로교가 한국 선교를 시작한 끈은 매켄지다. 그래서 이들 최초의 선교사들은 가능하면 매켄지가 선교를 하던 소래에서 선교활동을 하기를 원했다. 그래서 소래를 방문하였으나 소래는 "선교 센타로는 부적합 한곳"[47] 이라는 것을 알게 되었다.

선교지를 물색하던 중, 그해 10월에 한국주재 장로교선교공의회에서는 부산지역 혹은 원산지역 추천하였는데, 캐나다 선교부는 원산을 택했는데, 그 이유는 당시에 게일, 하디, 펜윅등 캐나다인들이 원산에 있었기 때문이다. 당시 원산에는 미북장로교 선교회의 게일이 있었는데, 이후 원산은 캐나다 선교부로 이양되었다. 1897년 현재 원산의 인구는 약 1만5천명 그리고 일본 등 타 민족이 약 1천 357명 정도였고[48] 그들의 선교 대상 전 지역은 약 2백만 명이 살고 있는 지역이었다.

원산에 정착한 초기의 선교사들은 차츰 지경을 넓혀 그리얼슨은 성진으로 (1901), 마구레는 함흥으로 (1900) 선교 센터를 확장해 나갔다. 푸트는 원산에 남아 있었다. 이 후 인원도 보강되어 마구레의 부인과 루이스 매칼리가 왔고 (1900), 1901년에는 랍부부 그리고 의사 케이트 맥밀란이 보충되어 학교와 병원을 설립하여 1900년 초에는 활발한 선교활동을 하게 되었다.

1899년부터 1909년 10년 동안의 선교사 통계는 다음과 같다.

표 1.[49]

	원산	함흥	성진	1909	1899
남자 선교사	2	2	2	6	3
선교사 부인	2	1	1	4	2
여자 선교사	-	1	3	4 (총 14명)	- (총 5명)

Mountain: The Life of Rev. Duncan M. McCrae (Williams & Crue, 1982), 17 참고.

47 William Scott, *Canadians in Korea* (United Church of Canada, 1970), 43.

48 Isabella Bird, *Korea and Her Neighbours* (Charles E. Tuttle, 1898), 203.

49 표 1과 2는 Scott, p. 59의 데이터를 필자가 다시 정리한 것이다.

10년 동안의 선교 결과는 다음과 같다.

표 2.

	원산	함흥	성진	1909	1899
전도사	25	36	26	87	-
신학생	6	2	1	9	-
고등학생수	57	44	9	110	-
초등학생	290	327	95	712	15
기독교 모임	35	37	62	134	14
세례입교인	630	373	136	1141	63
학습인	536	338	234	1108	-
전체 크리스챤 공동체	**2297**	**1997**	**1308**	**5594**	**308**

우리는 표 1과 2에 나타난 데이터를 통하여 10년간, 예를 들면 1899년의 308곳이었던 캐나다 장로교 산하 기독교인 공동체는 10년 후인 1909년에는 5,594개로 매년 182%씩 증가한 셈인데 이는 약 2배씩 매년 증가했다고 볼 수 있다. 회령지역은 그리얼슨이 1900년 초에 전도를 시작하다가 1912년에 정식으로 선교부를 개설하였고, 신흥학교 (1914)와 보흥 여학교 (1916) 설립하여 교육사업에 공헌하는 동시에 의료센타를 세우기도 하였다.

함흥에는 영생남여학교 (1907)와 제해병원 (1905)을 개업하였고, 서울 다음으로 YMCA가 창설되기도 하였다.[50] 그리얼슨은 성진에는 제동병원 (1906)과 보신 남녀학교를 세웠다. 캐나다 여성 선교사 루이스 매칼리는 그의 어머니 마르다 윌슨이 1909년에 사망하자, 그의 유산을 바쳐 1914년에 원산에 어머니를 기념하는 마르다 윌슨여자신학원을 창설하고[51] 최초로 한국 여자 신학교육을 시작하였다. 1925년 현재 졸업생 32명 재학생수가 1 백명 이상이었다.[52] 루이시

---

[50] Helen McCrae, 44.

[51] Letter from Helyn Anderson, Librarian, Colchester Historical Society, dated March 8, 1984; Obituary (Mrs. William McCully) housed in Colchester Historical Museum; *Our Share in Korea,* 40. 루이스 매칼리의 어머니인 Martha Wilson은 1909년 9월에 세상을 떠났다. 매칼리가 한국 여성들에게 신학교육을 시작한 것은 1910년 함흥에서 부터이다. 임영희, 『사랑의 수송선을 타고: 마르다 윌슨여자신학교' 동창회 60년』 (동창회편 2010)이 있다.

[52] Elizabeth McCully, *Women's Work in Korea* (Presbyterian Church in Canada, 1925), unpaginated.

매칼리는 1928년에 결성된 전국여선교회의 초대회장으로 일했다.[53]

캐나다 선교사들은 일제의 학정을 피하여 자유를 찾아 간도지역에 이주해온 동포들을 위한 선교를 시작하였는데 최초로 이 지역을 방문한 선교사는 1903년 그리얼슨과 랍이었다. 산발적인 선교활동을 하고 있다가, 토론토를 중심한 캐나다 서부 선교부가 동부와 합세하면서, 1912년부터 간도에 정식으로 선교활동을 펴기 시작하였다. 용정에 있는 '영국덕이'라고 부르는 캐나다 선교부는 제창병원, 은진학교와 명신학교를 설립하여 교육과 사회사업에 헌신하면서 독립운동을 직간접으로 지원하였다.[54]

1925년 캐나다 개신교 교회들, 즉 감리교, 회중교회, 그리고 많은 장로교 교회들이 연합하여 캐나다 연합교회 (The United Church of Canada)를 창설하였다. 따라서 지금까지 한국에서 수행해 오던 장로교 선교는 1925년 이후 캐나다 연합교회가 계승하게 되었다. 캐나다 장로교회에서 캐나다 연합교회로 선교활동이 이관되던 1925년의 선교현황은 다음과 같다: 선교부 6개, 교회 310개, 개척지 110곳, 목사 23명, 교사와 전도사 500명, 선교부 산하 학생과 주일학교 학생수 2만 명, 교인 수 18,385명이었다.[55].

53 McCully, *Our Share in Korea,* 23.

54 서굉일, "1910년대 북간도의 민주주의 교육운동," (1) 『백산학보』 (1984. 7), 49.

55 *Record of Proceedings of The First General Council,* (Toronto, June 10-18, 1925,) p. 110.

제 2부
한국장로교 조직과 발전

제 6장
초기 한국장로교 선교사들의 신학사상

한국교회는 보수적 신학과 전도의 열정과 부흥운동이 복합적으로 교회를 성장시켜 왔다. 지금 한국교회는 우리가 받은 전통에서 이탈하는 경향이 있다. 신학의 컨센서스를 상실하고 있다. 성경을 하나님의 말씀으로 믿는 순수한 신앙과 신학이 교회에 생명을 부여하고 갈급한 영혼에 생수를 줄 수 있다. 보수신학의 오류는 신학의 문제가 아니라 인격의 문제요 전략의 결함이다.

전호진 총장(캄보디아 장로교신학교)

금년은 한국장로교회 총회 설립 100주년이 되는 역사적인 해이다. 초기 한국교회는 세계적으로 이적적 성장과 부흥을 이룩한 교회로 말한다. 1910년 에딘버러 선교대회는 한국에서 교회 성장은 이적적(marvellous)이라고 보고한다.[1] 한국교회 성장의 원인을 주로 부흥운동, 네비우스 선교전략, 복음을 잘 수용하는 문화적 요인 등으로 분석하는 경향이 있었다. 1928년 국제선교회(International Missionary Council)는 감리교 신학자 와선을 한국에 파견, 한국 교회 성장을 조사하게 하면서 특히 농촌문제에 관심을 집중시켰다. 그의 연구 보고는 신학적, 전략적 관점 보다는 한국의 사회, 문화적 상황이 교회를 부흥시켰다는 식의 결론을 내린다.[2] 한국교회는 성경을 하나님의 말씀대로 믿는 단순한 신앙과 복음적 신학이 가장 중요하였다는 것을 간과한다.

현재 한국교회는 신학적으로 성경과 초기 장로교 신학의 전통을 그대로 유지하는지 묻지 않을 수 없다. 신학적으로 심각한 정체성의 위기에 있다.

---

1 World Missionary Conference, 1910, *Report of Commission Carrying the Gospel to All the Non-Christian World* (New York: Fleming H. Revell, 1910), 78.

2 Alfred W. Wasson, *Church Growth in Korean.* (New York: International Missionary Council, 1934)을 참조할 것.

캄보디아의 한국 장로교 선교사들은 초기 한국 장로교 선교사들이 만든 것처럼 장로교 공의회를 조직하고 장로교 신학교를 세웠다. 작년도에 연합을 튼튼하게 하기위하여 신학성명서를 채택하였다. 핵심은 초기 평양신학교로 돌아가는 것이었다. 성경비평주의와 신정통주의는 가르칠 수는 있으나 우리의 신학은 될 수 없다는 것을 밝혔다. 불행하게도 항의하는 선교사가 있었다. 왜 비평주의가 안 되고 신정통주의가 안 되는지? 현재 한국 장로교회는 신학적으로 우리가 물려받은 좋은 신학적 전통에서 이탈하는 것 같아 안타깝다.

초기 선교사들은 성경을 영감 된 하나님의 말씀으로 믿는 단순한 신앙의 소유자들이었고 전도의 열정을 가졌다. "한국교회는 성경위에, 단순한 성경 본문 위에 건립되었다."[3] 이 말은 평양신학교 교수 알렌 클라크의 말이다. 스탠포드 대학교 사회학 교수 팔머는 한국교회 성장의 원인을 토착화와 보수적 신학이라고 말하였다. 중국이나 일본은 문자적 성경주의와 사회복음(자유주의 신학)이 함께 하였으나 한국교회에 복음을 전한 미국 선교사들은 근본주의 신학의 사람들로 청교도의 열의와 웨슬러적 열정(Puritanic zeal and Wesleyan fervor)의 소유자들이라고 정의하였다.[4] 한국교회는 처음부터 자유주의 신학에 물들지 않았다는 것이다. 초기 한국장로교 신학이 보수주의라는 것을 가장 정확하게 지적한 자는 당시 미국 북장로교 해외선교부 총무였던 아서 브라운이다. 그러나 그는 좀 개방적인 자로 너무 보수적인 것에 대하여 우려도 하였다. 일부 비판자들은 초기 장로교 선교사들의 신학이 너무 문자주의적 보수주의라고 비판한다. 그러나 우리는 그러한 비판에 너무 민감할 필요가 없다. 이유는 그들의 신학적 전제와 출발점이 우리와 다르기 때문이다. 우리는 성경이 기독교를 낳았다고 확신한다.

---

3 곽안련, 『한국교회와 네비우스 선교정책』, 박용규 김춘섭 옮김, (서울:대한기독교서회, 1994). 19.

4 Spencer J. Palmer, Korea and Christianity (Seoul: Royal Asiatic Society, 1986), 26.

1. 초기 장로교 선교사들의 신앙과 신학의 특징

초기 장로교 선교사들은 그 시대의 아들이었다. 19세기 후반부터 미국은 Pax Americana로 시작되는 시기였다. 19세기 후반 미국은 경제와 사회의 발전을 하나님의 축복으로 생각하고, 이 축복을 가져 온 기독교 신앙을 온 세계에 전하려는 열의가 가득 찼다. 동시에 부흥운동이 선교운동을 일으켰다. 특히 무디와 스피어가 주도하는 이 세대에 전 세계 복음화(Evangelization of the World in this Generation) 슬로간은 많은 신학생들을 감동시켰다. 초기 젊은 선교사들은 학생 부흥집회에서 선교사로 결심하게 된다. 신학적 분위기는 예수님이 재림하기 전에 천국 복음을 온 세계에 전하려는 열의가 충만했다.

동시에 한국에 온 선교사들은 젊었지만 우수한 엘리트들이었다. 당시 미국에서 대학 졸업자는 인구의 1%에 불과하였는데, 선교사들은 신학대학원을 마친 자이며, 뉴잉글랜드 지역보다는 중서부(Midwest) 출신이며 중류가정에서 자랐다. 선교사의 자격은 높은 수준의 교육, 건강, 통전적 인격과 헌신을 요구하였다.[5] 19세기 후반 북 장로교 선교부 총무로서 한국도 방문한 로버트 스피어 박사는 선교사들을 높이 평가한다.[6] 한국교회 선교가 배워야 할 중요한 교훈이다. 현재 한국교회와 선교는 인격의 위기이다.

그들의 신학을 간단히 요약하면, 철저한 보수적 장로교를 한국교회에 전달하였다. 마펫은 한국 장로교회의 아버지로 자유주의 신학을 철저히 경계하면서 복음주의 장로교를 심었고, 그 후임으로 교장이 된 라부열 선교사는 "신학적으로는 더 전투적인 복음주의로 기울어졌다."[7] 초기 선교사들은 평양신학교를 중심으로 하여 웨스트민스터 표준문서와 성경의 영감과 무오성, 신적 권위에 기초한 프린스턴 신학파의 전통을 이어받아 강력한 칼빈주의적 복음주의를 확산시켰다.[8] 이러한 보수적 경향은 1932년 유명한 "호킹 쇼킹"

---

5 마르다 헌터리, 『새로운 시작을 위하여』, 차종순 옮김, (서울 쿰란출판사, 2009), 735.

6 Robert E. Speer, "Report on the Mission Korea of the Presbyterian Board of Foreign Missions," (New YorK: The Board of Foreign Mission of the PC, USA, 1897), 30

7 라용화, "칼빈주의적 복음주의 신학과 한국장로교회," 『신학지남』 268호 (2001년 가을호): 120.

8 박용규, 『한국장로교 사상사』 (서울: 총신대학출판부, 1992), 132-134.

에서 잘 나타난다. 미국 거부 록펠러는 많은 돈을 선교연구 기금으로 출연, 선교를 연구하게 하는데, 위원장이 하버드 철학교수 윌리엄 호킹이었다. 그는 중국, 일본, 인도 등을 방문, 도리어 인도에서는 더 좋은 힌두교 인이 되게 하는 것이 선교라는 보고서를 만드는데, 그것이 유명한 "선교 재고"(Mission Rethinking)였다. 당시 주한 선교사 중에 두 선교사가 여기에 동의하자 다른 선교사들이 그를 추방하고 만다.

종말론은 역사적 전 천년설론이 주류를 이루었다. 역사적 전 천년설은 세대주의적 전 천년설과는 다르다. 알렌과 언더우드는 선교 사상에서 서로 충돌하였다. 언더우드는 선 복음화 후 문명의 사상으로 열심히 노방전도를 하였다. 언더우드는 허드슨 테일러와 같은 전 천년설론자로서 예수님 재림 전에 복음을 땅 끝까지 전해야 한다는 강한 확신을 가졌다. 그런데 알렌은 후 천년설론자로서, 선 문명, 후 복음화가 그의 선교관이었다. 언더우드의 딸 엘리자베스는 알렌은 후 천년설론자라고 말한다. 알렌은 선행을 통하여 전도의 문을 열고 한국사회를 위에서 밑으로 개종시키는 전략을 구상하였다. 알렌은 1886년 장로교 선교부에 보낸 서한에서 "나의 생각에는 불안한 개종 운동을 하기 전에 먼저 현대문명의 기관을 세워서 정부를 가르치고 난 다음 전도의 목적을 수행하도록 할 것을 건의합니다"라고 하였다.[9] 후일 알렌이 선교부를 떠나고 알렌과 같은 신학사상을 가진 헤론이 사망하고 마펫이 가세하면서 전천년설로 기울어진다. 마펫은 "장로교 교회의 한국 선교는 기관 사역에서 전도정책과 전 천년설 신학으로 크게 바뀌었다. 이러한 움직임은 나중 동일한 사상을 가진 전 천년설 선교사들이 들어오면서 더 강화되었다"[10]고 회상한다.

초기 장로교 선교사들의 신앙과 신학의 특징을 요약하면, 첫째로 그들은 전도의 열정을 가진 자들이었다. 그래서 대부분 선교사들은 한국어를 배운 후에 전도를 하여 교회를 개척하였다. 개혁주의 전통은 선교와 전도의 열정이 비교적 적다고 말한다. 언더우드는 뉴브룬스윅의 화란개혁파 신학교(Dutch Reformed Theological Seminary)출신이다. 그 학교는 교단신학교이다. 그는

---

9 Elizabeth Underwood, C*hallenged Identities: North American Missionaries in Korea, 1884-1934.* (Seoul: Royal Asiatic Society, 2003). 66-67.

10 Elizabeth Underwood, 76.

신학교 시절에도 구세군 전도운동에 너무 열중하여 "네덜란드 개혁파 교회는 너무 보수적이어서 언더우드의 이러한 전도 활동을 좋아하지 않았다."[11] 마펫 역시 북한 지역을 순회전도하면서 약300개 교회를 개척하였다.

둘째, 그들의 신학은 보수주의와 개혁주의가 함께 했다. 모든 선교사들이 다 개혁주의라고 보지는 않는다. 그러나 보수적 선배 선교사들이 후배 선교사들의 신학을 지도하였다는 기록이 분명 나온다. 초기 시니어 선교사들은 후배 선교사들이 자유주의 신학을 가르칠까 상당한 신경을 썼다. 북장로교 선교부 총무였든 브라운은 당시 선교사들의 신학사상을 다음과 같이 말한다 :

> 개방 이후 첫 25년 동안의 전형적 선교사들은 퓨리턴 타입의 사람들이었다. 그들은 1세기 전 뉴잉글랜드 조상들처럼 안식일을 지켰고 춤, 담배, 카드놀이는 신자들이 따라서는 안 될 죄로 여겼다. 신학과 성경비평주의에서는 강한 보수주의였으며, 전 천년설 재림사상을 중요한 진리라고 믿었다. 고등비평과 자유주의 신학은 위험한 이단으로 생각했다. 미국과 영국의 대부분 복음주의에서는 보수주의와 자유주의가 함께 하였지만 그러나 한국에서는 현대 신학을 따르는 소수의 사람들은 앞길이 험난하였다. 특히 장로교 선교사들에게서는 더욱 그러하였다.[12]

초기 선교사들의 선교사상은 하나님의 영광이나 하나님의 주권이라는 표현은 비교적 적고, 대신 이방인의 회심과 교회개척이라는 점에서 전형적 복음주의 선교 사상이었다. 시카고 신학교 피어스 베버에 의하면 19세기 복음주의 선교는 하나님의 영광에서 이방인의 회심으로 강조점이 바뀌었다고 말한다.[13]

셋째로, 그들은 교파를 초월하여 연합을 하였다. 장로교 선교사들의 입국 순서는 미국 북 장로교, 호주 장로교, 미국 남 장로교, 캐나다 장로교 순이다. 북 장로교 선교사들은 호주 장로교 선교사들과 함께 먼저 장로교 공의회를 조직하고 남 장로교와 캐나다 장로교 선교사들이 후일 합세한다. 나중에는

---

11 송길섭, 『한국신학사상사』 (서울: 대한기독교출판사, 1987), 39.

12 A. J. Brown, *The Mastery of the Far East* (New York: Scribners, 1919), 540. Harvie Conn, "Studies in the Theology of the Korean Presbyterian Church: An Historical Outline," Part 1, Westminster Theological Journal (1968): 26-27.

13 R. Pierce Beaver, "The History of American Protestant Missions" (1975, Unpublished Class Notes), 100ff.

감리교까지 연합하여 지역분할(Comity System)을 하고 1905년에는 "하나의 조선 복음주의 교회"를 결의하기도 한다. 피터 바이엘하우스는 한국교회는 모교회인 미국교회로부터 부흥운동을 배우는데 성공하였으나 연합 정신을 배우는 데는 실패하였다고 비판한다.[14] 정확 한 지적이다.

넷째, 미국 선교사들은 부흥주의자들이었다. 당시 미국을 휩쓴 부흥운동은 주로 장로교 신학 파에서 일어났다. 19세기 초기 미국 장로교는 칼빈의 전통을 고수하는 구학파와 칼빈의 전통에서 좀 자유로운 신학 입장을 취하면서 부흥을 강조하는 신(新) 학파와 한때 분열하였다. 부흥운동은 신 학파의 전유물이 될 정도였다. 초기 미국 장로교 선교사들은 부흥운동의 결과로 일어난 학생 선교운동에서 큰 감화를 받았다. 그럼에도 불구하고 구(舊) 학파의 칼빈주의자들이었다고 본다. 이것은 그들이 공의회를 조직하면서 "개혁주의 신앙과 장로교 정치의 한국 장로교회 설립"이라는 성명서에 잘 나타난다. 신 학파는 초교파 선교회인 미국해외선교운동을 통하여 선교사를 파송하는데 적극적이었다.

초기 장로교 선교사들은 교단 선교부 파송이었다. 1837년 북 장로교는 찰스 하지의 지도로 선교를 초교파 선교회가 아닌 교회 선교로 돌리었다. 신 학파는 초교파 선교회를 통하여 선교사를 파송하였다. 1만 명의 선교사를 배출한 학생선교자발운동(Student Volunteer Movement)이 자유주의 신학으로 넘어가면서 선교는 죽게 된다. 이 운동의 지도자들이 후일 세계교회연합(The World Council of Churches)을 조직하는데 기여한다. 그들은 미국과 영국의 부흥운동을 경험한 자들로 부흥운동이 한국에도 일어나게 하는 중요한 요인으로 작용하였다. 1907년 부흥운동에 대하여 부정적인 견해도 있었지만 감리교에서 일어난 부흥운동을 장로교 선교사들이 평양으로 확산시킨다. 부흥운동이 한국 사회와 교회의 윤리수준을 한 층 높이는 계기가 된다.

---

14 Peter Beyerhaus, *Die Selbstandigkeit der jungen Kirchen als missionarischen Problem* (Wuppertal-Barmen: Verlag der Rheinischen Missions-Gesellschaft, 1956), 257.

2. 4 장로교 선교부 신학사상

1) 북 장로교 선교사 신학사상

초기 북 장로교 선교사들은 년대적으로 구 프린스턴 신학교 출신들이어서 자유주의 신학의 영향을 받지 않았다. 그러나 종말론은 역사적 전 천년설이었다.[15] 언더우드는 스스로 전천년설론자라고 고백하였고, 그의 전도활동은 전천년설론 신학에 기인한다고 엘리자베스는 주장한다.[16] 언더우드의 선교열정은 4살 때부터 일어났다. 그는 개혁파 교회 목사로, 그 교단선교부가 파송해주기 원하였으나 기금이 없어서 장로교 선교부에 지원, 파송 받게 된다. 만약 언더우드가 개혁파 교회 파송을 받았더라면 한국에도 개혁파 교회가 세워졌을 것이다. 지금 뉴브룬스윅 신학교는 언더우드를 놓친 것을 못내 아쉬워한다. 그 학교는 수년전 언더우드 기념관을 세웠다. 언더우드는 신학자로 보다는 부흥을 체험한 전도자, 교육가로 일하면서 단순한 신앙을 선파하는데 힘썼다. 그래서 그는 네비우스 박사의 요리문답을 번역하였다. 송길섭은 감리교 교수면서도 언더우드 신학에 대하여 아주 높이 평가한다:

> 언더우드의 신앙유형은 복음의 포괄적인 요소를 거의 포함한 복음진리의 보편성을 수용하고 있으며 어떤 특정교리에만 매달리는 편협성은 찾아 볼 수 없다. 그러면서 개혁교회의 전통에 따라 인간의 죄성을 강조하며 인간의 죄는 오로지 예수의 힘으로만 죄를 이길 수 있다는 그리스도의 구원의 보편성을 믿고 있다. 즉 그의 신앙에는 기독론적 색채가 아주 강하게 나타나 있다.[17]

한국 장로교 신학의 기초를 놓은 사람은 사무엘 마펫 박사라고 하여도 과언이 아니다. 그는 맥코믹 신학교 출신으로 한국 장로교회에 개혁주의 신앙과 신학을 세운 전도자이면서 신학 교육자이다. 평양신학교 교장(1902-1924)으로

---

15 박용규, "한국교회 종말론 신앙: 역사적 조명," 『성경과 신학』 제27권 (2000): 197.

16 Elizabeth Underwood, 67. 69.

17 송길섭, 43.

철저히 보수적 신앙을 세우면서 자유주의 신학을 경계하였다. 그는 토착화를 강조하는 캐나다 장로교 게일과 좀 갈등을 빚은 것으로 전하여 진다. 그의 신학 역시 전도신학이다. "우리는 십자가에 못 박힌 그리스도를 전하고 잃어버린 양들에게 예수를 구주로 믿게 하는 것뿐입니다. 이것이 바로 우리가 지향하는 선교사업의 주요목적이며 또한 자부이기도 합니다. 모든 기관과 방법은 이 십자가의 도를 한국에서 실현하기 위하여 필요한 것입니다."

한국 장로교 신학에 큰 영향을 준 선교사로 우리는 곽안련 선교사를 언급해야 할 것이다. 필자는 60년대 신학교에서 목회학을 배울 때 그가 쓴 목회학이 교과서였다. 평양신학교 교수 곽안련 선교사 역시 맥코믹 신학교 출신으로 그의 동기생 44명 가운데 18명이 선교사로 자원하였다. 그는 1918년 신학지남에서 "전도자로서의 목사의 기능"을 역설하면서 목사는 "사람을 만나 하는 대로 마구 전도할 것이 아니요, 개인전도 방침 중에 최 요점은 남과 침묵하는 것이요. 동 내각인을 위하여 은밀히 그 성명을 들으셔야 할 것이며 목사가 그 사람과 정숙하게 친근한 후에 전도할 것을 권장합니다"고 하였다.[18] 그는 네비우스 전략의 옹호자로서 이 주제로 학위논문을 썼는데, 평양신학교에서 36년간 교수하면서 많은 저술활동을 하였다. 그의 신학은 전형적 개혁주의 신학이라고 할 수 있다.

이러한 신학은 한국 크리스천들의 구원관에 잘 반영된다. 초기 한국 크리스천들은 민족주의가 강하여 교회와 가정에 태극기를 달았다고 한국을 방문한 스피어 박사는 크게 우려하였다.[19] 일부 신자들은 기독교를 이용하여 일본에서 해방을 추구하여 선교사들에게 무기와 총알이 어디 있느냐고 물었다고 한다. 그러나 이것은 초기 일부 지방에서 나타난 현상이라고 본다. 후일 한국의 크리스천들은 너무 비정치적이라고 비판도 받는다. 이것은 선교사들이 전도와 정치를 분리시켰기 때문이다. 대부분의 한국 크리스천들은 기독교를 영적 운동으로, 죄로부터 해방이지 결코 정치적 해방이 아니라고 믿었다. 너무 타계적 신앙이라고 말한다. 신자들은 세상에 실망하여 하늘로 가는 것을 소망하였다.

---

18 곽안련, "불신자에게 전도," 『신학지남』 1, no. 4 (1918): 78.송길섭, 43에서 재인용

19 Speer, Robert E. *Report on the Mission in Korea of the Presbyterian Board of Foreign Mission.* New York: The Board of Foreign Missions, 1989. 5-6.

천로역정은 한국 교회에 성경 다음의 교과서가 될 정도였다.

현재 서구 기독교는 기독교의 절대성을 거부하는 종교다원주의 신학이 큰 파장을 일으키고 있다. 1990년대 한국교회는 이 신학으로 감리교가 큰 진통을 겪기도 하였다. 많은 청년 신자들이 이 신학의 영향을 받고 있으며 대화신학이 더 인기가 있는 현실이다. 기독교의 절대주의 신앙은 배타, 독선으로 정죄당하고 있다. 그러나 초기 한국에 온 선교사들은 장로교나 감리교를 막론하고 다른 종교에서 구원의 가능성을 인정하지 않았다. 이것은 선교사들의 요리문답이나 학습문답 세례문답에 그대로 나타난다. 우상과 조상제사는 다 성경과 배치된다고 가르쳤다.

이러한 종교신학은 네비우스 박사의 사상에 그대로 나타난다. 네비우스는 한국과 중국의 다른 종교를 배타주의 모델에서 논하는 것을 서슴치 않는다. 그는 중국의 문화는 긍정하고, 종교는 거부하는 입장이었다. 네비우스는 중국의 유교, 불교, 도교 등을 잘 분석하고 이 종교들의 도덕적 가치를 긍정한다. 하지만 로마서 1장을 기초로 비기독교 종교는 하나님의 계시와 진리를 거짓으로 바꾸었다고 함으로 화란 개혁주의 종교신학을 그대로 강조한다. 그의 말을 직접 인용하면,

> 중국의 종교는 타락한 인간의 영광이요 동시에 수치이다. 이 종교들은 인간이 최고의 진리를 찾으려는 인간의 노력이다. 그러나 자연의 빛으로 조명된 진리의 영역은 부분적이고 불완전하다. 중국의 종교들은 신의 인격, 신과 인간과의 관계, 영혼의 본질, 내세에 관하여는 중국인들은 불완전하게 이해하거나 관심이 없다.[20]

2) 호주 장로교 선교사들의 신학사상

19세기 후반 호주 장로교회가 한국에 선교사를 파송할 때 이미 호주 장로교회에 자유주의 신학이 전파되기 시작하였다. 경상남도를 선교구역으로 정한 호주 장로교 선교사들도 에큐메니칼 정신이 강하면서도 대단히 복음주의적이었다. 그러나 빅토리아 장로교 신학교의 신학은 영국 교회 신학의 영향으로 미국의 보수적 장로교 교단 신학교보다는 신학은 진보적이었다. 그러나

---

20 · John L. Nevius, *China and the Chinese,* (New York: Harper & Brothers, 1892), 148-149.

한국에 온 선교사들은 자유주의의 영향을 크게 받지 않았다고 볼 수 있다. 이상규 교수는 호주선교사들의 신학적 특성은 전반적으로 복음주의적이면서도 에큐메니칼적인 특성이 강하며 통전적이었다고 한다. 그 이유로 대부분이 기독학생운동 출신이었기 때문이다. 호주장로교 선교사들은 1889년부터 1942년까지 78명의 선교사들이 파송되었는데, 주로 빅토리아 장로교회 출신들이다. 이 장로교회의 신앙적, 신학적 족보는 역시 스코틀랜드와 아일랜드이다. 호주 장로교 선교사들의 신학적 뿌리는 복음주의적 혹은 개혁주의적 스코틀랜드 장로교, 아일랜드 장로교이다. 특히 스코틀랜드 자유교회(Free Church of Scotland)의 영향을 무시할 수 없다. 이 교회의 신학교인 에딘버러 대학 신학부는 20세기 이전에는 영국에서 가장 보수적인 신학교로 정평이 나 있었다. 스코틀랜드 자유교회는 1843년 국교회로부터 "대분열"을 통하여 개혁주의의 언약신학을 분명하게 천명하였다. 그러나 호주장로교 선교사들이 한국교회의 신학 형성에 끼친 영향은 타 선교부에 비해 미미하다고 볼 수 있다. 초기 평양신학교 10명의 교수 중 호주선교사는 오직 엥겔뿐이었다.[21] "결론적으로 말하면 해방 이전에 내한했던 호주선교사들은 내한 시기에 따라 약간의 차이를 말할 수 있지만 웨스트민스트신앙고백서에 표명된 하나님, 인간, 그리스도, 죄와 은혜, 그리고 구원에 기초한 장로교 신앙의 소유자들로서, 광의의 복음주의 계통의 신학을 견지하였다고 할 수 있다."[22]

그럼에도 불구하고 평양신학교의 북 장로교 선교사들은 호주 장로교 선교사들의 신학사상을 경계하였다고 한다. 대표적인 사례가 평양신학교에서 가르친 호주 선교사는 왕길지(ev. Gelson Engel, 1868-1939)가 유일한데, 그는 교회사, 성경원어 등 비신학적인 과목만 가르쳤다고 한다.[23] 하지만 왕길지의 신학사상은 철저히 보수 장로교 신학의 사람이었다는 것이다. 이상규 교수는 그의 아들의 증언을 인용하면서 그는 북 장로교 선교사들 보다 더 보수적이어서

---

21 당시 교수를 선교부별로 보면 다음과 같다. 미국 북장로교: 마포삼열(Samuel Moffett), 원두우(H. G. Underwood), 이길함(Graham Lee), 소안론(W. L. Swallen), 배위량(W. M. Baird), 편하설(C. F. Bernheisel), 곽안련(A. D. Clark), 한위렴(W. B. Hunt), 미국 남장로교: 이눌서 (W. D. Reynold), 호주장로교: 왕길지(G. Engel).

22 이상규, "호주장로교 신학," 복음주의 역사신학회, 『역사신학논총』 제5집: 36.

23 이상규, 39.

주일날은 자녀들에게 신문도 못 보게 할 정도였다는 것이다. 왕길지의 신학은 민족의식을 깨우친 서고도와는 달리 광주학생 사태 때 신학생들이 데모하는 것을 엄하게 꾸짖어 도리어 학생들로부터 항의를 받았다는 사실은 비정치 참여의 신학임을 입증한다.[24]

3) 남 장로교 선교사 신학사상

남 장로교가 선교사를 한국에 파송한 것은 언더우드가 미국에 가서 한국 선교를 외쳤기 때문이다. 그의 설교를 들은 남 장로교 청년 신학생들이 한국으로 왔다. 남 장로교는 한 마디로 신학적으로 북 장로교회 보다 더 보수적이었다. 버지니아 유니온신학교는 남 장로교 교단 신학교로 보수주의 장로교 신학을 가르쳤다. 남 장로교 선교부는 호남을 선교지로 활동하였는데, 호남신학원을 세운 톰슨 브라운 선교사 역시 유니온신학교 출신이다. 많은 남 장로교 선교사들은 유니온신학교 출신이었다.[25] 남 장로교 선교사로서 평양신학교에서 개혁주의 신학을 가르친 선교사는 이눌서 박사(W. D. Reynold), 구례인(J. C. Crane)이었다. 이들 두 선교사는 미국 남 장로교회의 칼빈주의적 보수성을 잘 반영하여 기독교가 성경을 버리거나 성경을 믿지 아니하면 그때부터 기독교가 될 수 없다고 하였다. 이눌서는 프린스턴 신학교의 찰스 하지의 신학 책을 번역하여 교재로 사용할 정도였다.

남 장로교 선교가 더 보수적이라는 것은 신사참배를 처음부터 단호하게 거절한 데서 나타난다. 신사참배에 대한 교회의 태도는 바로 교회나 선교의 신학을 반영하는 것이다. 백낙준 박사는 북 장로교 선교사들이 신사거부를 결의한 것만 언급하는데 남 장로교 선교부가 더 완강한 반대자들이었다. 당시 남 장로교 해외 선교부 총무는 일본에서 신사참배를 반대한 S. 풀톤 선교사 아들인 C. 풀톤 박사였다. 그는 반대 입장을 분명하게 선교사들에게 지시하였다.

---

24 정병준 "호주장로교선교부의 대부(大父) 왕길지 선교사" (www.theologia.kr/ www:21ben-hur@hanmail.net.

25 조지 톰슨 브라운, 『한국 선교이야기: 미국 남장로교 한국선교역사』 (1892-1962) 천사무엘, 김균태, 오승재 역 (서울: 도서출판동연, 2010)을 참조할 것.

그 아버지 풀톤 박사는 일본 명치학원에서 신학을 가르쳤으나 교장이 자유주의 신학을 가르치는 자를 용납한다고 사퇴하고 고배에 와서 신호신학교를 세운다. 후일 고베신학교는 중앙신학교로 지금은 가장 보수적인 개혁파신학교가 된다.[26] 숭실전문학교, 숭실중학교, 숭의여학교가 신사참배 문제로 존폐의 위기에서 신사참배를 하면서도 학교를 유지해야 한다는 학교 직원들, 학생들 사회유지들 앞에서 선교사는 "아무리 하여도 신사참배하면서 학교 경영을 할 수가 없음은 변함이 없습니다. 위하여 기도하시오" 라고 하였다.

4) 캐나다 장로교 선교사 신학사상

초기 한국에 온 캐나다 장로교 선교사들은 복음주의 신앙의 사람들이었다. 대표적인 선교사 W. J. 멕켄지는 송내에서 아주 인상적인 선교활동으로 훌륭한 선교사로 교회사에 기록되고 있다. 그는 충성된 기독자로서 그의 생활은 여러 교인들의 칭찬과 동정을 샀다. 그는 한국교회 건립정책을 처음으로 실시한 사람이다.[27] 그러나 후일 들어 온 일부 캐나다 선교사들은 자유주의 신학이었다. 캐나다 선교구인 함경도는 일찍부터 "세계 신학 사조와 교류하며 진보적이고 토착적인 신학 작업을 하게 하였다. 이 신학의 자유 분위기에 크게 기여한 이가 서고도 선교사 (William Scott, 1886-1979)였다."[28]

그는 장로교 본산지인 스코틀랜드 출생이지만 캐나다로 이주, 캐나다의 밴쿠버 웨스트민스터 신학교를 졸업, 1914년 12월 한국에 선교사로 왔다. 그는 캐나다 선교부 구역인 함경도와 만주지방으로 가서 교육사업과 선교활동에 참여하였다. 그는 교육자로서, 사회운동가로서, 신학교육자로서 활동한다. "그는 이곳에 있는 민족의식이 강한 한국인들에게 그리스도교적 역사의식을 심어 주고, 농촌 자활운동과 학생 운동 등 사회개혁 사업들을 지도하기도 하였다. 그의 이러한 민족 사랑과 그리스도교적 역사의식에 입각한 교육과 선교 활동들은

---

26 中村敏 『日本における福音派の歴史』(いのちのことば社 ,2000), 35-43.

27 백낙준, 215.

28 한국기독교 장로회 편, 『한 소망 안에서: 한국-캐나다교회 선교협력 100주년 기념 문집』, (서울: 한국기독교 장로회 출판사, 1998), 37-41. http://www.kucc.org/xe/index. php(2012, 3,26)에서 재인용.

일제의 미움을 사서, 1942년 본국으로 강제 송환되기에 이른다."[29]

그는 초기부터 한국교회 신학을 근본주의 신학이라고 비판하면서 성경무오설을 노골적으로 부정하고 역사비평주의(historical criticism)를 가르쳤다. 그는 성경도 다른 일반 문서와 같이 그 시대의 언어로 쓰여진 "역사적 문서"라고 하였다. 그는 동시에 비교종교학적 입장에서 타종교와 대화를 강조하면서 세계에는 유구한 역사와 전통을 지닌 불교나 유교 등 위대한 종교들이 있다. 그리스도교만이 절대 유일한 종교인 것은 아니다. 그러므로 타종교가 갖는 계시성과 진리를 이해하고, 이들과의 비교와 대화의 방법을 통해 그리스도교 자체의 고유한 선교적 과제를 추구해 나가야 한다는 것이다. 그의 대화신학은 목사들로부터 엄청난 저항을 받는다. 1926년 함경도에서 열린 목사들 집회에서의 공자와 석가와 예수를 비교하라는 질문을 하자 한 목사가 책상을 치면서 흥분하였다는 사건을 김양선 박사는 다음과 같이 기술한다.

> 오문근 목사는 서고도 선교사로부터 '공자와 석가와 예수를 비교하라'는 요청을 받자 육척장신의 체구를 무섭게 단위에 옮긴 후 정중한 어조로 '모기새끼와 두루미를 어떻게 비교하며, 범과 생쥐를 어떻게 비교한단 말인가. 공자와 석가를 신자(神子) 예수 그리스도와 비교하는 그 문제부터가 불쾌하기 짝이 없지 않은가. 양은 신선한 샘물과 꼴만 먹고자 한다. 그대들이 주는 동물은 도야지나 먹을 것이 아닌가?' 라고 일갈한 후에 주먹을 들어 강대상을 쳐 두 조각을 내고 이를 부드득 갈며 서 선교사에게 향하니 좌중들은 그에게 박수갈채를 보냈다. 교직자들의 강력한 보수신앙이 굽혀질 희망이 없음을 안 선교사는 그 이상의 과도한 충돌을 피하기 위하여 곧 회의를 종결시켰다.[30]

흥미로운 사실은 1940년 친일파 신학자들이 세운 조선신학교는 일본에서 자유주의를 공부한 교수들의 무대였다. 그런데도 서고도는 조선신학교의 신학적 입장도 "본질적으로 보수적" 혹은 "자유 보수주의" (liberal-conservatism)로, 에딘버러나 프린스턴 신학교의 입장과 같다고 했다.

서고도 선교사는 해방 후 다시 내한, 제 38회 예수교장로회 총회에서

---

29 한국기독교 장로회 편, 『한 소망 안에서: 한국-캐나다교회 선교협력 100주년 기념 문집』, http://www.kucc.org/xe/index.php.

30 김양선, 『한국 기독교 해방 10년사』 (서울: 대한예수교장로회 총회, 1956), 186-187.

자유주의 신학자로 정죄당한 김재준 목사와 함께 "성경무오설" 부정의 주창자로 제명 처분을 당하기도 하였다. 주재용 교수는 그의 신학은 "한민족의 주체적 시각에서 그리스도교를 수용하고 선교적 과제를 발견하게 함으로써, 후에 한국 교회가 민족사에서 부여되는 과제들을 선교와 신학의 과제들로 수용하고, 세계의 진보적 신학 사상들과 대화하는 가운데 주체적인 신학 정립의 길을 가게 하였기 때문이다" 라고 높이 평가한다.[31]

그러나 그의 신학사상은 서구를 휩쓴 자유주의 신학의 영향을 크게 받아 성경무오설을 부정하였으며 모든 종교는 동등하다는 그의 사상은 종교사학파의 영향을 받은 것 같다. 한국의 자유주의 신학자들의 주관심은 이 땅위에서 하나님의 나라의 회복보다 민족 해방에 더 초점을 두며, 칭의 교리보다 사회정의에 더 중점을 두기 때문에 서고도의 신학을 높이 평가한다.

3. 장로교 신앙고백

초기 4개 장로교 선교사들은 출신 교단과 신학교의 신학배경이 약간씩 다르지만 1893년에 하나의 조선장로교회"를 세우기 위하여 장로교 공의회를 조직한다. 공의회의 목적은 "한국에 개혁주의 신앙과 장로교 정치를 신봉하는" 하나의 장로교회를 조직하는데 있었다. 독노회를 조직하면서 노회는 대요리문답을 채택하지 않고 소요리문답과 인도 장로교 12조 신조를 채택한다. 그에 대하여 신복윤 교수는 대요리문답은 이중 예정론이 너무 강하고 동시에 선교지라는 상황을 감안하였다는 것이다.[32] 12조는 우리가 믿는 신앙을 요약한 것이나 다름없다.[33]

---

31 주재용, 『한국 그리스도교 신학사』 (서울: 대한기독교서회, 1998), 88-89.

32 Bok Yun Shin, "A Critical Appraisal of Conflicts among Korean Churches: Focusing on Korean Presbyterian Denominations," *Theological Journal of KIMCH: The Korean Church and Its Theology Yesterday, Today and Tommorrow,* Vol. 1 (Seoul: Kimchi International, 2009): 70.,

33 12조 전문은 곽안련, 391-395를 참고할 것. 그런데 여기 전문에 인도장로교의 신조를 채택한다는 말은 없다.

4. 3자 원리의 신학

19세기 미국 장로교회가 한국선교를 시작할 때 그들은 중국선교의 실패를 답습하지 않으려고 노력한 결과, 유명한 네비우스의 3자원리를 선교신학으로 채택하고 이 원리에 기초하여 교회를 설립하였다. 네비우스 원리는 단순한 선교전략이 아니라 영국 선교회 총무 헨리 벤과 미국해외선교회 총무 루푸스 앤더슨이 동시에 발전시킨 성경에 근거한 선교신학이며 전략이다. 미국 선교학자 베버는 미국선교는 약200년 동안 원리가 없이 선교를 하였으나 3자원리가 등장하자 이를 공식으로 채택하였거니와 이것은 영어권 선교를 100년간 지배한 신학이 되었다고 하였다. 독일과 화란도 3자 원리를 인정하였고 3자 원리를 높이 평가한다. 아브라함 카이퍼는 여기에 감화를 받고 사회적 선교를 배격하고 교회선교를 더 애호하였다.[34] 최근 독일의 선교학자 토마스 쉴마헬은 앤더슨의 자립 원리는 칼빈주의적 신앙고백과 밀접하게 관련되었다고 한다. 부흥운동의 산물인 신앙선교는 주로 선교의 개인적 차원을 너무 중시하여 교회와의 직접적인 관계없이 선교사가 그리스도의 종 됨을 강조하며 선교회가 조 교파적이어서 신앙고백을 부정하지만 3자 원리는 교회의 공동체 성격을 강조하고 선교를 교회에 귀속시키려고 노력하였다.[35] 초기 미국선교사들은 19세기 선교의 특징인 개인구원의 선교였지만 개인을 회심시켜 자립, 자치 자력전파의 교회에 가입시키는 것을 선교의 최대목표로 설정하였다. 이리하여 네비우스의 "선교교회의 설립과 발전"(Planting and Development of Missionary Churches)은 한국선교사들의 선교교과서가 됨은 말할 필요도 없다.

---

[34] J. Verkul, *Contemporary Missiology* (Grand Rapids: Eerdmans Pub., 1978), 178.

[35] Thomas Schirrmacher, "Rafus Anderson and die Selbstandiskeit det einherimischen Kirchen," *Evangelikal Missiologie 2,* no. 199 (1996) : 22-23.

5. 비판적 견해

한국 초기 장로교 보수주의 신학을 비판적으로 보는 자들도 많다. 브라운은 한국교회의 신앙을 칭찬하면서도 극도로 보수적이고 배타적이라고 우려한다. 그는 로버트 스피어 박사처럼 너무 "폭 넓은" 장로교 사람이었다. 춘원 이광수는 한국 신학을 "정통의 폭군"이라는 극단적 표현을 하였다. 그래서 한국교회 목사들이 너무 무지하다고 비판하였다.

송길섭은 선교사가 심은 보수적 신앙과 신학이 길선주 등 초기 목회자들에 의하여 성경에 대한 "자유스러운 해석이나 이설은 가차 없는 정죄와 경직이 영계에 의하여 장로교 안에서 자리 잡게 되었고 이런 배타적 보수주의 신학의 경향은 박형룡에 의하여 계승되면서 그에 의하여 장로교의 보수주의신학으로 집대성되는 것이다"라고 신랄하게 비판한다.[36]

특히 자유주의 신학자들은 한국의 신학에 대하여 너무 편협한 보수주의, 너무 타계적인 신앙, 근본주의 신학, 성경만 알고 다른 학문은 외면한 신학과 신앙으로 폄하한다. 바이엘하우스는 장로교회 신학은 지도자들의 신앙고백으로 인하여 개혁주의 교리가 아니라 성경적 근본주의라고 혹평한다.[37] 그러나 보수주의 신학과 자유주의 신학은 출발점이 근본적으로 다르기 때문에 그러한 비판을 한다.

결론

그러나 한국교회는 보수적 신학과 전도의 열정과 부흥운동이 복합적으로 교회를 성장시켜 왔다. 지금 한국교회는 우리가 받은 전통에서 이탈하는 경향이 있다. 신학의 컨센서스를 상실하고 있다. 성경을 하나님의 말씀으로 믿는 순수한 신앙과 신학이 교회에 생명을 부여하고 갈급한 영혼에 생수를 줄 수 있다.

---

36 송길섭, 278.

37 Peter Beyerhaus, *Die Selbstandigkeit der jungen Kirchen als missionarischen Problem* (Wuppertal-Barmen: Verlag der Rheinischen Missions-Gesellschaft, 1956), 254.

보수신학의 오류는 신학의 문제가 아니라 인격의 문제요 전략의 결함이다. 반틸 박사가 개혁주의 사람들이 가져야 할 자세를 적절하게 지적한다: "사상은 강하게 방법은 부드럽게" (Fortiter in res, suaviter in modo).

제 7장
한국장로교 선교회와 한국선교정책

> 의료 및 교육사역, 순회전도, 네비우스선교정책, 한글사용과 같은 선교정책 외에도 한국에 파송된 선교사들은 선교지분할, 연합활동, 사경회와 성경반, 사랑방 등 다양한 선교전략을 세워 한국선교를 확장해 나갔다. 이들 각 선교정책은 한국선교 과정에서 상호 시너지 효과를 냈다. … 한국에 파송된 선교사들은 어떤 선교지의 선교사들과 비교해도 손색이 없는 매우 브라이트한 선교사들이었지만 서로 존중하고 이해하면서 공동의 목표를 향해 달려가려고 노력했다. 이런 노력이 없었다면 초기 한국에 파송된 선교사들이 도출한 광범위한 순회전도, 네비우스 선교정책, 한글사용, 그리고 의료및 교육사역은 결실로 이어지지 못했을 것이다.
>
> 박용규 교수(총신대학교 신대원 역사신학)

복음은 놀라운 속도로 확산되었다. 1889년 1월 언더우드는 피어슨에게 1888년 한 해 동안에 이루어진 선교사역과 결실을 보고하면서 이렇게 밝혔다. "하나님이 진실로 우리에게 축복하셨다. 우리는 그가 우리에게 얼마나 선하시며, 우리가 희망하거나 생각하고 심지어 꿈꾸었던 것 이상으로 하나님의 축복이 모두에게 얼마나 넘치도록 임하셨는가를 보았다."[1)]

금교령이 발표되던 1888년 한 해 동안 한국개신교 신자는 다섯 배가 증가했으며,[2)] 서울에서만 장로교와 감리교 출석 교인이 100명을 넘어섰다.[3)] 1894년 이후 성장은 이전과 비교할 수 없을 정도로 놀랍게 진행되었다. 특히

---

1 "Missionary correspondence from all parts of the World-field," *MRW*(April, 1889), 456−457.

2 George W. Gilmore, *Korea From Its Capital : With A Chapter on Missions* (Philadelphia : Presbyterian Board of Publication and Sabbath-School, Work, 1892), 308 ; "Missionary correspondence from all parts of the World-field," 456.

3 George W. Gilmore, *Korea From Its Capital : With A Chapter on Missions.*

한국선교를 견인했던 평양과 선천에서 진행되는 놀라운 선교 기적을 목도한 기포드는 "놀라운 전진운동"(a remarkable forward movement)[4]이라고 불렀다. 한국선교 불과 4년 만에 한국은 "근대 선교의 또 하나의 기적"[5]으로 주목을 받기 시작했다. 한국 주재 서양선교사들은 한국이 일본을 앞지를 것이라는 낙관적인 견해를 피력했다.[6]

이 같은 놀라운 선교의 진보는 장로교와 감리교를 초월하여 초기 선교사들이 광범위하게 시행했던 순회전도여행을 통해 더욱 고무되었다. 이들은 순회전도여행을 통해 "한국의 모든 지역에서 복음을 전하였으며 새로운 선교부를 열 계획을 세웠던 것이다."[7] 이어 1890년 네비우스 선교사의 한국 방문과 2주간의 세미나를 토대로 선교사들은 네비우스 선교정책을 채택하였고, 그해 한글문서의 광범위한 보급을 통해 복음의 확장과 한국선교의 발전을 기하기 위해 예수셩교셔회를 설립했다. 이런 노력과 사역의 결과로 한국에 파송된 선교사들은 1890년까지 의료 및 교육사역, 순회전도, 네비우스 선교정책, 그리고 한글사용으로 대변되는 한국선교를 위한 선교정책의 토대를 구축했다. 네비우스 선교정책은 1893년에 이르러 좀 더 구체적으로 발전되어 구형되었는데, 바로 그것이 1893년 제 1회 선교사 공의회가 한국선교의 지침으로 삼기 위해 채택한 10개의 선교 정책이다.[8] 이것들은 해리 로즈가 지적한대로 초기 한국 장로교 선교사들이 채택한 중요한 선교정책이었다.

4 "Korea, The Hermit Nation," *MRW*(September, 1889), 705.

5 "Progress and Results of Missions : Monthly Bulletin," *MRW*(April, 1889), 312.

6 Daniel L. Gifford, *Every-Day Life in Korea*(New York : Fleming H. Revell Co., 1898), 207－229.

7 *Quarto-Centennial Papers Read Before the Korean Presbyterian Mission of the Presbyterian Church in the United States of America at Annual Meeting in Pyeng Yang, August, 27,* 1909, 15.

8 C. C. Vinton, "Presbyterian Mission Work in Korea," *MRW* Vol. 6 : 9(Sep., 1893), 671. 또한 백낙준, 『韓國改新敎史』(서울 : 연대출판부, 1991), 212－213과 金良善, 『韓國基督敎史硏究』(서울 : 기독교문사, 1971), 72를 보라. 이들 10가지, 노동자계급에 우선 전도할 것, 가정주부의 개종을 중요시할 것, 지방도시에 소학교를 설립하여 기독교 교육을 실시할 것, 한국인 교역자 양성에 유의할 것, 성서 역간에 힘쓸 것, 모든 종교 서적을 한글로 출판할 것, 자급.자치의 교회를 만들 것, 신자는 누구나 전도자가 되게 할 것, 의료 선교사는 그리스도의 사랑으로 치료하여 환자를 감화시킬 것, 그리고 지방 환자의 경우 왕진의 기회를 만들어 그리스도의 사랑을 체험케 할 것 등은 민중을 대상으로 한 선교 정책을 그대로 반영한 것들이다.

그럼에도 불구하고 거의 모든 한국교회사 저술들은 한국에 파송된 선교사들의 선교방법과 선교정책을 기술하면서 네비우스 선교정책에만 초점을 두고 있다.[9] 본고에서는 초기 한국에 파송된 선교사들이 채택한 의료 및 교육사역, 순회전도, 네비우스 선교정책, 한글사용을 집중적으로 고찰할 것이다. 그러나 단지 이들 선교사역의 성격과 특징을 당시의 한국교회 전체 복음전도의 측면에서 기술하려고 한다.

1934년에 출간된 해리 로즈의 『한국북장로교선교역사』(1884-1934)년에는 한국에 파송된 선교사들이 채택한 선교정책이 어떤 선교정책이었는지 비교적 소상하게 과정을 밝히고 있어 이 분야를 연구하는 중요한 자료가 되고 있다.[10]

1. 의료 및 교육 사역

한국에 파송된 초기 선교사들은 한국에서의 선교사역에 대한 전략을 세워야 했다. 어떤 선교방법과 선교정책을 채택할 것인지를 결정할 필요가 있었다. 이것은 단지 그들 자신을 위해서만 아니라 다음에 오는 선교사들을 위해서도 절대적으로 필요한 일이었다. 초기 선교사들은 본국 해외 선교부로부터 다른 선교지에서 시행되고 있는 선교정책과 선교방법에 대해 지시를 받은 것은 사실이지만 전혀 낯선 선교지에서 시행되는 것이어서 이들은 자신들이 사역하는 한국선교지 환경에 맞는 선교정책과 방법이 필요하다고 생각했다. 한국에서 로마가톨릭 선교사들이 시행하는 선교방법이 있었지만 자신들이 볼 때는 문제가 있다고 판단되는 선교정책과 선교방법이어서 그것을 새로 시작하는 개신교 선교정책과 선교방법으로 채택하는 것은 바람직하다고 생각하지 않았다. 기도와 회합을 가지면서 한국에 파송된 초기 선교사들은 한국의 실정과 환경에 어울리는 자신들의 방법을 채택할 필요를 강하게 느꼈다.

---

9 대한예수교장로회 총회 역사편찬위원회 편, 총회 창립 90주년 기념 대한예수교장로교회사 상 (서울: 대한예수교장로회 총회, 2003), 85-88.

10 Harry A. Rhodes, ed., *History of the Korea Mission, Presbyterian Mission, U.S.A. Vol. I 1884–1934* (Seoul : Chosen Mission Presbyterian Church, U.S.A., 1934), 80.

다행히 한국에 파송된 첫 선교사들 대부분은 의료 선교사들이었다. 장로교의 경우 1884년 9월 20일 알렌이 입국했고, 이어 이듬해 헤론이 입국했다. 감리교의 경우 1885년에 스크랜톤이 입국했다. 따라서 장로교 감리교를 초월 한국에 파송된 첫 선교사들은 의료사역을 한국에 착수할 수 있었다. 1884년 12월 4일에 발생한 갑신정변 때 치명적인 상처를 입은 민영익이 알렌으로부터 치료를 받은 것을 계기로 1885년 4월 10일 광혜원이 개설되었고, 이어 스크랜톤의 상동병원과 로제타 셔우드 홀의 보구여관이 설립되었다. 해리 로즈의 말대로 의료사역은 출입쐐기("entering wedge")[11]였음이 입증되었다. 의료 사역을 통해 어둠에 가친 이 땅의 빗장이 열리게 되었다.

의료사역은 처음부터 한국에 파송된 선교사들이 중시했던 선교 사역이었고, 실제로 한국복음화 과정에서 너무도 중요한 역할을 했다.[12] 의료 사역은 민중의 마음과 왕실의 마음을 사로잡는 위대한 힘이었다. 1885년 4월 10일 광혜원이 개원하고 1년 동안 치료 받은 환자는 20,529명이었으니 한 해 동안 얼마나 많은 환자가 치료를 받았는가를 알 수 있다. 2년 6개월 동안 책임을 맡았던 알렌이 1887년 8월 주미 한국 공사관 참찬관(參贊官 : a foreign secretary)으로 적을 옮기고 미국으로 돌아간 후[13] 헤론이 그 책임을 이어 받았으나 1890년 세상을 떠나고 말았다. 그 공백을 하디(R. A. Hardie), 빈톤(C. C. Vinton), 에비슨(O. R. Avison)이 메꾸어 주었다.

1893년 장로교 선교회는 의료 사업을 선교사업의 하나로 결정하고 부산,

---

11 Harry A. Rhodes, ed., *History of the Korea Mission, Presbyterian Mission, U.S.A. Vol. I 1884 – 1934.*

12 George W. Gilmore, *Korea From Its Capital : With A Chapter On Mission*(Philadelphia : Presbyterian Board of Publication and Sabbath-School Work, 1892), 298 – 300, 314 – 315 ; Horace G. Underwood, *The Call of Korea Political-Social- Religious*(New York : Fleming H. Revell Co., 1908), 101. 언더우드는 1908년, 선교 초부터 오늘날까지 의료 선교사들이 왕실을 자유롭게 드나들 수 있다는 사실이 전 국민에게 널리 펴졌고, 강력한 영향을 미쳤다고 말한다.

13 閔庚培, 『알렌의 宣教와 近代韓美外交史』, 288. 미국으로 돌아간 후 Allen은 주미 전권 공사 박정양(朴定陽)으로 하여금, 청국의 방해에도 불구하고 국무장관 베야드(T. Bayard)와 이어 클리블랜드(G. Cleveland) 대통령을 접견하고 신임장을 제정받도록 하는 데 결정적인 역할을 했다. 그러다 1889년 서기관직을 사임하고 그 이듬해 1890년 북장로교 선교사로 다시 내한하였다가 그 해 7월, 주한 미국 공사관 서기관에 임명받아 한국에서 외교관으로 활동했다.

평양, 대구, 선천, 재령, 청부, 강계, 전주, 공주, 해주, 안동, 원산, 군산, 목포, 개성, 춘천, 인천, 진주, 성진, 함흥 등에 병원을 설립하고 한국선교를 전국적으로 추진했다.[14] 의료 사역을 통해 한국선교를 추진하기는 감리교도 마찬가지였다. 서울에서는 에비슨과 스크랜톤이 세브란스 병원과 의학전문학교, 상동병원을 설립하며 구심점 역할을 감당했다. 1899년 세브란스(Louis H. Severance)로부터 15,000불의 헌금을 지원받아 남대문 밖에 병원을 신축하여 1904년 9월 현대식 서양종합병원을 준공했다. 이어 14개 분과로 확장하고, 세브란스 의학교와 간호학교를 설립하고 1908년에 7인의 졸업생을 배출했다.[15]

서울과 지방의 대표적 의료기관(1885–1910)

병 원	설 립 연 도	지 역
광혜원(제중원, 세브란스전신)	1885. 4. 10.	경성
시병원	1885. 9. 10.	경성 남대문 밖
보구여관(保救女館)	1888. 4.	경성 정도
기홀병원	1893	평양
일신병원	1893	부산
제중병원	1895	평양
원산구세병원	1898	원산
동산병원	1899	대구
나병원	1901	부산
미동병원	1901	선천
예수병원	1904	전주
남성병원	1907	개성
제혜병원	1908	함흥
계례지병원	1909	강계
청주진료소	1912	청주
해주구세병원	1913	해주

14 金良善, 『韓國基督教史硏究』 (서울 : 기독교문사, 1971), 65.

15 Edith A. Kerr & George Anderson, *The Australian Presbyterian Mission in Korea 1889–1941*(Australian Presbyterian Board of Missions, 1970), 80–81.

스크랜톤의 시병원(施病院),[16] 감리교 여선교사 하워드와 로제타 셔우드가 설립한 한국 최초의 부인병원 보구여관(保救旅館), 1891년 부산에서는 어빈(C. H. Irvin)과 그의 후임 브라운(H. Brown)[17]에 의해 시작된 의료 사역, 커렐에 의해 세워진 진주 배돈병원은 선교사들이 이땅에 설립한 병원의 일부분에 지나지 않는다. 일제의 식민 통치 기간에도 의료 사역은 중단되지 않았다. 1926년 프랭크 카펜터(Frank G. Carpenter)가 일본과 한국(Japan and Korea)에서 지적한 것처럼 "미국 의료 선교사들은 여기서 놀라운 일을 해내고 있었다."[18] 하지만 선교사들 가운데서는 시간이 흐르면서 병원 사역을 점차 축소하려는 경향이 나타났다. 오히려 미국 북장로교 해외선교부가 한국에 파송된 선교사들에게 사회적 책임과 사회적 개혁에 더 많은 에너지를 쏟아 부으라고 촉구했다.

의료사역과 더불어 한국에 파송된 선교사들이 착수한 또 하나의 사역은 교육사업이었다. 한국정부는 외국과 조약이 체결되어 문호를 열어가는 과정에서 백성이 서구문명과 접할 수 있는 서양교육의 필요성을 깊이 인식하고 있었다. 이런 배경 속에서 1883년 10월 1일 영국인 핼리 팍스(T. E. Halifax)가 묄렌도르프(P. G. von Mullendorf)가 시작한 "school of interpreters"의 책임을 맡아 학교를 운영할 수 있었다. 고종황제는 1886년 미국 정부에 교사를 파송해 달라고 요청했고, 벙크 헐버트 길모어 3명이 입국해 육영공원(English Language School)을 열었다. 순수 선교 목적으로 입국한 감리교 장로교 선교사들도 입국 얼마 후 남녀학교들을 설립하였다.

1886년부터 1910년까지 불과 사반세기 만에 한국에는 수많은 학교들이 설립되어 기독교 교육의 혁명이 일어났다. 1886년부터 1889년까지 10개의 학교가 설립되었고, 다시 1900년부터 1910년까지는 무려 23개의 학교가 설립되었다. 1908년 한 선교사가 "우리는 교육 혁명의 한복판에 서 있었다"고 보고한 것은 결코 과장이 아니었다.[19] 마삼락(Samuel Hugh Moffett)의 말대로

16 宋吉燮, 『韓國神學思想史』, 59

17 Edith A. Kerr & George Anderson, *The Australian Presbyterian Mission in Korea 1889－1941,* 74.

18 Frank G. Carpenter, *Japan and Korea*(New York : Doubleday Page & Company, 1926), 292.

19 Samuel Hugh Moffett, *The Christians of Korea,* 146.

하룻밤 사이에 수많은 "학교들이 발흥했다."[20] 1910년에는 오늘날 중등학교에 준하는 아카데미 이상의 학교만 37개나 되었다. 이것을 선교회 별로 분류하면 북장로교 8개, 남장로교 9개, 캐나다 장로교 5개, 호주 장로교 3개, 미 감리교 8개, 남감리교 4개 등 총 37개에 달했다.

서울과 지방의 대표적 미션스쿨(1886-1910)

	학교	설립	지역	선교부		학교	설립	지역	선교부
1	배재학당	1886	서울	북감	20	삼일학교	1903	수원	북감
2	경신학당	1886	서울	북장	21	호수돈여학교	1904	개성	남감
3	이화학당	1887	서울	북감	22	영명여학교	1905	공주	북감
4	정신여학당	1887	서울	북장	23	신성학교	1906	선천	북장
5	일신여학교	1892	부산	호주	24	계성학교	1906	대구	북장
6	영화여학교	1892	인천	북감	25	한영서원	1906	대구	남감
7	숭실학교	1894	평양	북장	26	미리흠여학교	1906	개성	남감
8	광성학교	1894	평양	북장	27	보성여학교	1907	선천	북장
9	명신학교	1898	재령	북장	28	영명학교	1907	공주	북감
10	정의여학교	1899	평양	북감	29	매향여학교	1907	수원	북감
11	신흥학교	1900	전주	남장	30	숭일학교	1907	광주	남장
12	영명학교	1901	군산	남장	31	영생학교	1907	함흥	캐나다
13	멜볼딘여학교	1901	군산	남장	32	영실학교	1908	강계	북장
14	정명여학교	1902	목포	남장	33	수피아여학교	1908	광주	남장
15	기전여학교	1902	전주	남장	34	매산학교	1913	순천	남장
16	숭의여학교	1903	평양	북장	35	의신여학교	1913	마산	호주
17	신명여학교	1903	대구	북장	36	보신학교		성진	캐나다
18	영생여학교	1903	함흥	캐나다	37	보신여학교		성진	캐나다
19	루씨여학교	1903	원산	남감	38	보광학교		원산	캐나다

자료 : 이만열, 韓國基督教文化運動史, 190-198.

의료선교와 교육선교는 여러 가지 면에서 한국정부의 니드와 맞아 떨어졌다. 1884년 1월과 4월에 일본주재 선교사 낙스와 중국 주재 선교사 리드가 북장로교

---

20 Samuel Hugh Moffett, *The Christians of Korea.*

해외선교부에 편지를 보내 한국선교를 촉구하면서 제시했던 선교 방향도 의료와 교육이었다. 1884년 6월 한국을 방문한 매클레이 선교사가 고종황제로부터 의료 및 교육에 대한 윤허를 받아내 의료와 교육은 한국에 파송된 선교사들이 처음부터 관심을 가지고 진행했던 선교사역이었다. 실제로 결실도 대단했다. 병원과 교육 선교는 왕실과 민중의 마음을 사로잡아 한국인들의 심성을 바꾸어 놓는 계기가 되었다. 그 결과 그레이슨이 지적한 대로 "교육 및 의료 사역은 계속해서 교회 확장의 두 가지 중요한 요소들이 되었다."[21]

선교사들은 의료 및 교육사업을 진행하면서도 그들의 주된 관심은 복음을 전파하고 교회를 설립하는 일이었다. 존 로스와 존 매킨타이어를 통해 복음을 접한 서상륜과 서경조를 비롯한 사람들이 집안현 이양자, 의주, 소래, 서울에서 신앙의 공동체를 형성하고 있었고, 노춘경과 같이 비밀리에 신앙을 접한 이들이 생겨나면서 복음전파는 초기 한국에 파송된 선교사들에게는 피할 수 없는 과제라고 여겼다. 이들은 정부가 좋아하지 않고 외국과의 조약에 종교의 자유가 명시되지 않았지만 복음전파를 착수했다.

2. 광범위한 순회전도(extensive itinerancy)

해리 로즈가 지적한 대로 순회전도는 한국에 파송된 초기 선교사들이 채택한 중요한 선교정책이었다. 하지만 순회전도는 정책을 세우고 시작한 것이 아니라 당시 도심에 머물고 있던 선교사들에게 소래와 의주에 있는 기독교인들로부터 와 달라는 요청을 지속적으로 받으면서 자연스럽게 시작되었다. 훗날 중요한 선교전략으로 세워진 순회전도 역시 한국인들의 요청에 의해 시작되었다는 것은 흥미로운 일이다. 선교사들은 선교지에 대한 조사와 탐색이 필요하다고 여겨져 그들의 요청에 응했다. 이들은 정부가 발행한 여행허가증을 가지고 여행했으며, 여행허가서에는 숙소와 환전과 보호가 약속되었다. 하지만 당시 외국인에 대한 반감이 강했고 신변의 안전을 위해 권총(gun)과 연발권총(revolvers)을 가지고

---

21 James Huntly Grayson, *Early Buddhism and Christianity in Korea : A Study in the explantation of Religion*(Leiden : E. J. Brill, 1985), 118.

갔으며, 신변 보호를 위해 1-2명의 군인을 고용해 동행했다.[22] 이들 군인들의 동행은 안전에는 그리 큰 도움이 되지 않았지만 당시 여행자의 위엄을 높여주고 백성들로부터 경외심을 불러일으키는 데는 큰 도움이 되었다.[23]

여러 가지 이유로 첫 선교사들의 복음 전도 사역은 지금의 관점에서 볼 때 매우 더디게 진행되었고,[24] 처음 한 동안은 도시에 머물며 도심 내에서 할 수 있는 사역에 맞추어 진행했다. 이들은 외국인 교회를 설립하여 예배를 시작하고, 비밀리에 복음을 전하고 믿는 자들이 생기면 그들을 대상으로 가르치는 일을 감당했다. 언더우드나 아펜젤러가 한국인들을 대상으로 교회를 설립한 것은 1887년 9월과 10월이었으니 한국에 도착한지 2년 6개월 가량이 지나서였다. 이 두 교회 구성원들 중에는 새로 믿은 자들도 있지만 대부분은 존 로스로부터 복음을 접한 이들이었다. 특별히 새문안교회의 경우는 더욱 그랬다.

처음 순회전도는 선교사들의 자발적인 선택이라기보다 외부의 요청에 의해서였다. 도심에서 사역하던 이들 초기 선교사들은 소래와 의주 등으로부터 지속적으로 와 달라는 요청을 받으면서 순회선교를 시작하게 되었다. 이렇게 해서 찰스 알렌 클락이 "한국에서 선교사역의 특징"이라고 불렀던 순회전도는 1887년에 시작되었다.[25] 그해 가을 언더우드는 송도 소래 평양 의주로 순회전도를 떠났다. 순회전도를 떠나면서 언더우드는 의약품과 팔 수 있는 기독교 서적을 가지고 갔다. 그가 돌아오기 전 이들 의약품과 서적들은 모두 소진되었다. 이 여행에서 언더우드는 소래에서 서상륜에 의해 전도를 받고 예수를 믿기 시작한 7명에게 세례를 준 것을 비롯하여 20명 이상에게 세례를 주었다.[26] 이것은

---

[22] L. H. Underwood, *Fifteen Years Among the Top-Knots or Life in Korea.* Boston, New York, Chicago : American Tract Society, 1904. 51, 66.

[23] Paik, L. George. *The History of Protestant Mission in Korea 1832－1910.* (Pyeng Yang : Union Christian College, 1929), 180.

[24] 곽안련 선교사에 따르면 1886년 전국에 단지 9명의 기독교인 밖에 없었다. 기독교인은 서서히 증가해 이듬해 25명, 1888년에는 65명, 1889년에는 100명, 1890년에는 104명, 1891년에는 119명, 1892년에는 127명, 1893년에는 141명, 그리고 청일전쟁이 발발하던 1894년에는 236명이었다.

[25] Clark, Charles Allen. *The Nevius Plan for Mission Work, Illustrated in Korea.* (Seoul : CLS, 1937), 79.

[26] Harry A. Rhodes, ed., *History of the Korea Mission, Presbyterian Mission, U.S.A. Vol. I 1884－1934,* 82.

당시 한국에 교세 규모를 가름할 수 있는 중요한 근거다. 곽안련은 The Plan for Mission Work에서 1887년에 한국의 교세가 25명이라고 기록하고 있다. 만약 이 통계가 맞다면 이 숫자는 집안현 이양자의 신앙의 공동체의 교인들을 포함하지 않은 것이 분명하다. 왜냐하면 로스는 1884년 11월 웹스터를 동반하고 집안현 이양자에서 75명에게 세례를 주었기 때문이다.[27] 또한 언더우드는 1887년 9월 27일 새문안교회를 설립되었을 때 14명의 신자들이 모여 창립예배를 드렸다고 증언하고 있고 그로부터 약 1개월 후 아펜젤러는 자신의 일기에서 벧엘예배당(정동교회전신)를 창립할 때 서울에는 7명의 교인들이 있었다고 증언하고 있기 때문이다.[28] 이 두 교회의 교인들만 합쳐도 21명인데 전체 한국에 25명의 교인들이 1887년에 있었다고 기록한 것은 정확한지 확인할 필요가 있다. 우리는 초기 복음전도 과정에서 진행되고 있는 일련의 복음전파 진척과정에 대한 보고를 상호 비교하면서 초기 신앙공동체의 규모를 확인해 가는 작업을 진행해야 할 것으로 보인다.

언더우드가 순회전도를 떠나기 앞서 1887년 4월 아펜젤러는 세관(Customs Service)의 헌트(J. H. Hunt)를 동행하고 평양을 방문했다. 이것은 외국인 선교사들로는 첫 평양 방문이었다. 1887년 8월 아펜젤러와 존스는 원주 원산 부산으로 순회전도여행을 떠났고, 다시 이듬해 1888년 10월 아펜젤러와 스크랜톤은 평양과 의주를 방문해 의주 교회 건물로 사용할 수 있는 집을 마련했다. 이 여행을 통해 그들은 당시 의주에 있는 여섯명의 교인들의 명단을 제공했다.[29]

1888년 봄 언더우드는 아펜젤러와 함께 같은 지역으로 순회전도를 떠났다. 그들이 평양에 도착했을 때 미국 영사로부터 소환령이 내렸다. 그해 평양, 의주, 소래, 서울에 권서를 임명했다. 1889년 3월 의료 선교사 릴리아스 호튼과 결혼한 언더우드는 평양 강계로 "신혼여행"을 떠나 압록강을 따라 의주를 거쳐 서울로 돌아왔다. 신혼여행을 겸한 이 선교 여행 기간은 2개월이

---

27 John Ross, "A Bright Light in Northern Korea," *The Foreign Missionary*(Sep., 1886), 150－152.

28 *H. G. Underwood's Letter to Dr. Ellinwood,* September, 30, 1887.

29 Harry A. Rhodes, ed., *History of the Korea Mission, Presbyterian Mission, U.S.A. Vol. I 1884－1934,* 84.

넘었고 1천 마일 이상의 긴 여행이었으며, 이 여행 동안 600명 이상의 환자를 치료했다.[30] 몇몇의 동료들은 위험하다고 판단되어 이 선교 여행을 말렸다. 그 때까지 외국 여인이 서울을 넘어 북한에 다녀 온 적이 없으며, 외국 남자들 중에서 극소수만 다녀왔었기 때문이다. 토마스가 순교한지 불과 20여년 밖에 지나지 않는 상황에서 그 위험하고 적대적인 지역을 2개월이 넘게 신혼여행의 일환으로 순회전도 여행을 떠난다는 것은 결코 쉬운 일이 아니었다. 다행히 이들은 정부로부터 여행허가서를 받고 여행을 할 수 있었다. 이 기간 동안 일어났던 많은 사건들에 대해서는 릴리아스 호튼이 『상투쟁이와 함께 보낸 15년의 세월』에 소상하게 기록하여 전해주고 있다. 강계까지 깊숙이 들어가 복음을 전하고 1889년 4월 27일 돌아오는 길에 의주에 들렀을 때 그곳에는 세례를 받기를 원하는 100여명이 있는 것을 발견했다. 언더우드는 이중에서 김이련(金利練) 김관근(金灌根) 부자를 비롯한 33명에게 세례를 주고 성찬식도 베풀었다. 금교령을 통해 국내 복음전도가 금지된 상황에서 문제의 소지를 남기지 않기 위해 언더우드는 이들을 데리고 압록강을 건너 만주 쪽에 가서 세례를 주었다. 의주는 매우 전략적으로 중요한 한국 선교의 거점이 될 수 있는 요건을 갖추었지만 불행하게도 그로부터 2년 동안 아무도 의주를 방문하지 않았다. 곽안련은 1889년에 100명의 예수 믿는 자들이 국내에 있었다고 했는데 만약 이것이 정확하다면 이들 중 상당수는 세례를 받은 세례교인이며, 언더우드에 의해 세례를 받은 자들이 그 중에 반 이상을 넘었다. 초기 언더우드는 한국선교에 지대한 영향을 미친 것을 확인할 수 있다.

1889년 3월 제임스 게일은 해주로 순회전도를 떠나 그곳에 2주간을 머물며 전도했고 이어 소래로 가서 그곳에서 3개월을 머물다 보트를 타고 제물포로 돌아왔다.[31] 그해 말 게일은 경상도로 순회전도 여행을 떠났다. 12월 31일 대구에 도착했을 때 게일 일행이 입성하지 못하도록 성문을 닫을 정도로 냉혹했고, 군중들은 위협적이었다. 그 지역 최고의 관리 앞에 불려 가기도 했다. 부산에

---

30 Harry A. Rhodes, ed., *History of the Korea Mission, Presbyterian Mission, U.S.A. Vol. I 1884–1934,* 82.

31 Harry A. Rhodes, ed., *History of the Korea Mission, Presbyterian Mission, U.S.A. Vol. I 1884–1934,* 83.

도착한 게일은 그곳에 머무는 동안 빅토리아 선교회 개척자 헨리 데이비스가 부산에 도착해 천연두로 세상을 떠나는 것을 목도했고, 마지막 순간 그를 간호하고 장례까지 잘 마무리했다.[32]

1890년 8월 마포삼열은 아펜젤러와 석탄을 구입하기를 원하는 헐버트를 대동하고 평양으로 순회전도 여행을 떠났다 며칠 후 석탄을 구입하지 못하고 돌아왔다. 다시 이틀 후 아펜젤러는 마포삼열이 2주간 평양에 머물고 있는 동안 평양을 북부로 순회전도를 떠났다 소래를 거쳐 서울로 돌아왔다.[33]

마포삼열과 게일은 1891년 3월부터 5월까지 2개월 간 전도인 정공빈(鄭公斌), 최명오(崔明梧)를 동반하고 "관서(關西)를 순행(巡行)" 하면서 송천을 거쳐 "팔월(八月)에 평양(平壤)에 도(到)하야 복음(福音)을 시전(始傳)하고 의주(義州)에 도(至)하야 지방(地方)을 시찰(視察)하고 복음(福音)을 전포(傳布)"[34]했다. 이 전도여행은 교회사적으로 매우 중요한 의미를 지니는 선교여행이었다. 첫째는 2년 동안 선교사들일 닿지 않았는데도 건강한 신앙의 공동체가 형성되어 있음을 발견했기 때문이다.

> 중국 국경도시인 의주에 전도인 한 사람이 한동안 전도하였는데 추수할 곡식이 무르익은 것을 발견하니 놀랍고 반가 왔다. 이 사람들은 선교사 한 사람이 거기 와서 살기를 간절히 원했다. 우리는 12일 동안 유하면서 믿는 자에게는 더 가르치고 죄에서 구원받은 소식을 듣지 못하였던 많은 사람들에게는 복음을 전했다. 우리는 의주에서 주일예배를 두 번 같이 보았는데 둘째 번 되던 주일예배 때에 나는 벌써 세례교인이 된 한국인 10명에게 성찬예식을 집행했다.[35]

---

32 Edith A. Kerr & George Anderson, *The Australian Presbyterian Mission in Korea 1889-1941,* 174-5. 차재명에 의하면 게일이 언급한 "만이 내려다보이는 산언덕 작은 외국인 묘지" 는 부산 "伏兵山麓" 을 말한다. 車載明, 『朝鮮예수教長老會史記』 上 (京城 : 新門內敎會堂, 1928), 11. 제임스 게일은 그의 Korean Sketches에서 그의 어학 선생이 이씨라는 성을 가진 사람이었음을 말해 주고 있으며, 그가 데이비스의 이마를 닦아 주고 병고를 참아 낼 수 있도록 도와주었다고 말한다.

33 Harry A. Rhodes, ed., *History of the Korea Mission, Presbyterian Mission, U.S.A. Vol. I 1884-1934,* 84.

34 車載明, 『朝鮮예수教長老會史記』 上, 11. 『朝鮮예수教長老會史記』 上은 이를 1890년의 일이라고 언급한다.

35 S. A. Moffett, "Life at Korean Outpost," *The Church at Home and Abroad*(May, 1894), 374.

마펫이 언급한 "전도인 한 사람"은 당시 조사로 활동하고 있던 백홍준을 가리키는 것으로 그는 의주교회를 태동시킨 주인공이었다.

둘째는 봉천(Mukden)까지 가서 존 로스와 접촉하고 그로부터 의주 지역 선교사역을 인계(引繼)받았기 때문이다. 마펫과 게일은 봉천에 가서 한국선교의 개척자 존 로스 선교사를 만나 깊은 교제를 나누며 서로간의 깊은 공감대를 구축했고, 이들의 놀라운 복음의 열정, 선교적인 잠재력을 확인한 로스는 그동안 놀랍게 진행된 한국인 선교사역을 한국 북장로교 선교회로 이첩시켰다. 조선예수교장로회사기는 이렇게 기술한다 :

> 奉天 宣教師 로스 요한이 自己가 旣得한 國境方面에 散在한 我族信徒를 朝鮮教會로 移明하기를 淸要함으로 宣教會 난 委員을 派送하야 引受하야 渡來하니라.[36]

이처럼 1891년 전도여행은 북부지역 선교 확장을 가져다 준 계기가 되었다. 마펫과 게일은 만주의 봉천에서 다시 동만주까지 전도여행을 계속해 한국인 이주민들이 모여 사는 고려촌을 순방하고 서울로 돌아오는 길에 함흥에 들렀다.[37] 서북 각도와 만주 각현(各縣)까지 순찰하고 지방 민정을 직접 눈으로 확인하는 등 이번 여행은 "예기이상(豫期以上)의 성적(成績)을 박득(博得)"[38] 한 전도여행이었다.

1891년 5월까지 장로교 선교사들은 한국의 모든 지역에 복음을 전파했고 새로운 선교부 개설을 위한 계획을 수립했다.[39] 1893년 북장로교 선교보고서가 밝힌 대로 초기 선교사들에 의해 이루어진 이와 같은 긴 순회선교는 선교사역의 한 선교정책으로 발전되었다. "올해 상당히 순회전도여행이 진행되었다. 여기에

---

36 車載明, 『朝鮮예수教長老會史記』 上, 12.

37 Charles Allen Clark, "Fifty Years of Mission Organization Principles and Practice," *The Fiftieth Anniversary Celebration of the Korea Mission, PCUSA, June 30—July 3, 1934,* 57—58 ; Horace G. Underwood, *The Call of Korea Political-Social- Religious,* 138.

38 車載明, 『朝鮮예수教長老會史記』 上, 12.

39 *Quarto Centennial Paper Read Before the Korea Mission of the Presbyterian Church in the U.S.A. at Annual Meeting, PCUSA., 1909.* 15.

한국선교의 주요 희망이 놓여있다." 그해 윌리엄 베어드는 부산에서 3차례 지방으로 순회전도 여행을 다녀왔다. 1889년부터 1897년까지 8년 동안 게일은 계절을 달리해서 한반도를 다른 길로 12차례나 횡단했다고 기록했고, 1915년에는 25차례를 횡단했다고 말했다.[40] 1913년 M. W. Greenfield는 180일을 시골에서 보냈으며, 1530마일을 여행했다고 기록했다. 1906년 마가렛 베스트는 전도부인 박씨와 함께 22일 동안 외국 여자 발길이 닿지 않은 곡산 산악지역을 213마일 순회전도를 다녀왔다. 해리 로즈는 만약 순회전도여행을 다 기록하면서 많은 책을 가득 채워야 할 것이라고 증언한다. 순회전도여행은 당시로서는 쉽지 않은 일이었다. 다리 없는 불어난 하천을 건너야 하고, 눈 쌓인 산을 지나야 하고, 빈대가 우글대는 방에서 석탄 연기를 극복하며 잠을 자야하고, 선교사 자신이 하는 모든 행동을 신기한 듯 구경하는 몰려든 군중들을 통과해야 하는 그 모든 어려움들을 함의하는 일이었기 때문이다. 선교사가 순회전도여행을 하는 동안 그의 아내는 외딴 곳에서 가정을 돌보며 아이들과 함께, 때로는 병든 아이들과 함께 외롭게 지내야 했다.

처음 순회전도여행은 가마나 소랑말 그리고 대부분의 경우 걸어서 해야 했다. 첫 20년 동안 철도가 부설되지 않았고, 1896년에 단지 14대의 자전거가 있었을 뿐이다. 첫 철도가 부설되었을 때 북장로교 선교회 어느 곳도 혜택을 누리지 못했으며, 1934년까지도 선교부 중 2곳은 철도가 연결되지 않았다. 순회전도 결과 한반도 전역에 놀라운 복음이 구석구석까지 전파되었다. 한국의 기독교인 75%가 시골 마을에 살고 있으며, 도시에 225개의 사역 거점이 있는 반면 시골에 7,000개 있다는 사실이 이를 방증한다. 바로 이것이 한국을 독특한 선교지로 만드는 것이다.[41]

---

40 *Korea Mission Field* (December 1915), 337

41 Harry A. Rhodes, ed., *History of the Korea Mission, Presbyterian Mission, U.S.A. Vol. I 1884–1934*, 85.

3. 네비우스 선교정책

한국에 파송된 장로교 선교사들이 한국교회 선교를 위한 "총체적인 선교전략(the overall strategy)"[42]으로 1890년 채택한 네비우스 선교 정책(Nevius Methods)은 한국선교의 대표적인 선교전략이다.[43] 한국에 파송된 장로교 선교사들은 네비우스선교 정책에 대한 "일관되고 확고부동한, 그리고 거의 합심적(合心的)인 지원"[44]을 아끼지 않았다. 처음 이 정책은 북장로교 선교회 소속 선교사들에 의해 동기 유발이 되어 진행되었지만 남장로교와 호주장로교 선교회 그리고 후에 입국한 캐나다장로교 선교회 모두 받아들인 전체 장로교 선교회의 선교정책으로 굳건히 자리잡았다. 1895년 기포드(D. L. Gifford)가 "선교 정책"에서 지적한 것처럼, 선교사들은 네비우스 선교정책을 "일반 교인들의 교육을 위한 성경반, 그리고 겨울 지도자반 사경회를 정책으로 신뢰했다."[45]

우리가 잘 아는 대로 네비우스 선교 정책은 선교 경험이 부족한 한국의 초기 선교사들이 1890년 산둥성에서 활동하던 네비우스(John Livingstone Nevius) 부처를 초빙하여 2주간 선교 경험을 청취한 데서 시작되었다. 초기 한국에

---

42 Samuel H. Moffett, *The Christians of Korea,* 60. 여기서 사무엘 H. 마펫이 지적한 것처럼 "네비우스 선교 정책은 폭넓은 예찬과 폭넓은 비판을 동시에 받아 왔다." 긍정하는 자들은 네비우스 선교 정책이 한국교회의 신화를 가져다 주었다는 것이고, 이를 비판하는 이들은 네비우스 선교 정책이 "자립을 지나치게 강조하여 돈을 교회성숙의 유일한 특징(the mark of a church's maturity)으로 삼게 만들었다" 는 것이다. 다음을 참고하라. 중국에서의 네비우스의 활동과 그의 선교 정책에 대해서는 존 네비우스 『네비우스 선교 방법』을 번역 소개한 김남식, "네비우스 宣教方法, 上," 『현대사조 33집』 (1980. 9) : 76−94, "네비우스 宣教方法, 中," 『현대사조 34집』(1980. 10) : 70−88, 네비우스 宣教方法, 下," 『현대사조 35집』 (1980. 11) : 66−80, 네비우스 宣教方法, 完" 『현대사조 36집』(1980. 12) : 75−87을 참고하라.

43 Harvie M. Conn, " Studies in Theology of Korean Presbyterian Church," *Westminster Theological Journal 29*(November, 1966), 28.

44 George Thompson Brown, "마포삼열과 네비우스 선교 방법" , 『장신논단』(1990), 30. 장로교의 경우는 "매우 적극적으로 이를 신봉" 했고 "감리교 선교회도 이에 상당히 공감하여 강력한 교회를 발전시켰다." Edith A. Kerr & George Anderson, *The Australian Presbyterian Mission in Korea 1889−1941,* 30−1을 보라.

45 D. L. Gifford, "Mission Policy," *Korea Repository*(1895?), 44 ; Harry A. Rhodes, *History of the Korea Mission, Presbyterian Mission, U.S.A., 1884−1934,* 86−87.

파송된 대부분의 선교사들은 브라운 선교사가 지적한 것처럼 복음에 대한 분명한 확신, 뛰어난 잠재력이 있었지만 입국 당시 모두가 20대의 젊은이들로 선교 경험이 없었다. 게일이 25세, 언더우드가 26세, 아펜젤러가 27세, 알렌 의사가 27세, 그리고 그 중에 나이가 가장 많았던 스크랜톤 선교사도 29세에 불과했다. 때문에 패기와 복음에 대한 열정은 대단했지만 전혀 선교의 경험이 없었기 때문에 처녀지와 같은 이 한반도에서 선교 방향을 정립할 수 있도록 경험이 풍부한 선교사를 보내 달라고 늘 기도하고 있었다. 언더우드가 기록한 대로 북장로교 해외선교부에 경험 많은 선교사들로부터 배울 수 있는 기회를 달라고 몇 차례 편지를 보냈다.[46]

이때에 한국에 와서 젊은 선교사들에게 선교 방법에 대한 도전을 준 사람이 중국에서 활동하고 있던 네비우스 선교사였다.[47] 중국 산동성에서 선교 활동을 하고 있었던 네비우스 선교사 부처는 1890년 6월 7일 서울을 방문해 17일까지 10일 동안 머물면서 자신의 선교 경험에 기초하여 선교사역을 처음 시작하는 젊은 선교사들이 명심해야 할 중요한 선교 원리를 제시했다.[48] 네비우스 선교사의 선교 경험과 이론을 숙지한 북장로교 선교사들은 여기에 기초하여 소위 네비우스 선교 정책을 자신들의 선교 정책으로 채택했던 것이다.[49] 언더우드는 *The Call of Korea*에서 "사려 깊고 기도하며 숙고한 후 우리는 주요 선교 정책으로 이것을 채택하도록 인도 받았으며 그것은 [한국장로교회] 선교 정책이

---

46 Underwood, L. H. *Underwood of Korea* (New York : Fleming H. Revell Co., 1918), 99.

47 Daniel L. Gifford, *Every-Day Life in Korea : A Collection of Studies and Stories, 139 ;* Harry A. Rhodes, *History of the Korea Mission, Presbyterian Mission, U.S.A., 1884－1934,* 86. John L. Nevius의 "Planting and Development of Missionary Churches" 가 *The Chinese Recorder*에 처음 게재된 것은 1885년이었고, 이것이 1886년 상해 장로교 출판사에 의해 책 형태로 다시 출판되었다 후에 해외 선교부의 "Foreign Missions Library"에 의해 재판되었다. 네비우스의 이론은 선교 경험에서 출발한 것이지만 그의 이론은 Henry Venn과 Rufus Anderson의 선교 이론에서 나온 것이다. 김남식, 『韓國長老敎神學思想史』 (서울 : 도서출판 베다니, 1997), 147.

48 Helen S. Coan Nevius, *The Life of John Livingston Nevius*(New York : Fleming H. Revell, 1895), 448－450 ; Richard H. Baird, *William M. Baird of Korea,* 111－112 ; Harry A. Rhodes, *History of the Korea Mission, Presbyterian Mission, U.S.A., 1884－1934,* 38.

49 Horace G. Underwood, "Principles of Self-Support in Korea," *KMF* Ⅳ : 6 (Jun., 1908), 91.

되었다"[50]고 기술하고 있다. 과연 한국에 파송된 선교사들이 채택했다는 네비우스 선교정책이 무엇인가에 대해서는 전반적으로는 맥을 같이하면서도 세부적으로는 약간씩 상이하다. 언더우드는 네비우스 선교정책의 핵심을 다음과 같이 4가지로 집약했다.

> 첫째, 모든 그리스도인이 자신이 처해 있는 곳에 거하면서 각자가 그리스도를 위한 개별 사역자가 되도록 가르치고, 자신의 직업으로 자립하면서 자신의 이웃들 가운데 살아가면서 그리스도를 증거하는 삶을 산다.
> 둘째, 단지 본토인 교회가 돌볼 수 있고 관리할 수 있는 범위 내에서 기독교 방법들과 조직들을 발전시킨다.
> 셋째, 교회가 인력과 재정을 제공할 수 있는 한 더 나은 자질을 갖춘 이들을 별도로 세워 이웃 사람들 가운데 복음전도 사역을 하게 한다.
> 넷째, 본토인들 스스로 자신들의 교회당을 마련하되 토착적인 건축양식으로 건축해야 하며, 지역교회가 할 수 있는 양식으로 한다.[51]

위 내용은 네비우스를 초청하고 그로부터 강의를 듣고 정책을 입안한 언더우드 자신이 이해하고 있는 네비우스 선교정책의 핵심이라는 점에서도 매우 의미가 있다. 위 내용을 정리하면 첫째, 모든 그리스도인은 증인이 되어야 한다는 것이고, 둘째, 교회는 감당할 수 있는 범위 내에서 교회 사역을 진행해야 한다는 것이며, 셋째 가능한 훌륭한 인재를 발굴하여 복음전도 사역자로 양성한다는 것이고, 넷째 교회 건물은 한국식으로 하고 한국인들의 힘으로 감당하게 한다는 것이다.

진리를 배운 각 그리스도인들은 자신들의 선교구, 마을에서 다른 사람들을 가르치는 선생이 되며, 그래서 자연스럽게 그들이 시작한 신앙그룹의 리더들이

---

50 Horace G. Underwood, *The Call of Korea Political-Social-Religious* (New York : Fleming H. Revell Co., 1908), 109.

51 Horace G. Underwood, *The Call of Korea Political-Social-Religious* (New York : Fleming H. Revell Co., 1908), 109-110. 정확한 이해를 위해 영어 원문을 참고하라. "First, to let each man 'Abiding in the calling wherein he was found,' teaching that each was to be an individual worker for Christ, and to live Christ in his own neighborhood, supporting himself by his trade. Secondly, to develop Christian methods and machinery only so far as the native Church was able to take care of and manage the same. Third, as far as the Church itself was able to provide the men and the means, to set aside those who seemed the better qualified, to do evangelistic work among their neighbors. Fourth, to let the natives provide their own church buildings, which were to be native in architecture, and of such style as the local church could afford to put up."

된다. 이 사람들은 리더들을 위한 사경회(Bible classes)에 참석하여 그들의 의무가 무엇인지, 그들의 책임 하에 있는 신앙그룹들을 어떻게 가르치고 어떻게 감독해야하는지를 교육 받는다. 이들 지도자들 가운데 종종 성경과 사역에서 특별히 해박한 자들이 나타나는데 선교사들의 제안이나 혹은 자신이 자원하여 그 선교구의 책임자가 되며 이들의 사례는 한국인 교인들이 감당한다.[52] 이런 원칙 하에 1891년 북장로교선교회는 북장로교 선교부 규칙을 제정하였고, 이어 1893년 1월 장로교공의회는 다음과 같은 내용을 결정했다.

1. 전도의 목표를 상류층보다 근로 계급의 귀도(歸道)에 두는 것이 더 낫다.
2. 모성은 후대의 양육에 중대한 영향력을 주는 관계상 부녀자의 귀도와 청소년의 교육을 특수 목적으로 한다.
3. 군 소재지에 초등학교를 설치함으로써 기독교교육에 성과가 많을 터이니 선교부 소관 학교에 재학한 남학생들을 교사로 양성하여 각 지방에 파송한다.
4. 교육받은 교역자를 배출하는 희망도 우리 교육기관에 실현될 것이니 이 점에 항상 관심을 두어야 한다.
5. 사람의 힘이 다할 때에 하나님의 말씀이 사람을 회개시키니 모든 힘을 다하여 조속한 시일 내에 정확한 말로 성경을 번역하여 세상에 내어 놓는 것이 가장 중요하다.
6. 모든 문서사업에는 한자의 구속을 벗어나고 순 한글을 사용함이 우리의 목표가 되어야 한다.
7. 진취적인 교회는 자립하는 교회가 되어야 한다. 우리 교인 중에 의존 생활자들의 수를 감소시킴을 목표로 하고 자립하는 교회와 헌금하는 교인 수를 증가시킨다.
8. 한국인 대중을 예수 그리스도에게로 인도하는 일은 한인 자신들이 하여야 한다. 그러므로 우리 자신들이 대중에게 전도하는 것보다 적은 수의 전도사를 철저하게 훈련시킨다.
9. 선교사 의사들의 사업이 좋은 성과를 얻으려면 환자를 개별적으로 병실이나 환자의 집에 오래 두고 치료하면서 전도도 하려니와 의사가 본보기가 되어 환자가 마음속에 깊은 감격을 느낄 수 있는 기회를 가지게 할 것이다. 오랜 환자 진료소 사업은 비교적 성과가 적다.
10. 지방에서 와서 장기간 입원하였다가 퇴원한 환자들은 그들의 주소로 심방하여 사후 상황을 계속하여 돌보아야 한다. 그들이 병원에서 받은 온정적 대우는 전도사가 접촉할 수 있는 기쁨이 될 수 있기 때문이다.[53]

---

[52] Horace G. Underwood, *The Call of Korea Political-Social-Religious* (New York : Fleming H. Revell Co., 1908), 110.

[53] C. C. Vinton, "The Presbyterian Mission Work in Korea," *The Missionary Review of the World* vol.

1893년에 이르러 네비우스 선교정책이 하나의 장로교 정책으로 다듬어진 것이다. 언더우드가 제시한 것보다 상당히 구체적으로 기술되어 있다. 하나하나의 내용들을 검토하면 한국의 장로교 선교사들이 훗날 실천에 옮겨왔던 선교정책임을 확인할 수 있다. 1893년에 결정된 원리들은 그 후 점차 더 세련되게 다듬어져 하나의 한국 선교정책의 틀로 형성되었다. 곽안련 선교사가 그의 저서, 한국교회와 네비우스 선교 정책에서 정리한 네비우스 선교 정책 10가지 핵심 내용은 다음에서 보듯이 상당히 구체적이고 세분화되었다.

1. 선교사가 개인적으로 널리 순회하여 전도한다.
2. 사역의 모든 분야에서 성경이 중심이 되게 한다.
3. 자전 : 모든 신자는 다른 사람을 가르치는 자가 되며 동시에 자기보다 나은 다른 사람으로부터 배우는 자가 된다. 모든 개인과 집단(소수 그리스도인의 모임)은 휘뭍이 법에 의해 사역을 확장시키려고 노력한다.
4. 자치 : 모든 그룹은 선임된 무보수 영수의 관할을 받는다. 순회 교구들은 나중에 목사가 될 유급 조사들의 관할을 받는다. 순회 집회 시에는 교인들을 훈련시켜 훗날 구역, 지방, 전국의 지도자가 되게 한다.
5. 자립 : 신자들이 스스로 마련한 예배당을 소유한다. 각 그룹은 창립되자마자 순회 조사의 봉급을 지불하기 시작한다. 학교조차도 부분적인 보조금을 받도록 한다. 이것은 설립될 당시에만 필요하다. 개교회의 목사에게 외국의 자금으로 사례를 지불하지 않는다.
6. 모든 신자는 그룹의 영수와 순회 조사 아래서 조직적인 성경공부를 한다. 그리고 모든 영수와 조사는 성경연구 모임을 통해 조직적으로 성경을 공부한다.
7. 성경적 권징을 통해 엄격한 징계를 실시한다.
8. 다른 선교단체와 협력하고 연합한다. 아니면 최소한 영역이라도 분리한다.
9. 법정소송 사건이나 그와 유사한 문제에 대해서는 간섭하지 않는다.
10. 민중의 경제 문제에서 가능한 경우 일반적인 도움을 준다.[54]

우리는 위 내용에서 몇 가지 사실을 주목한다. 첫째, 순회전도가 네비우스 정책의 첫째 항목으로 정착되었다는 사실이다. 네비우스가 중국에서 시행했던 원리 가운데는 없는 항이다. 둘째 모든 사역 분야에서 성경이 중심이 되게 한다고 명시함으로 성경중심의 선교정책을 채택한 점이다. 6항에 있듯이 모든

9, No. 6 (September 1893), 671.

54 Charles Allen Clark, 『한국교회와 네비우스 선교 정책』, 44-45.

신자들이 영수와 순회 조사 아래 조직적인 성경공부를 하고, 또 모든 영수와 조사는 성경연구 모임을 통해 성경을 체계적으로 공부하게 함으로 성경을 배우고 가르치고 다시 배운자가 가르치는 사역을 진행하게 했다. 모든 신자들은 영수와 순회 조사를 통해 배우고 영수와 순회조사는 선교사들로부터 교육을 받는 체계를 갖춘 셈이다. 셋째 처음부터 자립 자치 자전을 강조했다는 사실이다. 넷째, 권징, 연합, 소송문제, 경제문제를 담은 7항부터 10항까지는 교회론과도 밀접한 연관성을 지니는 내용이다. 교회는 엄격하게 성경적 권징을 실시하고 다른 선교단체와 협력하고 연합을 하며, 소송문제에는 교회나 개인들이 관여하지 않고, 민중의 경제문제는 일반적인 차원에서 도움을 제공한다는 것이다.

이 같은 네비우스 선교정책은 비록 북장로 선교회에서 처음 출발했지만 다른 장로교 선교회와 침례교 선교회 역시 이를 받아들였다. 한국의 개척 선교사 언더우드의 다음 증언은 당시 한국에 파송된 선교사들이 자립에 근거한 네비우스 선교 정책에 얼마나 많이 동감하고 있었는가를 말해 준다 :

> 이후에 온 선교사들이, 우리의 사역을 목도하면서, 거의 모두가 같은 견해를 가졌던 것은 다행한 일이었다. 더 나아가 한국에 온 다른 장로교 선교회와 침례교 선교회도 진심으로 같은 계획을 채택하였다. 그래서 두 미국 감리교 선교회를 제외하고는 한국에 있는 거의 모든 선교사들이 한 계획을 채택하였다. 이러한 환경 하에서 그 제도는 상당한 시련을 맞았지만, 그 어려움은 모국의 자금이 여러 가지 방식으로 자유스럽게 사용되는 다른 제도와 나란히 자립 제도의 사역에 초점이 맞추어졌다.[55]

---

55 Horace G. Underwood, "Principles of Self-Support in Korea," *KMF* IV : 6(June, 1908), 92. 선교 사역에서 행해졌던 원칙 가운데 몇은 다음과 같다.

1. 우리는 모국에서처럼 한국인들 가운데 완전히 조직된 교회를 세우려고 하지 않았다. 조직은 가능한 단순하였으며, 지도자는 그곳에 있는 집사 가운데 한 명 혹은 장로로 세웠다.
2. 우리는 한국인들의 건축 능력과 일반적으로 사용되는 집의 스타일에 따라 우리의 교회 건축 계획을 세웠다. 큰 도시의 중앙에는 잘 건축되고 튼튼한 타일로 지붕이 된 교회들이 있지만 작은 마을에서는 전형적인 한국식 초가 형태의 교회들이 많다.
3. 불신자들에게 복음을 전하는 책임을 그리스도인들에게 위임해 모든 그리스도인이 역동적인 사역자가 되도록 하는 것이 우리의 목적이다. 그 결과 여러 교회 출신 대부분의 지적인 그리스도인들이 다른 지역에 보내질 것이다. (Ibid., 93)
4. 교회가 세워지는 곳에는 교회 학교를 운영하고 책임을 맡은 선교사의 감독 하에 자원자나 집사 혹은 장로가 그것을 맡는다.
5. 선교회의 목적은 거의 많은 지역에 고등학교와 중학교를 세우는 것이다. 선교회는 외국인

1890년 네비우스 선교정책을 채택한 이후 한국교회는 놀라운 성장을 이룩했다. 하지만 서명원이 제시한 성장곡선을 면밀히 살펴보면 세례교인(communicant membership)을 기준으로 할 때 1890년부터 1895년까지의 장로교 성장은 1885년부터 1890년까지와 비교할 때 큰 성장을 이룩하지 못했다. 그러다 1895년부터 1900년까지 약 200명의 세례교인에서 3,600명의 세례교인으로 무려 18배나 성장했고, 1900년부터 1905년까지 한국장로교는 3,600명에서 거의 1만명으로 기하급수적으로 성장했고, 이와 같은 성장은 대부흥운동 기간을 거치면서는 더욱 두드러지게 나타났다. 초기 선교사들은 이와 같은 놀라운 성장이 네비우스 선교정책과 모종의 깊은 관계를 갖고 있다고 보았다. 언더우드의 다음과 같은 고백은 한국 교회에서 특히 부흥운동 기간 동안 네비우스 선교 사역이 얼마나 중요한 역할을 했는가를 말해 준다 :

> 나는 한국에서의 선교 사역의 진보가 주로 하나님의 축복 곧 우리가 채택한 네비우스 선교 정책 덕분이라고 믿는다. 한국인들에게 복음 전파에 대한 부담감이 지워진 사실이 전국에 걸쳐 복음 전파를 급속히 수행하는 진지한 기독교 사역자들의 교회를 우리에게 제공해 주었다. 오늘날 불완전하게 조직된 188개의 교회 가운데 186개가 완전히 자립하고 있다. 그곳에는 거의 3,000명의 성인 교인들이 있으며, 이들 가운데 865명이 지난해에 증가한 것이다.[56]

"한국에서의 선교 사역의 진보"가 "네비우스 선교 정책 덕분"이라는

교사를 제공하고 한국인 교사 대부분의 봉급과 설립 전기와 난방 수위 월급과 학생회는 전적으로 한국인들이 부담한다.

· · · · · ·

8. 의료 사역에서도 같은 원칙이 적용된다. 한국인들이 한국인들의 의료비 식비를 지불하여야 한다. (Ibid., 94)

그러나 한국에 파송된 선교사들이 채택한 선교 정책은 정확히 네비우스 선교사의 이론에만 근거한 것은 아니었다. 언더우드가 지적한 것처럼 북장로교 선교회를 비롯한 장로교 선교회가 1908년 "현재 따르는 제도는 정확히 말해 본래 네비우스 방법으로 알려진 것이 아니었고, 그 사역의 필요성에서 발전된 것, 그것도 함께 발전되어 온 것이며, 그것은 전체적으로 볼 때 본래의 네비우스 방법보다 더 발전된 것이었다." (Ibid., 91)

56 Horace G. Underwood, "Principles of Self-Support in Korea," 92. 이와 같은 견해는 북장로교 선교사 거의 대부분이 인정하는 바이다. cf. 곽안련, 『한국 교회와 네비우스 선교 정책』, 320－324. *Annual Report, PCUSA*(1909), 42; James S. Gale, *Korea in Transition,* 194－197. 1909년 8월 27일에 열린 선교 25주년 기념식에서 마포삼열 선교사도 한국 교회 성장의 역사를 자립, 자치, 자전에 두었다.

언더우드의 평은 결코 과장된 것이 아니었다. 이것은 한국에 파송된 거의 대부분의 선교사들의 일치된 견해였다.[57] 마펫도 1909년 8월 29일 북장로교 선교 25주년 기념식에서 한국 교회의 성장을 "자립, 자치, 자전"의 네비우스 선교 정책에서 찾았고, 1937년 북장로교 선교 보고서에서도 한국 교회 성장이 "현대 선교역사의 위대한 기적 중의 하나"[58]라고 평한 후 그 원인을 네비우스 선교 정책에서 찾았다.

곽안련 선교사도 한국 교회와 네비우스 선교 정책에서 "청일전쟁", "전통 종교들"을 비롯한 여러 요인들이 한국 교회의 성장에 기여했지만, 성장의 근본 요인은 네비우스 선교 정책이라며 다음과 같이 결론지었다.[59]

> 필자가 알고 있는 한, 세계 어느 곳에서도 네비우스 정책이 한국의 경우처럼 채택되고 확장되어 온 선교 현장은 없다. 필자가 발견할 수 있는 한, 세계 어느 곳에서도 똑같은 기간에 동일한 자금과 선교 시간을 소비하여 이보다 더 크고 구체적인 결과를 거둔 선교 현장은 없다. 그러므로 앞에서 언급한 이 모든 항목을 고려하면서 거기에 충분한 무게를 두는 한편, 인간적으로 말해 네비우스 정책이 한국에서 획득한 결과의 최종적인 결정적 요인이었다고 결론짓는 것이 공평하다. 이것이 필자의 믿음이다.[60]

그리고 근원을 더 거슬러 올라가면 한국 교회의 놀라운 성장을 가능케 한 원동력은 단순히 네비우스의 자립, 자치, 자전 원리가 아니라 이 원리를 가능케 한 원동력, 곧 네비우스 정책의 근간을 이루고 있는 철저한 성경공부 곧 성경 강조 정책에 있다고 간파했다 :

> 네비우스 정책에서 가장 잘 알려져 있고 가장 많이 언급되는 항목이 자립(경제적 自立), 자전(自力 傳道), 자치(自治)이다. 이러한 것이 확보될 수 있을 경우 어떤 현장에서든 놀라운 진보가 있으리라는 것은 확실하다.
> 그러나 필자는 이 세 가지 요소 전부에 동력을 공급하는 또 하나의 네비우

57 A. J. Brown, *One Hundred Years. A History of the Foreign Missionary Work of the Presbyterian Church in the U.S.A. with Some Account of Countries, People and the Policies and Problems of Modern Missions* (New York : Fleming H. Revll Co., 1936), 420－421, 436－437.

58 *Annual Report, PCUSA* (1937), 230.

59 Clark, 『한국 교회와 네비우스 선교 정책』, 319－320.

60 Clark, 『한국 교회와 네비우스 선교 정책』, 319－320.

스 방식이 그것들의 배후에 존재한다고 믿게 되었다. 그것은 다름 아니라 "성경 강조 정책"이다. ……성경이 모든 사역의 중심을 차지함으로써, 다시 말해 사경회 제도와 주일학교, 성경학교, 여름 성경학교, 성경 구락부, 성경 통신 과정, 가정예배에서의 성경공부 등에서 추진력이 생겨났다. ……사람이 성경을 하나님의 권위 있는 책으로 받아들이고 성경 속에서 하나님이 직접 말씀하신다고 믿게 될 때, 상황이 그를 붙잡는다면 그는 이웃에게 이 복음을 말하고 싶어할 것이며 자전은 숨쉬는 것처럼 자연스러워질 것이다. 그 다음……당연히 그는……물질로 도움을 주기 원할 것이다. ……그러므로 자립은 자전으로부터 발생하며 자전은 성경에 깊이 젖은 삶으로부터 발생한다. 다음 단계로 자치가 자연스럽게 따라온다. ……그러므로 필자는 한국 교회가 이룩한 성공의 저변에 성경공부에 대한 그러한 집중적인 강조가 있다고 믿게 되었으며, 그 밖에 어떤 것도 그 자리를 차지할 수 없다고 믿는다. 선교방식을 "네비우스 정책"으로 바꾸고 싶어하는 현장들은 당연히 여기서부터 출발해야 할 것이다. 이 일이 진행된다면 자립, 자전, 혹은 자치에 대해 걱정할 필요가 없을 것이다. 그것들은 자연스럽게 이루어질 것이다. 이 성경공부가 없다면 그러한 방법들은 설혹 수립된다고 하더라도 그 배후에 지탱력이 결여될 것이며 또 오래 지속하지도 못할 것이다.[61]

네비우스 선교정책의 근간은 자립 자치 자전이 아니라 성경공부에 있다는 것이다. 성경공부가 자립 자치 자전을 가능케 만들었다는 것이다.

4. 한글 사용

한글사용은 초기 선교사들이 한국선교 정책으로 채택한 또 하나의 중요한 선교정책이었다. 지금까지 선교사들이 한글의 중요성을 인식하고 한글문서와 한글성경을 통해 이를 널리 보급했다는 사실은 널리 알려진 일이지만 선교사들이 이를 중요한 선교정책으로 채택하였다는 사실은 거의 주목을 받지 못했다.

초기 선교사들은 한글의 중요성을 발견했다. 그들에게 그것은 마치 한국선교의 가능성과 희망을 캐는 위대한 발견이었다. 해리 로즈는 『북장로교선교역사(1884-1934)』에서 한글을 선교정책으로 채택하게 된 배경에 대해 다음과 같이 기록하고 있다.

61 Clark, 『한국 교회와 네비우스 선교 정책』, 320-322.

> 선교사들이 한국에 도착했을 때 그들은 식자층의 한국인들이 한문을 읽고 쓰는 것을 발견했다. 이것은 거의 모든 여인들과 남자들 중 대부분이 한글을 모르는 문맹 층이라는 사실을 의미했다. 언문이라는 아주 쉽고 단순한 한글 문자가 있었지만 누구도 그것을 사용하지 않고 있었다. 서적들은 라틴어로 인쇄되거나 영국과 미국의 책들과 견줄 수 있을만한 한문으로 인쇄되었다. 선교사들은 곧 성경과 다른 기독교 문서들과 서적들을 한글로 인쇄함으로 그들 모두가 읽을 수 있고 사람들이 문자를 터득할 수 있음을 목도했다. 그렇게 함으로써 그들은 한동안 너무도 쉬워 '여자들도 배울 수 있기' 때문에 언문을 경멸했던 식자층과 소원해야 했다. 그러므로 한글문서는 민중들 가운데 기독교인들을 보편화시키는 일에 있어서 헤아릴 수 없는 도구가 되었다. 무식한 남자들, 여자들, 그리고 자녀들 모두 곧 한글을 읽고 쓰는 것을 배웠다. 만약 식자층이 한자 성경과 서적들을 갖기를 선호한다면 그들이 그것들을 가질 수 있도록 하되 글 행과 문서는 한글을 사용하였다. 이것은 불과 며칠 만에 언문을 배울 수 있고 그래서 한글성경을 읽고, 한글을 쓰고 읽을 수 있었기 때문에 선교사들에게 또한 대단한 축복이었다.[62]

이런 이유로 초기 한국에 파송된 선교사들은 처음부터 한국어를 철저하게 습득했고 이어 입국하는 선교사들에게 한국어 실력을 높이기 위해 한국어 시험을 엄격하게 시행했다. 이것은 1891년부터 1900년까지 제임스 게일이 선교부에 보낸 편지를 통해서도 확인할 수 있다. 1891년 9월 12일자 엘린우드에게 보낸 편지에서 제임스 게일은 처음 한국에 도착해서 첫 3년 동안 한국말을 배우고 여행하는데 시간을 보냈다고 밝혔다. 3개월 후 12월 14일자 편지에서도 같은 내용을 반복하고 있다. "저는 여기서 지내는 처음 3년 동안 꽤 많은 곳을 다녀 보았습니다. 그 첫 번째 이유는 정착할 곳을 찾지 못했기 때문이며, 두 번째는 언어를 배우기 위해서였는데 그것은 가장 우선되고 중요한 문제였습니다. 저는 제가 그렇게 했다고 말할 수 있는 것을 감사하게 생각합니다. 제가 여기 서울에 머물면서 할 수 있었던 것보다 실제로 한국말을 더 잘 할 수 있기 때문입니다."[63]

제임스 게일은 한국에 파송된 의료 선교사들이 한국어를 잘 구사하면서 사역하는 것과 그렇지 않는 것이 얼마나 큰 차이가 나는지를 잘 알고 있었다.

---

[62] Harry A. Rhodes, ed., *History of the Korea Mission, Presbyterian Mission, U.S.A. Vol. I 1884 –1934*, 90.

[63] James S. Gale's Letter to F. F. Ellinwood, September 12, 1891. 이하 이 시대 게일의 편지는 김인수 역, 제임스 S. 게일 목사의 선교 편지 1891-1890 (서울: 쿰란출판사, 2009)에서 인용한다.

그가 엘린우드에게 빈튼 의료 선교사 실명을 거론하면서까지 다음과 같이 보고한 것도 같은 맥락이다.

> 사실, 해야 할 일들이 몇 가지 있습니다. 새로 오는 선교사들이 꼭 알아두어야 할 몇 마디 말이라도 떠듬떠듬하려면 언어를 배우는 데 많은 시간을 보내야 할 것입니다. 서울은 새로 오는 선교사들이 1년이나 적어도 6개월을 보내는 곳입니다. 항구소에서 언어를 공부하는 것은 적합하지 않습니다. 언어에 관한 한 우리 선교회의 의사들은 그들이 마땅히 받아야 하는 대접을 받고 있지 못하다고 생각합니다. 저는 빈튼 의사(Dr. Vinton)가 매일 환자들을 돌보느라 고생하는 것을 지켜봅니다. 그가 돌보아야 할 환자들이 아직도 얼마나 많은지 모릅니다. 한국인들은 의사가 한국말을 할 때 그를 더욱 인정하지만 정말이지 빈튼 의사는 한국말을 공부할 시간이 없습니다. 저는 브라운 의사가 서울에 남아서 빈튼 의사에게 공부할 수 있는 여유를 줄 수 있기를 바랍니다.[64]

게일이 한글 습득의 중요성을 얼마나 깊이 인식하고 있는가를 확인할 수 있다. 이와는 대조적으로 한국에서 사역을 시작한 여자 의사 필드에 대해서는 높은 평가를 했다. "그녀는 언어에 놀라운 진보를 보여주고 있습니다. 그것은 어떤 면에서 다른 사람들을 불리한 입장에 놓이게 할 수도 있기 때문에 다른 이들과 비교하지 않겠습니다. 하지만 저는 그녀가 사역지에 도착한 다른 사람들보다 뛰어나다고 말씀드릴 수 있습니다. 숙녀들이 신사들보다 훨씬 더 잘하고 있는 것은 분명한 사실입니다. 언어를 잘하는 사람이 펼치는 의술은 이곳 사람들에게 강한 영향력을 미치는 방면이기 때문에 필드 박사의 사역은 그런 취지에서 엄청난 효과가 있을 것입니다."[65]

이런 이유로 초기 선교사들은 한글 습득을 중시했고, 선교사들에게 이를 위해 많은 노력을 기울이도록 끊임없이 도전을 주었다. 한글 시험을 단계적으로 엄격히 시행한 것도 같은 이유에서다. 1893년 3월 18일 게일은 한국에 파송된 선교사들의 언어시험 결과에 대해 미국 북장로교 해외선교부에 비교적 상세히 보고했다. 다음에서도 보듯이 이날 편지 내용 모두가 그와 관련된 것이다.

---

64 James S. Gale's Letter to F. F. Ellinwood, Nov., 25, 1891.

65 James S. Gale's Letter to F. F. Ellinwood, Dec., 26, 1899.

한국 원산

1893년 3월 18일

친애하는 엘린우드 박사님,

지난 회의 때 본 시험지가 육로로 배달원을 통해 이제 막 도착했습니다. 그 내용을 선교 본부에 보고하는 것은 제가 맡기로 했습니다.
시험관들은 대체적으로 더할 나위 없이 그 결과에 만족하고 있습니다. 선교회의 다른 회원들은 한국인들이 일을 진행할 때 한결 같은 꾸준함을 요구한다는 사실을 알고 주의를 기울이는 것 같습니다. 작년에 그들은 건강과 시간이 허락하는 한도에서 열심히 일해 주었습니다.
마펫씨는 필기시험에서 100점 만점에 75점을 받았고 구두시험에서도 동일한 점수를 받았습니다. 그는 의주에 임명된 이후 언어 공부에 더 많은 시간을 보냈는데 이번 시험에서 그의 실력이 향상된 것을 유감없이 보여준 셈입니다. 그는 이제 한국인들과 자유롭게 대화할 수 있고 그들에게 제 의사를 이해시킬 수 있는 단계에 도달했습니다. 이것은 그들의 마음을 여는데 있어서 없어서는 안되는 중요한 열쇠입니다 앞으로 마펫씨는 한자 공부에 더 집중할 것입니다. 미 대륙에서 당연히 영어를 해야 하듯이 이 반도에서는 당연히 한자를 알아두어야 합니다. 언어를 철저하게 배우고 중산층의 존경을 받으려면 문어(written language) 뿐만 아니라 구어(spoken language)에서도 한자를 알아 두어야 합니다. 따라서 위원회는 마펫 씨와 베어드 씨, 그리고 목회자들이 한자를 공부하는데 있어서 끈기 있게 할 것을 권하고 있습니다. 또한 위원회는 다른 곳에서처럼 이곳에 있는 장로교 선교사들도 선교의 사명뿐만 아니랄 학구적인 사명도 잘 감당하도록 권면하고 있습니다. 다른 학생들이 아무리 열심히 하더라도 언어에 있어서 마펫 씨의 진보를 따라 잡기는 힘들 것입니다.
빈튼 의사는 필기시험에서 48점을 받았고, 여러 가지를 고려해 볼 때 구두시험에서는 작년보다 나은 점수를 받았습니다. 그는 언어 공부를 성실히 하고 있습니다만 별다른 진척이 없습니다. 그래서 우리는 이 언어가 의사에게는 별 다른 매력을 주지 못한다고 생각하고 있습니다. 한자의 형태를 공부하는데 많은 시간을 보내기 전에 구어를 자유자재로 구사하겠다는 목표를 가져야 합니다.
베어드 씨의 시험지가 도중에 분실되어 필기시험에서 그가 얼마나 잘 했는지 순위를 알려드릴 수 없게 되었습니다. 그는 구두시험에서 좋은 성적을 받았습니다. 만약 건강이나 다른 여건들이 허락된다면 그는 이 언어에 완벽한 대가(大家)가 될 것이라고 우리는 모두 생각하고 있습니다. 물론 그는 말을 할 때 아직 더듬기도 하지만 일년 전보다 훨씬 자유롭게 구사합니다.
브라운 의사는 이사를 하고 집 자재를 구입하는 여러 가지 일들 때문에 시간을 쪼개고 있어서 구어에 별다른 진척이 없을 것으로 예상합니다. 두 번째 본 필기시험에서 그는 100점 만점에 60점을 받았는데 집 건축이 끝나는 대로 정규적으로 하던 일상의 사역들을 시작할 것입니다.
도티 양은 시험에서 61점을 받았으며, 구두시험도 통과했습니다. 그녀는 정말 열심히 공부했습니다. 우리는 도티 양이 한국말을 유창하게 하지는 못할 것이라고 생각했지만 그녀는 그럭저럭 자신의 생각을 표현하고 있습니다. 사실 이것이 그녀의 중대한 목표였습니다.
새로 온 사람들은 벌써 언어 공부를 시작하는 열정을 보이면서 위원들을 깜짝 놀라게 하고 그들을 감동시켰는데 특별히 무어씨가 그런 사람입니다.
한국에서 언어공부를 하는 것에 관한 한 선교 본부가 적극적으로 권장하고 있다는 것을 우리는 알고 있으며 모두 언더 공부에 최선을 다하고 있습니다.
아직 다 탐구하지 못한 분야가 앞에 놓여 있는 위원들도 시험을 보는 선교사들처럼 최선을 다하고 있습니다.
우리는 언어를 알아 가면 알아갈 수록 더욱 흥미를 느끼게 됩니다. 특별히 언어에 진보가 있을 때마다 신기하게도 복음을 전파하는 사역에 효과가 있는 것을 볼 때 더욱 그렇습니다.

사랑을 담아

위원회를 대표해서
임스 S. 게일[66]

한글 시험은 1년차, 2년차, 3년차 3회에 걸쳐 시행되었다. 한국에 입국한 모든 선교사들은 3회에 걸친 시험에 통과해야 했고, 그래야 사역자로서 인정을 받을 수 있었다. 언어에 뒤진 선교사들은 높은 평가를 받기 힘들었고, 실제로 언어실력은 사역의 결실과 모종의 깊은 상관관계를 갖고 있었다. 이것은 게일만의 판단이 아니었다. 한국에 파송된 선교사들 모두가 동의하는 것이었고, 때문에 한국에 입국하는 선교사들은 한글 습득을 가장 중요한 준비과정으로 받아들였다. 그 결과는 매우 고무적이었다. 약 10년이 지난 1900년 9월 27일 게일은 엘린우드에게 보낸 편지 내용 중에 선교사들의 한글시험 결과를 다음과 같이 보고했다.

모두들 시험을 무사히 통과했습니다. 1년차 선교사들은 모두 시험을 통과했고 의결권자(voting member)가 되었습니다. 사이드보텀 씨의 성적은 다음과 같습니다. 회화-95점, 읽기-100점, 번역-98점, 필기[문법]-95점, M 양, 브루엔 씨, 그리고 샤록스 의사는 모두 훌륭한 점수로 시험을 통과했으며, 74점 이하로

66 James S. Gale's Letter to F. F. Ellinwood, March 18, 1893.

떨어진 사람은 아무도 없었습니다. 로스씨(Mr. Ross)는 2년차 시험에 통과했습니다. 베스트 양, 필드 의사, 쉴즈 양, 헌트 씨(Mr. Hunt)와 체이스 양(Miss Chase) 모두 3년차 시험에 성공적으로 통과했고, 이제 선임(senior) 선교사들이 되었습니다. 유감스럽게도 웰즈 의사(Dr. Wells)는 필기와 구두시험 둘 다 떨어졌습니다. 필기시험은 60점이 되어야 통과하는데 그는 42점을 받았습니다. 웰즈 의사는 너무 분주해서 한국말을 배우는데 집중할 수 있을 만큼 마음이 정돈되어 있지 않습니다. 그는 일상적인 대화에서는 자신의 생각을 충분히 표현할 수 있지만 그 이상은 별로 희망이 없습니다.[67]

웰즈 외에는 모두 놀라운 점수를 받은 셈이다. 같은 날 한글시험위원회(Examination Committee) 위원으로 섬기는 제임스 게일과 사무엘 마펫은 한글시험 결과를 다음과 같이 보고 했다.

"한글 시험위원회 보고서"

위원회는 의사 베스틀 양, 필드 의사, 쉴즈 양, 헌틀 씨, 그리고 체이스 양이 구두시험과 필기 시험 둘 다 통과하여 3년차 시험에 성공적으로 합격하고 선임 선교사들이 되었음을 알려드립니다.
헌트 씨와 체이스 양의 필기시험은 그들이 계속적으로 규칙적인 공부를 할 필요가 있음을 보여줍니다. 반면 웰즈 의사는 구두시험과 필기시험 둘 다 실패했으므로 보다 더 전념해서 체계적이고 신중하게 공부할 필요가 있습니다. 헌트 씨는 작년에 떨어졌던 2년차 시험에 통과했습니다. 마펫 여사, 헌트 여사, 그래함 리 여사, 그리고 로스 씨도 2년차 필기시험과 구두시험 모두를 통과했습니다. 로스 씨의 구두시험은 꽤 훌륭했지만 필기시험은 간신히 통과하는 수준이었습니다. 내년에 그가 3년차 시험을 통과하려면 그의 편에서 특별하게 열심히 공부하는 것이 요구됩니다.
1년차 시험에 응시했던 선교사들이 모두 필기시험과 구두시험을 통과했습니다. 사이드보텀 씨의 점수가 특별히 좋았으며, 브르엔 씨, 샤록스 의사와 000 양도 상당히 높은 점수를 받았습니다.

제임스 S. 게일
사무엘 A. 마펫[68]

---

67 James S. Gale's Letter to F. F. Ellinwood, September 27, 1900.

68 James S. Gale's Letter to F. F. Ellinwood, September 27, 1900.

모든 입국하는 선교사들에 3회에 걸친 한글 시험을 요구했다. 1년차 시험에 통과해야 의결권을 주었고, 2년차 시험을 통과해서 3년차 시험에 패스해야 선교지부의 임직을 맡을 수 있도록 했다. 이와 같은 과정을 거치면서 한국에 입국한 선교사들은 한국인들의 심정에 파고드는 복음전도와 의료 및 교육사역을 감당할 수 있었다. 한글성경과 한글 문서를 통해 초기 선교사들과 한국교회가 한글발전과 보급에 얼마나 지대한 영향을 미쳤는가는 아무리 강조해도 지나치지 않을 것이다.

돌이켜 볼 때 사장된 언문을 민중의 언어로 끌어내 명실상부 우리 민족의 언어로 자리 잡을 수 있도록 만들었다는 점에서 선교사들의 한글사용은 종교적 혁명을 가능케 만든 일종의 문화적 혁명이었다. 언어는 대중화되어야 의미가 있다. 우리 언어 한글의 우수성을 세계에 알리는 일에 앞장선 것도 선교사들이었다. 그들은 춘향전 구운몽을 비롯한 우리 작품을 영역하여 전 세계에 소개했고, 천로역정을 비롯한 해외 문학을 한글로 번역하여 소개했다. 이광수가 한글성경을 높이 평가한 것도 그 때문이다.

맺는 말

위에서 언급한 의료 및 교육사역, 순회전도, 네비우스 선교정책, 한글사용과 같은 선교정책 외에도 한국에 파송된 선교사들은 선교지분할, 연합활동, 사경회와 성경반, 사랑방 등 다양한 선교전략을 세워 한국선교를 확장해 나갔다.

지금까지 살펴본 것처럼 초기 한국에 파송된 선교사들이 채택했던 중요 선교정책은 의료 및 교육선교, 순회전도, 네비우스 선교정책, 그리고 한글 사용이었다. 이들 선교정책은 다음 몇 가지 점에서 한국 선교에 중요한 의미를 지닌다고 할 수 있다.

첫째, 흥미롭게도 선교사들이 채택한 선교사역은 우리 예수님께서 공생애 동안에 감당하셨던 가르치는 사역, 전파하는 사역, 치료하는 사역과 거의 일치한다는 사실이다.

둘째, 선교사들의 채택한 사역은 직접선교와 간접선교의 균형과 조화를 이루는 훌륭한 선교사역이라는 점이다. 천주교가 직접선교에 초점을 맞춘 반면 한국에 파송된 선교사들은 둘의 균형과 조화를 통해 왕실과 민중의 마음을 사로잡았다.

셋째, 선교사들이 채택한 선교사역을 역사적으로 고찰하다 보면 처음 선교사들이 중시한 것이 의료 및 교육사역과 순회전도사역이었고, 이어 초기 사역을 통해 한글사용에 대한 중요성을 깊이 인식했고, 1890년에 네비우스 선교정책을 채택하여 체계적이고 조직적인 선교정책을 세워 나갔다는 사실이다.

넷째, 이들 각 선교정책은 한국선교 과정에서 상호 시너지 효과를 냈다는 것이다. 한글사용을 통해 유창한 한국어 사용은 순회전도를 더욱 결실로 인도했고, 순회전도를 통해 단순히 복음을 전하는 차원을 넘어 네비우스 원리에 근거하며 각 지역 사역자들을 훈련시키고 교회를 지도하도록 만들어 주었다. 의료 및 교육사역은 복음의 대 사회적 책임을 통해 기독교 전반에 대한 이미지 변화를 도모하고 복음을 통해 눈이 열린 이들에게 교육에 대한 기회를 제공하고 이들을 장차 한국교회 지도자들로 양성하는 중요한 역할을 감당했다.

이 모든 것보다도 더 필자의 관심을 끄는 것은 한국에 파송된 선교사들을 연구하다면 한 가지 놀라운 사실을 발견하는데 바로 그것이 각자가 개성이 뚜렷하고 자기 생각들이 분명했지만 공동의 합의를 도출해 가는 일에 있어서는 깊은 연구와 협력을 아끼지 않았다는 사실이다. 초기 장로교 선교사들이 가졌던 공동의 목표를 향한 흔들리지 않은 정책의 일관성은 그 전형적인 사례라 할 수 있다. 흔히들 탁월하고 뛰어나면 독불장군이 되기 쉬운데 한국에 파송된 선교사들은 어떤 선교지의 선교사들과 비교해도 손색이 없는 매우 브라이트한 선교사들이었지만 서로 존중하고 이해하면서 공동의 목표를 향해 달려가려고 노력했다. 이런 노력이 없었다면 초기 한국에 파송된 선교사들이 도출한 광범위한 순회전도, 네비우스 선교정책, 한글사용, 그리고 의료 및 교육사역은 결실로 이어지지 못했을 것이다.

제 8장
대한예수교장로회의 조직

돌이켜 보면 1907년 독노회 조직은 여러 가지 면에서 시의적절했다. 평양대부흥운동을 통해 교세가 급성장한 가운데 교회 제도와 조직이 정비되어 양적 성장을 한 차원 높일 수 있었다. 정치적으로는 일제에 의해 국권이 상실되고 일제의 병탄이 용의주도하게 진행되고 있었지만 영적으로는 한국교회가 하나의 전국적인 조직망을 가지며 성장의 틀을 마련했다.

박용규 교수(총신대 신대원 교수, 한국기독교사연구소 소장)

1907년 9월 독노회가 조직되면서 한국장로교회는 제도적 틀을 다졌다. 오래 전부터 한국에 파송된 선교사들은 이를 위해 구체적으로 준비를 해왔다. 한국에 파송된 4개의 장로교 선교회 선교사들은 독자적으로 선교를 하지 않고 장로교공의회를 조직하여 하나의 연합 기구 하에 협력선교를 진행했다. 4개의 장로교 선교회가 한국선교를 착수한 사실에 비추어 볼 때 이 일은 매우 중요한 의미를 지닌다.

주지하듯이 북장로교 소속 알렌 선교사가 1884년 9월 20일 입국한 후 이듬해 4월 5일 같은 북장로교 소속 언더우드 선교사, 1889년 호주 빅토리아 장로교 선교회 소속 헨리 데이비스가, 1892년 레이놀즈와 존슨을 비롯한 남장로교선교회 소속 선교사들이, 1898년 캐나다 장로교 선교사들이 차례로 입국했다. 이들 네 개의 장로교단 선교회는 독자적으로 선교를 하지 않고 하나의 장로교회를 이 땅에 설립하기 위해 장로교공의회를 조직하며 매년 모임을 가지며 협력했다.

1884년 알렌이 입국한 후 1912년 총회가 결성되기까지 한국장로교는 크게 네 단계의 기간을 거쳤다. 첫째, 1884년부터 1893년 장로회 공의회가 조직되기까지, 둘째, 1893년 장로회공의회 조직부터 1907년 독노회가 조직되기 전까지, 셋째, 독노회가 조직되던 1907년부터 1912년 총회가 결성될 때까지, 그리고 1912년 총회 결성 이후이다.

1. 공의회기간 1893-1906
2. 독노회기간 1907-1911
3. 총회기간 1912-현재

본고에서는 한국장로교회가 선교가 시작된 이후 1907년 독노회와 1912년 총회가 결성되기까지 과정을 살펴보는데 그 목적이 있다.

1. 조선야소교 장로회 공의회 조직

1893년 조직된 조선야소교 장로교 공의회는 영어를 사용하는 영어 전용 공의회(1893-1900)와 한국어를 사용하는 조선어 공의회 (1901-1906)로 나뉜다.

1884년 알렌이 입국한 후 5년 동안은 북장로교 선교회가 유일한 국내 선교회였다. 따라서 북장로교 선교회 선교사들이 한국선교를 주도했다. 그러다 1889년 호주 빅토리아 장로교 선교회 소속 헨리 데이비스가 입국하면서 연합선교의 필요성이 자연히 제기되어 1889년 "美國 北長老會미슌及 빅토리아(오스트렐냐 中 一都)미슌 併合公議會"[1]가 조직되었다. 이어 1892년 미국 남장로교 선교회가 한국선교를 착수하면서 국내에서 활동하는 외국 장로교 선교회는 3개로 증가했다. 이들 세 선교회는 한국선교를 효율적으로 진행하기 위해 1893년 1월 28일 "서울에 있는 빈톤 선교사 집에서"[2] 회합을 가지고 "長老會政治를 쓰는 미슌 公會(the Council of Missions Holding the

[1] 郭安蓮 編, 長老教會史典彙集 (京城 : 朝鮮耶蘇教書會, 1918), 15.

[2] Harry A. Rhodes, ed., *History of the Korea Mission, Presbyterian Church, U.S.A., 1884-1934* (Seoul: Chosen Mission Presbyterian Church, U.S.A., 1934), 385.

Presbyterian Form of Government)"[3]를 결성했다. 이 모임은 선교사들만의 모임으로 "영어를 사용하는 공의회"로 명명되었다. 회장에 레이놀즈(이눌서)가 선임되었고 서기에 마포삼열이 피택되었다. 이날 남녀 선교사 23명이 참석했다. 이들은 개혁주의 신앙과 장로교 정치를 채용한 단일 교회를 한국에 설립할 것을 결의했다.[4] 장로교 공의회는 한국에서 활동하는 3개의 장로교 선교회와 이들에 의해 설립된 국내 장로교회의 상회 기관이 되었다. 장로회 사기는 공의회 조직과 관련하여 이렇게 기록했다.

> 主後 一千九百三年 癸巳 是時各處에 信徒가 數多하나 治理會가 現無하므로 宣教師 等이 一公議會를 組織하야 朝鮮예수教長老會가 完全히 成立될 時期까지 全國教會에 全權 治理하난 上會가 되야쓰니 第一會 會長은 李訥瑞러라.[5]

여기서 장로교 공의회는 세 가지 사실을 분명히 했다. 첫째, 종교개혁의 전통을 계승한 개신교 신조를 계승하고 둘째 장로회 정치를 사용하는 장로교회를 조선에 설립하되, 셋째 각 교단이 독립적으로 장로교회를 세우지 않고 하나의 장로교회를 설립한다는 내용이 바로 그것이다. 그것은 "조선지(朝鮮地)에 갱정교(更政教) 신경(信經)과 장로회(長老會) 정치(政治)를 사용ᄒᆞᄂᆞᆫ 연합교회(聯合教會)를 설립(設立)"[6]하겠다는 이들의 결정에서 그대로 읽을 수 있다. 나라가 다르고 교단이 다른데도 하나의 장로교회를 이 땅에 설립하기로 결정한 것은 매우 중요한 의미를 지닌다.

---

3 郭安蓮 編, 長老教會史典彙集, 15-16.

4 N. C. Whittenmore, "Fifty Years of Comity and Co-operation in Korea," *The Fiftieth Anniversary Celebration of the Korea Mission, PCUSA*(June 30-July 3, 1934), 97.

5 車載明, 朝鮮예수教長老會史記 上 (京城 : 新門內教會堂, 1928), 20.

6 郭安蓮 編, 長老教會史典彙集, 15.

제 1회부터 8회까지 영어를 사용하는 장로회공의회 임원진은 다음과 같다.

영어를 사용하는 선교사 장로회 공의회 (1893-1899)

회	년 도	회 장	소속 선교회	서 기	소속선교회
1회	1893	이눌서	남장로교	마포삼열	북장로교
2회	1894	배위량	북장로교	전위렴	남장로교
3회	1895	전위렴	남장로교	긔보	북장로교
4회	1896	이길함	북장로교	위대모	북장로교
5회	1897	최의덕	남장로교	다루	남장로교
6회	1898	부두일	캐나다장로교	긔보	북장로교
7회	1899	원두우	북장로교	배유지	남장로교
8회	1900	오원	남장로교	구례선	캐나다장로교

위 임원진 표를 통해 알 수 있듯이 4 장로회 선교회는 공의회 임원에 골고루 참여했다. 한국 선교가 발전함에 따라 장로교 공의회는 효율적인 선교와 치리를 위해 1895년 산하에 공의회위원회(Committee of Council)를 두고 훗날 "소회"라 불리는 서울위원회와 평안위원회를 조직하였다.

1898년 캐나다장로교가 한국선교를 착수하면서 장로교 공의회에는 4개의 장로교 선교회가 연합으로 참여하는 "조선야소교장로회공의회"(朝鮮耶蘇教長老會公議會)가 되었다.[7] 이와 같은 연합은 언더우드의 연합정신과 여기에 동참하려는 선교사들의 공감대가 있었기 때문에 가능했다.[8]

조선야소교장로회 공의회는 1901년부터 한국인들을 참여시키는 공의회로 확대 개편했다.[9] 1901년 9월 20일 서울 새문안교회에서 서경조(徐景祚), 김종섭(金宗燮), 방기창(邦基昌) 세 명의 장로와 양전백, 송순명, 최흥서, 천광실, 고찬익, 유태연 여섯 명의 조사(助師)와 27명의 선교사들이 모여 제 1회

7 차재명, 朝鮮예수教長老會史記 上, 17-18.

8 Horace G. Underwood, *The Call of Korea Political-Social-Religious*(New York : Fleming H. Revell Co., 1908), 124-126.

9 郭安連, 長老教會史典彙集, 24 ; Sung Chun Chun, "Schism and Unity in the Protestant Churches of Korea," Yale University Ph.D. thesis(May, 1955), 85.

조선야소교장로회공의회를 조직했다.[10] 회장에는 소안론 목사, 영어 서기에는 부두일 목사, 한국어 서기에는 서경조 장로가 선출되었다.

1901년 공의회는 이미 결성된 서울위원회와 평안위원회 외에 전라위원회(남장로교 선교회)와 경상위원회(호주장로교 선교회)를 조직하고, 1902년에는 함경위원회(캐나다 장로교 선교회)를 추가했다.[11] 이렇게 해서 공의회 산하에 다섯 개 위원회가 결성되었다. 가장 교세가 큰 북장로교 선교회만 위원회가 둘(평안위원회와 서울위원회)이고 다른 남장로교, 호주장로교, 캐나다장로교는 각각 하나였다. 장로교 공의회는 공의회위원회 산하에 각 지역 마다 당회위원회를 설치하여 장로교 정치 제도를 정착시켜 나갔다.

장로교 공의회는 단순한 협력 기관이 아니라 노회 조직을 위한 예비 기구였다. 그것은 1901년 제 1회 장로교 공의회 회록 서문에서도 그대로 읽을 수 있다:

> 한국에는 아직 노회가 없어서 우리는 임시로 장로회공의회라는 전국적인 회의를 마련했다. 이 회의로 인하여 앞으로 노회가 될 것이다"[12]

1901년 공의회는 신학생을 택하여 신학교육을 시키는 한편 조선에 독립장로교 설립하기 위해 장로회 헌법 번역 위원도 선정했다. 1901년 장로회공의회는 호주장로교 선교부의 헌의를 받아들여 조선자유장로회(朝鮮自由長老會) 설립을 결의하고, 그 이듬해 조선자유장로회 설립방침의정위원(朝鮮自由長老會 設立方針議定委員)이 제안한 설립 방침도 결정했다.[13]

그 핵심은 적어도 장로 1인을 둔 지교회 12교회, 임직할 목사 3인 이상이 되면 예수교장로회를 설립하고, 선교사들에게도 회원권을 부여한다는 내용이다. 현대적 의미의 당회가 조직된 12교회에다 3명의 한국인 목회자가 있으면 독노회를 조직하겠다는 의미이다. 새로 결성된 노회에 선교사들이 회원권을 갖는다는 의미는 선교사들의 경우 본국 노회의 회원권과 선교지에 결성되는

---

10 Sung Chun Chun, "Schism and Unity in the Protestant Churches of Korea," 82.

11 Sung Chun Chun, "Schism and Unity in the Protestant Churches of Korea," 82.

12 車載明, 朝鮮예수教長老會史記 上, 82.

13 郭安連,, 長老教會史典彙集, 31.

노회 회원권을 동시에 갖는다는 의미이다.

조선예수교장로회 공의회는 이 땅에 설립되는 장로교회의 신학적 틀도 규정했다. 공의회는 1901년에 김종섭, 방기창을, 1902년에는 양전백, 길선주, 이기풍, 송인서를 피택하여 평양에서 신학교육을 시키기로 결정했다.[14] 이와 함께 공의회는 1903년 웨스트민스터 표준문서 소요리문답(The Shorter Catechism)과 1905년 교회신경(敎會信經)을 채용하기로 결정했다. 이것은 공의회가 앞으로 설립되는 조선 장로교회는 장로교 전통을 존중하겠다는 의미를 담고 있다.

1901년 장로회공의회는 또 하나의 중요한 결정도 내렸다. 그것은 장로회 정치를 사용하는 교회를 설립하되 타 교파와의 협력과 연대를 분명히 하려는 의도였다. 1901년 공의회에서 선임된 "갱정교회 총칭명호 의정위원"(更正敎會 總稱名戶 議政委員)은 장로교나 감리교 모두 "야소교회"(耶蘇敎會)로 통일하고 그 뒤에 교파 명칭을 추가하기로 결정했다. 한국인들이 참여하는 장로회 공의회 임원진은 다음과 같다.

조선야소교장로회 공의회

회	년 도	회 장	소 속	영어서기	소 속	한국어 서기
1회	1901	소안론	북장로교	부두일	캐나다장로교	서경조
2회	1902	이눌서	남장로교	편하설	북장로교	서경조
3회	1903	구례선	캐나다장로교	편하설	북장로교	양전백
4회	1904	왕길지	호주장로교	편하설	북장로교	주공삼
5회	1905	마포삼열	북장로교	부위렴	남장로교	주공삼
6회	1906	배유지	남장로교	편하설	북장로교	주공삼

회장과 영어서기는 네 장로교 선교회 소속 선교사들이 맡았고 한국어 서기는 서경조 양전백 주공삼을 비롯 한국교회 지도자들이 맡았다.

장로회 공의회는 독노회를 설립하기로 의견을 모았다. 이를 위해서는 본국

---

14 郭安連, 長老敎會史典彙集, 20 ; 馬布三悅 博士 傳記 編纂委員會 編, 馬布三悅 博士 傳記 (서울 : 大韓예수敎長老會 總會敎育部, 1973), 223 ; Jong Hyeong Lee, "Samuel Austin Moffett : His Life and Work in the Development of the Presbyterian Church of Korea 1890-1936," Unpublished Ph.D. Dissertation, Union Theological Seminary, Richmond, Virginia, 1983, 127.

교회의 동의가 필요했다. 평양 주재 마포삼열은 1905년 1월 25일 선교부 총무 브라운(Arthur J. Brown)에게 편지를 보내 본국 교단의 협력을 요청했다.[15] 다른 선교회도 마찬가지였다. 북장로교 선교회를 비롯하여 한국에서 활동하는 모든 장로교 선교회의 본국 교단들이 이를 수락했다.

2. 조선야소교 장로회 독노회 조직

이런 과정을 거쳐 1907년 독노회가 조직되었다. 1907년 9월 17일 오전 9시, 한국인 장로 36명, 선교사 33명, 찬성 위원 9명, 합 78명[16]의 회원이 모인 가운데 평양의 장대현교회에서 역사적인 "대한예수교장로회 노회"가 조직되었다. 1907년 평양대부흥운동의 발원지 평양 그것도 대부흥운동의 진원지 장대현교회에서 역사적인 제 1회 독노회가 개최된 것은 매우 의미가 깊다.

이길함, 배위량, 방위량, 윤산온, 소안론, 곽안련, 이눌서, 업아력 등 영향력 있는 선교사들이 교파를 초월하여 거의 모두 참석했다. 마포삼열 선교사가 남북장로교, 오스트리아, 캐나다 장로교 총회 등 "네 곳 총회에서 얻은 권리대로 여러 선교사를 대표하여 대한예수교장로회 노회를 창설하노라"고 선언했다.

오후 2시에 속회된 노회에서 마포삼열 선교사가 노회장에, 부노회장에 방기창(邦基昌), 서기에 한석진(韓錫晋), 부서기에 송인서(宋麟瑞), 회계에 이길함이 선출되었다.[17] 1907년 노회는 종래의 소회(小會) 대신에 경기, 충청, 평북, 평남, 함경 및 전라도 지방에 7개의 대리회(代理會)를 두어 노회의 위임 사무를 처리하도록 결정했다.[18]

제 1회 노회에서 평양신학교 제 1회 졸업생인 서경조, 한석진, 양전백, 방기창, 길선주, 이기풍, 송인서가 목사로 장립받았다. 이들 가운데 서경조와 방기창(58세)

---

15 *S. A. Moffett's Letter to A. J. Brown*(Jan., 25), 1905.

16 郭安連, 長老敎會史典彙集, 47-48. 한국인이 40명, 서양인이 38명이었다. [독노회록, 4-5]. Harry A. Rhodes, ed., *History of the Korea Mission, Presbyterian Church, U.S.A., 1884-1934,* 386을 참고하라.

17 郭安連, 長老敎會史典彙集,, 48.

18 곽안전, 한국교회사, 136-7.

을 제외한 나머지 5명은 40세 전후였다. 1907년 평양대부흥운동의 발흥 당시 놀라운 영적각성의 은혜를 체험한 이들이 목사 안수를 받고 한국장로교회의 첫 목회자로 임직 받았다는 것은 한국장로교회의 자랑이 아닐 수 없다. 1907년 독노회 결성 당시 교세는 다음과 같다. 785교회, 세례교인 18,061명, 전체교인 75,968명, 목사 49명, 장로 47명, 조사 160명, 남 전도인 58명, 여 전도인 38명이었다.

제 1회 독노회는 소위 12신조로 알려진 역사적 기독교 신앙에 기초한 신앙고백을 채택했다.[19] 12신조는 아더 브라운이 지적한 대로 대체로 "복음주의적이며 한국교회가 필요로 하는"[20] 기독교의 근본교리를 잘 담고 있다. 성경, 삼위일체 하나님, 창조, 인간의 창조와 타락, 그리스도의 대속, 성령의 사역, 하나님의 구원에의 예정, 성례, 그리고 종말과 심판에 대해 매우 간결하면서도 분명하게 기술하고 있기 때문이다.

본래 12신조는 영국장로교회가 자신들의 선교지인 "印度國인 自由長老教會에 制定ᄒᆞᆫ 信經"[21]으로, 인도에서는 1904년에 그곳 교회의 신앙고백으로 채택했다. 노회 조직과 더불어 장로교회의 신앙고백의 필요성을 느끼고 있던 한국의 선교사들은 신조의 서언만을 바꾸고 한국장로교의 신조로 채택한 것이다. 이것은 김영재 교수의 말대로 "선교지의 문화적인 상황을 감안하고 선교지 교회의 신앙적인 자율성을 배려"하려는 의도에서였다.[22]

웨스트민스터 신앙고백을 비록 한국장로교 신조로 채택하지는 않았지만 그 중요성을 분명이 인정하였다. 그것은 12신조 서언에서 그대로 알 수 있다. "특별히 웨스트민스터 신경과 성경요리문답 대소책자는 성경을 밝히 해석한 책인즉, 우리 교회와 신학학교에서 마땅히 가르칠 것으로 알며 그 중에 성경요리문답 작은 책을 더욱 교회 문답으로 삼느니라."[23]

---

19 Harry A. Rhodes, ed., *History of the Korea Mission, Presbyterian Church, U.S.A., 1884-1934,* 389.

20 Arthur Judson Brown, *The Foreign Missionary An Incarnation of a World Movement* (New York : Fleming H. Revell Co., 1932), 299-300.

21 郭安連, 長老教會史典彙集,, 82.

22 김영재, 한국교회와 신앙고백(서울 : 성광문화사, 1989), 190.

23 "대한예수교회 신경", 대한예수교장로회독노회록(1907), 24.

12신조 채택을 통해 독노회는 제도적인 틀만 아니라 한국장로교회가 나갈 신앙의 방향이 무엇인가를 분명히 한 것이다. 1907년 제 1회 독노회가 조직된 이후 1912년 총회가 조직될 때까지 임역원들은 다음과 같다.

회	년도	회장	부회장	서기	부서기	회계	부회계
1회	1907	마포삼열	방기창	한석진	송린서	이길함	
2회	1908	긔일	이눌서	한석진	김필수	이길함	
3회	1909	원두우	이기풍	한석진	김필수	이길함	김성택
4회	1910	긔일	길선주	한석진	김필수	사락수	김성택
5회	1911	이눌서	양전백	한석진	김필수	사락수	김석창

조선야소교장로회 독노회 기간 (1907-1911)

위 표가 보여주듯 1907년 독노회가 결성된 후 1912년 총회가 조직될 때까지 다섯 명의 노회장은 모두 선교사들이었다. 부회장은 이눌서를 제외하고는 모두 한국인들이었다. 서기와 부서기는 모두 한국인들이었고 회계의 경우는 모두 선교사들이었고 3회부터 부회계를 신설하여 한국인들에게 맡겼다. 이 같은 조직 구조를 통해 우리는 몇 가지 중요한 사실을 읽을 수 있다.

첫째, 독노회는 선교사들과 한국인들이 함께 동참하는 조직 구조를 갖고 있었다는 사실이다. 그것은 선교사들과 한국인들이 각각 임원진에 참여하여 리더십을 분담한데서 알 수 있다. 둘째, 그럼에도 불구하고 회장을 모두 선교사들이 맡음으로 주도권을 선교사들이 갖고 있었다는 사실이다. 이것은 아직 제도적으로 정착하지 못한 상황에서 한국인들에게 리더십을 이양하기 전 일종의 정착을 위한 훈련과정으로 풀이된다. 셋째, 게일 선교사가 2회에 걸쳐 노회장에 피선된 것은 노회장이 단임제로 진행된 것은 아니라는 사실을 보여준다. 이것은 다른 임직의 경우에서도 그대로 나타난다. 서기의 경우는 한석진이 5년에 걸쳐 연임되었고 부서기에 김필수가 4년 연속으로 맡았으며 이길함이 회계를 3년 연속으로 맡았고 김성택이 부회계를 2년 연속으로 연임했다.

3. 대한예수교장로회 총회 조직과 발전

1907년 독노회가 결성된 후 한국장로교회는 놀랍게 성장을 지속했다. 1906년 44,000명이던 교세가 1910년에는 11만 명으로 급증했다. 효율적인 치리를 위해 노회는 산하에 대리회(sub-presbytery)를 두었다. 1907년 독노회 조직 당시 산 하에 경기충청대리회(京畿忠淸代理會, 1893), 평남대리회(平南代理會, 1893), 평북대리회(平北代理會, 1907), 황해대리회(黃海代理會, 1907), 전라대리회(全羅代理會, 1901), 경상대리회(慶尙代理會, 1901), 함경대리회(咸鏡代理會, 1902) 등 7 대리회가 있었다.

이들 대리회는 곧 오늘날의 노회와 버금가는 교세를 갖고 있었다. 경상대리회가 186개 교회, 평북대리회가 160개 교회, 전라대리회가 127개 교회, 평남대리회가 89개 교회, 함경대리회가 78개 교회, 그리고 경충대리회가 50개 교회였다. 1911년 9월 17일, 대구 남문교회에서 회집된 제 5회 독노회는 1912년 3월 이전까지 7개 대리회를 노회로 승격하고, 7개 노회로 총회를 결성하기로 결정했다. 이 결정에 따라 전라대리회가 1911년 10월 15일 세일 먼저 노회를 조직했고, 이어 경충대리회가 12월 4일, 황해대리회가 12월 8일, 경상노회가 1912년 1월 28일, 남평안노회가 1912년 1월 28일, 북평안노회가 1912년 2월 15일, 그리고 함경노회가 1912년 2월 20일 노회를 조직했다. 7개 대리회가 모두 노회로 발전한 것이다.

1912년 9월 1일, 7개 노회에서 파송한 목사 총대 96명(목사 52명, 선교사 44명), 장로 125명, 도합 221명의 총대들이 참석한 가운데 평양 경창리(景昌里)에 있는 여자성경학원에서 역사적인 "조선예수교장로회 총회"가 결성되었다.[24] 제 5회 독노회장 이눌서의 사회로 진행된 총회에서 전국에서 모인 221명의 총대들은 총회장 언더우드, 부총회장 길선주, 서기 한석진, 부서기 김필수(金弼秀), 회계 방위량, 부회계 김석창(金錫昌) 목사를 각각 선출했다.

24 죠션예수교쟝로회총회 뎨 2회 회록(1912), 1-4 ; 郭安連, 長老敎會史典彙集, 58.

회	년도	장소	회장	부회장	서기	부서기	회록 서기	회록 부서기	회계	부회계
1	1912	평양여성경학원	원두우	길선주	한석진	김필수			방위량	김석창
2	1913	서울승동교회	왕길지	한석진	김필수	김선두			사락수	김석창
3	1914	재령남성현	배유지	양전백	김필수	김선두			피득	김석창
4	1915	전주서포교회	김필수	마포삼열	함태영	장덕노			피득	김석창
5	1916	평양신학교	양전백	업아력	함태영	장덕노			곽안련	김석창
6	1917	서울승동교회	한석진	홍승한	장덕노	김성택			곽안련	김석창
7	1918	부천북교회	김선두	마포삼열	장덕노	김성택			피득	김석창
8	1919	평양신학교	마포삼열	김익두	김성택	채필근			피득	김석창
9	1920	경성안동	김익두	이기풍	김성택	차재명			주공삼	노해리
10	1921	평양장대현	이기풍	업아력	차재명	남궁혁			주공삼	김동원
11	1922	경성승동	김성택	박정걸	차재명	석근옥	김우석	김가전	임택권	주공삼
12	1923	신의주	함태영	안승원	김우석	홍종필	백신칠	장홍범	임택권	황포덕삼
13	1924	함흥신창리	이자익	임택권	김우석	장규명	홍종필	박용의	이춘섭	이상백
14	1925	평양서문외	임택진	한석진	김우석	홍종필	장홍범	박용의	이춘섭	곽안련
15	1926	평양서문외	김석창	김유범	김우석	장규명	석근옥	송관점	이춘섭	이상백
16	1927	원산황석동	김영훈	염봉남	홍종필	장규명	정일선	최상섭	이춘섭	백남채
17	1928	대구신정	염봉남	이인식	홍종필	정일선	이학봉	김길창	이춘섭	김동원
18	1929	경성신문외	차재명	이인식	홍종필	정일선	홍택기	장운경	이춘섭	정찬유
19	1930	평양서문외	홍종필	이인식	홍종필	장운경	이승길	김봉도	이춘섭	김만일
20	1931	금강산 수양관	장규명	장홍범	홍택기	이승길	곽진근	홍하순	이춘섭	이관순
21	1932	평양창동	남궁혁	장홍범	홍택기	라시산	곽진근	김낙영	이춘섭	곽안련
22	1933	선천읍 남교회	장홍범	이인식	홍택기	이승길	곽진근	라시산	이춘섭	김이현
23	1934	평양서문외	이인식	김성노	홍택기	곽진근	라시산	박인관	고한규	정운경

장로회 총회 역대 임원(1912-1934)

한국선교 50주년이 되는 1934년까지 총회 임원들의 분포를 통해 우리는 몇 가지 중요한 사실을 분석해 낼 수 있다.

첫째, 선교사 중심에서 한국인에게로 리더십이 점차 이양되었다는 사실이다.

둘째, 1919년 3.1운동 이후 선교사들의 총회 임원 진출이 거의 없었다는 사실이다. 1920년 노해리, 1921년 업아력, 1925년과 1932 곽안련을 제외하곤 모두 한국인이다. 이것은 한국인들에게 리더십을 이양하기 위한 선교사들의 배려로 해석할 수 있지만 그 이면에 보이지 않는 일본의 압력이 작용하지 않았는지 살펴야 할 것이다.

셋째 1912년 제 1회 총회부터 1934년 제 23회 총회까지 총회 장소가 거의 대부분이 이북 지역이었다. 그 이유는 교세가 서북지역에 편중되었기 때문에 총회 안에 그만큼 이 지역의 영향력이 증대되었기 때문으로 풀이된다.

맺는 말

돌이켜 보면 1907년 독노회 조직은 여러 가지 면에서 시의 적절했다. 평양대부흥운동을 통해 교세가 급성장한 가운데 교회 제도와 조직이 정비되어 양적 성장을 한 차원 높일 수 있었다. 정치적으로는 일제에 의해 국권이 상실되고 일제의 병탄이 용의주도하게 진행되고 있었지만 영적으로는 한국교회가 하나의 전국적인 조직망을 가지며 성장의 틀을 마련했다. 노회와 총회의 조직이 하루아침에 형성된 것이 아니라 오랜 준비 과정을 거치며 진행되었다는 사실을 우리는 주목할 필요가 있다. 지금까지의 한국장로교 교단 형성 과정을 정리하면 다음과 같다.

첫째, 1893년에 접어들어 다양한 장로교 선교회가 하나의 장로회 공의회를 조직하여 장차 하나의 장로교회 설립의 틀을 마련했다.

둘째, 장로회 공의회는 지도자 양성을 위해 1901년 신학교를 설립하여 한국장로교 지도자들을 양성하는 한편, 한국인들과 선교사들이 함께 참여할 수 있도록 공의회를 확대했다. 선교사들은 1893년 결성된 장로회 공의회도 선교사 중심의 영어 공의회(1893 -1900)와 조선어 공의회(1901-1906)를 통해 선교사

중심의 리더십에서 한국인에게로의 순차적으로 이행했다.

셋째, 1907년 노회가 결성된 후 1912년 총회가 결성될 때까지 독노회는 이미 조직된 전국적인 대리회를 노회로 승격하여 총회 결성의 발판을 마련하는 한편, 인도 선교지에서 채택한 12신조를 한국장로교회의 신앙고백으로 채택했다. 이것은 선교지의 특수한 상황을 반영하려는 의도였다. 한국장로교는 교회 조직과 신앙고백 채택함으로 1907년에 접어들어 신앙과 교회 정치 제도의 틀을 동시에 마련할 수 있었다.

넷째, 네 개의 장로교 선교회가 각기 독자적인 장로교단을 설립하지 않고 하나의 장로교회를 이 땅에 설립한 것은 높은 평가를 받기에 충분하다. 감리교의 경우 미 감리교회와 남감리교회가 각각 교단을 설립하고 1930년에 가서야 하나로 연합한 것에 비추어 볼 때 더욱 그렇다.

다섯째, 1912년 총회가 결성될 때까지 선교사들이 교단의 리더십을 이끌었다. 그것은 총회가 조직되기 전 1911년까지 모든 공의회와 독노회 회장을 선교사들이 맡았다는 사실에서 확인할 수 있다. 1884년부터 1912년까지 첫 28년 동안은 선교사들이 주도했다고 해도 과언이 아니다. 한국인들에게로의 리더십 이양이 늦은 감이 있기도 하지만 1907년에 가서야 첫 7명의 목사가 배출된 것을 감안할 때 이를 지나치게 비판적으로 볼 필요는 없다고 본다. 목사 안수를 받고 한국교회 목회 경험을 쌓고 개교회와 노회의 활동을 통해 어느 정도 교단 정치를 경험한 후 총회의 책임을 맡는 것은 어쩌면 당연한 일이기 때문이다.

노회와 총회의 결성 이후 한국장로교는 한국교회의 성장을 견인하고 일제의 식민지 찬탈 속에서도 사회와 민족을 선도하는 중심 역할을 감당했다.

제 9장
한국장로교와 민족운동

한국장로교회는 한민족 복음화를 최우선시 했으며, 절망 가운데 있는 민족에게 유일한 희망이신 그리스도를 제시하며, 기독교 민족운동을 전개해 나갔다.

이영식 목사(한국기독교사연구소 실장)

"그러나 이제 그들의 죄를 사하시옵소서 그렇지 아니하시면 원하건대 주께서 기록하신 책에서 내 이름을 지워버려 주옵소서"(출 32:32). 범죄 했던 자신의 민족을 가슴에 품고 모세는 하나님께 간절히 기도하였다. 그것은 하나님을 만난 사람, 영원한 세계를 소유한 사람의 진실한 기도이며 마음이라 할 수 있다.

기독교인의 민족의식은 자국의 우월함과 동시에 타 민족을 배척하는 국수주의(國粹主義)를 표방하는 것과는 다르다. 한국기독교, 특히 한국장로교회는 먼저는 나라가 몰락하여 그 깊고 짙은 어두움으로 휩싸인 절망의 시대를 살아가는 사람들에게, 여전히 살아계셔서 우주를 주관하시는 하나님의 복음, 그리스도의 구속의 은혜를 전했다. 아울러 민족공동체의 구성원으로써, 기독교인으로서의 시대적 과제를 고민하고, 그 가슴에 벅차오르는 신앙의 열정을 고통당하는 민족을 향해 실천적으로 표출해나갔다.

이만열 교수는 갈등과 변화의 시대에 처해있던 입교(入敎)한 "한국기독교인들은 한말(韓末)이라는 시대가 안으로는 반봉건·사회개혁이 요청되었고, 밖으로는 반침략·자주독립이 절실하였던 때에, 이러한 민족적 시대적 과제들을 외면하지 않고 선각자로서 앞장서서 활동하게 되었던 것이다"[1]라고 평가하고 있다.

---

1 이만열, 『한국기독교와 민족의식』 (서울: 지식산업사, 1992), 261.

인류의 역사가 그렇듯이, 한국의 상황은 끊임없는 투쟁과 갈등의 역사였다. 그것은 대한제국의 민족적 비운의 시대나 지금이나 마찬가지이다. 그럼에도 불구하고 우리에게 여전히 소망을 갖게 하는 것은 그리스도의 몸 된 교회가 이 땅에 존재하기 때문이다. 옥중에서도 복음을 전했던 이승만이 "예수교가 대한 장래의 기초"라고 한 것도 기독교가 겨레의 유일한 소망이라는 확신 때문이었다.[2]

주권이 상실되고, 정치·경제·사회·문화적인 예속 상태가 되고, 인간의 존엄성이 박탈되어 몸서리쳐지는 잔인무도한 고문이 감행되고, 학살이 자행되었던 민족의 슬픔과 고난 앞에서, 한국장로교회는 때로는 하늘의 아버지께 부르짖었고, 때로는 잠자는 민족을 깨워 민족운동의 거대한 대열을 이루어 선두에서 달려 나아갔다. 이처럼, 초기 한국장로교는 민족적이며 시대적인 소명을 잘 감당했던 것이다.

본 논고에서는 한국장로교와 민족운동 부분을 다루게 된다. 그래서 세계의 한 중심에 하나님의 성전이 있었던 것과 같이, 민족의 소용돌이에 한국장로교가 있었고, 불 시험에 뛰어들어 민족과 함께 했고, 민족의 나아갈 바를 선도했던 그 역할을 제한된 분량 안에서, 살펴보고자 한다.

그래서 그 역사를 통해서 우리가 살고 있는 현재와 다가오는 미래를 위한 통찰을 얻고자 하는 것이다. 시대적으로는 한국 초기 장로교시대를 다루었다. 신사참배 이후는 다른 곳에서 다룰 것이므로 여기서는 초기 내한 선교사들의 민족의식에 대한 함양으로부터 물산장려운동까지를 살펴볼 것이다.

활동주제로는 국내외적으로 다양하고 중요한 다른 활동들도 많지만, 여기서는 국내 민족운동을 중심으로, 가급적 시간적인 흐름을 따라서 살펴보고자 한다.

---

2 박용규, 『한국기독교회사 1권』 (서울: 생명의말씀사, 2004), 841.

1. 초기 내한 선교사들과 춘생문 사건

1) 초기 내한 선교사들과 민족의식 함양

한국장로교의 민족운동은, 언더우드를 비롯한 초기 내한 선교사들의 신앙과 활동으로 거슬러 올라가야 할 것이다. 당시 열강에 의해서 한민족(韓民族)이 우겨쌈을 당하고 있었고, 특별히 일제의 침략의 본색이 드러나 한 반도를 덮쳐오고 있을 때, 선교사들은 하나님이 인도하신 이 땅과 이 민족의 아픔을 함께 하였고 기도하였고, 고민하지 않을 수 없었다. 소망이 없는 이 땅에 온 힘을 다하여 복음을 증거하고 교회를 세웠고, 교육, 의료, 문서, 사회변혁의 사명을 감당했던 것이다.[3] 그 가운데 한 예로, "장로교 선교정책이 자전(自傳), 자치(自治), 자급(自給), 자제(自制)" 라고 한다면[4], 이에 상응하는 교육정책도 '한국인을 더 나은 한국인으로 만들고', '한국인이 한국의 것을 자랑하며 그리스도와 그의 교훈을 통하여 완전한 한국을 이룩하고자'는 것이었다.[5]

이러한 일련의 노력들은 자주독립을 고양하는 국가의식을 갖도록 하였다. 1896년부터 기독교인들은 왕의 탄신일과 국가의 기원절을 기념하여 충군애국하는 의식 및 경축예배를 드렸다.[6] 그들은 복음을 가장 중시 여기면서도 또한 애국가 제창과 국기게양을 통하여 애국심을 고취하였으며, 독립협회에 가입하여 일종의 정치운동을 통하여 민족의 독립과 국가의 자주권 및 국민의 정당한 자유와 권리에 대한 의식을 고양했던 것이다.[7]

---

3 초기 내한 선교사들의 활동에 관하여는 백낙준, 『한국개신교회사 1832-1910』 (서울: 연세대학교출판부, 1998), 229-253; 박용규, 『한국기독교회사 1권』 (서울: 생명의말씀사, 2004), 536-638 참조.

4 Horace H. Underwood, *Tragedy and Faith in Korea*, 26. 이만열, 『한국기독교와 민족의식』, 272에서 재인용. 네비우스(John Livingston Nevius)는 자립 · 자치 · 자전을 주장한바 있다.

5 L. George Paik, *The History of Protestant Missions in Korea* (1832-1910), 119. 이만열, 『한국기독교와 민족의식』, 272에서 재인용.

6 *The Korean Repository*, 1896. 9;이만열, 『한국기독교와 민족의식』, 272-273.

7 이만열, 『한국기독교와 민족의식』, 272-273.

2) 춘생문 사건

내한 선교사들의 그 많은 헌신적 활동 중에 여기서 춘생문 사건을 주목하고자 한다. 당시 김홍집 친일내각이 구성(1894. 12. 17) 되었고, 친일파가 득세하자 "한국 최초의 배일적(排日的) 정치단체인 정동구락부(貞洞俱樂部)"[8]가 발족되었다. 이 단체가 춘생문 사건과 관련되어있다. 관련된 기록들을 간략히 종합해보면, 춘생문 사건(春生門 事件)이란 1895년 11월 28일 새벽에 반일·친러·친미적인 정동구락부계 인사들과 궁내부 관료 및 일부 서양인들이 연계하여, 을미사변(乙未事變) 이후에 감옥과 방불한 궁정에서 슬픔과 두려움에 사로잡혀있던 고종을 구출하기 위해서, 춘생문을 통하여 입궐하려고 했던 사건이라 정리 할 수 있다.[9]

정동구락부(Chongdong Club)는 미국공사 실(John M. B. Sill)과 러시아 공사 웨베르(Karl Waeber)의 지원 아래 있었고, 당시 알렌(Horace. H. Allen), 언더우드(Horace G. Underwood), 에비슨(Oliver R. Avison), 아펜젤러(Henry G. Appenzeller), 헐버트(Homer B. Hulbert)등이 그리고 내국인으로서는 이상재, 윤치호, 민영환, 이범진, 윤웅열 등이 함께 했다.[10]

이 춘생문 사건은 을미사변의 연계선상에서 생각해야 할 것이다. 1895년 10월 8일 이른 새벽에 일본의 미우라 고로(三浦梧樓)공사의 지휘아래 일본 군인들과 부랑자(soshi)들이 광화문을 거쳐 궁궐에 침입하여 민비를 살해하였는데, 이 사건이 그 비극적인 을미사변(乙未事變)[11]이다. 헐버트 선교사는 "민비는 그가 쓰던 여러 개의 방 중의 하나인 침실에서 발견되어 잔인하게 난도질 당했다. ... 시신은 몇 가지의 천으로 싼 다음 석유를 뿌리고 왕의 처소 앞에 있는 호수의 동쪽에 위치한 소나무 숲의 한 모퉁이에서 불에 태워졌다"[12]라고 기록하고 있다. 한 나라의 왕비가 이토록 쉽게, 그렇게 무참하게 살해당할 수 있는가?

---

8 김원모, 『개화기 한미 교섭관계사』 (서울: 단국대학교출판부, 2003), 807.

9 이선근(李瑄根), 『한국사』 현대 편, 진단학회 (서울: 을유문화사, 1963), 698-699; 김원모, 『개화기 한미 교섭관계사』, 807; 이광린(李光麟), 『한국사강좌 V』 근대편 (서울: 일조각, 1981), 373.

10 문일평, 『한미오백년사』 (탐구당, 1975), 232; 이광린, 『한국사강좌 V』 근대편, 373-375.

11 Homer B. Hulbert, *The Passing of Korea* (Seoul: Yonsei University Press, 1969), 137-139.

12 Homer B. Hulbert, *The Passing of Korea,* 139.

당시 조선의 가슴 아픈 현실을 이 사건 보다 더 확실하게 그려낼 수 있을까? 이 일이 있은 후에 "고종은 국사를 처리하는데 사실상의 어떠한 발언권도 없었고 수인(囚人, prisoner)의 처지"[13]에 놓여 있었다. 그리고 고종과 궁궐 담장 안에 살고 있던 수 백 명의 사람들은 두려움과 혼란에 휩싸였다. 고종은 생명의 위험을 느껴 불면증에 시달렸고, 독살을 염려해서 궁궐에서 준비되는 모든 음식을 의심하였기 때문에, 러시아 공사관과 이미 신임을 얻고 있었던 언더우드의 집으로부터 번갈아가며 음식이 제공되어졌다. 그 음식은 주석 금고에 넣어 예일(Yale)제 자물쇠로 잠근 다음, 언더우드가 그 열쇠를 직접 왕에게 건네주었고 수라상의 안전을 전담했던 것이다.[14] 그리고 선교사 언더우드를 비롯하여, 헐버트, 에비슨, 게일 등이 매일 밤 두 명씩 고종을 호위하여 불침번을 섰다.[15]

이사벨라 비숍의 말대로 "이것은 불행한 통치자의 유일한 방패였다."[16] 따라서 고종은 감옥과 같은 경복궁으로부터 탈출하고 싶어 했다. 언더우드를 통해서 정동구락부에 구출을 위한 호소문 형식의 밀지를 보내기도 했다.[17]

1895년 11월 28일 밤, 정동구락부 인물들, 종친 및 궁내부 관료들, 친위대 군인들이 합세하여 국왕을 구출, 러시아 공사관으로 이어(移御)하고자 했다.[18] 거사 직전에 윤웅열은 아들 윤치호에게 미·러 공사에게 거사사실을 통고하게 하여, 외국인을 동원해서 경복궁으로 입궐, 국왕을 보호하는 조치를 취해줄

---

13 Homer B. Hulbert, *The Passing of Korea,* 144.

14 L. H. Underwood, 『언더우드, 한국에 온 첫 선교사』, 이만열 역(서울: 기독교문사, 1993),157; Homer B. Hulbert, The Passing of Korea, 144; Lillias H. Underwood, *Underwood of Korea* (Fleming H. Company, 1918), 147-148 참조; "Letter of Mrs. Horace G. Underwood(Lillias)", *Rev. Underwood's Missionary Letters*(1885-1916), Feb. 2. 1895.

15 Lillias H. Underwood, *Underwood of Korea* (Fleming H. Company, 1918), 147-148; 백낙준, 『한국개신교회사 1832-1910』, 255; 이에 대하여는 다른 선교편지에서도 증명된다. *Personal Reports of The Southern Missionaries in Korea* 1895(1), the letter of Bell. Eugene Lottie, Oct. 21. 1895 참조.

16 Isabella Bishop, *Korea and Her Neighbors* (Seoul: Younsei University Press, 1970), 279.

17 Lillias H. Underwood, *Fifteen Years Among the Top-Knots* (Boston, New York: American Tract Society, 1904), 155.

18 김원모, 『개화기 한미 교섭관계사』, 821; 릴리아스 H. 언더우드 여사는 춘생문 사건연루에 대한 일본의 조사에 대하여, "사실 언더우드는 그 일과 관련이 없을 뿐만 아니라, 실제로 미국 공사관의 비서관이 정보를 알려주기 전까지 그 일에 대해 전혀 모르고 있었기 때문이다" 라고 기록하고 있다. L. H. Underwood, 『언더우드, 한국에 온 첫 선교사』, 160.

것을 당부했다.[19]

사태의 심각성에 실 공사와 알렌의 요청에 따라 언더우드는 에비슨과 헐버트와 함께 권총을 휴대하고 파수병의 제지에도 불구하고 경복궁으로 달려갔다.[20] 그들은 국왕침전 가까이서 만일의 사태를 위해 대기하고 있었다. 28일 밤 12시가 되자 총성이 울렸다. 언더우드 일행은 반사적으로 일어나 국왕 침전으로 달려갔다. 국왕의 침전 앞에 칼을 빼어 든 장교 몇 명이 착검한 총을 교차시키면서 출입을 막았다. 그러나 언더우드는 권총을 빼어 들고 칼을 제치면서 침전 곤녕각(坤寧閣)으로 들어갔다.[21] 총소리에 놀란 고종은 "외국인들은 어디 있느냐, 외국인들을 불러오라" 라고 외쳤다. 언더우드 일행은 "여기 있습니다. 전하 저희들은 여기와 있습니다" 라고 하면서 침전에 뛰어 들어가 왕을 보호했다.[22]

밀고에 의해서 구출대원들을 쉽게 진압한 김홍집 친일내각이 왕을 다른 곳으로 이어할 경우에 왕의 신변이 위험함으로 언더우드 일행은 그것을 막았고, 밤새도록 황제와 함께 했다.[23] 국왕을 구출하려는 춘생문 사건은 실패로 돌아갔다. 그러나 아관파천(1896)으로 그 계획을 이룰 수 있었다.

당시 언더우드는 또한 반일·친러파의 정동구락부 정객들을 적극 보호해 주었기 때문에 일본당국으로부터 춘생문 사건의 주모자라는 혐의를 받게 되었고, 릴리아스 언더우드 여사는 그것을 부인하고 있다.[24] 그러나 보다 중요한 것은 그의 가담여부 및 그 정도를 규명하기 보다는, 그가 장로교 내한 선교사로서 슬픔과 절망에 빠져 있던 한민족과 민족의 정체성이라고 할 수 있는 고종에 대하여 쏟았던 그 애정과 헌신을 주목해야 할 것이다.

사실상, 언더우드·헐버트·에비슨 등 선교사들은 제 2 시해사건을 미연에

---

19 *Yun Chi-Ho's Diary,* vol. 4. 93-94, November 27. 1895.

20 Lillias H. Underwood, *Fifteen Years Among the Top-Knots,* 159-160.

21 L. H. Underwood, 『언더우드, 한국에 온 첫 선교사』, 160.

22 Lillias H. Underwood, Underwood of Korea, 149-151; Lillias H. Underwood, F*ifteen Years Among the Top-Knots,* 161-162.

23 Oliver R. Avison, *Memoirs of Life in Korea*ed. H. W. Park (Seoul: The Korean Doctor's Weekly, 2012), 123-124; 『구한말비록』 상, 54-55.

24 L. H. Underwood, 『언더우드, 한국에 온 첫 선교사』, 160; 김원모, 『개화기 한미 교섭관계사』, 827.

방지하고 국왕의 신변 안전을 보호하겠다는 충정에서 비롯된 행동이었다. 이러한 초기 선교사들의 활약들이 장로교회의 민족의식 및 민족운동을 함양하는데 아름다운 영향을 주었다는 것을 잊어서는 안 될 것이다.

2. 한말 민족운동의 태동과 전개

-구국기도회·국채보상운동·YMCA 청년민족운동-

1) 구국 기도회(救國 祈禱會)

열강이 자국의 이익을 위해 '조용한 아침의 나라'에 개항을 요구하며 압박해 들어왔을 때, 조선은 그 급물살을 제어할 자체적인 힘도 대책도 거의 전무한 상태였다. 그에 대한 반응은 적극적인 개항(開港)이냐 척왜양(斥倭洋)이냐 였다.[25] 일제는 파렴치한 침략의 근성이 표면에 들어나기 시작하였던 운양호(雲揚號) 사건(1875)[26]을 통하여, 조선 최초의 근대적 불평등 조약인 강화도조약(병자수호조약)을 이끌어냈다(1876).

이 후로 미국(1896), 러시아(1896), 프랑스(1896), 독일(1897), 일본(1898), 영국(1900) 등의 열강의 이권침탈이 시작되었던 것이다.[27] 이어서 일본은 한국에 대한 내정 간섭을 구체화하기 위해서 대한제국과 제 1차 한일협약(韓日協約)을 체결하였다(1904. 8)[28]. 이후 러일전쟁이 일본의 승리로 끝남에 따라서, 미국의 중재에 의해서 체결된 포츠머드 강화조약(1905. 9)은 일본의 한국에 대한 지배권을 보다 확고히 해 주었다.[29] 이후에 이등박문(伊藤博文)은 일본군대를

---

25 흥선대원군은 이후에 일본에 대해서도 적대감을 갖고 척왜(斥倭)를 표방하였다. 변태섭, 『한국사통론』 (서울: 삼영사, 1993), 424 참조.

26 변태섭, 『한국사통론』, 427.

27 변태섭, 『한국사통론』, 461.

28 이기백, 『한국사신론』 (서울: 일조각, 1990), 395.

29 이기백, 『한국사신론』, 397.

이끌고 왕궁을 포위한 가운데 황제와 대신들을 위협하여 강제로 제 2차 한일조약(을사조약)을 체결하였다(1905. 11). 한국의 외교권을 완전히 박탈하는 동시에 황제 아래에 일본인 통감을 둔다는 것이었다.[30]

이 암울하고 서글픈 상황에서, 특별히 한국장로교의 저항의식은 여러 구체적인 양태로 나타나고 있었다. 그 하나를 구국집회 및 기도회라고 볼 수 있을 것이다. 첫 번째로 명성황후(明成皇后)의 시해와 관련한 기도회이다. 공식적인 기도회일은 1897년 11월 21일 오전에 장로교와 감리교 합동으로 정동예배당에서 모여 기도회를 가진 것이다. 이날 언더우드(Horace G. Underwood) 선교사는 "명성황후께서 역적의 손에 변란을 당하셨다"는 것과 "이 모임은 황후를 위한 것임과 함께 하나님께서 나라를 도우사 교회가 흥황께 하시기를 원한다"[31]는 내용의 연설을 하였다.

두 번째로 을사보호조약(乙巳保護條約)에 관한 기도회이다. 1905년 11월 감사절 익일부터 전국 장로교회가 공의회의 결의에 따라 나라를 위한 기도회를 1주일간 가졌다.[32] 이것은 1905년 9월 '장로회 공의회'에서 평양 장대현교회의 길선주 장로가 나라 위한 기도회를 갖기로 발의한 것을 채택하고 전국 교회에 알렸기 때문이다.[33] 이와는 별도로 장로교, 감리교, 침례교 등 세 교파에서는 합동으로 매일 오후 3시에서 4시까지 나라를 위한 기도회를 열었다.

셋째로 1907년 정미조약이 발표되고, 고종이 퇴위하는 상황에서는 '나라 위한 기도회'가 전국 교회의 유기적인 합력 하에 진행되었다.[34] 더 나아가서 한국의 교회들은 세계교회에 한국을 위해 기도해 줄 것을 부탁하였으며 세계교회는 민족적 위기속에 있는 한국을 위해 기도로 협력하였다. 이로 말미암아 한국교회는 세계교회와 유대를 강화할 수 있었다.[35] 『대한매일신보』

---

30 李瑄根, "露日戰爭 이후 日帝 大韓侵略의 기본방향-韓日議定書와 乙巳五條約 체결의 경위-", 『사학연구』, 1964. 18.

31 『대한그리스도인회보』 1권 44호, 1897. 12. 1; 한규원, 『개화기 한국기독교 민족교육의 연구』 (서울: 국학자료원, 1997), 427-429.

32 郭安連 編輯, 『長老教會史典彙集)』 (京城: 朝鮮耶蘇教書會, 1918), 248.

33 이만열, 『한국기독교와 민족의식』, 287.

34 이만열, 『한국기독교와 민족의식』, 287.

35 『대한매일신보』 1907. 8. 22; 김인수, 『간추린 한국교회의 역사』 (서울: 한국장로교출판사,

는 "하나님께 드리는 기도가 나라의 독립의 기초"[36]가 될 것이라고 했다. 그래서 일제는 이러한 기독교인들을 항일 의식을 선도하는 요시찰 인물로, 일본의 제국주의에 방해요소가 되는 것으로 간주하게 되었다.[37]

교회들의 '나라 위한 집회'는 1909년 황제가 관서지방에 순행(巡幸)할 당시 더욱 뜨겁게 일어났다.[38] '나라 위한 기도회'는 그 뒤에도 계속되어, 일제하에서 조국광복을 하나님 앞에서 항상 기원하는 기독교인들의 자세를 보여주고 있었던 것이다.[39] 구국기도회를 소극적인 투쟁이라는 시각도 있으나, 전쟁은 "하나님께 속한 것"(대하20:15)이라는 믿음으로 이 민족과 강토를 전능하신 하나님께 올려드리는 구국기도회야 말로 가장 강력한 전쟁을 수행하고 있다고 보아야 할 것이다. 오늘날도 구국기도회는 여전히 이 민족에 희망을 가져다주는 통로임에 틀림없다.

2) 국채보상운동(國債報償運動)

일본은 통감부를 설치한 이후에, 한국정부에 강요하여 일본 식민지 기초 작업에 소요되는 자금을 일본에서 차입하게 해서 한국민(韓國民)의 대일부채(對日負債)로 식민지 건설의 기반을 하나하나 조성해 나갔다.[40] 따라서 1907년에 한국정부가 짊어지고 있는 외채는 총 1천 3백만원이라는 거액이 되었다. 빈약한 국고로는 도저히 이 거액을 상환할 수 없다는 것이 당시의 국론이었고, 만일 상환치 못하는 경우에는 우리의 국토는 필경 일본의 것이 되고 말 것이라는 절박감이 팽배했다.[41] 최초의 발단은 1907년 2월 16일 대구의 서상돈(徐相敦)과 김광제(金光濟) 등이 제창한 것이 후에 전국적으로 번져나갔던 것이다.

1998, 126에서 재인용.

36 『대한매일신보』 1905. 12. 1.

37 이만열, 『한국기독교와 민족의식』, 288.

38 『대한매일신보』 1909. 2. 11. 이만열, 『한국기독교와 민족의식』, 288에서 재인용.

39 민족사바로찾기국민회의, 『독립운동총서(6): 종교,교육 투쟁』 (서울: 민문고, 1995), 24.

40 조항래, 『국체보상운동사』 (서울: 아세아문화사, 2007), 33.

41 조항래, 『국체보상운동사』, 37.

그리하여 2월 22일에 국채보상기성회가 조직되었다.[42] 국채보상가(國債報償歌)를 지어서 독려하기도 했다.[43] 여성들도 적극적으로 참여하게 되었는데, 남일동패물폐지부인회, 부인감찬회(夫人減餐會), 국채보상탈환회(國債報償脫環會)를 조직하여 참여하였다.[44] 이 운동의 전국적인 통합적 전개와 기탁금의 효율적인 관리를 위해서 국채보상지원금총합소(소장: 한규설)를 설립하였고,[45] 일반 민중을 지도하기 위하여 국채보상연합회의소(의장: 이준)을 설립하였다.[46]

이 운동은 애국운동의 한 방편으로, 교회가 이 운동에 적극 나서게 되었다.[47] 예를 들어서, 원산 와우동(臥牛洞) 기독교회당에서 일치된 마음으로 단연(斷煙)을 지지하고 국채보상에 필요대금을 매달 지원키로 하였고, 이어서 의주와 덕천군의 남녀노소의 기독교인들이 적극 참여하였던 것이다.[48] 평북용천, 이천, 평양, 임천, 양주, 의주, 황해도, 정안, 철산 등 수많은 곳에 있는 야소교회이름으로 이 운동에 참여했다. 그리고 선천, 의주, 마산 용천, 원산, 초산 등의 많은 곳에 있는 야소교인들의 이름으로 참여했다.[49]

여성 기독교인들이 적극참여 하였다. 비석동 야소교부인 국채보상회, 인천의 국미적성회, 경주의 경주흔바위 예수믿음부인회 등이 조직되어 참여하였다.[50] 또한 국채보상운동 본부를 서울의 YMCA에 설치하고 사경회, 강연회, 토론회, 음악회 등을 통해 모금운동을 전개하여 나갔다. 이에 호응하여 전국의 교인들이 헌금을 보내와 이 운동이 큰 성과를 올리게 되었다.

국채보상연합회의의 초대 의장을 맡았던 이준은 독립협회에 가입하여 활동했으며, 캐나다 장로교 게일(James Scarth Gale, 1863-1937) 선교사가

---

42 기독교대백과사전편찬위원회, 『기독교대백과사전 제 2권』 (서울: 기독교문사, 1981), 442.

43 『대한매일신보』 1907. 4. 14.

44 조항래, 『국체보상운동사』, 95-96; 『대한매일신보』 1907. 4. 19.

45 『대한매일신보』 1907년 3. 28. 별지.

46 『황성신문』 1907. 4. 8.

47 김인수, 『간추린 한국교회의 역사』, 130.

48 조항래, 『국체보상운동사』, 70.

49 한규원, 『개화기 한국기독교 민족교육의 연구』 (서울: 국학자료원, 1997), 392-394.

50 한규원, 『개화기 한국기독교 민족교육의 연구』, 397.

담임으로 시무했던 연동교회를 출석했다.[51] 1902년 '개혁당 사건'이라는 정치 사건에 연루되어서 투옥되었고, 일제의 황무지 개척권 요구에 맞서 보안회 활동에 참여하였다.[52] 또한 그는 신민회 등에서 지도적 역할을 했고, 고종의 헤이그 특사로 파송된바 있다.[53]

주목할 만한 또 한 사람은 국채보상운동이 더욱 확산되도록 큰 역할을 했던 『대한매일신보』의 주필 겸 총무였고 국채보상지원금총합소의 검사원 양기탁(梁起鐸, 1871-1938)이다. 그는 부친 양시영과 함께 게일 선교사가 편찬한 『한영자전』(A Korean English Dictionary)의 편수를 도왔다.[54] 1911년 '105인 사건'으로 제 1심에서 10년을 선고 받았고[55] 3년간을 복역하였다. 그는 1912년 12월 20일, 105인 사건에 관한 경성복심법원에서 그의 종교를 "예수교 장로회 신자"라고 진술하였다.[56] 이처럼 조국이 경제적인 위기에 처해있을 때, 한국장로교는 적극적으로 참여했고 그 중심에 있었다. 그것은 반침략적 경제적 항일투쟁이기도 했다.

3) YMCA의 청년민족운동

조선말 상반(常班)의 차별적인 분위기는 이 땅에 여전했다. 상류층 자제들 및 청년들은 교회에 나와서 이전에 종이었던 사람들과 섞이는 것을 꺼려했다. 이들에 대한 기독교와의 접촉을 위해서, 언더우드는 기도와 고민 끝에 이를

51 연동교회, 『연동교회 애국지사 16인 열전』, 2009, 51-85; 『사진으로 보는 연동교회 100년사』, 20. http://ydpc.org/bbs/board.php?bo_table=com01_1&page=2;

52 기독교대백과사전편찬위원회, 『기독교대백과사전 제 20권』, 417.

53 이만열, 『역사에 살아있는 그리스도인』 (서울: 한국기독교역사연구소, 2007); 『헤이그 만국평화회의 관련 일본정부 기밀문서 자료집』, 헐버트 박사 기념사업회 편역 (서울: 선인, 2007), 86-87.

54 기독교대백과사전편찬위원회, 『기독교대백과사전 제 11권』 (서울: 기독교문사, 1989), 48.

55 Special Correspondent of The Japan Chronicle, *The Korean Conspiracy Trial,* 135.

56 윤경로, 『한국근대사의 기독교사적 이해』 (서울: 역민사, 1992), 256. 그러나 양기탁이 1920년에 통천교라는 민족신흥종교를 세웠던 것으로 보면, 십자가를 통한 깊이 있는 "신앙보다 민족문제가 우위" 였던 것으로 보인다.

위한 기독교 기관이 필요하다고 생각했다.[57] 언더우드와 아펜젤러는 1899년 각각 서신을 통하여 기독교청년회관 건축비보조청원서를 기독교청년회 국제위원회 (International Committee of YMCA)에 제출하였다.

이런 노력을 통하여 당시 총무인 질레트(P. L. Gillette)가 1901년에 입국하였다. 그래서 1903년 10월 28일 정동에서 황성기독교 청년회란 명칭으로 창립총회를 열게 되었다.[58] 초대회장은 게일, 초대총무는 질렛트 등이 선출되었고 언더우드를 비롯하여 선교 1세대들의 적극적인 지원이 있었고, 아울러 1904년 이상재를 비롯해 독립협회에 참여한 젊은이들이 옥중에서 풀려나와 참여하게 됨으로써, YMCA는 한국 젊은이 운동을 주도하는 중심 단체로 급부상하였다.[59]

YMCA는 1908년부터 이상재가 종교부 총무로 취임하면서, 종교 활동은 물론, 목공, 철공 등 기술교육이 시작되었고, 토론회·연설회·사경회·복음회 등이 활발히 거행되었다.[60] YMCA 지도자들은 독립운동과 민족정신의 함양을 모토로 하는 기독교인들이었기 때문에 젊은이들에게 기독교의 이상, 민족적 자각 및 사회적 책임을 불어넣어 줄 수 있었다.[61]

한 예로, 1910년 6월 22일부터 27일까지 진관사라고 하는 사찰에서 제 1회 YMCA 학생 사경회(하령회)가 열렸다. 언더우드, 에비슨, 왓슨, 이상재, 김규식, 길선주 등의 선교사들 및 한국 장로교 지도자들은 그곳에 참석한 젊은이들에게 민족에 대한 새로운 소망을 불러일으켰던 것이다.[62]

YMCA 한국지도자 중에, 월남(月南) 이상재(李商在, 1850-1927)는 한국인뿐만 아니라, 외국인들에게도 인정을 받았던 사람이었다. 브록만은 "한국인 신사, 아직 어린 아이 같은 겸손의 사람..."이라고 고 증언했다.[63] 이상재는

---

57 L. H. Underwood, 『언더우드, 한국에 온 첫 선교사』, 212.

58 L. H. Underwood, 『언더우드, 한국에 온 첫 선교사』, 212; 기독교대백과사전편찬위원회, 『기독교백과대사전 제 2권』, 1189.

59 박용규, 『한국기독교회사』 2권 (서울: 생명의 말씀사, 2004), 309-310.

60 기독교대백과사전편찬위원회, 『기독교백과대사전 제 2권』, 1189.

61 박용규, 『한국기독교회사』 2권, 310-311.

62 박용규, 『한국기독교회사』 1권, 944.

63 F. S. Brockman, "Korea's First YMCA Student Conference," *KMF* VII: 10(Oct. 1910), 256-257; 박용규, 『한국기독교회사』 1권, 944.

민족복음화를 외치면서, "조선을 부활시킬 길은 조선의 영혼을 죄악에서 건지어 조선인으로 하여금 순결한 민족이 되게 하는데 있다"라고 했다.[64] 릴리아스 H. 언더우드 여사는 "그는 감옥에서 풀려나고... 게일 박사의 교회의 열성스러운 일꾼이 되었으며... 수 천 명의 젊은이들이 그리스도인으로서의 생활을 영위하도록 이끄는데 주도적인 역할을 했다. 한 해 동안만 해도 그의 부서에 있는 754명이 그리스도인이 되겠다는 희망을 표시하였다"[65]라고 기록하고 있다.

이상재는 1896년 7월 2일에 서재필·윤치호 등과 함께 독립협회를 결성했고 만민공동체를 개최하였다. 1898년 11월 4일 이상재를 비롯하여 독립협회 간부 17명이 구속되었다.[66] 그는 감옥에서 언더우드, 게일, 아펜젤러, 헐버트 등이 제공한 성경·찬송가를 비롯해 많은 서적을 탐독하게 되었고, 감옥 안에서 심령의 변화를 받게 되었다.[67]

출옥 후에 게일(James S. Gale)이 시무했던 연못골 예배당(연동교회)에 출석하게 되었고, 1912년 8월 연동교회는 장로 3인 허락을 청원했는데, 이상재가 포함되어 있었다. 그는 "교회에 국한된 장로보다는 평신도로서 나라와 겨레를 위해 봉사하는 것이 원이다"라고 해서 피택 장로에 머물렀다.[68]

3. 신민회활동 및 105인 사건

구한말 민족운동의 중심은 윤경로 교수의 말대로 1890년대 후반기의 '서울 중심의 독립협회운동'이 좌절당한이래, 1905년 이후에는 '서북지방 중심의 애국계몽운동'으로 옮겨갔다고 할 수 있다.[69] 애국계몽운동 단체 가운데 가장

64 이광수, "현대의 기인 이상재옹," 『동광』 (동광사, 1926), 7.

65 L. H. Underwood, 『언더우드, 한국에 온 첫 선교사』, 252.

66 대한예수교 장로회 연동교회, 『연동교회 애국지사 16인 열전』, 2009, 23-25.

67 대한예수교 장로회 연동교회, 『연동교회 애국지사 16인 열전』, 26-29.

68 대한예수교 장로회 연동교회, 『연동교회 애국지사 16인 열전』, 29-35.

69 윤경로, "105인 사건과 기독교 수난-기소자 122인의 인물 분석을 중심으로-", 『한국기독교와 민족운동』 (서울: 보성, 1986), 290.

규모가 크고 중요한 비밀단체가 신민회인데, 광무 11년(1907)에 조직된 것으로 여겨진다.[70] 신민회 초기 중앙조직을 보면, 총감독에 양기탁, 총서기 이동녕, 재무 전덕기, 집행원 안창호, 평의원 이갑, 유동설, 이승훈, 안태국, 김구, 임치정, 이동휘로 구성되어 있었다. 신민회의 조직목적은 첫째, 국민에게 민족의식과 독립사상을 고취할 것, 둘째, 동지를 발견하고 단합하여 국민운동의 역량을 축적할 것, 셋째, 교육기관을 각지에 설치하여 청소년 교육을 진흥할 것, 넷째 각종 상공업기관을 만들어 단체의 재정과 국민의 부력을 증진할 것 등이다.[71] 그러나 신민회는 안악(安岳)사건으로 인해 큰 타격을 받게 되었고, '105인 사건'을 통해 그 정체가 드러나게 되어서 해체 당하게 되었던 것이다.[72] 당시 일본경찰이 신민회원으로 파악한 인원수는 57명으로 거의 장로교 기독교인임을 알 수 있다.[73]

신민회 활동은 어느 지역보다 서북지역에서 활발했고 그 중심에 이승훈이 있었다. 그는 선천, 정주를 정점으로 의주, 곽산, 철산, 용천 등지에서 신민회 평북지회를 설립하였다. 일제는 독실한 기독교인들로 구성되어 있는 서북지역 신민회 지도자들을 경계했던 것이다.[74]

'105인 사건'은 경술국치(庚戌國恥) 직후 국내의 애국민족 세력을 제거할 목적으로 일제에 의해서 조작된 최대의 민족 탄압사건이었다. 1911년 일제는 전혀 존재하지도 않은 데라우치(寺內) 총독 살해음모 사건을 날조하여 수백 명을 체포했고, 그 중 123명을 기소했다. 그 목적은 합법성을 가장한 재판제도를 통해 국내 반일민족세력, 특별히 신민회와 서북출신 기독교 지도자들 제거가 그 목적이었다.[75] 1911년 10월 이승훈, 양전백, 이명룡, 김동원, 윤치호, 안태국,

---

70 愼鏞廈, 『韓國民族獨立運動史研究』(서울: 乙酉文化社, 1985), 17; 이기백, 『한국사신론』, 419.

71 윤경로, "105인 사건과 기독교 수난-기소자 122인의 인물 분석을 중심으로-", 291.

72 윤경로, "105인 사건과 기독교 수난-기소자 122인의 인물 분석을 중심으로-", 292-293.

73 윤경로, "105인 사건과 기독교 수난-기소자 122인의 인물 분석을 중심으로-", 324-325.

74 박용규, "초기 한국장로교회와 기독교민족운동 재평가," 『신학지남』 2010년 겨울호, 97-99.

75 박용규, "초기 한국장로교회와 기독교민족운동 재평가," 97; 김양선, 『한국기독교사연구』(서울: 기독교문사, 1980), 104; 선우 훈, 『민족의 수난』(서울: 애국동지회 서울 지회, 1955), 19 참조; 또한 마포삼열, 윤산온, 언더우드의 노력으로 '105인 사건'이 일제의 조작에 의한 날조된 사건이며 심리과정에서 가혹한 고문이 자행되었음이 Hong Kong Daily News를 통해 전 세계에 알려지게 되었다. 100년사 편찬위원회, 『총신대학교 100년사 제1권』(서울: 총신대학교, 2002), 248 참조.

유동열, 김창건, 옥관빈, 강규찬, 장관선 등 목사 6명, 장로 50명, 집사 80명을 포함하여 관서 지방 교회지도자 약 500 명을 검거 투옥하였다.[76] 이들 중 123 명을 기소하고 105인에게 유죄 언도를 내리게 된 것이다.[77]

여기서 주목할 만한 것은, 기소자들의 절대 다수가 장로교 신자였다는 것이다. 전체 기소자 중에서 98명이 기독교인이었고, 그 중에 89명이 장로교인이었고, 감리교인이 6명, 조합교 2명이었다.[78] 일제는 그들을 무자비하고 잔인무도한 고문을 무려 72종의 방법을 사용하였다. 고문이 시작되면 3-4시간 계속되었으며, 35일간 하루도 거르지 않고 진행되었다.

맥큔(George S. McCune), 윗트모어(N. C. Whittemore), 샤록스(A. M. Sharrocks), 마펫(S. A. Moffett) 등의 선교사들이 최선을 다해서 구명운동을 벌였지만, 일제는 이를 무시하고 고문을 통해서 허위 자백을 받아내고, 105명에게 유죄 언도를 내렸던 것이다. 그래서 일제는 세계 여론의 세찬 비난을 받게 되었다. 제 2심에서 105명의 유죄 판결자 중에 99명 전원을 무죄로 석방하고, 윤치호, 양기탁, 안태국, 이승훈, 임치정(이상 6년)과 옥관빈(5년)에게 유죄를 선고하였다.[79] 일제는 신민회의 조직을 와해시키는데 부분적인 목적을 달성했을지 모르나, 오히려 적극적인 애국민족운동을 자극하였다.

서북지역 기독교를 압살하고 선교사를 추방하려고 한 의도는 오히려 한국교회 및 선교사와 민족진영 사이를 좀 더 긴밀하게 하는데 하나의 계기를 마련하기도 하였다.[80] 아울러 기독교인들 특별히 한국장로교회의 항일·애국민족정신이 내적으로는 더욱 고양되었고, 대외적으로도 그 정신이 더욱 발휘되었던 계기가 되었던 것이다.

---

76 김양선, 『한국기독교사연구』, 105.

77 Japan Chronicle 특파원, *The Korean Conspiracy Trial* 1912, 윤경로 역 (서울: 한국기독교역사연구소, 2001), 311.

78 Arthur Judson Brown, *The Korean Conspiracy Case* (New York: Northfield Press, 1912), 13; 박용규, "초기 한국장로교회와 기독교민족운동 재평가", 『신학지남』 2010년 겨울호, 102.

79 윤경로, "105인 사건에 관한 기독교사적 이해", 『기독교사상』 1988년 12월, 122-131.

80 Samuel A. Moffett, "Missionary Life and Service," *The Fiftieth Anniversary Celebration of the Korea Mission of the Presbyterian Church in the U.S.A. June 30-July 3, 1934.* 46.

4. 3·1 독립운동과 무장항일운동

1) 3·1 독립운동

일제는 1910년 8월 29일 강제병합과 함께 이를 통한 헌병경찰과 한국주둔 일본군의 무력에 기반을 둔 '무단통치'를 실시하게 되었다. 또 토지조사사업과 동양척식회사와 일본 지주들에 의해서 한국의 농민들은 토지를 빼앗기고 몰락하게 되었고, '회사령'을 통해서 민족자본의 억압과 함께 일본자본의 조선 진출로 조선의 경제를 지배했다.[81] 이런 가운데 고종(高宗)이 갑자기 승하(昇遐)함으로 반일 감정이 팽배하였고, 윌슨의 민족자결주의 등의 국제적인 변화들이 3·1운동을 촉발했다고 볼 수 있다.[82]

이에 한국장로교의 민족을 향한 마음은 3·1 독립운동에서 거대한 불을 일으켰고, 그 선두에서 조국을 이끌어 갔다. 먼저 중국 상해에서는 김규식(金奎植), 여운형(呂運亨), 선우혁(鮮宇爀), 서병호(徐丙浩) 등이 신한청년당(新韓靑年黨)을 조직하여 독립 활동을 하였고, 미국에서는 안창호(安昌浩), 이승만(李承晩), 정한경(鄭翰景)이 대한인국민회총회(大韓人國民會總會) 및 흥사단(興士團)을 통해서, 노령연해주에서 이동휘(李東輝)가 3·1운동을 일으켰다.

이들은 모두 기독교인들로 김규식은 서울 새문안교회 장로였고, 여운형은 곽안련 선교사의 조사 및 평양신학교를 수업한 전도사였고, 그리고 서병호(새문안교회 집사), 선우혁(정주교회 집사) 등 이들 모두가 한국장로교회 출신들이며, 그 외에도 신석우(감리교 목사), 이승만, 안창호, 이동휘, 정한경 등이 기독교 신자였다.[83] 국내에서의 3·1운동은 서울에서 함태영(咸台永), 박희도(朴熙道), 이갑성(李甲成) 등, 평양에서는 김선두(金先頭), 변인서(邊麟瑞), 도인권(都

---

81 한국사특강편찬위원회 편, 『한국사특강』 (서울: 서울대학교 출판부, 1993), 237.

82 한국사특강편찬위원회 편, 『한국사특강』, 237.

83 김양선, 『한국기독교사연구』, 114-115; 새문안교회 70년사에는 김규식 장로의 중국망명의 경위와 서병호 집사(나중에 장로)는 서경조 목사의 자제임을 기록하고 있다. 새문안교회 70년사 편찬위원회, 『새문안교회 70년사』, 1958. 65. 참조.

寅權), 이덕환(李德煥) 등, 정주에서는 이승훈(李昇薰), 김병조(金秉祚), 이명룡(李明龍) 등의 목사와 장로들이 3·1운동을 준비하고 있었다.[84] 1919년 3월 1일 오후 2시, 33인 중에 지방 부흥회 인도 중인 길선주를 비롯하여 김병조, 유여대, 정춘수 등 네 명의 목사를 제외한 민족대표 29인이 인사동의 태화관에 모여서 독립선언서를 낭독하였다.[85]

독립선언서의 민족대표 33인의 종교적 분포가 기독교인 16인, 천도교인 15인, 불교인 2인으로 되어 있는 것은 3·1운동의 주도권이 기독교 측에 있었음을 시사해 주고 있다. 기독교 측 대표 중에 7명이 장로교 지도자들인데, 3·1운동에서 중추적인 역할을 했던 정주장로교회의 장로 이승훈, 평양장대현교회의 목사 길선주, 선천북장로교회 목사 양전백, 정주장로교회 목사 김병조, 신의주동장로교회 목사 유여대, 남산장로교회 집사 이갑성, 정주 덕흥장로교회 장로 이명룡이 그들이다. 이들 모두는 서북장로교회 출신이었고, 그 외에도 선우혁, 변인서, 강규찬, 김선두, 김동원, 이덕환, 도인권, 김성택 등의 목사 장로 등이 3·1운동에 지도적으로 적극 참여하였다.[86] 또한 윤원삼과 안세환을 통해 숭실대학교 등 평양 시내 남녀 기독교 학교 교사와 학생들을 섭촉하여 참여하도록 하였다.[87] 그리고 33인 외에 지도적 위치에 있었던 이상재 외에도, 뒤에서 이 일을 추진한 실제 인물들이 있는데, 이들을 합치면 47인 내지는 48인이 된다. 장로교인으로는 함태영, 현상윤, 정노식, 김도태 등이다.[88]

3·1운동 이후 일제는 대대적인 탄압에 나섰다. 우리 민족이 입은 전체적인 피해도 엄청나지만, 한국장로교에도 너무도 많은 박해와 피해를 당해야 했다. 길선주, 양전백, 유여대, 이승훈, 김병조 체포되어 옥고를 치루었다. 또한 윤원삼, 황찬영, 박인관, 강규찬, 김선두, 정일선, 김찬웅, 주기원, 박석훈, 홍기창, 박치록 등이 수감되었다. 1919년 10월 4일 평양신학교에서 회집된 제 8회 총회 때

---

84 김양선, 『한국기독교사연구』, 115.

85 Carlton Waldo Kendall, *The Truth About Korea* (San Francisco: The Korean National Association, 1919), 28.

86 박용규, "초기 한국장로교회와 기독교민족운동 재평가", 『신학지남』 2010년 겨울호, 110-111.

87 숭실대학교 90년 편찬위원회, 『숭실대학교 90년사』 (서울: 숭실대학교 출판부, 1995), 310.

88 민족사바로찾기국민회의, 『독립운동총서-6: 종교교육투쟁』 (서울: 민문고, 1995), 69-70.

전국의 각 노회가 보고한 3·1운동 피해 상황을 종합하면 체포된 교인이 총 3,804명, 체포된 목사 장로 134명, 기타 기독교 관계 지도자로 체포된 자가 202명, 구속된 성도가 남자 2,125명, 여자 531명, 매 맞고 방면된 자 2,162명, 사살된 성도 41명, 당시 수감된 성도 1,642명, 매 맞고 죽은 자 6명, 파괴된 교회당 12개 파괴된 학교가 8개였다.[89]

이처럼 한국장로교는 민족이 저항해야할 때, 자신의 목숨을 보존하고자 방관한 것이 아니라, 고난을 불사하고 민족 독립운동에 뛰어들었으며, 오히려 지도적인 입장에서 3·1 독립운동을 이끌었다. 이후로도 한국독립을 위하여 한국장로교는 분투하며 민족과 함께 했다.

2) 조선국민회와 무장 항일운동

본 소고에서는 만주 등 해외 민족운동을 별도로 다루지는 않았지만, 한국장로교회 항일민족운동은 무장투쟁(武裝鬪爭) 형태로도 나타나고 있다는 것이다. 그 예로서 먼저 조선국민회(朝鮮國民會)는 1917년 3월 23일 장일환, 배민수, 백세빈 등 숭실학교 출신들과 오병섭 등 평양신학교 출신들이 주축이 되어서 결성된 비밀결사 조직이다.[90] 1914년 9월 미국으로 건너간 장일환이 미주지역 독립운동의 지도자인 박용만의 지도를 받아서 결성되었다.[91] 이후에 장일환 등이 구체적인 조직 결성 과정에 대해 논의하였는데, 당시 평양신학교가 개학 중이었으므로 기독청년들이 평양에 오는 것을 이용하여 규합·조직을 결성하고자 했던 것으로 보여 진다.[92]

그래서 평양 신양리에 있는 이보식의 집에서 장일환 등 10여명이 모여 조선국민회를 정식으로 조직하였던 것이다. 그 목적과 시행세칙을 보면, 조직적인

---

89 박용규, "초기 한국장로교회와 기독교민족운동 재평가", 116-132; 장로교 총회의 피해통계 보고(1919.3·1.-6.12)에 따르면 교회 파괴는 31동으로 파악되고 있다. 기독교대백과사전편찬위원회, 『기독교대백과사전 제 8권』 (서울: 기독교문사, 1983), 817 참조.

90 강영심, "朝鮮國民會研究." 『韓國獨立運動史研究』 3 (서울: 한국독립운동사연구소, 1989); 백년사편집위원회, 『총신대학교 100년사』 (서울: 총신대학교, 2003), 274.

91 국사편찬위원회, "秘密結社發見處分의 件," 『韓國獨立運動史』 二, 1968, 490.

92 백년사편집위원회, 『총신대학교 100년사』 (서울: 총신대학교, 2003), 275.

측면에서 전국적 규모로의 성장을 추진했으며, 미국, 중국 및 간도 방면으로의 세력 확장을 도모한 것으로 보인다.[93] 또한 암호문을 검토해 볼 때, 조선국민회는 박용만의 재미국민회의 국내지부의 가능성이 많은 것으로 나타났다. 그리고 피스톨을 '돈각'(豚脚)이라고 부르는 암호가 있고, '해외의 독립운동세력과 연계하여 우리의 이상을 실천할 것'이라고 한 것으로 보아서, 이 조직은 무장투쟁을 염두에 둔 항일조직의 성격을 갖고 있었음을 알 수 있다.[94]

구체적인 예로서, 해외독립운동세력과의 연계라든지, 김사현이라는 회원이 양경수를 회원으로 가입시킨 뒤 그에게 1만원을 출자케 하고 권총을 사려했다든지, 회원 배민수를 중국 군관학교에 입학시키기 위해 중국으로 파견하는 등의 사례를 볼 때, 무장 투쟁에 중심을 두고 있었다고 볼 수 있다.[95] 또한 조선국민회의는 하와이 국민회의 기관지인 국민보를 배포하여 항일 독립정신의 앙양에 힘을 기울였으며, 회원들이 소속되어있는 학교나 서당의 학생들에게 항일 독립정신을 고취시키기 위한 활동에도 주의를 기울였다.[96]

비밀조직이기 때문에 그 회원 수가 파악이 어렵지만, 1918년 2월 조선국민회가 일제에 의해서 탐지된 후 회원 수는 25명으로 되어 있는데, 그중에 15명이 숭실 출신이었다는 것이다.[97] 그러나 평양신학교를 나온 오병섭이 경상도 교구장에 임명된 점[98], 평양신학교가 개학 중인 것을 이용하여 회원들을 확보했다는 점, 조선국민회를 주도했던 배민수는 이후 평양신학교에 입학하여 1930년 초반 평양신학교 학생들로 주축이 된 농우회 사건을 주도했다는 점, 평신출신 진주교회 목사 박성애가 임시정부의 독립자금을 마련 및 조선국민회와의 연락을 취했다는 점[99] 등을 감안하면 다수의 평양신학교 출신들이 관계했던 것으로 추정된다.

---

93 강영심, "朝鮮國民會硏究." 『韓國獨立運動史硏究』 3, 185.

94 조동걸, "1910년대 독립운동의 변천과 특성," 『한민족 독립운동사』 3 (서울: 국사편찬위원회, 1998), 55.

95 백년사편집위원회, 『총신대학교 100년사』, 277; 숭실대학교, 『숭실대학교 100년사』 1 (서울: 숭실대학교출판부, 1997), 449.

96 강영심, "朝鮮國民會硏究." 『韓國獨立運動史硏究』 3, 191.

97 숭실대학교, 『숭실대학교 100년사』 1, 446.

98 국사편찬위원회, "秘密結社發見處分의 件," 『韓國獨立運動史』 二, 1968, 493.

99 백년사편집위원회, 『총신대학교 100년사』, 278.

또한 조선국민회와는 별도로 무장독립 활동을 한 인물 가운데, 강우규(姜宇奎)를 한 예로 살펴 볼 필요가 있다. 그는 1859년 평남 덕천에서 출생했으며, 독실한 기독교인이었다. 장로교 전도사를 지내기도 했던 그는 1910년 국권이 상실되자, 만주로 망명하여 국권회복운동을 전개해나갔다. 중국 요하현 신흥동에 정착하여 교회와 학교를 세워 민족운동의 근거지를 마련했다.[100] 3·1운동의 소식을 듣고 한인을 이끌고 만세운동을 펼치기도 하였다. 그는 일제의 식민정책은 하나님의 계명에 어긋나는 것이며, 만국공법을 위배한 것으로 규탄하였다. 그래서 총독을 반드시 처단해야 한다고 여겼다. 1919년 9월 2일 4시경 환영식에 나온 사이토 마코토(齋藤實) 총독을 향해 명주 수건에 싼 폭탄을 던졌다. 총독은 위험은 모면했지만, 일제 식민정책에 대한 큰 충격파가 되었다. 강우규는 9월 17일에 체포되어 다음해 11월 29일 서대문형무소에서 사형에 처해지게 되었다.[101]

이상과 같이 당시 평신과 숭실의 출신들이 애국계몽단체의 수준을 넘어서 항일 민족의식 및 무장투쟁적 성격을 지향했다는 것과 강우규 등의 의열투쟁은 한국장로교회 기독인들의 다양한 항일 애국운동의 양상을 보여주고 있는 것이다.

5. 물산장려운동(物産獎勵運動)

3·1운동은 그 목적한 바의 즉각적인 민족독립을 달성하는 데는 실패하였으나, 한 민족에게 독립에의 자신감과 함께 독립운동의 새로운 방향을 모색하도록 하는 중요한 계기가 되었다. 이때 새롭게 나타난 민족운동 중에 하나가 물산장려운동(物産獎勵運動)이라고 할 수 있다.[102] 일제는 1910년 강제병합을 통해서 경제적인 예속화를 더욱 가속화해나갔다. 그들의 경제수탈로 우리 민족은 극심한 어려움을 겪게 되었다. 첫째로 일제는 산미증식계획(産

---

100 김창수, "일우 강우규의사의 사상과 항일투쟁," 『이화사학연구』 30. (서울: 이화사학연구소, 2003), 471-484; 윤정란, "기독교의 민족운동," 『한국독립운동의 역사, 종교계의 민족운동』 (천안: 독립기념관 한국독립운동사연구소, 2008), 17.

101 『동아일보』 1920. 5. 28. 이날 신문에 "姜宇奎는 結局死刑"이라는 내용과 판결서가 실렸다.

102 변태섭, 『한국사 통론』, 517.

米增殖計劃)을 통해서 한국으로부터 식량, 특히 쌀을 대규모로 약탈해가는 방향으로 나아갔다.

둘째로 산업의 침투와 자원의 약탈을 감행했다. 일본의 독점재벌들이 한국에 진출했으며, 제조품의 상품시장과 투자시장으로 이용하고 있었다. 셋째로 일제는 원료공급지로 한국을 이용하고 있었다. 군수공업의 원료가 되는 철, 석탄, 중석 등의 광물을 수탈해갔다.[103)]

이에 대하여 한국의 토산물산 애용 및 검소와 절약 정신을 바탕으로 한, "내 살림 내 것으로"라는 구호 아래 물산장려운동이 장로교지도자들을 통해 일어나게 되었고, 전국적인 민족운동으로 확산되기에 이르렀다. 물산장려운동은 조만식, 김동원, 김찬두, 양성춘, 오윤선 등 평양 산정현교회 지도자들이 중심이 되어 결성되었다.[104)] 1920년 7월 30일 50여명이 참석한 가운데, 평양 차관리 야소교서회 2층에서 조선물산장려회 발기인대회를 개최하고, 2년 후 1922년 6월 20일 평양에서 조선물산장려회 창립총회가 열렸고 이어서 조합이 결성되었다.[105)] 조만식은 산정현교회 당회와 평양 YMCA를 중심으로 물산장려운동을 전개해 나아갔다.

그는 물산장려가(物產奬勵歌)를 지어서 부르게 했는데, 당시 평양에서 기독교인 여부를 막론하고 민요 이상으로 애창되었고, 나중에는 전 국민이 애창하였다한다. "산에서 금이 나고/바다에 고기/들에서 쌀이 나고/목화도 난다/먹고 남고 입고 남고/쓰고도 남을/물건을 낳아주는/삼천리강산."[106)] 그는 또한 한복을 개량하여 입었는데, 짧은 미니 두루마기에 단추를 달았고, 바지가랑이 폭을 줄여 활동하기에 편리하도록 만든 것이었다. 봄·가을·겨울엔 검정색을, 여름엔 흰색모시 두루마기 차림이었다. 그리고 여름엔 회색 말총 모자를, 겨울엔 흑색 말총 모자를 즐겨 썼다.[107)]

---

103 변태섭, 『한국사 통론』, 511-515.

104 "조선물산장려회", 『동아일보』 1920. 08. 23; 노치준, 『일제하 한국기독교 민족운동 연구』 (한국기독교역사연구소, 1993), 245.

105 박용규, 『강규찬과 평양산정현교회』 (서울: 한국기독교사연구소, 2011), 195; 기독교대백과사전편찬위원회, 『기독교대백과사전 제 6권』 (서울: 기독교문사, 1982), 668.

106 김요나, 『고향을 묻지 맙시다』 (서울: 도서출판 엠마오, 1987), 129-130.

107 김요나, 『고향을 묻지 맙시다』, 137.

물산장려운동은 기독교청년회관 등에서의 강연회와 가두행렬 및 행사와 각 교회 청년들이 가담함으로 인해서, 그리고 『동아일보』와 뒤이어 『조선일보』 같은 신문의 적극적인 홍보에 의해서 그 열기가 더해 갔다. 각 지방 교회 부인회에서는 음력 초하루(1923년 2월 16일)를 이용하여 물산장려선전대회를 가지려 했으나, 경찰의 저지를 당했다. 1923년 1월 1일 함흥 YMCA는 회원 1천명이 무명 두루마기를 입고 가두행렬을 벌이기도 했다.[108] 평양에서는 1만 여명의 군중들이 행렬에 참가하기도 하였다. 민족경제의 수립과 경제입국을 부르짖고 나섰던 이승훈은 경성에 내려와서 조선물산장려회의 강연회 연사로서 활약을 하기도 하였다. 1922년 12월 연희전문학교 학생들을 주축으로 일어난 자작회와 여성들로 구성된 토산애용부인회가 조직되고, 1923년 1월 경성조선물산장려회가 조직되면서 평양을 넘어 전국적인 운동으로 발전했던 것이다.[109] 각처의 기독교청년회,[110] 학교,[111] 그리고 기생들까지도 동참했다.[112]

물산장려운동의 전국적인 확산을 우려한 일제는 조직적인 박해를 하기에 이르렀고, 사회주의자들의 강력한 비판도 있었다. 또한 기대한 만큼의 산술적인 결실이 없었다는 비평도 있다. 그러나 물산장려운동은 3·1 독립운동 이후 민족에 대한 희망이 좌절되었던 백성들에게 다시금 애국민족의식을 결집시켜주었다. 특별히 조만식을 비롯한 수많은 한국장로교회 지도자들이 마음이 가난해 있었던 민족에게 새로운 소망을 던져주었고, 민족과 고난을 함께 하며 선도해 나갔던 것이다.

---

108 기독교대백과사전편찬위원회, 『기독교대백과사전 제 6권』, 670.

109 박용규, 『강규찬과 평양산정현교회』, 208.

110 "基督靑年物産奬勵" 『東亞日報』 1923年 3月 4日(四); "金堤郡 萬項基督敎靑年會" 『朝鮮日報』 1923年 2月 14日(四).

111 "校服에 物産奬勵" 『朝鮮日報』 1923年 4月 20日(四).

112 "妓生의 奬勵歌" 『東亞日報』 1923年 3月 6日(三).

6. 맺는 말

이상과 같이 제한된 범위에서 "한국장로교와 민족운동"을 살펴보았다. 한국은 압박해 들어오는 열강과 일제의 제국주의 침략에 어떠한 대책도 방어력도 가지고 있지 못했다. 멸망해가고 있는 민족적 절망의 시대에, 복음은 이 땅과 이 민족에게 유일한 소망이었다. 그리스도의 복음은 교회를 통해서 이 땅을 새롭게 했고, 거룩한 영향력을 이 민족에게 끼치게 하였다. 1903년, 1907년 대 부흥이 이 강토를 뒤흔들었다. 그리고 민족을 이끌어갈 크리스천 인재들이 일어나기 시작하였다. 이 땅을 위한 영적인 기초가 세워졌다. 이 땅에 우상과 어둠의 역사가 끊어지고 복음과 빛의 역사가 초기 한국장로교회를 통하여 시작되었다는데 하나님께 감사를 드린다.

본 연구를 맺으면서 몇 가지만 정리해보고자 한다. 첫째, 한국장로교회는 한민족 복음화를 최우선시 했으며, 절망 가운데 있는 민족에게 유일한 희망이신 그리스도를 제시하며, 기독교 민족운동을 전개해 나갔다. 둘째, 초기 한국장로교가 민족적 위기와 고난에 적극적으로 함께 했음을 재확인할 수 있었다. 일제의 경제적, 정치적, 외교적, 주권적 침탈에 방관하거나 타협하지 않고, 고통 가운데 있는 민족과 함께 하였으며, 수많은 박해와 위협에도 불구하고 일어나서 침략에 항거하였다. 셋째, 한국장로교는 민족의 문제에 다양하게 대응하고 있음을 발견하게 된다. 구국기도회 등을 통해서 영적인 면에서 대응했고, 국채보상운동 및 물산장려운동을 통해서 경제적 애국계몽으로 대응을 했고, 신민회 등의 비밀결사를 통해서 혹은 3·1운동과 같은 독립시위운동을 통해서 시대적인 사명을 감당했다는 것이다. 넷째, 민족이 처해있는 시대적 상황을 분별하여 선도적인 역할을 잘 감당했고 방향을 제시했다는 것이다. 민족운동에 참여했을 뿐만 아니라, 시대적 분별력으로 민족을 깨우고 앞장서서 민족운동을 주도해 나갔다는 것이다.

초기 한국장로교의 민족운동을 통해서 발견되는 통찰을 통해서, 우리시대 한국장로교회가 나아가야 할 방향을 생각해보면 다음과 같다. 첫째, 세류를 따라가거나 방관하는 것이 아니라, 종말론적 상황과 때를 더욱 잘 분별하여 민족에게 오늘과 미래에 대한 시대적 대답과 방향을 제시하는 선지자적인 역할을 잘 감당해야겠다. 둘째, 초기 한국장로교의 전통을 이어가며, 민족과 함께 할 뿐만이 아니라, 민족과 더 나아가서 국제사회에 거룩한 영향력을 끼치는 한국장로교회가 되기를 소망한다. 셋째, 번영의 신학과 목회보다는 십자가 신학과 목회로 돌아가야 할 때라고 사료된다. 그것이 종교개혁정신, 특별히 존 칼빈의 정신이며 장로교회의 신학사상이기 때문이다. 넷째, 이 시대의 중대한 과제로서, 한국장로교회가 통일한국을 지향하는 선도적인 역할을 감당해야 하리라 본다.

제 10장
신사참배반대운동과 한국장로교회

일제의 신사참배 강요는 단순한 국가의식이나 종교적 신앙의 강요만이 아니라 이른바 '일본근대 천황제 국가'의 존립 기반의 유지와 깊은 관련을 가지고 있으며, 대외침략 전쟁과도 밀접하게 연관되어 있었다. 그리고 이것은 세속권력을 절대화하고 인간을 신격화하여 무력으로 대외 침략 지배를 하려는 일제 '천황제' 이데올로기와 깊은 관련을 갖는 것이다. 일제는 신사참배를 실천을 통한 그들의 '천황제' 이데올로기의 주입 수단으로 삼았을 뿐만 아니라, 개인이나 교회가 그들의 정책에 순응하느냐, 저항하느냐 하는 것을 판별하는 시금석으로 삼았던 것이다.

김승태 목사(한국기독교역사연구소 연구위원)

1931년 9월 관동군이 중심이 되어 이른바 '만주사변'을 일으켜 대륙침략을 재개한 일제는 물심 양면에서 이를 뒷받침하기 위하여 신사에서 각종 행사를 개최하고 여기에서 신도의식 내지 신사참배를 다시 강요하였다. 이 무렵 일본 국내에서도 기독교계 사립학교에 배치된 군사교관들이 학생들과 교사들에게 신사참배를 강요하여 문제를 일으켰다. 더욱이 1935년도 초부터 일본 국내에서는 군부 황도주의자들이 미노베[美濃部達吉]의 천황기관설(天皇機關說)마저 국체에 위배된다고 공격을 하여 정죄하고, 이른바 '국체명징'(國體明徵) 운동을 일으켰다. 조선총독부에서도 이에 호응하여 '심전개발'(心田開發) 운동과 함께 '국체명징'을 부르짖고 '신사참배'(神社參拜)와 '경신사상'(敬神思想)을 강조하였다. 1935년 초부터 조선총독부의 '정신교화' 운동은 '심전개발' 운동으로 더욱 심화되었다[1] 있다.

---

1 '심전개발' 운동에 대해서는 韓亘熙, "1935-37年 日帝의 '心田開發' 정책과 그 성격," 「韓國史論」35(서울대 국사학과, 1996) 참조.

1. 1930년대 신사참배반대 강요

총독부는 이러한 '신사참배 강요' 및 일반 종교계에 대한 탄압과 함께 신사의 설립과 신사신앙을 적극 장려하였다. 1933년 총독부 내무국장은 "신사(神祠) 창립에 관한 건"과 "신사(神祠) 부동산 등기에 관한 건"이라는 통첩을 각도에 보내 신사의 설립을 행정적으로 지원하게 하고, 같은 해 9월 "토지수용령" 제2조의 "토지를 수용 또는 사용할 수 있는 사업"의 제2항을 "신사(神社), 신사(神祠) 또는 관공서의 건설에 관한 사업"으로 개정하여 "신사(神社), 신사(神祠)"를 지을 때도 토지를 강제로 수용할 수 있도록 하였다. 1935년 4월 우가키 총독은 각 도지사와 관공사립 학교장들에게 훈령을 보내 "지금 내외의 정세를 생각하건대 현재(刻下)의 급무(急務)는 일본정신(日本精神)을 작흥(作興)하고 국민적 교양의 완성을 기하여……존엄한 국체(國體)의 본의(本義)를 명징(明徵)하고 이를 기초로 교육의 쇄신과 진작을 도모"하는 것이니 힘써 그 임무를 달성하라고 지시하였다.[2]

이어 5월에는 정무총감도 각 도지사에게 "학교에서 경신숭조(敬神崇祖)의 염(念) 함양(涵養) 시설(施設)에 관한 건"이라는 통첩을 하여 학교교육에서 "경신숭조"(敬神崇祖)라는 신도(神道) 내지 '천황제' 이데올로기의 주입을 위한 가미다나[神棚]의 설치를 독려하였다.[3] 그리고 같은 해 9월에도 총독부 학무국장이 각 도의 도지사에게 "학교직원의 경신사상(敬神思想) 철저에 관한 건"이라는 통첩을 내려 보내 학교직원들이 이 운동에 적극적으로 참여하고 앞장서도록 독려하였다. 이에 따라 각지에 신사·신사(神社·神祠)의 설립이 급격히 증가하고, 신사를 중심으로 한 행사나 참배자수도 해마다 급증하였다.

조선총독부는 이러한 신사숭경을 제도적으로 뒷받침하기 위하여 1936년 8월 1일 '천황'의 칙령으로 조선신사제도를 전면 개정하였다. 그리하여 모든 신사(神社),신사(神祠)가 사격(社格)에 따라 도부읍면(道府邑面)으로부터 신찬폐백료공진(神饌幣帛料供進)을 받을 수 있도록 하고, 일부 신사에 대해서는

---

2 『朝鮮總督府官報』 1935년 4월 16일자, "조선총독부 훈령 제14호."

3 朝鮮神職會 編, 『朝鮮神社法令輯覽』 (帝國地方行政學會 朝鮮本部, 1937), 353-355.

사격을 높여 신사의 관공립적 성격을 더욱 강화하였으며, '1면 1신사 정책'을 추진하여 전국 각지에 신사의 건립을 장려하였던 것이다.[4] 뿐만 아니라 파출소, 주재소 등 관공서나 학교에 신궁대마(神宮大麻)를 넣어두는 간이 신사라고 할 수 있는 가미다나를 설치하게 하더니, 마침내 관할 행정 기구들을 통하여 일반 민가에까지 신궁대마를 강매하고, 가미다나를 설치하여 아침마다 거기에 참배하도록 하였다.

이러한 신사참배 강요에 반발하여 1937년부터는 기독교계 학교들이 자발적으로 문을 닫거나 일제에 의해 폐교되기 시작하였다. 그러자 일제는 1937년 7월 중일전쟁을 전후하여 일반 민중은 물론 기독교인들과 교회에까지 신사참배, 동방요배의 강요와 황국신민서사 낭독, 가미다나 설치를 강제하였다. 이러한 일제의 압력에 굴복하여 1938년 2월 9일 평북노회에서 신사참배를 결의한 것을 시작으로 1938년 9월 10일 마침내 제27회 장로회 총회에서도 신사참배를 결의하고 말았다. 총회의 신사참배 결의 직후에 발표한 평남경찰부장 세토[瀨戶道一]의 담화는 일제가 경찰력을 동원하여 기독교인들에게 신사참배를 강요하여 온 그동안의 경과를 잘 보여준다.[5] 즉 중일전쟁 직후인 1937년 가을부터 관할 각 경찰서를 동원하여 기독교인들을 설득해 왔고, 1938년 봄부터 신사참배 문제의 해결을 위해 경찰주력을 기울인 결과 8월 26일 평안남도 전체가 신사참배를 긍정하게 되었다는 것이다. 더욱이 장로회 총회가 신사참배를 결의한 것은 총독부의 지도하에 각도에서 일제히 전개된 노력의 결과로써 총회 개최지였던 평안남도의 "고심과 노력"을 토로하고 있다. 다시 말하면 일제 경찰력에 의한 신사참배 강요를 그들 스스로가 인정하고 있는 것이다.

일제는 일본 본토에 있는 야스쿠니신사의 각종 행사날에도 한국에서 이에 상응하는 행사를 하도록 하였다. 그 일례로 1938년 4월 18일과 같은 해 10월 8일에는 오노[大野綠一郞] 정무총감이 "야스쿠니신사(靖國神社) 임시대제 때 전국민 묵도 및 전몰장병 위령제 집행에 관한 건"이라는 통첩을

4 『每日申報』 1936년 8월 2일자, "조선신사제도 개정에 취하야" 및 岩下傳四郞 編, 『大陸神社大觀』 大陸神道聯盟, 1941), 102-154 참조.

5 『조선일보』 1938년 9월 12일자, "신사참배 문제에 관해 평남도경찰부장 담화 발표"; 『朝鮮新聞』, 1938년 9월 12일자, "신사참배문제 해결에 際하여, 瀨戶평남경창부장 談."

내어 전국적으로 이를 실시하게 하고 있다.[6] 이러한 신사참배에 대한 위협과 강요는 기독교인들의 모임에 총독이 직접 참여하여 한 연설에서도 드러난다. 전시체제와 함께 '황민화정책'을 강력히 추진하였던 미나미[南次郞] 총독은 1938년 10월 7일 "제3회 기독교조선감리회 총회"와 1938년 10월 17일 "시국대응 기독교장로회 대회"에 참석하여 위협적인 연설을 하였다.[7] 이러한 총독의 강경한 태도는 하부 행정 기구로 갈수록 더욱 강화되고 구체화되어 나타난다. 1940년 10월 당시 총독부 고등법원 검사장이던 마스나가 쇼이치[增永正一]가 사법관 회의를 주재하면서 한 '훈시'는 그들이 어떤 시각에서 종교단체들을 보고 있으며, 이들에 대해서 어떤 탄압정책을 마련하고 있었는지를 잘 보여준다.[8]

이렇게 1940년부터는 일제 검찰의 지휘로 본격적으로 신사참배 거부항쟁자들을 전국적으로 잡아들여 투옥하고 고문하여, 조용학 영수, 주기철 목사를 비롯한 50여 명의 순교자가 나오게 되었다.[9] 그들의 이러한 전국적 규모의 신사참배 거부항쟁자들에 대한 탄압과 만행은 그들이 일본 본국 제국의회에 보고하기 위해 마련한 기밀자료에서도 잘 드러나 있다.[10] 이 자료는 일제가 1940년 4월부터 신사참배 거부항쟁자들의 본격적인 검거에 착수하였으며, 이들을 "철저히 탄압.삼제(芟除)"하기 위해서 고등법원 검사장의 지휘 아래 1940년 9월 20일 전국에 걸쳐 일제 검거를 실시하여, 그 지도자들을 재판에 회부하였던 사실을 보여주고 있다.

---

6 『조선총독부관보』 1938년 4월 8일자, 10월 8일자 및 10월 13일자.

7 朝鮮總督府 官房文書課 편, 『諭告·訓示·演述總攬』 朝鮮行政學會, 1941), 707.

8 조선총독부 고등법원 검사국 사상부, 『사상휘보』 제25호(1940.12), 2-3.

9 Annual Report, Korea Mission, PCUSA, 1946, 20-21.

10 朝鮮總督府法務局, "昭和 18년 12월 제84회 제국의회설명자료," 『朝鮮總督府 帝國議會說明資料』 제8권(東京: 不二出版, 1994 영인), 101-102.

2. 장로교회의 신사참배반대운동

신사참배 강요는 교육기관에서부터 시작되었기 때문에 이에 대한 거부항쟁도 기독교를 믿는 학생들과 교사, 학부형들을 중심으로 전개되었다. 그러나 그 후 점차 신사참배를 교회와 노회·총회에까지 강요하게 되자, 목회자와 일반 교인들의 거부항쟁이 일어나게 되고, 항쟁자들끼리 연대를 맺고 이에 대처하는 신사참배 거부운동으로까지 발전하였다.

신사참배 거부운동은 크게 두 가지 방향으로 전개되었다. 그 첫째는 일제 당국이나 일제의 영향력 있는 기관 또는 인물들에게 신사참배를 강요하지 말 것을 청원하는 '신사참배 강요금지 청원운동'이요, 둘째는 일제의 강요에 끝까지 저항하여 신앙과 교회를 지키고자 한 '신사참배 거부 권유운동'이었다. 물론 저항자들 가운데는 청원이나 거부권유 등 대외적인 운동에 참여하지 못하고 은둔하여 자신의 신앙만이라도 지키려는 소극적인 항쟁자들도 많았다. 그리고 이 때문에 일제의 경찰에 끌려가 많은 고난을 겪고, 이러한 것이 증거가 되어 여러 사람들에게 신앙과 용기를 주고 적극적인 영향을 끼쳤다.

1930년대에 들어 신사참배 강요문제가 기독교계 학교에서 해마다 문제가 되자, 1934년 장로회 총회는 당시 총회장 이인식 목사의 명의로 두 차례에 걸쳐 총독에게 청원서를 제출하려 하였으나 일제 당국자들에 의해 저지당한 바 있었다.[11] 이듬해 11월 평양 기독교계 학교장 신사참배 거부사건 이후 일제는 신사참배에 대한 공식적인 토의마저 금지시킴으로써 이 문제에 대해서 공개적으로 의견도 교환할 수 없게 되었다. 그러자 이러한 청원운동은 개인적 차원에서 이루어졌다. 일본 본토에까지 건너가 청원운동을 벌였던 대표적인 청원운동을 주도했던 인물로는 박관준(朴寬俊) 장로와 김선두(金善斗) 목사를 들 수 있다.

박관준 장로는 평양 기독교계 학교장 신사참배 거부사건이 일어난 1935년 말부터 수차에 걸쳐 총독에게 청원서와 경고문을 보내 신사참배 강요의

11 『조선예수교장로회총회 제24회 회록』 (1935), 119-120.

부당성을 경고하다가[12] 여러 차례 경찰서에 끌려가 구류·취조를 받았다. 그러나 그는 이러한 청원, 경고가 효력이 없자, 1938년 12월 평양 김지성의 집에서 모인 신사참배 거부 동지들 모임에서 "현존 교회는 우상숭배인 신사참배를 행하여 부패하고 있다. 이번에 (일본) 중앙정부에 운동을 위해 가고 싶다"고 말했다. 마침 그 자리에 신사참배 거부로 선천 보성여학교 음악교사직을 사퇴하고 신사참배 거부운동을 하던 안이숙(安利淑) 선생이 통역으로 동행을 약속하여 그 방법을 협의하였다.[13] 그는 마침내 1939년 2월 10일 일본 정계 요로와 제국의회에 청원하기 위하여 안이숙을 대동하고 일본에 건너갔다. 이들은 일본에서 도쿄의 일본신학교에 다니던 박 장로의 아들 박영창(朴永昌)과 함께 2월 15일 구세군 사령관 야마무로[山室軍平] 중장, 2월 19일 일본기독교회 장로 히비키[日疋信亮] 중장과 정우회 대의사 마쓰야마[松山常次郞], 2월 25~27일 전조선 총독 우가키[宇垣一成] 등을 차례로 방문하여 진정하였다.[14] 그는 3월 1일 문상(文相) 아라키[荒木貞夫], 3월 23일 사대당 대의사 아베[安部磯雄] 등과도 면담을 시도했으나 뜻을 이루지 못하였다. 그러자 이들은 순교할 각오를 하고 3월 23~24일 일본정부에서 제출한 '종교단체법안'을 심의·가결하던 제74회 일본 제국의회 중의원 회의장에 방청객으로 들어가 종교법안 제정 반대, 국교를 신도(神道)에서 기독교로 할 것, 신사참배 강요 등 악법 실시 강요와 양심적 교역자 투옥을

---

12 박영창, 『정의가 나를 부를 때』 (성광문화사, 1982), 469-480. 박관준 장로가 1938년 5월 27일자로 미나미[南次郞] 총독에게 보낸 충고문에서는 자신이 전임 총독 우가키[宇垣一成] 시대에 2번, 현임 총독 부임 이후 이번까지 4번 충고(忠告).직간(直諫)하여 왔다고 밝히고, "조선기독교에 문제된 신사참배는 교회 자유에 방임하여 정부에서 관여하지 말기를" 충고하고 있다(같은 책, 470).

13 『이기선 등 신사참배 거부항쟁자 21명에 대한 평양지방법원의 예심종결 결정』 (1945. 5. 18, 이 재판기록은 김승태 편저, 『한국기독교와 신사참배문제』, 한국기독교역사연구소, 1991에 부록으로 실려있으며, 이하에서 "「예결」"로 줄여 표기함), 「예결」 18-01, 이 모임은 1938년 12월 24일 평양 김지성 집에서 있었고, 박관준과 안이숙 외에 최봉석 목사가 참여하였다.

14 박영창, 『정의가 나를 부를 때』 (성광문화사, 1982), 491. 박관준 일행의 방문을 받은 전임 총독 우가키는 그의 1939년 2월 28일자 일기에 그 사실을 다음과 같이 기록하고 있다. "어제(27일) 평양에 사는 예수교 신자 박관준 일족 3명이 내방하여 관원의 압박 상황을 호소했다. 사실이라면 그 신자에게는 딱한 일이요, 또한 성대(聖代)의 불상사(不祥事)이다. 미나미(南)씨가 공을 세우기에 급급하다는 평을 누누이 들어왔다. 그 일단이 나타난 것인가? 간과할 일이 아니다!" [宇垣一成, 『宇垣一成日記 』 2(みすず書房, 1970), 1311] 이들은 우가키를 2월 25일부터 3차례나 방문하여 마지막 날인 27일에야 그를 만날 수 있었던 것 같다.

철폐할 것 등을 내용으로 한 건의서·경고서 4통을 단상을 향하여 투척하였다.[15] 이 사건으로 이들은 모두 현장에서 체포되어 일본 경시청에 40일간 구금되어 취조를 받고 고향으로 회송되었다. 이 일후 박영창은 중국으로 망명하였으나,[16] 박관준과 안이숙은 거주지를 중심으로 신사참배 거부운동을 계속하여 다시 검속되어 옥고를 치렀다. 박관준은 6년간의 옥고로 병을 얻어 1945년 3월 13일 순교하였다.[17]

단기적이긴 하지만 장로회 총회가 신사참배를 결의하기 직전에 이와 비슷한 청원운동을 하였던 이들로 김선두 목사 일행이 있다. 3.1운동 때 총회장으로서 평양 지역 독립선언식을 주도하여 옥고를 치른 바 있었던 김선두 목사는 신사참배에 반대하여 이 문제로 1938년 봄 평양경찰서 고등계에 체포되었다. 그러나 그는 4개월만에 병보석으로 풀려나, 신사참배 강요 금지를 일본 정계 요로에 진정하고자 1938년 8월 24일에 일본에 건너갔다. 그는 그해 여름 일본에서 공부하다가 하기 사경회 강사로 잠시 귀국했을 때 평양에서 만난 바 있는 김두영(金斗英)과 함께 일본에서 정우회 외정부장이요 중의원 의원인 마쓰야마[松山常次郎] 상도, 궁내내신이요 귀족원 의원인 세키야[關屋貞三郞], 정계와 군부의 원로인 히비키[日疋信亮] 장로 등을 찾아가 진정하며, 이들과 함께 다시 한국에 건너와 미나미[南次郞] 총독의 지시에 의한 장로회 총회의 강제 신사참배 결의를 막고자 하였다. 그러나 이 사실이 탄로나 김선두 목사는 일제 경찰에 구속되고, 총회도 9월 10일 일제 경찰의 압력에 굴복하여 신사참배를 결의·시행함으로써 성과 없이 끝나고 말았다.[18]

---

15 "중의원 방청중의 조선인이 회의장 안에 건의서가 든 봉투 투하에 관한 건(제2보)" (特內鮮 제664호, 1939년 4월 4일), 이 공문은 일본 경시총감이 내무대신, 동경형사재판소 검사정, 동부방위사령관, 동경헌병대장, 조선총독부경무국장, 각 부현 장관, 조선각도지사 앞으로 보낸 것이다.; 이 자료의 번역문은 박영창, 같은 책, 487-502 참조.

16 박영창, 같은 책, 306-309.

17 박관준 장로 일행의 활약에 대해서는 박영창, 『正義가 나를 부를 때』(1970); 안이숙, 『죽으면 죽으리라』 (1976); 林永沃, 『韓國의 엘리야』 (1979) 등에 잘 나타나 있으며, 당시 일제측의 기록으로는 『昭和特高彈壓史』 6권, 251-254, "조선인 기독교인의 衆議院 議場에 建議書 投下 事件" 에 상세히 기록되어 있다.

18 김두영, "神社參拜決議前夜秘話," 『基督世界』 1권 1호(1957), 134.152-157; 김승태 편, 『신사참배거부항쟁자들의 증언』(다산글방, 1993), 9-21; 박용규, 『뛰면서 일하는 기계-김두영 목사 신

물론 이러한 청원운동은 당시의 정세로서는 일제에 의해서 받아들여질 수 없는 것이었고 청원자 측이 일제의 권력 구조를 인정한 체제 내의 운동이라는 점에서 한계를 가지는 것이긴 하지만, 순교할 각오를 가지고 일제의 종교탄압에 대항하여 문제를 확산·폭로하고 불의를 담대히 경고하였다는 점에 의의를 지닌 운동이었다.

3. 국내 신사참배반대운동

일제의 강압으로 장로회 총회마저 신사참배에 굴복하자, 이에 반대하는 교역자와 신자들은 서로 연대를 맺고 조직적 집단적 저항운동을 전개하기 시작했다. 이들은 신사참배를 강요하는 일제 당국과 신사참배를 결의.시행하는 한국교회를 비판하면서 자신이 신사참배를 하지 않음은 물론 신자들을 대상으로 신사참배 거부를 권유하고 거부자들 사이의 결속을 강화하였다. 그 중심 인물은 평안남도의 주기철, 평안북도의 이기선, 경상남도의 한상동·이인재·주남선·최덕지, 전라남도의 손양원 등으로 전국에 분포되어 있었으며, 만주지역에서도 박의흠·김윤섭·헌트(B. F. Hunt, 韓富善) 선교사 등이 활약하였다. 이들은 초기에는 교회와 개인의 인적 지역적 연대를 가지고 활동하였으나 점차 지역간의 연대와 협력이 이루어져 경남지역, 서북지역, 만주 지역 사이의 교류가 있었다.[19] 일제는 이러한 신사참배 거부항쟁자들을 경찰들을 동원하여 구속·위협하고, 그 가운데 그들의 위협과 고문에도 굴하지 않는 주동자들을 기소하였다. 일제가 그들을 구속한 목적은 그들을 위협하여 전향시키거나, 사회로부터 격리시켜 그들의 영향력이 확산되지 못하도록 하는 데 있었기 때문에 정식 재판을 받은 경우는 많지 않고, 재판을 받기 전에 고문과 수감생활로 순교한 이들도 적지 않다. 그 가운데 가장 큰 규모의 사건이 평양지방법원에서 취급했던 이른바 "예수교도의

양수기』 (한국복음문서연구회출판부, 1973), 68-110.

19 이러한 경향은 신사참배 거부항쟁자 21명에 대한 평양지방법원의 예심종결 결정(안용준, 『태양신과 싸운이들』 상권, 263-389에 그 번역문이 실려 있음)에 잘 나타나 있다.

신사불참배 교회 재건운동 사건"이다.[20] 총독부 고등법원 검사국 사상부에서 1943년 9월 말 현재로 작성하여 「사상휘보」 속간에 수록한 "조선 중대 사상사건 경과표"에 의하면 이 사건은 관련자 "모두가 조선예수교 장로파 교역자 혹은 독실한 신자들로서 1939년 8월 이래 성서의 이른바 말세론에 기초하여 머지않아 그리스도가 재림하여 지상 하나님의 나라가 실현된다고 하여 궁극적으로 우리(일본) 국체를 변혁하여 천년왕국을 건설할 것을 목적으로 '신사불참배 재건총회 조직 준비회'라는 비밀결사를 조직하여 전국적으로 이를 확대 강화하기 위해 활동하고 또한 여러 가지 불온언사를 함부로 한다"는 혐의로 입건하였다.[21] 일제 검찰은 경찰을 지휘하여 1940년 9월 20일 새벽을 기하여 전국적으로 신사참배 거부항쟁자 193명을 검거한 데 이어, 평양지방법원 검사국은 1941년 5월 15일에 이 사건 관련자 이기선 목사 등 68명을 송치하고, 그 1년 후인 1942년 5월 12일에 그 가운데 35명을 기소 예심을 청구하고, 8명은 기소 유예, 나머지 25명은 불기소 처분을 하였다.[22] 그 예심 심리는 3년간이나 진행되어, 그 동안 최봉석 목사, 주기철 목사, 최상림 목사, 박관준 장로 등 4명이나 순교하고, 해방 직전인 1945년 5월 18일에야 이기선 목사 등 21명에 대한 예심종결 결정이 났다. 예심종결 결정을 받은 사람 가운데 이현속은 종결결정이 난지 5일만인 5월 23일에 건강이 악화되어 옥중에서 순교했다.[23] 이 예심종결결정의 혐의 내용을 정리해 보면 1938년 4월부터 1942년 7월까지 이 사건 관련자들의 신사참배 거부권유운동의 전모를 파악할 수 있는데, 이를 기초로 각 지역 주도 인물별로 그 활동을 살펴보면 다음과 같다.

의주의 북하단동교회 목사로 시무하던 이기선은 1938년 7월 신사참배에 반대하여 교회를 사면하고 각지를 순회하며 신사참배 거부를 권유하다가 경찰에 여러 차례 검속을 당하였다. 그는 이와 같은 순회활동을 통하여 동지들을

---

20 조선총독부 고등법원 검사국 사상부, 『思想彙報』 (續刊)(1943 · 10), 9.

21 위와 같음.

22 조선총독부법무국, "昭和 18년 12월 제84회 제국의회설명자료," 『朝鮮總督府 帝國議會說明資料』 제8권(東京: 不二出版, 1994 영인), 101-102.

23 김남식, "이현속," 『기독교대백과사전』 13(기독교문사, 1984), 99-100; 와타나베 노부오(김산덕 역), 『신사참배를 거부한 그리스도인』 (엘맨출판사, 2002), 114.

규합하다가 1940년 3월 경에는 만주의 안동을 방문하여 이 지역의 신사참배 거부 운동자들인 최용삼·김형락·박의흡·계성수·김성심 등과 회합을 갖고 첫째, 신사참배를 죽어도 반대할 것, 둘째, 신사참배를 하는 학교에 자제들을 입학시키지 말 것, 셋째, 세속화되어 신사참배하는 현 교회에 절대 출입하지 말 것, 넷째, 신사 불참배 동지들끼리 가정예배를 드릴 것, 다섯째, 신앙동지들을 확보하여 신령한 교회 출현의 소지를 육성할 것 등을 협의·결정하였다. 그리고 계성수와 함께 지방전도를 하면서 신사참배와 궁성요배 거부를 역설한 뒤 평양의 채정민 목사에게 자신의 활동을 보고하고 향후 대책을 협의하였다. 그리고 황해도 지역 순회운동 계획을 세워 김의창과 함께 황해도 각지를 돌며 활동하다가 1940년 6월경 일경에게 체포당하였다.

1938년 마산 문창교회 목사로 시무하다가 신사참배 반대로 목사직을 사면한 한상동은 이인재와 함께 경상도 지역의 신사참배 거부운동을 주도하였다. 이들은 호주 장로교 소속 선교사인 호킹(D. Hocking, 許大是), 트루딩거(M. Trudinger, 秋瑪田) 등과 협력하면서, 서북지역의 신사참배 거부운동과 연계를 갖고 조직적인 신사참배 거부운동을 전개하였다. 이들은 1939년 12월 신사참배 거부운동이 단지 종교운동으로만 그치면 목적을 달성하기 어려우므로 조속히 (교회) 정치운동으로 전환시킬 필요가 있다는 데 인식을 같이하고,[24] 첫째, 신사참배를 긍정하는 노회(老會)를 파괴하도록 할 것, 둘째, 신사불참배주의 신도로 신노회를 조직할 것, 셋째, 신사참배를 긍정하는 목사에게 세례를 받지 못하게 할 것, 넷째, 신사불참배 동지의 상호원조를 도모할 것, 다섯째, 가정 예배 및 가정기도회를 힘써 개최하며 한편 개인전도 등의 수단으로 동지들을 획득할 것 등을 협의·결정하였다. 그리고 부산·마산·진주·거창·통영 등 활동구역을 나누어 맡아 맹활동을 하였다. 이듬해 3월에는 평양에 다녀온 이인재로부터 선교사 해밀톤(F. E. Hamilton, 咸日頓)이 보내온 운동자금으로 경남 각지 순회운동 계획을 세우고 활약하였다. 또한 이 운동을 전국적으로 확대시키기 위하여 주기철 목사가 3차 구속에서 석방된 기회를 이용하여 평양을 방문하여 최봉석·박관준·주기철·채정민·오윤선·김의창·김지성·김인후·김형락·박의흡

---

24 여기서 "정치운동"이란 "교회 정치운동" 즉 신사참배를 거부하는 새로운 교회와 노회를 조직하는 것을 말한다.

등과 회합을 갖고 그 확대방안을 논의하고 돌아왔다. 한상동 목사는 이 운동의 전국 확산의 실행을 위해 노력하다가 1940년 7월 3일 경남 도경에 검속되었다가 만 1년만인 1941년 7월 10일 평양으로 이감되었다.[25)]

경남지역 여신도들의 신사참배 거부운동은 한상동 목사의 권유로 이 운동에 참여한 최덕지·조수옥 등 전도부인들이 주도하였다. 예심종결 결정문에는 1939년 12월 30일 한상동과 이인재가 부산에 있는 조수옥 집을 찾아가 "신사불참배 운동에 협력해 줄 것을 요청하여 승낙을 받고 금후 활동 방법에 대해서 협의" 했다고 한다.[26)] 그러나 그에 앞서 조수옥의 신사참배 거부항쟁은 이미 진주에 있던 경남여성경학원에 1937년 봄부터 2개월씩 2학기를 다니고,[27)] 전도부인이 되어 1938년 10월 삼천포교회에서 시무할 무렵부터 시작되었다. 그 무렵 그 지역 경찰서장이 기독교인들을 모아 신사참배를 시키자 이를 거부하고 도피하였다가 경찰에 소환되어 삼천포에서 추방당했던 것이다.[28)] 조수옥은 장로회 총회에서 신사참배를 결의한 사실을 알고도 신앙양심상 이를 완강히 거부하였다. 그리하여 부산으로 이주하여 1938년 11월부터 초량교회에서 전도사로 시무하면서 신사참배 반대운동을 펴고 있었다. 1939년 4월에도 신사참배 문제로 폐쇄된 진주의 경남여성경학원에 들렀다가 진주경찰서에 체포되어 부산으로 압송되었으나, 끝까지 신사참배와 백지서명을 거부하다가 풀려났고,[29)] 같은 해 8월 동래 수영해수욕장에서 한상동 목사, 이인재 전도사 등이 모여 적극적인 신사참배 반대운동 방침을 논의할 때도 참여하였다.[30)] 조수옥의 신사참배 거부운동은 1940년 1월 초량교회를 사임하고, 부산에 거주하던 호주선교부의 리개트(Miss D. F. Leggatt, 李惠受) 선교사 밑에서 전도부인으로 활동하게 되면서 더욱 활발해졌다. 그는 이 때부터 경남지역

---

25 한상동, "주님의 사랑," 김승태 엮음, 『신사참배거부항쟁자들의 증언』(다산글방, 1993), 121-122.

26 『예결』 10-10, 12-02, 16-07.

27 와타나베 노부오(김산덕 역), 『신사참배를 거부한 그리스도인』(엘맨출판사, 2002), 35.

28 같은 책, 45-53.

29 같은 책, 56-72.

30 『예결』 10-04, 12-01, 16-01.

신사참배 거부운동의 중심에서 회계관리를 담당하였던 것이다.[31] 그러다가 1940년 9월 20일 새벽에 전국에 걸쳐서 실시된 신사참배거부자 일제검거 때 피체되어 10월 20일 경남도경으로 이송되고, 이듬해 7월 11일 평양 종로경찰서를 거쳐 8월 25일 미결수로서 평양형무소로 이감되었다.[32]

최덕지는 1932년 호주장로회 선교사 스키너(Miss A. M. Skinner, 愼愛美)의 추천으로 평양여자성경학원에 입학하여, 1935년 4월에 졸업하고, 그 해 10월 14일 경남노회 마산구역 여전도사 시취문답에 합격하여, 전도사가 되었다.[33] 그는 마산선교부에 소속하여 테이트(Miss M. G. Tait, 太邁施) 선교사와 함께 선교구역 교회를 돌며 순회사역을 하였으며, 이듬해인 1936년부터는 진주에 있던 경남여성경학원 교사로서 여성 전도인 양성에 힘썼다.[34] 그러다가 1938년 9월 제27회 장로회 총회가 신사참배를 결의하고, 경남노회도 이를 따르게 되자, 선교사들과 함께 이를 반대하는 운동에 뛰어들게 되었다.

평양지방법원 예심종결 결정에 따르면 1940년 1월 1일 마산에 있던 테이트 선교사 집을 한상동과 이인재가 찾아가 그 집에 머물고 있던 최덕지에게 운동 목적과 상황을 말하고 동지로서 협력해 주도록 요청하여 최덕지로부터 금후 크게 손잡고 경남도내 일원에 걸쳐서 부인방면의 동지획득에 협력하겠다는 승낙을 받았다고 한다.[35] 최덕지는 이 때부터 한상동 목사와 연계하여 본격적인 신사참배 거부운동을 전개한 것이다. 특히 최덕지는 경남노회의 산하단체인 경남부인전도회를 장악하여 조직적인 신사참배 거부운동을 일으킬 계획을 하였다. 즉 1940년 3월 1일경 김해군 진영에 있던 염애나의 집에 한상동과 함께

---

31 와타나베 노부오(김산덕 역), 앞의 책, 99-100; 『예결』 10-20, 12-03.

32 같은 책, 247-248.

33 『조선예수교장로회 경남노회 제36회 회록』(부산 초량교회, 1935.12.3), "마산시찰보고."

34 경남여성경학원(Women's Bible Institute)은 진주에서 호주선교부와 경남노회가 공동으로 운영하던 것으로 이사진은 호주선교사 가운데 2명, 경남노회에서 2명, 경남노회에서 택한 여전도인 2명, 원장 1명의 7인으로 구성되어 있었고, 원장은 선교부의 청원에 의해서 이사회에서 결정하는데 주로 여선교사가 맡았다(『조선예수교장로회 경남노회 제40회 회록』(부산 항서교회, 1937.12.7); *Extracts from the Records of the Australian Presbyterian Mission in Korea Meeting of the Council and Minutes of the Executive Committee, Special Meeting of Council, Annual Meeting of Council,* Vol 24, 1936-1937, 156-157.

35 『예결』 10-13, 14-01, 16-10.

모여 기도회를 갖고, 그 자리에서 최덕지가 "현재 신사참배방침을 고수하는 현재 경남노회에 소속한 경남전도부인회의 역원선거가 오는 3월 5일에 실시되므로 이 기회를 잡아 신사불참배 신자만을 역원에 당선시켜 이 회의 실권을 장악하고 이로써 우리 목적 달성을 빠르게 하는 것이 어떤가"라고 제안하여 일동이 찬성하였다. 그리하여 한상동은 부산 진주방면, 최덕지는 마산방면, 염애나는 김해방면에 사는 각 선거권자를 각각 획득하기로 결정하였다.[36] 최덕지는 3월 3일 밤에 마산 문창교회에서 테이트 선교사와 함께 김두석·김묘년 등 그 교회 여신도들을 모아놓고 그 계획을 설명하였다. 1940년 3월 5일 부산 항서교회에서 모인 경남여전도회 임원 선거에서 계획대로 최덕지가 회장에 나머지 총무를 비롯한 임원들도 모두 신사참배를 거부하는 사람들이 당선되었다.[37] 그는 신사참배는 물론 궁성요배도 우상숭배로 철저히 배격할 것을 주장하였다.[38]

최덕지는 그해 4월 초순경에 진주에 있던 경남여성경학원이 개학하자 거기서 여학생 30여 명에게 "신사참배와 같이 하나님(天主)께 대하여 죄를 범한 자도 그 죄를 회개하면 죄 용서를 받을 수 있다. 그러므로 우리가 하나님의 능력을 믿는다면 어떠한 시련에도 승리하게 된다. 옛날 바벨론 느브갓네살왕은 기독교인에게 우상숭배를 강제하였지만, 후일 그 왕은 하나님의 능력으로 그 잘못을 회개한 역사가 있다. 신사참배가 우상숭배라면 국가 당국이 아무리 강제·탄압하더라도 이에 굴복하지 말아야 한다. 우리가 끝까지 성서의 진리를 지키면 하나님께서 그 능력으로 우리에게 승리를 주실 것이다."라는 요지의 권고를 하였다.[39] 그리고 "신앙의 만능"이라는 제목으로 설교를 하면서 "동지 박관준 장로는 신사불참배운동을 위하여 일본에 건너갈 때 도항증명서를 갖지 않고도 하나님의 가호로 건너갈 수 있었다.……이 우주에 존재하는 모든 것은, 천황폐하도, 국왕도, 참새까지 하나님의 섭리 안에 있는 것인데, 하나님만 믿으면, 우리는 어떠한 목적도 이룰 수 있게 된다"고 하면서 끝까지 신사참배를

36 『예결』 10-26, 14-03.

37 『예결』 10-27, 14-04, 14-05.

38 『예결』 14-06.

39 『예결』 14-08

거부하여 신앙지조를 지킬 것을 강조하였다.[40] 그리고 최덕지는 주일날 성경학교 학생들이 주변 교회에 가서 예배를 드리려하자, 신사참배를 하고 있는 교회에 가서 예배드리지 말고 기숙사에서 예배를 드리게 하였다. 경찰들은 이미 경남여성경학원이 신사참배를 반대하는 사람들이 운영하고 있다는 사실을 알았기 때문에 당국의 허가 없이 개학하였다는 핑계로 해산을 명령하였다. 그러나 그러한 명령을 어기고 교육을 계속하자, 마산경찰서와 진주경찰서는 4월 9일 교사로 있던 최덕지와 학생들을 각각 구속하여 학생들은 거주지 관할 경찰서로 인계하고 최덕지는 4월 26일에야 마산경찰서에서 석방되었다.[41] 이 경남여성경학원 사건은 부산 중도정 항서교회에서 그 해 6월 4일에 모인 경남노회 임시회에서도 문제를 삼고, 이 학원의 노회 직영 결의 및 이 사건 조사처리 위원을 임명하고 있다.[42] 최덕지는 마산경찰서에서 풀려난 후에도 조금도 위축되지 않고 더욱 활발히 곳곳을 순회하며 기도회와 설교, 간증, 권유를 통해서 신사참배 거부운동을 확산시켰다.

최덕지는 1941년 1월 중순경 진주경찰서에 다시 구속되었으나, 옥중 금식으로 몸이 약해지자 4월 중순경에 병보석으로 풀려났다. 그는 그 길로 한상동 목사 부인인 김차숙의 집에서 5일간 머물면서, 그곳에 찾아온 김묘년(김영숙)·김두석·박인순·이술연·박열순 등에게 "유치장에서 하나님은 진정으로 우리 인생의 생사화복, 길흉존망, 국가의 흥망성쇠도 좌우하는 절대 유일 최고, 전지전능하신 분이라는 것을 알 수 있었다. 금후 한층 동지를 규합, 단결을 굳게 하고 하나님의 뜻에 반하는 현금 사회 국가를 해소시켜 하루라도 빨리 그리스도의 재림을 바라보고 그리스도를 만왕의 왕으로 하는 천년왕국을 건설하기 위해 활동하지 않으면 안 된다고 결심을 굳게 했다. 우리는 금후 결속하여 우리의 목적을 달성하기 위해 활동하지 않으면 안 된다"고 간증과 권고를 하였다. 그리고 그들과 함께 "(1) 모인 사람들이 하나님을 위하여 목숨을 걸고 활동하도록

---

40 『예결』 14-09.

41 경남여성경학원은 진주에 있었기 때문에 진주경찰서 관할이었지만, 최덕지는 마산경찰서에서 파송된 경찰에 의해 검거되어 마산경찰서 유치장에 갇혔다. 이로 보아 경남여성경학원의 해산 탄압은 경남도경의 지휘하에 관할 각 지역 경찰서의 합동으로 이루어진 것 같다.

42 『경남노회 임시회 촬요』, (부산 중도정교회당, 1940.6.4, 노회장 : 심문태 목사)

(2) 전국 교회가 하나님의 뜻대로 하도록 (3) 옥중 동지들이 하나님의 진리를 증거하여 승리를 얻고 석방되도록 (4) 천황폐하를 비롯한 일반 국민이 회개하여 우리 기독교인에게 자유를 주도록" 기도하였다.[43] 그는 그 후에도 마산·부산·창원·고성·통영 등지를 순회하며, 기도회와 설교를 통해 신사참배 거부운동을 확산시켰다. 그러다가 1942년 6월 23일 통영에 사는 조봉련 집에서 그와 송복득 외 수명의 신자와 회합을 갖고 그들과 함께 "(1) 이 나라가 기독교국이 되도록, (2) 천황폐하를 비롯한 위정자는 회개하여 기독교인에게 자유를 주도록" 기도회를 가졌다.[44] 이것이 탄로나 동지들과 함께 다시 통영경찰서에 구속되어 경남 도경을 거쳐 1943년 1월 초 평양으로 이송되었다.[45]

3·1운동 직후 독립군 군자금 모금과 지원병 모집운동을 벌이다 옥고를 치른 바 있는 주남선(朱南善, 일명 朱南皐) 목사도 신사참배거부운동을 적극적으로 전개하였다. 1938년 말경에는 그가 시무하던 거창읍교회를 사임하고 한상동·이인재 등과 함께 조직적인 거부운동을 펴기 위하여 거창·합천·함양 등지의 교회를 순회하면서 설교를 통하여 신사참배를 거부할 것을 권유하였다. 그리고 이 때문에 수차 거창경찰서에 끌려가 수난을 당하였다. 1940년 7월 16일 다시 검속되어 부산을 거쳐, 이듬해 7월 평양으로 이송되어 해방이 될 때까지 거기서 옥고를 치렀다.

평양지역의 신사참배 거부운동의 본거지는 주기철 목사가 시무하는 산정현교회였다. 주기철 목사는 순교할 각오를 하고 신사참배를 공개적으로 반대하였기 때문에 일제의 주목을 받아 1938년 3월 1차 검속 이래 1944년 4월 21일 평양 감옥에서 순교할 때까지 전후 4차에 걸쳐 검속되어 6년간의 옥고를 치르다가 순교하였다.[46] 산정현교회도 주기철 목사의 뒤를 좇아 신사참배를 거부하다가 1940년 3월 폐쇄되었다.[47]

---

43 『예결』 14-16.

44 『예결』 14-38.

45 최종고, 『이 한 목숨 주를 위해 - 최덕지 목사 전기』(도서출판 진서천, 1981), 92.

46 주기철 목사의 생애와 행적에 대해서는 민경배, 『순교자 주기철 목사』(대한기독교서회, 1985) 및 이덕주, 『사랑의 순교자 주기철 목사 연구』(한국기독교역사박물관, 2003) 참조. 특히 이덕주의 책에는 평양 산정현교회의 신사참배 거부항쟁이 잘 정리되어 있다.

47 『조선일보』 1940년 3월 26일자, "문제의 산정현교회 작일 봉쇄의 운명." ; 산정현교회의 신

이 사건에서 기소유예 또는 불기소 처분을 받았던 사람들과 새로운 사람들 몇몇이 다시 경남지역에서 후속 운동을 벌여, 1942년 11월 19일 부산지방법원 검사국 지휘아래 최성봉을 비롯한 29명이 구속되었다. 부산지방법원 검사국에서는 꼭 1년만인 1943년 11월 18일 이 사건으로 구속한 김두석 염애나 등 7명을 기소하여 공판을 청구하고, 3명을 기소유예, 나머지 19명을 불기소 처분을 하였다.[48] 기소된 김두석 등 7명은 심리를 거쳐 1944년 9월 12일에야 부산지방법원에서 1심 판결을 받았다.[49]

이 사건은 주로 경남 지역의 김두석[50]을 비롯한 여자 신자들이 1941년 5월부터 그 해 12월 초 사이에 신사참배 거부 구속 동지들을 위한 기도회를 가진 것을 일제가 신사참배 거부 권유운동의 후속 운동으로 여겨 탄압한 것이다. 이 사건 관련자들은 1944년 9월 12일 부산지방법원에서 확정 판결을 받고, 다음 달인 10월 7일 대구형무소로 옮겨져 거기서 옥고를 치르다가 해방 직후인 1945년 8월 17일에 형집행 정지로 풀려났다.[51]

4. 만주지역 신사참배반대운동

일제는 그들의 지배하에 있던 '만주국'에서도 신사참배를 강요하였다. 국내에서 '기독교에 대한 지도 대책'을 세우고 일반 기독교인과 교회에까지 신사참배를 강요하던 일제는 만주국에서도 교회와 교인들에게 신사참배를

사참배 거부투쟁에 관해서는 이덕주, 위의 책 및 박용규, 『평양산정현교회』(생명의말씀사, 2006) 참조.

48 朝鮮總督府法務局, "昭和 18년 12월 제84회 제국의회설명자료", 『朝鮮總督府 帝國議會說明資料』 제8권(東京: 不二出版, 1994 영인), 101-102.

49 김두석외 6인 치안유지법위반 및 불경사건 판결문(昭和 18년 刑公 제1595호, 부산지방법원, 1944.9.12)

50 김두석의 이 때 일을 회고한 수기 "감나무 고복에 핀 무궁화"는 원고형태로 독립기념관에 기증된 것을 필자가 정리하여, 김승태 편역, 『신사참배 거부항쟁자들의 증언』(다산글방, 1993), 22-106에 수록하였다.

51 '김야모 신분장 지문 원부' (대구형무소), 이 신분장 지문 원부에는 출감 사유가 '가석방'으로 되어 있다.

강요하였던 것이다. 즉 1938년 3월 만주국 안동현 안동경찰청 특무과에서는 "안동에 있는 4명의 목사와 장로, 집사 등 60명"을 "신사불참배문제"로 "엄중히 설유"하였다.

그러자 "대부분은 신사참배키로 서약코 전향하였으나, 안동제일교회 목사 김상철(金尙哲, 41)씨와 하육도구(下六道溝) 목사 김석항(金碩伉, 66)씨는 신사참배키를 불응하므로 2명에 대하여는 퇴만(退滿)명령에 처하야 지난 26일 오전 10시경에 신의주로 퇴거하였던 바 퇴거 즉일로 전기 목사 2명은 다시 신의주경찰서에 검속을 받았다"[52]는 것이다. 신의주 경찰은 이들을 "신사참배키로 반성·전향하기까지 계속하여 검속할 방침"이었다.[53] 즉 이 무렵 만주국의 경찰과 조선총독부의 경찰이 기독교 목회자에게까지 신사참배를 강요하기 위해서 공조를 하고 있었던 것이다.

만주지역에서 장로교는 남만주 지역은 북장로회 선교부와 평북노회에서, 북만주지역은 함경노회와 캐나다장로회 선교부에서 맡아 선교하였으며, 1912년 12월에는 함북노회에서 간도노회가 분립되었고(1925년 동만노회로 명칭 변경), 1921년 4월에는 남만노회가, 1932년에는 북만노회가 조직되었다. 여기서 다시 1935년에는 봉천노회가 분립되고, 1937년에는 영구노회가 분립되었다. 이 무렵 만주지역 장로교 교세는 선교사 3명, 목사 13명, 전도사 42명, 조직교회 50개처, 기도처소 41개소, 교인 수 6,500여 명에 이르렀다.

이 지역 교회들의 선교는 1937년 7월 7일에 시작된 중일전쟁과 1938년 9월 24일에 발포한 만주국 민생부의 '잠행사묘급포교자취체규칙(暫行寺廟及布教者取締規則)'으로 많은 제약을 받게 되었다.[54] 그러다가 일제의 사주를 받은 만주국 정부의 강요로 1941년 11월에는 이들 한국인 기독교 교파 교회들이 모두 통합하여 만주조선기독교회를 설립하였다. 이때 통합된 교회의 교세는 380

52 『동아일보』 1938년 3월 29일자, "神社参拜 不肯으로 牧師 二名 檢束, 反省할 때까지 繼續 檢束."

53 위와 같음.

54 滿洲事情案内所 編, 『滿洲國の宗教』(滿洲事情案内所, 1939), 56-60; 최봉룡, "'만주국'의 종교정책과 재만 한인의 신종교 활동," 『종교연구』 36(한국종교학회, 2004), 352-353.

여 개의 교회, 교역자 100여 명, 교인수 5만여 명이었다.[55] 물론 이 통합된 교회는 일제의 종교정책에 순응하고, 신사참배를 인정하는 교회였기 때문에 목숨을 걸고 신사참배를 거부하던 교역자와 신자들은 거기에 참여하지 않았다.

신사참배 거부 권유운동이 국내에 그치지 않고 국경을 넘어 만주지역에서도 박의흠·김윤섭 전도사와 한부선(B. F. Hunt, 韓富善) 선교사 등을 중심으로 전개되었다. 김윤섭·박의흠 등 서북지역에서 이 운동을 전개하던 인물들이 만주로 망명하여 그 지역에서 독립 선교사로서 봉천노회에서 탈퇴하여 활동하던 한부선과 연결된 것이었다. 한부선 선교사는 미북장로회 한국선교사로서 한말부터 40여 년간 한국에서 활동한 한위렴(William B. Hunt, 韓緯廉) 선교사의 아들로 평양에서 태어나 미국에서 대학과 신학을 마치고 1928년부터 미북장로회 한국선교사로 다시 내한하여 청주선교부에서 활동하였다.

그러나 안식년 중이던 1936년 그의 보수적인 신학적 입장 때문에 소속선교부를 미국장로교(Presbyterian Church of America)로 바꾸고, 1936년 10월부터는 만주의 하얼빈을 중심으로 선교활동을 하였다. 그는 이때부터 봉천노회에 가입하여 활동하다가 1938년 9월 제27회 장로회 총회에 총대로 참석하여 블레어 등 동료 선교사들과 함께 불법적인 신사참배 가결을 저지하려 하였으나, 일제 경찰의 제지로 뜻을 이루지 못했다. 1939년 봄에 모인 봉천노회에서도 지난 해 총회에서 결정한 신사참배를 취소하도록 건의하자는 동의를 하였으나 부결되고, 봉천노회는 오히려 그에게 당회장 시무사임 권고를 하였다. 그는 차라리 노회에서 제명시켜 달라고 요청을 했고, 결국 그 다음 가을 노회에서 제명되었다.[56]

한부선 선교사는 그 후 독자적으로 북만주 지역을 순회하면서 신사참배를 거부하는 새로운 교회의 설립에 힘썼다. 국내에서 신사참배 문제 때문에 만주로 망명하거나 그 지역 신사참배 거부항쟁자들이 그를 중심으로 모여든 것은 자연스러운 일이었다. 평북 의산노회 지역에서 전도사로 시무하면서 신사참배 거부운동을 벌이던 김윤섭이 하얼빈으로 그를 찾아간 것도 그러한 이유에서였다.

김윤섭은 1938년 9월 총회에서 신사참배에 굴복하자 순교를 각오하고

55 김승태, "만주 시베리아 선교," 『한국선교총람』(한국기독교선교단체협의회, 1996), 65-71.

56 박응규, 『한부선 평전』(도서출판 그리심, 2004), 276.

이에 맞서 싸울 결심을 하고 신사참배 거부운동을 벌이다가 5,6차례 경찰에 검속되어 심한 고문을 당했다. 결국 고문에 못이겨 의주경찰서에서 신사참배를 하겠다는 시말서를 쓰고 풀려나 만주로 망명하였다. 그러나 그는 양심의 가책을 받아 하얼빈의 한부선 선교사를 찾아가 고백하고, 자신이 제출한 시말서를 취소한다는 공문을 작성하여 의주경찰서로 보냈다. 그러자 의주경찰서는 하얼빈 헌병대와 경찰서에 연락하여 그를 다시 구속하였다. 그는 미결수로 약 9개월 동안 하얼빈 유치장에서 고생하다가 병보석으로 풀려났다.

건강이 회복되자 그는 다시 한부선 선교사를 비롯한 동지들과 함께 신사참배 거부운동을 벌였다. 그는 국내에서 신사참배 거부운동을 하고 있던 이기선 목사에게 1940년 2월 중순경 운동자금 50원을 우편으로 보내기도 하였다.[57] 그러다가 1940년 봄에 동지들과 함께 하얼빈에서 구속되어 안동검찰청으로 넘겨졌다. 그는 미결수로서 2년간 옥고를 치르다가 1942년 2월 3일 재판에서 징역 15년을 언도 받고 봉천감옥으로 이감되었다. 그는 그곳에서 심한 노동과 영양부족으로 폐병이 악화되어 1943년 5월 3일 옥중에서 순교하였다.[58]

국내와 만주지역을 오가며 두 지역 신사참배 거부운동 상황을 알리고 연계시킨 중심인물은 박의흠이었다. 그는 평북노회 소속의 전도사로 시무하다가 1938년 평북노회 및 총회가 신사참배를 가결하자 만주로 이주하여 국내와 만주를 오가며 신사참배 거부운동을 하였다. 그는 1939년 12월 상순 이인재가 있던 평양신학교 기숙사를 찾아가 그로부터 한상동을 중심으로 한 경남지역 신사불참배운동 상황을 듣고 이 운동을 전국적으로 확대할 것을 합의하였다.[59] 그 무렵 그는 김린희와 함께 평북 선천의 김려희 집에 들려 그곳에서 이인재의 운동을 지원하기 위해서 운동자금을 갹출하여 보내주기도 하였다.[60]

1940년 3월 중순경 박의흠은 이기선·김형락·계성수·김성심 등과 함께 만주

---

57 『예결』 01-11, 김윤섭은 1940년 1월 한부선 선교사가 월봉 70원을 주기로 하고 전도사로 채용하였는데, 이 자금은 그의 첫 월급 중 일부가 아니었을까 생각된다[김승태 편역, 『일제강점기 종교정책사 자료집』 (한국기독교역사연구소, 1996), 352].

58 『守眞祭壇-再建教會』 (대한예수교장로회재건서울중앙교회, 1963 추정), 44-57.

59 『예결』 02-01,16-03.

60 『예결』 02-02,04-02,16-04.

안동의 최용삼 집에 모여 "악마가 조직한 현존 사회제도 및 국가 형태는 머지않아 그리스도의 재림으로 무너지고 그 대신 그리스도가 만왕의 왕으로서 천년왕국을 건설할 것이므로 끝까지 진리를 지키고 몸을 깨끗이 하여 그 실현의 날을 앞당기도록 기도하고, 그 준비를 할 필요가 있다. 이를 위하여 신사참배 같은 것은 영적 간음으로서 그리스도의 교의에 저촉되므로 죽더라도 이를 반대하고 신사참배를 하는 현존 학교에 자제를 입학시키지 말며, 현존 교회는 신사참배를 하고, 하나님의 뜻에 반하여 세속화되었으므로 절대로 여기에 출입하지 말고, 천년왕국 실현에 협력 준비할 목적 하에 신사불참배 사상을 가진 동지만으로 가정에서 금후 누차 신령한 예배를 드려 이로써 현재 역경에 굴하지 않고 동지를 점차 획득하여 현존 세속화 교회의 세력을 점차 멸살시켜 신령한 교회 출현의 소지를 육성할 것"을 협의·결정하였다.[61]

박의흠은 1940년 3월 하순경에도 만주 안동의 김형락 집에서 이기선 목사를 비롯한 동지들과 함께 가정예배를 드리면서 신사불참배 운동방법에 관해 협의를 하였다. 그리고 그 무렵 그는 다시 그의 생질인 만주 봉천의 박연지 집에 김린희·김형락·김윤섭과 함께 모여 각 지역의 신사불참배 운동 상황을 나누고, 협의한 결과 "(1) 신사참배 등 계명에 위반되는 정책에는 죽음으로써 반항할 것 (2) 신사참배를 하는 교회에는 출입하지 말고, 이를 해소(解消)하도록 유도할 것 (3) 말세가 임박한 이때에 하나님의 예정과 진리를 널리 세상에 전도하고 동지를 다수 얻어 신사참배 등 계명에 위반되는 정책에 반대하게 하여 하나님의 예정하신 지상 하나님 나라의 실현에 서로 노력할 것" 등을 운동방침으로 결정하였다.[62]

박의흠은 1940년 4월 21일 평양 이인재 집에서 김린희·김형락·한상동과 함께 모여 각 지역 운동상황과 구속자 상황을 나누고 토의하여, "신사불참배 교회 및 신사불참배 노회의 재건을 도모하고, 전국적 운동으로 전개"하기로 서약하였다.[63] 그리고 그 다음날 채정민 목사집에서 개최된 주기철 목사 위로회에도 참석하여 만주지역의 신사불참배 운동 상황을 보고하고 운동방침을

---

61 『예결』 01-15, 03-01.

62 『예결』 02-09, 03-05.

63 『예결』 02-12, 03-06, 10-40, 16-45.

논의하였다.[64] 4월 하순 만주로 돌아가는 길에는 김형락과 함께 정주의 나응삼·김학조 집 등을 방문하여 신사불참배를 권유하였다.[65] 그러다가 1940년 여름 일제 경찰이 신사참배거부 항쟁자들을 다시 잡아들이기 시작할 때 동지들과 함께 안동경찰서에 검속되어 취조와 고문을 당했다. 박의흠도 동지들과 함께 1942년 2월 3일 재판에서 징역 12년을 언도 받고 봉천감옥에서 옥고를 치르다가 1년 후인 1943년 옥중에서 순교하였다.[66]

그런데 이러한 만주지역 신사참배거부운동은 처음부터 신사불참배교회 수립을 목표로 하였다는 데 그 특색이 있다. 이 점은 1939년 가을 봉천노회에서 제명되어 하얼빈을 중심으로 독립선교를 하면서 신사불참배운동을 펴고 있던 한부선 선교사의 영향이 컸던 것으로 보인다. 한부선은 1940년 1월경[67] 그와 함께 신사불참배운동을 하던 김윤섭·김신복·박명순 등과 함께 하얼빈의 자기 집에 모여 며칠씩 금식 기도를 하면서 이 운동방향을 토의한 결과, "스코틀랜드 언약자들의 모범을 따라 성명서를 작성하여, 신사참배에 대한 성서적 가르침과 우상숭배를 묵과하는 사람들과 철저하게 단절해야 할 필요성을 지적하였다."[68] 국내에는 "신사참배 반대 이유서"로 알려졌던[69] 이 문서는 인쇄하여 서명하도록 되어 있었으며, 이 문서에 서명·동의하지 않은 사람에게는 세례도 베풀지 않았고, 교제를 끊으며, 예배도 인도하지 못하게 하였다.[70] 그런 의미에서 이 문서는

---

64 『예결』 02-13, 03-07, 10-41, 16-46, 17-08, 18-08, 19-10, 20-03, 21-08.

65 『예결』 03-9,10.

66 『守眞祭壇-再建敎會』 (대한예수교장로회재건서울중앙교회, 1963 추정), 37-57; William N. Blair & Bruce F. Hunt, *The Korean Pentecost and The Sufferings which Followed*(The Banner of Truth Trust, 1977), 112-114.

67 이 문서를 작성한 날짜는 정확치 않으나, 한부선이 1943년 1월에 기고한 글에서 "이 달이 그 장로교 서약을 작성한 3주년 기념달이다." 라고 한 데서, 이 문서가 1940년 1월에 작성되었음을 알 수 있다(Hunt, Bruce F., "Korean Covenanters," *The Presbyterian Guardian,* January 25, 1943, 19). 이 문서의 명칭도 "우리의 언약", "장로교인 언약" 등 다양하다.

68 Blair, William N. & Hunt, Bruce F., *The Korean Pentecost and The Sufferings which Followed*(The Banner of Truth Trust, 1977), 99; Bruce F. Hunt, "Korean Martyrs : Part Ⅱ," (Reformed Bulletin of Missions, December 1968), 11; 박응규, 『한부선 평전』, 286.

69 『예결』 10-29.

70 Blair, William N. & Hunt, Bruce F., *The Korean Pentecost and The Sufferings which Followed*(The Banner of Truth Trust, 1977), 99; Hunt, Bruce F., "Korean Martyrs : Part Ⅱ"(Reformed Bulletin of Missions,

[71] 만주지역 신사참배거부운동의 성서적 기반과 성격을 말해주는 것이라고 생각된다. 이 서약문의 1~3항은 "조선숭배(祖先崇拜)"와 천황을 신격화하는 일본정부의 천황제 이데올로기를 비판하는 것이고, 4~6항은 신사참배를 우상숭배로 비판한 것이며, 7항은 이 문제에 굴복한 한국교회를 비판하고 그와의 단절을 천명하는 것이다. 한부선이 1941년 10월 하얼빈경찰서에 검속될 무렵까지 북만주에서 이 문서에 서명하고 참여한 소규모 한국인 신앙공동체는 약 25개에 이르렀고, 서명하고 세례 받은 사람은 500명 가까이 되었으며, 매주일 날 이 모든 신앙공동체들에 참석하는 사람 수는 평균 약 800명에 이르렀다.[72]

한부선을 중심으로 한 이러한 활동에 주목하고 있던 하얼빈경찰청은 1940년 3월 19일 김윤섭·김신복·안영애 등을 검속하여 취조하고, 관련자들을 계속 추적하였으며, 이 사건을 넘겨받은 하얼빈고등검찰청은 7월 15일자로 그 상황을 조선총독부 고등법원 검사국에도 통보했다.[73] 이 사건은 취조를 거듭하면서 더욱 확대되어 만주 전역에서 약 70명의 서명한 기독교인들이 체포되어 현지 언론에서는 이들을 비밀 "결사대(決死隊)" 또는 "결사단(決死團)"이라고 불렀다.[74] 그 가운데 안영애는 이듬해인 1941년에 병보석으로 풀려났지만, 건강을 회복하지 못하고 풀려난 지 한 달만에 숨을 거두었다.[75] 이 사건으로 검속되어 [76] 순교하였거나 기소되어 1942년 2월 3일 재판을 받았다. 만주지역의 신사참배

December 1968), 11; 박용규, 『한부선 평전』, 286.

71 Hunt, Bruce F., "Korean Covenanters," *The Presbyterian Guardian,* January 25, 1943, 19-20; February 10, 1943 , 37-40.

72 Blair, William N. & Hunt, Bruce F., *The Korean Pentecost and The Sufferings which Followed*(The Banner of Truth Trust, 1977), 99, 한부선이 1941년 마지막 교회 순회여행 때 파악한 한국인 서약자들의 정확한 규모는 주일과 수요일에 정규적으로 예배드리는 서약자 공동체가 23개, 거기에 등록된 교인이 770명, 평균 참석자는 509명이었다. 이들 등록된 교인들 가운데 서명하고 세례를 받은 사람은 250명, 서명하고 세례를 준비하는 학습교인이 117명, 서명한 부모들의 유아 세례를 받은 아이들이 64명 합계 431명이었다(Hunt, Bruce F., "Korean Covenanters," *The Presbyterian Guardian,* January 25, 1943, 19).

73 조선총독부 고등법원 검사국 사상부, 『사상휘보』 제24호(1940.9), 108~111.

74 『만선일보』 1940년 7월 16일, "神社參拜 日本 敎育 反對의 秘密決死隊 綻露! 蛤市 某基督敎 韓宣敎師를 中心, 幹部數名을 嚴重 取調中"; Blair William N. & Hunt, Bruce F., *The Korean Pentecost and The Sufferings which Followed*(The Banner of Truth Trust, 1977), 121.

75 같은 책, 107-109.

76 존슨(U. Alexis Johnson) 주한 미국부영사가 콰톤(Harold B. Quarton)에게 보고한 "현재 전쟁에

거부항쟁자들은 다른 지역과 연계를 가지면서도 다른 지역보다 더 선명하고 조직적인 활동을 하였기 때문에, 형량이 최하 6년에서 최고 15년까지로 국내에 비해서 매우 가혹했다.

이상과 같은 대규모의 연대적 신사참배 거부항쟁과는 달리 보다 규모가 작거나 개인적 차원의 신사참배 거부 저항은 전국 어디서나 그 예를 찾아볼 수 있다. 전남지역의 손양원·박연세·백영흠·박영대 등과 전북의 박은희·김가전, 충북의 허성도·송희용, 경남의 조용학, 황해도의 이종근·박경구 등이 있으며, 교파적으로도 감리교의 이영한·최인규·김종근·권원호, 성결교의 박봉진·김연, 동아기독교의 전치규·김영관, 안식교의 최태현 등이 있고, 천주교 신자들도 양심에 따라 신사참배를 거부하여 수난을 당하기도 하였다.

이들 가운데 경남 진영의 조용학 영수는[77] 신사참배 거부로 1940년 8월 2일 일제 경찰에 연행되어 김해경찰서에서 취조를 받고 그 다음날 풀려났으나, 그 때 받은 후유증으로 풀려난 지 10여 일만인 8월 14일 부산 철도병원에서 별세하였다. 사망 원인은 신경쇄약, 두부 손상, 뇌출혈이었다. 김해경찰서에서 취조받을 때 죽도(竹刀)로 머리를 맞은 것이 사망의 원인이 되었던 것이다. 그의 친구였던 정진율 장로는 그의 장례식에서 한 조사에서 "최근 몸이 약하여진 원인도 이 허위의 세상과 싸움이 심하여 그렇게 된 줄 안다"고 하여, 그의 사망 원인이 일제 경찰의 가혹한 고문에 있었음을 암시하고 있다.[78]

장로교 출신의 권원호도 감리교로 옮겨 1936년 전도사에 임명되어 강원도 고성교회와 흡곡교회 등에 파송되어 시무하던 중 일제 경찰의 신사참배 강요에 저항하다가 1941년 7월 10일 치안유지법 위반 및 불경죄 혐의로 기소되어 재판을 받았다. 그는 1942년 1월 29일 경성지방법원에서 치안유지법위반으로

대한 한국인들의 반응과 반일 행동" 에 관한 비망록(Memoradom)에는 1942년 2월 1일자 *The Manchuria Daily News*의 보도를 인용하여 84명의 한국인들이 "영.미 스파이라는 혐의로 기소되어 15년 징역형까지 다양한 형량을 선고받았다고 보고하고 있다. 이 사건이 만주지역 신사참배거부운동자 탄압사건임은 의료선교사 바이렘(Byram) 부부와 선교사 헌트(Hunt)가 연루되어 있고, 그들이 종교적인 것에 대한 신문만 받았다고 하는 것에서도 알 수 있다[Quarton, Harold B., "Survey of Current Political Thought and Temper of the Korean People", August 15, 1942, Enclosure No. 6 ; 국사편찬위원회 편, 『한국독립운동사 자료 25』 임정편 X(국사편찬위원회, 1994 영인), 177].

77 김승태 편역, 『신사참배 거부항쟁자들의 증언』(다산글방, 1993), 391-394.

78 같은 책, 392.

징역 2년, 불경죄로 징역 1년을 선고받고, 서대문형무소에서 복역 중 1944년 4월 13일 옥중에서 순교하였다.[79]

이렇게 신사참배 거부로 인해 투옥된 이는 대략 2천여 명에 달하고 2백여 교회가 폐쇄되었으며 50여 명이 순교하였다고 한다.[80]

5. 신사참배반대운동의 의의

일제의 신사참배 강요는 단순한 국가의식이나 종교적 신앙의 강요만이 아니라 이른바 '일본근대 천황제 국가'의 존립 기반의 유지와 깊은 관련을 가지고 있으며, 대외침략 전쟁과도 밀접하게 연관되어 있었다. 그리고 이것은 세속권력을 절대화하고 인간을 신격화하여 무력으로 대외 침략 지배를 하려는 일제 '천황제' 이데올로기와 깊은 관련을 갖는 것이다. 일제는 신사참배를 실천을 통한 그들의 '천황제' 이데올로기의 주입 수단으로 삼았을 뿐만 아니라, 개인이나 교회가 그들의 정책에 순응하느냐, 저항하느냐 하는 것을 판별하는 시금석으로 삼았던 것이다. 이러한 신사참배 강요 문제는 정치.종교.교육.문화.사상.민족 등 대단히 복합적인 문제이지만, 이를 단순화시키고 일반화시켜 본다면 결국 불의한 세속 권력과 교회와의 갈등문제로 집약시켜 이해할 수 있다. 즉 교회가 세속권력의 불의한 강요에 타협 순응하여 신앙의 본질을 왜곡시키면서까지 존립을 추구하느냐, 아니면 탄압과 순교를 각오하고라도 이에 맞서 대항하여 신앙의 본질을 지켜 나가느냐 하는 것이다. 이 문제의 본질과 성격을 이와 같이 이해할 때 이 시대의 신사참배 거부항쟁자들의 존재 의의는 더욱 선명하게 드러난다. 그리고 당시 한국교회는 이러한 일제 신사참배 강요의 본질과 성격을 깊이 있게 이해하지 못했기 때문에 이 문제에 대한 대응에 실패했다고 볼 수 있다. 물론 신사참배 거부항쟁자들도 이러한 본질과 성격을 모두 다 알고 저항한 것은 아니지만, 적어도 성서의 말씀에 비추어 그릇된 행위를 강요하는 세속 권력에 맞서 목숨을

79 같은 책, 336-376; 윤춘병 · 조명호 편저, 『마라나타』 (보이스사, 1990) 참조.

80 Moffett, S. H., *The Christians of Korea*(New York: Friendship Press, 1962), 75 ; 민경배, 『한국기독교회사』 (연세대학교출판부, 1993), 490; Annual Report, Korea Mission, PCUSA, 1946, 20-21.

걸고 거부하고 저항하여, 그들의 불법과 불의를 만천하에 폭로했다는 점에서 이러한 신사참배 거부항쟁은 교회사와 민족사에서 중대한 의의를 가지고 있다.

이제 이러한 신사참배 거부항쟁이 갖는 교회사와 민족사적 의의를 몇 가지로 정리하면 다음과 같다. 첫째로는 세속권력을 절대시하고 신성시하는 천황숭배와 신사숭배의 '천황제' 이데올로기를 거부하고 신앙의 순수성을 지켰다는 점이다. 둘째로는 당시에 세속권력에 굴복하여 타협하는 공교회의 변질을 엄중하게 경고하고 개혁하려 하였다는 점이다. 셋째로는 타민족을 식민으로 지배하고 민족정신을 말살하려는 일제의 지배체제를 부정하고 이에 항거하였다는 점이다. 넷째로 가공의 이데올로기로 민족과 교회를 변질시켜 국제 평화를 파괴하는 대외 침략 전쟁에 내몰려는 일제의 군국주의적 침략정책에 반대하고 저항하였다는 점이다.

물론 이들의 투쟁이 밖으로 나타나기에는 신앙양심이 우선하고 민족양심이 부차적인 것으로 보였지만, 사실상 그들의 내부에서 이 두 가지 요소는 나눌 수 없는 긴밀한 관련을 가지고 서로 상승작용을 하였던 것으로 보인다.[81] 그런 의미에서 신사참배 거부항쟁이 갖는 민족적인 의의와 성격도 인정하게 인정해야 할 것이다.

---

[81] 김두석, "감나무 고목에 핀 무궁화" , 미공간 수기 ;김승태 편역, 『신사참배 거부항쟁자들의 증언』 (다산글방, 1993), 90-91;고 주남선 목사 옥고기," 『파수군』 제15호, 1953년 3월호; 김승태 편역, 같은 책, 141.

제 3부
한국장로교 분열의 배경

제 11장
한국장로교회와 예장고신의 전통

개혁주의 신학은 일반적으로 하나님의 절대주권을 강조하는 하나님 중심 신학, 성경의 원리를 강조하는 성경중심 신학, 교회적 삶을 강조하는 교회중심의 신학으로 설명되어 왔다. 우리가 하나님 중심, 성경중심, 교회중심이라고 말할 때 이것은 개혁주의적인 신앙과 삶의 방식을 간명하게 표현한 것이다.

이상규 교수(고신대학교 교회사)

어떤 시대의 교회 혹은 교회의 역사를 평가할 때 가장 중요한 평가의 규범(norm)은 그 시대의 교회가 얼마만큼 교회의 본질과 사명에 충실해 왔는가에 있다. 예수그리스도의 초림과 재림 사이에 서 있는 하나님 나라의 도구로서 교회는 그리스도의 나라를 선포할 책임을 부여 받고 있다. 따라서 교회에 대한 가장 중요한 평가의 규범은 그 교회에 주어진 사명을 어떻게 완수해 왔는가에 기초한다. 어떤 시대의 교회가 고난과 박해를 받아도 그것이 교회의 본질과 사명, 곧 말씀을 지키며 충성된 증인이 되기 위한 것이었다면 그것은 아름답고도 영광스러운 고난이다. 또 교회가 비록 사회로부터 비난과 멸시를 받아도 그것이 교회의 본질을 지켜 가며 교회의 사명을 감당하기 위한 불가피한 것이라면, 그것은 가치 있는 고난이다. 그 시대의 교회가 교회에 주어진 본래의 사명을 감당하기 위해 어떤 노력을 경주해 왔는가 하는 점은 교회사를 평가하는 중요한 규범이다.

대한 예수교 장로회 고신교회(단)은 1952년에 총노회를 조직하여 한국에서의 또 하나의 예수 그리스도의 교회의 한 지체가 되었다. 그로부터 4년이 지난 1956년에는 대한 예수교 장로회 고신교회(교단) 총회를 조직하였고, 총회 조직을 기념하여 해외선교사를 파송하기로 결의하였다. 이 결의에 의해 1958년 5월에는 김영진 목사를 대만에 선교사로 파송하였다. 고신 교회는 주로 부산경남지방에 산재해 있었으나 전국으로 확산되었고, 현재는 1,800여개처의 교회 44여만명 신자를 가진 교단으로 성장하였고, 230여명의 선교사를 파송하고 있고, 고신대학교와 신학대학원, 복음병원 등의 기관과 '기독교보'(주간 신문), '월간 고신'(월간) 등을 발간하고 있다.

1. 기독교의 전래와 일제하의 교회

한국과 기독교와의 접촉은 오랜 역사를 지니고 있다. 그러나 개신교회와의 첫 접촉은 1832년 내한하였던 칼 귀츨라프(Karl Gutzlaff)로부터 시작되었다. 그 후 만주를 징검다리로 한 서구 교회와의 간헐적인 접촉이 계속되었다. 한국에서의 기독교 운동을 가능하게 했던 것은 1876년의 개항(開港)이었다. 개항은 선교사들의 내한을 가능하게 해 주었는데, 1884년 알렌의 내한과 이듬해의 언더우드, 헤론 등이 내한함으로서 미국 북장로교회의 한국선교가 시작되었다. 1889년에는 호주 장로교 선교사 데이비스(J. H. Davies)가 내한함으로 호주교회의 한국선교가 시작되었고, 1892년에는 미국 남장로교회가, 1898년에는 캐나다 장로교회가 각각 한국선교를 시작하였다. 말하자면 미국과 호주, 캐나다에서 온 4장로교 선교부에 의해 장로교회가 전파되기 시작하였다. 이들 4선교부는 각기 분담된 지역에서 활동했으나 연합하여 1907년 대한 예수교장로회 독노회(獨老會)를 구성하였다. 독노회를 구성할 당시 장로교회는 전국적으로 785개에 달했고, 세례교인은 1만 8천여명, 전체교인은 7만 2천명에 달했다. 한국인 장로는 47명에 달했다. 노회가 조직되자 그 해 평양의 장로교 신학교를 졸업한 길선주, 방기창, 서경조, 송인서, 양전백, 이기풍, 한석진 등 7인에게 목사안수를 베풀었다. 그래서 이들은 한국 최초의 장로교 목사가 되었다. 12개 신조는 공식적인 신앙고백으로 채택되었다. 노회가 조직된 지 5년 후인 1912년에는 7개 노회의 조직과 함께 대한 예수교장로회 총회를 구성하였다. 이 당시 한국인 장로교 목사는 52명이었고, 장로는 125명에 달했다.

개신교 선교사가 입국 한지 불과 25년이 못되어 1910년 일제는 한국을 강점하였고, 한국기독교는 일제의 식민통치하에 놓이게 된다. 이 기간 동안 기독교에 대한 탄압이 일관되게 추진되었는데, 그 대표적인 탄압이 1930년대 신사참배(神社參拜) 강요였다. 신사참배 반대로 2천명이 투옥되었고, 주기철, 최상림, 이현속 등 30여명은 옥중에서 순교하였다. 해방 후 마지막까지 남아 있던 20여명의 신사참배 거부자들은 광복과 함께 출옥하였다. 그들 중 주남선 목사, 한상동 목사, 손명복 전도사, 이인재 전도사, 그리고 조수옥 권사 등이 고신교단 형성의 중요한 역할을 하게 된다.

신학적으로 볼 때 1930년대는 변화의 시기였다. 이 때 대두된 진보적 신학의 대두는 신사참배 문제와 함께 한국교회에 커다란 문제를 야기하였다. 적어도 1930년대 이전에 내한한 초기 선교사들은 대체적으로 복음주의적인 혹은 보수적인 선교사들이었다. 그러나 주로 캐나다 선교부를 통해 파종된 '다른 전통'은 1930년대부터 그 실체를 드러내기 시작하였다. 1934, 35년 장로교 총회에서는 한국교회사상 처음으로 신학적 문제가 되기도 했다. 그러나 1940년대에 와서 상황은 크게 달라졌다. 보수적인 입장의 신학운동이 퇴조하고 자유주의 신학이 그 지경을 넓혀 갈 수 있는 여건이 조성되었기 때문이다. 이 자유주의 신학의 출현은 후일 한국장로교회의 변화와 분열을 가져오는 대립의 핵이 되었다.

2. 해방과 교회재건운동

1945년 8월 15일 해방을 맞았다. 해방된 조국에서 가장 시급한 과제는 일제하에서 범한 신앙적, 민족적 범과를 청산하고 교회재건, 곧 영적쇄신을 통해 새로운 교회를 건설해 가는 일이었다. 그러나 불행하게도 이 두 가지 과제를 수행하는데 실패하였다. 친일 인사들은 신속한 변신을 통해 여전히 교권을 장악하였고, 교회재건을 위한 노력은 친일적 전력을 지닌 교권주의자들에 의해 좌절됨으로서 그 이후의 한국교회에 적지 않는 문제를 야기하였는데 그것이 곧 교회분열과 대립이었다.

부연하면, 해방 후 북한에서 교회의 재건과 쇄신을 위한 노력이 구체적으로 전개되었으나 공산정권에 의해 좌절되었고, 기독교는 다시 탄압을 받았고 오늘까지 침묵의 교회로 남아 있다. 장로교 인사들은 1946년 6월 서울 승동교회에 모여 대한 예수교 장로회 남부총회(南部總會)를 조직하고 배은희(裵恩希) 목사를 회장으로 함태영(咸台永) 목사를 부회장으로 선출하였는데, 이것은 치리회의 조직, 그 이상의 의미가 없었다.

한국교회에서의 진정한 의미의 교회쇄신운동은 부산·경남지역, 곧 경남노회를 중심으로 전개되었다. 즉 한상동, 주남선 등 출옥한 인사들이 1946년 남하하여 회개와 자숙을 요구하고 진정한 교회 쇄신을 시도하였다. 그러나 김길창(金吉昌), 권남선(權南善) 목사 등 친일적 인사들의 저항과 그들의 노회 주도권 장악 기도에 의해 효과적으로 수행되지 못했다. 이들 친일적 인사들은 교권 장악을 통해 기득권을 확보하고, 1949년 3월 8일 부산 항서교회당에서 기존의 교회조직을 이탈하여 또 하나의 경남노회를 조직하였는데 이것이 한국장로교회 분열의 시작이었다.

3. 고신교단의 형성

1) 고려신학교의 설립

신사참배 반대로 일제치하에서 투옥되었던 주남선, 한상동 두 목사는 일제의 패망을 예견하고 한국 교회재건과 신학교 재건을 구상하고 있었다. 그것은 참다운 신학교육 없이는 한국교회를 재건할 수 없다는 확신 때문이었다. 해방과 더불어 석방된 이들은 이 구상에 따라 1946년 5월 신학교 설립을 위한 기성회를 조직하였고, 6월 13일부터 8월 10일까지 2개월간 진해에서 제1회 신학강좌를 개설하였는데, 이 강좌가 고려신학교 개교로 이어지는 신학교육의 시작이었다. 고려신학교가 정식 개교된 때는 1946년 9월 20일이었다. 박형룡과 박윤선은 교수로 초빙되었다. 고려신학교는 개혁주의 신학교육을 통한 목회자 양성이 목표였을 뿐 만 아니라 해방 후 교회재건운동과 영적 쇄신운동의 동력원이 되었다는 점에서 중요한 의미를 지니고 있다. 특히 고려신학교를 중심으로 한 인사들이 고신교단 형성의 주체가 되었다는 점에서 이 학교는 고신교단 형성의 신학적 혹은 이념적 모체가 되었다고 할 수 있다.

2) 경남노회의 분열과 총회로부터의 단절

앞에서 언급하였듯이 해방 후 경남지방에서는 교회재건을 주장하는 인사들(주로 출옥한 신사불참배론자들)과 신속한 변신을 통해 교회에서의 주도권을 장악하려는 자들(주로 친일적인 교권주의자들) 사이에 대립이 있었다. 전자는 고려신학교를 중심으로 한 바른 신학의 확립, 회개와 자숙을 통한 교회 쇄신운동을 주장하였으나 후자는 교회재건 원칙을 거부하고 교회의 주도권을 장악하고자 했고, 자신들의 기득권 유지를 위해 별도의 경남노회를 조직하였다.

당시 장로교 총회는 경남노회의 문제를 정당하게 처리하지 못했다. 당시 총회는 김길창 목사가 임의로 조직한 경남노회 문제를 정당하게 처리하지 못했고, 결국은 고려신학교를 중심으로 하여 경남노회(이를 '법통노회'라고 했다) 대표들을 총회에서 축출하는 오류를 범했다.

해방 이후 친일파들이 기득권을 행사하면서 반민특위(反民特委)가 와해되고 결국 민족정기를 바로잡지 못했듯이 한국교계에도 친일적 교권주의자들이 자숙하지 않고 교권을 장악함으로서 신앙 정기가 서지 못했고 교회쇄신운동은 도리어 탄압을 받게 된 것이다. 이것은 고신교단이라는 별도의 치리회 조직을 불가피하게 만들었다.

3) 고신교회(단)의 조직

1951년 5월 피난지 부산의 중앙교회에서 모인 총회에서 부당하게 축출된 인사들, 곧 고려신학교를 중심으로 한 경남법통노회 인사들은 별도의 조직을 하지 않으면 안 되었다. 그래서 이들은 1952년 9월 11일 진주 성남교회당에서 총노회(總老會)를 조직하였다. 이때 발표된 총로회 설립 취지와 목적은 다음과 같다.

취지: 현 대한 예수교 장로회 총회는 본 장로회 정신을 떠나서 이(異) 교파적 으로 흐름으로 이를 바로 잡아 참된 예수교 장로회 총회로 계승하기 위하여 총로회를 조직함.

목적: 전통적인 대한 예수교장로회 정신을 지지하는 전국교회를 규합하여 통괄하며 개혁주의 신앙운동을 하여 법통노회를 장차 계승키로 함.

이것은 예수 그리스도를 머리로 하는 참된 교회의 한 지체로서 고신교단의 출발이었다. 이날 선출된 임원은 회장 이약신(李約信) 목사, 부회장 한상동 목사, 서기 홍순탁 목사, 회록서기 오병세 목사, 부서기 윤봉기 목사, 회계 주영문 장로 등이었다. 이 당시 고신교단에 속한 교회는 320여개 교회였고 이중 90%정도가 부산·경남 지역에 위치한 교회였다.

총로회에서는 한국교회가 범한 신사참배의 죄를 자백하고 자숙하기 위한 3주간의 특별집회를 갖기로 결의하였다. 3주간의 자숙의 기간을 보내고 1952년 10월 16일, '대한예수교 장로회 총노회' 발회(發會)를 공식 선포하였다. 총노회가 조직될 당시는 경남지역이 중심이었으나 점차 타 지역으로도 교세가 확장되었다. 1956년까지는 여섯 개 노회가 조직되었으므로 그해 9월 20일에는 대한예수교 장로회 총회(고신)가 조직되었다. 이 당시 교단에 속한 교회는 568개 처, 목사는 111명, 전도사 252명, 장로 157명, 세례 교인 수는 15,350명으로 보고되었다. 총로회를 조직한 교회는 이를 기념하여 대만에 선교사를 파송하기로 결의하였는데 그 결과로 1958년 김영진 목사를 대만에 정식 파송 하였다. 이것이 고신교단의 선교운동의 시작이었다. 고신교단은 단순히 신사참배를 반대했던 신앙적 유산만이 아니라 보다 적극적으로 개혁주의 신학의 확립과 개혁주의 교회건설 그리고 개인생활의 순결을 강조하는 복음주의 교단으로 출범하게 된 것이다.

총회를 조직한 지 4년이 지난 1960년 12월 13일에는 (1959년 연동측과 분리된) 승동측과 합동하여 '합동교단'으로 발전하였으나 1963년 다시 고신으로 환원하였다. 합동 당시의 고신교단에 속한 교회 수는 590여개였고, 세례교인 수는 17,500명이었으나, 환원총회를 구성했을 때 교회수는 445개 교회였고 세례교인 수는 10,200명이었다. 환원은 한상동 목사 개인의 결단, 곧 고려신학교 복교선언으로 촉발되었다. 그 후 고려신학교와 이사, 그리고 교수단 내부에는

'학교법인 고려학원의 인가'건과 관련하여 심각한 다툼이 일어났고, 특히 복음병원을 둘러싼 대립도 없지 않았다. 1970년대 초에는 부산노회(한상동)와 경남노회(송상석) 간의 대립은 교단의 분열로 이어졌고, 불신법정 소송논쟁을 불러왔다. 경기노회와 경남노회 중심인 일단의 인사들은 반고소론(反告訴論)을 명분으로 분립하였으나, 1982년 석원태 중심의 경기노회측을 제외한 경남노회측은 다시 본류로 복귀하였다.

고신교회(단)가 설립된 지 56년이 지난 현재 고신교회는 한국의 대표적인 장로교회로서 1600 여 지역교회와 35만의 성도가 있으며, 고신교단 산하에는 고신대학교, 고려신학대학원, 복음 병원과 같은 교육, 의료 기관들이 있다. 또 세계 40여개 나라에 약 200여명의 선교사를 파송하고 있다. 또 고신교단은 주간 신문인 「기독교보」와 월간지인 「월간고신」을 발간하고 있다.

4. 고신교회(단)의 신학적 배경

고신교단의 전통 혹은 이념이 무엇인가에 대해서는 앞에서 언급한 교단형성의 역사적 발전 과정 속에 다소 언급되었지만 이를 3가지로 요약하면 다음과 같다.

첫째, 자유주의 신학에 반대하는 개혁주의 신학의 확립 (개혁주의 신학)

신학은 신앙적 삶과 교회적 생활을 결정해 주는 것이므로 개인이나 단체의 신학이 어떠하냐 하는 점은 그 개인과 단체의 삶과 신앙, 교회적 생활을 결정해 준다. 한국교회는 1930년대를 경과해 가면서 자유주의 신학의 영향을 받았고 그 결과 신사참배 요구를 수용하기에 이르렀다. 해방 이후 고려신학교 설립은 자유주의 신학에 반대하여 개혁주의 신학을 확립하려는 의지의 표현으로써 바른 신학운동의 일환이었고, 바른 생활과 바른 교회를 세우려는 근본 동기를 지니고 있었다.

둘째, 신사참배 반대 투쟁을 통한 생활의 순결 (개혁주의적 생활)

일제하에서의 신사참배 반대운동은 교회의 본질적 신앙을 지키려는 숭고한 싸움이었다. 그들은 박해를 받고 투옥 되었으나 그것은 영광스러운 고난이었다. 신사참배 반대운동은 신앙의 정절과 생활의 순결을 지키려는 거룩한 투쟁이었고 바른 생활을 위한 경건한 투쟁이었다. 고신교회는 교리만 강조하지 않고 바른 삶을 동시에 강조한다. 그 바른 삶이란 건실한 교리적 기초 위에서 순결과 거룩을 추구하고 성화의 삶을 사는 것이다.

셋째, 회개와 자숙을 통한 교회 재건(쇄신) 운동 (개혁주의 교회건설)

해방 후 교회정화와 영적 쇄신운동, 곧 교회 재건운동은 교회의 본질과 사명을 새롭게 하기 위한 불가피한 요청이었다. 이것은 또한 교회 개혁을 위한 투쟁으로서 바른 교회운동이었다. 고신교회는 해방 이후 단지 외형적 재건만을 추구하지 않고 내면적 갱신과 쇄신을 요구하고 이를 지지해 왔다. 일제하에서의 상황, 곧 자유주의 신학의 유입, 배교적인 신사참배를 생각해 볼 때 해방이후의 교회의 정화와 영적 쇄신은 긴박한 과제였다.

그래서 한상동, 주남선 등은 개혁주의 신학의 확립, 생활의 순결, 교회쇄신운동을 전개하였던 것이다. 이념이나 전통의 문제를 말할 때 우리는 두 가지로 나누어 생각해 볼 수 있을 것이다. 첫째로는 그 집단이나 공동체의 이념이 무엇이었나 하는 점과, 둘째로는 그 이념이 어떻게 계승 발전되어 왔는가 하는 점이다. 고신의 이념에 대해서는 어느 정도 합의된 인식을 공유하고 있지만, 이 이념의 계승과 발전에 대해서는 이견이 있을 수 있고 이 점은 반성해야할 점이기도 하다.

고신 교회(단)도 여러 긍정적이고 적극적인 기여에도 불구하고, 정도의 차이는 있으나 여타의 교회조직과 마찬가지로 동일한 과오를 반복하고 문제를 노출해 왔음을 솔직히 인정해야 한다. 고신교단은 특수하다든가 다른 교단보다 완전하다는 등의 생각은 옳지 않다. 교회는 하나님이 세우신 제도(Divine institution)이지만 사람들로 구성되는 공동체(Human constitution)이라는 점에서 지상의 교회는 완전하지 못하다. 우리도 동일한 오류를 범했고, 또 범할 수 있는 죄성을 지닌 공동체임을 인식하고 늘 교회의 본질과 사명을 새롭게 확인하는 겸허한 자세가 있어야 할 것이다.

5. 고신교회와 개혁주의 신학

앞에서 고신교회는 개혁주의 신학을 추구한다고 말했는데 그렇다면 개혁주의란 무엇인가? 개혁주의는 루터주의보다 더 철저한 성경중심적 신학을 말하는데, 미국 칼빈신학교 교수였던 클로스터(Fred Klooster)는 개혁주의의 독특성이란 바로 '성경적 원리'라고 말한바 있다.[1] 개혁주의는 성경에 기초하여 신관과 우주관, 신앙관, 그리고 하나님에 대한 인간의 관계를 규명한다. 개혁주의는 성경을 신앙과 생활의 절대적인 그리고 유일한 근거로 삼기 때문에 성경의 권위를 강조하고, 하나님의 절대주권을 강조한다. 또 그리스도인의 문화 변혁적 삶을 통해 궁극적으로 하나님의 영광을 드러내고자 한다. 교회정치제도에 있어서는 인간중심의 위계제도나 특권층을 인정하지 않는다. 따라서 로마 가톨릭의 사제주의나 교권주의를 배격한다.

이 개혁주의 신학은 일반적으로 하나님의 절대주권을 강조하는 하나님 중심 신학, 성경의 원리를 강조하는 성경중심 신학, 교회적 삶을 강조하는 교회중심의 신학으로 설명되어 왔다. 우리가 하나님 중심, 성경중심, 교회중심이라고 말할 때 이것은 개혁주의적인 신앙과 삶의 방식을 간명하게 표현한 것이다.

하나님 중심(God-centered)이란 개혁주의 신학의 근간으로서, 신학의 중심 주제는 인간이 아니라 삼위일체 하나님, 곧 만물의 창조주이시며 예수 그리스도 안에서 자신을 나타내시는 하나님, 그리고 성령으로서 주가 되시는 하나님이라는 점을 의미한다. 또 인간의 궁극적인 목적도 하나님을 알고 그를 신뢰하며 그를 영화롭게 하는 것임을 의미한다.

하나님 중심이라는 말을 16세기적 상황에서 말하면 인간이 중심일 수 없다는 점을 의미한다. 이 말을 보다 직접적으로 말하면 교황이 중심일 수 없다는 점을 의미한다. 개혁주의는 창조주 하나님과 피조물 인간을 엄격하게 구별하며, 인간을 특수한 위치에 두는 신학을 용납하지 않는다. 개혁주의는

---

1 클로스터교수는 "개혁신학의 독특성" (The Uniqueness of Reformed Theology)이란 논문에서 개혁신학이란 바로 '성경적 원리' (Scriptural principle)이며 성경적 원리에 충실한 것이 개혁주의 신학의 독특성이라고 밝힌바 있다. 그리고 성경적 원리란 '오직 성경만' (sola Scriptura)이 아니라 '모든 성경' (tota Scriptura)의 원리를 포함한다고 말했다. Fred Klooster, "The Uniqueness of Reformed Theology," *Calvin Theological Journal,* Vol.14, No. 1 (April, 1979), 39.

창조주 하나님은 자연과 인간과 우주의 통치자이시며, 구원은 전적으로 하나님의 주권에 있음을 강조한다. 이것이 하나님 중심 사상이다.

성경중심(Bible-centered)이란 오직 성경만이 신앙과 삶의 유일한 규범이란 점을 강조한다. 이것이 종교개혁의 구호이기도 한 '오직 성경'(sola scriptura), 곧 성경 외의 그 어떤 것도 신앙의 표준일 수 없고 신학의 원천일 수 없다는 점을 주장한다. 로마 가톨릭은 성경 외에도 소위 성전(聖傳)이라는 '전통'을 성경과 동일한 권위로 받아드린다. 때로는 이것을 통해 성경을 해석한다 하여 전통을 성경보다 우월한 권위로 받아드렸으나 개혁주의는 모든 전통을 배격했다. 개혁주의는 '오직 성경'과 함께 성경에 다른 어떤 것을 더하거나 감하는 것을 반대하는 '모든 성경'(tota scriptura)을 강조한다. 또 "성경은 성경 자신이 해석한다"(Scripturae scriptura interpretum)는 원리를 고수한다. 루터나 칼빈 등 개혁자들은 자신이 주장하는 복음주의 혹은 개혁주의 신학이 옳다는 점을 성경에 호소하였다. 개혁주의는 바로 성경중심주의 신학이다. 따라서 개혁주의자들은 성경의 신적 권위를 강조한다.

개혁자들에게 가장 중요한 관심은 하나님의 교회였고, 하나님의 교회건설이었다. 이것이 교회중심(Church-centered) 사상이다. 신학은 근본적으로 교회를 위한 학문이며, 교회를 섬기는 학문이다. 개혁주의 신학은 이 점을 강조한다. 로마 가톨릭은 하나님의 나라가 가견적 교회 안에서 실현된다고 하여 가견적 교회와 신국(神國)을 동일시하지만, 칼빈을 비롯한 개혁자들은 오직 선택된 자들로 구성되는 우주적인 교회, 곧 무형교회 혹은 불가견적 교회(invisible church)를 말하면서도 선택받지 못한 사람도 회원이 될 수 있는 제도적인 지상의 교회, 곧 유형교회 혹은 가견적 교회(visible church)로 구분했다. 지상의 교회는 완전할 수 없다. 개혁주의는 지상교회의 불완전성을 인정하면서도 완전을 향한 추구를 경시하지 않는다. 이것이 교회 갱신 혹은 교회개혁운동이다. 교회중심사상은 그리스도의 초림과 재림사이에 서 있는 이 교회를 중심으로 신앙적 삶을 추구하며 교회에 주어진 사명을 완수하려고 힘쓴다.

개혁주의는 현재의 삶과 무관한 공허한 이념이나 관념이 아니라 실제적 삶의 신학이다. 왜냐하면 그리스도인의 삶이란 하나님의 주권 하에서 사는 삶이기 때문이다. 그리스도인은 이 땅의 삶속에서도 하나님의 주권이 행사되도록 해야 한다. 그래서 그리스도인들은 이 세상 속에 살면서도(conform) 이 세상을 변화시키는(transform) 문화적 소명을 지니고 있음을 고백한다. 그래서 신자의 삶의 궁극적 목표는 하나님의 영광을 드러내는 것인데, 이것이 개혁주의 신학의 목표라고 할 수 있다. 고신교회는 이런 신학을 견지하고 있다.

제 12장
한국장로교회와 기장의 전통

> 기장은 남한 교회의 정통성을 갖지만 그 권위와 위상을 빼앗겼다. 그러나 그것을 누구의 탓으로 돌리지 아니하고 오히려 하나님의 섭리로 받아들여 이 땅에 교회와 사회 개혁을 위한 예언자직을 감당하였다.... 한국 민족의 역사적 과제를 선교적 소명으로 삼았던 기장은 교단 출범 이후 줄곧 자주적 민주 통일 국가 건설을 이 땅의 하나님 나라의 실현 과제로 받아들였다.
>
> 연구홍 교수(한국신학대학교 역사신학)

한국기독교장로회는 1953년 6월 10일 분립되어 장로교총회 백주년을 맞이하는 올해 '새 역사' 59주년을 맞이한다. 기장은 한국장로교 전통에서 분립한 것을 분열이라 하지 않고 한국 장로교의 갱신을 위한 '새 역사'라고 말한다. 그렇다면 기장의 '새 역사'는 무엇인가? 여기는 세 가지 전제가 있다. 첫째, 교회는 거룩하신 예수 그리스도의 공동체라 할지라도 이 땅에 존재하는 한 허물과 죄를 가질 수 있다는 것이다. 둘째, 교회는 성서의 말씀에 비추어 언제든지 올바른 교회상으로 개혁되어야 한다는 것이다. 셋째, 교회의 개혁은 교회만의 개혁에 그치지 않고 하나님의 창조 세계와 인간에 대한 책임으로까지 나아가야 한다는 것이다. 기장의 새 역사는 종말론적이고 묵시적인 차원의 초시간적인 새 역사가 아니다. 그렇다고 기장만이 거룩한 존재로 성별된 집단이라는 율법적인 차원의 새 역사도 아니다.

기장의 새 역사는 성서의 중심 주제인 희년을 이 땅에 실천하는 선교 운동적 차원에서 새 역사이다. 희년은 종 되었던 이들을 풀어주고, 채무자의 빚을 탕감하며, 땅을 비롯한 소유와 재산을 원주인에게 되돌리는 해방과 자유, 그리고 은혜의 해이다(레 25). 예수 그리스도는 이와 같은 희년을 자신의 복음 선포와 선교 활동의 궁극적인 목적으로 하였다(눅 4:18, 19). 따라서 예수 그리스도의 복음 선포와 선교 사역을 계승하는 교회는 희년 공동체라 할 수 있다. 기장의 새 역사 운동은 완전한 희년 공동체를 향해 개혁된 교회로서 끊임없이 개혁한다(ecclesia reformata et, ecclesia reformanda)는 교회 갱신을 목표로 삼았다. 그것은 한국 교회의 개혁을 지향하며 교회만을 위한 교회가 아닌 세상을 위한 교회로서 이 땅에 하나님 나라의 실현을 지향하였다. 이것이 기장의 새 역사의 의미이다.

1. 해방 후 한국 교회와 조선신학교

한국기독교장로회의 출발은 1940년 설립된 조선신학교로부터 연원한다. 대다수 신학교들이 교회들에 의해 설립되어지는 것과 대조적으로 기장은 신학 운동으로부터 시작한다는 것이 그 특징이다.

1) 남한 교회의 재건과 남부 총회

1945년 8월 15일, 일제의 식민지하에서 한국 민족은 해방되었다. 그러나 그 해방은 미완의 해방이었다. 왜냐하면 식민지하에 있었지만 하나였던 한국 민족은 해방 후 둘로 분단되었기 때문이다. 또한 자주적인 민주 국가를 세우지 못하고 미·소에 의한 신탁 통치에 놓였기 때문이다. 교회도 해방으로 말미암아 교회 재건의 새로운 과제에 직면하였다. 일제하 특히 1930년대 신사 참배 강요를 통한 교회 박해 속에서 한국 교회는 정체성을 상실하고 친일 부역의 길을 갈 수밖에 없었다. 따라서 8.15 해방은 일제의 잔재 척결과 자주적인 통일 민주국가 형성과 함께 한국 교회의 개혁과 주체성 있는 한국 교회 형성이란 역사적 과제를 동시적으로 부여하였다.

해방 후 한국 교회는 분단된 상황에서 남북한 교회가 각기 교회 재건을 추진하였다. 북한 교회는 출옥 성도들의 교회 재건 원칙에 대한 논란이 있었지만 소련군의 점령 하에서 교회에 대한 감시와 탄압에 대응하기 위해 교회 재건을 서둘렀다. 남한 교회는 1945년 9월 새문안교회에서 남부 대회로 모여 교회 재건을 추진하였다. 비록 일제 강압에 의해 하나가 된 교회일지라도 그 일치와 구조의 틀은 중요하였다. 그러나 감리교를 선두로 각 교파가 교파 환원을 선언하여 장로교도 1946년 6월 12일에서 13일까지 승동교회에서 남부 총회로 모였다.[1] 경남 재건 노회를 시작으로 각 노회들이 재건되어 이날 장로교회는 남부 총회를 개최하게 되었던 것이다. 회장에 배은희 목사, 그리고 부회장에 함태영 목사를 추대하였다. 이들은 남한 교회의 중도적인 지도력을 대표하는 이들로 남한 교회의 재건에 적임자였다. 남부 총회는 다음과 같은 중요 사항을 결정하였다.[2]

① 헌법을 남북이 통일될 때까지 개정하지 않고 그대로 사용한다.
② 제27회 총회가 범과(犯過)한 신사 참배 결의는 이를 취소한다.
③ 조선신학교를 남부 총회 직영신학교로 한다.
④ 여자 장로직의 설정 문제는 남북통일 총회 시까지 보류한다.

위의 결정 사항은 해방 후 남한 교회 재건 원칙과 그 이후 한국 장로교회 정치 지형에 매우 중요한 의미를 갖는 것이며 그것은 무엇보다도 다음과 같은 역사적 의미를 갖는다. 첫째, 장로교 총회가 총회 이름을 남부 총회라 이름 붙인 것은 분단된 상황에서 북한을 빼놓고 완전한 총회로 모일 수 없다는 것과 통일이 되기까지 한시적인 총회로 모이겠다는 것이었다. 둘째, 1938년 신사 참배를 결의한 총회의 결정을 취소하고 이것은 범과로 인정하였다는 것이다. 이 점에서 남부 총회는 해방 후 교회 재건의 걸림돌이었던 신사 참배 문제를 적극 수용하고 그에 대한 한국 교회의 반성을 촉구하였다. 셋째, 조선신학교를 남부 총회가 직영신학교로 한다는 결의는 1940년 개교한 이후 조선신학교를 통해 배출된 교역자들에 정통성을 부여하는 것이며, 또 다른 측면은 해방 후 남한 교회 지도력 양성 기관으로 조선신학교를 활성화하겠다는 것이다. 넷째,

---

1 남부 총회에 참석한 노회는 전남, 전북, 충북, 경기, 순천, 충남, 군산, 경북, 경남, 경동, 경안 등 11개 노회이다. 『대한예수교 장로회 총회 회의록 II』 (서울: 대한예수교장로회 총회, 1946), pp.3-4.

2 김양선, 『한국 기독교와 해방 10년사』 (서울: 대한예수교장로회 종교교육부, 1956), p.52.

여성 장로직의 설정을 남부 총회가 비록 남북통일 시까지 유보한다는 결의를 하였을지라도 그것은 총회가 세계 교회와 신학의 흐름을 따라 교회 안에서 여성 지도력의 중요성을 인정하며 교회의 민주적 구성을 고려하였다는 것이다. 특히 제3항의 결의가 중요한 것은 남한 교회 재건의 정통성을 가진 남부 총회가 다음과 같은 조선신학교 설립 이후의 교육 과정에 얽힌 장로교계의 논란을 종결시키고 공식 교육 기관으로 승인하였다는 것이다.

2) 조선신학교 설립과 성격 문제

한국 교회의 보수 교권주의자들은 1940년 조선신학교 설립 때부터 설립 시기와 성격 문제로 조선신학교를 자유주의 신학의 본거지로, 그리고 일제에 동조한 친일 교육 기관으로 매도하였다. 그렇다면 과연 조선신학교가 자유주의 신학을 주장했는가 하는 문제를 여기서 간략히 검토할 필요가 있다.[3] 조선신학교는 다음과 같은 교육 이념에서 밝혔듯이 '자유주의 신학'을 지향한 것이 아니라 '신학의 자유'를 지향했던 것이다.[4] 조선신학교는 교육 이념 수립에 있어서 지금까지 물려받은 전통적인 보수적 신앙을 기반으로 하여 학문적인 자유와 양심의 자유를 확보함을 목표로 하였다. 조선 교회의 위신을 세우기 위해서 사대주의를 버리고 자주 자립적인 교육을 다짐하였다. 그러나 자주성을 가지면서도 세계 교회와 우의를 더욱 돈독하게 하기 위해 세계 교회 운동에 적극 협력할 것을 지향하였다. 평양신학교가 "조선 교회를 위한 조선인 교역자" 양성에 주력하지만 조선신학교는 신앙으로나 학문에 있어 "조선 교회를 위한 세계적인 교역자"를 양성하고자 한 것이다.

다음으로 조선신학교는 과연 일제 식민 교육 정책에 동조하는 교육 기관이었는가? 한국 교회의 보수적인 교권주의자들은 신사 참배 거부로 평양장로회 신학교가 폐교되자 이에 때를 맞춰 조선신학교가 개교한 것이 바로 친일적 성향을 드러낸 것이라고 주장한다.[5] 그러나 이것은 조선신학교 설립의

3 박용규, 『한국장로교 사상사』 (서울: 총신대학 출판부, 1996), pp.289~294.

4 한신대학교수단, 『한신대학 50년사』 (오산: 한신대학교 출판부, 1990), pp.21~22.

5 최덕성, "한신대학과 과거사 문제", 『한국 교회 친일파 전통』 (서울: 본문과 현장 사이,

역사적 맥락을 모르고 하는 말이다. 1939년 조선신학원 기성회 조직은 이미 1930년 초부터 송창근을 비롯한 진보적인 교회 지도자들에 의해 구상되어 있었다. 단지 인적, 물적 요소들이 집결되어 개교한 시기가 평양신학교가 문을 닫을 때와 일치되었다는 것뿐이다. 평양장로회신학교는 당시 관서 지방에 있었기에 지리적 위치에서 전국적으로 관할하기에 어려웠고 또한 교회 성장과 더불어 교역자 수요의 급속한 증가는 교역자 교육의 수용 한계를 갖지 않을 수 없었다. 이와 더불어 1930년대는 한국 신학의 정초기로서 제1세대 한국인 신학자들이 외국 유학을 마치고 돌아와 보수와 진보의 신학 진영 간에 상호 마찰과 갈등이 이루어지던 시기였다. 일찍이 송창근은 한국에서 신학 교육의 갱신과 새로운 신학 교육 기관 설립의 필요성을 주장하였다. 신학 교육에 한국 교회의 미래가 달려있다. 교회는 교역자들의 수준만큼 발전한다. 훌륭한 한국 교회의 목회 지도자들을 배출하려면 훌륭한 교육 기관이 필요하다. 조선신학교는 바로 이러한 한국 교회의 시대적 요청을 인식하며, 진보적 신학자들이 뜻을 함께 공유한 데서 시작하였다. 단지 인적, 물적 요소들이 집합되어 개교한 시기가 공교롭게 평양신학교가 문을 닫을 때와 일치된 것일 뿐이다.

마지막으로 조선신학교가 1937년 평양신학교 폐교 이후 한국에서 선교사들이 물러나자 이들의 간섭과 통제에서 벗어난 신학교를 세우자는 반선교사적 의도가 있었다는 것과 관계된 문제이다.[6] 그러나 여기서 조선신학교의 설립 목적이 "조선 교회가 자주적으로 조선인 교역자를 양성하자"는 데에도 있었지만, 이것이 조선신학교 설립 배경과 목적에 대한 오해를 불러 일으켰다. 조선신학교는 설립 초기부터 세계 교회를 향한 선교사들과 연대하는 에큐메니칼 신학 노선을 포기하지 않았다. 조선신학교는 1940~45년까지 일제 말의 굴욕적인 간섭과 극심한 재정적 어려움 가운데에서도 해방된 한국 교회의 미래상을 바라보며 이겨낼 수 있었다. 그러나 정작 해방이 되자 남북이 미·소에 의해 점령되고 북한에 공산주의 정권이 들어서며 교회에 대한 박해가 시작되었다. 신앙의 자유와 경제적 곤란을 해결하고자 수많은 기독교인들이 남쪽으로 월남을 하였다. 따라서 한국 교회의 종교적 지형도 변하지 않을 수 없었다.

2000), pp.252~330.

6 김인수, 『한국기독교회사』(서울: 한국장로교출판사, 1994), p.298.

3) 성서 영감론 논쟁과 교단 분열

해방 후 남북 장로교회의 재건에 있어서 가장 큰 변수는 북한에서 종교 자유란 이름으로 행해진 박해를 피해 내려온 개신교 지도자들과 본국으로 귀환하였다가 돌아온 외국 선교사들이었다. 이들은 한국 교회의 보수화와 교권주의 파장에서 커다란 변수로 작용하였다. 이것은 선교 초기부터 그들이 가지고 있던 식민주의적 선교 정책과 방법론의 당연한 결과였다. 선교사들은 해방 전의 그들의 위상과 권위를 찾고자 하였다. 그러기 위해서는 한국 교회의 자주적인 지도력 양성과 신학 운동 노선을 규제해야 하였다. 조선신학교 문제는 이러한 맥락에서 발단이 된 것이다. 조선신학교는 남부 총회의 결의에 따라 합리적으로 이사회를 재편하고, 외국 선교부에 교수와 이사를 보내주기를 요청하였다. 캐나다 선교부는 진심으로 협력 발전을 약속하고 스코트(W. Scott) 선교사를 교수로 보내 주었다. 미국 북장로교 선교부에서는 아직 정식으로 관계할 시기가 아니므로 두고 보자는 회답이 왔다.

조선신학교 문제의 일차적인 발단은 신학 문제였다.[7] 1940년 평양신학교가 폐교된 후 일제의 원조로 재 개교한 (후)평양장로회신학교 재학생 51명이 조선신학교로 편입한 후 그들이 교육받은 신학이 장로교회의 정통 신학 노선에 맞지 않는다고 총회에 항의 서한을 내었다.[8] 이 문제로 장로회 총회는 문제의 진상을 파악하기 위해 조선신학교 위원회를 구성하였다. 진상 조사 과정 가운데 선교사들과 위원들은 일방적으로 조선신학교의 신학 교육을 자유주의 신학이라고 규정하였다. 그리고 조선신학교의 교수 개편과 총회 직영 취소 문제를 제기하였다. 그러는 사이 월남한 보수 교권적인 관서 지역의 목회자들이 1948년 총회 신학교를 세우고 신학 교육을 재개하였다. 따라서 자연히 이 두 신학교를 합병하는 문제가 함께 논의되었다. 총회 진상조사위원회는 몇 번의 조사에서 조선신학교의 신학이 결코 성서의 권위를 파괴하거나 장로교 신앙 고백에 어긋나지 않는다는 것을 확인하였다.

교권과 불법적인 다수의 횡포에 대항해서 남부 총회의 중심 세력과

---

7 연규홍, 『한국장로교회와 칼빈신학사상』 (서울: 한빛출판사, 1996), p.65.

8 주재용 외, 『한국기독교 100년사』 (서울: 한국기독교장로회, 1993), p.357.

조선신학교 관계자들은 타협안을 거부하고 끝까지 신앙 양심의 자유와 신학의 자유를 주장하였다. 드디어 전쟁의 포성이 채 끝나지도 않은 1952년 대구에서 열린 제37회 총회는 총대들이 아직 도착하지 않은 상황에서 이들을 배제한 채 일방적으로 김재준 목사와 스코트 선교사 제명 결의안을 가결하였다.[9] 목사의 처단은 총회의 권한이 아니라, 그 목사가 속한 노회의 권한이다. 또한 선교사의 처단은 그 선교사를 파송한 선교 본부의 권한이다. 그럼에도 불구하고 이들은 노회의 동의로 캐나다 선교부의 의견을 묻지 않고 불법으로 결의한 것이다.

조선신학교 출신 신학자들의 교역자 자격을 취소한 총회의 불법적 결의에 대해 황희섭, 정규태, 김병우 등 총대 31명은 항의 성명서를 발표하였다. 신학적으로나 헌법적으로 부당함을 항의하는 여러 단체의 반발, 비난, 성토가 일어났다. 그러나 총회는 이를 무시하였다. 오히려 종래의 입장을 재확인하면서 장로교회의 헌법성을 지키려는 호헌 운동까지도 처단할 것을 선언하였다. 결국 1952년 6월 3일 호헌위원회가 조직되고 이것이 전국의 지방으로 확산되어 노회 내에 싸움이 일기 시작하였다. 한국 교회는 마치 약속의 땅 앞에서 야훼냐 바알이냐를 선택해야 했던 것처럼 불법적인 교권주의자들의 총회와 이들에 의해 정죄당하고 이단시된 호헌 총회 사이의 믿음의 선택을 해야 했던 것이다. 호헌 총회는 수도, 세력도 약하였다. 외국 선교사들도 거의 모두가 수와 힘과 전통을 자랑하는 불법 총회의 편에 섰다. 단지 캐나다 선교부만이 호헌 총회 편에 섰다. 타 장로 교단들의 비난과 질시 속에서도 그들은 믿음과 양심의 선택을 하였다. 캐나다 교회는 선교 초기부터 그들이 해온 믿음의 원칙에 따른 결정이었다. 그러나 그렇다 하더라도 호헌 총회로서는 함께 이단으로 정죄당하고 함께 쫓겨나는 고난의 십자가를 져준 캐나다 선교부가 큰 도움이며 위로이었다. 캐나다 교회와 선교부는 그들의 연합 정신과 사랑의 유대로 기장이 전 세계 교회의 한 지체로 참여할 수 있도록 협력하였다.

---

9 김정준, 『기독교장로회 해설』 (서울: 대한기독교장로회 종교교육부, 1956), pp.9~10.

2. 새 역사 운동과 한국 교회의 개혁

기장은 남한 교회의 정통성을 갖지만 그 권위와 위상을 빼앗겼다. 그러나 그것을 누구의 탓으로 돌리지 아니하고 오히려 하나님의 섭리로 받아들여 이 땅에 교회와 사회 개혁을 위한 예언자직을 감당하였다.

1) 38호헌 총회와 새 역사 운동

1953년 6월 10일 아직 6.25 전쟁의 여파로 통행이 공적으로 허용되지 않던 때, 서울 동자동 한국신학대학 강당에서 호헌파의 법통(法統) 제38회 총회가 모였다. 전북, 군산, 김제, 경북, 경서, 충남, 목포, 충북, 제주 노회 등 9개 노회, 총회 총대, 청년 회원, 여전도 회원, 호헌 동지 등 111명이 이 자리에 참석하였다. 38호헌 총회는 지난 36, 37회의 조선예수교장로교 총회의 과오와 불법 결의안 등을 거부하기로 하고, 복음주의와 신앙 양심의 자유와 자주적 정신과 세계 교회주의 등을 대내외에 선언하였다.[10]

① 우리는 온갖 형태의 바리새주의를 배격하고 오직 살아계신 그리스도를 믿음으로 구원받는 자유를 확보한다.
② 우리는 건전한 교회를 세움과 동시에 신앙 양심의 자유를 확보한다.
③ 우리는 노예적인 의존 사상을 배격하고 자립, 자조의 정신을 함양한다.
④ 그러나 우리는 편협한 고립주의를 경계하고 전 세계 성도들과 협력 발전하려는 세계 교회 정신에 철저하려고 한다.

캐나다 선교부는 선교사 의존적인 노예적 교회, 형식과 교권에 사로잡힌 교회로부터 자주 자립하며 하나님의 말씀의 자유와 신앙 양심의 자유를 향해 출애굽한 이들과 새 역사 창조의 동지로서 함께하였다. 6·25 전쟁과 민족적, 교회적 분열이라는 커다란 소용돌이를 함께 겪은 한국기독교장로회는 스스로 내적 상처와 외적 상처를 수습하기도 전에 자기 정체성에 대한 심각한 물음을 갖지 않을 수 없었다.[11] 전란의 폐허 속에서 한국 사회는 사회대로 힘겨운

10 『한국기독교 100년사』, p.377.

11 민경배, 『대한예수교장로회 백년사』 (서울: 대한예수교장로회총회, 1994), p.543.

노력을 기울일 때, 기장은 이 시대의 민족적 과제를 선교적 과제로 끌어안으며 자기 정체성의 확립 문제를 놓고 고심하지 않을 수 없었다. 기장이 예장과 나누어지면서 자신을 새롭게 정립한 개념이 "새 역사 운동"이었다.

새 역사 운동이란 무엇인가? 이전의 한국 교회의 전 역사를 부정하고 새롭게 출발한다는 말이었는가? 아니다. 새 역사란 한국 교회의 보수적, 교권적인 선교사를 의존하는 성격을 개혁하고 한국 교회의 자주적이며 주체적인 성격을 계승한다는 것이었다.[12] 그러면서도 또한 새 역사 운동은 세계 교회와의 교류를 통해 선교 지평을 확대하고, "전적인 그리스도를 인간 생활의 전 부분에 증거하는" 역사 참여를 통해 민족 현실 속에 선교의 영역을 확보하는 것이었다. 이 시기에 기장은 교단의 자기 정체성을 확립하기 위한 제도 혁신과 더불어 세계 교회들과 함께 한국 사회의 미래를 위한 실천적 선교 사업을 전개하였다. 제도 혁신으로 기장은 어떻게 하면 보수적이고 교권적인 기존의 장로교회들과 차별성을 갖는 진보적이고 민족적인 교회 제도와 기구들을 설치할 것인가? 이것이 급선무였다. 교단의 제도 혁신의 방향을 지교회는 선교를 맡고 노회는 교회 개척을, 그리고 총회는 정책 수립을 맡는다. 행정 체계는 총회를 중심으로 중앙 집권 형태로 나아가지만 선교 활동은 지교회와 노회를 중심으로 지방 분권체제를 지향하였다. 선교사들과 함께한 협동사업위원회는 교단의 정치 구조를 지교회와 노회 중심의 지방 분권 제도로 혁신하며 총회는 선교 중심적 구조를 만들기 위해 노력하였다.

세계 교회와의 협력 관계는 첫째 해외 교회로부터 지원받는 선교비 청구를 거부하는 것이었다. 교단 일부에서는 반대의 의견도 있었다. 그러나 기장은 조선신학교를 어떠한 선교부의 도움 없이 민족 자본을 가지고 자립적으로 세우지 않았는가? 또한 기장은 1953년 제38회 호헌 선언문에서 "우리는 의존 사상을 배격하고 자조 자립 정신을 함양"하는 교단이 되기를 공포하지 않았는가? 과감히 기장은 캐나다 선교부와 동역자적인 관계를 상호 발전시키기 위해서라도 선교비 지원을 거부한 것이다. 둘째, 세계 교회의 에큐메니칼 운동의 적극적인 참여였다. 1959년 10월 기장은 한국기독교연합회(NCCK)에 정식 가입하면서

12 연규홍, 『새역사 50년사: 한국기독교장로교회의 발자취』(서울: 한국기독교장로회출판사, 2003), p.80.

또한 세계개혁교회연맹(WARC)에 가입하였다. 그리고 기장은 세계개혁교회연맹 제 18회 대회에 총회 대표를 참석시킴으로써 명실 공히 개혁교회 전통을 물려받은 교단으로서의 정체성을 확고히 하였다. 또한 기장은 1960년 세계교회협의회(WCC)에 가입함으로써 세계 에큐메니칼 운동에 참여하게 되었다.

2) 하나님의 선교와 새 역사 참여

한국 교회사에서 기장의 의의는 그 수적인 성장이나 물량적인 힘에 있지 않다. 작은 교단으로 우리는 한국 민족사 속에서 그 누구도 하지 않은 이 땅의 정의와 진실, 그리고 평화를 위해 소리 없이 녹아지고 자기를 버리는 소금의 역할을 해 왔다. 역사의 어두운 밤에 민족과 교회의 나아가야 할 방향을 비추는 작은 빛으로서의 역할을 감당해 왔다. 그러나 기장의 이러한 예언자적 사명의 길은 결코 쉽지 않은 길이었다. 고난 속에서 십자가를 지는 길이었다.

세계 교회의 해방 전통으로서 하나님의 선교와 초기 한국 교회의 근대화와 민족 독립의 해방 전통을 계승한 기장이 역사 현실에 내해 눈 뜬 것은 1960년 4·19를 기점으로 한다. 우리 민족은 일제 식민지 억압 하에서 그렇게 바라던 해방이 되고서도 자주적인 민주 통일 국가를 세우지 못하고 분단이 되고 말았다. 남북의 분단은 여기서 끝나지 않고 마침내 동족상잔의 6·25 전쟁이란 비극을 불러 일으켰다. 6·25 전쟁은 서로에게 아무런 이득도 없이 더욱 분단의 벽을 높이 쌓고 증오와 원망과 한(恨)만을 가슴에 심어 놓았다. 제1공화국 이승만 정권은 바로 이러한 증오와 원망과 한에 의해 세워진 체제였다. 미국의 보호막 속에서 어쭙잖은 남북 체제 경쟁을 하며 안으로는 부패와 부정을, 그리고 독재의 독버섯을 키워 갔다. 이승만을 비롯한 정부와 관료, 국회의원 등 삼분의 일이 기독교인이었음에도 불구하고 말이다. 이 점에서 한국 교회는 한국 민족 앞에 속죄할 커다란 빚이 있는 것이다. 마침내 제1공화국은 4·19라는 민주화 혁명의 역사적 심판을 받고 무너지고 말았다. 기장은 이것을 초기 한국 기독교의 해방적 전통을 바로 계승하지 못하고 현실 지배 세력과 타협한 한국 교회에 대한

심판으로 받아들였다.[13]

4·19 혁명은 지나온 한국 교회사를 반성하며 새로운 역사 참여를 지향하는 예언자적 외침이었다. 기장의 사회 선교의 출발은 이후 한국 현대사와 맥을 같이 하며 민족사의 과제를 교회의 선교 과제로 끌어안고 민주화의 인권, 그리고 통일 운동의 실천에 앞장서 나아간다. 그러나 본격적으로 기장이 민주화 통일 운동의 선두 주자로 나가게 된 것은 1970년에 들어서이다. 4대 문서를 통해 기장은 자기 정체성을 확립하고 사회 선교적인 제도 형식을 갖추었다. 때는 마침 남북 분단 4반세기 만에 남북 관계의 새로운 대화의 장이 열리던 시기였다. 1972년 7·4 공동성명의 합의서에 조인한 서명이 채 마르기 전인 10월 박정희 대통령은 국회를 해산하고 전국에 비상계엄을 선포하고 반민주악법인 유신 헌법을 제정하였다. 유신 헌법이 겉으로는 "조국의 평화와 통일을 지향하는 헌법 개정안"이란 그럴듯한 이름을 붙였지만 속으로는 대통령에게 초헌법적인 권한을 부여하여 인간의 기본권을 제한하고 축소하는 법이었다.[14] 서슬 퍼런 유신 정권의 통제와 억압 속에서 누구도 이에 대해 '아니오'할 수 있는 용기 있는 이나 집단이 없었다. 특히 교회는 더욱 그러하였다. 1901년 9월 미국 선교사들을 중심한 장로교 공의회는 "교회와 정부 사이에 교제할 몇 가지 조건"이란 글을 통해 정교 분리의 원칙을 한국 교회에 주입시켰다. 이 원칙을 굳게 지켜온 보수적인 교회들은 이때에도 세상(정치) 일과 종교(교회) 일을 구분하여 역사의 현실을 외면하였다.

유신 체제에 대한 최초의 저항은 기장 교회 안에서부터 일어났다. 1972년 12월 13일 은명기 목사는 유신 헌법을 정면으로 부정하는 설교를 하여 포고령 위반(유언비어 유포) 혐의로 구속되었다. 그리고 이듬해 4월 22일 한국교회협의회가 주최한 남산 부활절 연합예배 행사 시 박형규 목사와 학생들이 반독재 민주 회복의 전단을 배포하고 최초의 집단적 저항을 하였다. 이것은 한국 교회의 민주화를 위한 투쟁을 국내외적으로 알리는 최초의 대사건이 되었다. 이에 박형규 목사를 비롯한, 이 사건에 연루된 기장의 교역자들이 구속되자 총회는 신앙과 인권 협의회를 개최하였다. 이는 70년대 민주화 운동과 더불어 인권 선교를 위한 중요한 발전이었다. 유신 정권과 기장을 비롯한 한국 교회의

---

13 김재준, "4.19 이후의 한국 교회", 『김재준 전집』 5권 (오산: 한신대학교출판부, 1992) p. 129.

14 김명배, 『해방후 한국기독교사회운동사』 (서울:북코리아, 2009), p.120.

진보적 집단 간의 공식적인 대결 상황이 벌어졌다. 기장과 한국기독교교회협의회(NCCK)는 이 문제를 누구나 자신의 의견을 발표할 수 있고 인신의 구속을 받지 않을 자유와 권리가 있다는 측면에서 이를 불법적으로 억압하고 구속하는 것에 대항하여 인권 운동을 전개하였다.[15] 그리고 복음의 원리에 따라 진실과 정의를 전파하는 선교 자유의 수호 차원에서 이 문제에 접근하였다.

한신대학도 "오늘과 같은 상황에서 신앙의 양심상 안이하게 수업을 계속할 수 없다"고 선언한 후 학생들은 동맹 휴학과 단식에 들어갔다. 교수들도 전원 삭발을 하고 유신 체제에 항거하였다.[16] 정부도 이에 대한 긴급조치로 강력히 대응하였다. 긴급조치 1,2호가 발표되며 그동안 기장이 해왔던 노동자, 농민, 도시 빈민 선교 등, 특수 선교에 대해 제재를 가하며 개헌 서명 운동에 가담한 산업 선교 실무자들을 구속시켰다. 기장 교회는 한편으로는 구속된 이들에 대한 석방 운동과 더불어, 계속하여 유신 체제의 부당성을 알리며 긴급조치 반대 투쟁을 전개하였다. 총회는 총회대로, 한신대학은 대학대로, 노회는 노회대로, 유신 헌법 철폐와 언론과 종교의 자유를 위해 기도회와 대회를 개최하였고 숱한 이들이 경찰에 연행, 구속되고 해직되는 고난을 겪어야 했다. 그러나 하나님의 정의 실현과 민주화를 향한 고난의 행진은 갈수록 그 대열이 더욱 커져갔다. 기장은 민주화의 대장정의 한 중심에 서 있었다.

기장은 60, 70년대 역사의 한 가운데서 기장이 무엇인가, 기장은 무엇을 선교하고 고백할 것인가에 대한 신학적 반성을 가지게 되었다. 이것이 기장의 4대 문서이다.[17] '하나님의 선교'(Missio Dei)를 교단의 공식 선교 신학으로 밝힌 기장은 지역 사회, 노사, 인권 문제 등 사회 선교를 위한 교회 갱신의 다양한 구조를 제시하며 이것을 두 가지 차원에서 추진하였다. 하나는 한층 성숙한 자세로 세계 교회와 적극적으로 연대하는 차원이다. 다른 하나는 한국 사회의 제반 문제들에 참여하는 봉사적 차원이다. 하나님의 선교에서 해외 선교의 구체적인 사업으로 기장은 1969년 여신도회 전국연합회의 외지 전도부

15 KNCC 인권위원회 편, 『한국교회 인권선교 20년사』(서울: 한국기독교교회협의회, 1994), pp.68-69.

16 『한신대학 50년사』, p.228.

17 『새역사50년사: 한국기독교장로교회의 발자취』, p.123.

사업으로 일본에 전도사를 파송하고 한일 선교 협력 관계 수립에 따라 일본에 선교사 파송을 결의하였다. 또한 해외 장학 사업을 확정하여 캐나다를 위시하여 미국, 일본, 스위스, 독일, 인도 등지에 유학생을 보내, 인재 양성과 더불어 세계 교회와의 유대를 더욱 밀접하게 하였다. 게다가 1970년대 기장은 동남아시아 도시 산업 선교 지도자 강습회, 아프리카 나이로비에서 열린 세계 장로회연맹 제20회 총회, 캐나다 연합교회 세계선교부 연차 총회 등에 교단 대표들을 파송하여 독자적인 교단으로서의 기장의 면모를 부각시켰다. 따라서 1970년 9월에는 유럽에 있는 영국 장로교회, 스코틀랜드 교회, 화란 교회, 스위스 교회 등이 기장과 선교 협력 관계를 맺고자 협의해 옴으로써 선교의 폭을 세계의 지평으로 확장시켰다.

하나님의 선교(Missio Dei)는 교회의 선교와는 그 방향성이 다르다. 선교의 주체가 교회가 아니고 하나님이었다. 하나님의 선교는 간단히 요약해서 이렇게 말할 수 있을 것이다. 첫째, 선교의 주체는 하나님, 둘째, 선교의 현장은 이 세계, 셋째, 선교의 목적은 인간화. 따라서 하나님은 교회라는 구조 안에서만이 아닌 교회 밖에서도 구원과 해방의 역사를 행하신다. 선교란 세상 속에서 교회보다 앞서 구원의 역사를 이루시는 하나님의 부르심에 응답하는 것이다. 그러므로 그리스도인은 누구나 하나님께서 일하시는 세상을 향한 봉사에로 부름을 받고 있는 선교사들이다.

3) 한국 교회 개혁과 생명 연대 운동

기장의 사회 선교에 있어서 민주화와 분리할 수 없는 것이 통일 운동이다. 한국 민족의 역사적 과제를 선교적 소명으로 삼았던 기장은 교단 출범 이후 줄곧 자주적 민주 통일 국가 건설을 이 땅의 하나님 나라의 실현 과제로 받아들였다.[18] 그러나 통일 운동이 본격적으로 기장의 선차적 선교 과제로 대두된 것은 1980년 5.18 광주 민중 항쟁을 계기로 해서이다. 기장이 통일 문제를 일찍이 선교적 과제로 삼았지만 그에 대한 선교적 노력을 기울일 수

18 『한국기독교장로회 제57회 총회록』(서울: 한국기독교장로회 총회), 1972.

없었던 것이 반공을 국시로 삼고 북한과 대결 구도 속에 있던 남한의 반민주 군사 독재 상황 때문이었다. 따라서 기장은 민주화, 인권 운동에 사회 선교의 중점을 두고 이 일에 교단적으로 전력을 기울였다.

그렇지만 궁극적으로 반민주 군사 독재 정권이 남북의 분단 체제가 만들어낸 파생물이라는 것을 깨닫게 한 것이 1980년 광주 민중 항쟁이다. 신군부로 지칭되는 전두환 정권이 권력을 잡기 위해 광주 시민들의 민주화 열망을 총칼로 유혈 진압한 이 사건은 70년대 민주화 운동을 변혁 운동으로 전환하게 하는 계기가 되었으며 외세 모순에 대한 인식과 더불어 통일 문제를 새롭게 바라보는 계기를 만들어 주었다. 즉 민족 통일을 위한 교회 일치와 연합을 우선 과제로 상정하고 기장은 통일에 앞선 민주화 실현을 추진하였다. 분단 상황에서 기장 교회의 모판지라 할 수 있는 전라도, 특히 광주는 박정희 정권의 개발 독재 시대에 지역 차별 정책으로 줄곧 소외되어 온 곳이다. 따라서 5.18 광주 민중 항쟁으로 어느 교단보다도 피해가 컸던 것은 우리 교단이었다. 신군부의 계엄령 하에서 문익환 목사를 비롯한 교역자들과 청년 학생들이 연행 구속되었고, 광주 민중 항쟁에 연루된 강신석 목사를 비롯한 이애신 집사 등 많은 민주 인사들과 청년학생들이 연행 구속되었다. 한신 대학의 신학생인 류동운도 이 항쟁 가운데서 투쟁하다가 희생되었다.[19]

한국 기독교 백주년을 앞에 두고 벌어진 이 민족의 비극적 현실 앞에서 한국 교회는 무엇을 기도할 것인가? 주님의 뜻은 어디에 있는가? 기장 교회는 근본적인 물음을 묻지 않을 수 없었다. 그것은 한 마디로 이와 같은 죽임을 정당화하는 반생명의 구조를 극복하는 평화이다. 평화는 차별과 억압과 대립이 없는 평등과 해방과 화해이다. 진리와 사랑 안에서 하나 됨이다. 그렇다면 이 민족의 분단 현실과 소외의 역사 앞에서 교회 공동체는 어떠한가? 민족의 분단을 내면화한 한국 교회의 개교회주의와 친미적 반공주의의 분단 논리는 더욱 민족과 교회를 분열시키고 파벌을 조장하였다.

第65회 총회가 우리에게 의미 있는 것은 이 민족의 분단을 극복하는 통일 운동을 선교적 과제로 수행하기에 앞서 먼저 교단 안에 개교회주의를 지양할

19 『새역사50년사: 한국기독교장로교회의 발자취』, p.187.

공동 선교적 구조를 형성해야 한다는 결의를 하였다는 것이다. 그것은 교단 내적으로 모든 지교회들이 십일조를 노회에 내서 공동 선교를 하고 목회자들도 봉급의 5%(십일조의 절반)를 총회에 내 교역자 최저 봉급제를 실시하는 것이다. 그리고 또 하나의 의의 있는 것은 민족 분단의 현실 앞에서 분단된 한국 교회의 모습을 반성하며 장로교회의 일치를 위해 장로교연맹의 구성을 제안하는 것이다. 이것은 기장이 줄곧 추구한 에큐메니칼 정신의 개가라 아니할 수 없다. 뿐만 아니라 분단이 동족을 적대화하는 죽음의 문화의 근원임을 인식하고 세계 교회의 JPIC운동과 생명문화 운동을 추진하였다. 그리고 그 맥락에서 분단 구조 하에 가장 소외되고 가난한 민중들과 연대하는 민중 교회 운동이 한국 교회 개혁 운동으로 출범하였다.

한국 교회의 백주년을 앞두고 1983년 기장이 작성한 신앙 고백 선언서는 1980년대 우리의 우선적인 선교 과제를 "그리스도의 복음을 전함으로써 자유에 기초한 민주주의와 화해, 평화, 남북통일의 역사를 이룩하는 일"이라 보았다. 그리고 우리 민족의 인위적인 남북 분단이 6.25 동족상잔, 이산가족, 누적되는 외채와 막대한 군사비, 자유를 비롯한 우리의 기본권의 침해 등 민족적 비극의 근거가 된다고 보고 오직 이 민족과 교회가 살 길이 남북통일이며 이 과제를 하나님의 선교의 과제로 삼고 이에 동참한다는 것을 밝혔다. 따라서 제68회 총회는 총회 안에 특별위원회 형식으로 통일 문제연구위원회를 두고 통일 문제를 토의하기로 하였다. 제69회 총회는 통일 문제를 더 지속적으로 연구하기 위해 통일 문제 연구위원회를 총회에 상설하기로 결의하고 총회 산하의 노회에도 상임위원회를 두기로 결의하였다. 제70회 총회는 통일 문제 연구위원회를 북한 선교위원회와 통합하면서 평화 통일 문제위원회로 조직을 개편하였다. 이것은 당시 일기 시작했던 세계 교회 평화 운동과 밀접한 연관 속에서 한반도의 민족 통일을 불가침 협정, 평화 협정, 군비 감축, 핵무기 철거 등의 평화 운동과 맥을 같이 한다는 인식의 심화였다.

이와 같은 기장의 통일 문제에 대한 논의와 연구가 드디어 1988년 한국기독교교회협의회의 "민족의 통일과 평화에 대한 한국 기독교의 선언"

을 이끌어낸 것이다.[20] 기장은 통일 운동의 선상에서 1995년을 평화 통일의 희년(禧年)으로 정하고 교단 선교 구조의 새로운 혁신과 변화를 모색하였다. 희년은 레위기 25장에 있듯이 모든 것이 원래의 상태대로 돌아가는 해이다. 이것은 오늘 우리 민족의 현실에서 정의 실현과 화해이다. 따라서 기장은 희년 정신으로 평화 통일의 선교 전선을 재정리하며, 이에 구체적인 실천과 준비를 하며 민중 연대적인 프로그램을 진행시켜 나갔다. 통일 희년의 해를 남북 교회가 합의하여 공동으로 선포하기까지는 1984년 일본의 도잔소(東山莊) 회의 이후 글리온 회담까지 세계 교회들과 세계 교회협의회(WCC), 북미 교회들, 특히 캐나다연합교회의 참여와 지원이 컸다. 기장은 통일 운동을 위하여 세계 교회와 더욱 밀접하고 다양한 관계를 맺어 나갔다.

또 한편으로는 희년 정신을 구체화시키는 사회 선교 사업으로 '희년 선교의 집' 운동을 벌였다. 희년 선교의 집은 농촌에서 밀려나 도시 변두리에 자리 잡을 수밖에 없는 가난한 도시 근로자들을 위한 공간이었다. 특히 맞벌이로 일하지 않으면 살기 어려운 여성들, 그리고 그들이 집에 두고 나갈 수밖에 없어 방치되는 아이들, 돌봐줄 이 없는 노인들, 소년소녀 가장들, 장기수들을 위해 일하고자 하는 하나의 작은 일터이다. 이와 같은 기장의 희년 운동은 한국 교회뿐만 아니라 세계 교회에도 영향을 주어 WCC의 희년 운동을 추동하게 하는 계기가 되기도 하였다.

기장은 죽임의 문화를 생산하는 분단 구조의 극복과 통일 문제를 정치적 차원에서만 보지 않았다. 이것을 분단 상황 하에서 남북한의 사회복지적인 차원의 생명 연대 운동으로 확대하였다. 첫째가 경제난에 허덕이는 북한 돕기 운동이다. 1996년 기장은 북한 주민을 돕기 위하여 전국 교회가 헌금을 한 1000만원을 세계 교회협의회를 통해 북한에 전달한 것을 시작으로 북한에 대한 지원을 계속하였다. 전국의 기장 교회들은 북한 동포들을 위한 구체적인 나눔 운동으로 사랑의 헌금과 성미 모으기 운동을 전개하였다. 그 결과 북한기독교도연맹에 헌금을 비롯하여, 쌀, 옥수수, 라면 등 식품과 발전기 등 공업용 기계를 다양한 창구를 통해 전달하였다. 또한 기장은 북한 지역에 복지타운 건설을 비롯하여

---

20 이덕주, 조이제 편, 『한국그리스도인의 신앙고백』, (서울: 한들출판사, 1997), p.396.

통일 선교를 계획하였다. 둘째는 기장의 생명 연대 운동의 구체화로 민중 선교의 새로운 전개이다. 기장은 그 동안 민주화 운동 과정에서 노동자, 학생, 지식인 대상의 선교 운동을 해온 것이 사실이다. 우리 사회의 장애인들이나 노인, 그리고 외국인 노동자들에 대해 관심을 기울이지 못하였다. 더욱이 국제통화기금(IMF) 시대의 실직자들과 그 가족들에 대한 문제는 한국 사회의 민주화의 연장선상에서 다루어진 것이다.

1997년 기장은 사회복지재단을 설립하고 군포, 남원, 구리, 강동 지역 등에 사회복지센터를 건립하여 이를 관리, 경영함으로써 복지 선교의 새로운 장을 개척하였다. 또한 총회 교회와 사회위원회는 총회 교육원의 시설을 이용하여 실직자를 위한 쉼터를 개원하였다. 그리고 외국인 노동자를 위한 교회도 세웠다. 따라서 기장은 민중 선교의 대상이 변함으로 말미암아 그 선교의 방법론을 하나님의 봉사(Diakonia Dei) 신학으로 새로이 추구하였다. 장애인, 노인, 외국인 노동자, 실직자들의 생존권과 권익을 보호할 사회 복지적 차원의 다양한 프로그램 개발과 운영이라는 면에서 기장은 세계 교회와의 밀접한 연대 속에서 인적, 물적 교류를 통하여 나눔을 실현하였다. 기장 교회는 교회를 위해서 존재하지 않고 세상을 섬기기 위해 존재한다. 기장 교회는 오늘날 분단된 이 민족과 그 분단 체제 속에서 가장 고통을 받는 민중을 위해 하나님께로부터 보냄 받은 공동체이다.

맺음 말

우리는 기장의 새 역사를 희년공동체 형성의 과정으로 돌아보고 우리가 민족사 속에서 어떻게 하나님의 선교 사역에 동참하였는지 살펴보았다. 비록 해방 후 교권주의자들에 의해 기장이 전통성을 상실하고 쫓겨났지만 그것을 기장은 하나님의 섭리로 받아들이고 줄기차게 한국 교회의 개혁을 위한 새 역사 운동을 이어왔다. 그리하여 자주적이고 주체적인 한국 장로교회의 형성을 모색하며 민족사 속에서 하나님의 의와 나라를 이루는 데 앞장서 왔다. 기장의 이와 같은 십자가의 고난의 행진 속에서 하나님은 이 땅에 더 인간적인 사회와 평화적인 통일의 길을 약속하시고 그 길로 이끌어 주셨다. 그러나 때때로 우리의 교만과 무지, 게으름으로 인해 우리는 하나님의 뜻을 바로 깨닫지 못하였기에 역사를 통하여 주시는 하나님의 소명에 바로 부응하지 못했던 허물과 부족함도 있었다. 그러나 그것은 과거이다. 아무리 훌륭한 과거라 하더라도 오늘 바로 살지 못하면 그것은 오히려 더 누추하게 된다. 반면 과거의 허물과 단점들일지라도 그것을 오늘 우리가 깊이 반성하고 새롭게 자각하여 도약의 밑거름으로 삼는다면 그것은 새로운 역사 창조의 계기가 될 것이다.

제 13장
한국장로교회와 예장통합의 전통

교회의 연합과 일치운동은 한국 장로교회의 보수적 전통을 계승하는 것임을 우리가 확인한다. ... 연합과 일치는 -기구와 제도의 연합이 아니라- 사람과 사람이 우선적으로 연대하고 화합해야 할 일이다. 맨 먼저 목회자들 사이에서 연합과 일치운동이 일어나야 할 것이다. 최근에 한국 교회에서 다양한 연합운동이 활발하게 일어나고 있는데, 이 운동이 한국 교회 연합과 일치의 전망을 환히 밝히고 있다.

임희국 교수(장로회신학대학교 교회사)

1959년 10월 25일(주일) 영락교회 담임 한경직 목사는 강단에서 "신앙의 정로"라는 제목으로 "한국 장로교회의 전통"이 무엇인지 선포했다.[1] 그 전통은 "연합과 협조의 정신"이라 강조했다.[2] 이 말씀을 선포한 시기는 장로교회가 세 번째 분열하여 '(예장)합동'과 '(예장)통합'으로 갈라지기 시작하던 때였다. 이 설교를 통해 한경직은 -그 어느 누구에게도 유익이 되지 아니할뿐더러 수많은 사람에게 상처만 안겨줄 교단분열을 막아보고자 - 한국 장로교회의 정체성과 전통을 짚어보며 바른 신앙이 무엇인지 선포했다.

그 이후로, 대한예수교장로회 통합(예장통합)은 한경직 목사의 설교대로 교단의 전통을 "연합과 협조의 정신"으로 파악하고 있다. 그 정신의 기원은 19세기 말 우리나라에 와서 사역한 선교사들이 전해준 복음, 곧 성경에 증언된 예수 그리스도의 복음에 있다. 다시 말해서, 1950년대 세계교회협의회(WCC) 가입여부를 놓고 논쟁한 '연합(에큐메니칼)정신'이 아니라 -반세기 앞서- 20세기

---

1 이 글은 필자의 졸고 "회고와 전망 : 한국 장로교회의 분열에 대한 회고와 일치를 향한 전망"(『장신논단』 제 41집(2011))를 수정하고 손질한 원고이다.

2 한경직, 『한경직목사 설교전집』 제 4권, (한경직목사기념사업회, 2009), 106.

초반부터 형성된 '연합과 협조의 정신'을 뜻한다. 이 정신을 우리는 이제부터 한국 장로교회의 역사를 통해 살펴보고자 한다.

1. 연합과 협조의 정신으로 출발한 한국 장로교회

1) 공의회(公議會) 조직에서 독 노회 조직까지

한국 장로교회는 연합과 협조의 정신으로 출발했다. 그 정신이 대한 예수교장로회 독노회(1907년 9월 17일, 제 1회)의 서문에 아래와 같이 기록되었다.[3]

> ...하ᄂᆞ님께셔 우리나라 인민을 도라보샤 〔미국〕남쟝로교회와 북쟝로교회와 〔영국〕〔오스드렐냐〕 장로교회와 〔가나다〕쟝로교회의 쥬를 밋ᄂᆞᆫ 모든 형뎨ᄌᆞ매들의 ᄆᆞ음을 감동식혀 이 네곳교회 총회로 션교ᄉᆞ를 택명ᄒᆞ야 이곳에 보내시매... 이 네곳 총회에서 특별히 대한국 장로회 로회를 세우기로 허락ᄂᆞᆫ 고로 장로회 회장 마포삼열 목ᄉᆞ께셔 네곳 총회의 권을 엇어 한국교회에 로회되ᄂᆞᆫ 취지를 설명ᄒᆞ시되... 쥬 강생 일천구백칠년 구월 십칠이 오정에 한국로회를 설립ᄒᆞᆫ후 대한에 신학교 졸업학ᄉᆞ 닐곱사ᄅᆞᆷ을 목ᄉᆞ로 쟝립ᄒᆞ고 대한국 예수교장로회 로회라 ᄒᆞ셧스니 이는 실노 대한국 독닙로회로다.

이 서문은 한국 장로교회의 출발선언문이라 말할 수 있다. 장로교회의 기본조직은 '노회'(presbytery)인데, 위의 서문은 한국 장로교회가 외국 선교부로부터 독립하는 독(립)노회(獨老會)를 시작하면서 선포한 것이다. 서문에서 밝혔듯이, 한국 장로교회 제 1회 독노회는 내한 선교사들의 연합과 협력의 결실이었다. 여기까지 오는데 13년이 걸렸다. 즉, 1893년에 장로교회의 '공의회'가 조직되었는데, 여러 나라(미국, 영국, 오스트레일리아, 캐나다) 장로교회의 교단들이 각각 한국에 파송한 선교사들이 연합하여 공의회를 조직했다.

3 『대한예수교장로회 로회회록』 (1907), 2-3.

공의회는 한국에서 토착 장로교회가 자치적 치리(治理)기구인 노회를 조직할 때까지 '한시적으로' 존립하기로 했다.

공의회가 벌인 사업에서 가장 크게 두드러진 일이 토착인(한국인) 목회자를 양성하는 신학교를 설립한 것이었다. 1900년 평양의 공의회가 장대현교회의 장로 김종섭과 방기창(2명)을 목사후보생으로 선발했고, 그 이듬해(1901) 가을 그 교회를 담임하는 선교사 마펫(S. A. Moffett)이 이들에게 신학교육을 시키기 시작했다. 이리하여서 '조선예수교장로회신학교'가 설립되었다. 신학교의 설립목적이 토착인 목회자양성이었으므로, 공의회에 가입한 교단들의 선교부는 1905년에 각각 본국의 교단(해외선교)본부에게 한국에서 자치적 치리기구인 노회를 설립해도 좋은지 문의하였고, 그리고 허락을 얻었다. 이에 공의회는 '조선예수교장로회'를 조직하기로 결정했다.

1907년 6월에 장로회신학교가 첫 졸업생(제 1회) 7명을 배출하였고, 석 달 뒤에 '조선 예수교 장로회 독노회'가 성립되었다. 이 자리에서 졸업생 모두 다 목사안수를 받아 한국 장로교회의 첫 번째 목회자가 되었다. 이로써 그 임무를 완수한 공의회는 폐지되었으며 이에 따라 공의회시대가 종료되었다. 그리하여서 한국 장로교회는 하나의 교단으로 출발했다. 1912년에 장로교회 총회(general Assembly)가 성립되었다.

이러한 일련의 과정, 곧 공의회 조직-신학교 설립- 독노회 조직-총회 조직에 이르는 과정은, 내한(來韓) 선교사들의 협력과 연합운동을 대표적으로 대변해 주고 있는바, 이 운동으로 한국에서 '하나(單一)'의 장로교회가 출발하였다. 다시 한 번, 한국의 장로교회는 본디 협력과 연합(에큐메니컬)의 정신에 따라 '하나의 장로교회 교단'으로 출발했다. 만일 내한(來韓) 선교사들에게 협력과 연합의 정신이 없었더라면, 아마도 한국 장로교회는 몇 개의 교단으로 분산되어 시작했을 것이라 가정해 본다.

2) 연합운동의 확대

내한 장로교회 선교사들의 협력과 연합운동은 계속해서 다른 교파로 확대되었다. 감리교회 선교사들과 공동으로 잡지《Korea Mission Field》(1905)

와 신문(『대한그리스도신문』(1908))을 발간했다. 여러 선교부들이 각각 설립한 병원과 학교도 공동으로 운영하고 또 주일학교 교재를 공동으로 만들기로 했다. 그러한 가운데서, 선교사들은 한국에서는 아예 교단과 교파의 담장을 허물고 하나의 단일(單一) 개신교를 조직하자고 합의했다. 이러한 목적 아래 1905년 '재한개신교선교부공의회'(The General Council of Evangelical Missions in Korea)[4]가 조직되었다. 이 공의회는 선교사역에 서로 협력하다가 궁극적으로는 단일 개신교(교단)로 합친다는 목표를 잡았다. 그 명칭도 "대한예수교회"로 정했다. 그러나 이 목표가 성사(成事)되지는 못했다. 그렇지만 이제까지 해오던 대로 교파들의 연합사업이 지속되었다. 가장 중요한 연합사업은 성경번역이었다.

교단들이 서로 협력하고 연합하는 주일학교(교회학교) 사업도 크게 일어났다. 1922년 개신교 10개 교단(장로교회와 감리교회가 주축)과 외국 선교부들이 '조선주일학교연합회'를 상설기구로 조직했다. 이 연합회는 공동으로 주일학교 교재제작, 공동으로 교사양성, 그리고 잡지(계간, 《아희생활》) 발간사업에 주력했다. 좀 더 큰 범주에서, 교회 및 교단들의 협력과 연합운동을 계속 추진하고자 1924년 '조선예수교연합공의회'(Korean National Christian Council)가 창립되었다.[5] 이것이 오늘날 '한국기독교교회협의회'(NCCK)의 시작이었다. 조선예수교연합공의회는 1925년 '국제선교협의회'(IMC)에 가입했다. 한국 장로교회는 조선예수교연합공의회를 통하여 세계 교회와 교류하며 폭넓은 관계망을 형성해 나갔다. 해외(외국)에서 개최되는 국제회의에 교단의 대표를 파송하여 참석케 하는 일이 활발히 추진되었다.

---

4 한경직은 이 단체를 "연합공의회"로 번역・표현했다.

5 이 연합공의회에 가입한 교단과 단체는 다음과 같다. 조선예수교장로회, 미감리교연회, 남감리교연회, 미국 남・북장로교회, 캐나다 장로교회, 호주 장로교회, 미국 남・북감리교회의 선교부, 영국성서공회, 조선기독교청년회(YMCA), 캐나다연합교회 선교회, 조선여자기독교청년회, 조선주일학교연합회 등.

2. 장로교회 안에서 대립과 갈등이 생성된 1930년대

1) 신학노선의 대립

한국 장로교회 제 1세대의 신학노선은 선교사들이 가르치고 전수해 준 그대로 따라갔다. 당시에 전수받은 신학사상은 -선교사마다 제각각 모국에서 다닌 신학교별로 다소(多小)의 입장차이가 있으나- 대체로 보수적이었다.[6] 그 신학은 '성경관'으로 대변할 수가 있는데, 그 성경관은 "신구약성경이 하나님의 말씀이니 신앙과 본분에 대하여 정확무오한 유일한 법칙"으로 대변되었다. 이것은 1907년에 제정된 조선(한국)예수교장로회 신조와 1931년에 번역출판된 <기독교증험론(基督教證驗論)>[7]을 통해 장로교회의 목회자에게 각인되었다.

1920년대 후반에는 제 2 세대의 토착 교회지도자들이 활동하는 시기였다. 이들은 앞 세대와 다른 입장을 바깥으로 드러내며 다양한 목소리를 내기 시작했다. 이들 가운데서 일부는 성경해석에 역사비평학을 도입하고자 했다. 또한, 평양 장로회신학교에서 가르치는 선교사들 몇몇도 역사비평학을 부분적으로 온건하게 소개하였다. 그리하여서, 성경해석방법에 역사비평학을 도입하는 사례가 차츰 확대되어서 이것이 신학교와 교회에 영향을 끼치기 시작했다. 이에 따라, 성경관을 바탕으로 보수적 근본주의 노선과 온건한 진보주의 노선이 서로 대립하여 충돌하려는 조짐이 나타났다.

양 편의 충돌이 1926년 가을에 열린 함경노회 교역자 연수회에서 처음

---

6 프린스턴신학교 출신의 선교사는 19세기 미국 보수적 칼빈주의 신학사상을 가졌고, 매코믹신학교 출신의 선교사는 보수주의 신학에 청교도적 엄격성과 경건성이 몸에 배여 있었고, 리치몬드 유니온신학교 출신의 선교사는 웨스트민스트 신조에 충실한 장로교회 전통을 갖고 있었고, 캐나다 장로교회도 -웨스트민스트 신조에 충실한 스코틀랜드 장로교회에 뿌리를 두었기에- 이 교회 출신의 선교사들도 비슷한 입장이었고, 호주 장로교회 출신의 선교사들도 크게 다를 바 없었다.

7 이 책은 중국인 가옥명(賈玉銘, Chia Yu Ming)이 저작한 *Evidences of Christianity*를 한국어로 번역 출판된 책이었다. 이 책은 가옥명(賈玉銘)이 미국의 정통주의 신학자로 이름이 높던 A. H. Strong의 *Systematic Theology*와 그의 아들 A. A. Hodge의 *An Outline of Theology*를 토대로 해서 저술한 것으로 그 내용은 19세기 미국 장로교회의 정통주의 사상의 진수가 담겨져 있는 것이었다. 이 책을 신학교의 교수로 일한 선교사 이눌서(李訥瑞, William D. Reynolds)가 오랫동안 교재로 사용했다.

일어났다고 본다. 캐나다 출신 선교사 서고도(徐高道, W. Scott)와 미국 유학생 출신 김관식(金觀植)과 조희염(曺喜炎)이 역사비평학을 소개했다. 그러자 참석자 다수가 거센 질문을 쏟아냈다. 이에, 주최 측은 사태를 무마시키고자 서둘러 모임을 종료시켰다. 그 이후로, 1934년에 보수적 노선과 진보적 노선이 장로교회의 총회에서 크게 충돌했다. 이것은 "창세기 저작자 문제", "여성치리권 청원 문제", 그리고 "아빙돈 주석 사건"이다.

창세기 저작자 문제는 "구약성경 창세기는 모세의 저작이 아니다."고 서술한 글에서 발단되었다. 문제의 글이 교회 주일학교(장년부) 교재 『만국주일공과』에 실려 있었다. 이것이야말로 '장로교회 신조 제 1조(신구약성경은 하나님의 말씀이니 신앙과 본분에 대하여 정확무오한 유일한 법칙)에 위배된다'는 여론이 교단 안에서 들끓었다. 이 문제가 총회의 정치부에 접수되었다. 이 글에는 필자의 이름이 명기되어 있지 않았으므로, 총회석상에서 필자의 이름이 거론되지 않았으나, 필자가 서울 남대문교회 담임 김영주(金英珠) 목사라는 사실을 많은 이들이 알고 있었다. 그는 함경도 출신이며 그 지역의 선교사 서고도에게 영향을 입었고 일본 간사이(關西)학원 신학부를 졸업했다. 이러한 이력과 학력을 살피며 미루어 짐작컨대 그는 진보적인 신학자였다. 이 문제를 다루기 위해 총회가 특별연구위원회를 구성했다. 일 년 뒤, 특별연구위원회는 "창세기는 모세의 저작이 아니다."는 주장이 "파괴적인 성경 비평가들의 이론"이라 규정하고 이 주장을 펼치는 자는 "성경의 권위와 그리스도의 권위를 무시하고 능욕하는 자."로 결론지었다. 이 위원회의 결론을 받아들인 총회는 장로교회 신조 제 1조에 위반하는 자는 "교회의 교역자됨을 거절한다."는 판결을 내렸다.[8]

여성치리권 청원 문제는 위의 사건과 맞물려 있었다. 이 문제는 여성에게도 남성과 동등한 치리권("여성장로직")을 달라는 요청에서 시작되었는데, 이번에도 함경도에서 시작되었다. 즉, 함남노회(咸南老會) 산하 22개 교회 여성들이 여성에게도 -남성과 동등하게- 여성장로직을 허락해 달라는 청원서를 총회에

8 『조선예수교장로회 총회 제 24회 회록』(1935) 그러나 김영주 목사에 대한 정치적 치리는 실시되지 않았다.

제출하였다.[9] 이 청원을 지지하는 김춘배(金春培) 목사는[10] 신약성경 고린도전서 14장 34절 "'여자는 (교회에서) 잠잠하라 그들에게는 말하는 것을 허락함이 없나니'는 2천 년 전의 한 지방(고린도)교회의 교훈과 풍습(인데) 이것을 만고불변의 진리로 알고 그러는 것도 아닐 것인데요."라고 주장했다.[11] 그러자 순식간에 여성치리권 청원 문제가 성경해석의 문제로 옮아갔다. 1934년도 장로교회 총회(제 23회)가 이 문제를 '창세기 저작자 문제'와 함께 다루었다. 여성치리권에 대한 문제가 성경이해의 문제로 연계되었다. 이 문제를 다룬 특별연구위원회는 신약성경 고린도전서 14장 33-34절, 디모데전서 2장 12-15절에 대한 해석[12]을 바탕으로 "여권운동이 대두하는 현대사조에 영합하기 위하여 성경을 자유롭게 해석하는 것은 그 정신태도가 파괴적 성경비평의 정신태도와 다름이 없다."고 판정했다. 따라서 여성치리권을 옹호하거나 지원하는 사람도 장로교회 신조 제 1조에 위배되는 것이라 판정했다. 이에 따라 김춘배의 성경해석은 커다란 오류라고 결론지었다. 즉, 사도 바울이 고린도교회 여성에게 교권을 허락하지 않은 것은 만고불변의 진리라는 결론이었다.

아빙돈(Abingdon) 단권주석은 1934년에 한국 감리교회와 장로교회가 선교 50주년을 기념하여 유형기(柳瀅基)의 편집책임아래 번역·출간되었다. 원서는 미국 아빙돈출판사에서 발행한『성경주해서』(The Abingdon Bible Commentary, 1930년)이고, 이 주석의 간행에 서양 신학자들이 새로운 학문적 연구방법론을

9 『조선예수교장로회 총회 제22회 회록』(1933)

10 김춘배 목사는 김영주 목사와 같이 1933년경 일본 칸사이(關西)학원 신학부를 졸업하였다.

11 김춘배, "장로회 총회에 올리는 말씀,"『기독신보』(1934. 8. 22)

12 『조선예수교장로회 총회 제 24회 회록』(1935) "고린도전서 14장에 여자의 교회 공석상 언권을 불허한 것도 그 교훈강도권과 치리권을 모두 금지하는 의미를 가진 것은 분명하지마는 디모데전서 2:12절에는 두 가지를 갈라 말하였으니 즉 "가르치"는 것을 허락지 아니하여 여자의 공례배석에서의 교훈 강도권을 금하고 또 "사나이를 주관하는 것을 허락지아니" 하여 그 교회치리권을 금하였나이다. 바울은 여기서 여자에게 교권을 불허하는 이유 두 가지를 다시 말하였으니 1) 13절에 "아담이 먼저 지음을 받고 하와는 후에 지음을 받았으며" 라고 말하여 창조의 차서에서 여자가 남자보다 뒤졌다는 것을 지적하였나이다....2) 다음에 14절에는 바울이 하와가 아담보다 먼저 유혹을 받아 죄에 빠진 사실을 말하여 선천적으로 여자는 남자보다 교도(敎導)의 재능이 결핍함을 지적하였으니 그것은 여인의 교권을 금함에 보다 더 강한 이유이었나이다."

적용했다는 좋은 반응을 받았다.[13] 그런데, 주석의 총론에는 성경이 하나님 계시의 기록인 동시에 인간의 역사적 산물인 문학작품으로 이해되기에 이에 성경연구에 역사비평학을 적용한다고 설명했다. 이 주석을 한국어로 번역하는 작업에 감리교회와 장로교회의 신학자 53명이 참여했다.[14] 장로교회에서는 채필근(蔡弼近, 요한복음), 송창근(宋昌根, 데살로니가전후서), 한경직(고린도전후서), 윤인구(요한서신, 묵시), 김재준(金在俊, 미가), 조희염(曺喜炎, 바울의 일생과 사업), 김관식(金觀植), 아모스) 등이 참여하였다. 이 주석의 초판이 1934년 12월에 발간되었다.

한국 장로교회 안에서 이 주석을 비판하는 파장이 일어났다. 감리교회에서는 진보적 신학사상에 어느 정도 익숙해 있었으므로 문제로 삼지 않았는데, 장로교회에서는 이 주석이야말로 하나님 말씀의 절대무오성에 대한 심각한 도전이라고 문제 삼았다. 따라서 이 주석은 장로교회 신조 제 1조에 위배되고 성경의 무오성과 완전성을 파괴하여 한국 교회의 보수적 전통을 깨뜨리려는 행위라고 판정받았다. 1935년 장로교회 총회(제 24회)는 이 주석을 정죄하였다. 이와 함께 총회는 장로교회의 성경주석을 집필하기로 하고 그 이름을 <표준성경주석>이라 하며 위원장에 박형룡을 위촉했다.

이때부터 박형룡과 김재준의 신학적 대립과 논쟁이 본격화되었다. 박형룡은 장로회신학교(평양)에서 변증학를 가르치는 정교수였는데,[15] 그는 신학교가 발간하는 잡지 『신학지남』에 김재준·송창근의 글이 실리지 못하게 했다. 박형룡은 김재준의 신학사상이 아빙돈단권주석의 입장과 동일하다고 지적하면서 김의 입장을 "신신학설" 혹은 "異사상"이라 지칭했다. 또한 그가 저술한 『근대기독교신학난제선평:학파편』(1935년)에서 그는 성경의 고등비평을 비판하였고 또 여기에 근거한 자유주의 신학을 비판하면서 정통신학이 무엇인지 천명하고자 했다. 여기에서 그는 자유주의와 바르트 신학사상을 별 구분 없이

---

13 문희석, 『한국교회구약성경해석사』 (서울: 대한기독교출판사, 1987), 73.

14 이찬영, 『한국 기독교회사 총람』, 397.

15 박형룡은 1933년 2월 미국 켄터키 주 루이빌 남침례신학교에서 박사학위를 받았고 그 이듬해(1934) 평양 장로회신학교의 정교수로 임명되었다. 그 해의 총회에서 그는 창세기저작자문제와 여권문제를 다루는 연구위원이었다. 그가 주도로 작성된 연구보고서가 1935년 총회(제 24회)에 만장일치로 채택되었다.

사용했다. 이러한 그의 입장이 나중에, 1945년 8·15해방이후에, 김재준과 다시 한 번 더 충돌하게 된다. 이때의 김재준은 성경연구에 역사비평학을 받아들이는 것 이외에는 대체로 정통주의 노선과 동일했다.[16] 그의 신학사상은 바르트(K. Barth)를 충실히 따르고자 했다. 이 입장은 8·15해방이후에도 변하지 않았다.

2) 일제 식민정부의 교회 탄압

1930년대 중반이래로 한국 교회(개신교)의 연합사업이 강하게 흔들렸다. 1935년에 장로교회 총회가 조선예수교연합공의회에서 탈퇴했고 그 뒤를 따라 연합사업도 크게 축소되었다. 이 무렵부터, 일제의 총독부가 개신교(특히 장로교회)를 서서히 탄압하기 시작했다. 1937년과 1938년에 교회지도자 다수가 일제에게 체포되었는데, 면려회의 지도자들도 체포되었다. 그 결과 면려회운동이 심각한 타격을 받았다. 1938년 장로교회 총회가 일제의 신사참배강요에 굴복하여 신사참배를 결의한 다음, 곧 바로(9월 19일) 면려회 전국연합회도 강제 해산되었다. 조선예수교연합공의회도 강제 해산되었다.

일제는 신사참배의 강요를 통해 한국 장로교회와 직접 부딪쳤는데, 이 과정에서 일제는 조선인의 전쟁협력을 얻어내고 조선을 일본에 완전히 동화(同化)시키고자(內鮮一體) 황국신민화정책을 추진했다. 이 정책의 골격은 '조선교육령개정', '신사참배', 그리고 '창씨개명'이었다. 장로교회 제 27회 총회(1938.9.9)는 신사참배를 결의하고 성명서를 낭독했다.[17] 그리고 즉시, 총회에 참석한 전국의 노회장 23명이 평양의 신사로 찾아가서 참배했다. 그 이후의 장로교회는 제 31회 총회(1942년)를 마지막으로 개최하였다.[18] 1943년 5월 장로교회는 '일본기독교조선장로교단'으로 개칭되었다. 그 이후, 한국 개신교회의 교파들은 1945년 7월 19에 일제의 강압으로 '일본기독교조선교단(日本基督教朝鮮教團)'

---

16 김재준은 예컨대 예수 그리스도의 동정녀탄생과 그의 육체적 부활이 역사적 사실임을 인정했다. 그 내용이 그가 『신학지남』에 기고한 "이사야의 임마누엘 예언연구"(1934)나 "그리스도의 부활에 대한 연구"(1935)에 잘 나타나 있다.

17 『조선예수교장로회 총회 제27회 회록』(1938)

18 『조선예수교장로회 총회 제31회 회록』(1942), 1. 1942년의 장로교회는 전년도에 비해 교회수가 750개 감소하였고, 교인수는 76,747명이 줄어들었다.

으로 통합되었다. 장로교회의 총회가 일제의 신사참배강요에 굴복하는 동안에, 그 강요를 끝까지 거부하며 저항한 신앙인들이 있었다.[19] 8.15해방까지 약 200여 교회가 문을 닫았고, 2,000여 신앙인들이 투옥을 당했다. 이 가운데서 50여명이 신앙을 지키다가 감옥에서 순교(옥사)하였다.

3. 1950년대에 세 차례 분열된 장로교회

본디, 단일(單一) 교단이었던 한국 장로교회가 1950년대에 세 차례 분열되었고 그 결과 4개의 교단으로 갈라졌다. 1952년 제 1차 분열에서 "고신" 교단이, 1953년 제 2차 분열에서 "기장(기독교장로회)" 교단이, 1959년 제 3차 분열에서 "예장합동(대한예수교장로회합동)" 교단과 "예장통합(대한예수교장로회통합)" 교단으로 갈라졌다.[20]

장로교회의 교단 분열은, 앞에서 살펴본 대로, 1930년대에 그 싹이 돋았는데 그런데 신사참배 강요에 대한 굴복과 관련하여 냉동(冷凍)되어 있다가, 1945년 8·15해방과 더불어 그 싹이 해동(解凍)되면서 다시 자라나 빚어진 결과였다고 본다. 왜냐하면, 1950년대 장로교회 분열의 쟁점들은 1930년대의 그것들과 일치되었기 때문이다. 제 1차 분열(1952)은 일제 강점기의 신사참배강요에 대한 굴복이 주된 쟁점이었고, 제 2차 분열(1953)에서는 성경관에 대한 논쟁이 주요 쟁점이었고, 제 3차 분열(1959)은 일제 강점기 말기에 단절되었던 한국 장로교회의 국제교류를 다시 시작하는 과정에서 발생했다.

---

19 평안남도의 주기철(朱基撤), 평안북도의 이기선(李基宣), 경상북도의 이원영(李源永), 경상남도의 한상동(韓尙東)과 주남선(朱南善) 그리고 손양원(孫良源) 등이었다. 또한, 신사참배를 거부하며 외국으로(중국 등) 빠져나간 신앙인들도 적지 않았다.

20 그 당시의 분열과정에 관하여는 수많은 논문이 다루었기에, 이 논문에서는 그 과정을 생략하고자 한다.

4. 분열된 장로교회의 화합과 재결합을 위한 노력

1950년대의 장로교회는 몇 차례 분열되었는데 그러나 분열직후에는 재결합을 위한 시도가 추진되었다. 그러한 시도는 교단분열은 어떠한 명분도 정당시 될 수 없으므로 분열만은 막아내야 한다는 의지를 보여준 것이라 할 수 있다.

1) 제 39회 총회(1954년)의 "신사참배취소성명"

1952년도에, 분열된 교단이 다시 합쳐져야 한다는 뜻을 모은 교계지도자들이 고신(고려신학교) 교단과의 재결합을 위해 설득하고자 다음과 같이 제안했다. 1) 기존의 총회가 이미 1946년 남부총회에서 신사참배 취소를 결의했지만 한 번 더 신사참배의 죄를 회개하겠으며, 2) 장로회신학교와 고려신학교를 다시 합치되 박형룡 목사를 부(副)교장으로 하겠으며 고려신학교를 졸업한 목사를 총회가 인정하겠다는 제안이었다. 이 제안에 대하여 고신 교단은 냉철한 자세로 총회가 먼저 "고려신학교측을 잘라낸 것(축출시킨 것)이 과오였다."는 내용을 성명서로 발표하라고 요구했다.

1953년도 봄(5월), 총회가 한국신학대학(조선신학교) 졸업생에게 교역자 자격을 주지 않겠다는 결의를 했는데도, 목포노회가 이 결의를 따르지 않고 한국신학대학 졸업생에게 목사안수를 했다. 이 문제로 말미암아 목포노회 안에서 분쟁이 일어났고, 그 결과 노회가 분열되었다. 총회의 분열이 노회의 분열로 파급된 것이다. 이 문제를 수습하려는 총회는 부총회장(한경직)을 목포에 파송하여 양측의 화해와 통합을 설득했다.

1954년도의 장로교회는 고려신학교파, 재건파, 복구파, 자유파 등등으로 분열되어 있었다.[21] 이러한 상황에서 도대체 누가 총회의 지도자로 나서서 문제를 해결할 수 있겠는가? 교계(教界)의 관심이 이원영(李源永, 1886-1958) 목사에게 쏠렸다.[22] 그는 신사참배를 끝까지 거부한 출옥성도였고 최근에는 '경남노회

21 『기독공보』,(1954. 4. 12)

22 임희국, 『선비목회자 봉경 이원영연구』, (서울: 기독교문사, 2001), 266이하.

육성위원회'의 위원장으로서 고려신학교 측이 총회로 복귀하도록 노력했다는 점을 교회지도자들이 주목했다. 그는 신실한 목회자로서 교계의 존경을 받고 있으므로 총회장이 되는 데 조금도 손색이 없다는 여론이 돌았다. 장로교회 제 39회 총회(1954년 4월 23일)는 이원영을 총회장으로 '추대'하여 선출했다.

대다수 총대들은 교단분열의 일차적 원인이 신사참배문제에 있다고 파악했다. 때문에 이번 총회기간에 가장 먼저 그 죄를 깊이 뉘우쳐야 한다고 보았다. 더욱이, 고려신학교 측 교회를 총회로 다시 돌아오게 하기 위해서라도 신사참배 죄를 통회하는 성명서를 내야 한다는 여론이 지배적이었다.[23] 신앙양심을 바르게 세우고 교단의 재결합을 위한 총회의 죄책 고백이 긴급하게 요청되었다.

장로교회 제 39회 총회는 1938년(제 27회)에 결의한 신사참배결의를 취소하는 성명서를 다음과 같이 발표했다.[24]

> 대한예수교 장노회 제39회 총회는 1938년 9월 9일 평양 서문외교회에서 회집한 제27회 총회결의인《신사는 종교가 아니요 기독교의 교리에 위반하지 않는 본의를 이해하고 신사참배가 애국적 국가의식임을 자작하며 또 이에 신사참배를 솔신여행하고 추히 국민정신 총동원에 참가하여 비상시국하에서 총후 황국신민으로써 적성을 다하기로 기함》의 성명에 대해 그 결의는 일제의 강압에 못 이긴 결정이었으나 이것이 하나님 앞에 계명을 범한 것임을 자각하고 남부대회가 신사참배 회개운동을 결의 실행했으되 남북통일 총회가 아니었던 고로 금번 남북이 통일된 본 총회는 이를 취소하고 전국교회 앞에 성명함
>
> (1954년 5월 대한예수교장로회 총회장 이원영)

이 성명서와 함께 분열된 총회가 화해하여 화합되기를 기원했다.

---

23 『기독공보』 (1954. 4. 12)

24 『대한예수교장로회총회 제 39회 회록』 (1954), 263.

2) '통합촉진위원회'(1959년)의 "대한예수교장로회 총회통합에 관한 성명서"

1954년도 제 39회 총회의 노력에도 불구하고, 장로교회는 화해를 통한 재결합의 길로 가지 않고 오히려 그 반대방향으로 흘러갔다. 1959년 9월에 장로교회가 또다시 분열되었다.[25] 그로부터 한 달 뒤, 방금 분열된 장로교회의 재결합을 위해 '통합촉진위원회'가 결성되었다.[26] "통합방안"을 마련한 위원회는 분열당사자 양측 모두에게 제안했다. "1) 대한예수교장로회총회는 75년간의 신앙전통을 지킨다. 2) 총회의 평화 통일을 위하여 WCC와 ICCC(NAE)를 탈퇴한다. 3) 선교정책을 양측이 협의하여 재추진한다."

장로교회의 세 번째 분열은 세계 교회에도 충격을 안겨주었다. 이에 미국 장로교회의 임원단이 11월 9일 내한하여 먼저 '통합촉진위원회'와 회합하고, 그 다음 "승동측"과 회합했고(11월 16일), 그리고 마지막으로 "연동측"과 회합했다(11월 17일). 연이어서(11월 18일) 일행은 양측을 함께 초청하여 연석회의를 가졌다.[27] 이 회의를 미국 연합장로교 선교회, 미국 남장로교 선교회, 그리고 호주 장로교 선교회가 함께 주관했다. 연동과 승동 양측 위원과 세 선교회 대표는 연이어 이듬해 1월 중순까지 여덟 차례 회의로 모여서 분열된 장로교회의 화합을 모색했다. 그러나, 1월 15일에 양측의 노력이 "완전히 결렬" 되었다.

이제 통합촉진위원회가 "대한예수교장로회 총회통합에 관한 성명서"를

---

25 분열의 원인에 관하여 상반된 견해가 아직까지 팽팽하게 맞서 있다. 장로교회 '합동'은 세계교회협의회(WCC)의 참여문제로 야기된 '신학적 차이'가 분열의 주된 원인이라는 입장이고, 장로교회 '통합'은 박형룡 교장과 관련된 '3,000만환 사건'이 분열의 직접 원인이라는 입장이다. 합동측은 소위 "3,000만환 사건은 어디까지나 분열의 2차적인 원인일 뿐"이라는 입장이고, 통합측은 "WCC문제는 분열을 위한 명분"이었을 뿐이라는 입장이다.

26 그 대표는 다음과 같았다: 서금찬, 황봉찬, 박형순, 백한결, 박윤형, 임택진, 김성수, 김지석, 방지일, 박성겸, 김성칠, 김세진, 강문호, 엄두섭, 임옥, 방병덕. 참고: 『기독공보』 (1959.12.7)

27 방병덕, "대한예수교장로회 제 44회 총회분열과 통합에 대한 회고", (대한예수교장로회(통합) 서울북노회 송천교회) 연동측은 전필순, 한경직, 김석찬, 유호준, 이창규, 김광현, 안광국, 김봉준, 최중해, 김형남 등이었다. 승동측은 이인식, 최재하, 이승길, 고성모, 나덕환, 권연호, 박병훈, 명신홍 등이었다. 세계적인 부흥사 빌리 그래함 목사도 11월 16일날짜의 편지로 "세계교회가 분열된다 하더라도 한국 교회만은 분열되어서는 아니되오니 기도와 그리스도의 사랑으로 하나가 되어야 한다." 고 간곡히 호소했다.

내면서 아래와 같이 통합방안을 발표했다.[28]

> 한국 장로교회는 하나님의 영감으로 받은 말씀으로 된 성경에 의해서 세워졌고 그 말씀에 의거하여 자라왔음을 잘 아는 까닭에 또 교회의 대다수인들이 열렬히 교회의 통일을 원하고 있다고 믿기 때문에 우리들은 정중히 아래와 같이 결의함
>
> ① 한국 교회는 웨스트민스터 신조와 1920년대 이래 평양 신학교 교수들의 신앙고백에서 진술된 신앙을 재긍정하는 토대 위에서 재통일한다. 대한 예수교 장로회 한국 교회의 75년의 보수적 전통을 고수한다.
> (중략)
> ④ 한국 교회는 WCC에 대한 심각한 의견차이 때문에 교회의 화평을 위하여 이를 탈퇴한다.
> ⑤ 한국 교회는 자유주의적이요 용공주의적이요 세계 단일 교회를 지향하는 어떠한 운동에도 반대한다.
> ⑥ 한국 교회나 그 기관단체가 ICCC(국제기독교연합회)와 아무런 관계가 없다는 것을 명백히 선언한다.
> (중략)
> ⑧ 1960년에는 우리는 논쟁의 대상이 되는 문제에 대하여 아무 성과 없고 쓸데없는 쟁론을 중단시키고 또 성경공부와 전국적 복음 운동을 강조할 것을 각 교회에 호소한다.
> (중략)
>
> 1960년 1월 일
> 대한예수교장로회총회 통합에 관한 성명서
> 대한예수교장로회총회 통합준비위원회
>
> 위의 성명을 지지함
> 평화통일촉진준비위원회, 승동측 총회, 연동측 총회, 남장로회 선교회, 호주 장로교 선교회, 연합 장로교 선교회

그해 2월 17일, 연동측, 승동측, 중립측(총회 화평통합촉진위원회)에서 통합을 원하는 총대들과 세 선교회(미국 남,북, 그리고 호주 장로회)가 새문안교회에서 모였고, 이 자리에서 "대한예수교장로회 통합총회"(통합측)가 개회되었다. 통합총회는 대전 중앙교회와 서울 연동교회에서 모인 제 44회 총회를 확인하고 그 모든 결의를 인수하였다. 이번 총회에서 결의한 중요한 사안은 '세계교회협의회

28 『기독공보』 (1960.2.1)

(WCC)는 용공도 아니고, 신신학도 아니며, 더욱이 단일 교회운동을 하는 단체가 아니지만 분열된 장로교회의 화합과 통합을 위해 이 단체에서 탈퇴하기로 했다.[29)]

통합총회가 개회되기 며칠 전, 승동측은 1960년 2월 13일 고신과 합하여 "합동측"이란 별명을 갖고 있다가, 1962년 11월 19일 또 다시 분열하였다. 그 뒤로도 통합측과 합동측은 "통합위원"을 계속 두고 있었다.

5. 정리와 제언

이 글을 통해서 우리는 한국 장로교회의 전통이, 한경직 목사가 선포했듯이, "연합과 협조의 정신"인 점을 확인했다. 이 정신을 한국 장로교회의 모든 교단들이 회복하기를 소망한다. 이와 관련하여 우리가 이 글을 통해 새로이 발견한 점이 있는데, 1950년대의 장로교회는 분열만 거듭하지 않았고 분열직후에 재결합을 위해 노력했다는 점이다. 고신 교단과의 재결합을 위하여 1954년 제 39회 총회가 '신사참배취소성명서'를 발표했으며, 또한 1959년 교단분열 직후에 결성된 '통합추진위원회'가 '대한예수교장로회 총회통합에 관한 성명서'를 발표했다. 그러나 아쉽게도 이러한 노력들이 가시적인 결실을 거두지는 못했다.

아직도 여전히 분열되어 있는 한국 장로교회의 화해·연합·일치의 가능성을 우리가 타진해 보고자 한다. 첫째로, 한국 장로교회는 공통기반인 '성경기독교'로 일치될 수 있다고 본다. 성경기독교는 한국 교회 초창기부터 하나님의 말씀인 성경을 배우는 사경회(査經會)를 기초로 형성되었다. 사경회는 장로교회가 이 나라의 문화토양에 정착되는데 결정적인 역할을 하였다.[30)] 오늘날 한국 교회가 세계 교회를 향해 자긍심을 갖는 새벽기도회는 사경회에서 자발적으로 시작되었고, 선교사들이 가르쳐 준 것이 아니라 우리의 토양에서 자생적으로

---

29 『대한예수교장로회 제 44회 총회(통합측) 회록』(1959), 160.

30 이미 1890-91년에 선교사 기포드가 언더우드의 집에서 사경회(bible class)를 열었다. 참고: Herbert E. Blair, "Fifty Years of Development of the Korean Church", *The Fiftieth Anniversary Celebration of the Korea Mission of the Presbyterian Church in the U.S.A.*(June 30-July 3, 1934), (Seoul: Post Chapel, John D. Wells School, 1934), 120.

시작된 신앙경건훈련이다.[31] 이런 식으로, 성경기독교는 그때나 지금이나 한국 장로교회의 중심에 있다.

둘째로, 한국 장로교회의 보수적 전통은 1907년 장로교회 독노회의 회록 서문이 선포한 연합과 일치의 정신인 점을 앞에서 확인했다. 이와 관련하여, 1959년도 장로교회 분열직후에 통합촉진위원회는 교단화합을 촉구하는 성명서의 첫 머리에 "대한 예수교 장로회 한국 교회의 75년의 보수적 전통을 고수해야 한다."고 호소했다.[32] 따라서, 교회의 연합과 일치운동은 한국 장로교회의 보수적 전통을 계승하는 것임을 우리가 확인한다.

셋째로, 연합과 일치는 -기구와 제도의 연합이 아니라- 사람과 사람이 우선적으로 연대하고 화합해야 할 일이다. 맨 먼저 목회자들 사이에서 연합과 일치운동이 일어나야 할 것이다. 최근에 한국 교회에서 다양한 연합운동이 활발하게 일어나고 있는데, 이 운동이 한국 교회 연합과 일치의 전망을 환히 밝히고 있다.[33]

끝으로, 한국 장로교회의 뿌리인 개혁교회(reformed Church)의 원리에도 '연합과 일치'가 크게 강조되었다. 특히 '제 2 스위스 신앙고백'(1566, 2nd Helvetic Confession)은 개혁교회들(스위스, 프랑스, 헝가리, 폴란드, 화란, 체코 등) 공동의 신앙고백서이다.[34] 이 개혁교회의 유산을 이어받은 한국 장로교회의 교단들은 성경 곧 하나님의 말씀을 바탕으로 예수 그리스도 안에서 성령의 역사하심에 따라 화해와 일치로 나아가기를 희망한다.

---

31 새벽기도회의 기원과 발전에 대해서는 옥성득, "평양 대부흥운동과 길선주 영성의 도교적 영향", 『한국기독교와 역사』 제25호 (2006. 9): 75-81을 보라. 옥성득에 따르면, "장대현교회의 이 새벽기도가 1906년에 일어난 것으로 보게 된 것은 김인서가 1936년에 발표한 "靈溪先生小傳(續一)", 『신앙생활』, 1936년 1월, 28쪽 때문" 이었다. 참고: 장로회신학대학교 출판부 편, 『한국 교회 대부흥 운동: 1903-1908』(서울: 장로회신학대학교 출판부, 2007), 244-245.

32 참고: 김용준, "대한예수교장로회의 원교회상", 『대한예수교장로회와 WCC』, 김용준 엮음 (서울: 수송교회당회, 1969), 22.

33 하나의 예로 들자면, '한국기독교 목회자 협의회' (이하, 한목협)의 일치·갱신·연합운동이다.

34 참고: 박경수. "부처와 칼뱅: 16세기 교회일치의 옹호자들". 『칼빈연구』 제2집 (2004): 161-185; "성만찬론에 나타난 칼뱅의 교회일치를 위한 노력: <성만찬에 관한 소논문>(1541)과 <취리히합의>(1549)를 중심으로". 『칼빈연구』 제3집 (2005) : 207-228. 임희국, "불링거의 생애와 신학사상". 『16세기 종교개혁과 개혁교회의 유산』. (서울: 한국장로교출판사, 2003):235-256.

제 14장
한국장로교회와 예장합동의 전통

> 합동측과 통합측은 1959년 9월 제44회 총회 때까지 한 교단이었다. 그러나 경기노회에서 야기된 총회 총대선출 문제로 충돌이 발생하여 최종적으로는 박형룡 박사를 중심으로 하는 NAE지지 세력과 한경직 목사를 중심으로 하는 WCC지지 세력으로 양분되어 각각 총회를 별도로 조직함으로서 통합측과 합동측으로 갈라지게 되었다. ... 합동측이 통합측과 분립하자 1년 후 고신측 교회와 합동하였다. ... 양 교단이 합동할 때 발표한 선언문을 볼 것 같으면 합동측 교단의 이념과 신학사상이 명백하게 표시되어 있다. 합동측 교단은 오늘에 이르기까지 1960년에 선포한 신앙정신과 신학사상을 변함없이 그대로 그 전통을 계승하고 있다.
>
> 홍치모 교수(총신대학교 역사교육)

현재 한국에 있는 장로교회는 1950년 이래 오늘에 이르기까지 분열을 거듭하여 교파의 수가 백여 개가 넘는다고 한다. 필자가 보건대 한국의 장로교회가 분열한 원인은 신앙적 내지 교리적인 문제에 있었던 것 보다는 다분히 당파적 내지 교권적 이해관계 때문이었다고 생각된다.

그러나 1950년대 장로교회가 분열하여 오늘의 4대 교파가 형성되어 소위 통합(統合)측, 합동(合同)측 기장(基長)측, 고신(高神)측으로 나눠지게 된 이유와 배경에는 그럴만한 이유가 있었다.

본인은 현재 대한예수교 장로회 합동측에 소속되어 있음으로 1959년 합동측과 통합 측이 분열하게 된 원인부터 시작하여 오늘에 이르기 까지 지난 반세기 동안 합동 측 교단의 신앙과 신학의 전통을 다른 세 교단과 비교하면서 서술하고자 한다.

한국의 장로교회는 본래 하나의 교회였으니 만큼 장로교회가 분열하기 전까지 한국의 장로교회가 신앙과 신학이 어떠하였는지 그것부터 살펴보려고 한다. 성경에 기록된 말씀 가운데 "심은 대로 거둔다"는 구절이 있는 것과 같이 한국에 온 선교사들이 어떤 신앙과 신학의 씨앗을 뿌렸는가? 하는 것이 곧 한국장로교회의 신앙과 신학의 전통이 되었기 때문이다.

1. 한국장로교의 신앙과 신학 전통

19세기말 한국에 온 초기 선교사들의 신앙과 신학사상은 일반적으로 보수주의적 복음주의적 성격을 지니고 있었다. 초기 선교사들의 신앙과 신학사상을 언급했던 사람은 미국 북장로교 외지선교회 총부로 있던 브라운(A. J. Brown)이었다. 그는 1884년부터 1911년까지 한국에 와서 선교활동을 하고 있던 선교사들의 신앙과 신학사상에 대해서 다음과 같이 언급한 적이 있었다.

> 나라를 개방한 이후 처음 25년간의 전형적 선교사는 퓨리턴(Puritan)형의 사람들이었다. 이 퓨리턴형의 선교사는 안식일을 지키되 우리 뉴잉글랜드에 살고 있던 조상들이 한 세기 전에 지켰던 것과 같이 지켰다. 춤이나 담배 그리고 카드놀이 등은 기독교신자들에게는 큰 죄악이라고 보았다. 신학이나 성경을 비판하는 문제에 있어서 선교사들은 매우 강한 보수적인 입장을 취하고 있었으며 그리스도의 재림에 관한 전천년(前千年)적 견해는 요지부동의 진리라고 주장하였다.[1]

이상과 같은 신앙과 신학사상을 대표하는 인물로서 우리는 마포삼열박사(Dr. Samuel A. Moffett)를 지적할 수 있다. 그는 말하기를 "선교회와 교회는 성경을 하나님의 말씀으로 믿고 인간이 예수 그리스도를 통해서 죄에서 구원을 받는다고 하는 복음을 믿는 철저한 신앙과 열렬한 복음주의적 정신으로 무장하여 왔다……"고 하였던 것이다.[2]

그러므로 한국의 장로교회는 마포삼열박사와 같은 철저한 보수적 신앙과 신학사상의 바탕위에서 육성되었고 성장하여 왔던 것이다. 이와 같은 바탕위에서

---

1 A. J. Brown, *The Mastery of the for Far East* (Charles Scribners, 1919), 549.

2 Herriet Pollard, "The History of the Missionary Enterprise of the Presbyterian church, U. S. A. in Korea(1927)," 26. 이 논문은 1927년 미국 Northwestern 대학교에 제출한 석사학위 논문임.

한국의 장로교회가 육성 발전되어왔다는 사실을 구체적으로 입증해 주고 있는 것으로서 "한국선교 연례보고서"가 있거니와 1922년도 연례보고서에 의할 것 같으면 당시 한국에서 선교하던 40명의 장로교 선교사들의 출신 성분이 명시되어 있다. 40명 중에서 프린스턴 신학교 출신이 16명이었다. 그 다음은 시카고에 있는 매코믹 신학교 출신이 11명이었다. 나머지는 기타 신학교와 성경학교 출신들이었다.[3]

그런데 프린스턴 신학교 출신자들이 매코믹신학교 출신자들 보다 수적으로 많았음에도 불구하고 1920년대 중반까지 평양신학교의 교육과 그 운영을 담당했던 인사들은 주로 매코믹신학교 출신들이었다. 그 중심인물은 마포삼열 박사였다. 한국의 장로교회의 신앙과 신학의 전통과 성격을 이해 할 필요가 있다.

미국 역사에 있어서 소위 서진운동(Westward movement)이 시작되자 목사들도 뒤따라갔다. 급격하게 증가하는 주민들에 비해서 교역자의 수는 그렇지 않았다. 동부지방에만 산재하고 있던 대학교와 신학교에서 배출되는 신학생으로는 교역자를 충당할 수 없었다. 서부지역에서 새로 설립되는 교회를 맡아 목회 할 교역자를 충당하기 위한 비상조치를 강구한 끝에 편법을 마련하였다 그것은 동부지방에 있는 대학교나 신학교를 졸업하지 않더라도 각 노회가 독자적으로 교역자 지망자를 심사하여 자격이 있다고 판단하면 안수를 주어 목사를 임명할 수 있게 하였다.

세월이 흐르다 보니 이들의 수가 증가하여 장로교회 안에서 무시할 수 없는 세력으로 성장하였다. 이들을 가리켜 신파(New School)라고 하였다. 반면에 주로 동부지방에 있는 대학교 출신 목사들의 집단을 가리켜 구파(Old School)라고 불렀다. 여기서 잠시 신파와 구파의 성격을 구분하여 언급할 것 같으면 다음과 같다.

우선 신파를 볼 것 같으면 그들은 장로교회의 교리로서 웨스트민스터 신앙고백을 존중하고 강조하기 보다는 전도와 부흥운동을 중요시 하였다. 이 점에 있어서는 감리교와 흡사한 점이 많았다. 반면에 구파는 장로교회의 교리와 고유한 전통을 강조하였다. 그리고 신파들의 교리적 탈선을 우려하면서

---

3 Korea Mission, Presbyterian church, U. S. A. Annual Report,(1922), 17

조심스럽게 경계하는 태도를 취하고 있었다. 그 이유는 부흥운동에 있어서 종종 나타나는 감정의 불균형에 대해서 구파들은 몹시 못마땅하게 생각하고 있었기 때문이었다. 이 문제 외에도 이런 저런 이유로 1837년 미국장로교회는 두 파로 분열되었다. 설상가상으로 노예문제 때문에 미국은 남북으로 분열되어 전쟁을 치르게 되었다. 전쟁이 끝난 후 장로교회는 남과 북으로 갈라져 북장로교회와 남장로교회가 탄생하였다. 한국에 온 장로교 선교사들 중에서 북장로교 출신 선교사들이 먼저 도착하였고 다음이 호주장로교 선교사들과 남장로교 선교사들 그리고 맨 나중에 도착한 선교사들이 캐나다선교사들이었다. 이들 세 나라 선교사들 중에서 그 수에 있어서 미국 북장로교회와 남장로교회에서 파송한 선교한 선교사들이 압도적으로 많았기 때문에 그 주도권은 북장로교 선교사들이 장악하게 되었다.

2. 성경의 토대 위에 구축된 한국장로교

평양 신학교가 설립되기 약 10년 전 서울에 상주하고 있던 언더우드(Underwood)목사는 중국에서 선교활동을 하고 있던 네비우스(Nevius)선교사를 서울에 초청하여 그의 선교정책을 듣기로 결정하였다. 훗날 한국에 온 장로교 선교사들은 네비우스 선교정책을 한국의 복음화를 위한 유일한 방법으로 채택하였다.[4]

그러면 네비우스 선교정책의 핵심은 무엇이었는가? 한국 와서 선교활동을 했던 곽안전 선교사는 언급하기를 네비우스 선교정책은 〈성경을 모든 기독교인들의 신앙과 생활에 근본적 지침으로 삼도록 강조하는 것이었으며 또한 평신도들이 성경을 일상생활을 통해서 조직적으로 배우고 연구할 수 있는 구체적인 방법을 제시하는 것이 네비우스 정책의 핵심〉이었다고 한 말은 정곡을 찌른 말 이라고 할 수 있다.[5]

---

4 Nevius, *The Planting and Development of Missionary Churches*(Baker Book House, 1958). 한국에 온 선교사들은 의무적으로 이 책을 읽고 공부한 후에 시험을 치룬 다음 각 지방으로 파송되었다.

5 곽안전, 『한국장로교회사』 (서울: 기독교서회, 1961), 87.

한국에 온 초기 선교사들은 성경연구에 있어서 소위 고등비평에 감염되지 않았던 순수한 계시신앙 즉 계시가 성경이요 성경이 계시라는 신념의 소유자들이었다. 이와 같은 역사적 사실을 솔직하게 전하는 사람이 있었다.

당시 일본에서 선교활동을 하고 있었던 영국 선교사 윌키스(Paget Wilkes)는 언더우드 선교사의 초청을 받고 두 번에 걸쳐 한국교회를 방문하였다. 그는 한국교회를 방문한 소감을 다음과 같이 피력하였다. "성경을 사랑하는 마음과 믿음은 한국 사람들에게서 찾아 볼 수 있었다. 즉 남자나 여자는 물론 심지어 어린이들 할 것 없이 모든 계층의 사람들에게서 열렬한 신앙을 찾아 볼 수 있었다. 성경은 문자 그대로 '한국의 책'" 이다.[6]

또한 그가 쓴 일기 가운데는 다음과 같은 말이 기록되어 있다. "하나님이시여 고등비평이 한국에 들어오지 못하게 하여 주시옵소서!" 당시 일본은 1910년대에 이미 성경연구에 있어서 고등비평을 채택하고 있었다. 윌키스 목사가 목격했던 인상은 곧 초기 한국교회의 신앙과 신학이 어떠했다는 것을 단적으로 말해 주고 있는 것이다. 초기의 한국교회는 이상과 같은 신앙과 신학의 터전위에 세워졌던 것이다.

우리들이 잘 알고 있는 것과 같이 1907년 처음으로 조직된 조선예수교 장로교 독노회가 채택한 12신조의 신앙고백이 매우 칼빈주의적인 신앙으로 강력하게 표현되어있었던 것은 성장하고 있는 기독교인의 신앙체험이 표현되기 전에 신앙의 표준이 되었다는 것, 곧 교회의 역사적 신앙고백을 중요시했기 때문이었다.[7]

그런데 한국장로교회의 신앙과 신학의 성격을 규명함에 있어서 한 가지 짚고 넘어가야 할 문제가 있다. 평양신학교가 개교한 후 1939년 폐교당할 때 까지 평양신학의 성격을 무엇이라고 규정지어야 옳은가? 이미 언급한 것과 같이 초기 한국장로교회의 선교사들은 청교도적인 경건한 신앙을 소유하고 있었다. 그런데 그들의 신학사상은 칼빈주의적이었음에도 불구하고 표면적으로 표출한 신학은 칼빈주의적 이었다기보다는 단순한 복음주의적인 신학이었다. 복음주의로 채색된 신학사상 속에는 근본주의적인 요소가 내포되어 있었다.

---

6 Paget Wilkes, *Missionary Joys in Japan* (London, 1914), 136~138.

7 백낙준, 『한국개신교사』 (서울: 연세대학교출판부, 1973). 407~408.

그리고 종말론에 있어서는 일반적으로 전천년설을 지지하고 있었으나 일부 선교사들과 교역자들 중에는 세대주의(dispensationalism)사상을 가지고 있던 사람들도 적지 않게 있었다. 그러므로 평양신학교의 신학적 성격을 한마디로 말할 것 같으면 〈主義없는 복음주의신학 또는 보수신학〉이라고 할 수 있을 것이다. 〈신학지남〉에 칼빈주의에 관한 글이 개재되기 시작한 것은 1930년대 중반에 들어서면서부터였다.[8]

평양신학교에서 가르치던 선교사 교수들이 신사참배 문제로 본국으로 추방당하기까지 성경의 모든 말씀을 하나님의 말씀으로 믿고 가르쳤던 복음주의자요 근본주의자들이었으나 개혁신앙과 교리를 강조하는 칼빈주의자들은 아니었다.[9]

3.1운동 이후 일제당국은 일시적이나마 문화적으로 융화정책을 실시하였다. 그 결과 한국의 많은 젊은이들은 해외로 유학 갈 수 있었다. 즉 1920년부터 1930년대까지 약 10수년 동안 한국은 일본과 미국을 통해서 유럽의 문화와 학문을 받아들이게 되었다.

또한 1920년대 말기에 이를 것 같으면 1907년에 시작한 신앙의 열기가 냉각되어 교회 안에 이곳저곳에서 삐걱 거리는 소리가 나기 시작하였다. 유럽과 일본에서 흘러 들어온 새로운 사조와 더불어 신앙의 냉각은 한국교회로 하여금 위기를 맞이하게 하였다.

3.1운동 직후 몇 년이 안 되어 소련에서 발생한 공산혁명의 영향으로 유물주의 사상과 공산주의 사상이 유입되어 교회의 젊은 지식층을 향하여 도전해왔다. 다음으로 다윈의 진화론이 교회의 젊은이들을 괴롭혔다. 이와 함께 일본제국의 식민지정책은 한국의 농촌사회를 총체적으로 빈곤화 시키고 있었다. 설상가상으로 만주사변을 계시로 일제의 문화적 융화정책도 그 종말을 고하고 말았다.

1920년대 중반부터 한국교회의 젊은 신학도들은 일본과 미국에 신학을

8 박윤선, "한국교회 주경사," 「신학지남」, 제35권, 제1집(1968.3월), 9-14 참조 할 것.

9 평양신학교 출신인 박윤선 교수는 1958년 복음주의 도서관을 부산에서 개관하는 모임에서 "한국의 칼빈주의" 라는 논문을 발표한 바 있었다. 그는 그 논문에서 언급하기를 평양신학교는 복음주의적 기독교를 가르친 보수주의적 학교였다. 그러나 선명한 칼빈주의를 전하지 못했다고 피력한바 있었다. 간하배, 『한국장로교 신학사상』, 40 각주 80을 참조할 것.

연구하기 위하여 유학의 길에 올랐다. 그들이 공부를 마치고 한국에 돌아 온 것은 1930년을 전후하여서 부터였다. 미국유학을 미치고 맨 먼저 평양신학교 교수로 부임한 사람이 남궁혁 박사였다. 그 다음이 박형룡(1897~1978) 박사이다. 박형룡 박사는 1920년 평양 숭실전문학교를 졸업하자 중국 남경시에 있는 금릉대학(金陵大學)에 입학 1923년에 졸업과 동시에 미국 유학의 길에 올랐다. 미국 뉴저지 주에 있는 프린스턴 신학교에 입학하여 1926년 졸업하였다. 박형룡 박사가 프린스턴신학교에 재학 중이던 기간(1923~1926)은 프린스턴신학교 안에서 보수파와 온건파가 대립하여 치열한 싸움이 전개되고 있던 시기였다. 박형룡 박사는 메이첸(Machen) 교수의 영향을 많이 받고 졸업한 후 미국 켄터키주 루이빌시에 소재하고 있는 남침례교신학교(Southern Baptist Theological Seminary)에서 1년간(1926.9-1927.5) 박사학위 과정을 마치고 1927년 귀국하여 평양 산정현교회 동사목사로 시무하면서 평양신학교에 출강하였다. 시간강사와 임시교수를 거쳐 1931년에는 정교수로 취임하였다. 같은 해 4월 박윤선 목사는 평양신학교에 학생으로 입학하였다.

1927년 박형룡 박사의 귀국을 시작으로 수년 내로 송창근·김재준·한경직 목사가 한국으로 돌아왔다. 이들이 돌아온 것을 계기로 한국장로교회 안에서 신학사상적 대립이 구체화 되었다. 송창근·김재준·한경직 세 사람 중에서 그 누구보다 평양신학교 전임교수가 되기를 희망했던 사람은 김재준 목사였다. 그리고 김재준 목사를 평양신학교에 교수로 추천했던 사람은 남궁혁 박사였다.

그러나 당시 평양신학교 교장이었던 나부열 박사는 철저한 보수적 칼빈주의자였다. 그는 김재준 목사의 학력을 잘 알고 있었다. 김재준 목사가 프린스턴신학교를 졸업하지 않고 다른 신학교로 전학 가서 그 곳에서 석사학위를 취득하고 돌아온 사실을 잘 알고 있었다. 또한 라부열 박사는 메이첸 교수의 지지자로서 안식년을 맞이하여 미국에 들어갔을 때 모교인 프린스턴신학교에 가지 않고 메이첸 교수가 세운 웨스트민스터신학교에 가서 일년간 연구하고 돌아온 일도 있었기 때문에 메이첸 교수와 개인적인 친분도 두터웠다. 그러므로 메이첸 교수가 라부열 교장에게 박형룡 박사를 추천하자 이의 없이 평양신학교 정교수로 영입하였던 것이다. 1930년 이후 평양신학교 졸업생으로서 미국에 있는 신학교에 유학을 가기를 희망하는 학생들에게 라부열 교장은 미국 북장로교회의 직영신학교인 프린스턴신학교에 추천하지 않고 메이첸 교수가 세운 웨스트민스터신학교에 추천한 것도 우연한 일이 아니다. 1936년 봄까지 미국 북장로교회는 웨스트민스터 신학교 졸업생을 목사 후보생으로 노회적으로 받아들이고 있었다.

우리가 알기로는 한경직 목사가 구 프린스턴(Old Princeton)의 마지막 졸업생이다. 한경직 목사가 1929년 5월 프린스턴신학교를 졸업하자 그 해 8월 프린스턴신학교에 사표를 제출하고 필라델피아 시에다 웨스트민스터신학교를 설립하였다. 이 학교에 최초로 입학한 학생은 남대문교회를 시무하던 김치선(金致善)박사였고 두 번째로 입학한 학생이 박윤선 목사였다.

3. 신사참배 도전과 한국장로교의 타협

한국장로교회 역사에 있어서 1930년에서 신사참배 결의안이 통과되던 1938년까지 8년 동안은 대내외적으로 매우 혼란스러웠던 시기에 해당한다. 김재준 목사를 평양신학교의 전임교수로 영입하려고 힘쓰고 있던 남궁혁 박사는 그것이 여의치 않자 차선책으로 평양신학교의 기관지 "神學指南"의 편집간사로 임명하였다. 이것을 계기로 김재준 목사는 『신학지남』지에 자신의 소견을 발표하게 되었다. 그는 한국장로교회를 볼 때 마다 숨통이 막힐 정도라고 불평하고 있었다. 그런데 그에게 글을 쓸 수 있는 기회를 주니까 그나마도 다행스러운 일이었다. 그는 한국교회의 신학적 풍토와 내부시정을 잘 알고 있었음으로 처음에는 조심스럽게 접근하였다. 그러나 1934년부터 김재준 목사의 글을 대담해지기 시작하였다. 1934년은 한국선교 50주년을 기념하는 해이기도 하였다. 그때까지 김재준 목사의 글을 읽고 못마땅하게 생각하고 있던 박형룡 박사는 남궁혁 박사에게 김재준 목사의 글을 더 이상 『신학지남』지에 게재하지 못하도록 강력하게 건의하였다. 만약 김재준 목사의 글을 계속 개재 할 것 같으면 자기는 『신학지남』지에 글을 쓰지 않겠다고 선언하였다.

『신학지남』지 기고 문제만이 아니고 감리교회의 유형기 목사가 편찬한 "아빙돈 단권성경주석"에 채필근·송창근·김재준·한경직 등 장로교 제 목사들이 참가함으로서 총회적으로 큰 파문을 일으키게 되었다. 이 문제를 공식으로 제기한 어른이 한국장로교회의 원로(元老)이신 길선주(吉善珠)목사였다. 이 문제는 결국 당사자들이 공개적으로 사과함으로서 일단락을 지었지만 장차 한국장로교회가 신학적으로 분열하게 될 것을 예고나 하는 것처럼 보여주었다. 같은 해 서울 남대문교회를 시무하던 김영주(金英珠)목사의 모세5경 저자 부인사건과 함경북도 성진(城津)에서 목회하던 김춘배(金春培)목사 여권(女权) 주장 등 계속 사건이 터졌다.

이와 같은 사건 외에도 한국장로교회 안에는 일본에서 유입된 무교회운동(無教會運動)과 감리교회 출신의 이용도(李龍道)목사의 신비주의(神祕主義) 운동이 교회 안에서 적지 않은 파동을 일으키고 있었다. 끝으로 서울에서는 감리교회 목사 신흥우(申興雨)목사를 중심으로 하는 적극신앙단(積極信仰團) 운동이 발생하여 경성노회의 일부 목사들이 가담하는 일이 벌어졌다. 그리하여 경기노회와 경성노회로 양분되었다.

이상과 같은 굵직한 사건들이 1938년 신사참배 문제가 발생하기 직전까지 한국장로교회를 안에서 뒤흔들고 있었던 것이다. 결과적으로 한국장로교회는 이미 내부적으로 분열되어 있었기 때문에 힘을 모아 신사참배를 총회적으로 부결시킬 수 있는 영력을 상실하여 의기투합(意氣投合)할 겨를도 없이 무너지고 말았던 것이다. 이때부터(1938~1945) 해방직후까지 모든 면에서 암흑기를 마지하게 된다. 1938년 평양신학교가 폐교되자 수년 후에 서울에서는 조선신학교가 평양에서는 어용신학교가 각각 수립되었다. 이로서 장로교회의 신학은 자유주의 신학화가 가속화하기 시작하였다.

1938년 신사참배를 계시로 평양신학교가 폐교 당하자 그 동안 교권의 압력 하에 눌려 지내던 진보주의자들과 자유주의자들이 아무런 교권적 구속 없이 행동할 수 있는 기회가 온 것이다. 선교사의 간섭이나 지배 없이 신학교를 설립하겠다는 강한 의지와 집념을 가지고 있었던 김재준 목사에게 기회가 온 것이다. 김재준 목사는 본래부터 한국장로교회를 비지성주의자들의 집합체로 보고 있었다.[10] 김재준 교수가 미국에서 공부를 마치고 귀국했을 당시 그의 눈에

10 홍치모, "한국 보수신학에서 본 김재준의 신학사상" 『경건과 학문: 정암 박윤선 목사 성역 50주년 기념 논총』(영음사,1987), 305-333을 참조할 것

비친 한국장로교회의 현실은 숨이 막힐 정도로 답답하기 그지없었다. 그는 본래 말이 없는 과묵한 사람이었지만 그의 가슴속에는 언제나 한국장로교회에 대한 비판정신과 반항정신이 가득 차있었다. 동시에 그는 정의감도 강하여 쉽사리 남과 타협하지를 않았다. 그의 고백에 의할 것 같으면 서울을 중심(中心)하여 결집되어있던 장로교 출신 목사들로부터 자기네 그룹에 합류하라고 권유를 받았으나 응하지 않았다. 그들은 전필순 목사를 중심으로 하는 적극신앙단 멤버들이었다.[11]

김재준 목사는 한국교회를 지배하고 있던 선교사들을 좋아하지 않았다. 그는 선교사들의 문화적 우월감에서 나오는 교만한 태도를 싫어했다. 끝으로 김재준 교수는 교리(敎理)는 물론 신학의 어떤 주의(主義)나 사상(思想)에 안주하거나 지배를 받는 것을 좋아하지 않았다. 따라서 신학(神學)에 있어서 정통(正統)이니 보수(保守)니 하는 것을 좋아 할 리가 만무하였다. 그는 정통을 비꼬아 말하기를 "밥통"이라고 하기까지 하였다. 그러므로 김재준 목사에게 있어서는 언제나 새로운 것에 대한 탐구하는 정신과 야망만이 가득 차있었다.[12] 평양의 기상도는 변하고 있었다. 송창근 목사는 산정현교회를 사임하고 1936년 초 부산으로 내려갔고 평양 숭인상업학교에서 영어와 성경을 가르치던 김재준 목사는 북간도 용정(龍井)에 있는 중학교로 떠나고 말았다. 이후 5년간은 침묵이 계속되었다. 이 기간에 신사참배가 총회적으로 가결되었다. 1938년 가을부터 1939년 봄 사이에 평양신학교는 폐교되었고 신학교의 기관지 『신학지남』(神學指南)도 폐간되었다. 선교사들은 본국으로 추방되었다. 평양신학교의 한국인 교수로 재직하고 있던 남궁혁 박사는 중국으로 박형룡 박사는 만주로 각각 망명하였다. 이로 인하여 한국장로교회는 신학(神學)의 공동화(空洞化)를 맞이하게 되었다. 한국교회가 초창기부터 지켜오고 있던 신앙과 신학의 전통은 단절당하고 말았다. 한국장로교회뿐만 아니라 전 교회가 이질화(異質化)의 길을 걷기 시작하였다. 그 현상이 평양과 서울에서 새로운 신학교 설립추진으로 나타났다. 김재준 목사는 1940년 4월 19일 윤인구 목사와 더불어 신학교를 개교하였다.

김재준 교수는 조선신학원의 교육이념을 다음과 같이 천명하였다.

---

11 김재준, 『범용기(凡庸記)』 (풀빛출판사, 1983)를 참조할 것. 범용기는 김재준 목사의 자서전임.

12 홍치모, "한국 보수 신학에서 본 김재준의 신학사상", 305-333.

1. 우리는 조선신학교로 하여금 복음 선포의 실력에 있어서 세계적일 뿐만 아니라 학적 사상적으로도 세계적 수준에 도달하도록 한다.
2. 조선신학교는 경건하면서도 신학의 자유로운 연구를 통하여 자율적으로 가장 복음적인 신앙에 도달하도록 지도한다.
3. 교수는 학생의 사상을 억압하는 일 없이 동정과 이해를 가지고 신학의 여러 학서 들을 소개하고 다시 그들이 자율적인 결론으로 칼빈신학의 정당성을 재확인 할 수 있도록 지도한다.
4. 성경연구에 있어서 현대 비판학을 소개하며 그것을 예비적 지식으로 채택하도록 할 뿐이고 신학수립과는 별개의 것으로 간주한다.
5. 신학은 어디까지나 교회의 건설적인 실재면을 고려해야 하며 신앙과 덕의 활력을 주는 신학이어야 한다. 신학을 위한 분쟁과 증오 모략과 교권의 이용 등은 조선교회의 파멸을 일으키는 악덕으로 삼가 그러한 논쟁을 하지 말 것[13]

이상 열거한 5개 항목은 신학교육과 연구에 있어서 점진적 자유화의 길을 열어 놓았다는 것을 알 수 있다. 예를 들것 같으면 성경연구에 있어서 고등비평학설을 그대로 소개하는 것과 비판적으로 소개하는 것 사이에는 큰 차이가 있다.

4. 해방 후 한국장로교의 대립과 분열

한국교회의 신사참배문제는 생략하고 다만 해방직후의 한국교회의 기상도(氣像圖)에 관해서 언급하고자 한다.

제 2차 세계대전에 있어서 서구전선에서 독일과 이탈리아가 연합군에게 패배함으로서 태평양전쟁도 머지않아 종말을 고하게 될 것이라는 예측은 하고 있었으나 한반도(대한민국)가 일본의 패전으로 빨리 해방이 될 줄은 미처 모르고 있었다. 하님의 놀라운 은혜와 섭리로 백척간두에서 해방을 마지하게 되었다. 그러나 그 해방은 반 조각의 해방이었다. 북한은 소련군의 점령과 괴뢰정부의 수립으로 신앙의 자유가 박탈당함으로 교회의 참다운 재건은 불가능 하였다. 그러나 남한은 북한과 달리 사정이 달랐다. 남한교회는 일본교회에 병합되어 소위

13 민경배, 『한국기독교 100년사』 (서울: 한국기독교장로회출판사, 1992), 342

일본 기독교 조선교단이라는 괴뢰교단(교회)으로서 해방을 맞이하였다. 해방이 되었음에도 불구하고 조선교단지도자들은 〈조선교단〉이 계속 유지되기를 바랐던 것 같다. 조선교단 총 대의원 125명중 75명이 북한에 거주하고 있었음에도 불구하고 통리(統理)직을 맡고 있던 김관식(金观植)목사는 1945년 10월 18일과 19일 양일간 서울에서 총회를 소집하였다. 여기에 참가한 대의원은 전체 회원 중 3분의 1이었다. 이 숫자는 회의를 진행시킬 수 있는 정족수에 미달되는 정족수였다. 이 모임에서 김관식목사는 일본 기독교 조선교단이라고 되어있는 명칭을 〈조선기독교회〉로 변경하였다.[14]

그러나 이 모임은 오래 갈 수 없었다. 본래 장로교, 감리교, 성결교, 구세군 등 여러 교파들의 집합체였음으로 감리교회를 위시하여 각 교파가 각기 자기 교단으로 환원함으로서 자동적으로 해체하고 말았다. 그리하여 1946년 봄까지 남한에서는 각 교파가 재건되었다. 장로교회도 1946년 봄까지 각 지역에서 노회들이 재건되었다.[15]

조선신학교는 1946년 승동교회 지하실에서 서울역 근처 동작동으로 이전하였다. 1946년 6월 12일 서울 승동교회에서 4일간 〈대한 예수교 장로회 남부총회〉가 소집되었다. 이 모임은 북한 교회를 포함하지 못한 남한교회들만의 총회였기 때문에 이렇게 명칭을 붙였다. 이 대회에 조선신학교는 총회 직영신학교로 인준을 받았다. 이후 조선신학교를 둘러싼 자유와 보수의 대립과 충돌은 불가피하게 일어나게 되었고 교회의 분열도 뒤따르게 되었다.

고신총회의 분립과 한국기독교장로회의 분립에 관해서는 언급을 생략하기로 하고 여기서는 대한예수교 장로회 합동측 교단과 통합측 교단의 분립을 언급하면서 특히 합동측 교단의 신앙과 신학의 전통에 관해서만 집중적으로 언급하기로 한다.

본래 합동측과 통합측은 1959년 9월 제44회 총회 때까지 한 교단이었다. 그러나 경기노회에서 야기된 총회 총대선출 문제로 충돌이 발생하여 최종적으로는 박형룡 박사를 중심으로 하는 NAE지지 세력과 한경직 목사를 중심으로 하는 WCC지지 세력으로 양분되어 각각 총회를 별도로 조직함으로서

14 서정민, "일제말 일본기독교 조선교단 형성과정" 『한국기독교와 역사』 16, 71-100.

15 Kwon Sik Kim, "The Christian Church in Korea," International Revieur of Missions, 36 (1946), 128

통합측과 합동측으로 갈라지게 되었다. 양측은 총회개최 장소를 달리하여 통합측은 연동교회에서 회집하였고 합동측은 승동교회에서 회집하였기 때문에 연동측 또는 승동측이라고도 부른다.

통합측과 합동측이 분열한지 반세기가 경과하였기 때문에 각 교단은 그 나름대로 성격이 형성되어 신앙적으로나 신학적으로 전통을 이어가고 있다. 우선 신앙적으로 양 교단간의 차이점을 말하기는 어려우나 신학적인 면에서는 어느 정도 구분할 수 있을 것 같다.다.

5. 예장 합동의 신학적 전통

합동측이 통합측과 분립하자 1년 후 고신측 교회와 합동하였다. 너무나 빠른 전격적인 합동이었다. 단지 막연하게나마 보수진영의 결속과 강화의 필요성을 절실하게 느꼈던 나머지 고신측과 합동은 서둘렀다고 생각된다.

고신측 입장에서 볼 때 다년간 교수하고 있던 박윤선 교수의 이탈은 고신측으로서도 감당하기 어려운 처지에 놓여있었다. 하여튼 양측교단은 1960년 12월 13일 일시적이나마 합동하게 되었다.[16]

양 교단이 합동할 때 발표한 선언문을 볼 것 같으면 합동측 교단의 이념과 신학사상이 명백하게 표시되어 있다. 합동측 교단은 오늘에 이르기까지 1960년에 선포한 신앙정신과 신학사상을 변함없이 그대로 그 전통을 계승하고 있다. 그 요지를 간추릴 것 같으면 다음과 같다.

1. 전통계승

(1) 대한 예수교 장로회 제45회 총회는 (1960. 12. 13) 1912년 1월 평양에서 제1회 총회로 창립한 총회로부터 일본 교단과 신사참배를 제외한 동일성을 유지하고 전통을 계승한 유일한 대한 예수교장로회 법통 총회임을 선언한다.

---

16 허순길, 『한국장로교회사(고신교회중심)』 2008년 개정판, 484

(3) 고신 총회는 1949년 이래 경건생활에 치중하여 정통신학교육에 힘쓴 것과 예장측(합동) 총회가 자유주의 신학과 세속주의를 배격하기 위하여 W.C.C.를 탈퇴하고 W.C.C.노선의 에큐메니칼 운동을 반대한 결의를 재확인 한다.

2. 합동원칙
(1) 신학: 칼빈주의 신학에 의하여 합동을 원으로 하며
(2) 신조: 웨스트민스터 신도개요에 의하여 대한 예수교장로회 헌법에 명시한 12신조를 원칙으로 한다.

3. 지도원리
(1) 교리: 칼빈 선생의 가르친 장로회의 교리를 그대로 고수할 것이며 비성경적인 단일교회 운동을 반대한다.

4. 생활원리
(1) 하나님께 영광을 돌리는 생활
(2) 교회를 봉사하는 생활
(3) 사회생활에 모범을 보임으로써 그리스도인 된 본분을 다하도록 한다.

선언문은 7항까지 되어있으나 중요한 것만을 추려서 열거하였다. 그간 교단과 신학대학원과 대학교내에 우여곡절이 있었으나 합동측 교단은 이 모든 것들을 극복하면서 미래를 향하여 끊임없이 전진하고 있다.[17]

17 허순길, 『한국장로교회사(고신교회중심)』 2008년 개정판, 489-491 참조.

제 15장
한국장로교회와 ICCC

매킨타이어는 성경장로교회를 조직한 후에 이러한 신앙의 엄격한 실천적 입장을 가지고 있는 미국내의 교회들의 연합을 조직하고자 하였다. 그러한 조직으로 1941년에 탄생한 것이 ACCC(American Council of Christian Church)이다. 이 ACCC는 1년 뒤에 근본주의자들의 분리주의적인 경향을 비판하고 사회적인 문제들에 대해 기독교인들의 적극적인 관심을 주장하는 1942년에 조직한 복음주의협의회(NAE, National Association of Evangelicals)를 FCCC와 교제하는 교단을 배제하지 않고 교리적으로도 너무 관용적이라고 비판하고 참여를 거부하였다.

이은선 교수(안양대학교 기독교문화학)

한국장로교회가 50년대에서 60년대에 걸쳐 분열하는 과정에서 중요한 역할을 했던 기관이 ICCC(International Council of Christian Churches)였다. ICCC는 성경장로교회의 책임자인 매킨타이어(Karl McIntire, 1906-2002)에 의해 1948년 8월에 화란에서 조직되었다. 매킨타이어는 1948년에 신앙과 직제 위원회와 생활과 봉사 위원회의 두 기관이 연합하여 WCC(World Council of Churches)를 조직하는 것에 대항하여 ICCC를 조직하였다. 따라서 ICCC는 WCC에 반대하여 성경적 기독교 신앙을 강조하고, 현대적인 신학을 따르는 WCC에 참여하는 교회들과의 분리를 주장하였다. 이러한 성격을 가진 ICCC는 조직된 직후에 국내의 교회들과 관계를 맺기 시작하였다. 1950년에 박윤선 목사가 ICCC에 대해 우호적으로 소개하였고, 고신은 새로운 교단을 조직한 직후에 교수회에서 성명서를 작성하여 이 기관에 보냈다. ICCC는 1959년의 장로교 3차 분열 직후에 회장인 매킨타이어가 국내에 방문하여 재정지원을 하였다. 그리고 이 때 합동측도 박형룡박사의 이 기관에 대한 지지 때문에 잠깐 동안 협력을 하였다. 그리고 이 기관은 성경장로교회가 조직되고 호헌

측이 분열하는 데도 어느 정도의 영향력을 미쳤다. 따라서 ICCC는 신근본주의 노선을 토대로 지나치게 분열주의적인 성격을 가지고 있어, 한국교회의 대부분의 교단들의 분열에 영향을 미쳤으며 따라서 대부분의 교단들과 건전한 관계를 맺지 못하였다.

1. ICCC 총회의 조직

ICCC가 탄생하는데 중요한 역할을 한 것은 미국에서 발생한 근본주의였다. 근본주의는 19세기 후반에 미국에 들어왔던 독일의 자유주의 신학의 세력이 확장되어 가는데 대한 반동이었다. 미국의 자유주의 신학 세력들이 모여서 1908년에 미국 연방교회협의회(FCCC, The Federal Council of the Churches of Christ in America)를 결성하였다. 이 협의회는 미국에서 에큐메니칼 운동의 영향을 등에 업고 자유주의 신학의 세력을 확산시켜 나가고 있었다. 이러한 자유주의 신학 세력의 확산에 맞서 이 자유주의 신학자들이 반대하던 기독교의 근본진리들을 수호하려는 근본주의가 발생하였다. 이 근본주의 신학이 수호하고자 하는 근본진리는 성경의 영감, 그리스도의 신성, 그리스도의 동정녀 탄생, 대속적 죽음, 부활, 역사적 전천년설 등이었다. FCCC의 자유주의 신학의 영향력이 확장되어 가는 가운데 이러한 기독교 근본진리들을 수호하려는 근본주의 신학도 1910년대부터 강력하게 전개되어 가고 있었다.

미국 교회 안에서 근본주의와 자유주의 신학이 충돌하는 과정에서 미국장로교회도 변화를 겪게 되었다. 미국 장로교회는 1920년대에 프린스턴 신학교가 신정통주의를 받아들여 전통적인 개혁주의 신학에서 벗어나면서 신학교 분열의 위기를 맞이하였다. 그리하여 메이첸을 중심으로 1929년에 필라델피아에 웨스트민스터 신학교를 설립하여 구프린스턴 신학전통의 계승을 표방하였다. 그리고 이들은 선교사 후원 문제를 둘러싼 갈등으로 1936년에 미국장로교회에서 출교되어 정통장로교회를 설립하였다. 메이첸은 미국장로교선교부가 자유주의 신학을 가진 사람들을 선교사로 파송하는 것에 반대하여 1933년에 장로교 독립해외선교부(Independent Board for Presbyterian Foreign Missions)를 조직하였다. 미국장로교는 이러한 메이첸의 행동에 대하여 독립해외선교부에서 나오지 않으면 출교하겠다고 선언하였다. 이러한 선언에 대해 메이첸과 매킨타이어, 그리고 필라델피아 노회의 5명이 그 명령을 거절하자 1935년 총회는 징계 결정을 내렸다. 메이첸과 매킨타이어는 1936년 총회에 상소하였으나 기각당하였다. 그들은 이러한 총회 징계에 반발하여 1936년 PCA(Presbyterian Church in America)를 조직하였는데, 후에 정통장로교회(OPC, Orthodox Presbyterian Church)로 이름을 바꾸었다.[1]

그러나 정통장로교회를 설립한지 1년 뒤에 다시 매킨타이어를 중심으로 성경장로회가 분열하게 되었다. 성경장로회가 분열하는 데는 독립해외선교를 총회가 관장할 것인지 아니면 독립적으로 운영할 것인지, 종말론에서 무천년설 혹은 전천년설을 지지할 것이지, 주초를 허용할 것인지 등의 사소한 문제가 원인이 되었다. 매킨타이어는 총회가 선교회를 관할하는 것에 반대하고 독립해외선교부를 지원하고자 하였고, 종말론에서 전천년설을 주장하며, 주초를 금지하는 강경한 입장을 주장하며 정통장로교회에서 분리하여 1937년에 성경장로회를 조직하고 훼이스(Faith) 신학교를 설립하였다.[2] 매킨타이어의 이러한 입장을 그 이전의 근본주의와 구분하여 신근본주의라고 부른다. 신근본주의는 근본주의의 5대교리를 강력하게 주장하는 것에 더하여, 작은 부분에서까지 불일치하는 교회들과의 교제를 거부하고 심지어는 분리하는 분리주의적인 성향을 가지고 있었다.

매킨타이어는 성경장로교회를 조직한 후에 이러한 신앙의 엄격한 실천적 입장을 가지고 있는 미국내의 교회들의 연합을 조직하고자 하였다. 그러한 조직으로 1941년에 탄생한 것이 ACCC(American Council of Christian Church)이다. 이 ACCC는 1년 뒤에 근본주의자들의 분리주의적인 경향을 비판하고 사회적인 문제들에 대해 기독교인들의 적극적인 관심을 주장하는 1942년에 조직한 복음주의협의회(NAE, National Association of Evangelicals)를 FCCC와 교제하는 교단을 배제하지 않고 교리적으로도 너무

---

1 David O. Beale, *In Pursuit of Purity,* 김효성역, 『근본주의의 역사』(기독교문서선교회, 1994), 345-46.

2 Beale, 『근본주의의 역사』, 350.

관용적이라고 비판하고 참여를 거부하였다. 이 ACCC는 제2차 대전이 끝난 후에 자유주의자들에 의해 WCC가 국제적으로 조직되어가자 이에 대응하는 국제조직으로 ICCC를 조직하였다. ICCC는 근본주의의 5대 교리와 함께 성경의 무오성과 축자영감설과 문자적 해석 강조, 세대주의적 전천년설, 분리주의적 교회관을 근본신학으로 하고 있다.[3]

2. 고려신학교 및 고신교단과 ICCC

ICCC가 1948년 8월 암스테르담에서 조직된 후에 이 기구를 한국에 제일 먼저 소개한 사람은 박윤선목사이다. 박윤선목사는 ICCC에 소속되어 있으면서 고신대학교에서 가르치던 선교사들을 통해서 ICCC를 알게 되었던 것으로 보인다. 1946년에 고려신학교가 설립된 후에 국내로 귀국하여 교수로 가담했던 선교사는 한부선 선교사였다.[4] 그는 정식 교수가 되어 학생들을 가르쳤다. 한부선 선교사 외에 학교 설립 무렵에 고려신학교에서 강사로 강의하며 신학교를 도왔던 선교사들은 함일돈, 최의손, 마두원 등이다.[5] 이들은 일제시대 신사참배를 반대하다 추방당했던 선교사들이었고, 국내에 귀국할 때는 정통장로회와 성경장로회 소속 선교사들이었다. 이들은 1948년 ICCC가 조직되자 여기에 가입하였다. 그러므로 이들은 고려신학교 교수로서 가르치면서 박윤선 목사를 비롯한 교수진들에게 ICCC가 조직된 것과 함께 WCC의 조직, 그리고 양자의 관계에 대해서 알려주었을 것이다. 그러므로 WCC의 문제점을 국내의 다른 누구보다도 먼저 ICCC의 시각에서 파악하게 되었고, 그리하여 WCC에 대하여 경계하게 되었을 것이다.

이러한 선교사들을 통하여 ICCC와 WCC를 알게 된 박윤선 목사는 1950년 4월에 "대한예수교장로회는 어디로 가고 있는가?" 라는 글에서 이 두 기구에 대하여 설명하며 WCC에 대한 경각심을 촉구하였다. 그는 먼저 WCC에 대해

3 주강식, "한국교회와 ICCC," 『고신대학교 석사학위논문』(2008), 14. 19.

4 김영재, 『한국교회사』(개혁주의신행협회, 1992), 250.

5 박용규, 『한국장로교사상사』, 300.

상당히 비판적으로 소개하고 있다.

> 세계기독교인 연합회는 신신학자, 위기 신학자, 사회복음주의자 등이 그 주동 인물이 되고 있습니다. 그 회의 주요한 목적은 세계교회의 사교를 위한 것이라기보다는 세계교회의 진로를 교도하려는 것입니다. 그것은 그들이 이미 암스테르담회의에서 결정한 것입니다. 그들은 급속히 처음부터 각 교파의 교리를 그들의 그릇된 주장대로 통일하려는 행동은 취하지 않습니다. 그러나 그들은 세계적으로 먼저 교회실권 (교회정치력, 다대한 인원 내지 국가의 권력) 잡기를 노력하는 듯이 보입니다. 그들은 이런 실권을 잡은 후에 그것으로 세계교회를 장악하려고 합니다. 사태가 결국 이렇게 되는 때에는 세계교회의 각 교파는 성경과 교리에 의거하여 행동을 취하지 못하고 그런 세계교회 운동의 실권에게 포로되어 버리고 말 것입니다.

반면에 박윤선 목사는 ICCC에 대해서는 우호적으로 설명하고 있다.

> 위의 세계기독교연합회의 비(非)를 아는 선진 국가의 교회(미국교계)에서는 벌써 거기에 항의하는 의미에서 한 세계적 단체를 조직하고 명랑(明朗)한 진리의 깃발을 날리고 있습니다. 이 귀한 단체의 명칭은 국제기독교연합회(ICCC)라고 합니다. 이 단체의 주장은 순연(純然)한 재래(在來) 복음주의 신학을 보수하자는 데 있습니다. 이 주장에 공명(共鳴)하는 교파들이 많이 일어나 벌써 29개국에서 온 61교파 대표가 결합되어 있습니다. 작년 12월 태국 방콕에서도 이 귀한 회의(ICCC)가 모여 거기 모였던 세계기독교연합회와 대립하는 태세를 이루었던 것입니다.[6]

박윤선은 이와 같이 WCC에 반대하는 ICCC의 입장을 선명하게 대비시키면서 ICCC를 전통적인 복음주의 신학을 지키려는 단체라고 소개하고 있다. 그는 이 두 기관의 입장을 대조하는 도표를 제시하고 있는데, 이 기관의 교리적 입장은 “개혁파의 중요한 신조들을 그대로 파지하는 10대 교리를 내세웠다”고 말하면서 1) 성경의 무오설 2) 삼위일체 하나님을 믿음 3) 그리스도는 참 하나님이고 참 사람이심을 믿음 4) 그리스도의 동정녀 탄생 5) 그리스도의 대속적 죽음 6) 그리스도의 몸의 부활을 믿음 7) 은혜와 믿음의

---

6 박윤선, 『대한예수교 장로교회는 어디로 가나?』 (부산: 고려신학교, 1950), 20, 이상규 『한상동과 그 시대』, 380에서 재인용

구원 8) 구원자의 영복과 비구원자의 영벌 9) 신자들의 그리스도 안에서의 영적 통일 10) 하나님의 말씀에 의한 교리와 생활의 순결을 파수하며 유지할 필요를 열거하고 있다.

ICCC에 대한 고려파의 지지는 박윤선만의 입장이 아니었다. 청년들에게 정통신앙을 소개하는 『면려청년』도 ICCC를 "WCC의 사상을 반대하고 성경의 진리대로 믿고 이 믿음을 전파하고자 애쓰는 정통파 단체"라고 소개하였다.[7] 또한 고려신학교 교수들이 작성한 성명서가 1953년 미국 ICCC에 전달되었다.

> 국제기독교연합회에 드림
>
> 우리는 우리가 가지고 있는 역사적 기독교 신앙에 대하여 여러분에게 발표할 수 있는 기회를 가진 것을 감사히 생각합니다. 세계는 불신앙으로 움직이는 이때에 여러분이 우리의 주를 위하여 진리를 선히 보수하는 일에 대하여 반갑게 생각하나이다. 우리 고려신학교 위원회는 웨스트민스터 신도게요서가 우리의 신앙을 위한 신앙노선이라고 생각합니다. 우리는 이 체제로 110여명의 신학생과 189명의 고등성경학생을 교육합니다. 우리 중에 20여명이 교회를 심깁니다. 우리는 현재에 신신학과 빨트신학이 우리나라에 소개됨에 대하여 매우 놀래나이다. 우리는 세계기독교연합회를 반대합니다. 그 이유는 그 기관은 신신학주의 혹은 신신학 무관주의의 입장인 까닭입니다. 그 기관은 절대로 우리의 신앙입장으로 대표할 수 있습니다.('없습니다'를 오기한 것으로 보임) 그럼으로 우리는 그 기관을 반대합니다. 역사적 기독교 신앙은 성경무오의 도리와 우리 주님의 동정녀 탄생과 그의 무죄하신 생활과 그가 이적을 행하신 것과 그의 대속교리와 그의 몸으로 다시 사신 것 등의 중대한 도리를 굳게 보수합니다. 그러나 이런 중대한 교리를 무시하는 세계기독교연합회가 선교사의 파송권을 장악하리라 생각하여 크게 의분을 품으며 근심하는 바입니다. 우리는 국제기독교연합회 입장을 지지하며 기뻐합니다. 그 이유는 이 기관은 우리가 믿고 지키는 역사적 기독 신앙을 믿고 지키는 까닭입니다. 우리는 그리스도께서 만민에게 복음을 전하라는 그 마지막 명령에 의지하여 성신께서 보내시는 그 사람들만이 선교사가 될 줄 믿습니다.
>
> 대한예수교 장로회 고려신학교
> (직원 성명은 약함)

7 경남면려청년편, 『면려청년』 제7호 (1950. 2. 1), 2.

이 성명서는 1953년 *Biblical Mission*에 게재되었으나,[8] 원래 1949년 고려신학교 교수들이 준비한 것이다. 이 성명서에는 고려신학교의 한상동, 박윤선, 한부선, 함일돈, 최의손, 마두원, 박손혁 등이 날인하였다.[9] 이러한 서명으로 볼 때 이미 1949년에 고려신학교 교수들은 함일돈과 마두원같은 ICCC 소속 선교사들의 영향으로 이러한 성명서를 작성했던 것으로 보인다. 이러한 내용들을 종합하여 볼 때 ICCC는 이미 1949년에 고려신학교 교수들에게 알려져 있었고, 그것을 글을 통해 한국에 최초로 소개한 분은 박윤선이었다. 그런데 이 시기에 ICCC가 한국교회에 구체적으로 어떤 영향을 미쳤을까? 현재 밝혀진 것은 ICCC 소속 선교사들이 고려신학교에서 가르쳤고, 이들을 통해 WCC에 대항하는 기관으로 ICCC가 조직되었다는 것이 알려지고 박윤선에 의해 소개되고 있었다.

ICCC가 WCC를 반대하는 시각이 박윤선에 의해 1950년에 한국에 알려지면서 국내에서 WCC에 대한 비판이 더욱 고조되었다. 1951년에 22명의 기독교 국회의원들이 WCC는 용공적(容共的) 기관이라는 성명을 발표하였고, 장로교 총회의 보수적인 지도자들은 WCC에 대한 더욱 확고한 반대의 입장을 견지하게 되었다.

고려신학교 교수들이 ICCC에 우호적인 입장을 견지하고 있었는데, 1952년에 고려파가 분립된 후에는 고려파 교단이 ICCC와 유대관계를 맺게 되었다. 1954년 8월 3일부터 18일까지 필라델피아에서 개최된 제3차 ICCC 세계선교대회에 한 상동, 박윤선, 이약신, 박손혁 등의 고려파 지도자들이 참관인 자격으로 초청받아 참석하였다. 그리고 9월 훼이스(Faith) 신학교에서 한상동과 박윤선은 명예신학박사학위를 취득하였다. 매킨타이어는 박윤선 목사에게 성경주석의 저술활동으로 한국교회에 공헌하고 있는 영향력있는 신학자이므로 박사학위를 수여한다고 하였고, 한상동 목사에게는 신사참배를 반대하여 옥고를 치루고 고려교단을 이끄는 한국교회의 지도적인 목회자로서의 공로를 치하여 수여한다고 설명했다.[10]

---

8 "A Faithful Declaration: Faculty's Letter to ICCC," *Biblical Mission* (October, 1953), 29-30.

9 박용규, 『한국장로교사상사』 (서울: 총신대학출판부, 1992), 304.

10 서영일, 『박윤선 개혁신학 연구』 (서울: 한국기독교역사연구소, 2000), 269; 김영재, 『박윤선-경건과 교회쇄신의 추구한 개혁신학자』 (살림, 2007), 110-11.

고신은 이와같이 ICCC와 교류를 계속하였으나, 이 기구에 가입하지는 않았다. ICCC의 회장인 칼 매킨타이어는 1956년 8월 20일에 극동지역을 순방하면서 한국을 방문하여 ICCC 가입 요청을 하였으나 성과를 거두지 못하였다. 고신은 1952년에 총노회를 구성하고 있다가 1956년 9월 20일에 대한예수교 장로회 총회(고신)를 조직하였으므로, 교단으로서의 고신을 ICCC에 가입시키고자 가입을 요청했던 것으로 보이는데, 고신은 교류를 하지만 가입은 거절하였다.

고신은 ICCC에 가입은 하지 않았으나 1965년에 고려신학교의 인가를 받으면서 한상동과 송상석의 갈등으로 생겨난 위기를 해결하기 위하여 ICCC로부터 6,000만원의 재정지원을 받았다. 마두원은 이것에 대해 고신이 ICCC로부터 "다량의 금액으로 선물"을 받은 것이라고 표현한 것으로 보인다.[11] 그리고 1968년 8월 14-15일까지 뉴저지(New Jersey) 케이프 메이(Cape May)에서 개최된 제7차 ICCC 세계대회에 고신측 대표로 송상석과 홍반석이 참석하였다. 고신은 1968년에 ICCC와 우호적인 관계를 유지하겠다고 하였으나 3년 뒤에 관계를 단절하였다.[12]

3. 합동측과 ICCC와의 관계

장로교회는 해방 후에 3번에 걸쳐 커다란 분열을 경험하였다. 1952년에는 신사참배의 청산을 둘러싼 갈등으로 고신이 분열하였고 1953년에는 성경의 권위를 둘러싼 갈등으로 기장이 분열하였으며 1959년에는 WCC의 가입을 둘러싼 갈등으로 합동과 통합으로 분열하였다.

고신파와 기장이 분열되어 나가고 남은 대한 예수교 장로회는 1959년 또다시 분열하게 되었다. 예수교 장로회는 세계교회협의회(WCC)에 대하여 호의적인 태도를 지닌 지도자들과 반대하는 보수적 성격의 지도자들로 나뉘어져 있었다.

11 Malsbury, "충성된 한국교회 교직자들에게" 라는 글, 정규오, 『신학적 입장에서 본 한국장로교회사』 (광주: 한국복음문서협회, 1983), 254에서 재인용.

12 최덕성, 『에큐메니칼 운동과 다원주의』 (서울: 본문과 현장 사이, 2005), 203.

세계교회 협의회에 반대하는 세력의 중심에는 김재준 목사의 성경관을 반대하여 조직된 신앙동지회가 1952년에 조직한 미국 복음주의협의회의 한국지부인 한국복음주의협의회(NAE)가 있었다. 이들은 세계교회협의회가 자유주의적이고 용공적인 성격을 띤다는 이유를 들어 거기에서 탈퇴할 것을 주장했다. 세계적으로 보수 집단으로 알려져 있는 ICCC의 회장 맥킨타이어 목사가 1956년에 방한했을 때 고신파 지도자들과 한국 복음주의협회의측 지도자들이 적극적으로 환영함으로써 양파사이의 긴장이 높아졌다. 왜냐하면 에큐메니칼측 사람들은 ICCC와 맥킨타이어 목사를 극단적으로 독선적인 보수파로서 분란을 일으키는 데 앞장서는 인물들로 생각했기 때문이다. WCC에 대한 지지와 반대 양측의 대립을 심화시킨 또 하나의 사건은 당시 총회신학교 교장이었던 박형룡이 학교부지구입비용을 부정 지출하여 사기당하는 실책을 저질렀다. 이에 에큐메니칼측 인사들은 박형룡 교장의 인책 면직을 주장하였고, NAE측은 개인적인 욕심이 아니라 학교를 위하여 일하다 생긴 실수라고 주장했다. 이 사건은 1958년 제43회 총회에서 박형룡의 교장사임을 결정함으로써 마무리되었으나 두 파간의 대립은 더욱 심화되었다. 1959년 제44회 총회에 파송할 총회 대표 선출 문제로 경기 노회가 갈라짐으로써 교단분열로 나아가게 되었다. 1959년 5월에 열린 경기노회에서 뽑은 총대 선거에 부정이 있다는 이의가 제기되어 같은 해 6월에 임시 노회를 열어 새로 총대를 선출하였다. 5월 정기총회에서 선출된 총대는 NAE측이 많았고, 임시노회에서 선출된 총대는 에큐메니칼측이 많았다. 그리하여 두 개의 총대 명단이 1959년 9월 대전 총회에 동시에 제출되었는데 어느 쪽 총대를 인정하느냐에 따라 총회장 선출 등 교권의 방향이 결정되는 상황이었으므로 서로 격렬한 논쟁을 벌였다. 이 날의 회의에서 경기노회의 총대를 받아들이는 문제를 두고 의견이 나뉘어 회의를 진행할 수 없게 되었다. 총회는 11월 23일 서울 승동교회에서 속개하기로 하고 정회하자는 증경총회장들의 제안을 채택하였다. 이러한 결정에 불만을 품은 에큐메니칼 측 회원들은 9월 29일 서울의 연동교회에서 전필순목사의 사회로 단독 속회를 열었다. 그 후 결합을 위하여 노력했지만 끝내 양측의 이견을 좁히지 못하여 1960년 총회부터는 완전히 서로 다른 교단으로 분열되고 말았다. 에큐메니칼측은 예수교장로회 통합 측, 복음주의협의회측은 예수교장로회 합동측으로 대한예수교장로회는 분열 하게 되었다.

이렇게 분열하는 과정에서 합동은 신학교 건물을 통합에게 내주고 나오게 되었다. 그리고 지금까지 한국장로교와 관계를 맺어왔던 미국장로교회, 캐나다장로교회, 호주장로교회가 WCC의 교회연합운동에 찬성하여 합동측은 국제적인 기구로부터 원조를 받을 수 없는 상황이었다.

이러한 상황에서 합동측이 해결해야할 가장 최우선적인 과제는 신학생들을 교육할 학교 건물을 마련하는 일이었다. 합동측은 1948년 설립 당시부터 사용해 왔던 남산의 신학교 건물을 통합측에 넘겨준 후에 일단 남산동의 김치선 목사가 시무하던 한양교회 구내로 수업장소를 옮겼다. 그 후 합동측은 ICCC의 매킨타이어로부터 10만 달러를 지원받아 한강로에 있는 4층 건물을 구입하여 수업을 하다가 5년 후에 서울 사당동의 현 총신대학 자리로 옮기게 되었다.

매킨타이어 목사는 1959년 10월에 한국의 보수적인 장로교인들이 에큐메니칼 진영과 대립하여 분립하였다는 소식을 듣자 22일부터 『기독교 횃불』(Christian Beacon)지에 매호마다 한국교회를 위해 기도하자는 글을 기고한다. 이러한 활동을 하면서 그는 한국의 상황을 파악하고자 ICCC 소속의 마두원 선교사의 인도를 받으면서 다른 세 명의 ICCC 지도자들과 함께 한국을 직접 방문하였다.[13] 그는 귀국 후에 한국교회의 상황과 전쟁고아들의 어려운 삶의 상황을 알리고 도움을 호소하며 모금하여 10만 달러를 한국성탄헌금으로 한국에 보낸다.

이 모금 상황과 한국교회 후원에 대해 박병훈 목사는 좀 더 구체적으로 설명하고 있다.

> 그들(ICCC)은 명목을 1960년 크리스마스 선물이라고 하고 전 세계 동지회원들에게서 돈 12만 달러를 모아가지고 와서 우리들의 상처를 싸매어 준 것이다. 미화 12만달러이면 우리 돈으로 2억 만환 가까운 돈, 연합장로교 선교부의 두 해의 선교비에 해당하는 액수다. 그리고 또 그들은 다시 1961년도 크리스마스선물로써 10만달러를 모은 것이다. 이런 금액을 모집하는 데는 필자가 아는 대로 ICCC 회장 매킨타이어 박사 자신이 하는 『기독교 횃불』 (Christian Beacon)이라는 신문과 동씨가 만들어 올린 미국, 캐나다, 구라파, 남미 등지에 설치되어 있는 258 라디오 (지금은 더 증가 됐지만)를 총동원하고 약 두 달 크리스마스 씨-즌 전체를

13 장동민, 『박형룡의 신학연구』 (서울: 한국기독교역사연구소, 1998), 385.

두고 매일 아침 30분씩 그 자신의 연설과 호소로써 모은 것이다. 이만하면 그는 우리의 좋은 벗이 아닐 수 없다.[14]

박병훈 목사는 이렇게 지원받은 22만 달러의 사용 내역에 대해서 이렇게 기록하고 있다.

1960년 이른 봄 잃어버린 총신학교를 찾는 재판비로 쓴 것을 비롯하여 먼저 총회신학교 경상비에 2천 만환 가량, 현 신학교 교사를 짓는데 5천 만환 가량, 그리고 대구신학교 위해서 1천 만환 가량, 총회 야간신학교와 지방 신학교 그리고 10여 고등성경학교, 산하 29노회 수습비, 총회 소집비용, 교역자 여름 수양회, 그리고 개인의 각종도움까지 나누워 주었으면 됐지 무엇에 불만이 있다 말인가[15]

ICCC와 이러한 유대관계를 유지하던 합동교단은 1961년 총회에서 ICCC와의 관계를 청산하였다. 이러한 상황을 근거로 보면 ICCC의 합동교단에 대한 재정지원은 1960년과 1961년 초의 두 해라고 보는 것이 더 타당할 것으로 보인다.

이렇게 어려운 상황에서 합동측은 ICCC의 재정 지원으로 교단의 어려운 상황을 극복하고 안정을 되찾는 계기를 마련하였다. 합동측이 이렇게 ICCC의 재정 지원을 받은 것은 일차적으로는 박형룡 박사의 신학사상과 매킨타이어의 신학사상이 일치하였기 때문인 것으로 보인다. 박형룡은 WCC에 대해 단일교회를 형성하는 것에 대해서는 반대하지만, 교류하는 것에 대해서는 찬성한다는 입장을 표명하였다.[16] 반면에 WCC에 반대되는 보수주의 진영으로는 NAE, WEF, ICCC 세 개의 조직이 있다고 하였다. 그런데 사실상 NAE와 WEF는 WCC와 어느 정도 관계를 맺고 있었다. 그러므로 박형룡은 1958년에 보수주의 에큐메니칼 운동 중에서 ICCC만이 "자유주의에 대항하여 정통신앙을 옹호하고 자유주의에 매우 철저하고 강경하게 싸웠다"며 높이 평가하였다.[17] 그러므로 박형룡은 ICCC와 신학적인 동질성을 느끼고 있었기 때문에 어려운

---

14 박병훈, 『46회 총회와 ICCC』, 31.

15 박병훈, 『46회 총회와 ICCC』, 32.

16 박형룡, "에큐메니칼 운동의 교리와 목적," 『신학지남』 25/1 (1958. 6), 22.

17 장동민, 『박형룡의 신학연구』, 385.

시기에 이들에 제공하는 재정적인 지원을 받아들였던 것으로 보인다. 그렇지만 합동교단은 ICCC에 가입하는 것에 대해서는 고려하지 않은 것으로 보인다. 1960년에 열린 45회 총회에서 WCC와의 단절을 재확인하고 ICCC에 대해서도 "본 총회와는 하등 관계가 없음을 결의 성명하였으며," "ICCC에 가입하지 않고 우호적인 관계만" 맺기로 결정하였다.[18] 그러나 1961년에 고신과의 연합이 실패로 돌아간 후에 다시 통합측과의 교회연합을 추구하면서 ICCC와 우호적인 관계마저도 청산되고 관계를 단절하는 것으로 보인다.

NAE의 회장이었던 정규오 목사는 1965년에 『기독신보』에 기고한 "전국적인 연합운동의 필요성에 대하여"에서 ICCC에 대한 입장을 아래와 같이 밝히고 있다.

> 한 가지 문제가 되는 것은 우리 총회는 ICCC와는 우호관계를 끊고 국내의 다른 보수주의 교회들의 대부분은 ICCC에 가입되어 있다는 점이다. 그러나 이 점도 연합운동을 못하게 할 근거는 되지 못하는 것은 이는 교리나 신앙문제는 아니기 때문이다. ICCC의 신앙노선이 신학이나 신앙에서 우리 총회와 다른 것은 없다. 다만 그의 행동이 좀 투쟁적이요 과격이라는 평을 받는 것은 사실이고 과거 우리 총회가 ICCC 문제로 화평을 저해할 우려가 있었던 것도 사실이라 하지만 이것으로 연합운동을 못할 이유도 없고 필요도 없다.[19]

합동측이 ICCC와 우호관계마저 단절한 것은 교리나 신앙이 아니라 총회의 화평을 저해할 우려가 있었던 점이라고 밝히고 있다. 당시 합동 교단 안에 ICCC의 투쟁적이고 과격함에 대한 입장 차이로 인한 찬반의 입장이 있어 우호관계를 단절한 것으로 보인다.

---

18 『제45회 총회록』, 1960, 71: 박용규, 『대한예수교장로회 총회백년사』 제2권, 153에서 재인용.

19 정규오, 『나의 신학 나의 신앙 나의 생활』 (서울: 복음문화사, 1984), 239-240.

4. 성경장로회와 ICCC

ICCC와 관련하여 성경장로회가 탄생하는데 깊은 관련을 가진 인물은 김치선 목사이다. 김치선 목사는 한국의 예레미야라고 불리면서 장로회신학교에서 구약학 교수로 가르치고 있었다. 1948년 장로회신학교가 설립될 때 김치선 목사는 자신이 시무하던 남대문교회 내에 김선주, 윤필성, 김연준 등과 함께 초교파 야간신학교를 설립하여 학생들을 가르쳤다. 초대교장으로는 윤필성이 취임하였으며, 1949년 1월 서대문구 서소문동 새 교사로 이전하여 제2대 교장으로 김치선 목사가 취임하였다. 1950년 1월에 대한신학교로 개명하고 1952년 9월에 문교부로부터 4년제 신학교(각종학교)로 인가를 받았다. 이렇게 운영되던 대한신학교는 박형룡 학장이 3만환 사기사건을 당하여 학교 부지를 구할 수 없게 되자 대한신학교 건물을 총회신학교 분교로 사용하도록 요구하였다. 김치선은 이러한 요구를 거절하고 총회신학교 교수직을 사임하면서 총회와의 관계가 끊어지게 되었다. 초교파로 운영되며 장로회 신학교의 야간신학교로 운영되던 대한신학교의 졸업생들은 그 때까지 졸업 후에 장로교단에서 목사 안수를 받을 수 있었으나, 장로교단은 대한신학교 졸업생들에게 더 이상 목사 안수를 줄 수 없다고 결정하였다.[20] 이 무렵에 대한신학교가 자리 잡고 있던 땅에 국가에서 KBS 건물을 짓는다고 이전을 명령하였다. 학교는 이에 불복하여 정부와 싸웠으나 정부와의 재판에서 패소하여 학교를 이전해야할 어려운 처지였다.

어려움에 처한 김치선은 ICCC의 도움을 얻기 위해 1960년 8월에 노회를 조직하기 시작하였다. ICCC는 한국에 들어오면서 서울에다 지부를 설치했는데, 1959년부터 마두원 선교사가 책임자가 되었다. 매킨타이어 박사는 학교운영에 어려움을 겪고 있던 김치선 목사를 돕기로 하였고, 대한신학교와 김치선 목사는 마두원 선교사와 함께 1961년 6월 21일에 성경장로회 총회를 조직하게 되었다. 그리고 대한신학교는 매킨타이어의 도움으로 용산구 서계동 33-2 구

---

20 김동화, 『나에게 있어 영원한 것』, 355.

소련 영사관 자리를 확보해서 1962년에 신교사로 이전하였다.[21] 대한신학교는 1964년에는 문교부에 의해 학교법인설립인가를 받았다. 김치선 목사는 자신의 건강문제로 1966년에 학교장의 직을 아들 김세창에게 물려주었는데, 김세창이 매킨타이어가 운영하던 훼이스(Faith) 신학교에서 전액 장학금을 받고 공부를 하다가 무단으로 커버넌트(Covenant) 신학교로 옮겨가면서 ICCC와 갈등을 빚게 되었다. 그리하여 1967년에 ICCC를 지지하는 측과 김치선 목사를 지지하는 측으로 교단이 분열되었다. 김치선 목사는 1968년 세상을 떠났고, 1972년에 김치선 목사를 지지하는 측은 대신교단으로 새롭게 출범하게 되었다.

5. 호헌교단과 ICCC

1961년 성경장로회가 분리되어 나갈 때, 합동 안에서는 12월에 박병훈, 김윤찬 외 25명의 총대들이 서울 평안 교회에서 김윤찬을 회장으로 선출하면서 보수신앙동지회를 결성하였다. 이들은 1962년 11월에 ICCC의 가입과 장로교 신앙노선의 보수주의를 주장하면서 합동교단에서 분리하여 호헌총회를 소집하여 박병훈 목사를 총회장으로 선출하고 제48차 총회로 명명하였다. 그는 이 때 총회장이 되어 1974년까지 연임하였다. 호헌이란 이름은 1962년 47회 총회가 1959년 총회의 결정사항을 무시하였기 때문에, 교회헌법을 수호하겠다는 의미에서 붙여진 이름이다. 박병훈 목사는 임원선거의 부당성, 통합측과의 재합동 논의와 함께 ICCC와의 단절의 부당성을 지적하며 호헌총회를 조직하였다.[22] 그는 WCC를 강력하게 비판하면서 ICCC에 가입하여 국제 신앙운동 지도자들과 유대를 굳건히 하겠다고 주장하며, 총회소집에 필요한 경비로 매킨타이어에게서 2천 달러의 후원을 받았고 ICCC에 가입하였다. 호헌총회는 열악한 상황임에도 불구하고 ICCC의 정기적인 재정 지원을 받아 유지되었다. 그러나 1966년에 송재묵이 총회장이 되어 ICCC의 후원 아래 호헌교단과 분리하였다.

21 김의선, "고봉 김치선 목사의 신학사상과 한국교회에 미친 영향," (안양대학교Th. M. 논문) (1999), 40.

22 박병훈 편, 『대한예수교장로회 호헌총회 (연혁과 옛신앙)』 (1977), 6.

6. 나가는 말

ICCC는 한국교회들의 분열과정에 깊숙이 관련되어 있다. ICCC는 매킨타이어에 의해 조직되어 근본주의 신학을 이어 받았는데, WCC에 반대하면서 WCC와 관련된 교회들과의 분리를 주장하였다. ICCC의 이러한 분명한 신학노선과 함께 분리주의 교회관은 한국교회에도 많은 영향을 미쳤다. 1950년대에는 ICCC 소속의 선교사들이 고려신학교에서 가르치면서 박윤선 박사를 통해 ICCC가 한국교회에 소개되는데 영향을 미쳤다. ICCC가 한국에 소개되면서 WCC의 문제점을 더욱 분명하게 인식하게 만드는 역할을 하였다. 그리고 ICCC는 한국의 보수적인 교회들에서 세력을 확장하기 위하여 기회가 있을 때마다 재정적인 후원을 하였다. 그리하여 한국의 교단들이 분열하여 보수주의 기치를 내걸 때마다 ICCC의 후원을 받았고, 그들은 후원을 받으면서 그러한 교단들은 계속해서 분열하는 악순환을 지속하였다. 그러므로 ICCC는 재정적인 원조를 통해 한국교회의 분열을 촉진하는 역할을 한 측면이 있으면서 동시에 보수주의 교회들이 그들의 신학적인 노선을 분명하게 정립하는데 기여한 측면도 없지 않다.

제 4부
한국장로교의 평가와 전망

제 16장
한국장로교의 신학적 전통 : 성경관과 웨스트민스터 신앙고백

평양신학교의 신조의 내용은 장로교 헌법 제정의 내용과 거의 동일한데, 신앙고백이 첨가되어 있다. 그러므로 웨스트민스터 신앙고백서를 신학교 교육의 표준으로 삼겠다고 하여 1907년 독노회 조직할 때의 입장을 재확인하였다.

이은선 교수(안양대학교 기독교문화학)

한국장로교회는 선교사들이 전해준 개혁파 복음주의 신학을 수용하여 발전하여 왔다. 그러한 신학전통에서 가장 중요한 것이 성경이 하나님의 말씀으로 우리의 신앙과 본분의 정확무오한 유일한 표준이라는 믿음이었다. 이러한 성경관은 1907년 12신조에서 이미 규정되었으며, 그 12신조에서 웨스트민스터 신앙고백서와 대소요리문답을 우리의 신앙의 표준으로 삼는다고 하였다. 이러한 성경관을 가지고 신앙생활을 해 오던 장로교회는 1930년대 접어들어 김영주 목사의 모세의 창세기 저작설에 대한 문제제기와 김춘배 목사의 여성 지위에 대한 주장을 둘러싸고 논쟁이 발생하여 총회에서 징계논의가 일어났고 양 목사가 자신들의 주장을 철회함으로 일단락되었다. 그리고 조선 선교 50 주년을 기념하여 감리교가 발행하였던 아빙돈 단권주석의 번역작업에 장로교의 김재준, 송창근, 한경직, 채필근 등이 참여한 것에 대해서도 이들에 대한 사과가 요구되었다. 이러한 성경관의 갈등은 해방 후에 결국 김재준의 성경관에 대한 논쟁으로 이어져 1953년 기장이 분열하는 결과를 가져왔다. 본고에서는 선교사들이 한국에 전해준 성경관을 기본적으로 12신조에 대한 분석을 통해 살펴보고, 그 이후 한국교회의 성경관에 대한 논쟁을 살펴보고자 한다. 이러한 성경관을 둘러싼 논쟁 과정에서 웨스트민스터 신앙고백서가 한국교회에서 어떻게 번역되고 수용되었는지를 살펴보자.

1. 12신조에 나타난 성경관

1907년 9월 한국장로교회는 우리에게 복음을 전수해 준 4개 장로교회로부터 독립하는 노회를 조직한다는 의미에서 독노회를 조직하여[1] "완전한 장로교회"로 출범하면서[2] 12신조를 신조로 채택하였다. 12신조는 1904년 북인도 지역에서 활동하던 12개의 장로교회가 연합하여 작성하였던 것인데, 한국장로교회가 독노회를 조직하면서 이 신조의 연합의 성격을 중시하여 자신의 신조로 채택하였다.[3] 이 신조를 작성할 때 북인도 장로교회들도 웨스트민스터 신앙고백서를 선호하였으나 피선교지교회가 교리를 더 잘 이해하도록 웨스트민스터 신앙고백서를 요약하는 형식으로 12신조를 작성하였다.[4] 이 신조는 웨스트민스터 신앙고백서, 더 정확하게는 소요리문답의 요약형식으로 작성되었다. 특히 2조부터 9조까지는 서의 소요리문답에 나오는 내용을 거의 그대로 차용하고 있다. 그런데 특히 9조에는 영국의 웨슬리적 칼빈주의 내용이 가미되어 있다. 하나님의 주권적인 예정에 따라 구원받는다는 칼빈주의적인 내용을 서술하면서 동시에 선교지의 특수성을 반영하여 믿는 자들은 구원받는다는 내용이 가미되어 있다.

따라서 12신조의 전체적인 성격이 칼빈주의적인 것이냐? 하는 평가에 대하여

1 "대한국 예수교 장로회 독노회록 서문"에 "대한에 신학교 졸업학사 일곱 사람을 목사로 장립하고 대한국 장로회 노회라 하셨으니 이는 실로 대한국 독립노회로다"라고 하여 "독립노회"라고 기록하고 있다.

2 황재범, "1907년 대한예수교장로회(독노회) 설립과정 및 그 의의에 관한 연구," 『한국교회사학회지』 20 (2007), 282.

3 황재범, " "대한장로교회 신경" 혹은 "12신조"의 작성 및 수용과정에 대한 연구," 『기독교사상』 50/9 (2006), 210.

4 황재범, " "대한장로교회신경" 혹은 "12신조" 영어원문의 새로운 번역과 신학적 분석," 『한국기독교신학논총』 56 (2008), 123.

백낙준은 "철저한 칼빈주의 경향을 지닌 것"이라고 평가하였으나,[5] 오늘날의 학자들은 복음주의적인 성격이 강한 칼빈주의적인 신앙고백서라고 평가한다.[6] 이 신조의 복음주의적인 성격이라고 지적되는 것은 웨스트민스터 신앙고백서보다는 유기가 빠져 있어 이중예정론적인 성격이 약화되었고, 하나님의 예정과 함께 그리스도를 믿고 그에게 순종하는 자는 구원받는다고 하여 구원론에서도 조화를 꾀하고 있기 때문이다. 그러므로 1907년의 12신조는 기본적으로 칼빈주의의 성격을 가지고 있다고 볼 수 있겠다. 이미 1919년에 곽안련이 『신학지남』에서 이러한 성격을 지적하고 있다.

> 또 장로 감리 양교회 련합문데를 인하야 회집하엿슬 때에 년로(年老)한 감리교파 선교사의 말이 두 교회가 련합하게 되면 우리 감리파가 웨슷민스더 신경은 채용하기가 극난(極難)하나 이 인도국(印度國)에서 출래(出來)한 신경을 채용하기가 어렵지 아니하다 하엿으니 감리파의 다른 교역자는 엇더케 성각(思)할넌지 아지못하거니와 가(加)히 알만한 일이니라.[7]

그러므로 12신조는 칼빈주의적인 전통속에 선교지의 상황을 반영한 신앙고백이라고 평가할 수 있을 것이다.

그리고 12신조는 성경론에서도 성경의 영감설을 강조하고 있지는 않다. 이 신조의 1항은 성경관을 다음과 같이 제시하고 있다. "신구약 성서는 하나님의 말씀이시니 믿고 행할 본분(本分)의 확실한 범례인데 다만 이 밖에 없느니라."(The Scriptures of the Old and New Testaments are the Word of God, and the only infallible rule of faith and duty).[8] 이 항목은 신구약 성경이 하나님의 말씀이라고 언급할 뿐 성경의 영감에 대해서는 언급하지 않고 있다. 성경은 하나님의 말씀으로 우리의 믿고 행할 본문의 확실한 범례라고 말한다. 웨스트민스터 대요리문답은 성경을 신앙과 본분의 유일한 법칙이라고

---

5 백낙준, 『한국개신교사』(서울: 연세대출판부, 1973), 409.

6 김영재, 『한국교회사』(서울: 개혁주의신행협회, 1992), 148.

7 곽안련, "조선장로회신경론," 『신학지남』 5(1919, 4), 289.

8 한글번역은 독노회록에서 인용하였고, 영어는 황재범, ""대한장로교회신경" 혹은 "12신조" 영어원문의 새로운 번역과 신학적 분석," 116에서 재인용.

하는데, 12신조에서는 여기에 "확실한"(infallible)이란 말을 첨가하여 믿고 행할 본분에서의 성경의 권위를 더욱 강조하고 있다. "infallible"에 대해 1907년의 신조는 "확실한"이라고 번역했는데, 1930년에 와서 "정확무오한"으로 번역하였다. 그래서 성경이 우리의 신앙과 본문에 대하여 정확무오한 유일한 규범이라고 설명하고 있다. 그러므로 12신조에서는 성경관에 대하여 영감된 정확무오한 하나님의 말씀이라고 규정하고 있지는 않다.

2. 초기 선교사들의 완전축자 영감설

그렇지만 한국교회가 성경이 하나님의 말씀이라고 고백한 사실은 실질적으로 성경이 "정확무오한" 하나님의 말씀으로 고등비평의 대상이 될 수 없다고 인식하고 있었다는 것을 보여준다. 미국 북장로교 선교부 총무였던 브라운의 논평은 이 점을 잘 지적하고 있다. "개국 이후 첫 25년간 내한한 선교사는 전형적인 퓨리턴(청교도)형의 선교사였다 — 신학과 성경 비평에 대해서는 그들은 철저히 보수적이었으며 그리스도의 재림에 대한 전천년설을 아주 중요한 진리로 생각했다. 고등비평과 자유주의 신학은 이단으로 여겼다."[9]

한국교회의 이러한 복음주의적인 칼빈주의적 성격과 성경관은 당시의 한국교회에 대한 미국선교사들의 평가에서도 확인할 수 있다. 1890년에 내한했던 마포삼열(Samuel A Moffett, 1864~1939)도 1909년에 선교 초기 25년간(1884~1909)의 한국선교를 회고하면서 이렇게 말한다. "선교부와 교회는 성경이 하나님의 말씀이라는 투철한 신념과 예수 그리스도를 통해 죄로부터 구원받는다는 복음의 메시지를 믿는 열성적인 복음정신을 지녔다."[10] 그로부터 다시 25년이 지난 선교 50주년을 맞이하는 1934년에는 이렇게 말했다. "한국 선교의 복음주의 메시지에 대해서는 결코 어떤 불확실함도 없었다. 대부분의

9 A. B. Brown, *The Mastery of the Far East* (Scribners, 1919), 540: Harvie M. Conn, "Studies in the Theology of the Korean Presbyterian church," Westminster Theological Journal 29/1 (November 1966), 26에서 재인용.

10 Conn, "Studies in the Theology of the Korean Presbyterian church," 27에서 재인용.

구성원들은 성경이 바로 하나님의 말씀이며 성령의 검이라는 강한 확신에 찬 사람들이었다 —오늘 어떤 신 신학자들은 나를 너무 보수적이라고 비난한다. (중략) 근래에 신 신학이니, 신 복음이니 하는 말을 하며 다니는 사람이 있는 모양인데 우리는 그러한 인물을 삼가야 한다. 조선교회 형제여 40년 전에 전파한 그 복음을 그대로 전하자."[11] 마포삼열은 아빙돈 단권주석에 반대하여 장로교에서 출간한 표준성경 서문에서 "성경 전체는 영감된 하나님의 말씀이며 신앙과 행위의 정확무오한 법칙"이라고 말한다. 그리고 신정통주의 성경관에 대해 "저들은 성경의 어떤 부분을 다른 부분보다 가치있다고 믿으나, 우리는 원저자들이 쓴 대로의 모든 부분이 다 참되며, 모든 부분이 다 신께서 자지 인간에게 주시고자 하신 바라고 믿는다"고 하였다.[12]

소알론 선교사는 림머(Harry Rimmer)의 글을 번역한 "과학은 성경을 증명한다"[13]에서 성경이 하나님의 영감 아래 기록되었다면 우리는 어떤 관점에서도 전혀 오류를 발견할 수 없을 것이라고 하였다. 이 글은 물리적, 의학적, 과학적, 지리적, 그리고 다른 자연과학을 포함하여 모든 면에서 성경은 절대적으로 무호하다는 확신을 설명하고 있다.

곽안련은 성경의 영감과 관련하여 그의 표준성경 주석 마가복음에서 구프린스턴 신학자인 핫지(A. A. Hodge)와 워필드(B. B. Warfield)의 글을 자주 인용하여 완전영감의 성경 무오교리를 변증하였다. 그는 성경이 영감으로 된 책이기 때문에 세상 종교들의 경전들과 구별되는 그 권위를 하나님께로부터 받은 유일하고도 구별되는 책이라고 하였다. 이 성경의 영감은 결코 기계적인 영감이 아니라 유기적 영감이었다. "성경을 기록한 영감된 저자들은 기계가 아니라 그들은 각자의 환경과 개성에 의해 성경을 기록"하였기 때문이다.[14]

레이놀즈는 1920년대에 성경관에 대해 소개하는 글을 번역하여 신학지남에 게재하였다. 그는 1920년에는 윗샤의 글을 번역한 "세세토록 상존하시는 말씀"을, 1927년에는 토레이(R. A. Torrey)의 글을 번역한 "성경을 하나님의 무오한

---

11 *Report of the 50th Anniversary Celebration*, 56.

12 마포삼열, "서문," 『표준성경주석 마가복음』 (서울: 한국 장로교 종교 교육 위원회, n. d), 9.

13 소알론, "과학은 성경을 증명한다," 『신학지남』 13 (1931. 9), 30-37.

14 곽안련, 『표준성경주석 마가복음』 (서울: 총회 성경 주석 출판위원회, 1957), 45.

말씀이라고 하는 자가 누구냐?" 라는 글을 게재하였다. 뒤의 글에서 토레이는 "예수와 과거 18세기 역사와 성도들과 성신이 성경을 무오한 말씀으로 선언한 것이다" 라고 하였다. 토레이의 성경 무오성을 소개한 레이놀즈는 "종교와 경전" 이란 글에서 토레이에 못지 않게 성경무오설을 강력하게 지지하였다. "세세토록 상존하시는 말씀" 은 신학문의 연구 결과가 성경의 말과 불합한 듯이 보이나, "하나님의 말씀과 천지만물에 감초인 이치가 마침내 상위(相違)될 수 없으리로다" 라고 한다. 즉 성서에는 오류는 없고 난제만 있을 뿐인데, 이런 난제는 연구를 통해 후대에 진실로 밝혀지게 될 것이라고 한다.

레이놀즈는 "세세토록 상존하시는 말씀" 에서 영감과 관련하여 다음과 같이 소개하고 있다.

> 흔히 쓰는 세 가지 말이 있으니 기계적과 언사적과 충족적이라 — 성경 저술자는 생명과 총명과 지식과 자유와 자동의 능력이 있으니 성신이 저술자의 손을 잡고 기계적으로 쓴 것이 아니요 오직 저술자의 마음을 감동하여 하나님의 진리대로 무실무오무결하게 기록한 것이라 — 그런고로 기계적으로 무시하신바라 할 수 없느니라.[15]

레이놀즈는 결국 성서적 영감을 기계적 영감이 아니라 언사적 충족적 영감이라고 믿었다. 언사적 충족적 영감이란 "성령이 어떤 말씀은 언사까지 지시하시고, 어떤 말씀은 언사의 토까지 지시하시고, 어떤 말씀을 획과 점까지 주장하시고" 라고 하는 것으로 볼 때 완전축자영감설을 의미하는 것으로 보인다. 그런데 이 글에서 윗사는 성령이 성경 본문의 기록을 간섭할 때 본문에 따라 다르다고 하여 루터의 입장에 가깝다. 성서를 기록할 때 로마서나 요한계시록같이 중요한 교리를 기록할 때는 성령의 주장이 더하지만, 족보나 룻기, 에스더서 등을 기록할 때는 성령의 간섭이 별로 없다고 한다.

이와 같이 국내에 파송된 대부분의 선교사들의 기본적인 입장도 성경 무오설을 축자영감으로 주장할 뿐만 아니라, 1920년 평양 장로회 신학교 교수회가 작성하여 발표한 7개 조항의 평양 "장로회신학교 신앙고백서(信

15 이눌서 역, "신학변증론 (제1권 제1호 속: 제2강연 세세토록 상존하시는 말씀)," 『신학지남』 9 (1902년 4월), 75-6.

經)"도 제1조항에서 이러한 성경관을 재천명한다. "신구성경(新舊聖經)은 초자연적으로 하나님의 계시하신 바로 믿으며 이 성경은 우리의 신앙과 생활에 대하여 유일무이한 확실한 준칙(準則)으로 받음."[16] 이 신앙고백서는 신구약 성경이 하나님께서 초자연적으로 계시하였다는 입장을 표명한다. 그러므로 성경은 초자연적인 하나님의 계시로서, 오류없이 기록되었기 때문에 우리의 신앙과 생활의 유일무이한 확실한 준칙으로 받는다는 것이다.

3. 초기 자유주의 성경관의 유입

국내에 들어온 선교사들은 이렇게 유기적 완전 영감설에 입각하여 성경무오설을 가르쳤으나 1920년대 접어들어 일부 선교사들과 해외 유학생들의 영향으로 자유주의 성경관이 한국장로교회에 퍼져 나갔다. 뿐만 아니라 감리교 선교부를 통해서도 자유주의 성경관이 확산되어 갔다.

이미 1916년 황해노회의 김장호 목사가 성경의 기적을 부인하며 성경의 권위에 대한 자유주의 입장을 표출하였다. 김장호 목사가 이렇게 자유주의적인 성경관을 주장하게 된 배후에는 1908년부터 국내에 들어와 선교했던 커(William Kerr) 선교사가 있었다. 커 선교사는 자유주의 신학을 전파하다가 1919년에 미국으로 소환되었고 1923년에는 신정통주의 신학을 주장하는 어번선언에 서명하였다.

한국에 자유주의 신학 사상을 전파시키는데 중요한 역할을 한 것이 캐나다 선교부였다. 캐나다 선교부의 1세대였던 구례선(Grierson), 맥레(McCrae), 부두일(Foote), 영(Young), 그리고 업아력(Robb) 등은 보수주의자들이었으나, 나중에 들어온 서고도(Scott), 프레지어(Frazier), 그리고 맥도날드(McDonald) 같은 선교사들은 자유주의자들이었다. 캐나다 본국에서 장로교회가 회중교회와 감리교회와 연합하여 캐나다 연합교회를 조직한 후에 선교 주도권이 자유주의자들에게 이전되었다. 그래서 한국의 캐나다 선교부의 책임자가 된

---

[16] 이 신앙고백서는 1920년에 작성되어 1931년 요람에 기록되어 있다. 『長老會神學校要覽』(1931), 3.

인물이 자유주의자였던 서고도였으며, 그의 사역에 자유주의 신학사상을 가진 김관식 목사와 조희염 목사가 일본과 미국에서 귀국하여 합류하였다.

이들의 활동의 영향으로 함경도 지역에 고등성경비평이 소개되었다. 1926년 봄에 함흥에서 개강된 성경학교 보습과생(유급 전도사) 12명이 서고도 선교사의 비판학적 성경강해에 항의하는 일이 발생하였다. 이러한 서고도의 자유주의 성경관은 해외에서 공부한 몇 명의 자유주의 한국인 목사들에 의해 수용되어 전파되기 시작하였다. 조희염 목사는 "성경 전체를 하나님의 말씀으로 믿는 것은 큰 잘못이다. 성경에는 하나님의 말씀이 아닌 것이 많이 포함되어 있다. 문학적 오류는 물론 다수의 역사적 오류와 과학적 오류가 포함되어 있다"고 하였다.[17]

한국에 전파된 자유주의 성경관의 또 다른 진원지는 1920년대부터 칼 바르트의 신학이 유입된 일본이었다. 일본의 식민지 지배를 받고 있던 상황에서 1920년대에 일본으로 유학간 신학생들이 이곳에서 자유주의 성경관을 배운 후에 귀국하여 국내에서 그 성경관을 전파하였다. 이 때 일본에서 공부했던 신학자들은 채필근, 송창근, 그리고 김재준이었다. 물론 송창근과 김재준은 그 이후에 미국으로 건너가 프린스턴과 웨스턴 신학교에서 계속해서 공부를 하였다. 그렇지만 이들은 이미 미국으로 건너가기 전에 일본 청산학원에서 바르트의 신학사상을 배웠다. 이들은 1930년대 초에 귀국하여 『신학지남』의 기고자로 활동하게 되었다. 이들은 남궁혁 박사의 후원으로 『신학지남』에 기고하게 되었는데, 이들은 신정통주의의 자유주의 성경관을 전파하였다.

김재준 목사의 등장 이후에 한국교회에서는 박형룡과 김재준목사 사이에 보수주의와 자유주의 성경관 논쟁이 치열하게 전개되다가 결국 1953년에 교단분열의 결과를 가져왔다. 김재준 목사는 1925년부터 1928년까지 일본 청산학원에서 바르트의 신정통주의 신학을 공부하였고, 프린스턴에서 한 학기를 보낸 후에 1929년부터 1932년까지 웨스턴 신학교에서 자유주의 신학을 공부하였다. 김재준 목사는 일본에서 공부할 때부터 성경의 고등비평을 수용하였고, 귀국한 후에 『신학지남』에 발표한 논문들을 통해 이러한 사상을

17 김양선, 『한국 기독교 해방십년사』 (서울: 장로교 총회 교육부, 1956), 187.

발표하였다. 김재준 목사는 이 무렵에 유럽의 파괴적인 자유주의자들의 과격한 주장을 하지는 않았지만, "성경의 축자영감과 성경의 역사적, 과학적 무오를 역설하는 보수주의 신학자와는 완전히 대립하여 싸우려는 자유주의 신학자였다."[18]

김재준은 1930년대에 신학지남에 글을 발표하면서 전통적인 견해를 부정하는 내용을 주장하였다. 특히 "이사야 7장 14절의 임마누엘 구절의 연구는 이사야의 원래 목적은 예수 그리스도를 언급하지 않으며, 이것은 후에 신약저자들에 의해 의미가 부여되었다"고 결론을 내렸다.[19] 이러한 그의 글들의 내용을 문제삼은 박형룡의 비판에 의해 김재준, 송창근, 그리고 채필근 등은 1935년 5월 이후에 『신학지남』의 기고를 금지 당했다.

1934년 총회에서는 창세기의 모세 저작설에 의문을 제기한 남대문 교회의 김영주 목사와 교회에서 여권을 주장한 성진 중앙교회의 김춘배 목사에 대해 조사 위원회를 조직하였다. 조사위원회는 양목사의 주장들은 이러한 현대적 해석을 성경의 권위를 파괴하는 고등비평적인 위험한 시도로 간주하는 보고를 하였는데, 이들이 입장을 바꾸어 자신들의 입장을 취소하여 문제가 해결되었다. 그리고 1934년 총회는 자유주의적인 입장을 가진 아빙돈 단권주석의 번역에 참여한 김재준, 송창근, 채필근, 한경직 등에 대해 사과문을 게재하도록 하였다. 그러나 채필근만이 사과문을 게재하였고 김재준, 송창근, 한경직 등은 자신들이 쓴 글에는 아무 문제가 없으나 이 책의 출판이 교계에 파문을 일으킨 것에 대해 유감을 표하는 성명서를 발표하는 것으로 마무리되었다.

한국장로교회 안에 이러한 자유주의적인 신학적 입장이 등장하자, 박형룡을 중심으로 자유주의 성경관에 대한 전투적인 입장이 형성되었다. 그는 특히 『현대신학난제선평』을 저술하여 구프린스턴 학파의 입장에 따라 완전축자영감설에 입각하여 성경무오설을 강력하게 주장하였다.

---

18 김양선, 『한국 기독교 해방십년사』, 190.

19 김재준, "이사야의 『임마누엘』 예언 연구," 『신학지남』 16/1 (1934. 1) 37,

4. 해방 후 성경관을 둘러싼 논쟁과 교단의 분열

1930년대부터 발생한 성경관을 둘러싼 박형룡과 김재준의 논쟁은 해방 후에 더욱 치열하게 전개되었다. 김재준은 평양신학교가 신사참배를 반대하여 문을 닫은 후에 1940년에 조선신학교를 개교하였다. 김재준은 조신신학교를 개교하면서 "50년 동안 지도자들은, 엄격한 교리주입식인, 오직 한 가지 형태의 신학으로, 독점하고 독재하여 왔다는 것은 의심의 여지가 없다"고 비판하면서 신학의 제(諸)학설을 소개하고 학생들이 자율적인 결론으로 칼빈 신학의 정당성을 재확인하는 학문의 자유와 세계적인 개혁신학의 추구를 선언하였다.[20] 이렇게 설립된 조선신학교는 해방 후에 장로교단의 총회 인준을 받은 유일한 신학교였다. 그래서 장로교단의 신학생들은 이 학교에서 김재준 교수에게 수업을 받았는데, 1947년 4월 17일에 51명의 신학생들이 그들이 받고 있는 자유주의 신학교육에 반대하여 총회에 진정서를 제출하면서 '중앙(서울)에 새로운 완전한 장로교 정통신학교를 세워줄 것'을 탄원했다.

이 사건을 계기로 김재준을 중심으로 시행된 자유주의 신학교육은 한국 장로교내에서 격렬한 신학적인 논쟁을 야기시켰다. 이 신학적인 논쟁은 성경 무오를 주장하는 박형룡 박사를 중심으로 한 보수주의 진영과 성경의 오류를 주장하는 김재준을 중심으로 한 자유주의 진영 사이에 진행되었다. 학생들의 진정서에 대해 1947년 총회에서는 "신학교 교수 중 신신학과 고등비평을 교수하였다"는 진상을 조사하기 위한 8인으로 구성된 심사위원회를 구성하였다. 심사위원회 앞에서 김재준은 신구약성경이 하나님의 말씀으로 신앙과 본문에 대하여 정확무오한 유일의 법칙임을 믿고 성경에 계시된 영생의 말씀은 곧 구원의 결론인데, 이 계시로서의 신구약 성경은 절대 무오함을 믿는다고 대답하였다. 그러나 김재준은 성경이 역사적, 과학적, 연대기적 문제에서 무오하다는 보수주의의 입장을 거부하였다. 그는 성경에 있는 오류에 대해 "창세기 1장에 땅이 공허하고 흑암이 깊음에 있고 신은 수면에 운행하신다는 말이나, 땅이 기초를 두어 요동치 않는다는 말은 비과학적이 아닙니까?"라고 하였다. 자신의

20 Kim Chai Choon, "Present Situation and Future Prospect of the Korean Church,," in *Korea Struggles for Christ* (Seoul, CLC, 1966), 33.

입장에 대해 김재준은 "성경에 오류가 있으나 그 속에 구속하는 이치가 있다고 믿는 사람들이 있는데 나는 셋째에 속하는 사람이웨다. 나는 그렇게 믿고 학자의 양심으로 그렇게 가르칩니다"라고 대답하였다.[21] 이러한 김재준의 입장은 바르트의 신정통주의 입장으로 한국교회는 이러한 그의 입장을 성경의 오류를 인정한 자유주의의 입장으로 단정하였다.

바로 이 무렵인 1947년 9월 23일에 박형룡 박사가 만주에서의 망명생활을 청산하고 귀국하였다. 귀국 후에 박형룡 박사는 김재준 목사의 입장을 적극적으로 비판하였다. 김재준 교수는 첫째로 "모세가 성경의 저작자가 아니라는 설명"을 하고 둘째로 "고등비평을 수납하여" 성경의 권위를 무너뜨리고 있다는 것이다.[22] 그와 함께 김재준은 앞에서 이미 설명한 바와 같이 구원과 관련된 부분에서의 "제한 무오"를 주장하고 역사와 과학 등과 관련해서는 오류가 있다고 주장하였다. 김재준은 이러한 제한 무오를 정당화하기 위하여 축자영감설을 기계적 영감설이라고 비판하였다. 그는 1949년에 행한 한 강연에서 다음과 같이 말하였다.

> 정통주의 신학자가 가장 중요하게 생각하고 최후까지 지키려는 아성은 '성경 문자 무오설'입니다. 즉 성경이란 책은 하나님이 부르고 사람이 그대로 쓴 것인데, 기계적인 영감에 의하여 쓴 것이기 때문에 하나님이 잘못 부를 리가 없기 때문에 사람이 잘못 썼을 리가 없다. 그러므로 성경은 문자적으로 일점일획이라도 틀릴 수 없다. 이것을 믿지 않는 자는 신자라 할 수 없다는 입장입니다.[23]

김재준은 성경문자 무오설은 기계적 영감설과 동일하다고 비판하면서 심지어는 축자영감설의 기원을 접신이라고까지 비판하였다.

> 하나님이 최대한 활동하고 사람은 최소한 활동하는 경우에 영감은 더 커진다고 믿는 것이 보통 민속적인 생각이다. 그렇다면 온전한 영감이란 것은 그 영감을 받는 사람이 아주 기계처럼 되어서 자기의식까지 잃어버리고 접신하

---

21 김양선, 『한국 기독교 해방10년사』, 225-6.

22 김양선, 『한국 기독교 해방10년사』, 230.

23 김재준, "대전전후 신학 사조의 변천," 『장공 김재준 전집』 1권 (한국신학대학 출판부, 1971), 81.

였다는 무당같이 되는 것을 말함이다. 이런 생각에서 소위 축자영감설이 생겨 난 것이니 —[24]

그는 "성서 무오설 즉 성서의 축자적 영감설을 수립하기 위하여는 성경의 영감설이 요청"되는데, 이러한 입장은 "불경건한 태도임과 동시에 불진실을 초래할 것이다"라고 주장하기까지 한다.[25] 김재준 교수는 해방 후에 자신의 입장을 더욱 분명하게 밝혀 성경의 무오설과 축자영감설을 강력하게 비판하였다. 이러한 김재준 교수의 비판의 입장의 저변에는 칼 바르트의 신정통주의 성경관이 자리잡고 있었다. 김재준 교수가 그리스도의 신성을 부인하거나 그리스도의 부활을 부인하는 자유주의적인 입장에 서 있었던 것은 아니었다. 그는 이러한 구속의 진리와 관련된 성경의 계시에는 오류가 없다는 입장을 견지했으나, 이러한 부분의 무오류를 인정할 뿐 성경 전체의 무오류를 철저하게 비판하였다. 그는 성경에 과학과 역사와 지리 등과 관련된 부분에는 오류가 있다는 고등비평적인 성서비평을 인정하였다. 이러한 그의 입장은 성경은 정확무오한 영감된 하나님의 말씀이라는 초대 선교사들로부터 박형룡으로 이어지는 한국장로교의 전통적인 성경관과는 양립할 수 없는 것이었다.

따라서 34총회에서는 총회 인준 하에 운영되고 있었지만 자유주의자들이 주도권을 잡고 있는 조선신학교를 개편하고자 하였으나, 김재준 교수의 반대에 부딪쳐 무산되었다. 그 후 보수적인 목회자들은 1948년 6월에 장로회 신학교를 세우고 박형룡을 교장으로 임명하였다. 그리고 1949년 총회에서는 장로교 신학교를 총회 직영신학교로 인준하였다. 1951년 36회 총회에서 조선신학교와 장로교 신학교의 총회 직영을 취소하고 새로운 신학교를 대구에 세운다는 결정이 통과되었다. 그리고 성경무오와 관한 장로교 신조를 달갑게 여기지 않는 사람들에 대항하여 권징조례가 발표되었다. 1952년 4월에 열린 37차 총회에서 김재준 목사를 면직시키도록 경기노회에 지시한다는 내용의 안건이 통과되었다. 그리고 조선신학교 학생들을 교회에서 채용하지 않는다는 결정이 다수결로 통과되었다. 1953년 총회에서 보수주의 신학 내용 규명을 요구한

---

24 김재준, "축자 영감설과 무오설에 대하여," 『장공 김재준 전집』 1권, 93.

25 김재준, "축자 영감설과 무오설에 대하여," 94.

한 노회의 건의를 받아들여 성경무오가 곧 축자영감설을 의미하는 것이라고 결정하였다. 그러나 이러한 결정이 뚜렷한 신학적인 토론이나 논의없이 결정된 것은 유감스러운 일이었다. 그리고 1953년 총회에서 김재준 목사의 파면을 결의하였다. 이에 대해서 조선신학교측은 1953년 6월 10일 조선신학교에서 법통 38회 총회를 개최하여 교단은 완전히 분열되었다. 1954년 6월 교단 명칭을 대한기독교장로회로 명명하였다. 이 분열은 박형룡을 중심으로 축자완전영감설에 기초한 성경무오사상을 주장하는 보수주의 진영과 칼바르트의 성경관에 따라 성경의 유오사상을 주장하는 자유주의 진영 사이의 갈등의 결과로 일어난 분열이었다.

5. 웨스트민스터 신앙고백서의 한국교회에서의 수용

1907년의 12신조 서문에서 "「웨스트민스터」신도게요서(信到揭要書)와 성경 대·소요리문답은 성경을 밝히 해석한 책으로 인정한 것인 즉 우리교회와 신학교에서 마땅히 가르칠 것으로 알며 그 중에 성경 소요리문답은 더욱 우리 교회 문답책으로 채용하는 것이다."라고 하였다. 여기에 보면 웨스트민스터 신앙고백서는 신학교와 교회에서 가르치고 웨스트민스터 대요리문답은 교회 문답책으로 채용하겠다고 하였다. 당시에는 초기 한국교회의 상황에 맞지 않아 웨스트민스터 신앙고백서와 대소요리문답을 신앙의 표준으로 삼지는 않았지만, 신학교와 교회에서 가르치겠다고 하였는데 어떻게 번역되어 가르쳐 왔는지를 살펴보자.

웨스트민스터 소요리문답은 언제부터 사용되었나? 12신조는 독노회에서 1년간 시험적으로 사용해 보기로 채택되었는데, 노회에서 공식적으로 채택한 것은 1910년이었다. 교회에서 소요리문답을 교육하겠다고 하였으나, 한국말로 번역되어 공표된 것은 1922년이었다. 1907년 독노회에서 장로교 정치 규칙이 제정되었는데 교회, 예배절차, 직원, 치리의 4개 항목으로 되어 있어 너무나 간략하였다. 그래서 이것을 확대하여 한국 실정에 맞는 장로교 헌법을 제정하려고 웨스트민스터 책을 번역하는 노력이 1915년부터 시작되었다. 1917년에 총회는 교회정치와 권징조례와 예배모범은 웨스트민스터 책을 번역하고 편집할 것을 결정하였다. 그 후에 여러 논의과정을 거쳐 1921년 제10회 총회에서는 정치편집부에 의하여 기초된 헌법, 신경, 정치, 권징조례, 예배모범을 이미 출간하고 배포한 후에 각 목사와 장로의 교열을 거쳐 교정 보고하고 채용하여 각 노회에 수의하면서 1년간 임시 사용하기로 하였다. 조선예수교장로회 헌법은 노회에 수의한 결과 1922년 제11차 총회에서 전 노회의 찬성으로 가결하였다. 이렇게 해서 장로교 헌법이 제정되었는데, 이 헌법 속에 12조 신경, 소요리문답, 정치, 권징조례, 예배모범이 포함되었다. 정치와 권징 조례는 북장로교, 예배모범은 남장로교 모형에 가깝고 부분적으로 캐나다와 호주 장로교의 것을 수용하였다. 이때 확정된 헌법은 총 24장으로 되어 있고 부록이 첨부되어 있었다.[26] 이 헌법 속에 소요리문답이 번역되어 들어가 있으며, 이때부터 교회에서 문답으로 사용하는 것이 가능하게 되었다.

그러면 신학교에서는 신조 교육이 어떻게 이루어졌는가? 1901년에 설립된 평양 장로교 신학교는 1920년에 학교의 목적과 신경을 신앙고백문으로 작성하여 발표하였다. 여기에서 "장로교회의 역사적 표준 즉 신경, 요리문답, 정치/권징조례와 예배모범 ... 이것들을 교육의 표준으로 받는"다고 천명하였다. 1920년에 신학교는 5년제 학기를 3년제로 바꾸면서 제정된 교과과정 가운데 1학년에 "성경요리문답" 과목이 포함되어 요리문답교육이 이루어진 것을 알 수 있는데, 신조는 과목에 포함되어 있지는 않다.[27] 그리고 이사회가 재단법인이 되면서 법인 규정을 정했는데, 제 4조에서 "신학교의 가르침은 1920년 9월 장로회 공의회(Presbyterian Council)에 의해서 채택된 아래의 교리 진술과 부합할 것을 동의"한다면서 "신앙의 근본들에 대한 충분한 진술을 명쾌하고 간단하게 담고 있는 신앙고백, 요리문답, 정치와 권징, 예식서와 같은 장로교회의 역사적 표준들을 믿으면서 이 신학교는 이것들을 교회와 정치의 모든 본질적인 부분에 대해서 학교의 표준으로 채택한다"고 천명하였다.[28] 이러한 평양신학교의

---

26 전재홍, "초기 한국장로교회에 있어서 헌법의 형성과정 및 내용에 관한 연구 : 곽안련 선교사(Rev. Dr. Charles Allen Clark)의 역할을 중심으로," 「계명대학교 박사학위논문」(2008).

27 김요나, 『총신 90년사』(서울: 도서출판 양문, 1991), 203.

28 김인수, 『장로회신학대학교 100년사』 (서울: 장로회신학대학교, 2002), 169, 220-21.

신조의 내용은 장로교 헌법 제정의 내용과 거의 동일한데, 신앙고백이 첨가되어 있다. 그러므로 웨스트민스터 신앙고백서를 신학교 교육의 표준으로 삼겠다고 하여 1907년 독노회 조직할 때의 입장을 재확인하였다. 유해무는 "교회는 채택하지 않았던 교리표준과 관리표준을 신학교는 채택하였으니 (채택하지 않는 교회와) 상호 일치되지 않음이 있었다"고 말하는데 이것은 헌법 제정과 비교해 보면 맞지 않는 언급이다.[29] 따라서 한국 장로교회의 신학적 전통이란 박형룡이 지적한 바와 같이 이 웨스트민스터 표준에 구현된 영미장로교회의 청교도 개혁주의 신학이 한국에 전래되고 성장한 과정이라 할 수 있다.

웨스트민스터 신앙고백서를 신학교에서 교육한다고 하였는데, 해방 이전에 이 신조가 한국말로 번역되어 사용된 것은 아니었고, 12신조를 중심으로 웨스트민스터 신조의 내용이 교육되었다고 보아야 할 것이다. 그리고 한국교회에서 1960년대 접어들어 각 교단의 신조로 공식적으로 채택되어 사용되기 시작하였다. 합동교단은 1963년에, 통합은 1967년에, 고신은 1969년에 사용하기로 결정하였으나, 이 신조의 사용대상이 평신도가 아니라 교회의 직분자였다. 그러므로 현재도 각 교단에서 장로들이 임직을 받기 위해 웨스트민스터 신앙고백서를 교육받고 있다. 그리고 통합측은 미국장로교회의 1967년의 새로운 신조를 추가하였고, 기장은 1972년에 작성한 신앙고백서를 추가하고 있다. 현재 합동측은 12신조의 개정을 논의하고 있는 중이다.

6. 나가는 말

한국장로교회는 1907년 독노회를 조직하고 12신조를 작성하면서 성경은 하나님의 말씀으로 우리의 신앙과 본분의 정확무오한 유일한 표준이라는 입장을 고백하였다. 성경이 하나님의 말씀이라는 고백은 한국에 온 장로교 선교사들의 가졌던 성경관의 계승이었다. 마포삼열과 이눌서 등은 성경은 영감된 하나님의 말씀이라는 입장을 분명하게 견지하였다. 그런데 일부 자유주의 신학자들의

[29] 유해무, "한국에서도 개혁신학이 가능한가?" 『개혁신학과 교회』 14 (2003, 2),

견해가 장로교 목회자들에게 소개되면서 1930년대에 성경관과 둘러싼 갈등이 시작되었고, 해방 후에 김재준 교수의 신정통주의적인 성경관과 박형룡박사를 중심으로 한 개혁주의적인 성경관이 충돌하면서 1953년에 기장이 분열하게 되었다. 현재도 장로교 안에 자유주의적인 기장, 축자영감을 인정하지 않는 통합,[30] 축자영감된 정확무오한 하나님의 말씀이라고 보는 합동을 중심으로 한 장로교단들의 입장이 양립하고 있다. 한국교회 성경관 형성에 중요한 영향을 미친 것이 웨스트민스터 신앙고백서인데, 현재 장로교회들 가운데는 여기서 덧붙여 다른 신조들을 사용하면서 성경관에서 차이가 생기고 있다. 앞으로 한국교회의 신학적 입장이 교회연합적인 관점에서 정립되려면 신앙고백서에 대한 견해 차이가 좁혀져야할 것이다.

30 김중은, 2004년에 발표된 "장로회신학대학교의 과거와 현재, 미래" (http://hopeinx.tistory.com/6)란 논문에서 장신대의 성경관에 대해 그러한 견해를 표명하였다.

제 17장
예수교 장로회 한국 총회 100주년과 한국 장로교 신학의 과제

> 그 하나는 우리가 장로교신학을 한다면 웨스트민스터 신앙고백서에 충실하려고 하는 모습, 하이델베르크 요리문답에 충실하려고 하는 모습, 벨직 신앙고백서에 충실하려는 모습, 도르트 신경에 충실하려는 모습을 가져야 할 것이다. 적어도 개혁신학을 한다면 그래야만 할 것이다. ... 그리고 공교회의 신조들인 사도신경, 니케아 신앙고백서, 아타나시우스 신조, 칼시돈 정의에 충실한 신학을 하려고 해야 할 것이다. ... 또 하나는 장로교 제도에 대한 확신이 나타나도록 되어야 할 것이다.

이승구 교수(합동신학대학원대학교 조직신학)

하나님은 은혜로 이 땅에 복음이 전해지고 1901년 장로교 신학 교육이 시작되고, 1907년에 독노회를 조직하고 평양신학교 1회 졸업생 7명을 목사로 장립하였다가[1] "예수교장로회 조선 총회" 제 1회가 1912년 9월 1일을 열렸다. 한 세기 만에 기념하는 일을 하면서 우리는 그동안 장로교 신학의 과연 어떤 작업을 하였는지를 살피면서 앞으로 어떤 방향으로 나아가야 하는지를 생각하려고 한다. 그러므로 이 글의 목적은 지난 100년 동안 한국에서 한국 장로교 신학자들에 의해서 제시된 신학들을 개괄적으로 검토해 보고, 그에 근거해 앞으로 신학이 어떻게 나타나게 되려는지를 가름하면서 그 마땅히 나아 갈 방향의 일부를 제시해 보려는 데에 있다. 그러나 모든 것이 제한된 상황에서 이 일을 하므로 여러 면에서 부족한 것이 나타날 수밖에 없을 것임을 밝히지 않을 수 없다. 따라서 이 글을 모든 것에 대한 철저한 논구는

[1] 이상은 일반적인 정보이나 이근삼, "한국 장로교회의 형성", 『개혁주의 신학과 한국 교회』, 이근삼 전집 2 (서울: 생명의 양식, 2007), 104를 보라.

아니고 개괄적 모습을 검토한 후에 미래를 예상해 보는 정도의 글이 될 것이다. 사실 이 글의 본래적 목적이 다 이루지려면 이전에 유동식 교수님과 한숭홍 교수님께서 하셨던 작업과[2] 연관되는 한국 장로교 신학사상사를 깊이 있게 논의한 터에서 이루어져야 한다는 것을 밝히면서 부족한 논의를 시작한다.

이 일을 시작하면서 이 모든 일을 이루시는 하나님의 은혜에 감사하지 않을 수 없다. 항상 어느 나라든지 첫 총회를 매우 의미심장하게 기념하게 된다. 특히 성경적인 교회 제도(church system)가 장로교적 제도(presbyterian system)이라는 확신을 가지게 된 장로교회들은 그런 제도에 따라서 처음으로 총회로 모이게 된 것에 대해서 늘 하나님께 감격하면서 감사해 왔다. 스코틀랜드 교회가 그러했고, 프랑스 개혁교회가 그래 왔었다. 물론 세월이 지나면 때때로 모이는 총회에 큰 의미를 부여하지 않으려고 하는 성향들이 생기기도 하고, 그런 장로교적 제도 자체를 별 의미 있게 생각하지 않는 일도 발생하기는 한다. 만일에 한국의 장로교회가 그런 생각을 하면서 노회로 모이는 것이나 총회로 모이는 것에 형식적 의미만을 부여한다면 우리는 이런 기념 행사도 사실은 무의미하게 하는 것이 되고, 장로교회 됨을 별 의미 없이 생각하게 되는 것이 되고 만다. 그런 일이 발생하지 않기를 바라면서 그 일에 우리의 신학이 어떻게 기여해 왔고 또 어떻게 기여해야 하는 지를 생각해 보도록 하기로 하자.

1. 총회로 모이는 일과 예수교 장로회 한국 총회 1차 총회

먼저 예수교 장로회 조선 총회의 모임 자체를 좀 더 깊이 생각해 보기로 하자. 먼저 독노회 구성으로부터 시작하여야 한다. 이제는 일반적인 지식이

[2] Cf. 유동식, 『한국 신학의 광맥』 (서울: 전망사, 1986; 재판, 서울: 다신 글방, 2000); 한숭홍, 『한국 신학사상의 흐름』. 상권 (서울: 장신대 출판부, 1996); 한숭홍, 『한국신학사상의 흐름』, 하권 (서울: 장신대 출판부, 1996). 이는 『목회와 신학』 에 1990년부터 1994년까지 50회에 걸쳐 연재한 것을 모아 낸 저서이다.

되었지만 한국인 장로 36명, 네 선교부 선교사들 33명, 찬성 회원 9명 등 78명의 회원으로 개최된 조선야소교장로회 공의회는 1907년 9월 17일 오전 9시 평양 장대현 교회 예배당에서 대한 예수교 장로회 노회[獨老會]가 창설됨을 선포함으로 독노회를 조직하였었다.[3] 당시 보고된 교세는 장로 53인, 조사 1341인, 예배처소 984개처, 세례교인 17,890명, 원입교인 21,482명, 출석 교인 전체는 69,098명, 학교는 402개교였다.[4]

그러다가 1911년 대구 남문안 교회 예배당에서 모인 제5회 독노회에서 1912년 3월 안에 모여 당시의 7대리회(代理會)-북평안, 남평안, 황해, 경기충청, 남북전라, 남북 경상, 남북 함경-로 노회를 조직하여 1912년 9월 첫 주에 총회를 소집하기로 결정했다.[5] 그리하여 1912년 9월 1일 오전 10시 30분에 평양 경창문(京唱門) 안에 있던 여성경학원(女聖經學院)에서 목사 96명(선교사 44명, 한국인 목사 52명), 장로 125명 모두 221명이 모여 제 1회 총회가 열렸다.[6]

이 첫 총회의 의미는 여러 가지가 있겠지만 이 총회가 "한국 역사상 최초의 전국적 회합"이 이었다는 것[7] 외에 오늘날 입장에서도 흥미로운 몇 가지를 지적하지 않을 수 없다. 첫째로, 그 때 용어를 비교적 정확히 쓰려고 했다는 사실이다. 첫 총회의 명칭을 "예수교 장로회 조선 총회"라고 하여 온 세상에 있는 예수교 가운데 장로교적 정치 체제를 지닌 교회들의 조선 지역에 있는 총회라고 이름 한 것이다. 그 뜻만을 살려 대한 예수교 장로회라고 후에

---

3 이에 대하여 민경배, 『한국기독교교회사』, 증보판 (서울: 대한 기독교서회, 1973), 219; 이근삼, "한국 장로교회의 형성", 『개혁주의 신학과 한국 교회』, 103f.; 허순길, 『한국장로교회사』 (서울: 대한 예수교 장로회 (고신) 역사 편찬위원회, 2002), 132.

4 대한예수교장로회독로회회록, 제1회 회록 (1907), 21, 22를 인용하고 있는 허순길, 『한국장로교회사』, 133을 보라.

5 일반적인 것이나 특히 허순길, 『한국장로교회사』 (서울: 대한 예수교 장로회 (고신) 역사 편찬위원회, 2002), 136을 보라. 이는 『대한예수교장로회독로회 제5회록』 (1911), 33, 44를 참조한 진술이라고 한다.

6 "예수교 장로회 조션총회 뎨일회 회록", 1-4를 인용한 허순길, 『한국 장로교회사』, 136과 민경배, 『한국기독교교회사』, 증보판 (서울: 대한 기독교서회, 1973), 245 등을 보라.

7 이 점을 매우 강조하는 민경배, 『한국기독교교회사』, 증보판, 245를 보라. 민 교수님은 "교회는 이렇게 기동성의 이미지를 한국 현대 역사의 초기에 밝게 한국인의 심정에 심어 주었던 것이다" 고 하면서 기동하는 교회로서의 성격을 드러낸 것을 강조하고 있다.

고친 것은 많은 사람들의 오해를 살만한 표현으로 개악(改惡)한 경우라고 할 것이다. 이전에 노회는 지금 부르는 식과 유사했으나 처음 총회에서는 정확하게 "예수교 장로회 조선 총회"라고 정확히 쓴 것이다. 이런 의미에서는 오늘날도 "예수교 장로회 대한 총회" 또는 "예수교 장로회 대한민국 총회"라고 하는 것이 더 나을 것이다.

둘째로 목사 회원이 적은 때여서 그렇기는 하지만 장로회원이 125명 참석하여 한국인 목사 52명과 선교사 44명을 합한 것보다 더 많은 수가 참석한 총회였다는 것이 흥미롭다. 처음 교회가 형성되어 가고 있던 시기이지만 교회의 직원들이 얼마나 책임을 다 하고 있었는지를 가늠하게 하는 것이라고 여겨진다.

셋째로 안타까운 일로 한국 교회 분열사에서 항상 이상한 용어로 사용되어 온 "장자회"라는 말이 이 총회 개회 설교의 제목으로 사용되었다는 것이 매우 안타깝다. 제 5회 독노회 의장이었던 이눌서(李訥瑞, W. D. Reynolds) 목사의 히브리서 10장 본문에 근거한 설교 제목이 후의 한국 교회가 스스로를 자랑할 때 마다 사용한 용어라는 것은 우리의 마음을 아프게 한다. 넷째로, 첫 총회에서 노회를 시작할 때 제주에 선교사를 보낸 것과 같이 총회를 시작할 때 외국 전도를 시작하되, 지나 등에 선교사를 파송하기로 청원한 전도국의 청원을 받아들여서 외국 선교를 하기로 결의한 것은 한국 교회가 선교하는 교회로서의 면모를 나타내는 매우 의미심장한 일이라는 것은 이미 여러 사람이 지적한 바 있다.[8]

다섯째로, 해외에 있는 한국 교인들의 모임에 대해 독특한 접근을 한 것은 매우 의미 있는 일라고 여겨진다. 당시 동경에서의 사역과 관련하여 장로교 총회와 감리교 대회에서 위원들을 각각 3사람씩 택하여 3년 동안 동경 한인 교회의 일을 담당하게 하되, 그 교회는 "연합 예수교회"로 통칭하고 유학생들이 고향이 돌아 왔을 때는 자신의 가족 교회의 교인이

8 "예수교 장로회 조션총회 뎨일회 회록", 21-24를 인용하면서 이를 말하는 민경배, 『한국기독교교회사』, 증보판, 245와 한국 교회사학회 편, 『조선예수교 장로회 사기』, 하권 (1968), 14을 인용하여 이를 언급한 허순길, 『한국장로교회사』, 137을 보라.

되도록 한 것이 그것이다.[9]

2. 지난 100년 동안 한국 장로교 신학의 전개 모습

한국 목사님들과 장로님들이 선교사들과 함께 총회로 모여서 활동하면서 우리들의 신학이 이 세상에 더욱 분명하게 드러나게 되었다. 한국 장로교회가 처음에는 선교사들이 제시하는 신학을 그대로 사용한 것은 매우 자연스러운 일이었다. 이상규 교수님께서 잘 말씀하신 바와 같이 "1920년대까지는 '한국의 신학'이 있었다면 ... 한국에서의 선교사들의 신학이었을 따름이다."[10] 그런데 결국 선교사들의 신학이 다양했기에[11] 지난 100년 동안의 장로교 신학도 다양성을 드러내고 있다는 현상적 관찰로부터 시작하지 않을 수 없다. 흥미로운 것은 한국 장로교에 속한 큰 교파들의 특성을 그대로 드러내는 다양한 종류의 신학들이 한국 장로교 안에 나타나고 있다는 것이고, 그것은 어떤 면에서는 선교사들의 신학의 다양성과 그리 다르지 않다는 것이다.

지난 100년 동안 한국 장로교회 안에 나타난 신학들은 매우 다양하나 이 제한된 글에서는 현장에서 다양하게 나타나고 있는 신학들을 제외하고 조직신학 책들을 중심으로 생각해 보고자 한다. 이는 설교와 교회 생활 가운데서 나타나고 있는 신학을 무시하는 일이 아님을 먼저 밝힌다. 사실 신학은 이렇게 현장에서 드러나는 신학이다. 그러나 그 모든 것을 다 다룰 수 없는 제한성 때문에 신학 책으로 나타난 것을 중심으로 논의할 수밖에 없는

---

9 "예수교 장로회 조선총회 뎨일회 회록", 12를 인용하면서 이를 말하는 민경배, 『한국기독교교회사』, 증보판, 246을 보라.

10 이상규, "박형룡의 신학과 김재준, 한상동, 한경직," 『한국교회 역사와 신학』 (서울: 생명의 양식, 2007), 203.

11 선교사들은 대개 개혁파 정통주의, 세대주의, 자유주의, 신정통주의 신학을 나타내고 있었다. 언더우드와 게일이 스코필드 주석 성경을 함께 번역하여 내었다는 것은(이에 대해서는 Harvey Conn, "Studies in the Theology of the Korean Presbyterian Church: An Historical Outline," Westminster Theological Journal 29: 51) 상당수의 선교사가 세대주의적 영향 아래 있었다는 것을 잘 보여 준다. 그러나 한국 교회의 책으로 나타난 신학은 세대주의를 명백히 비판하는 작업이었다는 것은 흥미롭다.

제한성을 지닌 논의임을 이해하여야 할 것이다. 또한 신학의 다른 분야의 모든 것을 다 다룰 수 없으므로 기본적으로 저술되고 출판된 조직신학 책들을 중심으로 논의하였음을 밝힌다. 이것 역시 다른 신학 분과를 무시하는 처사가 아니고 오히려 각 분야를 존중하는 태도에서 필자의 영역인 조직신학 분야의 신학을 중심으로 한 논의임을 밝힌다. 이와 같은 제한성을 염두에 두면서 지난 100년 간 한국 장로교회 안에서 시도된 조직신학적 노력들을 간단히 다음과 같이 분류해 볼 수 있을 것이다.[12]

---

12 주재용 교수는 한국 신학의 맥을 (1) 박형룡의 근본주의 신학, (2) 김재준의 진보주의 신학, 그리고 (3) 정경옥의 자유주위 신학을 구분한 유동식을(유동식, 『한국 신학의 광맥』 [서울: 전망사, 1986], 119-212) 거의 따르면서 (1) 한국 보수주의 정통주의적 신학, (2) 한국 진보주의적 삶의 신학, 그리고 (3) 문화대화적 토착 신학으로 분류한 바 있다(주재용, "한국신학 이대로 좋은가?" 한국 기독교학회 편, 『전환기에 선 한국 교회와 신학』 [서울: 양서각, 1988], 79-102).

한숭홍 교수께서는 장로교신학의 계보를 (1) 개혁전통에 선 복음주의신학 (대부분의 통합측 신학자들), (2) 칼빈주의에 역점을 둔 근본주의신학, (3) 근대 화란 개혁주의에 기초한 근본주의 신학, (4) 기장의 신학 계보로 (4-1) 자유주의적 신정통주의신학, (4-2) 진보주의신학, (4-3) 신정통주의적 문화신학, (4-4) 민중신학으로 나누어 제시한 바 있다(한숭홍, "계보별로 본 한국신학사." 「장신논단」 제9집 (1993. 12): 569-95, at 589-91).

또한 김경재 교수께서는 5가지 기본 해류를 제시하고 그것의 합류와 변형으로 나나타나는 신학들을 다음과 같이 제시한 바 있다(김경재, "한국 신학의 태도과 흐름", available at: http://cyw.pe.kr/xe/263465).

5대 기본 해류	다양한 합류 변주곡 신학이름(구성성분)
(1) 박형룡의 근본주의 보수 신학(C)	* 교회성장 부흥신학 (C*R)
(2) 김재준의 진보주의적 역사신학(H)	* 신정통주의 신학(C*H)
(3) 정경옥의 자유주의적 실존신학(E)	* 민중신학, 통일신학(H*E*L)
(4) 이용도의 성령론적 부흥신학(R)	* 성(誠)의 신학, 풍류신학, 문화신학(E*R)
(5) 함석헌의 토착적 생명신학(L)	* 여성신학, 생태신학, 과학신학 (L*H*R)
	* 씨알신학, 생명신학, 평화교육 신학 (L*H)

김명룡 교수께서는 또 나름대로 한국 신학을 (1) 한국 토착화 신학, 문화신학, (2) 한국 민중신학, (3) 한국 보수적 정통주의신학, (4) 한국 진보적 정통주의신학, (5) 한국 복음주의신학, 그리고 (6) 한국 오순절 성령운동의 신학으로 나누어 제시한 바 있다(김명용, "한국신학의 현황과 과제", 『전환기에 선 한국 교회와 신학』, at 101-11, 109; 김명용, "한국의 신학적 현황과 장신대의 신학적 위치", 「교회와 신학」 21 (1989. 5): 175-97, at 188).

그러나 이 두 분류 모두 명칭이나 분류에 있어서 만족스럽지 않은 면이 있다고 여겨져서 새로운 제안을 해 본 것이다.

1. 개혁파 정통주의 신학
2. 신정통주의적 통전적 신학
3. 신정통주의적 진보신학
4. 급진적 진보신학

이 중에 2(신정통주의적 통전적 신학)과 3(신정통주의적 진보신학)은 기본적으로 칼 바르트 등의 신학적 작업을 존중하면서 신정통주의적 입장을 추구한다. 그러므로 이 둘을 묶어서 같이 생각할 수도 있다고 여겨진다. 그러나 그 둘 사이의 차이점을 스스로들 강하게 느끼고 있어서 편의상 신정통주의적 통전적 신학과 신전통주의적 진보신학으로 분류했다. 신정통주의적 진보신학과 급진적 진보신학 사이의 차이도 미묘하긴 하나 3(신정통주의적 진보신학)은 주로 신정통주의적 입장을 강조하면서 신학적 작업을 하려는 것이고, 4(급진적 진보신학)는 그런 입장의 제한을 갖지 않으려는 성향을 나타내 보인다는 의미에서 조금은 자의적으로 분류해 본 것이다. 이 들에 대해서 간단히 대표자들의 저작과 특징들만을 언급하고 다음 논의에로 나아가 보기로 한다.

1) 개혁파 정통주의 신학

지난 100년 동안 한국에서 개혁파 정통주의 신학을 제시하고 발전시킨 인물들로는 역시 최초의 조직신학 책을 쓰신 죽산(竹山) 박형룡 박사님(1897-1978)과 최초이자 마지막으로 신구약 전체에 대한 주석을 쓰시고 또 교의학 책도 내신 정암(正巖) 박윤선 박사(1905-1988)를 들지 않을 수 없다.

1931년에 평양신학교에서 교수가 된[13] 박형룡 박사보다 먼저 가르친 한국인 교수로는 1925년부터 가르치기 시작한 남궁혁 박사(1882-1950)와[14] 그 이듬해인

---

13 그는 1930년 4월부터 임시 교수로 가르치기를 시작했고 1931년 4월부터 전임 교수 사역을 시작하여 변증학, 기독교 윤리, 신학 난제 등의 과목을 가르쳤다고 한다(한숭홍, "정통 보수주의 신학사상 1", 「목회와 신학」 16 [1990. 10]: 201).

14 조선인 최초의 신학박사(Th. M. 1924 [Princeton]; Ph. D., 1927 [Union Theological Seminary, Richmond,

1928년부터 가르치기 시작한 이성휘 박사(1889-1950)가[15] 있었지만 남궁혁은 신약학자였고, 이성휘 박사는 구약학자였기에 조직신학을 체계화하여 제시하는 일은 박형룡 박사가 하였다. 그의 『기독교근대신학 난제 선평』(1935)이[16] 한국인에 의해서 저술 최초의 조직신학 분과의 저서라고 여겨진다.[17]

박형룡 박사는[18] "정통주의 개혁주의의 입장에서 기독교 교의신학 혹 교의학을 논술하기로 한다"는 말로 자신의 교의신학이나 한국 최초의 조직신학 책 저술을 시작하고 있다.[19] 그는 "한국 장로교회의 전통적인 정통신학"이라는 말을 즐겨 사용했다.[20] 그와 함께 "정통적 교의신학", "정통적 신학 사상", "바른 교의신학", "개혁파 교의신학"등의 말은 다 상호 교호적으로 사용되고 있다. 때로는 그저 "정통 신학"이라는 말도 사용하시고,[21] 심지어 "근본 주의"

Virginia)요, 평양에 있던 장로회신학교의 최초 조선인 신학 교수요 후일 신학 지남 편집인을 하고, 평양 노회 의장, 총회 의장(1932) 등의 일을 감당한 교회인(Churchman)으로서의 남궁 혁에 대하여는 한숭홍, "남궁 혁의 생애와 신학사상" (연재: 한국신학사상의 흐름 44), 「목회와 신학」 53 (1993. 11): 214-23; "남궁 혁의 생애와 신학사상 II" (연재: 한국신학사상의 흐름 45), 「목회와 신학」 54 (1993. 12): 220 25; "남궁 혁의 생애와 신학사상 III" (연재: 한국신학사상의 흐름 46), 「목회와 신학」 55 (1994. 1): 201-15를 보라.

15 그의 책으로 박동현 편, 『가시떨기나무의 참 하나님』 (서울: 장로회신학대학교출판부, 2005).

이성휘 박사에 대해서는 하경택, "한국 신학의 개척자 이성휘 교수", 2009년 1월 14일자 「한국기독공보」 (available at: http://blog.naver.com/kjyoun24?Redirect=Log&logNo=60060243285). 이 글의 정보에 의하면 Th. M., 1928 (Princeton). D. D. 1934 (Hanover). 그에 대한 연구서로 송인도, "이성휘의 '아가서 주석' 에 나타난 아가서 이해에 관한 연구", 석사 학위 논문, 장로회신학대학교 대학원, 2002).

16 박형룡, 『기독교현대신학 난제 선평』 (평양: The Presbyterian Publication Fund, 1935), 증보판 (서울: 신망애, 1975).

17 누구나 이렇게 관찰할 수 있으나 이점은 특히 언급하는 이상규, 『한국교회 역사와 신학』, 204를 보라. 이상규 교수님은 감리교 정경옥(1901-1945)의 『기독교 신학개론』이 1939년에 저술된 것과 비교하면서 말하는 것이다.

18 박형룡 박사님의 생애와 사상에 대해서는 장동민, 『박형룡의 신학 연구』 (서울: 한국 기독교역사연구소, 1998); , 또한 『박형룡: 한국 보수신학의 수호자』 (서울: 살림, 2006); 그리고 박형룡의 개혁신학 재조명을 특집 논문들로 꾸민 「한국개혁신학」 21 (2007)을 보라.

19 박형룡, 『교의신학 서론』, 박형룡박사저작전집 1 (서울: 한국 기독교교육연구소, 1977), 21. 이는 1964-73에 쓰여지고 출판 되었던 조직신학 7권과 다른 저작들을 정문호 목사님과 여러 목사님들을 중심으로 한 박형룡 박사 전집출판위원회가 다시 출간해 낸 것이다.

20 박형룡, 『교의신학 서론』, 앞에 붙인 "전집 출간의 즈음하여" 중에서.

21 박형룡, 『기독교현대신학 난제 선평』, 15.

라고 칭하며 이를 정통신학과 동일시하기도 했다.[22] 후에는 "청교도적 개혁주의 정통주의"라는 말도 사용했고,[23] 이것은 그 아들인 박아론 박사가 즐겨 사용하던 용어이기도 했다.[24] 박형룡 박사께서 제시하는 신학에 대해서 다른 분들은 근본주의 신학이라고 하든지, 정통 보수주의 신학으로[25] 언급하는 일이 많다.

박형룡 박사는 이런 개혁파 정통주의 신학을 잘 정리하여 우리나라 최초의 조직신학 교과서를 내었다고 할 수 있다. 그러면서도 그는 매우 겸손하게 자신의 사역과 저작에 대해서 이렇게 말했다: "이 정통신학을 보수 전달하려는 단심의 노력이 어떤 종류의 효과를 내었는지 저자 자신은 몹시 의문됩니다. 그러나 이 노력을 후계하여 바른 신학을 위한 선한 싸움을 싸우는 그리스도의 정병들이 이 땅에 많이 일어나기를 전심으로 염원합니다."[26]

그런 사람의 한 사람이 박윤선 교수라고 할 수 있을 것이다.[27] 그는 한국의 대표적인 개혁주의신학자요 성경주석가로 여겨진다.[28] 어떤 면에서 박윤선 교수는 개혁신학에 좀 더 철저하려고 하였고, 평생 정통파 개혁신학을 더 탐구하려는 노력을 하였다.

이 두 분이 한국 장로교회를 위한 개혁파 정통주의신학의 토대를 놓았다고

---

22 박형룡, "근본주의", 「신학지남」 25/1 (1959년 12월): 12-24; 박형룡, "근본주의 신앙", 「파수군」 106 (1961년 1월): 24-29.

23 박형룡, "한국장로교회의 신학적 전통", 「신학지남」 43/3 (1976년 가을호): 11, 15, 22.

24 박아론, 『보수 신학은 어디로 가고 있는가』 (서울: 총신대학교 출판부, 1985), 195. 그는 또한 보수 신학이란 용어를 즐겨 사용했다. Cf. 박아론, 『보수신학 연구』 (서울: CLC, 1993); 『현대신학 속의 보수신학』 (서울: CLC, 1999).

25 그 대표적인 예는 한승홍, "정통 보수주의 신학사상 I, II," 「목회와 신학」, 제16호 (1990. 10): 196-209; 「목회와 신학」, 17 (1990. 11): 172-79. 그러나 본문 내용에서는 근본주의적이면 보수적인 신앙 입장 등의 표현을 하고 있다(「목회와 신학」, 17 [1990. 11]: 199).

26 박형룡, 『교의신학 서론』, 앞에 붙인 "전집 출간의 즈음하여" 중에서.

27 박윤선의 생애와 사상에 대해서는 박윤선, 『성경과 나의 생애』 (서울: 영음사, 1992); 합동신학교, 『박윤선의 생애와 사상』 (수원: 합동신학교출판부, 1995); 심군식, 『박윤선 목사의 생애』 (서울: 영문, 1996); 서영일, 『박윤선의 개혁신학 연구』 (서울: 한국 기독교역사연구소, 2000); 김영재, 『박윤선: 경건과 교회의 쇄신을 추구한 개혁신학자』 (서울: 살림, 2007), 그리고 박윤선의 개혁신학 재조명을 특집으로 꾸민 「한국개혁신학」 25 (2009)을 보라.

28 특히 이상규, "박윤선의 신학과 설교", 『한국교회 역사와 신학』, 229, 363("대표적인 칼빈주의 신학자").

하지 않을 수 없다. 그 제자요 후배에 해당하는 남송(南鬆) 신복윤,[29] 이근삼(1923-2007),[30] 심산(審山) 차영배(1929-),[31] 허순길[32] 교수님들은 이런 개혁파 정통주의 신학을 더 구체화하고 교육하는 일에 헌신하였다고 할 수 있다.[33] 오늘날은 그 다음 세대에 해당하는 서철원, 김길성, 김성봉, 송인규, 유해무, 박영돈, 김재성, 안명준, 김광렬, 김병훈, 문병호, 이신열, 이남규, 김재윤 교수 등이 이를 더 정확히 하고 성경적 논의와 깊이 연관시키는 작업을 하고 있다고 말할 수 있을 것이다.

2) 신정통주의적 통전적 신학

신정통주의 입장에서 신학을 하되 스스로 에큐메니칼(ecumanical) 운동과 에반젤리칼(evangelical) 운동을 하나로 엮어 보려고 노력한 신학자와 그런 신학을 제시한 분으로는 역시 이종성 박사를 언급하지 않을 수 없다.[34] 이런

---

29 신복윤 교수님께서는 조직신학 전체를 아직 다 내지 않으셨으나, 〈나는 하나님을 믿는다〉. 〈교의학 서론〉, 〈종말론〉을 내셨고 〈개혁주의 신학의 특성들〉에서 개혁주의 신학의 내용을 제시하셨고, 벌코프의 〈기독교 신학 개론〉과 〈교리사〉, 그리고 〈교회론〉을, 헨리 미터의 〈칼빈주의 근본 원리〉를, 그리고 프레드 끌로스터의 〈칼빈의 예정론〉을 번역해 주셨고, 칼빈 연구를 많이 하셔서 〈칼빈의 신학 사상〉과 〈칼빈의 하나님 중심 신학〉을 써 주셨다.

30 이근삼 교수님은 〈기독교와 신도 국가주의의 대결〉이라는 학위 논문으로 자유 대학교에서 신학 박사 학위를 하신 후 고신에서 사역하시면서 〈칼빈, 칼빈주의〉, 〈개혁주의 신학과 교회〉, 〈개혁주의 신앙과 문화〉, 〈기독교의 기본 교리〉, 〈기독교 윤리와 십계명〉 등의 책을 내셨는데, 근자에 이근삼전집 편찬 위원회를 통해 〈이근삼 전집〉 10권 (서울: 생명의 양식, 2007-2008)이 나왔고, 이 중에서 5권과 6권이 〈개혁주의 조직신학 개요〉이고, 2권이 개혁주의 신학과 한국 교회로서 개혁교회의 형성과 발전과 신학의 전개 과정을 논의한 책이다.

31 차영배 교수님도 아직 조직신학 전체를 다 내지 않으셨으나 〈H. Bavinck의 신학의 방법과 원리〉 (서울: 총신대학 출판부, 1983)에서 신학 서론을 다루시고, 〈개혁교의학〉 Ⅲ/1으로 〈삼위일체론〉 (서울: 총신대학 출판부, 1982)과 〈성령론: 구원론 부교재〉 (서울: 지민, 2008)을 내셨다.

32 허순길 교수님은 Presbyter in Volle Rechten (Kampen, 1972)이라는 논문으로 신학 박사를 하시고, 〈개혁해 가는 교회〉 (서울: 총회 출판국, 1991), 〈봉사신학 개론〉 (서울: 영운, 1992), 〈개혁교회의 목회와 생활〉 (서울: 총회출판국, 1994), 〈고신대학원 50년사〉 (서울: 영문, 1996), 〈한국 장로교회사〉 (서울: 대한 예수교 장로회 (고신) 역사 편찬위원회, 2002) 등의 책을 쓰셔서 개혁파 직제와 조직에 대한 원리를 잘 드러내셨다.

33 한철하 박사님의 신학적 입장을 어디다 넣고 논의할 것인가는 후에 흥미 있게 논의해 볼 수 있는 논의 거리가 될 것이다.

34 이 표현은 자신이 나온 프린스톤과 풀러를 언급하신서 이종성 박사께서 생전에 자주 언급하

뜻에서인지 그는 통전적 신학이라는 용어를 즐겨 사용하였고,[35] 그에게서 영향을 받은 장로교신학대학 출신들은 자신들의 신학을 통전적 신학으로 제시하는 일이 많이 있었다.[36] 그는 『그리스도론』에서 자신의 저작은 교육적인 면에 치중했다고 하면서 그러나 4장 "통전적 그리스도론"은 "저자의 소신에서 나온 새로운 설이다"고 하면서,[37] 인성만을 말하는 급진적 그리스도론과 신본적 그리스도론을 비판하면서 "그러한 편파적 그리스도론을 지양하고 언제든지 삶의 현장에서 나와 삼위일체 신과 실존적인 만남과 주체적 결단을 통해서 이해되는 통전적이고 통합적 그리스도론을 가져야 한다"고 주장하면서,[38] 우주적 그리스도론을 더 적극적으로 연구해야 한다고 강조했다.[39] 이종성 교수는 『신앙과 신학』을 신학 서론으로 여기시면서 『신학적 인간학』을 낸 후 『신론』부터[40] 종말론에[41] 이르기까지 조직신학 각 분야에 대한 책들을 거의 다 출간하고 마지막으로

시던 표현임을 다들 기억할 것이다. 김명룡 교수도 장신의 신학의 방향성을 이렇게 제시한 바 있다(김명용, "한국의 신학적 현황과 장신대의 신학적 위치", 192; 김명용, "바른신학과 바른목회", 「장신논단」 14 (1998): 162-91, at 175-77).

35 Cf. 이종성, 『그리스도론』 (서울: 대한 기독교출판사, 1984), 4, 500-506.

36 장신의 조직신학 교수님들께서 아예 통전적 신학이라는 제목으로 나누어 책을 써 낸 일도 있을 정도이다. Cf. 이종성, 김명용, 윤철호, 현요한, 『통전적 신학』 (서울: 장로회신학대학교출판부, 2004). 또한 윤철호, "통전적 생명신학과 한국교회의 과제", 『하나님의 나라, 역사 그리고 신학. 이형기 교수 은퇴기념 논문집』 (이형기 교수 은퇴기념 논문 편찬위원회, 2004); 윤철호, "통전적 생명신학과 선교", 『한국선교 120주년 기념 세계평화와 생명을 위한 선교대회』, 세계교회협력센터, 2004년 3월 19-26일 (서울: 한국장로교출판사, 2004); 이 논문은 『21세기 한국 교회와 하나님 나라를 위한 실천신학』 (서울: 장로회신학대학교출판부, 2006), 10장에 다시실려 있다. 또한 11장(통전적 종말론적 하나님 나라와 현실변혁적 교회론)도 보라; 윤철호, 『신뢰와 의혹: 통전적인 탈근대적 기독교 해석학』 (서울: 기독교서회, 2007). 최근에 낸 『삼위일체 하나님과 세계』 (서울: 장로회신학대학교 출판부, 2011)에서도 제 2부를 통전적 삼위일체론과 연관하여 제시하고 있다. 현요한, "하나님의 평화로운 생명: 통전적 신학 형성을 위한 하나의 제안" 춘계신학강좌, 2003년 4월 23일;

37 이종성, 『그리스도론』, 4.

38 이종성, 『그리스도론』, 504.

39 이종성, 『그리스도론』, 506.

40 이종성, 『신론』 (서울: 대한기독교서회, 1980). 그는 이 책의 서문에서 한국교회 70주년을 기념하면서 "한국적 신학의 하나의 작품으로 조직신학에 관한 저작을 시작할 필요성을 느껴 그 중의 한 작품으로 『신론』을 출판하게 되었다" 고 말하고 있다(5). 그는 1980년이 그이 신학적 저작을 내는 획시기적인 때로 여기면서 이로부터 1990년까지 10년간에 걸쳐서 조직신학 각 분야의 책을 내었다.

41 이종성, 『종말론 I, II』 (서울: 대한기독교서회, 1990).

기독교 윤리를[42] 낸 후에 신학 서론을 출판하셨다.[43] 그 이후에도 같은 노선에서 신학저술을 계속하여 『삼위일체론을 중심한 신학과 철학의 알력사』를 내었다.[44] 이형기 교수는 "1970년대 이후 우리 장신은 성경의 역사적, 문헌적 비평에 대하여 보다 개방적이 되었고, Neo-Orthodox에 대해서도 마찬가지이다"라고 하였다.[45] 그러나 이 신학이 "구-프린스톤 신학을 배제하고 있다"는 것도 분명히 한다.[46]

때로 이종성 교수는 자신이 제시하는 신학을 "성서적 복음주의"라고 표현하기도 하고 이것이 '진정한 에큐메니칼 신학'이라는 말도 한다.[47] 그러므로 그는 복음주의와 에큐메니칼을 포용하면서 결국 에큐메니칼 방향으로 나아갔다고 할 수 있는 것이다.[48]

같은 신정통주의적 성향을 보이면서도 한신 출신으로 튜빙엔에서 학위를 한 김균진 교수의 저작은 바르트 이후 여러 신학자들의 저작들과 대화하면서 조직신학의 내용을 제시하고 있다.

또한 현재 예장통합의 장로회신학대학교 조직신학 교수로 섬기고 있는 김명용[49] 윤철호,[50] 현요한 세 분의 교수들은 이런 방향의 신학을

---

42 이종성, 『윤리학 I』 (서울: 대한기독교출판사, 1992); 『윤리학 II』 (서울: 대한기독교출판사, 1992).

43 이종성, 『신학서론』 (서울: 대한기독교출판사, 1993).

44 이종성, 『삼위일체론을 중심한 신학과 철학의 알력사』 (서울: 장로회신학대학교출판부, 2005).

45 이형기, "장로회신학대학의 신학적인 좌표", 「장신논단」 1 (1985. 11): 15-78, at 55.

46 이형기, "장로회신학대학의 신학적인 좌표", 59.

47 이종성, "우리가 지향하는 신학", 「교회와 신학」 11 (1979): 17. 복음주의라는 표현이 여기서 사용되는 것 등을 보면서 김경재 교수님은 이 용어가 너무 폭넓게 자의적으로 사용되기에 자신은 이런 용어를 사용하지 않겠다고 선언하기도 했다.

48 윤철호 교수는 "에큐메니칼 개혁신학"이라는 말도 사용하고 있다(윤철호, "예수 그리스도의 복음전파와 하나님 나라의 구현을 위한 에큐메니칼 개혁신학과 신학교육", 「교회와 신학」 45 [2001년 여름호]: 14-23).

49 김명용, 『열린신학 바른교회론』 (서울: 장로회신학대학교, 1997); 김명용, 『현대의 도전과 오늘의 조직신학』 (서울: 장로회신학대학교, 1997); 『이 시대의 바른 기독교 사상』 (서울: 장로회신학대학교출판부, 2001); 『칼 바르트의 신학: 20세기 최고의 신학이 교부』 (서울: 이레서원, 2007).

50 Cf. 윤철호, 『예수 그리스도 상 하권』 (서울: 한국장로교출판사, 1998); 『성서, 신학, 설교: 설교 형식으로 풀어쓴 조직신학 강의』 (서울: 장로회신학대학교 출판부, 2000); 『기독교 인식론과 해석학』 (서울: 한국장로교출판사, 2001); 『현대신학과 현대개혁신학』 (서울: 장로회신학대학교, 2003); 『21세기 한국

더 발전시켜 가는 작업을 하고 있다고 판단할 수 있을 것이다.[51]

김이태와 김명룡 교수께서는 장신이 극단적 보수 신학과 진보 신학의 중간 노선 입장에 위치하고 있음을 강조하는 논고를 발표하여 왔다.[52] 김명룡 교수는 이를 "복음적이고 에큐메니칼적인 신학"[53] 또는 "한국 진보주의적 정통주의 신학"이라고 언급하기도 한다.[54]

진보주의적 정통주의 신학이라는 말이 성립할 수 있는가에 대해서 의문의 여지가 있지만 일단 이것은 장신의 신학이 전통적 정통신학(김 교수의 이른 바 "반역사적인 근본주의적 성향의 보수적 정통주의"[55])과도 다르고 급진적 진보신학과도 다르다는 의식을 표현하려는 것으로 이해할 수 있을 것이다. 그러나 때때로 장신의 신학적 입장이 주로 신정통주의적이라는 것에 동의하지 않는 장신 교수님들의 발언도 듣게 된다.

김명용 교수는 자신이 말하는 장신의 진보적 정통신학은 신정통주의와 동일시되어서는 안 되니 신정통주의가 "20세기 전반에 칼 바르트와 에밀 부룬너 등에 의해서 건설된 시대적 한계를 지닌 신학이기 때문"이라고 한다.[56] 자신들은 오히려 정통신학과 신정통주의를 비롯한 모든 신학으로부터 배우되 비평적인 거리를 유지한다고 말한다.

그러나 신정통주의라는 것이 꼭 바르트의 신학을 그대로 따라 가는 것이

교회와 하나님 나라를 위한 실천신학』 (서울: 장로회신학대학교출판부, 2006); 『세계와의 관계성 안에 계신 하나님: 틸리히와 캅의 신학에 대한 비교연구를 중심으로』 (마펫 종교개혁 시리즈 2) (서울: 한국장로교출판사, 2006); 『신뢰와 의혹: 통전적인 탈근대적 기독교 해석학』 (서울: 기독교서회, 2007); 『현대 신학자들의 설교』 (서울: 한들출판사, 2011); 『삼위일체 하나님과 세계』 (서울: 장로회신학대학교 출판부, 2011).

51 현요한, 『생명의 영으로 충만한 삶』 (서울: 장로회신학대학교. 1998); 『성령, 그 다양한 얼굴』 (서울: 장로회신학대학교. 1998); 현요한 편, 『기독교와 과학』 (서울: 장로회신학대학교출판부2002); 현요한, 『신학은 하나님 배우기: 신학 영성 실천의 재연합』 (서울: 대한기독교서회, 2011).

52 김이태, "장신대 신학의 위치와 그 특성", 장신대 편, 장로회신학대학의 신학 노선』 (서울: 장신대, 1989), 43-71; 김명용, "한국의 신학적 현황과 장신대의 신학적 위치", 175.

53 김명용, "바른신학과 바른목회", 「장신논단」 14 (1998): 162-91, at 175.

54 김명용, "한국신학의 현황과 과제", 『전환기에 선 한국 교회와 신학』, 101-11, 특히 106; 김명용, "한국의 신학적 현황과 장신대의 신학적 위치", 185f., 189.

55 김명용, "한국의 신학적 현황과 장신대의 신학적 위치", 186.

56 김명용, "한국의 신학적 현황과 장신대의 신학적 위치", 188f.

아니라 그런 입장에서 신학하는 전반적인 방향을 뜻한다는 일반적인 이해를 가진다면 장신의 신학적 방향이 위에서 언급한 개혁파 정통주의적 방향이 아닌 것도 분명한 이상, 장신의 신학은 전통적 정통주의와 신정통주의 사이에 있거나 신정통주의적 분위기 가운데 있다고 판단하지 않을 수 없다.

3) 신정통주의적 진보신학

일본 아오야마[靑山] 신학부를 졸업한 후 미국 프린스턴신학교에 입학하였다가 1년 후인 1929년 9월 피츠버그에 있는 웨스턴신학교(Western Theological Seminary)으로 옮겨 구약학을 전공하고, "오경비판과 주전 8세기 예언운동"이라는 논문으로 신학석사(STM) 학위를 받고 1932년 5월에 귀국하여 평양 숭인상업학교(1933-1936)와 간도 용정의 은진중학교(1936~39)에서 성서를 가르친 바 있고, 계속해서 성경 비평적 작업을 하던 장공(長空) 김재준 교수(1901-87)는[57] 기본적으로 구약학에서 다루는 것이 좋을 것으로 여겨진다. 유동식의 이른 바 "화려한 신학자"요[58] 1968년 7월 웁살라에서 열렸던 WCC 제4차 총회의 자문위원을 한 만수(晩穗) 김정준 박사(1914-81)도 구약학자로서의 작업을 하였고[59] 전경연 교수님는 신약 학자로서의 작업을 하였지만 이 분들을 주축으로 진정된 기독교장로교회의 신학은 기본적으로는 신정통주의적이라고 할 수 있을 것이다. 김재준은 자신의 사상은 소위 아빙돈 단권 주석 사건 때부터 신정통주의라고 표명한 바 있다.[60] 또는 정통주의와

---

57 그의 생애 등에 대해서는 김경재, 『김재준 평전』 (서울: 삼인, 2001); 천사무엘, 『김재준: 근본주의와 독재에 막선 예언자적 양심』 (서울: 살림, 2003). 그의 사상에 대하여 주재용 엮음, 『김재준의 생애와 사상』 (서울: 풍만, 1986); 손규태, 『장공 김재준의 정치신학과 윤리 사상』 (서울: 대한기독교서회, 2002) 등을 보라.

58 유동식, 『한국 신학의 광맥』 (서울: 전망사, 1986), 304.

59 Cf. 김정준, 『만수 김정준전집』 총 6권 (서울: 한국신학연구소, 1988-1991); 경건과 신학 연구소 편집부, 『만수 김정준 구약신학』 (서울: 경건과신학연구소, 2004), 김창주, "만수 김정준 교수의 신학 세계", 「신학지평」 56 (2010): 8-42.

60 김재준, "신학의 갈 길", 「사상계」 (1962년 2월)=『장공 김재준 저작 전집』, 총18권 (서울: 한신대출판부, 1992), 제1권, 201.

자유주의 모두를 "양기(揚棄)하면서 둘 다를 살리는 건설적인 참된 정통 신학('正統' 神學)"이라고 표현하기도 했다.[61] 이것은 결국 신정통주의를 나타내는 말 같은데 그는 신정통 신학에 관심을 가지고 있으나 "거기에 예속하여 제자가 될 의도는 없다"고도 말한다.[62] 그러나 전반적으로 그의 사상이 신정통주의적이라는 것은 대부분의 사람들이 인정한다.

김재준 교수는 신정통주의가 "그리스도교의 가장 중요한 근본적 요소들을 누구보다도 강력하게 주장함과 동시에 현대 자유주의적 진리 탐구에 의한 기독교적 결실을 함께 살린 것이었으며, 전후의 긴박한 종말 의식에서 얻은 진지한 신앙 운동의 제창기이도 하다"고 하면서 이것이 가장 취할만한 것이고 성경적이라고 하였다.[63] 한신대학교 총장을 역임하신 바 있는 오영석 교수께서 여러 번 기장측은 신정통주의 입장을 가지고 있다고 강조하여 말씀하신 바 있다.[64] 그러므로 이런 생각을 조직신학 분과에서 제시한 사람으로 역시 오영석 교수를 들 수 있을 것이다.[65] 또한 한신에서 공부하시고 부퍼탈에서 학위하신 황정욱 교수께서는 역시 이런 전통 속에서 바르트의 『교회교의학』 일부를 번역해 주셨고,[66] 칼빈의 초기 사상 연구와[67] 경교 전파사,[68] 그리고 장로교회 역사에 대한 책을 내셨다.[69] 그런데 김재준, 김정준, 오영석, 황정욱 교수님들의 신학은 위에서 언급한 장신의 신정통주의적 통합 신학과는 조금 다른 성격을 드러내고 있는

---

61 김재준, "대전전후 신학사조의 변천" (제 1회 장로교 청년 전국대회 초청 강연, 1949년 11월, 시민관), 『장공 김재준 저작 전집』, 제1권, 81-82.

62 김재준, "대전전후 신학사조의 변천", 92.

63 김재준, "신학의 길", 『하늘과 땅의 해후』, 187.

64 한철하 교수님은 김재준 교수님의 신학을 "자유주의신학을 용납하는 신정통주의신학"이라고 표현한 바 있다(한철하, "김재준의 성경관과 신정통주의 신학", 「신학사상」 50 [1985년 가을]: 516, 517).

65 오영석, 『사도신조 해설』 (평신도신앙교육교재 2) (서울: 대한기독교서회, 1991); 『조직신학의 이해』 (서울: 대한기독교서회, 1992). 『신앙과 이해』 (서울: 대한기독교서회, 1999).

66 바르트, 『교회교의학』 II/1, 황정욱 옮김 (서울: 대한기독교서회, 2010); 『교회교의학』 II/2 (서울: 대한기독교서회, 2007); 『교회교의학』 III/1 (서울: 대한기독교서회, 2005).

67 황정욱, 『칼빈의 초기 사상 연구』, I, II (수원: 한신대학교 출판부, 2000. 2002).

68 황정욱, 『예루살렘에서 장안까지』 (수원: 한신대학교출판부, 2005).

69 황정욱, 『장로교회사 1: 개혁파 교회의 역사와 신학』 (수원: 한신대학교출판부, 2006).

것도 사실이다. 같이 신정통주의적 입장을 표명하는 이 두 학파의 관계가 과연 어떤 것인지 논의해 볼만한 주제라고 여겨진다.[70]

4) 급진적 진보신학

장로교 안에서도 신정통주의도 비판하면서 더욱 급진적 목소리를 내기 원하는 신학들이 출현하였다. 그리고 이런 급진적 진보 신학의 주장자들 사이에서는 사실 교파적 장벽은 그리 크게 느껴지지 않은 것 같다. 그리하여 장로교 신학자이든지 성공회 신학자이든지, 감리교 신학자든지 진보신학을 주장하는 분들은 대체로 같은 방향으로 나아가는 성형을 나타내는 것으로 보인다. 급진적 진보신학의 한 축은 역시 민중신학이라고 할 수 있고, 또 한 축은 진보적 문화 신학과 진보적 생명신학이라고 여겨진다. 진보신학에서는 이 모든 것이 모두 토착화 신학의 노력으로 여겨지기도 하고, 이를 따로 나누어 생각하기도 하나 일단 토착화 신학의 여러 변형들로 보는 것이 좋을 것이다.

민중신학은 심원(心苑) 안병무 교수(1922-96)에서[71] 1대 원정을 하셨던

[70] 김명룡 교수는 전경연 교수와 박봉랑 교수는 장신이 제시하는 자신의 이른 바 "진보적 정통주의 신학" 에 가깝다고 말하기도 한다(김명용, "한국의 신학적 현황과 장신대의 신학적 위치." 186, n. 12).

[71] 안병무, 『역사와 증언』(서울: 대한기독교서회, 1972); 『해방자 예수』(서울: 현대사상사, 1975); 『성서적 실존』(서울: 한국신학연구소, 1975); 『시대와 증언』(서울: 한길사, 1978); 『역사와 해석』(서울: 대한기독교서회, 1982); 『진실 때문에』(서울: 샘터사, 1982); 『옳은 민족 옳은 역사』, (서울: 한길사, 1982); 『역사의 예수』(서울: 전망사, 1983); 『역사 앞에 민중과 더불어』(서울: 한길사, 1986); 『민중신학 이야기』(서울: 한국신학연구소, 1987); 『민중사건 속의 그리스도』(서울: 한국신학연구소, 1989); 『갈릴래아의 예수』(서울: 한국신학연구소, 1990); 『우리가 만난 예수』(서울: 형성사, 1991); 『사랑에는 연습이 없습니다』(서울: 베틀, 1993); 『그래도 다시 낙원에로 환원시키지 않았다』(서울: 한국신학연구소, 1995); 『너는 가능성이다』(서울: 사계절, 1996); 『공관복음서의 주제』(서울: 한국신학연구소, 1996); 『우리와 함께 하는 예수』(성서의맥 2) (서울: 한국신학연구소, 1997); 『생명을 살리는 신앙』(성서의맥 3) (서울: 한국신학연구소, 1997); 『불티』(성서에세이 1) (서울: 한국신학연구소, 1998); 『구걸하는 초월자』(서울: 한국신학연구소, 1998); 『기독교의 개혁을 위한 신학』(서울: 한국신학연구소, 1999); 『한국 민족 운동과 통일』(서울: 한국신학연구소, 2001).

안병무의 생애와 사상에 대해서는 김명수, 『안병무: 시대와 민중의 증언자』(현대신학자평전 11) (서울: 살림, 2006); 김남일, 『민중신학자 안병무 평전: 성문 밖에서 예수를 말하다』(서울: 사계절, 2007); 김진호, 이정희, 차정식, 최형묵, 황용연, 『죽은 민중의 시대 안병무를 다시 본다』(서울: 삼인, 2006); 김명수, 『안병무의 신학사상』(서울: 한울아카데미, 2011) 등을 보라.

기독교장로회총회 선교신학원에서도 많이 가르쳐지고 논의되었다고 할 수 있다.[72] 당시 "문동환, 문익환, 한완상, 박현채, 이문영, 강만길, 송건호 등 진보적 지식인들이 민중신학, 민중사회학, 민중사학, 민중경제학 등을 가르쳤다"고 하며, "그곳에서의 공부는 철저하게 반독재/민주화 투쟁을 위한 복무라는 사회-역사적 사명감을 바탕에 두고 있었기 때문에 수업과 세미나, 반정부 투쟁이 늘 병행되었으며, 그 과정에서 수배를 피해 도피 생활을 했던 학생들도 많았다." 고 한다. 또한 "농민분과, 노동분과, 학생정치문화분과 세 개 분과를 만들고 지도교수를 두어 체계적이고 전문적인 공부를 하며 실천적인 활동을 할 수 있는 기반을 닦아나갔다"고 하는 것을 보면 이 선교 신학원은 반독재/민주화 투쟁의 전사들의 훈련소 같은 인상을 가졌을 것으로 여겨진다.[73] 이곳에서 훈련받은 권진관 교수님은 2010년 2월 4일에 노정선 교수(연세대)를 이어 민중신학회의 제 9대 회장으로 선임되었다고 한다. 현재 운영위원에 이병학 교수(한신대), 류장현 교수 (한신대), 김영철 박사(장신대), 김은규 교수(성공회대), 김판임 교수(국민대)가 있다고 하니[74] 장로교 신학자들 중에서도 계속해서 민중신학적 작업을 하면서 이를 더 진전시켜 나가려는 것을 알 수 있다. 한신에서 공부하시고 베를린훔볼트 대학교에서 신학박사 학위를 하신 류장현 교수님께서는 자신이 베를린에서 박사 학위 논문을 쓴 레온하르트 라가츠의 예수님의 비유를 번역하기도 하셨고,[75] 한국의 성령 운동, 포스트모던 사회와 다양한 현실적 문제 속에서의 신앙과 특히 교회 문제에 대한 다양한 책들을 다양하게 내었다.[76]

---

72 이점을 강조하는 <희망세상> (2007년 5월호)에 실린 "민중신학의 산실 기장 선교신학원" 보라 (availableat: http://blog.yahoo.com/_JRSHGZGWSYNEF4IGPGYPMHYNPA /articles/5443).

73 민중신학의 전개 과정에 대한 민중심학자들의 검토로 한국신학연구소 편, 『한국민중신학의 전개』 (서울: 한국신학연구소, 1990)을 보라.

74 에큐메니안에 실린 기사 참조(http://ecumenian.com/news/articleView.html? idxno=7208).

75 레온하르트 라가츠, 『예수의 비유』, 류장현 옮김 (서울: 다산글방, 2001).

76 류장현, 『하나님 나라와 새로운 사회』 (도서출판 동신, 2000); 『한국의 성령운동과 영성』 (서울: 프리칭아카데미, 2004); 『포스트모던 사회와 교회』 (서울: 프리칭아카데미, 2006); 『종말론적 신학과 교회』 (수원: 한신대학교출판부, 2009); 『예수를 살리는 교회 예수를 죽이는 교회』 (서울: 프리칭아카데미, 2009); 『한국교회 신앙운동의 통섭』 (서울: 프리칭아카데미, 2009).

숨발 김경재 교수의[77] 문화신학적 작업은[78] 종교 다원주의를 당연시하면서[79] 한국 문화 속에 있는 하느님 이해와 기독교적 하나님 이해를 연관시켜 나간다. 이런 그의 입장을 가장 잘 드러내고 있는 것은 이름 없는 하나님에서 하고 있는 다음 같은 주장이라고 할 수 있다: "하느님이 이름이 없는 존재이다. 인간이 자신이 살아온 역사와 문화와 풍토와 환경 속에서 자신에게 가장 적실한 언어로 붙인 이름들이 있을 뿐. 그것은 하나님이기도 하고 알라이기도 하고 비로자나불이기도 하고 브라만이기도 하고 한울님이기도 하며 신, 로고스, 도, 태극이거나.."[80]

3. 지난 100년 동안의 한국 장로교 신학에 대한 평가들

이상의 신학들에 대한 평가도 각각의 신학적 입장에 따라서 달리 나타나고 있다. 예를 들어서 본고에서 개혁파 정통주의로 소개한 신학에 대해서 김경재 교수께서는 다음과 같이 평가하고 있다:

> 박형룡, 박윤선으로 대표되는 한국 근본주의적 보수신학은 좋게 말해서 17세기 장로교 칼빈주의와 청교도적 경건주의가 19세기-20세기 초까지 불어 닥친 서구 계몽정신의 격류를 해쳐 나오는 동안 경직화된 기독교의 자기 방어적 보수정통신학이다. 비판적 성경연구 태도나, 역사주의 및 진화론으로 대표되는 자연과학의 연구결과에 문호를 열기만 하면, 기독교 진리는 그 밑둥 뿌리부터 붕괴하고 말 것이라는 위기의식 가운데 형성되어 온 신학사적 배경을 갖고 있다.
> 그 결과, 그 신학의 최종 형태는 20세기 초 미국장로교 신학을 풍미했던 근본주의(Fundamentalism) 신학 형태로서 그 결정체를 이루었다. 이 근본주의 신학으로써 무장되고 훈련된 한국 선교 초기 선교사들이 한국 교회의 체질

77 그의 생애는 그의 저서 『영과 진리 안에서 - 숨발 김경재의 이야기 신학』(서울: 대한기독교서회, 1999), 제 3부에서 간단한 자서전 형식으로 제시되고 있다.

78 Cf. 김경재, 『한국문화신학』(서울: 한국신학연구소, 1983); 김경재, 『문화신학 담론』(서울: 대한기독교서회, 1997).

79 김경재, 『종교다원시대의 기독교 영성』(서울: 다산글방, 1992).

80 김경재, 『이름 없는 하느님』(서울: 삼인, 2002).

> 형성에 결정적 영향을 끼쳤는데, 그 신학체계의 핵심 주춧돌은 '성서무오 영감설'이다. 이 토양과 뿌리에서 한철하, 박아론 등의 보수신학이 나왔다.[81]

이와 같은 혹독한 평가는 이 신학의 대변인들의 신학을 표현해 주기 보다는 오히려 김경재 교수의 신학적 정향을 드러내고 있는 것이다. 또 다른 유명한 예로 1946년에 김재준 교수님께서 "정통신학은 신신학보다 더 교묘하게 위장한 실제적 인본주의요 정통적 이단"이라는 언급을[82] 들 수 있다. 이 언급도 실상 김재준 교수의 신학을 나타내 주는 말이라고 할 것이다.

김경재 교수는 유동식 교수께서 『한국 신학의 광맥』에서[83] 제시한 것을 토대로 한국 신학의 태동과 발전을 성찰하시면서 다음과 같이 말한다:

> 한국 신학의 태동과 흐름은 앞에서 말한 다섯 가지 해류로서 대별할 수 있고 그 다섯 가지 해류의 창조적 합류형태를 따라 무지개 색깔 같은 다양한 현대신학의 변주곡이 들려오게 된다. 다시 한 번 다섯 가지 근본 해저의 흐름을 아래에 써보고, 그 해류의 합류가 만들어내는 다양한 신학적 색깔과 과제들을 도표로 만들어 본다. 물론 이래 관계망의 관련 표지는 단순화의 오류를 범할 수 있으므로 참고하자는 것뿐이다.

5대 기본 해류	다양한 합류 변주곡 신학이름(구성성분)
(1) 박형룡의 근본주의 보수 신학(C)	* 교회성장 부흥신학 (C*R)
(2) 김재준의 진보주의적 역사신학(H)	* 신정통주의 신학(C*H)
(3) 정경옥의 자유주의적 실존신학(E)	* 민중신학, 통일신학(H*E*L)
(4) 이용도의 성령론적 부흥신학(R)	* 성(誠)의 신학, 풍류신학, 문화신학(E*R)
(5) 함석헌의 토착적 생명신학(L)	* 여성신학, 생태신학, 과학신학 (L*H*R)
	* 씨알신학, 생명신학, 평화교육 신학 (L*H)

---

81 김경재, "한국 신학의 태도과 흐름", available at: http://cyw.pe.kr/xe/263465, 강조점은 필자가 덧붙인 것임.

82 김재준, <새사람> 11호 (1946년), 김양선, 『한국기독교해방 십년사』 (서울: 대한예수교장로회 총회 종교교육부, 1984), 199. 또한 김영재, 『되돌아보는 한국 기독교』 (수원: 합신대학원출판부, 2008), 336도 보라.

83 유동식, 『한국 신학의 광맥』 (서울: 전망사, 1986; 재판, 서울: 다신 글방, 2000).

김경재 교수도 이런 분류가 단순화의 오류를 범할 수 있다는 것을 잘 말씀하셨으므로 이를 일반화하여 말하기 어려운 점이 있을 것이다. 예를 들어서, 개혁주의적 문화변혁 신학과 개혁주의 총일 신학을 주장하는 김영한 교수의 작업은[84] 김경재 교수님의 틀과 맞지 않고, 개혁주의적 생태 신학과 생명신학을 주장하는 분들의 작업도 이 도식에 부합하지 않는 것이다.

다른 신학적 입장에 가진 신학자들의 신학에 대해서 그래도 상당히 젊잖은 논의를 한 신학자는 역시 한숭홍 교수라고 할 수 있다. 그는 박형룡 박사께서 서론 머리말에 쓰고 있는 말과 박형룡을 "한국교회사에서 어제의 인물"이라고 말한 주재용 교수의 말을[85] 인용하면서 "어제는 꽃다발을 만들었고, 오늘은 많은 사람에게 그 꽃다발의 향기를 향유케 하고 있으며, 내일은 아마도 그 자신의 화원도 경작해 갈 끈질긴 작업을 하고 있는 한국 교회의 역사에서 계속 숨[86]쉬고 있는 인물이다"고 평하고 있다. 또한 김재준에 대해서도 그를 높이 평가하면서도 신사 참배 시기에 이루어진 조선 신학교 설립과 관련해서 해명해야 할 문제가 있다고 지적하는 일도 하고 있다.[87]

4. 미래를 위한 한국 장로교 신학의 방향

그렇다면 앞으로 장로교 신학은 어떻게 나타날 것이며(현상 예측), 또한 과연 어떻게 나타나야 할 것인가(당위)? 장로교 신학이 앞으로 어떻게 나타날 것인가 하는 것은 비교적 말하기 쉽다. 지금과 같이 다양한 신학적 입장에 따라서 자신들의 목소리를 내는 일이 계속될 것이기 때문이다. 엄밀히 이야기하면 각각의 신학을 주장하는 분들이 이제까지와 같이 각각 다른 이야기들을 할

84 Cf. 김영한, 『한국 기독교문화 신학』(서울 : 성광문화사, 1992); 『21세기 문화 변혁과 개혁신앙』(서울: 예영, 2007); 『21세기 한국 기독교문화와 개혁신앙』(서울: 예영, 2008); 『개혁주의 토일신학: 선진 사회적 자유민주통일론』(서울: 숭실대 출판부, 2012).

85 주재용, "한국 기독교 역사에 있어서의 박형룡의 위치", 「신학사상」 25 (1979년 여름): 280.

86 한숭홍, "정통 보수주의 신학사상 1", 「목회와 신학」 16 (1990. 10): 208f.

87 한숭홍, "김재준의 신학사상 II" (연재: 한국신학사상의 흐름 13), 「목회와 신학」 19 (1991. 1): 188-97, at 197.

가능성이 크다. 이런 상황 가운데서 우리들은 어떻게 해야 할 것인가?

첫째는 각각의 입장에서 가장 철저한 신학을 하여 제시하는 일이 필요하다고 여겨진다. 그것이 다른 작업보다 더 절실한 일이 될 것이다. 각각의 신학적 입장에서 각각의 신학적 전제에 참으로 충실한 신학적 제시가 이루어져서 각각의 신학이 더 진전하는 모습을 보여야 할 것이다. 그것이 개혁된 교회는 항상 개혁되어야 한다는 말에 따라 개혁신학 안에서 항상 언급하는 개혁된 신학은 항상 개혁되어야 한다는 주장에 일치하는 것일 것이기 때문이다. 물론 이 항상 개혁되어야 한다는 말을 해석하고 적용하는 입장은 각기 다를 것이다.

개혁파 정통주의에서는 이 말이 우리들이 제시한 신학과 우리의 교회의 현실을 성경의 가르침에 비추어 계속해서 개혁해 가는 것을 뜻한다. 우리들의 신학과 교회의 현상들 가운데서 비성경적인 것이 있는 것을 정확히 찾아내어 사랑으로 그것을 바꾸어 가는 신학적 성찰과 노력을 하여 가는 것을 요구하는 것이다. 이런 의미에서 성경에 비추어 할 작업이 많음을 다들 깊이 의식하고 있다. 지난 100년 동안 그렇게 바꾸어 온 면도 있고, 앞으로 더욱 그리해야 할 것도 있다는 것을 발견하는 것이다.

진보적 입장에서 이 구호를 사용하시는 분들은 우리들이 처한 맥락(context)과 우리의 현실에 비추어 우리들의 신학과 교회를 바꾸어 나가야 한다고 여길 것이다. 여기서 아주 강한 contextual theology의 주장이 나오기도 한다.

중도파적 개혁신학을 주장하는 신학에서는 비평적으로 새롭게 읽은 성경과 우리의 맥락 모두를 중요시하면서 우리의 신학과 교회를 변혁해 가야 한다고 주장할 것이다. 한숭홍 교수님도 "21세기의 한국적 정황과 한국적 풍토에서 한국 신학이 독창적으로 형성될 때에 한국 교회는 살아남을 수 있을 것이다"는 말로 "21세기 한국 신학의 과제와 전망"을 마친바 있다.[88]

앞으로도 계속해서 이 각각의 다른 입장이 우리들 안에 있을 것이므로 각각의 해석하는 방식대로 신학을 개혁하는 일을 충실히 해 나가야 할 것이다. 그리고 그 세 가지 다른 노력이 그 신학과 그 신학을 하는 사람들의 인격과

---

88 한숭홍, "21세기 한국 신학의 과제와 전망", 『장신논단』 12 (1996. 11): 322-32, at 332. 비슷한 입장의 천명으로 윤철호, "예수 그리스도의 복음전파와 하나님 나라의 구현을 위한 에큐메니칼 개혁신학과 신학교육", 20-21을 보라.

삶과 함께 공적인 영역에 네 세워지게 될 것이다. 아마 신학을 전문적으로 하지 않는 분들은 이렇게 다양하게 제시되는 신학들이 각기 다른 신학자들의 삶과 함께 모두 다 장로교 신학의 이름으로 제시되는 것을 보면서 생각하게 될 것이다.

둘째로, 혹시 이 세 가지 각기 다른 신학적 논의를 하시는 분들이 각각의 입장에 충실히 서면서 과거의 상호 비판적인 논의 이상의 진정한 상호 비판과 토론을 할 수 있을 길이 있으면 한다. 그것은 나름대로 흥미로운 일이 될 수 있을 것이다. 그러기 위해서는 각기 다른 신학을 하시는 분들이 다른 신학의 내용도 잘 파악해야만 할 것이다. 그래야 인격적 손상이 없이 서로의 입장을 이해하면서 그러나 그 서로 다름에도 불구하고 같이 논의할 수 있게 될 것이다. 아마 이것은 신학자들끼리의 깊이 있는 친교와 장에서 가능하리라고 보여진다.

셋째로, 그럼에도 불구하고 우리들이 모두 장로교 신학을 하는 것이라면 적어도 다음 몇 가지는 우리의 신학적 노력에 있어서 드러나야 하지 않을까? 자세한 논의는 다음 절에서 정통 개혁파 신학에서 바라보는 우리 신학의 과제에서 다루기로 하겠지만, 적어도 다음과 같은 것은 장로교 신학들이 다 같이 강조해야 하지 않을까?

그 하나는 우리가 장로교신학을 한다면 웨스트민스터 신앙고백서에 충실하려고 하는 모습, 하이델베르크 요리문답에 충실하려고 하는 모습, 벨직 신앙고백서에 충실하려는 모습, 도르트 신경에 충실하려는 모습을 가져야 할 것이다. 적어도 개혁신학을 한다면 그래야만 할 것이다.

여러 번 이야기한 바와 같이 이런 신조들을 그저 역사적 문서로만 가지고 있는 것은 무의미한 일이다. 적어도 이런 신조들에 충실하려고 해야 개혁신학이라고 할 수 있을 것이다. 그리고 공교회의 신조들인 사도신경, 니케아 신앙고백서, 아타나시우스 신조, 칼시돈 정의에 충실한 신학을 하려고 해야 할 것이다. 그래야 기독교 신학을 한다고 할 수 있을 것이기 때문이다. 이런 공교회의 신조에서 실질적으로 벗어나거나 형식적으로 그에 따르되 그 의미를 손상 시키는 일은 신학적 작업이라고 하기 어려운 것이다.

또 하나는 한국장로교회는 장로교 선교사들로부터 전해받은 한국장로교회가 그동안 지켜오고 소중하게 간직해 온 장로교 제도에 대한 확신이 나타나도록 힘써야 할 것이다.

5. 정통 개혁파 신학에서 바라보는 우리 신학의 과제

이 절에서는 특히 나 자신의 신학적 입장인 개혁파 정통신학적 입장에서 앞으로 수십 년 또는 100여 년간 우리 신학이 지향하고 나아가야 할 방향이 어떤 것인지를 논의해 보기로 하겠다. 무엇보다 우리가 좀 더 성경에 충실한 신학을 해야 할 것이다. 그것이 진정한 의미에서 신학이 진전해 가는 길이다. 정통 개혁파 신학은 항상 성경에 충실한 신학이기를 지향해 왔다.

그러나 때때로 성경을 잘못 해석해서 적용한 때가 있었다. 어떤 구절은 이전 시대의 교회가 바로 해석했는데 후대의 교회들이 상당히 잘못 해석한 예들도 발견하게 된다. 이전의 언약 신학적 성경 해석에 비교할 때 19세기 후반부터 나타난 세대주의적 성경해석이 후대에 와서 성경을 잘못 해석한 대표적인 예에 해당한다. 그러므로 우리들은 점점 더 성경을 더 잘 해석하여 우리의 신학과 교회에 적용하려는 노력에 힘써야 한다.

우리 시대에 보다 바르게 사용되는 개념의 하나로 "종말" 개념이나 "하나님 나라" 개념을 이제 점점 더 신약 성경적 개념에 충실하게 사용하는 사람들이 늘고 있다는 일이다.[89] 그러나 아직도 보다 전통적인 용어를 사용하는 일이 많은 것을 보면 좀 더 철저한 신학적 작업이 이루어져야 한다는 것을 강조하지 않을 수 없다.

또 다른 예로 한동안 에베소서 4:20-24에 대한 바른 해석에 근거하여 "새 사람을 입으라"고 명령형으로 번역하지 않고, 그 맥락에 근거하여 21절의 주동사와 24절의 부정사를 연결하여 이를 설명의 부정사로 여겨서 "새사람을 입었다고 가르침 받았느니라"고 번역하며 그렇게 설명하는 일이 있었는데, 또 다시 그리스도인 안에 계속해서 옛 사람과 새사람이 있어 갈등하는 것으로 해석하려는 시도들이 나타나고 있는 것은 이와 같이 성경에 대한 바른 주해에

---

89 그 대표적인 예로 오성종, "신약의 '천국' / '하나님 나라' 와 한국 교회의 개념 이해," 『나와 함께 하신 하나님의 은혜: 김영한 박사 은퇴 기념 논문집』 (서울: 미션앤 컬처, 2012): 369-93를 보라.

근거해서 신학을 진보 시키는 것이 아닌 것으로 여겨진다. 이와 비슷하게 바울에 대한 새 관점의 입장에서 바울의 글을 해석하여 제시하는 것은 이전 시대의 바른 이해를 놓치고 오히려 오해를 도입하는 것이라고 여겨진다.

제 18장
한국장로교회와 해외선교

이제 한국교회가 선교의 주체가 되어 세계 곳곳에서 사역하고 있다. 짧은 교회역사를 가진 교회가 이렇게 선교대국이 된 것이 기적이다. 게다가 한국선교사들만이 가진 많은 강점들이 많다. 한국선교사들은 교회의 성장비결을 알고 있고, 복음전도에 대한 열정이 있으며, 교회개척에 적극적으로 참여한다. 하지만 선교를 시행하면서 약점들도 적지 않게 노출하였다.

성남용 교수(총신대 목회전문대학원 선교학)

2012년 1월 9일 현재 전 세계에 파송된 한국선교사는 169개국의 23,331명이며, 전체 교단파송 선교사들 중에서 장로교단에 속한 선교사들은 50.5%이다(한국세계선교협의회 2012). 장로교 출신 선교사들이 순복음, 감리교, 성결교, 침례교의 선교사들을 모두 합친 수보다 더 많다. 한국선교에서 장로교회가 차지하는 위치를 알 수 있다. 따라서 한국장로교회의 선교가 한국선교이며, 한국선교역사는 장로교회의 선교역사라 해도 틀린 말이 아니다. 우리나라에 복음이 들어왔을 때부터, 장로교회는 선교사파송이나 선교사역, 또는 선교정책수립에 있어서 언제나 선도적 역할을 해왔다. 이만열(1985)은 한국장로교 형성과정에서부터 선교부의 선교정책이 얼마나 광범위하게 영향을 끼쳤는지에 대해서 언급한 적이 있다. 이처럼 한국선교에서 장로교회의 역할이 크기 때문에 현재 거론되고 있는 선교행위의 여러 역기능적인 요인들에 대한 책임 또한 피할 수 없다. 현재 한국 선교사들의 53%가 교회개척사역에 참여하고 있으며, 교회를 위한 지도자 양육과 훈련을 포함하면 대부분의 선교사들이 교회사역을 하고 있는데, 42%나 되는 선교사들이 자신들의 교회사역에 대하여 부정적으로 인식하고 있다(성남용, 2009). 사역에 대한 만족도는 선교사의 정체성과도 관계가 있기 때문에 그 원인을 밝혀 만족도를 향상시키는 것은 한국선교를 위해서도 아주 중요하다.

세계적으로 한국선교사들의 역할과 비중이 커지면서 선교사들이 느끼는 한국선교의 무질서와 혼란, 불투명과 비효율성에 대한 체감도 역시 더 증가하고 있다. 선교사들이 느끼는 한국선교는 장기적인 계획이 아닌 단기적 성과를 추구하는 선교, 선교정책이 아닌 개인적인 판단과 관행을 따르는 선교, 선교지의 필요가 아닌 한국교회의 필요에 의해 시행되는 선교다. 자립, 자치, 자전의 한국교회의 자랑스러운 전통이 한국선교의 정책으로 시행되지 못하고 있다. 지양해야 할 물량선교, 프로젝트위주의 선교, 고압적 자세를 가진 자민족중심주의적 일방적 선교 등이 무분별하게 시행되고 있다. 또한 선교지에서 개척된 교회들에서 자립이나 리더십 이양 등이 잘 일어나지 않고 있다. 이는 선교관계자들이 공유하고 있는 문제점들이다. NCOWEIV 기획연구팀(2006, 174-176)이 발표한 미래 한국 선교의 5대 과제 중에서 전략적 선교를 첫 번째 과제로 삼은 이유도 선교지에서 일어나는 혼란과 무질서한 선교행위를 이대로 방치할 수 없다는 위기의식 때문이었다.

위기의식은 새로운 선교적 기회를 모색하게 하는 동인이 될 수 있지만, 자칫 무시하면 우려하던 선교의 위기가 실제로 찾아올 수도 있다. 현재 한국선교가 가지고 있는 유무형의 자원은 막대하다. 따라서 세계교회는 한국교회가 세계선교의 향도 역할을 해주길 기대하고 있다. 세계의 영적기상도가 새롭게 변하고 있다. 예전의 전통적 선교지는 선교사를 파송하는 파송국으로, 전통적 선교국은 새로운 선교지로 변하고 있다. 새로운 선교의 패러다임이 요구되는 이유다. 미래를 예견하고 그 모습을 그리기 위해서는 과거와 현재를 연구할 필요가 있다. 그래서 먼저 한국장로교회의 역사를 통해서 내면화된 한국선교의 토대와 그동안 선교의 시행과정에서 드러난 한국선교의 강점과 약점을 추적하여 분석하고, 앞으로 한국장로교회가 세워나가야 할 선교전략을 제시하려 한다. 전술이 아니라 전략이라 한 것은 선교의 큰 방향만을 제시하려 하기 때문이다. 한국장로교회의 선교에 대한 과거와 현재, 그리고 미래의 모습을 그려볼 수 있게 되기를 바란다.

1. 한국장로교회의 역사를 통해서 내면화된 한국선교의 토대

한국장로교회는 선교하는 교회다. 1907년 대한예수교장로회 독노회가 처음 조직되었을 때, 이에 대한 감사의 표시로 노회는 최초로 안수 받은 7명의 목사 중 이기풍 목사를 제주도 선교사로 파송했다. 외부의 어떤 물질적 지원도 없이 한국교회가 스스로 모금하여 파송한 자립선교였다. 그때 길선주목사는 사무엘 마펫 선교사가 시무하던 평양의 장대현 교회의 담임목사로, 나머지 다섯 명은 전도목사로 사역을 시작했다. 안교성(2009, 90)은 당시 선교지에서 선교사는 현지인의 지도자로 여기는 위계질서가 있었는데, 현지인인 이기풍 목사를 선교사로 호칭한 것은 아주 의미 있는 일이었다고 했다. 또한 현지지도자에게 담임목사직을 위임한 것도 언더우드 선교사가 입국한지 22년만이며, 1893년 사무엘 마펫 선교사가 장대현 교회를 개척한지 14년만이었다. 초기의 한국교회 지도자들이 선교적 마음을 가지고 있었기 때문에 교회의 선교는 계속되었다. 부흥사일 뿐 아니라 선교사상가였던 길선주목사는 목사 안수를 받기 전부터 중국선교를 한국교회의 의무라 하면서(박기호 2006 여름가을호, 108), 한국교회가 외국에 선교사를 보내 세계 선교를 감당하는 교회가 되는 것을 아주 중요하게 여겼다고 한다(길진경 1980, 243 "영계길선주," 안교성 2009, 90에서 재인용). 1909년에는 최관흘 선교사를 연해주 블라디보스톡에, 한석진 목사를 일본 동경에, 1910년에는 김영제, 김진근 목사를 만주 간도에 파송했다. 이제 막 새롭게 시작되었던 한국장로교회가 해외 선교를 얼마나 중요하게 여겼는지 알 수 있다. 그런데 그때까지의 타문화권선교는 만주, 러시아, 일본 등에 살던 한국인 디아스포라들을 대상으로 했던 선교였다. 하지만 1912년 대한예수교장로회의 총회가 조직되었을 때, 총회는 최초의 타민족을 위한 선교사로 박태로, 김영훈, 사병순 선교사를 공자의 고향인 중국 산동성에 파송했다. 여러 가지 요인으로 파송된 선교사들이 철수했지만, 1917년 총회는 다시 방효원, 홍승한, 김병규 선교사를 파송했다. 하지만 1937년 파송되었던 방지일 선교사가 1957년 귀국하면서 44년 동안 계속되던 산동선교는 그치게 되었다.

그 후 선교하는 교회로 한국선교를 주도했던 대한예수교장로회는 선교 침체기를 맞는다. 강승삼(2006 봄호, 117)은 한국선교를 개척기(1907-1937), 침체기(1938-1963), 확장기(1964-1990)로 구분하는데, 침체기 동안 한국장로교회는 1956년에 최찬영, 김순일 선교사를 태국에, 1957년에 계화삼, 김영진 선교사를 대만 등에, 모두 9명의 선교사를 파송하는데 그쳤다. 이것은 국가적 위기였던 일제강점기와 분단, 그리고 6.25 전쟁과 그 상흔의 여파 때문이었을 것으로 생각된다. 강승삼 선교사는 1990년 선교의 확장기가 끝나고, 1991년부터 정책기가 시작되었다고 하는데, 이는 대한예수교장로회총회(합동)에 속한 총회세계선교회(GMS)가 1991년부터 정책선교를 시작했다는 것에 대한 선언적 성격이 있다. 하지만 한국선교의 진정한 팽창기는 1988년 이후라 할 수 있다. 1988년 이전까지는 선교사들이 여권을 발급받으려 해도 문공부의 허락을 거쳐야 했으며 외화송금에 관한 규정도 아주 까다로웠다. 하지만 여행자유화 조치가 내려졌던 1988년부터는 모든 규제들이 풀리면서 파송되는 선교사들의 수도 폭발적으로 늘어났다. 1988년 이전 기간은 에너지가 충만한 화산의 마그마가 출구를 찾는 것과 같은 선교의 숙성기간이었다고 할 수 있다. 교회들의 선교의식도 꾸준히 높아져서 지역교회들이 단독으로 선교사를 파송할 계획을 가지고 있었다. 선교훈련도 시작되었다. 조동진 목사(2011, 1, 21)는 총신대학교에 한국 최초로 선교학 강좌를 개설했으며, 1973년에는 독립적으로 하기선교대학원을 출범시켰다. 1981년에는 바울의 집을 완공하고 그곳에서 선교후보생들을 훈련하기 시작했다(조동진 2001, 2, 16). 1983년에는 손영준 교수의 주도 아래 대한예수교장로회총회(합동)의 선교훈련원(MTI)이 설립되어 잘 훈련된 선교자원들이 팽창기의 한국선교를 준비하고 있었다. 이와 동시에 70년대 초부터 총신을 중심으로 학생들의 선교운동이 일어났는데, 그들이 팽창기 한국선교의 주도적 역할을 하게 된다(강승삼 2006 가을호, 50). 그러니까 팽창기의 한국선교는 장로교회가 주도했다고 해도 과언이 아니다. 하지만 강승삼(2006 봄호, 117)이 지적한대로 교회들이 경쟁이라도 하듯 교회성장의 한 프로그램으로 해외선교에 뛰어들다 보니, 한국선교가 협력과 체계적인 정책수립이 선행되지 않은 가운데 진행되어 성경적 선교비전의 부재, 신뢰성의 부재, 선교전문성의 부재, 선교협력의 부재, 그리고 선교정책과 행정의 부재 등 "선교의 5부재 시대" 가 되었다. 하지만 한국선교사들은 한국토양에서 자라난 교회의 전통과 그 신학적 영향을 받아 세계 곳곳의 선교지로 파송되어 나갔다. 선교사로 파송될 때, 그들이 자라난 교회의 영향을 받고 나갔기 때문에 한국선교사들을 이해하려면 초기 한국장로교회가 역사적으로 어떤 배경에서 성장하게 되었는지를 알 필요가 있다. 한국선교의 토대가 된 한국교회의 배경은 1) 토착화된 네비우스 원리, 2) 토착화된 신학, 3) 연합정신이었다.

1) 토착화된 네비우스 원리

1890년 6월, 7명의 한국 거주 장로교 선교사들이 중국에서 사역하던 네비우스 선교사를 초청하여 같이 토의한 후에 그가 제시한 선교원리에 따라 자립전도, 자립정치, 자립경영, 성경중심, 성경공부 강조 등을 기조로 하는 한국선교에 적용할 선교정책을 결정했다(김영재 2002, 32-33). 한국에 선교가 시작 된지 5년 만에 세운 첫 선교정책이었다. 네비우스(곽안련 1994)는 중국에서 교회를 개척할 때 외부자금으로 예배당을 구입하고 현지인 전임사역자를 고용했던 선교사들의 실패사례를 언급하면서, 전도자 고용방법의 여섯 가지 폐해를 지적했는데, 1) 헌신자로 하여금 자발적 섬김의 기회를 빼앗고, 고용되지 못한 사람들의 시기 질투와 불만 등에 따른 불협화음, 2) 교만해지기 쉽고 해고하면 배교, 3) 사역자들에 대한 진정한 동기파악의 어려움, 4) 사역에 대가를 바라는 고용된 일꾼(mercenary christian) 양산, 5) 무보수 자원 봉사의 억제, 6) 돈 받고 예수 믿어주는 사람(rice christian)을 만들어 선교사역의 성격과 영향의 약화 등이다. 그는 현지 교회의 지도자는 현지인이어야 하며 선교사는 조력자의 위치에 머물러 있어야 한다고 주장했다. 언더우드 선교사가 이해한 네비우스 선교방법은 1) 스스로 생업을 꾸려 나가면서 그리스도인으로 살도록 가르치고, 2) 교회의 조직은 토착교회가 감당할 수 있는 수준에서 발전시키며, 3) 교회 스스로가 가능한 인력과 재정을 공급하게 하고, 4) 교회당 건물을 스스로 마련하게 하며 토착적이어야 한다는 것이었다(한국기독교역사연구소 1989, 220). 그 후 마펫 선교사가 보충한 두 가지는 1) 성경연구반을 조직하여 신자들에게 성경교육을 실시하고, 2) 선교사는 개교회의 담임을 삼가라는 것이었다. 1930년 클라크 선교사는 이를 자전, 자치, 자립으로 요약했는데(김대인 1995, 247-248), 이것이 가장 보편적으로 알려진 네비우스 정책이라 할 수 있다. 그러니까 한국장로교회를 세운 선교사들은 선교초기부터 정책선교를 시도한 셈이었다. 선교사들은 교회의 유일한 의무는 영혼을 구하는 것이므로 주민들의 경제생활에는 관여하지 않기로 결정했다(김영재 2002, 33). 이런 결정들이 당시에는 야속하게 느껴졌을 수도 있겠지만 한국교회를 더 일찍 자립하게 만들었을 것이다. 정책이 강하게 시행된 결과 때문인지, 1906년 당시 56개의 기독교학교 중에서 외국 선교회의 보조를 받는 학교는 하나도 없었고, 건물을 가진 70개 교회 중에서 단 두 교회만이 보조를 받았는데, 전국적으로 1910년 80%의 교회가 이미 자립했었다. 예를 들어서 소래교회를 건축할 때, 선교사가 경제적으로 돕겠다고 했지만 지도자 서경조는 최초의 민족교회라는 자부심으로 그 제안을 거절하면서 순수한 성도들의 힘으로 교회를 세웠다(김대인 1995, 99-105). 이와 비교하여 현재 한국선교사들이 사역하는 선교지 교회들의 자립비율이 상상하는 것보다 훨씬 더 낮은 것을 생각하면 안타까운 마음을 금할 수 없다.

2) 토착화된 신학

재정적인 측면뿐만 아니라 한국교회는 신학적으로도 토착화되었었다. 네비우스의 성경을 강조한 성경중심 선교를 받은 한국교회는 한국의 전통적 서당문화와 책을 읽는 선비에 대한 존경심을 바탕으로 한 문화에서 성경말씀을 사랑하고 암송하는 성경 중심적 교회를 만들었다. 하지만 엄밀하게 말하면 성경중심 선교는 선교사들이 정책을 세우기 전부터, 한국인들에 의해 벌써 시작되었다. 박용규(2004, 325)는 일본에서 성경을 번역하며 마케도니아인의 역할을 감당한 이수정의 편지를 읽고 언더우드, 아펜젤러 목사들이 한국행을 택했다고 했다. 만주에서도 존 로스 선교사가 서상륜 등의 의주 청년들과 함께 성경을 번역했는데, 서상륜은 성경을 가지고 귀국하여 권서인으로 활동하며 교회를 세웠다. 김대인(1995, 264-265)은 1895년부터 세례교인 수가 폭발적으로 증가된 이유 역시 선교사들보다 먼저 한국교회들이 복음을 전한 결과라 했다. 장동민(2009, 255)은 기존의 종교적 습관이 어떻게 기독교적 전통으로 변환되었는지에 대해 설명하는데, 동트기 전 인시(寅時, 오전3시-5시)를 신성하게 여겨 불교의 새벽 예불, 무속의 정한수를 떠놓고 가족을 위해 신령님께 드리는 기도 등의 전통이 토착화하여 교회의 새벽기도회가 되었다. 농경사회의 품앗이 같은 생활습관이 날 연보와 같은 자발적 전도운동을, 무병장수를 위해 성주님께 바치던 성미 같은 토속 종교의 전통이 경제적 자립을 가능하게 했다. 이런 토착화신학이 가능했던 것은, 믿음의 역사가 일천한 한국교회의 지도자들이 교회를 신학적으로도 자립시켰기 때문에 가능한 일이었다. 이덕주(2006, 186)는 1905년 초 교인들이 새벽에 찬송을 부르며 기도할 때, 잠에서 깨어났던 한 선교사가 교인들에게 낮에 기도하라고 권면한 적이 있다고 했다. 만약 선교사들이 한국교회를 이끌었다면 한국교회가 자랑하는 새벽기도회의 전통은 만들어지지 못했을 것이다.

그러면 우리는 여기에서 한국선교에 질문해야 한다. 한국선교가 시행되는 선교지에도 현지인들이 이렇게 신학을 현지화 할 수 있는 역량과 자율이 있는가? 우리가 선교할 때 기독교가 외부인에 의한, 외부인을 위한, 외부인의 종교로 인식되게 한다면 그 선교는 결코 성공할 수 없다. 한국교회가 경험했던 것처럼, 어느 곳에 복음을 전하든지 우리가 전하는 복음이 현지인에 의한, 현지인을 위한, 현지인의 것으로 인식되게 하는 것이 아주 중요하다. 이것이 바로 한국교회가 성공했던 요인이며, 모든 선교지에 적용해야 할 기본원칙이다.

3) 연합정신

이상규(2007, 48)는 평양 대각성운동의 발단과 전개과정에서 발견할 수 있는 첫 번째 특징을 연합이라 하며, 대각성집회가 장로교, 감리교, 침례교의 연합으로 진행되었다고 했다. 타민족 선교를 처음 시행할 때도 한국선교는 다양한 관계자들과의 협력을 추구했다. 처음 타민족 선교를 위해 선교지를 선정할 때도 한국장로교회는 한국과 중국에 거주하는 미국 장로교 선교부 뿐만 아니라 중국교회와도 긴밀하게 협의하여 선교지를 정했다. 중국에서 선교사역을 할 때도 하향식 선교나 일방적으로 가르치는 선교가 아닌, 가르치며 배우는 선교, 또는 배우면서 가르치는 선교를 했다(박기호 2007, 106-107). 본국 총회도 중국에 파송된 선교사는 중국 장로회와 연합할 것을 결정하여, 설립된 교회의 소속을 한국교회에 두지 않고 중국교회에 둘 것을 결의할 정도였다(박기호 2006 여름가을호, 111). 이는 섬김을 바탕으로 연합을 위해 자신을 버리고 희생하는 실제적 파트너쉽을 보여준 결정이라 할 수 있다. 안교성(2009b, 97)은 이처럼 선교 당사자들의 연합을 통하여 선교가 시작된 것이 아주 바람직한 사례였다고 했다. 개교회주의와 교파주의가 횡행하는 선교지에서 본보기로 삼을만한 좋은 예라 하겠다.

2. 선교의 시행과정에서 드러난 한국선교의 강점과 약점

한국선교는 강점이 많다. 압축된 교회성장의 경험이 있다. 선교를 받던 교회에서 선교하는 교회로의 전환 속도나 크기에 세계교회가 놀랄 정도다. 세계교회가 한국교회의 성장비결과 선교적 열정을 배우고 싶어 한다. 일본의 후꾸다(2005, 64)는 한국선교운동을 성공적이라 하며, 한국교회가 가진 전례 없는 성장, 활발한 교회개척운동, 복음전도에 대한 열정, 그리고 일을 처리하는 한국적 방식에 확신을 갖고 있다고 했다. 또한 미전도종족들이 사는 10/40 지역에서 사역하는 전 세계 선교사들의 비율이 19% 밖에 되지 않는데 비해 한국선교사들은 45.3%나 될 정도로 미개척지역 사역에 적극적이다(강승삼 2006 가을호, 59). 일례로, 1989년까지는 한 명의 신자도 없었던 몽골 땅에 몽골선교 20년만인 2011년에는 600개 교회에 9만 4천명의 신자를 가진 전체인구대비 3.5%의 교세로 성장했는데, 이것은 300명 정도 되는 몽골 주재 선교사의 50% 이상을 차지하는 한국선교사들이 만든 기적이라 해도 과언이 아니다(최병호 2012, 17). 한국교회만이 갖고 있는 과감성과 영혼구령에 대한 열정을 알 수 있다.

하지만 동시에 부정적인 부분도 적지 않다. 한국선교가 돈으로 선교한다는 비판이 안팎에서 꾸준하게 제기되고 있다. 교인도 없는 곳에 먼저 예배당을 지어주고, 현지인을 임명하여 후원하면서 교회를 운영하게 하는 것이 일반적 현상이 되었다. 후꾸다(2005, 64)는 한국선교사들의 치열한 경쟁심과 지나친 민족적 자긍심을 지적하며 선교지의 문화가 한국의 것과 다르다는 것을 알아야 한다고 충고했다. 태국의 아누손(2007, 92)도 한국선교사들에게 부족한 협력과 협조체계를 지적하면서, 태국인들이 그들을 보고 협동심이 없다고 결론을 내리면 한국선교사들이 신뢰를 잃을 수 있다며 경고했다. 아누손은 한국선교사들과 현지인들의 관계도 일방적 관계가 아닌 동료 혹은 파트너쉽의 형태로 서로를 인정하고 서로에게 배우며 부족한 것들을 서로 채워주는 관계가 되어야 한다고 했다. 몽골에서의 기적적인 사역을 논했던 최병호(2012, 17)도 몽골인들이 한국선교사들의 우월의식과 연합의 진을 깨는 교파의식, 그리고 몽골에 한국교회의 특성과 형식을 그대로 이식하는 행위 등을 강하게 비판한다고 했다. 한국선교가 드러낸 다음의 약점들을 살펴보면, 한국장로교회가 역사를 통해서 내면화한 한국선교의 토대를 잃어버렸기에 아쉬움이 더 크다. 대표적인 약점들은 1) 실종된 네비우스 원리와 프로젝트 위주의 선교, 2) 실종된 토착화 신학과 자민족중심주의적 선교, 3) 실종된 연합 정신과 개교회주의이다.

1) 실종된 네비우스 원리와 프로젝트 위주의 선교

한국선교사들이 교회를 개척하는 일반적인 방식은 먼저 교회건물을 짓고 전임사역자를 임명하는 식으로 진행된다. 이렇게 교회를 개척하면 그 교회는 외부의존형 교회, 그 지도자는 외부의존형 지도자가 되기 쉽다. 프로젝트 중심의 선교사역이 가지고 있는 불편한 진실이다. Garrison(2005, 291)은 외부 교회개척자들이 확보한 재정으로 교회건물을 세우고, 목사의 사례비를 충원해 주면 우선 빠른 결과들을 볼 수 있을지는 모르지만 지속될 수는 없다고 했다. 교회뿐만 아니라 다양한 형태의 학교나 신학교, 또는 병원 등의 프로젝트도 마찬가지 방식으로 진행되고 있다. 하지만 사람보다 프로젝트를 우선하면 선교가 사업으로 변해버려서 선교사는 영혼의 목양자가 아닌 교회 사업체의 관리자로 전락하기 쉽다. 물론 프로젝트를 통해서 사람을 키워낼 수도 있겠지만, 자칫하면 현지 교회의 성장과 양육에 아무런 도움이 되지 못하는 선교와 무관한 학교나 단체를 선교의 이름으로 관리하고 유지할 가능성도 없지 않다. 이렇게 되면 교회는 진퇴양란에 빠질 수도 있다. 비록 시간이 걸리고 당장 열매가 보이지 않는다 해도 네비우스를 통해서 한국교회에 내면화된 자립, 자치, 자전의 전통이 선교지에서도 꽃 피게 해야 한다.

2) 실종된 토착화된 신학과 자민족중심주의적 선교

후꾸다가 지적한 한국선교사들의 지나친 민족적 자긍심은 선민의식에서부터 기인했을 가능성이 많다. 그동안 한국인의 선교와 교회부흥을 민족주의적 시각에서 해석한 역사가나 선교학자들은 지적하기 어려울 정도로 많다. 예를 들면, 한국인의 우수성이 선교사가 입국하기도 전에 성경을 번역하게 했고, 한국인의 우수성이 교회를 폭발적으로 성장하게 했으며, 한국인의 우수성이 선교대국이 되게 했다는 식이다. 민경배를 인용하면서 이종윤(2010, 40-41)은 한국 기독교회의 유태 선민적 민족의식이 선교에 상징적으로 사용되었다고 했는데, 국명 조선을 영어로 'Chosen' 즉 '선택 받은 자'라고 번역하거나 조선인들을 '이스라엘의 잃어버린 열 지파' 그리고 평양을 동양의 예루살렘이라고 불렀는데, 이런 한국교회의 선민사상이 한국 교회 교인들의 자의식 형성에 크게 영향을 끼쳐서 긍정적으로는 일본의 신사참배 강요에 저항하는 신앙적 토대가 되기도 했다고 했다. 이종윤(2010, 41)은 이런 한국 교회의 한민족 선민사상이 장로교회를 중심으로 형성된 이유는 칼빈의 예정론적 선택교리와 무관하지 않을 것이라고 했다. 물론 한국교회의 자긍심은 필요하다. 하지만 이런 태도가 민족적 우월감을 갖게 하여 자민족중심주의적 선교를 하지 않도록 해야 한다. 그런데 안타깝게도 한국선교는 한국교회를 그대로 현지에 이식하려 하고, 일방적으로 한국교회를 모델로 삼도록 하는 자민족중심주의적 선교경향을 보여 왔다. 한국에서 성공했던 성경중심의 신학, 새벽기도회, 성미 같은 현지에 토착화된 신학이 꽃피도록 현지 교회의 지도자들을 섬길 수는 없을까?

3) 실종된 연합 정신과 개교회주의

후꾸다나 아누손이 한국선교의 단점으로 지적한 경쟁심이나 부족한 협동심은 다양한 경로를 통해 꾸준히 제기되어 왔다. 개혁교회는 사도적 정당성을 성직제도가 아닌 무형의 사도적 말씀 선포에 두기 때문에 끊임없이 분열되는 약점이 있다. 사도적 말씀 선포를 각 사람의 양심과 이성에 맡겨두니 교회가 나누어지고 교파주의가 강화되기 쉽다. 게다가 한국교회는 교회의 자립을 지나치게 강조하다 보니 개교회주의와 교회간의 경쟁구조, 교단과 교회의 분열, 무인가 신학교의 범람으로 몸살을 앓고 있다. 교단의 교세를 확장하기 위해 무분별하게 목회자를 양산하거나 분열하면서 성장했던 과거의 유산을 부여잡고 분열을 성장의 동력으로 삼기도 한다. 하지만 한국교회는 연합으로 시작하였고, 연합으로 성장하였으며, 한국선교도 연합하며 시작했다. 귀한 유산을 잃어버린 것 같은 현실이 못내 아쉽다.

3. 한국장로교회가 세워나가야 할 선교전략

16세기의 개혁교회는 가톨릭교회의 적극적인 정치, 군사, 교리적 공세를 막아내고 유럽에서의 발판을 마련해야 했기 때문에 해외선교를 할 만한 여유가 없었으며, 가톨릭의 수도원이나 수도사 선교회들처럼 해외 선교를 추진할 만한 선교 단체나 기구도 없었다(Tucker 1983, 80). 지상명령에 대한 책임은 사도들에게만 주어졌던 말씀이라 하며 생각조차 하지 않은 개혁가들도 있었다. 이런 환경에서도 칼빈의 선교정신은 그의 기독교강요나 성경주석 등을 통하여 분명하게 드러난다. 칼빈은 남미의 브라질과 프랑스에 선교사를 직접 파송하기도 했다. 1555년 브라질 가나바라(Ganabara)만 해역에 프랑스 식민지 개척단이 단원들의 영적필요를 위해 제네바의 칼빈에게 목회자 파송을 요청했을 때, 칼빈은 두 명의 선교사를 브라질에 파송했다. 비록 성공적인 결과를 얻지는 못했지만, 그것은 개혁교회가 시도한 최초의 해외선교활동이었다. 그 외에도 칼빈은 프랑스 전역에서 목회자 파송을 요청했을 때, 개혁신학의 훈련을 받은 사역자들을 프랑스 전역에 파송하여 각 지역에 개혁교회를 세우는데 크게 기여했다. 그의 선교적 영향력은 그가 1559년에 세운 제네바 아카데미를 통해서 전 유럽으로 더 광범위하게 확산되었다. 정성구(2009, 231)는 칼빈을 선교의 프론티어라 칭하며, 그가 유럽 각국에서 제네바 아카데미로 몰려든 청년들을 개혁주의 신학과 신앙으로 무장시키고 고국으로 돌아가게 하여 선교활동을 하게 했다고 했다. 그래서 그의 영향력은 프랑스를 넘어 영국, 스코틀랜드, 화란, 독일 등에 까지 미쳐, 프랑스에서는 위그노, 영국에서는 청교도, 스코틀랜드에서는 장로교회, 화란과 독일에서는 개혁교회가 세워지게 했다. 한마디로 장로교회는 선교적 토대위에 세워졌다 할 수 있다. 한국장로교회의 선교전략도 바로 이런 장로교회의 본질을 회복하면서 세워나갈 수 있다. 한국선교의 시행과정에서 드러난 한국선교의 약점들인 프로젝트 위주의 선교, 자민족중심주의적 선교, 개교회주의의 선교도 본질을 회복하면서 극복할 수 있다. 그러므로 한국장로교회의 선교전략도 개혁자들의 마음에 내재되어 있었던 다음 세 가지 1) 교회중심의 선교, 2) 성경중심의 선교, 3) 연합하는 선교를 중심으로 세워져야 한다.

1) 교회중심의 선교

하나님이 성도들을 부르심을 받은 성도들의 모임인 교회로 부르신다. 그리고 교회로 부르신 성도들을 모두 세상으로 보내신다(요 17:18, 요 20:21). 부르신 성도들 중에서 특정한 사람들만 보내시는 것이 아니고, 모든 교회와 모든 성도들을 보내시니까 모든 교회와 모든 성도들이 보내심을 받은 교회와 보내심을 받은 성도들이다. "보내신다"는 뜻을 가진 라틴어 미시오(missio)에서 선교를 뜻하는 미션(mission)이 나왔으므로 모든 교회와 성도들이 선교의 사명을 가진 선교사라 할 수 있다. 이처럼 교회와 선교는 동전의 양면처럼 모습은 다르지만 같은 내용이므로, 참된 교회론은 참된 선교론과 긴밀하게 연결되어 있다. 그러므로 선교는 교회의 여러 기능 중의 하나가 아니라 교회의 본질로서, 교회는 선교를 위해 존재하며 선교는 교회가 존재하는 이유다. 칼빈은 하나님의 통치를 세상에 확장하는 사명이 교회에 주어졌다 하며, 교회가 하나님

나라의 확장에 참여할 때 참된 교회가 된다고 했다(정성구 2009, 234). 그러므로 한국장로교회의 선교는 궁극적으로 교회중심의 선교가 되어야 한다. 선교를 위해 세워진 선교단체들이나 선교사들이 선교의 주체가 될 수 없다. 선교의 주체는 하나님이 세상으로 보내시는 지역교회들이다. 따라서 선교단체들이나 선교사들은 교회를 통해서 지상명령을 성취하려 하지 말고, 교회가 이루어야 할 지상명령을 성취하기 위해서 지역 교회를 섬겨야 한다. 교회가 선교단체나 선교사들을 위해 존재하는 게 아니고 선교단체나 선교사들이 교회의 선교를 위해서 존재한다. 선교지에서의 선교행위 역시 선교사나 선교기관이 아닌 현지의 지역교회를 중심으로 이루어져야 한다. 만일 선교사들의 선교사역이 선교지의 교회를 세우고 건강하게 하는 대신 교회를 파괴하고 병들게 한다면 아무리 큰 값을 치르더라도 그 사역은 중지되어야 한다. 선교현지의 교회를 세우고(build up) 건강하게(nurture) 하는 것보다 더 중요한 선교적 과제는 없기 때문이다. 선교단체나 선교사들이 선교지에 필요한 이유는 선교지 교회를 세우기 위함을 잊지 말아야 한다. 그렇기 때문에 한국선교가 시행되는 곳마다 실종된 네비우스 원리를 회복시켜 적용해야 한다. 더 이상 물질중심적인 프로젝트 위주의 선교가 아니라 현지교회를 세우며 살리는 영적 사역으로 돌아가야 한다. 건물이 아니라 사람, 사업의 운영보다 예수 그리스도의 제자를 만드는 선교의 본질을 회복하는 것이 중요하기 때문이다.

2) 성경중심의 선교

개혁자들이 말하는 항상 개혁되어야 한다(semper reformanda)는 성경의 가르침으로 돌아가자는 것이며, 개혁은 교회의 개혁이 아닌 사람의 개혁이고 개혁의 주체도 사람이나 교회가 아닌 하나님이시다(유해무 2007, 34-35). 개혁주의자들은 어떤 신학적 신념체계를 가진 자들이라기보다 끊임없이 성경말씀을 통해서 계시하신 하나님의 뜻을 묻고 그 뜻을 따르는 자들이라 할 수 있다. 하나님의 말씀과 다르다면 자신의 생각이나 자신이 속한 공동체의 생각조차도 포기하는 용기를 가진 자들이다. 칼빈은 오직 성경을 강조하며 신앙의 진정한 권위는 성경에 있음을 선언한 종교개혁자다. 그러므로 칼빈주의라

하면 성경적 세계관과 그에 따른 삶의 체계를 가리키므로 성경을 부인하면 칼빈주의도 없다. 칼빈의 오직 성경 정신이 한국선교의 뿌리였으므로 한국교회는 성경의 교회라 해도 지나친 말이 아니다. 특별히 한국교회의 성경에 대한 사랑과 성경의 권위에 대한 인정 그리고 무엇보다도 성경말씀대로 살려고 하는 전통이 칼빈주의의 장로교 신앙 및 신학과 일맥상통한다(이종윤 2010, 44). 이것이 네비우스 선교정책의 또 다른 핵심요소로 한국교회가 부흥하게 된 가장 중요한 요인이다. 그동안 한국교회는 기독교 왕국적 신학에 사로잡혀 옛 서구선교의 패러다임이었던 자민족중심주의적 선교형태를 답습해왔다 할 수 있다. 정민영(2007, 64-68)은 그동안 한국선교가 기독교의 위력과 상대적 우위를 세상에 보여주어야 한다는 강박관념에 사로잡혀 십자가의 도가 아닌 과시적, 고지론적 접근을 시도해 왔다고 한탄하며, 십자가의 도는 본질적으로 싸움이나 경쟁이 아닌 희생과 섬김이며, 적을 파멸시키는 패권주의라기보다는 원수까지 사랑함으로써 승리하는 역설의 복음이라 했다. 이제 세계교회는 고난의 경험을 가지고 있는 한국교회가 참된 성경적 선교인 성육신적 선교패러다임을 보여주기를 기대하고 있다. 이런 패러다임은 한국교회의 신학을 강요하는 자민족중심주의적 선교가 아니라 현지교회 스스로가 자신들의 토착적 신학을 세울 수 있게 하는 성육신적 선교다. 한국교회가 토착화된 신학에 의해 선교적 교회로 꽃피워졌던 것처럼, 한국선교는 선교지 교회들이 토착화된 신학으로 세워질 수 있도록 드려져야 한다. 이것이 바로 성경중심의 선교이며 개혁주의적 장로교회의 선교라 할 수 있다.

3) 연합하는 선교

루터는 1517년부터 독일의 위텐베르크에서, 쯔빙글리는 1522년부터 스위스의 쮜리히에서, 칼빈은 1530년대부터 스위스 제네바에서 기독교 개혁운동을 이끌었다. 하지만 그들 중에도 신학적으로 일치하지 않는 부분이 있었다. 칼빈은 이들의 신학을 중재하여 화해시키려 노력했다. 성만찬에 관한 쯔빙글리와 루터의 다른 신학들을 중재하면서 루터의 공격을 받던 칼빈은 더 상처를 입기 전에 싸움을 그치자고 하면서 더 싸우게 되어 교회 전체에 주는 손실을 염려했다

(이상규 2007, 52). 칼빈이 교회를 논할 때, 교회가 지키고 보전해야 할 표지인 하나의 거룩하고 보편적이며 사도적인 교회를 잊은 적이 없다. 김영재(2004)는 칼빈이 교회의 일치를 위해 노력한 에큐메니컬(교회일치운동)의 선구자라 하며, 그가 각 개신교 종파들을 일치시키려 했던 여러 시도들에 대해 언급했다. 칼빈이 비록 지역교회 안에 있는 교리적 차이는 용납하지 않았지만, 다른 지방에 대해서는 신학과 신앙생활의 방식 등에 관용을 베풀었다. 일례로 칼빈은 루터나 멜링히톤이 여러 면에서 자신과 다르다는 점을 인정하면서도 그들을 이단으로 간주하거나, 그들과의 일치를 포기하지 않았는데, 이는 그가 하나의 교회를 위해서 개신교의 공통적인 교리라는 울타리 안에서는 상호간의 교리적 차이를 관용해야 한다고 보았기 때문이다(오토 베버, 115-116, 이상규 2007, 57에서 재인용). 근본적인 신앙 조항에 대해서도 칼빈이 분명하게 규정하지 않는 것은 교회일치를 위하여 의도적으로 회피했을지도 모른다는 오토 베버의 견해에는 타당성이 있다(이상규 2007, 63). 칼빈의 교회연합에 관한 의지를 보여주는 편지가 있다.

> 이 시대의 가장 큰 문제 중의 하나는 교회들이 서로 분리되어 있다는 점입니다. 교회들 간에는 현세적이거나 인간적인 교제가 이루어지지 않고 있습니다. 그리스도의 몸이 갈기갈기 찢어져 있습니다... 이렇게 교회가 찢겨 있다면 그 몸은 피를 흘리고 있는 것입니다... 저는 이 일로 인해 열 개의 바다라도 건너기에 인색치 않을 것입니다. 지금 우리들의 목적이 모든 선한 지도자들의 마음을 하나로 합하는 것이므로 성경의 법칙에 따라 분리된 교회들을 하나로 만들기 위해서는 어떤 노력이나 수고도 아끼지 말아야 할 것입니다(이상규 2007, 55-56).

칼빈은 1530년 루터파 개혁가들이 제작한 아우구스브르크 신앙고백서를 받아들여, 참된 교회의 두 표지인 말씀을 순수하게 선포하고 성례를 집행한다면 다른 결점이 많더라도 그 공동체를 배척해서는 안 된다고 했다(이상규 2007, 60). 거룩하고 보편적인 교회를 다룬 기독교강요 4권에서, 칼빈은 교회의 본질적 표지인 말씀의 선포와 성례를 시행하는데도 교회를 분리하려는 것은 교회를 찢는 행위로 반역이요 배교이며 신비한 연합을 파괴하는 자라고 강하게 비판하며 가시적 교회의 연합을 강조했다(4.1.10). 혹 부정한 자들이 섞여 있다해도 개인에게 그 교회를 부정하고 분리할 권한이 없고 우리 자신을 먼저 살펴야 한다(4.1.15, 고전11:28-29). 어거스틴이 지적한 것처럼, 교회와의 교제를 갈라놓는 자는 이단이요 분리주의자이다(4.2.5). 칼빈이 기독교강요 4권 1장의 29개 항목의 19개 항에서 교회의 하나 됨을 강조한 것은 참된 교회는 오직 하나라는 확신 때문이었다 (이상규 2007, 46). 칼빈은 자주 가라지 비유를 인용하며 연합과 관용을 강조했다(마13:24-30, 36-43). 이 땅의 천국에 심겨진 가라지를 억지로 뽑는 것은 하나님의 뜻이 아니다. 성도들의 성화가 완성될 수 없는 것처럼, 유형교회를 아무런 흠이 없게 할 수는 없다. 순전한 공동체는 불가능하며, 하나님의 뜻은 추수할 때까지 여러 형태의 가라지들이 함께 자라도록 내버려두고, 천국의 아들들처럼 천국을 세우는 일에 집중하는 것이다. 칼빈은 카톨릭교회가 트렌트 종교회의(1545-1564)를 통해 전통이 성경과 독립된 또 하나의 진리의 원천이라는 주장 등 칭의, 성례전, 교회 구조 등에 있어서 이전의 입장을 더욱 확고하게 규정하였으므로 로마교회와의 화해 가능성은 소멸되었다고 보았다(이상규 2007, 67). 그래서 하나님의 말씀이 전파되지 않고 성례가 제대로 시행되지 않는 카톨릭 교회에서는 떠나야 한다고 했지만, 칼빈은 재세례파나 도나투스파처럼 자신들의 신학만이 점도 흠도 없이 순수하다고 하며 다른 교회를 비난하고 분리하려는 행위들을 비판했다(양낙홍 2003, 30). 로마제국이 기독교를 국교로 받아들인 후에 제국 안에 기독교왕국의 패러다임에 사로잡혀 있었던 교회들은 끝없는 신학논쟁을 벌이며 투쟁했다. 물론 그런 과정에서 바른 신학이 세워졌지만 교회들은 신학적 입장에 따라 나뉘었고, 이방신을 믿는 사람들보다 신학이 다른 그리스도인들과 교회들을 더 많이 혐오하고 미워하며 분열되었다. 아시아와 북아프리카에서 왕성했던 교회들이 새롭게 일어난 이슬람세력에게 무력하게 무너진 이유는 바로 이런 교회의 분열 때문이었다. 이집트가 처음 이슬람 세력의 침입을 받았을 때, 이집트의 기독교인들이 나라를 통째로 이슬람세력에게 상납해 버린 것이 그 예다. 건강한 신학을 가지고 선교하는 것은 꼭 필요하다. 하지만 자신의 신학을 확신하면서도 칼빈의 지적처럼 하나님의 말씀을 선포하고 성례를 집행한다면 하나님 나라를 위해서 함께 협력해야 한다.

칼빈의 영적후예들답게, 한국선교사들은 연합과 협력을 중요하게 여기고 있다. 최병호(2012, 15)는 몽골에서도 선교사들이 사역의 중복투자를 피하고, 각자의 사역을 존중하여 연합하고 있다고 했다. 오선택(2012, 55-57)도 타종교 세력이 강한 지역에서 교회가 연합하지 못할 때 복음전파에 심각한 어려움을 겪을 것이기 때문에 키르기즈의 선교사들은 연합을 위해서 힘쓰고 있다고 했다. 세계의 정치경제군사 구도가 다극체제로 변화되고 있는 것처럼, 세계의 선교 구도 역시 모든 나라가 함께 참여하는 체제로 변하고 있다. 도시화가 급속하게 진전되고 있고, 다원주의(pluralism)가 보편화되고 있으며, 다양한 영성주의(spiritualism)와 세속주의(secularism)가 확산되고 있다. 지상명령을 성취하기 위해 전 세계교회가 함께 협력해야 할 당위성이 더 커지고 있다. 그동안 세계선교의 패러다임은 물이 위에서 아래로 흐르는 것처럼 한 방향으로만 향하는 일방적 선교였다. 선교하는 교회와 선교사는 언제나 높은 자리에서 가르치고, 돕고, 베푸는 위치에 있었다. 자연스럽게 선교는 일방적인 관계를 강요하는 온정적 간섭주의(paternalism)나 일방주의(triumphalism), 또는 인종주의(racism)나 유사애국주의(pseudopatriotism) 형태를 갖게 되었다. 한 쪽은 언제나 거룩하고 지적이며 다른 한 쪽은 언제나 세속적이고 무지하게 여겨졌다. 그런데 이런 전통적 선교패러다임의 특징에는 서구의 물질주의 정신이 깃들어 있었음을 부인할 수 없다. 하지만 세계는 변하고 있다. 일방적으로 행하던 선교(missions) 시대는 가고, 함께 하는 선교(mission) 시대가 되었다. 2/3 세계가 세계 선교에 참여하고 있다. 많은 선교학자들이 예측한대로 모든 나라에서 모든 나라로의 선교가 시행되고 있으며 선교의 수평관계가 이루어지고 있다. 벌써 아시아와 남미, 그리고 아프리카 출신의 선교사들이 유럽과 북미에서 선교사로 사역하고 있다. 브라질 출신의 선교사 수는 미국 다음으로 많아졌다. 변화된 선교의 패러다임이 실제로 시행되고 있다. 국내외의 타교단들, 선교단체들, 현지교회의 지도자들과의 긴밀한 협력은 선택이 아니라 필수다. 개교회주의와 교파주의는 엄중한 도전 앞에 서있는 선교의 현장에서는 사치라 할 수 있다. 하나님의 나라를 세우기 위해 모든 선교관계자들이 함께 손을 맞잡고 함께 기도하며 함께 선교하는 일에 장로교회가 쓰여질 수 있게 되기를 바란다.

나가는 글

한국장로교회는 처음부터 선교적 교회로 시작된 선교하는 교회였다. 지금까지의 장로교 선교역사역시 선교하는 장로교회를 증명하고 있고, 앞으로도 장로교회는 선교하는 교회가 될 것이다. 특별히 한국장로교회는 좋은 선교적 유산을 가지고 있다. 토착화된 네비우스 원리에 따라 세워진 자립, 자치, 자전의 정신이 한국교회의 뿌리 깊은 전통이 되었다. 초기 한국교회의 지도자들은 선교사들의 가르침을 받았지만 스스로 한국인의 정서에 맞는 토착화된 신학을 통해서 교회를 세울 수 있었다. 새벽기도회나 성미 등은 한국교회의 자신학이 이루어진 좋은 실례들이다. 교회들의 연합도 활발했는데, 교회들이 연합해서 부흥성회를 열었고, 다양한 선교관계자들이 연합해서 선교사역을 진행시켰다. 이런 섬김과 희생정신이 초기 한국교회에 있었다. 이제 한국교회가 선교의 주체가 되어 세계 곳곳에서 사역하고 있다. 짧은 교회역사를 가진 교회가 이렇게 선교대국이 된 것이 기적이다. 게다가 한국선교사들만이 가진 많은 강점들이 많다. 한국선교사들은 교회의 성장비결을 알고 있고, 복음전도에 대한 열성이 있으며, 교회개척에 적극적으로 참여한다. 하지만 선교를 시행하면서 약점들도 적지 않게 노출하였다. 대표적인 것들이 한국교회에 내재되어 있었던 자립선교 원리를 버리고 대신 물질을 통한 프로젝트 위주의 선교를 시행하는 것, 한국교회를 부흥케 했던 토착화된 신학 대신 한국의 자민족중심주의적 선교를 시행하는 것, 실종된 연합정신과 개교회주의와 교파주의 등이다. 한국선교를 시행하면서 드러냈던 이런 약점들을 극복하며 건강한 선교전략을 세우려면 한국장로교회가 가지고 있던 본질적인 교회의 특징을 회복해야 한다. 한국장로교회는 선교하는 교회로 시작했고, 지금도 선교를 주도하고 있으며, 앞으로도 한국선교를 주도할 것이다. 교회중심적이고, 성경중심적이며, 연합하는 선교를 통해서 한국선교뿐만이 아니라 세계선교를 선도하는 한국장로교회가 될 수 있기를 바란다.

제 19장
한국장로교 정치참여와 민주화운동

80년대 후 한국 사회에는 좌와 우의 양극단만 존재하고 건전하고 균형잡힌 중도를 찾기 어려운 불행한 상황이 도래했다. 한편에는 자유민주주의를 지지한다는 미명 하에 그것을 파괴하던 독재자들까지 찬양하고 정당화하는 수구적 친미주의 세력, 그리고 다른 한편에는 지구상에서 가장 억압적이고 비민주적인 북한 정권에까지 호감을 보이는 친북 반미의 진보 세력, 이 두 불건전한 극단이 한국 사회를 양분하게 되었다.

양낙흥 교수(고려신학대학원 역사신학)

19세기는 제국주의의 시대였다. 전통적으로 부동항을 얻기 위한 러시아의 남진 정책을 저지하는 것을 세계 전략의 중요한 일환으로 삼고 있던 미국과 영국은 극동에서 일본을 이용하여 그 목적을 달성하기 위해 1902년 영일 동맹을 맺었다. 그들은 조선에서 러시아보다 일본이 주도권을 쥐게 되는 것을 원했다. 그런데 자국의 세계 전략을 알 길 없는 미국 선교사들은 조선에서 왕실 및 한국민들과의 우호적인 관계를 발전시킴으로서 보다 유리한 여건 속에서 선교를 하기 위해, 혹은 선교사로서 피선교국과 그 국민들에게 쏠리게 마련인 애정에 의해 한국 정부의 정치적 목표를 돕는 방향으로 일할 수밖에 없었다. 공교롭게도 한국은 당시 일본을 견제하기 위해 러시아를 끌어들이는 반일 친러 정책을 취하고 있었다. 결과적으로 미국 선교사들은 본의 아니게 자국의 외교 정책에 반하는 행동을 하게 되었다. 그러자 미국 정부는 주한 미공사관을 통해 선교사들의 친한적 정치 행위에 고삐를 거는 훈령을 내린다.[1] 이것은 거의 모든

---

1 "국무 장관의 지시에 의해 나는 한국에 일시적으로 혹 영구적으로 거주하고 있는 미합중국의 모든 시민들에게 누차 되풀이해서 발표된 미합중국 정부의 견해, 즉 모든 외국에 있는 충성된 미국 시민들은 각국 정부가 알아서 처리해야 할 자국의 국내 문제에 관여하는 것을 신중히 자제하는 것이 합

미국 선교사들의 친한적 정치 행동을 마비시키는 결과를 가져왔다. 이때부터 주한 미국 선교사들은 정치적 중립이라는 이름하에 일본의 조선 침략을 방임 내지 방조하는 태도를 취하게 된다.

한편 복음이 전파된 지 불과 10여년 밖에 경과하지 않은 사회에서 신앙생활을 시작한 한국의 그리스도인들에게 있어 구한말이라고 하는 국가적 위기 상황은 그들로 하여금 채 성숙되지 않은 신앙의 내면적이고 개인적 차원은 등한시하는 반면 절박한 국가의 정치적 현실에 집착하기 쉬운 상황을 제공했다.[2] 한편으로는 본국 정부의 압력에 의해 또 한편으로는 정치에 대한 한국 교인들의 지나친 관심을 우려하기도 해서 당시 선교사들의 모임이었던 장로교선교회공의회는 1901년 9월 "교회와 정부 사이에 교제할 몇 가지 조건"이라는 지침을 발표했다. 이것은 교회와 국가, 혹은 그리스도인과 정치 활동 및 교회의 삼각관계를 5개항으로 정리한 주목할 만한 선언이었는데 한국 교회사가들은 이것을 한국 교회 비정치화의 출발로 평가한다.[3]

당하다는 것을 공개적으로 알리라는 요청을 받았다. 그 나라의 내정에 대한 어떤 의견 발표나 조언이나 혹은 그 나라의 정치 문제에 간섭하는 것은 엄금해야 한다. 만일 그렇게 한다면 그것에 따르는 위험은 자신들이 부담할 수 밖에 없다. 그들이 거주하고 있는 나라의 미 정부의 대표부나 미 정부 자체는 그들의 그러한 어떤 행동도 찬성할 수 없으며 이 조언을 무시해서 야기되는 결과로부터 그들을 보호해 줄 수 없을런지 모른다. 고국을 떠나 다른 나라에 체제하고 있는 선량한 미국 시민들은 합법적인 본업, 즉 그것이 선교 사업이든 학교에서 가르치는 것이든 혹은 병자를 돌아보는 것이든 그들이 외국에 체재하는 목적인 직업이나 사업에만 신경쓰는 것이 국가에 대한 충성을 가장 잘 표현하는 것이며 외국에 있는 동안 지속적이고 효과적으로 보호 받을 수 있는 권리가 있다는 주장을 가장 잘 정당화해 주는 것이다." John M. B. Sill's Circular Letter, "To Citizens of the United States Present in Korea," May 11, 1897, quoted in H.G.Appenzeller Papers, *Letter Books* 4, No. 82, (Chong-Dong First Methodist Church, 1986).

2 민경배, 『기독교회사』 (서울: 대한 기독교 서회, 1973), 206.

3 1. 우리 목사들은 대한 나라 일과 정부 일과 관원 일에 대하여 도무지 그 일에 간섭하지 아니하기를 작정한 것이요. 2. 대한국과 우리 나라들과 서로 약조가 있는데 그 약조대로 정사를 받되 교회 일과 나라 일은 같은 일 아니라, 또 우리가 교우를 가르치기를, 교회가 나라 일 보는 회가 아니요, 또한 나라 일을 간섭할 것도 아니요. 3. 대한 백성들이 예수 교회에 들어와서 교인이 될 지라도 그 전과 같이 백성인데 우리 가르치기를, 하나님 말씀 거스림 없이 황제를 충성으로 섬기며 관원을 복종하며 나라 법을 다 순종할 것이요. 4. 교회가 교인이 사사로이 나라 일 편당에 참여하는 것을 시킬 것 아니요, 또 금할 것도 아니요, 또 만일 교인이 나라 일에 실수하거나 범죄하거나 그 가운데 당한 일은 교회가 담당할 것 아니요, 가리울 것도 아니요. 5. 교회는 성신에 붙인 교회요 나라 일 보는 교회 아닌데 예배당이나 교회 학당이나 교회 일을 위하여 쓸 집이요, 나라 일 의논 하는 집 아니요, 그 집에서 나라 일 공론하러 모일 것도 아니요, 또한 누구든지 교인이 되어서 다른 데 공론하지 못할 나라 일을 목사의 사랑에서 더욱

1907년 대부흥이 일어나기까지는 사실상 한국 교회라고 부를만한 교세나 조직이 형성되지도 않았기 때문에 이 시기에 있어 한국 교회와 정치에 관한 논의는 단지 소수의 그리스도인들이 개별적, 혹은 산발적으로 어떻게 자신들의 신앙을 불우한 국가적 상황 속에서 표출했는가 하는 고찰이 있을 뿐이다. 주권을 박탈당한 비정상적인 상황에서 국가와 교회의 관계 형성의 첫 경험을 해야 했고 그러한 경험이 마치 성경적이고 본래적인 것인양 인식되었다는 것은 한국 교회사의 불행이었다. 나라 없는 백성으로 정치와 사회 문제에 대해 발언하는 것이 허용되지도 않고 오직 강압적인 지배에 복종하는 것만이 요구되던 36년 동안 한국 교회는 국가의 모든 중요한 정치적 결정에서 소외당한 채 피지배에 익숙한 체질을 형성하게 되었다. 강요된 정치적 무관심과 수동적 비참여가 정치에 대한 기독교인의 정상적 태도로 고착될 긴 세월이 흘렀다는 것이다.

3·1 운동은 엄밀하게 말해서 정치 참여의 사례라기보다는 민족정신의 발로라 할 수 있겠지만 통치권 및 통치 주체에 대한 반발이라는 의미에서 정치 운동의 요소가 전무하다고 할 수는 없을 것이다. 그런데 그것은 한국 기독교인들의 참여가 없었더라면 불가능했을 운동이었다.[4]

1. 해방 후 이승만 정권 때의 한국 장로교회의 정치 참여

일제 36년 동안 한국인들은 정치 결정 과정에서 거의 완전히 소외되어 있었다. 그러나 1945년 8월 15일을 기해 상황은 돌변했다. 정치 참여에의 문호가 활짝 열리게 되었던 것이다. 1952년 8월, 제 2 대 정부통령 선거가 있기 며칠 전, 한국 기독교연합회는 이승만 후보를 지지하기로 만장일치로 합의하고 그 결정을 전국 교회에 통보했다. 선거 캠페인 중에 『기독공보』는 이승만을 "애국적 국부"요 "위대한 영도자"라고 찬양했다. 이승만에게 표를 던지는 것은 "조국을 사랑하는 모든 기독교인들에게 부과된 의무"였던 것이다.[5] 한국 기독교

못할 것이요. <그리스도 신문> 5-40호 (1901. 10. 3).

4 이만열, 『한국기독교와 민족 의식』 (지식산업사, 1991), 339.

5 이만열, 『한국기독교와 민족 의식』, 339.

연합회가 조직한 중앙 선거 대책 위원회는 위원 한 사람씩을 각 도로 파송해서 지방 선거 위원회와 지교회 선거 위원회를 조직하게 했다.[6]

1956년 대통령으로서 두 번째 임기 만료를 목전에 두게 된 이승만은 자신의 자유당으로 하여금 대한민국의 초대 대통령만은 중임 제한 규정의 예외가 되게 하자는 헌법 개정안을 제출하게 했다. 헌법에 의하면 헌법 개정을 위해서는 국회의원 재적수의 삼분의 이의 찬성이 필요했다. 그런데 당시 국회의원 재적수가 203명이었기 때문에 산술적으로 그 삼분의 이는 135.3333 … 이었다. 법률적으로 헌법 개정에는 136명의 국회의원의 동의가 필요하다는 말이었다. 투표 결과는 찬성 135에 반대가 60이었다. 그리하여 그 제안은 공식적으로 부결이 선언되었다. 그러나 이틀 뒤 여당이 불법을 감행했다. 자유당은 사사오입의 원칙을 적용하여 개헌안이 통과되었다고 억지를 부렸다. 그 결과 이승만은 집권을 연장하게 되었지만 엄격히 말한다면 이승만 정권의 도덕적 정통성은 이 때 이미 상실되었다 할 수 있다. 그럼에도 불구하고 한국 교회는 이승만을 비롯한 기독교 정치인들에게 변함없는 지지를 보내고 있었다. 1954년 총신에서도 기독교 신문들은 기독교 후보인들의 프로필을 소개함으로써 그들의 캠페인을 도왔다.[7] 1956년 제 3 대 대통령 선거 기간 중에 《기독공보》는 이승만을 "한국의 모세"라고 찬양하고 있었다.[8]

1960년 3월 15일의 대통령 선거에서 이승만 정권과 그의 자유당은 이승만과 그의 러닝메이트 기독교인 이기붕을 각각 정부통령에 당선시키기 위해 엄청난 부정 선거를 감행했다. 격분한 대학생들과 고등학생들이 시민들과 함께 가두시위를 벌이자 정부는 경찰에게 발포를 명령했다. 그 결과 187명의 학생들이 사망하고 5천명 이상이 부상했다. 그럼에도 불구하고 시위가 더욱 격렬해지자 1960년 4월 19일 이승만은 드디어 대통령직에서 물러나겠다고 선언했다. 이것이 "기독교 정부"의 종말이었다. 그러자 이승만 정권에 대한 교회의 태도가 하룻밤 새에 돌변하기 시작했다. 4월 혁명 전에 교회는 이 정권의 부패와 실정에 대해 단 한마디도 비판적인 발언을 하지 않았었다. 비판은커녕 수시로 정부에

6 최종고, 196.

7 『기독공보』, 1954. 3. 8.

8 『기독공보』, 1956. 5. 28.

대한 지지를 표명하고 있었다. 그러나 학생들의 시위에 의해 정부가 무너지자 교회는 갑자기 아주 비판적으로 변했다. 4월 23일 한국기독교연합회는 4.19에 대한 성명을 발표하여 그것을 3.1운동에 비유하면서 정부의 개혁을 촉구했다. 정부는 국민의 기본권을 보장하고, 정부와 경찰과 군대를 숙정하며, 민주주의와 법치주의를 확립하고, 고문을 근절하라는 것이었다.[9]

이승만 대통령 재임 중에는 줄곧 침묵을 지키고 있던 기독교 신문들도 4.19 이후 갑자기 대단히 비판적이 되었다. 《기독공보》는 "이 대통령이 재직 중에 너무 많은 과오를 범했으며 그가 황제인지 대통령인지 구분하기 어려웠다"고 비꼬았다. 이승만은 국민들을 위해서보다는 자기 자신을 위해 통치했고, 그의 12년 재직 중 정부는 더욱더 부패해졌으며 대부분의 개신교 정치인들은 교회의 이름에 명예보다 수치를 더 많이 끼쳤다는 것이었다.[10]

수천 명의 학생들이 피를 흘린 대가로 부패한 이승만 독재 정권은 무너졌고, 그 해 8월 2일에는 제2 공화국이 수립되었다. 새 정부는 이제 의원 내각제 형태를 취하고 있었다. 그리하여 윤보선이 대통령으로 선출된 한편 장 면 총리가 실권을 장악하게 되었다. 윤보선은 장로교인이었고,[11] 장면은 천주교인이었다. 제2공화국이 출범한 지 일 년이 채 되지 않은 1961년 5월 16일 박정희 장군을 비롯한 일단의 젊은 장교들은 군사 쿠데타를 일으켰다. 한국 교회는 군사 쿠데타에 우호적인 태도로 응했다. 쿠데타가 난 지 불과 열흘 후에 한국교회협의회는 군대의 개입을 정당화하고 찬양하는 성명을 발표했다. 쿠데타는 "부정과 부패"로부터 뿐 아니라 "공산주의의 침략"으로부터 국가를 건지기 위해 "불가피했다"는 것이었다. 그러므로 한국민은 군사 정부에 협조해야 한다는 것이 성명서의 요지였다.[12] 『기독공보』는 쿠데타 주역들에게 노골적으로 아부하고 있었다. "우리는 권위 있는 정부 밑에 있게 되어 행복하다." "우리는 자유를 희생하더라도 방종한 무리들이 숙정되는 것을 보고 싶다"는 등의 무책임한

---

9 『기독공보』, 1960. 5. 2.

10 『기독공보』, 1960. 8. 22; 1961. 4. 24. 이때 기독공보는 이미 통합측 교단 신문이 되어 있었다.

11 윤보선의 부친은 안국동 교회 장로였고 어머니는 전도사였다. 『기독공보』, 1960. 8. 22.

12 『기독교사상』, 1961. 6.

발언을 일삼고 있었다.[13] 1963년 8월에 전역한 박정희는 대통령 선거에 출마하여 당선되었고, 1963년 12월 17일 대통령에 취임했다. 군정이 시작된 지 2년 반 만의 일이었다.

2. 박정희 시대 한국 장로교회의 정치적 태도

권력은 아편이라는 말은 진리임이 한국에서 다시 입증되었다. 두 번째 임기 종료를 눈앞에 둔 박정희와 그의 측근들은 집권 연장의 음모를 꾸미기 시작했다. 그러나 당시 대한민국 헌법은 한 사람이 세 번 연속 대통령에 당선될 수 없다는 중임 제한 규정을 두고 있었기 때문에 헌법을 그대로 두고서는 권력을 연장할 수 없었다. 1969년 7월 25일 박정희는 헌법 개정안을 국민 투표에 회부하겠다고 공포했다. 그리고는 만일 자신의 개정안이 부결되면 그것을 자신에 대한 국민의 불신임으로 간주하고 즉시 대통령직을 사임하겠다고 공언했다. 이것은 권력의 공백으로부터 야기될지 모르는 무정부 상태에 대한 국민들의 순진한 두려움을 이용하는 교묘한 술책이었다.[14] 많은 국민들이 그 개정안에 반대했다. 한 사람에게 장기적으로 집중된 권력은 필연적으로 부패한다는 우려 때문이었다. 그리하여 야당 정치인들과 반체제 지식인들은 김재준 목사를 위원장으로 하여 함석헌, 박형규 목사 등의 진보적 교계 지도자들을 포함한 "삼선개헌저지범국민투쟁위원회"를 조직했다. 그 해 8월 15일 동 위원회는 삼선 개헌에 반대하는 성명서를 주요 일간지들에 발표했다. 성명에서 그들은 교회가 불의를 공격하고 정의의 편에 섬으로써 선지자적 역할을 수행해야 한다고 강조했다.[15]

그 성명이 발표된 일주일 후인 9월 2일, 보수 교회에 속한 242명의 목사들이 "개헌문제와 양심자유선언"이라는 반박 성명을 발표했다. 이 성명은 김재준 등의 성명서가 "순진하고 선량한 뭇 성도들의 양심에 혼란"을 일으키는 선동적 행위라고 비난하면서 교회는 정교분리의 원칙에 따라 정치적 문제에 대해 "중

13 『기독공보』, 1961. 5. 29.

14 김용호, 102.

15 『조선일보』, 『한국일보』, 1969. 8. 24.

립"을 지켜야 한다고 주장했다.[16] 그러나 불과 며칠 뒤 보수 교단 지도자들도 진보 교단의 지도자들 못지않게 정치적임이 드러났다.[17] 242인의 성명이 있은 사흘 후 그 242인 중에 포함된 박형룡, 박윤선, 조용기, 김준곤, 김장환 그리고 김윤찬 목사 등의 보수 교단 지도자들을 중심으로 하는 대한기독교연합회라는 단체가 "개헌에 대한 우리의 소신"이라는 성명을 발표했다. 그 성명에서 그들은 "개헌 문제에 대한 박 대통령의 용단을 환영"하고 "오늘과 같은 국제 정세나 국내 시국에서는 강력한 영도력을 지닌 지도 체제가 있어야" 한다고 주장했다.[18] 박대통령 외에는 한국에 강력한 지도력을 가진 정치인이 없으니 개헌을 통해 그를 재집권시키자는 암시가 담긴 성명이었다. 9월 6일 한국교회협의회는 대한기독교연합회와는 전혀 무관함을 천명했고, 이틀 후 헌법 개정안에 대한 "깊은 우려와 심한 유감"을 표시했다.[19] 10월 17일의 국민 투표에서 헌법 개정안은 65:31로 통과되었다. 1971년의 대통령 선거전에서 박정희 후보는 "… 여러분들에게 표를 달라고 하는 것은 이번이 마지막"이며 3선되면 4년 임기 동안 부패를 척결하면서 후계자를 준비하고 물러나겠다고 공약했다.[20] 그것은 결코 삼선 이상은 더 시도하지 않겠다는 대국민 약속이었다.

헌법 개정과 온갖 부정한 선거 방법을 동원하여 가까스로 3선에 성공한 박정희는 1971년 10월 17일 박정희는 돌연 "대통령 특별 선언"을 통해 헌법 일부 조항들의 효력을 정지시키면서 국회를 해산하고 정치 활동과 정당 활동을 금하는 한편 비상계엄을 선포했다. 그 날부터 정치적 목적의 집회와 시위가 금지되고, 언론은 사전 검열을 통과해야 했으며, 대학들은 휴교에 들어갔다. 열흘 후 헌법 개정안이 비상국무회의에 의해 공포되었는데 그 핵심은 한마디로 박정희의 권력을 영구화, 그리고 절대화하는 것이었다. 나중에 유신 헌법이라고 불리우게 된 이 헌법안에 의하면 대통령은 국회 해산권, 국회의원 총수의 3

---

16 한국 교회 협의회 인권 위원회 편, 『70년대 민주화 운동』(서울 : 1987), I:81.

17 최종고, 224.

18 최종고, 82.

19 김관석, "시국대책협의회 개최 동기와 과제", 『시국 대책 협의회 보고서』(NCC, 1977), 19-20. 김용복 "해방 후 교회와 국가" 『국가 권력과 기독교』(서울 : 민중사, 1982), 219에서 재인용.

20 『동아일보』, 1971. 4. 26; 『70년대 민주화 운동』 1:122.

분의 1 지명권 등을 비롯하여 거의 무소불위의 권력을 가지게 되어 있었다. 대통령의 임기는 4년에서 6년으로 연장되었는데 무엇보다 주목할 만한 사실은 그 개정안에서는 대통령의 중임 제한이 철폐되었다는 것이었다. 또한 대통령은 국회의 동의하에 대법원장을 임명할 수 있었으며, 헌법 개정안 제출권과 함께 긴급조치권을 가지게 되었다. 그는 그것에 의해 국민의 권리와 자유를 제한할 수 있었다. 한마디로 이 헌법은 대통령에게 봉건 시대의 전제 군주와 같은 권력을 부여하고 있었다.

유신 헌법에는 박정희가 대통령 선거에서 확실하고도 간단하게 승리하게 하기 위한 장치가 포함되어 있었다. 그것은 통일주체국민회의라는 기구였다. 박정희는 이것이 남북통일의 길을 모색하기 위한 기구라고 언명했다. 전국 1,630 선거구에서 투표로 선출된 2,359명의 대표로 구성될 통일주최국민회의에 맡겨진 사실상의 역할은 집권당이 내세운 대통령 후보를 거의 만장일치로 당선시키는 것이었다. 1971년 직선제하의 대통령 선거에서 가까스로 승리한 박정희는 이제 국민들의 직접 선거를 통한 당선에는 자신이 없었기 때문에 대통령 선출 방식을 간선제로 바꿈으로써 자신의 목적을 달성하려 했던 것이다. 한편 그 기구가 "통일"을 표방했던 진정한 이유는 국민들의 통일에 대한 염원을 이용하여 유신 헌법에 대한 지지를 획득하는 것이었던 듯하다. 왜냐하면 유신 헌법이 통과된 후 통일을 위한 남북 대화는 곧 중단되어 버렸기 때문이었다.[21]

유신 헌법은 이처럼 첫눈에도 한국의 민주주의를 결정적으로 파괴 내지 후퇴시키는 조처였다. 그럼에도 불구하고 박 정권은 그것이 "한국적 민주주의"를 위해 필요불가결한 조처라고 강변했다. 그리고 그 채택 여부를 묻는 국민투표는 1971년 11월 21에 실시될 것이라고 공고되었다. 바로 이때 《기독신보》는 "유신 헌법의 필요성"이라는 제목의 칼럼을 연재하기 시작했다. 11월 4일부터 시작해서 국민 투표 사흘 전까지의 3주 동안 매주 한 번씩 게재된 이 칼럼은 정부의 상투적 논리와 표현을 거의 그대로 채용하여 유신 헌법의

---

21 1972년 7월 4일, 남북한 양 정부는 남북 공동 성명을 발표했다. 이 발표의 내용은 양측 밀사들이 상호 방문을 통해 한국의 통일에 대해 논의하기 시작했으며, 양측이 평화와 통일을 위해 노력하기로 합의했다는 것이었다. 그러나 이 통일 논의는 양쪽 정부가 자신들의 통치 기반을 강화하기 위한 헌법 개정을 각각 성공적으로 수행한 후에 중단되었다. 『70년대 민주화 운동』, I:156-168.

필요성을 옹호하고 있었다. 그 칼럼에 의하면, 국가 보위의 특수한 필요성 때문에 한국민들은 "(민주주의니, 인권이니, 자유니 하는) 사소한" 것들이 제약되는 불편을 겪는다고 해서 "불만을 가지고 수선을 피우며 사회를 시끄럽게" 하지 말아야 했다. 미국에는 미국식 민주주의가 있고 영국에는 영국식 민주주의 있는 것과 꼭 마찬가지로 "한국에는 한국의 민주주의가 있어야 한다 … 이번의 헌법은 바로 빌어 입은 옷을 벗어 던지고 내 옷으로 바꾸어 입는 개혁 운동"이다.[22] 이것이 《기독신보》의 논리였다. 견제와 균형이라는 민주주의의 핵심적 요소를 누락시키고 그 대신 대통령 일인에게 절대 권력을 부여하는 것이 한국의 상황에 적합한 민주주의라는 것이었다.

1973년 12월 야당 정치인, 교수, 그리고 진보적 교회 지도자들로 구성된 반체제 인사들은 유신 헌법 개정을 위한 100만인 서명 운동에 착수했다. 그러자 1974년 1월 8일 박 대통령은 이 운동을 저지하기 위해 긴급조치 1호와 2호를 선포했다. 이 조치에 의해 ① 유신 헌법을 "부정, 반대, 왜곡, 또는 비방하는 일체의 행위"가 금지되었고, ② 그것의 "개정, 또는 폐지를 주장, 발의, 제안 또는 청원" 하는 일체의 행위도 금지되었으며, ③ 긴급 조치 1, 2호를 위반한 자와 비방한 자는 법관의 영장 없이 체포, 구속, 압수, 수색하며 비상군법회의에서 심판 처단하여 15년 이하의 징역에 처해지게 되었다. 한마디로 이것은 역사상 그 유례를 찾아보기 어려운 권력의 횡포였다.

1974년 11월 9일 김종필 총리는 450명의 기독교 실업인들이 주최한 국무총리를 위한 조찬 기도회에서 연설 중에 어떤 목사와 기독교인들이 "종교인으로서의 본연의 위치와 영역을 벗어나 정치적 집단 행동에 가담" 하거나 다른 사람에게 그것을 선동하고 있다고 비난했다. 그는 이것이 "어떤 형태로든지" 종교 기관의 정치 개입을 금하는 헌법 시위를 통해 계속 "정부의 권위에 도전" 한다면 정부는 어쩔 수 없이 그들을 처벌해야 할 것이라고 경고했다.[23] 한국교회협의회는 같은 달 18일에 성명을 발표하여 김종필 총리의 주장을 다음과 같이 반박했다. 로마서 13장의 가르침은 정치 권력의 "한계와 정당성"을 전제로 한 것이다. 정부는 "국민 복지와 안녕 질서, 그리고 사회 정의"를

---

22 『기독신보』, 1972. 11. 11.

23 『동아일보』, 1974. 11. 9.

위해 하나님으로부터 "조건적 권위를 위임받았다." 그러므로 인간의 권세가 그 한계를 벗어나 본래의 의무에 불충실해지면 교회는 "하나님의 말씀의 대변자"로서 이를 "비판하고 시정"할 책임이 있다. 나아가서 정부가 하나님의 뜻을 거스려 자신의 권력을 영구화하려 할 때 교회는 그러한 정부에의 "협력"을 거부할 뿐 아니라 그것에 "대항"해야 한다.[24]

한국교회협의회의 이 성명에 신속하게 대응한 것은 정부가 아니라 보수 교회들이었다. 그 달 25일 한국예수교협의회(KCCC)는 성명을 발표하여 정부에 대해 비판적인 자들이 "사회 혼란"을 초래하고 있다고 비난했다. 그 성명은 또 그리스도인들이 반정부적 성명을 발표한다거나 군중 시위에 참여하는 것은 "비성경적"이라고 주장했다. 그들이 생각하는 "성경적" 태도는 국가가 "신앙 의 자유를 말살"하려 하지 않는 한 "권력에 순종"하는 것이었다.[25]

11월 27일에는 대한기독교연합회에서 성명을 발표하여 로마서 13장의 명령은 "무조건적"인 것이라고 주장했다.[26] 성명은, 예수님이나 바울이 언제 로마 정부에 저항한 적이 있는가? 그들은 "영혼 구원"을 위해 전념하지 않았는가고 물으면서 반정부 데모에 앞장서거나 그것을 선동하는 것은 "공산 침략자에 대한 이적 행위"라고 단언했다. 정권에 대한 반대와 국가에 대한 반대를 동일시하고 있었던 것이다.[27]

박 정권을 옹호하려는 《기독신보》의 이러한 몸부림에도 불구하고 박 정권에 대한 국민들의 불만은 날로 고조되고 있었다. 그러던 중 드디어 1979년 10월 26일 박정희의 심복인 중앙정보부장 김재규는 박정희를 저격 살해했다. 사람들은 이제 한국에도 민주화가 이루어지고 정치의 "봄"이 찾아올 것을 기대했으나 그 기대는 허망하게 무산되고 말았다. 박 대통령이 암살당한 지 채 두 달도

24 『70년대 민주화 운동』, 2:506-8.

25 『기독신보』, 1974. 12. 7. 한국 예수교 협의회, "기독교 반공 시국 선언문"

26 대한 기독교 연합회는 이 성명을 발표하면서 동 연합회는 대한 예수교 장로회 합동측, 고신측, 하나님의 성회(순복음 교회), 기독교 성결 교회, 예수교 성결 교회, 나사렛 교회 등 14개 교단 2만여 교회가 가입되어 있는 보수 교단 연합체라고 주장했으나 이 발표 직후 예장 합동, 고신, 기성 등은 총회 결의에 따라 자신들이 그 단체에 가입한 사실이 없다고 밝히고 동 연합회에 항의했다. 『70년대 민주화 운동』, 511쪽.

27 『기독신보』, 1974. 11. 30.

지나기 전인 12월 12일 전두환 장군을 비롯, "하나회"라는 사조직에 속한 정치군인들은 사실상의 쿠데타를 일으켜 실권을 장악하고 역사의 수레바퀴를 다시 뒤로 돌려놓고 말았다. 한국 사회는 재차 10여년 동안 군사 강권 통치하에 놓이게 되었던 것이다.

전두환의 제 5 공화국은 본질상 박정희의 제 3, 4 공화국과 차이가 없었다. 그리고 국보위 전두환 위원장을 위한 한국 기독교 조찬 기도회를 인도하곤 하던 80년대 한국 보수 교회 지도자들의 정권에 대한 태도 역시 6, 70년대와 마찬가지였다. 그러나 정통성이 박약한 전두환 정권의 부패와 불의에 대한 한국민의 불만과 저항은 날이 갈수록 고조되어 1987년 6월에는 그것이 절정에 달하게 되었다. 6.29 선언은 한국민의 저항과 민주화 요구에 대한 전두환 정권의 항복이라 일컬어진다. 6월 항쟁 몇 달 뒤 전두환 대통령은 임기를 마치고 퇴진했다. 그러나 거의 20년 만에 직선제로 바뀐 대통령 선거에서 야당은 후보 단일화를 이루지 못했고 어부지리를 얻은 여당 후보 노태우가 대통령에 당선되었다. 노태우 대통령도 근본적으로 전두환과 뿌리를 같이하는 군부 출신이었으나 한국 사회는 이미 이전과 같은 철권통치가 먹혀들지 않는 시대로 진입해 있었다. 국민의 다수를 차지하는 교육받은 20대 및 30대 젊은 세대의 등장으로 말미암아 시민들의 의식 구조는 급속도로 합리적이고 민주적으로 변모되어 가고 있었다. 어쨌든 1971년 이후 국민의 직접 선거에 의해 선출된 최초의 대통령인 노태우 치하에서 사회는 다소 민주적으로 변화되었고 분위기도 유화적이 되어갔다.

이러한 긍정적 변화가 일어나기까지는 소위 진보적 기독교인들을 비롯한 반체제 인사들의 많은 희생이 있었다. 보수 교회들은 그 암울한 시대 동안 복음 전도와 양육을 통한 교회 성장에 거의 배타적인 관심을 기울이느라 사회 정의나 민주화를 위해서는 별다른 시도도, 기여도 하지 못했다. 보수 교회들이 삼선 개헌과 유신으로 대표되는 일인 권력의 절대화와 영구화 시도에 대해 무관심과 침묵, 혹은 동조와 지지로 일관하고 있을 때 진보 교회들은 민주주의와 인권을 위해 맹렬하고도 끈질긴 투쟁을 계속했다.

70년대 이후 한국 사회가 현재와 같은 수준의 민주화에 도달하기까지는 진보적 기독교인들이 많은 피를 흘려야 했었다. 1973년 부활절 사건에서 박형규 목사 등이 유신 정부를 비판하고 민주주의와 언론 자유의 회복을 요구하는 내용의 전단지를 배포하다가 연행되면서 국가내란 음모 사건으로 변질된 "남산부활절사건," 1974년 63명의 기독교인들을 포함한 250여명을 군법회의에 회부하고 그 중 8명을 처형한 "민청학련사건," 1974년 11월 개신교지도자들을 포함하여 결성된 "민주회복국민운동," 1976년 개신교와 천주교, 윤보선, 김대중 등 인사들이 "3·1민주 구국선언"을 발표함으로써 70년대 후반 민주화 운동의 이념적 기반을 제공한 "명동성당 사건," 도시산업 선교회를 중심으로 한 1977년의 청계천 피복노조사건, 78년의 동일방직 사건, 79년의 YH 사건 등에 진보측 기독교인들은 핵심적 역할을 담당했고 그 때마다 구속, 투옥, 고문 등의 희생을 치러야 했었다. 그들의 이러한 용기와 투쟁의 결과로 결국 박정희의 유신체제가 붕괴되고, (비록 다시 전두환, 노태우의 군사 정권 10년을 더 보내어야 했었지만), 한국에는 문민정부, 국민의 정부, 그리고 참여 정부 같은 민주적 민간 정부들이 들어설 수 있게 되었다. 오늘 한국 사회가 누리는 자유와 민주주의는 상당 부분 그들의 흘린 땀과 피의 댓가라는 사실을 한국 보수 교회들은 감사와 부끄러움을 가지고 인정해야 할 것이나.

한국 보수 교회에 속한 그리스도인들은 종종 7, 80년대의 한국 진보 교회들이 영혼 구원과 복음 전파라는 교회의 본질적 사명에 얼마나 충실했으며 또 그 점에서 어느 정도의 열매를 거두었는가 하는 질문을 제기하여 진보 교회의 모든 것을 부정하거나 그들의 역사적이고 정치적 기여를 외면하려는 경향이 있다. 그러나 전도와 교회 성장에 관한 그들의 성과에 대한 평가와 별도로, 진보적 그리스도인들이 7, 80년대 한국의 민주화와 인권, 그리고 정의라는 기독교적 가치를 위해 수고한 바는 그 자체로서 인정되어야 할 것이다. 아울러 그 시대 한국 사회의 정의를 위해 거의 아무런 역할을 하지 못했을 뿐 아니라 정치권력에 대해 주로 기회주의적이고 어용적인 태도를 취했던 보수 교회들은, 그것이 정치적 교양과 식견의 부족의 결과였든 아니면 비겁의 소치였든, 하나님 앞에서 겸허히 회개하는 기회를 가지는 것이 필요할 것이다.

3. 이념적 갈등 속의 한국 사회와 한국 교회의 과제

군사 독재 정권에 대항해 투쟁하던 70년대까지 재야인사들과 대학가 운동권의 목표는 민주화와 인권 이상을 넘지 않았다. 즉 대한민국 안에 자유민주주의 이념에 의문을 제기하는 세력은 심지어 대학가에조차도 거의 없었다. 민주주의와 자본주의의 대부 격인 미국에 대해 반감을 가진 한국인도 극히 드물었다. 그러나 80년 광주항쟁을 분기점으로 새로운 흐름이 한국 사회에 유입되었다. 전두환이 12.12 사태를 통한 신군부의 집권을 시도할 때 미국이 그것을 묵인 내지 방조했고 특히 레이건 미행정부가 1980년 5월의 광주 민주화 항쟁을 전두환 국보위원장의 군대가 무력 진압하는 것에 동의했다는 사실이 알려지면서 한국 사회에는 역사상 처음으로 반미 움직임이 강력하게 대두되기 시작했다. 겉으로는 자유민주주의 간판을 걸고 속으로는 그것과 전혀 거리가 먼 철권 독재를 행한 박정희 정권에 대한 반감과 불신, 그리고 산업화 이후부의 재벌 편중으로 인해 날로 심화되던 빈부의 격차 등 사회 모순은 군사 독재 타도에 앞장서던 대학가 운동권에서 자유민주주의의 대척점에 있는 북한에 대한 호기심 내지 동경과 함께 북한이 표방하는 사회주의 내지 공산주의 이념에 대한 긍정적 태도를 조장했다. 이때부터 남한에는 소위 친북반미주의 세력이 등장하게 되었다.

한편 군사 정권 30년에 걸쳐 특권을 누리던 보수 언론을 중심으로 한 남한의 기득권 세력은 철저한 친미반북을 표방하면서 남한의 체제를 옹호한다는 명분하에 해방 후의 모든 역사, 심지어 이승만 정권이나 박정희 등 군사 독재 정권까지를 미화하고 찬양하는 극우적 입장으로 돌아섰다. 소위 "조중동"으로 대변되는 거대 언론들이 그처럼 수구화된 배경에는 박정희 유신 시절인 1974-5년 유신 체제에 반대하던 양심적 기자들 수백 명을 해고함으로 사명감과 정의감이 투철했던 언론인들을 신문사에서 대부분 축출해 버린 "동아조선 언론인 해고 사태"가 있었음을 기억해야 할 것이다. 어쨌든 80년대 후 한국 사회에는 좌와 우의 양극단만 존재하고 건전하고 균형잡힌 중도를 찾기 어려운 불행한 상황이 도래했다. 한편에는 자유민주주의를 지지한다는 미명 하에 그것을 파괴하던 독재자들까지 찬양하고 정당화하는 수구적 친미주의 세력, 그리고 다른 한편에는 지구상에서 가장 억압적이고 비민주적인 북한 정권에까지 호감을 보이는 친북 반미의 진보 세력, 이 두 불건전한 극단이 한국 사회를 양분하게 되었다. 늘 한국 사회의 흐름을 주도하기보다는 뒤쫓아 다니기에 급급하던 한국 교회도 역시 이러한 극단적 양분화의 현실에서 예외가 아니었다. 보수 교회가 주로 전자의 성향에 속했다면 진보 교회는 주로 후자의 경향을 띠었다. 지금도 우리 사회와 교회에는 이러한 두 극단적 스펙트럼이 다수를 형성하고 있는 것으로 보인다. 향후 한국 교회의 정치적 과제는 불건전한 양극단의 입장을 극복하고 건전한 성경적 중도를 취하는 민주와 정의의 세력이 사회의 다수가 되도록 영향력을 행사하는 것이다. 즉 정치적 민주화는 물론이요 인간의 존엄성과 기본권, 즉 모든 구성원들에게 최소한의 인간다운 삶이 보장되게 하는 복지의 확립에 관심을 가지고 그것에 반하는 모든 종류의 독재, 억압, 비인간화, 그리고 불의에 반대하는 위치에 서는 것이 한국 장로교회가 취해야 할 정치적 입장일 것이다.

제 20장
분단의 땅과 한국교회

21세기 한국교회는 남북으로 분단된 고통의 땅에 위치한다. 한국장로교회는 개혁교회의 역사적 전통을 바로 이어야 할뿐 아니라, 보다 성숙한 교회로 거듭나야 하겠다. 그러기 위해서 한국교회는 최대의 십자가인 남북분단을 극복하는 일이 하나님이 기뻐하시는 일임을 기억하고, 이 일에 성경적으로 뛰어드는 적극적 자세가 요구된다.

주도홍 교수(백석대학교 역사신학)

역사적으로 개혁교회는 자신이 처한 상황(Context)을 텍스트(Text)인 성경에로 가져와 바라보며, 이해하고, 하나님 앞에서(Coram Deo) 올곧게 신앙을 고백하며 부름 받은 자로 살아간다.[1] 종교개혁의 현장 독일에서는 1563년 종교적 정치적 갈등 가운데서 개혁교회의 역사적 신앙고백인 '하이델베르크교리문답'(Heidelberger Katechismus)이 세상에 발표되었다. 종교개혁을 통한 구교(Old Religion)와 신교(New Religion)의 분열은 단지 종교적 갈등만으로 끝나지 않은 채, 정치적 싸움으로 그리고 신교 내에서 교파적 분열로 확산되고 있었다. 이러한 종교적 정치적 갈등과 분열을 직시하며 형성된 '하이델베르크신앙고백'은 교회일치 관점을 잃지 않으면서도 개혁신학을 견지한 소중한 신앙고백으로 평가되고 있다. 일반적으로 개혁교회의 신앙고백 전통은 여러 시대에 걸쳐 다양한 장소에서 확인할 수 있는데, 그 시대와 현장을 닮는 성경적 신앙고백이 형성되어 왔다는 것이다. 약 5년 동안의 긴 준비과정을 거쳐 1647년 영국에서 고백된 웨스트민스터신앙고백(The Westminster Confession)은 17세기 영국의 종교적 정치적 상황을 적나라하게 담은 개혁교회의 신앙고백 전통을 계승하고 있다. 20세기 남아프리카공화국에서는 그들이 처한 비극적

1 본 글은 2013년 총신대학교에서 개최된 세계개혁교회대회에서 발표된 글임.

상황인 인종차별정책(Apartheid)과 그로인한 형용할 수 없는 분열과 죄악의 비참을 바라보며 개혁교회가 신앙고백을 했다. 교회는 인종차별정책에 어떻게 대응했으며, 어떻게 성경적으로 이해해야 했으며, 어떤 내용을 회개했으며, 어떻게 새롭게 하나님 앞에서 미래지향적 신앙고백을 했는지를 잘 보여준다. 그것은 벨하 신앙고백(The Belhar Confession)으로서 1986년 남아프리카공화국의 화란개혁선교회(Dutch Reformed Mission Church) 총회가 채택한 교단 공식 신조로서, 남아프리카공화국의 흑백 인종 분리 정책의 아픈 역사에 침묵하고 또는 방관했던 교회의 죄악을 회개하고, 새롭게 마음을 다잡는 미래지향적 고백이다. 이처럼 한국교회도 1945년 이후 68년 동안 남북분단 상황 하에서 어떠한 모습이었는지를 냉정하게 헤아려보아야 할 것이다. 먼저는 한국교회가 1945년 일제로부터 해방을 맞이하는 가운데 당연히 있어야했던 역사청산에서, 1950년에서 1953년까지 3년 동안 일어난 잔인한 동족상잔의 전쟁에서, 이후 60년 동안 남북의 이념적 대결과 긴장 가운데서 어떠한 태도와 잘못을 했는지를 하나님의 음성인 성경에 입각하여 객관적 평가와 더불어 회개해야 할 것이며, 통일한국을 바라보며 오늘 21세기에 한국교회가 무엇을 꿈꾸어야 할지를 제대로 인식해야 할 것이다. 이러한 내용을 담은 역사적 개혁교회 신앙고백(The Reformed Korean Confession)이 오늘 분단 68주년, 한국장로교 총회 100주년을 맞이하며, 게다가 미움과 전쟁의 현장인 분단을 넘어서는 남북통일의 내일을 꿈꾸며 선포되어야 하겠다. 이는 개혁교회의 전통을 계승하는 것이며, 다시 오실 주의 길을 준비하는 한국교회의 선교한국을 마무리하는 마지막 남은 과제이어야 하겠다.

그런 맥락에서 한국교회가 남북분단 상황에서 '한국신앙고백' TF를 형성하여 통일을 바라보며 통일현장에서 고백할 개혁교회 신앙고백을 신실하게 준비해야 하겠다. '한국신앙고백'은 단순히 교리적으로 고백문을 만들어 통일이 되었을 때, 교회가 함께 모여 신앙고백을 발표하는 것으로만 단순하게 생각하면 안 될 것이다. 한국교회가 간절한 기도와 성령의 도우심으로 공교회적으로 함께 모여 신앙고백을 오랜 기간 준비하는 과정에서 나타날 상상을 초월한 수많은 크고 작은 열매들이 놀랍게 맺힐 거라는 기대를 하기 때문이다. 그 과정에서 먼저는 얼마나 남북분단이 하나님 앞에서 부끄러운 일인지, 얼마나 비참한 일인지, 얼마나 큰 죄악인지, 이 일을 통해 역사하실 하나님의 뜻이 얼마나 크고 놀라운지, 한국교회에게 통일한국이 얼마나 위대한 축복일지, 통일한국이 한국교회에게 과연 무엇을 가져다 줄 것인지, 그러기에 분단의 한국교회가 어떻게 통일한국을 역동적으로 준비해야 할지를 인식하며 감격하게 될 것이라는 말이다.

여기서 나는 「하이델베르크교리문답」의 세 가지 형식에서 나름대로 아이디어를 가져왔는데, 첫째, 분단이 얼마나 비참한 일인지(misery), 둘째, 어떻게 그 비극을 벗어나야 하는지(deliverance), 셋째, 통일은 얼마나 감사한 일이 될 것인지(thanksgiving)를 서술하려 한다.

첫째, 얼마나 비참한 분단인지!

한국교회는 남북분단으로 인해 파생되는 비극이 영적 문제라고 마땅히 생각해야 한다. 이러한 거대한 영적 문제에서 벗어나기 위해서는 현실에 대한 보다 정확한 인식이 요구된다. 죄인은 자신의 죄악이 얼마나 무서운 일인지, 얼마나 큰 잘못인지, 얼마나 비참한지를 바로 인식할 때 비로소 그 현실을 벗어나기를 갈망할 것이다. 사도 바울이 자신의 죄악을 보며 "오호라 나는 곤고한 죄인이로다! 이 사망의 몸에서 누가 나를 건져내랴?"(롬7:24) 외쳤던 것처럼 탄식이 있어야 한다. 이런 맥락에서 한국교회는 남북의 분단과 그로인한 지난한 미움과 싸움이 얼마나 사랑의 복음에 반한 일인지를 정확히 인식하는 일이 전제되어야 한다. 하나님이 분단과 그로 인한 수많은 죄악을 미워하신다는 인식이 있어야 한다. 남북분단 현실에 대한 바른 인식은 한국교회의 개혁과도 직결되는 일이다. 죄악을 방치하며 또는 동조하며 세상을 변화시키지 못한 채 속물이 되어가는 교회는 그 존재 의미를 찾기 어렵다.

68년 동안 철저하고 처절한 남북 분단이 얼마나 비극적인지! 68년 동안 총부리를 겨누고 서로를 원수 삼아 담을 쌓고 사는 일이 얼마나 무서운 죄악인지! 엄청난 돈을 들여 살상용 무기를 사들이며 과도한 국방비를 지출하는 일이 얼마나 수치스러운 일인지! 68년 동안 헤어져 살며 부모형제일지라도 오도가지 못하는 일이 얼마나 비참한 일인지! 250만의 죽음과 1000만 이산가족의 눈물을 한국교회는 반공을 내세우며 모른 체 했던 일이 얼마나 무정한 일이었던지! 세계 최고의 기독교 선교대국이라고 떵떵거리면서도 가장 가까이 있는 형제들을 어두움에 방치하는 일이 얼마나 어리석은 일인지! 같은 땅에 사는 동족이면서도 인간이 만든 이념 때문에 서로를 정죄하며 미워하며 하나님의 진리인 복음의 음성을 실천하지 못하는 일이 얼마나 부끄러운 일인지! 하나님의 진리 앞에 세상의 모든 지혜와 생각들을 잠재워야 마땅하지만 인간의 이념을 내세우며 복음을 침묵하게 만드는 일이 얼마나 큰 죄악인지! 68년 동안 가장 큰 죄악이 남북분단에서 자행되고 있지만 이에 대해 한국교회가 관심 밖의 일로 치부하는 태도가 얼마나 이상한지! 68년 동안 서로를 철천지원수로 여기며 타도의 대상으로 삼아 서로 사랑하라는 복음은 이와는 상관없는 것으로 여기는 설교자들의 태도는 얼마나 모순적인지! 한반도의 드러난 가장 무서운 악인 남북분단의 비극에 대해 한국교회가 제대로 기도도 하지 않고 강단의 설교에서도 언급하지 않은 모습이 얼마나 한심한지! 한국교회가 급성장을 하고 세계 10대 교회가 서울에 가능할지라도 북한의 2,500만을 독재와 불신에 방치하고 있음이 얼마나 앞뒤가 맞지 않은지! 아무리 한국교회가 많은 양의 기도를 내세운다할지라도 남북분단을 바라보며 얼마나 제대로 하나님께 기도하고 있는지! 남북의 분단은 결국 남남의 갈등으로까지 번져 얼마나 엄청난 갈등을 남한에서도 불러일으키고 있는지! 남북의 분단으로 인해 삼천리금수강산 한반도가 허리가 잘려 고작 달려봐야 4시간이면 끝이 나는 비좁은 땅에서 얼마나 지역감정의 지배를 받는지! 좁디좁은 땅을 한 평이라도 더 차지하기 위해 혈안이 되어 부동산투기하며 살아가는 모습이 얼마나 속물 같은지! 한국교회가 남북분단은 정치적 문제로만 치부하며 이념적으로만 생각하며 정치가들에게만 떠맡김이 얼마나 무책임한지! 무엇보다도 한국교회가 남북분단의 문제를 예수님이라면 어떻게 하실 지를 성경적으로 생각하는 일이 얼마나 어색한지! 한국교회가 화목하게 하시는 평화의 복음을 이 불화의 땅 한반도에 가져오는 일을 얼마나 어색하게 생각하는지!

결과 남북의 분단으로 인한 비참은 점점 그 강도가 더해지며 한국교회의 삶의 질을 떨어뜨리고 있다. 다르게는 엉뚱한 곳에 한국교회는 관심을 집중하며 하나님이 분단의 땅 한반도에 존재하는 한국교회에게 부여한 사명에는 눈을 감은 채 점점 이상한 모습이 되어가고 있다. 그 결과 세상의 빛과 소금이 되어야 할 한국교회는 세상 속에서의 존재의미를 잃어 탈세적인 중세교회의 수도원 신앙으로 향하고, 세상은 점점 복음의 능력을 맛보지 못한 채 불화의 비참함으로 빠져들고 있는 것이다. 한국교회는 남북의 분단과 그로 인한 죄악이 확실히 영적 문제, 영적 비극임을 인식하는 일이 우선되어야 하겠다.

둘째, 어떻게 그 비극을 벗어나야 하는지

한국교회가 분단비극을 벗어날 수 있는 세 가지 방법을 제시하려 한다. 그것은 회개, 탈 이데올로기, 그리고 오직 예수이다. 그리함으로써 분단극복이 한국교회의 가장 큰 기도의 제목이며, 한국교회가 힘써 감당해야 할 십자가라는 사실을 바로 인식하게 되어 하나님의 때에 하나 되는 통일이 이루어질 것이다.

하나, 한국교회는 죄악을 회개함으로써 벗어날 수 있고, 새로워질 수 있다. 68년 동안 남북 분단으로 인한 몹쓸 죄악들을 하나님 앞에 내어 놓고 회개하며 용서 받아야 한다. 6.25전쟁을 통해 상대를 얼마나 미워했으며, 얼마나 많은 사람들의 목숨을 잔인하게 죽였으며, 얼마나 심한 저주를 상대에게 퍼부었는지, 지금도 그들을 원수로 여겨 타도의 대상으로 삼으며, 그 때 당한 상처들을 여전히 풀어내지 못하고 있음을 하나님 앞에 내어 놓고 회개해야 한다.

북한에서는 먹을 것이 없어 굶어 죽어가고 있는 형제들이 수를 헤아릴 수 없을 정도로 많은데 한국교회에 주신 물질적 축복을 자신만을 위해 사용하며, 얼마나 무정하게 북한의 고통을 남의 일로 치부하고 있는지, 그들이 병 가운데 신음하며 고통하고 있을 때, 그들이 잘못된 사상의 노예로 전락하며 고통당하고 있을 때에도 한국교회는 형제의식을 발휘하지 못한 채 그것을 운명적으로 받아들이고 말았다. 한국교회는 남북분단을 다루고 극복하는데 있어 성경적이지 않았으며 이념적이었으며, 정치의 일로만 오해하며 비참여적이었다. 복음의 음성을 들으며 그 복음 적용을 남북분단 극복에 있어서 제한시켰던 점을 회개해야 하겠다.

둘, 인간의 산물인 이데올로기의 실체를 정확히 인식해야 한다. 어떤 면에서 한국교회는 이념에 발목을 잡혀 분단을 극복하는 가장 놀라운 능력이며 지혜인 하나님의 복음이 제대로 그 역할을 감당하지 못하고 있다. 이데올로기는 인간의 아이디어일 뿐이다. 이데올로기가 인간을 구원할 수 없고, 행복의 나라로 이끌지 못한다는 사실이다. 한국교회는 하나님의 복음과 인간의 아이디어인 이념을 대결구도로 가져가서는 안 된다. 그럼에도 한국교회는 자본주의와 반공 이데올로기에 발목 잡혀 있다. 아니 복음의 자리에 반공과 자본주의를 같이 놓고 있지 않은지 돌아봐야 할 것이다. 물론 역사적으로 볼 때 자본주의가 더 기독교에 호의적인 것은 사실이다. 유물론에 입각한 공산주의는 기독교에 적대적이었다. 특히 북한 공산주의는 기독교를 모질게 핍박했고, 지금도 달라진 게 없이 여전히 그렇다. 그렇지만 자본주의도 점점 하나님을 떠나 탐욕주의와 쾌락주의의 늪에 빠짐을 목격하게 된다. 자본주의가 가장 발달한 서구에서 교회는 점점 매력을 잃고 텅 빈 예배당에서 들려오는 목사의 설교에는 메아리만 답을 하고 있다. 엄격하게 볼 때, 공산주의도 자본주의도 물신주의에 빠져 있음에는 부정할 길이 없다. 궁극적으로 알아야 할 것은, 물질이 인간을 행복의 나라 유토피아로 인도하는 것이 아니라는 것이다. 특히 한국교회가 자본주의가 기독교의 정신을 대변하는 것으로 오해하는 일이 혹시라도 없어야 하겠다. 진리를 혼돈케 하는 데서 벗어나 순전한 복음으로 나아가야 하겠다. 분명한 것은 인간의 이념들을 하나님의 구원의 복음 아래 데려와 무릎을 꿇게 하는 일이다.

셋, 한국교회가 분단을 극복하여 통일로 나아가기 위해서는 평화와 사랑의 왕이신 예수님을(엡2) 온전히 따라야 하겠다. 남북분단 하 갈등 시대, 예수님이라면 어떻게 하실 지를 생각하여 한국교회는 그 길을 순종하며 가야 한다. 확실히 교회의 길과 정치의 길은 다르다. 교회의 길에는 하나님의 복음이 있고, 정치의 길에는 인간의 이념이 있다. 교회는 섬김을 추구하며, 정치는 정권을 쟁취한다. 교회는 국가와는 간격을 두고 견제하며 감독해야 한다. 제네바의 종교개혁자 칼빈은 국가와 교회의 역할은 다르지만, 파트너십을 가질 것을 말한다. 교회는 성경적 음성에 순종함으로써 신실하게 그 길을 갈 때 세속적 가치관과 죄악에서 벗어날 수 있다. 그렇지만 분단 시대 한국교회는 정권과의 균형 잡힌 관계를 형성하는데 실패했다. 한국교회가 복음의 원리에 충실하지 못했기 때문이며, 종교와 정치의 균형 잡힌 관계 설정에 실패했기 때문이다. 중요한 것은 이제 한국교회는 예수님의 길을 따라가는 교회여야 하겠다. 사마리아로 들어가셨던 그 예수님의 길을(요4) 한국교회는 따라야 하겠다. 북한은 21세기 사마리아로 보아도 틀리지 않다. 예수님이 가신 사마리아에서 이루어진 놀라운 일들을 한국교회는 기억하며 21세기 한반도의 비전으로 가져야 하겠다. 거기다 성경이 요청하는 원수 사랑을(롬12) 적극적으로 실천하는 한국교회일 때 분단의 한반도는 하나 되는 통일을 맛보게 될 것이다.

셋째, 통일은 얼마나 놀라운 일인지!

한국교회가 분열과 불신, 투쟁과 전쟁을 종결하고 하나 되는 통일이 얼마나 소중한 일인지를 인식하는 일이 우선된다. 경제적인 문제 때문에 또는 통일 후 극복해야 할 성가신 일들이 많아 차라리 이대로 살자 하는 태도는 결코 바람직하지 않다. 이는 "힘써 하나 되기를 힘쓰라"(엡4:3)는 하나님의 명령을 거역하는 나태한 죄악을 보여주는 부끄러움이다. 한국인은 점점 통일에로의 비전을 갖지 못한 채, 분단 상황에 안주하며 싸움에 익숙해진 감각을 잃어버린 사람들이 되어가고 있다. 이러한 모습은 인간의 불가능인 죽음을 넘어선 예수 부활을 소유한 크리스천의 바른 자세가 아니다. 남북으로 나눠진 채 반목질시하며 사는 것은 하나님이 원하시는 삶이 아니다. 화목하게 하시는 하나님의 자녀들인 한국교회는 남북이 하나 되는 통일에로의 비전을 가지고 살아야 하겠다. 그러기 위해선 통일이 얼마나 놀라운 일인지, 무엇을 의미하는지, 어떤 좋은 일들이 계속해서 일어날 것인지에 대해 생각해야 하겠다.

하나, 얼마나 큰 축복인지! 얼마나 큰 감사인지! 남북통일은 불화의 땅을 평화의 나라로 바꾸는 축복이다. 먼저 지리적 축복이다. 하나 되어 자유롭게 오고 가며 서로 사랑하며 사는 일은 하나님이 기뻐하시는 삶이다. 한반도는 작은 땅인데 거기다 반으로 나누어 사는 일은 비극이며 불행이다. 그런데 통일이 되어 언제든지 오고가며 오순도순 사는 일은 아름답고 그 자체로 행복이다. 더 나아가 아시아 대륙으로 아니 유럽대륙으로 육로를 따라 자유롭게 여행하게 될 것이다. 둘째, 경제적 축복이다. 한국의 경제력은 이제 북한을 살리고, 더 나아가 세계평화 증진을 위해 더욱 강화되어야 한다. 남쪽만을 잘 살기 위한 경제성장을 추구하는 것은 너무 작은 생각이다. 지구촌을 바라보는 경제성장에로의 꿈을 한국이 가질 때 놀라운 축복이 있을 것이다. 셋째, 정신적 축복이다. 마음이 좁은 자는 함께 살 수 없다. 통일한국이 주는 복을 진정으로 누릴 수 없다. 통일은 이념적으로 보다 폭넓은 준비가 필요하다. 좌파와 우파, 진보와 보수의 싸움과 갈등을 해결하지 못한 채, 통일을 맞이해서는 안 된다. 요사이 행해지는 남남갈등으로까지 이어지는 이념갈등 내지는 이념전쟁은 특히 한국교회가 앞장서서 생명의 복음에 입각하여 넘어서야 하겠다. 한국의 이념갈등은 과거의 상처를 벗어나지 못하고 있는 감정적 면이 강한데, 이제 좀 객관적이고 이념을 대하는 완숙한 태도를 가졌으면 한다. 역사 가운데 공산주의는 그 생명을 다하고 있고, 경쟁력이 없다는 사실이 입증되었다. 그럼에도 통일 후 인접한 중국과 러시아와 함께 평화롭게 살아야 하는데, 동북아의 평화를 위해서도 이념을 바라보는 보다 자신감 있는 태도를 한국교회가 견지함이 바람직하다. 통일독일은 이 점에서 나름대로 넉넉한 지혜를 준다. 복음에 입각한 바른 크리스천은 이런 점에서 자신감과 너그러움을 갖고 어그러진 세상을 인도할 수 있어야 할 것이다. 남북통일은 남과 북이 하나 되는 일일뿐 아니라 동북아의 평화를 위한 길이기도 하다. 역으로 남북의 통일을 위한 준비로 중국과 러시아와도 좋은 관계가 필히 형성되어야 한다. 이러한 맥락에서 한국은 통일을 위해 보다 광범위한 외교를 펼쳐나가야 될 줄 안다.

둘, 얼마나 큰 사명인지! "보라 내가 새 일을 행하리니 이제 나타낼 것이라 너희가 그것을 알지 못하겠느냐?"(사43) 한국교회가 통일과 그와 더불어 전개될 일을 바라보는 비전을 붙드는 일이 절대적으로 요청된다. 좁디좁은 땅에서 부동산 투기하며 아귀다툼하며 살며, 지독한 가난을 물리친 안도감에 한국이 이제 세계 경제대국이라는 말에 희희낙락하며 졸부처럼 안주하며 더 이상 경제동물로 쩨쩨하게 살아서는 안 되겠다. 통일한국은 통일과 함께 여러 가지 면에서 업그레이드되어야 한다. 물론 남북통일이 뭐든지 해결하는 마술 상자는 결코 아니다. 그러기에 한국교회는 복음에 바로 서서 기도하며, 할 수 있는 한 남북통일을 힘써 준비하고, 그에 맞는 꿈을 꾸어야 하고 한 마음이 되어 노력해야 한다.

통일한국은 평화를 위한 세기사적 몫을 감당하게 될 것이다. 통일과 함께 전개될 통일한국 그리고 한국교회의 새로운 과업을 기억하는 일은 너무도 중요하고 신나는 일이다. 믿기로는, 하나님은 70년 분단 포로생활의 어려움을 극복한 한국교회에게 새로운 일을 부여할 것이다. 그것은 세계 평화와 세계 선교와 관계되는 일일 것이다. 동북아의 화약고라고 해도 과언이 아닌 북한이 새로운 나라 새로운 태도로 변화될 때 세계 평화를 위한 길을 열게 될 것이 분명하다. 그 어느 나라보다도 통일 한국은 세계 평화의 중심에 서게 될 것이며, 마땅히 서야 할 것이다. 이제 통일한국은 이 점에서 세계적 역할을 감당하는 평화의 나라가 되어야 할 것이다. 이를 감당하기 위해서 미국과 일본은 말할 것도 없고, 국경을 인접한 러시아와 중국과의 우호관계는 통일을 전후로 하여 더욱 돈독해져야 할 것이다. 지독한 땅의 분단과 처절한 이념적 분열을 극복한 그만큼 성숙한 통일한국은 지구촌의 분열과 싸움의 지혜로운 중재자가 될 수 있을 것이다. 반기문 유엔사무총장의 역할도 이러한 점에서 벌써부터 요구되고 있다 하겠다. 또한 하나님은 오직 복음에 입각한 새 일을 한국교회에게 요구하실 것이다. 남북의 분단은 가장 신앙적으로 열정적인 한국교회의 세계 선교를 가로막고 있는 거대한 장애물이다. 분단으로 인해 한국은 지리적으로 섬나라가 되었으며, 비싼 항공료를 지불해야만 해외선교를 떠날 수 있으며, 심각한 좌우 이념 갈등 속에서 북방선교의 비전은 용기를 잃어 약화되었다. 그렇지만 통일한국이 중국과 러시아를 우방으로 삼는 평화로운 나라가 된다면 여러 면에서 이 문제는 극복될 것이다. 더 나아가 중국과 러시아와의 돈독한 관계는 중동아시아를 향한 선교에도 박차를 가하게 될 것이 분명하다. 어려운 선교대상인 중동아시아도 통일한국이 러시아와 중국과 평화관계를 유지하게 될 때 신앙의 자유 면에서 외교적으로 새로운 태도를 가지게 될 것이다. 그만큼 제대로 된 통일한국은 여러 가지 면에서 유리한 자리에 서게 된다는 말이다. 국제관계에서 그리고 세계 선교에서 통일한국이 그리고 그 한국교회가 감당해야 할 사명이 크다는 사실을 기억해야 하겠다. 한국교회의 이러한 세계선교의 사명은 다시 오실 우리 주님의 재림과도 긴밀한 관계를 가질 것으로 기대한다.

맺는말 : '한국신앙고백'

21세기 한국교회는 남북으로 분단된 고통의 땅에 위치한다. 한국장로교회는 개혁교회의 역사적 전통을 바로 이어야 할뿐 아니라, 보다 성숙한 교회로 거듭나야 하겠다. 그러기 위해서 한국교회는 최대의 십자가인 남북분단을 극복하는 일이 하나님이 기뻐하시는 일임을 기억하고, 이 일에 성경적으로 뛰어드는 적극적 자세가 요구된다. 2013년 오늘 남북분단 68주년을, 장로교 총회 100주년을 맞는 이 시점에 보다 한국교회가 '한국신앙고백'confessio coreana을 완성하는 일에 마음을 모아야 하겠다. '한국신앙고백'은 분단의 비참, 죄악의 회개, 통일에로의 감사와 비전을 담는 것이어야 한다. 첫째, 그것은 성경적이며, 둘째, 그것은 개혁교회 역사를 잇는 것이어야 한다. '한국신앙고백'은 21세기 남북분단 하 십자가를 진 한국교회의 갈 길이 되며, 통일 후 한국교회의 비전을 담는 것이어야 한다. 그러기 위해서 먼저, 한국교회는 수백 명의 인물들로 구성되는 TF를 만들어야 한다. 그 TF는 통일의 순간까지 '한국신앙고백'을 준비해야 하는데, 그 준비 과정에서 한국교회는 신학적으로 그리고 신앙적으로 여러 면에서 새로운 영적 경험을 하게 될 것이다. 아울러 한국교회가 한국사회가 존경하고 칭찬하는 교회로 변화될 것이다. 한국교회는 많은 지혜와 통찰력을 얻어 하나님이 원하시는 21세기 모델교회로 드러날 것이다. 사실 오늘날 한국교회는 손가락질 당하는 세상의 짐이 되고 있다는 사실을 기억해야 하겠다. 이러한 맥락에서 남북분단의 십자가를 한국교회가 짊어지고 세계 평화와 세계 선교를 꿈꾸는 거듭나는 과정에서 개혁교회의 전통에 선 '한국신앙고백'은 절실히 요구된다 하겠다. 완성된 '한국신앙고백'은 여러 교단의 총회를 통과한 후, 통일이 되었을 때 어두움을 물리친 땅 평양에서 남북의 교회가 함께 모인 가운데 공포해야 할 것이다. 이는 한국교회사 뿐 아니라 세계교회사에서도 새로운 획을 긋는 역사적 순간이 될 것이다. '한국신앙고백'은 한국교회가 분단의 십자가를 역사 가운데 어떻게 성경적으로 짊어졌는지를 제시하며, 어떻게 한국교회가 그 고통을 극복했는지를 보여주며, 통일 이후 어떤 비전을 구체화했는지를 보여줄 것이다. 뿐만 아니라, '한국신앙고백'은 여전히 분열과 갈등으로 고통 중에 있는 다른 세계 교회들에게도 갈 길을 제시하는 이정표가 될 것이다. 무엇보다도 한국교회가 하나님께 어떻게 영광을 돌렸는가를 보여주는 감사의 내용이라 하겠다.

제 21장
복음통일과 영역선교 : 온전함을 향하여[1)]

복음통일의 그날이 올 때까지 진실함과 꾸준함으로 노력하자. 모든 문제를 단숨에 풀 수 있는 지름길은 없다. 그러나 문제가 있는 곳에 해답은 반드시 있다. 세계 모든 문제가 농축되어 있는 한반도 통일문제를 풀어낼 때, 우리는 민족숙원을 달성할 뿐 아니라 열방의 문제를 해결하는 데 도움이 되는 나라로 일어서게 될 것이다.

허문영 교수(평화한국 대표, 통일연구원 선임연구위원)

1. 들어가는 말

지금도 세월호참사 관련소식은 대하기가 여전히 힘들다. 인생의 꽃을 피우지도 못하고 희생된 우리 어린 아들딸들, 끝까지 섬기다 함께 희생된 선생님들, 승무원들, 잠수사 등 여러분들의 이야기를 도저히 볼 수가 없다. 보거나 듣거나 읽기만 하면 계속 눈물이 난다. 승객을 버린 선장과 승무원, 금전만 챙기는 선사, 관리부실과 무능한 재난대응의 감독관청. 한국사회의 총체적 난맥상과 한국교회의 무기력함을 민낯으로 드러낸 사건이다. 세계 유례없는 압축성장을 통해 산업화와 민주화를 동시에 이뤄낸 자랑스런 대한민국이지만, 오늘의 한국사회로는 통일한국의 희망이 될 수 없음도 분명하게 보여주었다.

이제 이들의 희생을 승화시켜야 한다. 이 일을 대한민국의 질적 성숙과 한민족의 미래를 열어나가는 계기로 발전시켜야 한다. 유사한 국가적 도전이

---

1 이 글은 2014쥬빌리통일컨퍼런스 토론을 위해 그동안 필자가 발표했던 통일관련 글들을 모아 재정리한 것임을 밝혀둔다.

있었다. 횡적으로는 미국의 9.11 테러와 일본의 3.11 대지진이다. 안타깝게도 미국은 일방주의와 군사적 수단에 기초한 테러와의 전쟁(아프가니스탄전쟁, 이라크전쟁)으로 대응했고, 일본은 3년이 지난 오늘 아베의 군국주의적 발흥과 영토역사분쟁으로 대처하는 모습이다.[2] 미국의 시대가 저물어가고 있다는 주장도 나오고, 일본의 몰락도 멀지않았다는 극단적 주장도 나온다. 종적으로는 1980년 광주항쟁이다. 광주항쟁을 승화시켜 우리는 시대적 과제인 민주화를 이뤄냈다. 세월호 참사를 승화시켜 다시 한 번 민족의 숙원인 평화통일을 이뤄내는 계기로 삼아야 한다.

사실 통일논의는 2014년 연초부터 대세였다. 격변의 해 갑오년을 맞이하여 120년 전 구한말 국권상실과정과 60년 전 분단민족사를 반성케 하는 의미있는 논의가 일어났다. 박근혜 대통령의 '통일은 대박'이라는 신년기자회견(1.6)은 통일비용을 우려하는 마음을 일시에 바꾸었다. 도하신문의 '통일이 미래다.' '준비해야 하나가 된다.' 슬로건은 통일에 소극적인 자세를 흔들어 놓았다. 분단 70년이 다가오도록 통일비용에 대한 과도한 우려와 현실안주의 이기적 삶에 익숙한 채 고통가운데 있는 북녘동포들에 대해서는 사실상 방치하고 있었던 우리를 깨웠다. 그런데 생각해 볼 일이 있다. 준비 못한 통일은 대박이 아니라 쪽박이 될 수 있기 때문이다.

게다가 상황도 녹록치 않다. 3가지 폭풍이 충돌하는 절대폭풍(Perfect Storm)이 한반도를 향해 다가오고 있기 때문이다.[3] 향후 10년 사이 북한안보, 경제 폭풍이 몰려올 가능성이 높다. 폭압과 세뇌로 북한체제를 이끌고 있는 김정은 정권이 중.장기적으로 만성적 경제난과 회복기대감 상실에 따른 민중폭동 또는 IT 세계화추세 속에 정보유입으로 각성된 시민혁명 등을 겪을 때, 체제붕괴상황에서 핵무기 등 대량살상무기를 사용한 자포자기적 전쟁을 선택할 수도 있다. 유일초강국 미국에 대한 중국의 국력추월이 진행되면서 영토분쟁(중일 조어도분쟁, 한일 독도분쟁, 러일 북방 4도 분쟁, 한중 이어도분쟁)이

---

2 일본의 경우, 1923년 9월 1일 관동대지진 이후, 만주사변(1931.9.18)과 중일전쟁(1937. 7.7)도발로 병영체제를 구축하였으며, 진주만공습(1941.12.7)과 태평양전쟁을 도발한 후 패망하였던 역사를 갖고 있다.

3 허문영, "절대폭풍의 도래," 「목회와 신학」 2013년 6월호 참조

심화되는 가운데 일본 아베[4] 정부의 군국주의우경화정책[5], 미국의 아시아귀환(재균형)정책, 중국과 러시아의 군비증강정책이 충돌될 때, 파멸의 동아시아가 될 수도 있다. 더욱 심각한 것은 경제폭풍이다. 글로벌컨설팅업체 맥킨지도 한국의 최대위기가 북핵문제가 아니라 경제문제라고 지적한 바 있다. 신흥국 외환외기, EU국가 재정위기, 미국 양적완화회수정책, 중국 경기둔화로 우리경제가 휘청거리는 가운데 신자유주의 30년에 따른 중산층 몰락과 양극화 현상 심화, 청년실업 만연, 실버세대 궁핍화가 맞물릴 때 이미 이념·지역·계층·세대 갈등으로 어려움을 겪고 있는 우리나라는 사면초가에 처하고, 절대폭풍으로 풍비박산날 수 있다.

그러면 무엇을 해야 하나? 절대폭풍을 극복하고 복음적 평화통일을 이루기 위해 다시 기본으로 돌아가 통일문제를 살펴보아야 한다. 먼저 통일을 어떻게 볼 것인지, 통일은 왜 해야 하는지, 해야 한다면 어떤 통일을 해야 하는지, 어떻게 해야 하는지를 다시 생각해볼 것이다. 그리고 마지막으로 통일을 준비한다면 어떻게 준비할 것인지를 제안해 보고자 한다.

4 아베 총리는 정한론(조선을 점령해야 한다)을 주장한 요시다 쇼인의 제자인 오시마 요시사마의 증손자이고, A급 전범이었던 기시 노부스케 전 총리의 외손자이다.

5 최근 일본이 강조하고 있는 집단적 자위권은 동맹국이 공격받았을 때 자국이 공격받은 것으로 간주하고, 공격할 수 있는 권리를 뜻한다. 우리로서는 제2의 천진조약이 될 가능성에 대해 예의주시 대처해야 한다. 1884년 12월 4일 갑신정변이후, 1985년 조선문제에 대해 청.일 간에 체결한 '천진조약'('조선에서 어떤 변란이나 중요사건이 발생하여 청,일 두 나라 또는 어느 한 나라가 파병할 필요가 있을 때는 먼저 문서로서 연락하고 사태가 가라앉으면 다시 철병할 것' 등)이 결과적으로 1894년 동학혁명을 진압하는 과정에서 청나라군대의 진군은 일본군의 진군을 초래했고, 청일전쟁으로 비화되었다. 마찬가지로 집단적 자위권을 명분삼아 일본이 북한급변사태를 비롯한 한반도 위기상황에서 미일동맹을 빌미로 군사적 개입을 주장할 가능성도 배제할 수 없다.

2. 통일문제 어떻게 볼 것인가? : 복음통일

1) 한국교회 통일운동 흐름 : 북한선교 대 평화통일

한국교회 통일운동은 크게 2가지 흐름으로 발전해온 것으로 볼 수 있다. 진보진영의 '평화통일'운동과 보수진영의 '북한선교'운동이 그것이다. 진보진영의 경우, 1980년대 한국기독교교회협의회(NCCK)가 중심이 되어 평화통일 운동을 전개해 왔다. 기본입장은 1988년에 발표하여 1991년 남북기본합의서에 영향을 끼쳤던 '민족의 통일과 평화에 대한 한국기독교회 선언'(88선언)에 기초한다. 선언의 주요 내용은 7·4 남북 공동성명(1972) ① 자주 ② 평등 ③ 민족적 대단결의 3대 정신에 ④ 인도주의 ⑤ 민주적 참여를 더한 것이다. 이 원칙 아래 남북 당사자 만남을 통해 한반도평화 논의, 반전평화, 인도주의적 지원, 평화통일 논의와 운동에 민의 적극 참여를 위해 노력해왔다.[6] 보수진영의 경우, 시기별로 북한선교운동의 중심이 변화되어왔다. 그 내용도 점차 북한선교운동에서 통일운동으로까지 확대되어왔다. 1950년대와 60년대는 방송[7]과 구국기도운동이, 70년대와 80년대는 북한선교 단체들이, 90년대 이후는 교단연합기구·각 선교단체들이 주도한 것으로 볼 수 있다. 특히 보수진영 연합체인 한국기독교총연합회(이하 한기총)에서는 1996년 12월 "민족의 평화통일과 북한복음화를 위한 한국교회선언"을 발표하고, 「통일선교대학」을 개교함으로써 북한선교와 평화통일을 위한 노력을 병행 추진하기 시작했다.

두 진영 간 차이는 진보진영이 '화해'와 통일과정에, 보수진영은 '회복'과 통일이후에 초점을 맞추고 있는 것으로 평가되기도 한다.[8] 진보진영은 대체로 통일회의(국제, 남북관계차원)와 시국 및 통일 선언을 중심으로 활발히 활동하는

---

6 이훈삼, "한국기독교의 통일준비 현황" 민주평화통일자문회의 제5차 종교민족화합분과위원회 발표문, 2014.5.19, pp.3-6.

7 1954년 극동방송국 창설

8 유관지, "쥬빌리 통일구국기도회의 역사적 의미와 전망," 「통일을 설교하라」(서울: 포앤북스, 2013), p.15.

모습을 보여주고 있다.[9] 보수진영은 1950년대 이후 통일구국기도회를 진행하였고, 1990년대에는 북한의 식량난 아사상황에서 "사랑의 쌀 보내기" 등 인도지원에 주력하고, 2000년대 들어와 30만 탈북자가 출현하자 만주에서 탈북자복음화 사역을 통해 대북 선교를 공세적으로 진행하였다. 2010년대 들어와 기도운동을 다시 활발히 전개하면서 최근에는 통일기반구축차원에서 영역별 통일준비를 실제적으로 진행하기 위한 프로젝트들을 다양하게 기획 추진하고 있다.[10]

이제 십자가 아래에서 하나가 되어야 한다. 보수의 북한선교운동과 진보의 평화통일운동은 상호존중 속에 하나님나라를 향해 연합해야 한다. 바로 복음통일운동이 되어야 한다. 복음통일이란 하나님말씀에 기초해서 남북한이 하나가 되고, 하나님나라가 통일한국의 정치, 경제, 사회, 문화, 예술, 교육, 가정 등 모든 영역 속에서 이뤄짐을 의미한다. 그러면 복음통일은 어떤 자세를 가질 때 가능하게 될까?

2) 한반도 통일문제 특징 : 이중성과 복합성

통일문제를 다루기 위해서는 한반도문제의 특징을 이해할 필요가 있다.[11] 먼저 구조적 이중성이다. 한반도문제는 남북한이 주체적으로 풀어야 할 민족문제이자, 주변 4국(미·중·일·러)의 국가이익이 걸려있는 국제문제다. 평화를 위한 현상유지문제이자, 통일을 위한 현상타파문제도 된다. 북한은 우리의 안보위협세력이자, 통일동반자라는 이중적 존재이기도 하다.

다른 하나는 상황적 이중성이다. 한반도에는 세계차원의 탈냉전 조류와 동아시아 지역차원의 관성적 냉전 조류가 교차하고 있다. 소련과 동구 사회주의 진영은 붕괴했다. 그러나 아직도 동아시아에는 '21세기 사회주의 대국'으로 도약을 준비하는 중국과 '북한식 사회주의 강성대국' 건설을 꿈꾸는 북한이

9 WCC국제회의(6.16~19제네바):남북세계교회대표 한반도평화 숙의; '한반도 평화대행진 및 기도회' (7.25~26. 워싱턴 백악관 앞)개최; 8.15 평화통일기념주일 전세계교회 참여 독려; 5.24조치이후 단절된 대북 인도적지원 재개 위한 모든 방법 강구.

10 제3회 쥬빌리코리아통일구국기도회 개최 (6.5~6); 통일선교아카데미 개최 및 영역별 통일준비모임 추진;2015 서울.평양평화통일대성회 추진; 다양한 기도회 및 대북인도지원 지속적 진행

11 허문영, "통일정책을 어떻게 볼 것인가?" 「어떻게 투표할 것인가?」(서울: IVP, 2012), pp.109-111.

존재하고 있다.

마지막으로 한반도문제의 복합성이다. 북핵문제와 더불어 경제난, 인권문제, 대량살상무기, 급변사태와 같은 북한문제가 있고, 우리 민족의 미래가 걸려 있는 통일문제도 중첩되어 있다. 게다가 국경을 접한 중·러의 영토적 이해관계와 정치·군사·경제적 영향력을 미치고 있는 미·일의 국가이익도 연계되어 있다. 그러므로 북핵문제를 비롯한 북한의 식량난, 경제난, 대량난민발생 등과 같은 여러 문제를 직면할 때 마다 건건이 흥분만 할 것이 아니다. 문제의 본질을 꿰뚫어보아야 한다. 대책도 복합적으로 마련하려는 자세가 필요하다. 동아시아 정세의 변화 현황을 지정학적.지경학적.지문화학적 차원에서 정확히 읽어낸 토대 위에 주변 4국의 국가 전략을 중.장기적으로 분석한 후, 우리의 통일대전략(Grand Unification Strategy)에 기초한 북핵·대북·통일 정책을 수립 추진해야 한다. 물론 북한의 부정적 반응을 고려하여 통일 논의를 자제하는 것도 일면 타당하다. 그러나 북한 변화와 남북관계 개선의 '한반도 시간'보다 중국의 급부상과 미국·일본의 쇠락 등 '동아시아 시간'이 더욱 급박하게 흐르고 있음도 유념해야 한다.[12]

3) 통일문제에 대한 신앙적 시각 : 공의 · 균형 · 미래

통일문제를 신앙적으로 보고 풀기 위해서는 먼저 하나님 중심적 사고를 가져야 한다.[13] 우선순위를 잘 정립해야 한다. 민족통일은 '숙원'이라고 '꿈에도 소원'이라고 천명되고 있는 만큼, 우리에게 소중한 일임이 분명하다. 그러나 우리 기독인에게 있어서는 더욱 소중한 것이 있다. 하나님 나라와 그 의가

12 미국과 중국이 중기적으로는 동아시아 패권 경쟁을, 장기적으로는 세계 패권을 놓고 일전을 벌일 가능성도 배제할 수 없다. 2011년 10월 미국의 세계 전략가 미어샤이머(John Mearsheimer)는 미·중 패권경쟁 가능성을 언급하면서 한반도가 지정학적으로 매우 불행한 지역이 될 수 있으니 한·미 동맹 강화를 통해 이에 대비해야 한다고 강하게 주장한 바 있다. 통일한국의 위상을 어떻게 정립할 지에 대한 우리의 국가대전략 수립이 절실히 요청되는 시점이다. 허문영 외 「2015년 동북아의 갈등 대립관계 전망」(서울: 통일연구원, 2012)

13 허문영, "한반도 평화를 위한 기독인의 과제와 역할-북핵 및 이라크파병 문제를 중심으로," 호남신학대학교 해석학연구소, 「통일신학과 해석학」(서울: 땅에쓰신글씨, 2003), pp.108-113.

그것이다.[14] 우리가 주님의 뜻대로 순종할 때, 우리 민족의 소망도 이뤄질 것이다. 우리가 하나님의 왕권을 우리 사회의 정치·경제·국방·사회·문화·예술·교육 등 모든 영역에서 확장해 나가고, 우리의 삶을 성결하고 경건하게 하나님께 드려 하나님의 의를 구할 때, 하나님께서 우리민족으로 향하신 당신의 뜻을 이뤄갈 것이다. 그러므로 우선순위가 뒤집어지지 않도록 해야 한다. 모든 통일이 선한 것은 아니다. 하나님의 말씀과 뜻에 부합하는 통일을 추구해야 한다.

균형적 인식을 가져야 한다. '좌로나 우로나 치우치지' 말자.[15] 우리는 한반도 통일문제가 분단 69년 동안 만들어진 구조적 문제임을 인식하고, 이를 해결하는 데 있어 극우 또는 극좌와 같은 극단주의는 도움이 안 됨을 분명히 할 필요가 있다. 양 극단주의에 의해 극렬한 대립과 갈등이 증폭되는 악순환 고리를 끊기 위해서는 보수와 진보가 상호 존중하는 가운데 대화와 타협으로 합의구조를 만들어가야 한다. 두 눈을 다 활용하여 좌와 우를 함께 보아야 한다. 한 눈으로만 보면 입체감과 원근감을 상실하여 제대로 볼 수 없듯이, 통일문제도 제대로 볼 수 없다.

미래지향적 시각을 가져야 한다.[16] 문명사의 흐름을 볼 때, 세계 중심의 대양이 서진해 온 것을 발견할 수 있다. 4세기부터 14세기 중세시대는 지중해가 중심이었다. 문예부흥과 종교개혁이후 16세기부터 20세기 근세시대는 대서양을 중심으로 문명의 꽃을 피웠다. 그리고 21세기 태평양을 중심으로 하는 새로운 문명 시대가 전개되기 시작하였다. 태평양 인접국가들이 주고받는 무역총액이 대서양 인접국가들의 무역총액을 1996년부터 앞서기 시작하였다. 그런데 한반도는 대륙의 힘이 강할 때에는 대륙의 영향력 하에 머물게 되었고, 해양의 힘이 절대적일 때에는 해양의 속국(일제의 식민지)이 되었다. 그리고 대륙과 해양의 힘이 팽팽하게 대결할 때, 분단국(미일 대 중소 대결구도하의 남북한)으로 전락하였다. 한반도를 둘러싼 대륙과 해양 세력의 대결구도는 여전하다. 아니 오히려 미국의 21세기 세계패권 유지전략과 중국의 21세기 소강사회 건설전략의 충돌, 그리고 일본의 보통국가 건설전략과 러시아의 영향력 회복전략으로 인해

---

14 마 6:33

15 여호수아 1:7-9

16 잠언 29:18

마찰이 더욱 심해질 가능성도 높다. 그러나 주님의 뜻은 동아시아가 대결과 전쟁으로 퇴락하는 것이 아니라, 건강한 기독공동체에 의해 평화와 공동번영으로 발전하는 것이라 할 수 있다.[17]

따라서 21세기 태평양시대에 우리민족은 대륙세력과 해양세력의 접점에서 대결의 상태로 더 이상 머물러 있어서는 안 된다. 지중해를 중심으로 유럽과 아프리카를 이끌었던 '로마제국'처럼 우리 민족도 민족의 화해와 평화 통일을 통해 "해륙국가"를 이뤄 한반도문제를 해결 할 뿐 아니라 동북아의 평화와 번영 나아가 인류의 공동발전에 이바지하려는 의지를 갖고 통일문제를 진취적으로 풀어나가야 할 것이다.

3. 통일을 왜 해야 하는가? : 온전함 회복

1) 한반도 분단 : 3중 분단과 4중 의미

한반도 분단구조는 3단계를 거쳐 중첩적으로 형성되었다. 제1단계 국토분단이다. 1945년 8월 15일 북위 38도선을 중심으로 미군과 소련군이 각각 점령함으로써 진행되었다. 이후 이데올로기적·군사적 대결과 한국전쟁으로 인해 자유진영의 미국·일본·한국으로 구성되는 남방삼각관계와 공산진영의 소련·중국·북한으로 구성되는 북방삼각관계가 구성되었다. 그 결과 한반도에는 이중삼각 대립관계의 분단구조가 형성되었다. 제2단계 체제(주권/정부)분단이다. 1948년 8월 15일 대한민국 정부 수립과 9월 9일 조선민주주의인민공화국 정부 수립으로 진행되었다. 이후 진행된 한국전쟁으로 한반도 차원에서 정전체제가 구축되었다. 제3단계 민족(마음)분단이다. 1950년 6월 25일 북한의 남침에 따른 3년여의 동족상잔을 경험함으로써 최종적으로 진행되었다. 개인 차원에서는 상대방을 '적'과 '원쑤'로 증오하는 심정적 대결의 냉전의식이 만연케 되었다.

17 이사야 19:23-25

요컨대 한반도 분단구조는 국제 정치적 권력관계가 주도하고, 민족적 권력투쟁과 동족상잔으로 심리적 적대감이 축적된 복합형으로서, 남북한 각각의 국내정치적 요청에 의해 고착화된 3중 분단인 것으로 특징화할 수 있다.

이같이 형성된 한반도 분단선은 4중적 의미를 갖고 있는 것으로 볼 수 있다. 한반도차원에서는 남과 북의 민족적 분단선이다. 동아시아차원에서는 해양세력인 미국·일본대 대륙세력인 중국·러시아의 지정학적 대치선이 된다. 세계차원에서는 유일초강국인 미국 대 잠재적 도전국가인 중국의 패권 대결선이 된다. 마지막으로 영적차원에서는 하나님나라 진영 대 불신 진영의 영적 전투선의 의미도 있다. 따라서 분단극복과 통일달성을 위해서는 4중적 해법이 필요하다.

2) 남북한의 통일 당위성 : 이데올로기 대 실용

통일되어야 한다는 점에 대해서는 남북한이 모두 수긍하고 있다. 그러나 왜 통일이 되어야 하는가에 대해서는 남북한이 상이한 이해를 보이고 있다.[18] 북한의 경우 분단이후 지금까지 거의 변함없이 이데올로기적 당위성에 철저히 기초하고 있다. 한마디로 '남반부 인민의 해방'에서 통일의 당위를 찾고 있다.[19] 반면에 우리사회의 통일 당위논리는 시기별로 현실을 반영하여 강조되는 실용주의적 모습을 보여주고 있다.

1960년대까지 금기시 되었던 통일론은 1970년대 7·4남북공동성명 이후 본격적으로 논의되는 모습을 보여주었다. 이 시기 통일 당위성으로는 인도적 이유, 안보적 이유, 문화적 이유가 주로 거론되었다.

인도적 당위성은 1000만 이산가족의 고통을 해소하기 위해 통일은 반드시 이루어져야 한다는 것이다. 이들 실향민과 이산가족은 아직도 슬픔과 고통의 한을 안고 살고 있다. 소련 '까레스키' 동포와 중국의 '조선족'동포 그리고 일본의

---

18 허문영, "통일과 기독인의 역할," 「21세기 기독인의 사명과 비전」(서울:죠은문, 1995), pp.119-120. ; 허문영, "통일의 당위성," 「월간목회」 1997년 3월호

19 북한은 노동자 · 농민 · 군인 · 근로인텔리 · 근로인민만을 주권자로 인정하는 (사회주의헌법 제4조, 2012.4.13. 개정) 인민민주주의독재를 실시하는 계급국가 (제 12조)로서, '전국적 범위에서 공산주의사회를 건설' 하는 것을 지상목표로 하고 있다. (노동당 규약 전문) 이러한 시각에서 그들은 남한 인민을 '미제' 와 '괴뢰정권' 으로부터 해방하기 위해 통일은 반드시 이루어져야 한다고 주장한다.

조총련계 동포들까지 고국을 방문하고 있는데, 지척에 고향을 두고도 가지 못하는 이산가족의 한은 분명 이 시대 이 민족의 최대 비극이다. 이 부자연스런 타율적 이산은 어떤 명분으로도 정당화될 수 없는 바, 이것을 해소키 위해 통일되어야 한다는 것이다. 그런데 분단 70년이 다가오면서 이산가족 당사자인 1세대는 90% 가량 사망하였고, 이제 10년이 지나면 생존해 계시는 분이 극소수로 남게 됨으로써 인도적 당위성은 다소 약화될 수 있다.

안보적 당위성은 70년대 베트남 공산화과정에서 남북한을 전쟁의 공포로부터 해방시키고 전쟁을 막기 위해서 통일이 이룩되어야 한다는 것이다. 우리 민족은 한국전쟁 당시 엄청난 인명피해와 재산손실을 경험했다. 국군 22.9만 명, 북한군 52만 명, 유엔군 3.8만 명, 중공군 90만 명 등 총 180여만 명에 달하는 군인이 사망하였다. 민간인의 피해는 더 크다. 남한지역에서만 사망 24.5만 명, 부상 23만 명, 공산군에 의한 피살 13만 명, 납북 8.5만 명의 피해가 있었고, 이에 따라 30만 명의 전쟁미망인, 33만의 전쟁불구자, 10만 명의 전쟁고아, 100만 명의 결핵환자가 발생하였다. 안보적 당위성은 더욱 강조되고 있다. 전쟁이 끝난지 61년이 되는 지금의 남북한 군사력은 그 때에 비해 훨씬 강력하고 무서운 힘을 지니고 있다. 더욱이 북한의 경우 핵무기 보유설까지 나오고 있는 실정이다. 따라서 분단 상태 하에서는 동족상잔 재발의 위험과 공포가 항상 도사리고 있기 때문에, 이를 해소하기 위해 통일이 되어야만 한다는 것이다.

문화적 당위성은 1970년대 남북대화과정에서 북한을 방문한 대표단과 기자단이 민족이질화 현상을 심각히 체험하게 된 후 강조되었다. 점차 심화되는 민족적 이질화를 억제하고 동질성을 회복·유지하기 위해 통일이 이루어져야 한다는 것이다. 남북한분단은 이질적 이념과 체제를 우리 민족에게 강요했고, 그에 따라 남북한은 모든 생활영역에서 상당한 이질화를 겪고 있는 바 언어생활과 교육이 달라지고 정신생활이 달라지고 있다. 이러한 문화적 이질화는 시간이 경과됨에 따라 더욱 심화되고 있다. 따라서 전 세계에서 유례를 찾아볼 수 없을 만큼 오랜 기간 단일민족을 유지해 온 우리로서는 분단 상황이 민족동질성을 파괴하는 것을 마냥 보고만 있을 수 없는 것이며, 이에 통일을 이루어야 한다는 것이다.

1980년대부터 90년대 우리사회가 민주화과정을 밟으면서는 분단과 민주화의 상관관계가 심각하게 논의되면서 통일의 정치적 당위성이 본격적으로 강조되기 시작했다. 민주주의 발전과 동북아 평화를 위해 통일이 이룩되어야 한다는 것이다. 분단 상황 하에서 민주화는 기본적으로 제한을 받을 수 밖에 없다. 따라서 통일이 된다면 민주주의에 대한 구조적 제약요건이 제거되기 때문에 민주화가 신장될 것이다. 그리고 정치의 민주화는 사회의 민주화에 필연적으로 연결되기 때문에, 결국 통일은 모든 부분의 민주화에 도움을 줄 수 있다는 것이다. 또한 한반도는 미·일·중·러 4국의 이해가 엇갈려 있는 지역이기 때문에 4국간의 분쟁요인을 줄이고 동북아 평화에 도움을 주기 위해서는 분단이 극복되어야 한다는 것이다.

2000년대 들어와서는 IMF 경제위기(1997)와 서구 경제위기(2008)를 극복하는 과정에서 경제적 논리가 강조되기 시작했다. 경제발전과 민족번영을 위해 통일되어야 한다는 것이다. 남한은 자본과 기술 그리고 세계시장과의 밀접한 연관성에서, 북한은 자원과 노동력 면에서 상대적으로 각각 장점을 갖고 있다. 따라서 통일된다면 남북경제의 강약점이 서로 보완되면서 더 큰 발전을 이룰 수 있으며, 7천 5백만 우리 민족이 하나의 민족경제를 건설하기 위해 노력한다면 미국이나 일본에게 비굴할 필요도 없고, 중국과 러시아를 두려워할 이유도 없다는 것이다. 더욱이 과도한 남북경쟁에서 생기는 불필요한 민족역량의 소모를 방지할 수 있다. 남북한 모두 서로 상대방을 제1의 적으로 삼고 지출하는 막대한 군사비[20]와 국제사회에서의 치열한 외교경쟁에 낭비하고 있는 수많은 자원과 역량을 민족번영을 위해 활용할 수 있다.

이상의 논의를 요약해보면, 국토 분단과 민족 분열에 따라 시기별로 여러 분야에서 나타나는 고통과 민족적 불이익을 막고 풀기위해 통일을 반드시 해야 한다는 것이다. 물론 옳은 말이다.

---

[20] 북한은 국가예산의 절반인 50억 달러를, 남한은 정부예산의 20%인 290억 달러를 사용한다.; 북한은 전체노동인구의 12%를 남한은 6%를 군 병력으로 이용한다.

3) 새로운 통일 당위성 :
온전함의 회복과 섭리에 대한 순종

그러나 통일의 당위성 문제를 좀 더 진지하게 생각해 볼 필요가 있다. 남북통일은 민족구성원 모두에게 바람직하고 이로운 것이 되지만, 동시에 민족구성원 모두에게 고통과 희생을 요구할 수도 있다. 반세기에 가까운 세월을 상이한 이념과 체제 아래 서로 다른 삶을 영위해 온 남북한이 하나가 되었을 때, 개인적으로나 사회적으로 상당한 혼란과 갈등, 불편과 희생이 당분간 뒤따를 것이기 때문이다. 뿐만 아니라 통일을 이루어 가는 과정에서도 개인적·국가적 고통과 희생 그리고 경제적 부담은 막중한 것이 될 수도 있다. 그러면 '분단의 고통과 불이익'을 해결하기 위해 또 다른 엄청난 희생이 따를 지도 모르는데, 과연 통일을 해야만 하는 것인가? 또한 앞에서 열거한 5가지 이유들은 굳이 통일을 안 하더라도 남북한이 화해·협력을 토대로 평화공존을 이룩하면 해결할 수도 있는 것들이다. 하나의 민족이기 때문에 반드시 하나의 국가를 이루어야 한다는 주장도 일리는 있으나, 역사적으로 볼 때 일 민족 다 국가의 사례는 많은 바, 사실 지나친 욕심일 수도 있는 것이다. 게다가 통일 필요성에 대한 지지도도 최근 20년 동안 거의 20% 이상 낮아지고 있는 추세다.[21]

그럼에도 불구하고 우리는 왜 통일을 해야만 하는 것인가? 온전함의 회복을 위해서이다. 분단체제하에서 우리는 온전한 생활을 할 수 없다. 물론 분단국가임에도 불구하고 삼성전자, 현대자동차와 같은 분야별 세계 제일의 기업이 나왔고 김연아, 박태환, 이상화 같이 세계적인 운동선수가 배출되었다. 그러나 세계적인 사상가는 아직 출현하지 못했다. 여러 이유가 있겠지만, 분단체제하에서 이데올로기적 자기검열도 중요한 이유가 될 것이다. 다시 말해 협동 및 돌봄을 강조하는 진보진영과 경쟁 및 능력을 강조하는 보수진영을 풍부한 상상력과 함께 마음대로 넘나들 수 없기 때문이다. 정치분야에서도 비록 절차적 또는 제도적 민주화는 국민의 희생을 통해 이뤄냈으나, 내용적 또는 실질적

---

21 통일연구원이 실시한 통일여론조사에서 통일이 필요하다는 응답은 1994년 91.6%, 2005년 83.9%, 2009년 78.3%로 점차 낮아졌다. 통일연구원, 「통통통일」(서울:통일연구원, 2011), pp. 38-40. KBS 여론조사에서는 2013년 69%로 더욱 낮아졌다. 「2013년 KBS 여론조사」

민주화는 분단의 장벽에 막혀 아직도 부족한 수준에 머물고 있는 실정이다. 오히려 북한의 도발이 있을 때에는 안보논리에 함몰되어 절차적 민주화까지 훼손되는 상황이다. 또한 앞의 안보적 당위성에서 지적되었듯이 북한의 서해도발, 천안함 폭침, 연평도 포격, 무인기 침투, 핵실험과 대량살상무기개발 등으로 분단체제 하에서는 끊임없는 안보위기와 동족상잔의 전쟁위협에 처할 수밖에 없다. 게다가 분단 3세대가 지속되면 이제 한민족 정체성 훼손과 더불어 분단 고착화도 당연시 될 것이다. 이 모든 어그러짐을 극복하고 온전함으로 회복하기 위해 통일을 해야 한다.

아직까지 성취하지 못한 민족사적 과제이기도 하다. 19세기 후 반이래 우리의 민족적 과제는 근대적 민족국가로의 전환이었다. 그러나 우리 민족은 일제의 침략 때문에 국가없는 민족이 되었고, 8·15 해방이후 미·소의 분할 강점 때문에 분열된 민족이 되었다. 현대에 들어와 우리는 국권의 단절과 민족의 분열을 겪었던 것이다. 한편 작금의 국제조류는 이데올로기 중심의 냉전체제가 붕괴됨에 따라 다시 자국실리 중심의 민족주의가 대두되고 있으며, 특히 한반도 주변 4국 중 일본과 중국은 이미 뛰고 있으며, 미국과 러시아도 다시 뛰기 시작하고 있다. 우리 민족만 마냥 주저앉아, 동족간 자해행위를 반복·심화시키면서 21세기를 낭비할 수만은 없는 일이다.

게다가 통일은 하나님의 뜻이라고도 할 수 있기 때문이다. 무엇보다도 인간은 본래 하나님의 형상대로 지음받은 공동체적 존재로서 서로 돕고 사랑하며 살도록 지어졌기 때문이다.(창 1:26-28)[22] 또한 북한 동포에 대한 사랑 나아가 해외동포와 우리의 후손까지 포함한 민족에 대한 사랑 때문이다.(요 15:12)[23]

---

22 사람들이 뜻을 같이하고 하나가 되어 서로 도우며 평화롭게 살아가는 것이 인간의 본래적 삶의 양식이다. 그런데 우리는 국토분단으로 인하여 동족간에 피비린내 나는 전쟁을 겪게 되었고, 그 결과 마음의 분단까지 겪게 되었다. 그리고 우리는 서로를 사랑하는 대신 증오하기 시작하였다. 따라서 분단을 극복하고 통일을 이루는 것은 인간본연 또는 민족본연의 삶을 회복하는 길이 되기 때문이다.

23 북한에 있는 2450만 동포들은 근 70년에 가까운 세월을 김일성 일인독재하의 공산체제 가운데 살아왔다. 따라서 북한의 형제들은 개인의 자유와 인권 그리고 정보가 철저히 통제된 가운데 생존 자체가 힘에 겨운 실정에 처해 있다. 또한 250만 재중·재러 동포 가운데 상당수는 일제시대에 함경도·평안도로부터 이주해 온 사람들이라, 북한을 고향으로 여기며 북한의 궁핍을 자신의 궁핍으로, 북한의 슬픔을 자신의 슬픔으로 여기고 있다. 이들도 우리의 혈육인 바, 이들에게 민족적 자긍심을 심어주기 위해서라도 통일은 이룩되어야 할 것이다. 또한 우리의 후손들에게 민족 분단에 따른 전쟁의 공포와 민족

나아가 섭리사적 과제도 있다(사19:23-25)[24]

그러나 통일지상주의는 곤란하다. '모든 통일이 선인 것'은 아니기 때문이다. 통일은 그 방법과 내용이 민족에 대한 사랑에 근거하고 있어야 하며, 동시에 독립된 근대적 민족국가라는 목표를 지향해야 하기 때문이다. 나아가 통일은 민족구성원 모두가 지향하는 근대적 민족복지국가 건설을 위한 하나의 선결조건이자, 남북한의 화해와 동북아 주변 4국, 인류의 평화를 위한 과정으로서도 추구되어야 한다. 따라서 통일은 그 자체가 궁극적 목표가 아니다. 오직 과정적 목표일 뿐이다. 궁극적 목표는 하나님나라이다. 또는 그 결과이자 현실적 발현인 평화(샬롬 또는 온전함)가 되어야 할 것이다.

4. 어떤 통일을 해야 하는가? : 영성대국 (靈性大國) 건설

1) 근대 민족지도자 국가관

우리 신앙의 선배들은 어떤 나라를 꿈꿨는가? 백범 김구선생은 여전히 오늘 우리에게도 의미있는 나라를 제시하였다. 그가 소원한 나라는 자유민주국가,[25]

자해적 양태를 더 이상 물려주어서는 안될 것이다.

24 하나님께서는 구원의 민족이 되게 하셨고, 전쟁 폐허에서 2013년 현재 경제규모 세계 13위(1428조3천억원), 무역량 세계 8위(연 1000조원), 7번째 20-50(일인당 소득 2만달러, 인구 5000만)클럽 국가로 도약케 하셨다. 엄청난 복을 하나님께서 내려주신 데는 놀라운 섭리가 있을 것이다. 땅끝까지 예수그리스도를 전하라는 뜻이 있으심에 틀림없다. 이 사명을 감당키 위해 통일을 해야한다.

25 "나의 정치 이념은 한마디로 표시하면 자유다. 우리가 세우는 나라는 자유의 나라라야 한다. …자유있는 나라의 법은 국민의 자유로운 의사에서 오고, 자유없는 나라의 법은 국민 중의 어떤 일개인 또는 일 계급에서 온다. 일개인에선 오는 것을 전체 또는 독재라 하고 일 계급에서 오는 것을 계급독재라 하고 통칭 파쇼라고 한다. 나는 우리나라가 독재의 나라가 되기를 원치 아니한다. 독재의 나라에서 정권에 참여하는 계급 하나를 제외하고는 다른 국민은 노예가 되고 마는 것이다. …독재 중에서 가장 무서운 독재는 어떤 주의, 즉 철학을 기초로 하는 계급독재다. …시방 공산당이 주장하는 소련식 민주주의란 것은 이러한 독재정치 중에도 가장 철저한 것이어서, 독재정치의 모든 특징을 극단으로 발휘하고 있다. …일점 일획이라도 반대는 고사하고 비판하는 것도 엄금하여 이에 위반하는 자는 죽음의 숙청으로써 대하니, 이는 옛날 조선의 사문난적에 대한 것 이상이다. …우리가 세우는 나라에는 유교도 성

사랑과 평화의 국가,[26] 문화국가,[27] 영성국가,[28] 봉사국가다.[29] 그는 이를 몽상이라

하고 불교도 예수교도 자유로 발달하고, 또 철학으로 보더라도 인류의 위대한 사상이 다 들어와서 꽃이 피고 열매를 맺게 할 것이니, 이러하고야만 비로소 자유의 나라라 할 것이요, 이러한 자유의 나라에서만 인류의 가장 크고 가장 높은 문화가 발생할 것이다. 이상에 말한 것으로 내 정치 이념이 대강 짐작될 것이다. 나는 어떠한 의미로든지 독재정치를 배격한다."

26 "내가 원하는 우리 민족의 사업은 결코 세계를 무력으로 정복하거나 경제력으로 재배하려는 것이 아니다. 오직 사랑의 문화, 평화의 문화로 우리 스스로 잘 살고 인류 전체가 의좋게 즐겁게 살도록 하는 일을 하자는 것이다. 어느 민족도 일찍 그러한 일을 한 이가 없었으니 그것은 공상이라고 하지 말라. 일찍 아무도 한 자가 없길래 우리가 하자는 것이다. 이 큰일은 하늘이 우리를 위하여 남겨놓으신 것임을 깨달을 때에 우리 민족은 비로소 제 길을 찾고 제 일을 알아본 것이다. 나는 우리나라의 청년 남녀가 모두 과거의 조그맣고 좁다란 생각을 버리고 우리 민족의 큰 사명에 눈을 떠서 제 마음을 닦고 제 힘을 기르기로 낙을 삼기를 바란다. 젊은 사람들이 모두 이 정신을 가지고 이 방향으로 힘을 쓸진대, 30년이 못하여 우리 민족은 괄목상대하게 될 것을 확신하는 바이다."

27 "나는 우리나라가 세계에서 가장 아름다운 나라가 되기를 원한다. 가장 부강한 나라가 되기를 원하는 것은 아니다. 내가 남의 침략에 가슴이 아팠으니 내 나라가 남을 침략하는 것을 원치 아니한다. 우리의 부력(富力)은 우리의 생활을 풍족히 할 만하고 우리의 강력(强力)은 남의 침략을 막을 만하면 족하다. 오직 한없이 가지고 싶은 것은 높은 문화의 힘이다. 문화의 힘은 우리 자신을 행복하게 하고 나아가서 남에게 행복을 주겠기 때문이다. 지금 인류에게 부족한 것은 무력도 아니요 경제력도 아니다. 자연과학의 힘은 아무리 많아도 좋으나 인류 전체로 보면 현재의 자연과학만 가지고도 편안히 살아가기에 넉넉하다. 인류가 현재에 불행한 근본 이유는 인의가 부족하고 자비가 부족하고 사랑이 부족한 때문이다. 이 마음만 발달이 되면 현재의 물질력으로 20억이 다 편안히 살아갈 수 있을 것이다. 인류의 이 정신을 배양하는 것은 오직 문화이다. 나는 우리나라가 남의 것을 모방하는 나라가 되지 말고 이러한 높고 새로운 문화의 근원이 되고 목표가 되고 모범이 되기를 원한다. 그래서 진정한 세계의 평화가 우리나라에서, 우리나라로 말미암아서 세계에 실현되기를 원한다. 홍익인간이라는 우리 국조 단군의 이상이 이것이라고 믿는다. 또 우리 민족의 재주와 정신과 과거의 단련이 이 사명을 달성하기에 넉넉하고, 우리 국토의 위치와 기타 지리적 조건이 그러하며, 또 1차, 2차의 세계대전을 치른 인류의 요구가 그러하며, 이러한 시대에 새로 나라를 고쳐 세우는 우리가 서 있는 시기가 그러하다고 믿는다. 우리 민족이 주연 배우로 세계 무대에 등장할 날이 눈앞에 보이지 아니하는가. 이 일을 하기 위하여 우리가 할 일은 사상의 자유를 확보하는 정치 양식의 건립과 국민 교육의 완비다. 내가 위에서 자유의 나라를 강조하고 교육의 중요성을 말한 것은 이 때문이다."

28 "최고 문화 건설의 사명을 달한 민족은 일언이폐지하면 모두 성인(聖人)을 만드는데 있다. 대한 사람이라면 간 데마다 신용을 받고 대접을 받아야 한다. … 집안이 불화하면 망하고 나라 안이 갈려서 싸우면 망한다. 동포간의 증오와 투쟁은 망조다. 우리의 용모에서는 화기가 빛나야 한다. 우리 국토 안에는 언제나 춘풍이 태탕하여야 한다. 이것은 우리 국민 각자가 한번 마음을 고쳐 먹음으로써 되고 그러한 정신의 교육으로 영속될 것이다."

29 "최고 문화로 인류의 모범이 되기로 사명을 삼는 우리 민족의 각원(各員)은 이기적 개인주의자여서는 안된다.…우리는 남의 것을 빼앗거나 남의 덕을 입으려는 사람이 아니라 가족에게, 이웃에게, 동포에게 주는 것으로 낙을 삼는 사람이다.…한없이 주기 위함이다. 힘드는 일은 내가 앞서 하니 사랑하는 동포를 아낌이요, 즐거운 것은 남에게 권하니 사랑하는 자를 위하기 때문이다. 우리 조상네가 좋

생각하지 말고, 반드시 실천해 나가는 것이 우리민족의 사명이라고 주장했다. 결국 기독교정신이 발현된 나라라 할 수 있겠다. 도산 안창호가 꿈꾼 나라[30]도 정직과 공의, 사랑과 공동체, 자유와 평화의 기독교정신과 밀접한 관련이 있는 務實국가[31], 大公국가[32], 자유국가[33], 평화국가[34]라 할 수 있다.

우남 이승만이 꿈꾼 나라도 기독교신앙에 기초한 국가이다.[35] 그는 1899년 1월 9일 터진 '박영효 쿠데타 음모사건'에 연루되어 한성감옥에 투옥되었다. 이 시기 이승만은 기독교에 귀의하고, 처음으로 '자신의 영혼과 국가를 위해' 하나님께

아하던 인후지덕(仁厚之德)이란 것이다.… 민족의 행복은 결코 계급투쟁에서 오는 것도 아니요, 개인의 행복이 이기심에서 오는 것이 아니다. 계급투쟁은 끝없는 계급투쟁을 낳아서 국토에 피가 마를 날이 없고, 내가 이기심으로 나를 해하면 천하가 이기심으로 나를 해할 것이니, 이것은 조금 얻고 많이 빼앗기는 법이다." 단기 4280년 11월 15일 개천절 날(1947년 10월 3일) 김구 연설문

30 정경환, "도산 안창호의 국가론에 관한 연구," 「민족사상」 제5권 제3호 (서울: 한국민족사상학회, 2011), pp.43-86.

31 무실역행은 도산의 창의적 개념으로서 무실은 참되기를 힘쓰자는 뜻이고, 역행은 행하기를 힘쓰자는 뜻으로 이해된다. 무실국가는 무실 이념이 투영되는 국가로, 정의가 꽃을 피는 국가이자 신리가 중심이 되는 국가이다. 즉 진실하고 정의로운 국가를 의미한다. 도산 어록 "진리는 반드시 따르는 자가 있고, 정의는 반드시 이루는 날이 있다." "죽더라도 거짓말을 하지 말아라. 꿈에라도 성실을 잃었거든 통회하라." "거짓이여! 너는 내 나라를 죽인 원수로구나. 군부의 원수는 불공대천이라 했으니 나는 죽어도 거짓말을 하지 않으리라." 「도산안창호 온라인기념관」

32 대공주의도 도산의 독특한 개념인데, 私보다 公을 위주로 하는 태도로, 무슨 일에 있어서나 공명정대하고 공평무사하기를 힘쓰는 태도를 의미한다. 대공국가는 나라 운영에 있어 사사로움이나 불편부당함이 없이 공평하고, 양 극단의 조화로움이 있는 나라이다. " 나 하나를 건전한 인격으로 만드는 것이 우리 민족을 건전하게 하는 유일한 길이다." "나는 우리 민족의 장래에 큰 소망을 가집니다. 나는 우리 민족의 본질에 대하여 조금도 비관을 품지 아니합니다. 우리는 넉넉히 대사업을 이룰 민족이라고 굳게 믿습니다." 「도산안창호 온라인기념관」

33 "대개 나라가 없는 자는 따라서 자유가 없소. 자유가 없으면 그 사람은 죽은 사람과 같소." "우리가 우리 주권만 찾는 것이 아니라 한반도 위에 모범적 공화국을 세워 이천만으로 하여금 천연의 복락을 누리려 함이오." 안창호, "내무총장에 취임하면서," 「안도산전서:언론 자료 편」 (서울: 범양사, 1990) p.99.

34 "그뿐만 아니라 더욱 세계의 항구적 평화를 돕고자 함이오. 우리가 신공화국을 건설하는 날이 동양 평화가 견고하여지는 날이오. 동양 평화가 있어야 세계 평화가 있겠오. " 안창호, "내무총장에 취임하면서," 「안도산전서:언론 자료 편」 (서울: 범양사, 1990) p.100.

35 이덕주, "이승만의 기독교 신앙과 국가건설론-기독교 개종 후 종교활동을 중심으로(1899-1913)," 「한국기독교와 역사」 제30호 (서울:한국기독교역사연구소??, 2009), pp.35-90.

기도드렸다.[36] 1904년 8월 출감 직전, 그는 일본의 침략 앞에서 기독교인들이 무관심하거나 외국을 의지하는 자세를 비판하고, 영국과 미국처럼 기독교정신으로 자주독립국가 건설할 것을 촉구했다.[37]1904년 11월 미국으로 유학 간 이승만은 1907년 평양대부흥을 보며 망국의 위기에 처한 조국을 구할 수 있는 길은 '오직 기독교'밖에 없음을 강조하였다. 그가 강조한 "20년 내에 완전한 기독교 국가가 되게하여 주소서!"는 당시 대한제국 기독인들의 기도제목이 되었다.[38] 그는 일제하에서 고난 받으며 성장하는 한국교회가 민족의 희망이 될 것임과 한국이 아시아에서 기독교 신앙을 기초로 한 국가가 되어야함을 제시하였다.[39] 나아가 그는 한민족의 독립운동이 단순한 독립국가건설을 위한 정치운동 차원에 멈추는 것이 아니라 지상에서 모든 민족이 형제애를 바탕으로 자유와 평등의 세계평화공동체 건설에 기여하는 것을 구상하였다.[40] 자유와 평등을 기반으로 한 기독교국가 건설이라는 그의 오랜 숙원은 드디어 1948년 대한민국 제헌의회를

---

36 "나는 다시 감옥에 갇혔다.…그 때부터 칼 위에 머리를 숙이고 기도하였다. '오 하느님, 내 영혼과 내 나라를 구해 주소서.' 성경책 한 권을 몰래 죄수 한명이 간수가 오는지 감시하고 다른 한명은 나를 위해 넘겨주었다. 성경을 읽으면서 평안을 찾았다." Autobiograhy of Dr. Syngman Rhee, 이덕주, 앞의 글, pp. 46-47. 재인용

37 "지금 영미국이 세계에 뎨일 예수교를 만히 밧드난 나라이라.… 교중 일만 쥬장하고 나라는 엇지 되던지 모른다 하겟난가. 하나님끠서 잘 도아쥬실지니 우리는 애쓸 것 업다 하겟난가. 결단코 그러치 안이하야 뎌마다 쥬야로 긔도를 그치지 안이하며 일심으로 나셔서 죽기까지 나아가난 일군들이 될지라.… 다만 제몸 하나와 제 령혼 하나의 구원 엇난 것만 뎨일이라 할진대 이는 결단코 하나님의 참 리이와 예수의 근본 뜻슬 알지 못한다 일을지라." 이승만, "대한 교우들의 힘쓸 일," 「신학월보」 1904년 8월, 이덕주, 앞의 글, p.57. 재인용 ; "이 나라를 예수 그리스도의 나라를 만들기로 힘써 일들 하십시다. 영국이 예수의 나라 안이오닛가. 미국이 예수의 나라 안이오닛가. 세계 문명한다는 나라들이 다 예수의 나라들이 안이오닛가. 의심말고 걱정말고 일들만 합셰다." 리승만, "샹동청년회의 학교를 셜시함," 「신학월보」 1904년 11월, 이덕주, 앞의 글, p.64. 재인용

38 "현재 10만 명이 넘는 토착 교인들이 오는 20년 내에 이 작고 아름다운 나라가 완전한 기독교 국가가 되도록 해달라고 열심히, 그리고 혼신을 다해 기도하고 있습니다.나도 그렇게 개종한 토착 교인의 한 사람으로 하나님께서 우리 기도를 들어주실 것이라는 확신을 갖고 있습니다." Appeals of Native Christian, KMF (Jun, 1908), p.96. 이덕주, 앞의 글, p.69 재인용.

39 "하나님이 한국 백셩을 이스라엘 백셩갓치 특별히 택하야 동양에 쳐음 예수교 나라를 만들어가지고 아세아쥬에 예수교 문명을 발전식힐 책임을 맥기심이라." 이승만, 「한국교회 핍박」 (신한국사, 1913), p.13. 이덕주, 앞의 글, p.79. 재인용

40 이승만, "교회경략," 「신학월보」 1903년 11월 이덕주, 앞의 글, p.55-56.

통해 현실화과정을 걷게 되었다.[41]

이후 우리나라 현대사를 반성해보면, 시대적 과제를 감당하기 위해 자기희생을 아끼지 않았던 세대가 대략 20년 단위로 일어났음을 발견할 수 있다. 이승만 대통령으로 상징되는 1940~50년대의 건국세대는 공산주의 도전으로부터 나라를 만들어 지켰고, 박정희 대통령으로 상징되는 '60~70년대의 산업화세대는 절대빈곤으로부터 벗어나게 하였고, 김대중·김영삼 대통령으로 상징되는 '80~90년대의 민주화세대는 독재정권으로부터 벗어날 수 있게 하였다.[42]

이제 우리나라와 한민족의 시대적 과제는 평화통일이다. 개명천지 하에서 여전히 절대빈곤과 독재체제로 인해 굶어 죽어가는 2450만 북녘동포들에게도 인권과 복지가 보장되는 나라에서 살 수 있는 기회를 만들어주는 것이 우리의 과제이다. 이를 위해 2010~20년대 우리나라 주축세대는 평화통일세대로 일어나야 한다. 현재 북한선교 일꾼들이 기도와 여러 가지 노력을 기울이고 있는데, 이들이 복음적 평화통일 세대로 발전할 수 있어야 한다. 그래서 산업화세대의 획일화와 민주화세대의 양극화를 넘어 다양성 속에 통일성을 이뤄가야 한다. 그 결과 이들에 의해 한민족 존재양식과 동아시아 국제질서의 패러다임이 질적 변화를 경험하게 될 것이다. 통일한국이 다른 나라 보다 잘되고, 풍부하게 됨은 혼자만이 누리라는 축복이 아니라 함께 나누고 누리라는 사명으로 보아야 한다.

---

41 우리조국 대한민국은 하나님 은혜 가운데 시작된 나라이다. 1948년 5월 31일 오후 2시 제헌국회가 시작되었다. 임시의장 이승만 박사가 개회발언을 했다. "대한민국 독립민주국회 제1차 회의를 열게 된 것을 하나님께 감사하는 바입니다." 대한민국 국회에서의 최초 공식발언이 하나님께 대한 감사고백이었다. 이어 이승만 의장은 감리교 목사 출신 의원에게 기도를 부탁했다. "먼저 이윤영씨 나와서 하나님께 기도드리기 바랍니다." 전체의원 198명 가운데 기독의원이 50여명 정도 였음에도 불구하고, 모든 의원들이 일어나 공식순서에 없던 기도에 동참했다. 제헌의원 전원이 한 마음으로 합의했던 최초의 결정이 하나님께 대한 기도였다. 이후 우리나라 대한민국은 제2차 세계대전이후 출범한 신생국가 중 유일하게 절대빈곤과 독재권력을 모두 극복한 자유민주주의 국가로 평가받고 있다. 하나님의 은혜와 우리 선조들의 희생적 헌신의 결과로 오늘의 대한민국이 이뤄졌다.

42 그런데 우리가 잊지 말아야 할 일꾼들이 또 있다. 바로 이 땅의 평화와 복음화를 위해 묵묵히 일해 오고 있는 안보 일꾼과 기도 일꾼들의 헌신이다. 산업화와 민주화도 이 토대위에 진행되었다. 자유민주주의 대 공산주의 대결의 전세계적 냉전구도 속에서 최일선 대치지역이었던 한반도에서 자유민주주의를 지키기 위해 목숨을 기꺼이 드렸던 안보일꾼들의 헌신을 결코 잊거나 소홀히 해서는 안 된다. 그런데 여기에 머물러서도 안 된다. 오히려 승화 발전시켜야 한다. 평화를 지키는 일(peace keeping)에 머무는 게 아니라 평화를 만드는 일(peace making)에까지 나아가야 한다. 원수로부터 평화를 지키는 것을 넘어서서, 원수를 평화 안으로 끌어들여 함께 살아야 한다.

2) 통일한국의 방향[43)]

우리 대한민국은 '대국'으로 둘러싸여 있다. 독수리 같은 '유일초대국' 미국, 사자 같은 '인구대국' 중국, 곰 같은 '영토대국' 러시아, 악어 같은 '경제대국' 일본에 의해 둘러싸여 있다. 심지어 늑대 같은 북한도 '강성대국'을 주창하는 실정이다. 그러면 통일한국은 어떤 대국이 되어야 할 까? '영성대국'이 되어야 한다. 하나님의 특별하신 섭리에 기쁨으로 순종하는 목자와 같은 '영성대국' 만들기를 제안한다. 통일한국을 '영성대국'으로 만들기 위해 다음 3가지 나라를 이뤄가자.[44)]

모범한국 (Bible Korea/ Model Korea)을 만들자. 통일한국은 전세계에 희망을 주는 성경적인 '모범국가'가 되어야 한다. 사회주의는 소련의 해체로 인하여 더 이상 인류의 희망이 아님이 실천적으로 입증되었다. 자본주의 또한 그 모범국가로서 일컬어지던 스웨덴의 복지국가 모델이 최근 종언을 공식적으로 고함으로써 더 이상 희망이 될 수 없음이 입증되고 있다. 이제 새로운 국가체제가 인류에게 제시되어야 한다. 통일한국은 하나님의 말씀인 성경에 근거한 경세사상이 실현되는 사회가 되어야 한다. 통일한국은 참된 공동체적 창의사회가 되어야 한다. 이 사회는 자본주의와 사회주의의 왜곡된 이데올로기적 대립을 종식시킬 성경적 사회를 의미한다. 우리 기독인은 개체주의(individualism)가 아닌 인간주의(personalism)를, 집체주의(collectivism)가 아닌 공동체주의(communalism)를 토대로 성경적 원리와 현실적 필요성에 부응하는 국가체제를 형성해야 할 것이다. 통일한국이 성경적 경제사상에 근거하여 하나님이 기뻐하시는 사회를 이루어갈 때, 온 세계에 빛과 희망을 제시하여 줄 것이다

평화한국(Shalom Korea/ Peace Korea)을 만들자. 통일한국은 '평화국가'가 되어야 한다. 통일한국은 지정학적으로나, 지경학적으로나 21세기 아세아 태평양 시대의 중심에 위치하게 될 가능성이 대단히 높다. 따라서 통일한국은 경제적

---

43 통일한국은 우리 기독인의 영원한 소망인 '하나님 나라' 와 밀접한 관계가 있어야 한다. 또한 통일한국은 하나님께서 우리에게 허락하신 한반도의 지정학적 위상과 연계되어 건설되어야 한다.

44 허문영, "통일과 기독인의 역할," 「21세기 기독인의 사명과 비전」, pp.122-125.

이익을 중심으로 첨예한 대결이 예상되는 새로운 국제질서 가운데 주변 4국과 평화의 길을 추구할 뿐만 아니라, 선·후진국간의 갈등을 평화적으로 해결해주는 중재자(peace-maker)가 되어야 할 것이다. 이를 위해 균형적 인식과 관용적 자세에 기초한 통일철학과 평화전략을 수립하는 것이 필요하다. 그리고 공존 논리와 화해 윤리에 기초한 다원지향성, 합리적 안보관 및 주변4국과 협력관계 구축을 토대로 한 평화지향성, 남북 교류협력과 통일과정에서 우리 정부와 국민의 주도적 책임성, 그리고 인류가 경험하지 못한 새로운 통일을 추구하는 창의성[45] 등을 주요 골자로 하는 통일철학과 비전을 정립해서 국민에게 제시할 수 있어야 하겠다.

봉사한국(Mission Korea/ Service Korea)을 만들자. 통일한국은 또한 '봉사(선교)국가'가 되어야 한다. 지난 5000여 년간 약소국으로 각종 설움과 박대를 받았던 이 민족에게 지난 100년 사이에 놀라운 영·육간에 복을 하나님께서 내려 주신 데는 놀라운 섭리가 있을 것이다. 그것은 다름 아닌 땅 끝 까지 가서 모든 국가에게 새생명 예수 그리스도를 전하고, 복음에 기초한 새 문화로 그들을 섬기라는 뜻이 있으심에 틀림이 없다. 사실 이미 해외에 나가있는 우리 선교사들은 선교한국과 더불어 봉사한국을 실천하고 있다. 세계 제2위의 선교국가로의 부상은 물론 이거니와 중국·중앙아시아 그리고 중동의 전쟁현장, 동남아시아의 해일현장, 파키스탄의 지진현장 등에서 의료·식량·주거 환경 개선 등을 위해 묵묵히 일하는 우리 선교사들의 활약상은 통일한국을 선교(봉사)한국으로 앞당기고 있는 일례이다.[46]

---

45 무력통일에 기초한 공산주의형 베트남 통일과 흡수통일에 기초한 자본주의형 독일통일이 아닌 합의통일에 기초한 창의적(성경적) 통합발전형 통일을 의미한다.

46 그러면 어떻게 만들어 가야 하겠는가? 혹자는 성서한국을 먼저 만들고, 이후 통일한국을 만들고, 마지막으로 선교한국으로 나가자는 '단계론'을 주장한다. 필자의 소견으로는 '병행론'이 더 나을 듯 싶다. 모범(성서)한국, 평화한국, 봉사(선교)한국은 지금부터 우리가 추구해야 하고, 그 과정에서 통일한국을 이뤄갈 것이고, 그 이후에도 계속 영성 대한민국을 추구해야 한다고 본다.

5. 통일을 어떻게 해야 하는가? : 변혁통일

그러면 무엇을 해야 하나? 절대폭풍을 극복하고 복음적 평화통일을 이루기 위해 환경조성, 능력배양, 의지함양이 필요하다.

복음통일 환경조성을 위해 평화의 사도(Peace Maker)로서 균형십자외교와 평화목자외교를 전개하자. 균형십자외교는 해양세력과 대륙세력의 접점에 있는 한반도가 미·중·일·러 주변 4국 모두와 선린·우호·협력 관계를 유지하여 평화·번영 지대가 되도록 하는 외교를 뜻한다. 평화목자외교는 국가간 패권쟁탈을 초월하여 평화질서를 구축하는 외교이다. 핵무기개발을 통해 전투력을 키워가는 '독사' 북한과 4마리 맹수인 '곰' 러시아, '사자' 중국, '악어' 일본, '독수리' 미국으로 둘러싸인 대한민국이 살 길은 '목자'로 발전해서 맹수들의 전쟁을 끝내고 '사자와 어린 양이 함께 뒹구는 세계'(사 11:6; 65:25)를 이뤄가는 데 있다. 북한의 공산화 통일전략과 주변 4국의 대한반도 영향력확대경쟁 외교의 각축 속에서 우리는 복음적 평화로 남북한 관계 개선과 동아시아 평화를 끊임없이 구축하여 평화통일을 이뤄나가자. 이를 위해 동아시아 선교 강화와 국제평화회의 개최를 통해 미국의 재복음화와 중국의 복음화 그리고 쓰나미 이후 좌절하고 있는 일본선교와 러시아선교를 적극 추진하여 동아시아 복음화를 통한 한반도 평화통일 환경을 조성하자.

복음통일 능력을 키우기 위하여 흡수통일이 아닌 변혁(Transform)통일을 추구하자. 통일한국은 자유·평등·정의·사랑·평화가 구현된 나라가 되어야 한다. 이런 나라는 남한체제 확산론이나 남북한체제 수렴론을 넘어, 남북한체제 변혁론적 접근으로만 가능하다. 인생의 꽃을 피워보지도 못하고 희생된 우리의 어린 아들 딸들을 포함한 300명 이상이 사망한 세월호 참사는 우리에게 오늘의 한국사회로는 통일한국의 희망이 될 수 없음을 분명히 보여주었다. 한국사회의 총체적 난맥상과 한국교회의 무기력함을 민낯으로 드러낸 사건이다. 이들의 희생을 승화시켜 대한민국의 질적 성숙과 한민족의 미래를 열어 나가는 계기로 만들어야 한다. 이것은 이 일을 초래한 우리 기성세대의 책무이다. 물론 세계가 놀랄 헌신과 노력으로 고도압축성장을 통한 산업화와 반독재투쟁으로 민주화를 이뤄낸 귀한 세대이다. 그러나 출세·성공지상주의와 배금주의로 치달으면서 공동체적 평강을 이루는 일에 소홀하였음도 이제는 반성해야 한다. 대북통일정책에 있어서도 북한을 바꾸려하기 이전에 먼저 우리사회를 선취한 통일한국의 이상사회로 만들어 가자. 북한동포들에게 함께 살고 싶은 희망의 나라가, 세계인들에게 가보고 싶은 매력적인 나라가 될 수 있도록 노력해보자. 박근혜정부 대북정책의 경우, 접촉을 통한 변화를 통해 서독중심의 통일을 이뤄낸 브란트식 대북정책(햇볕정책, 평화번영정책)과 경쟁을 통한 변화를 통해 소련의 붕괴를 이끌어낸 레이건식 대북정책(상생공영정책)의 한계를 극복한 제3의 정책인 한국식 변혁적 대북정책을 적극 수립·추진하는 것이 필요하다. 마찬가지로 교회도 하나님말씀에 기초한 기본과 원칙을 강조하자. 그리고 정치, 경제,사회,문화,예술,교육,가정 등 모든 영역에서 하나님나라를 세우기 위해 말씀에 기초한 영역선교를 이제 활발히 준비해야 할 때다. 개교회로는 어렵다. 연합해서 일어나야 한다.

복음통일 의지를 함양하기 위해 통일선교아카데미를 개최하자. 사분오열된 우리사회를 복음으로 치유하기 위해 교회가 노력하자. 거대담론 뿐만 아니라 생활 속에 하나님나라에 기조한 통일의 필요성을 느끼게 할 수 있는 방안을 모색하자. 조롱과 멸시를 넘은 상생적 태도를 교인들이 가질 수 있도록 설교하고, 연민적 눈물만 지나치게 유도하거나 극단적 분노만 촉발시키는 감정적 대북접근을 자제케 하자. 한국교회는 남북한의 체제를 초월하는 민족교회로서 화해자(peace maker) 역할을 감당하기 위해 십자가 절대사랑의 능력을 키워야 한다. 한국전쟁과 수많은 무력 도발, 사람 납치, 관광객 저격, 천안함 폭침과 연평도 포격을 자행한 북한을 포용하기는 결코 쉽지 않은 과제이다. 게다가 '자유' 중심의 국가 발전을 이룩해 온 대한민국과 '평등' 중심의 체제 발전을 도모해 온 '조선민주주의인민공화국'이 하나 되기도 매우 어려운 실정이다. 그러나 '박애' 곧 '사랑'의 가치 안에서는 둘이 만날 수 있다. 예수 그리스도의 십자가와 절대사랑으로만 이 문제가 해결될 수 있다. 우리가 아직 원수 되었을 때, 먼저 우리에게 친히 찾아오셔서 우리 죄를 대신 하여 십자가에 피 흘려 못박혀 죽으시면서 담당해 주시고 생명의 길로 인도하신 주님을 우리도 따라, 북녘 동포들에게 예수님 사랑을 전해야 한다. 나아가 21세기 세계선도국민으로서의 소양을 함양케 하자. 이미 국제사회에서는 태평양시대 중심국가로 일어날 통일한국이 어떤 국가적 정체성을 갖고 세계사에 기여할 것인지를 관심을 갖고 주시하고 있다. 과거 패권국가들과 같은 Pax Koreana가 아닌 새로운 선도국가로서의 New Peace Koreana 시대를 열기를 기대하고 있다. 세계 속 한국역할이 한국인의 생각보다 커지고 중요해지고 있음을 많은 해외석학들이 강조하고 있다. Fast Follower에서 First Mover로, 후후발 추격국가에서 새패러다임을 제시하는 선도국가로 위상이 변화하고 있다.

마지막으로 무엇보다 힘을 기울여 복음통일 기도운동을 확산시키자. 박근혜대통령은 신년기자회견에서 '분단 70년'이 다가오고 있음을 언급했다. 김정은 위원장도 신년사에서 조선노동당 창건 70돌을 잘 준비할 것을 강조했다. 그러나 통일은 하나님 손에 달려있는 것이다. 2015년은 우리민족이 국토분단 포로로 잡힌 지 70년 되는 해다. 2015년 8월 15일 평양에서 대성회를 개최할 수 있도록 지금부터 함께 기도하자. 2018년은 체제분단 포로, 2023년은 민족분단 포로로 각각 70년 되는 해다. 동방의 예루살렘 평양과 북한 동포들이 기쁨가운데 돌아올 수 있도록 기도하자. 북한선교와 복음통일을 이뤄가는 과정에서 우리가 활용할 수 있는 창구는 크게 5가지로 생각해 볼 수 있다. 「조선그리스도교연맹」과의 접촉 및 교류·협력을 통한 정문(앞문)선교, 중국 만주벌판을 유랑하고 있는 탈북동포들의 복음화를 통한 후문(뒷문)선교, 유진벨·선명회·한반도에너지개발기구(KEDO) 등 국제기구의 대북지원 사업 동참을 통한 측문(옆문)선교, 극동방송·아세아방송·기독교방송과 각종 언론 매체를 통한 윗문 선교, 새벽기도·심야기도·금식기도·작정기도 등을 통한 영문 선교가 그것이다. 이 가운데 제일 우선적으로 진행되어야 하고, 무엇보다 중요한 것이 있다면 그것은 바로 기도를 통한 영문 선교일 것이다. 우리의 복음적 평화통일문제는 혈과 육과 관련된 단순한 문제가 아니라, 영적 세계와 관련된 복합적 문제이기 때문이다. 과거 분단 독일시대 동독 라이프찌히 성 니콜라이교회에서 진행된 월요평화기도회가 독일통일을 하나님의 시간에 놀라운 방법으로 이뤄내는 데 기여한 바가 대단히 큼을 우리는 기억할 필요가 있다.

6. 통일을 어떻게 준비해야 하는가? : 영역선교

1) 성경적 세계관과 통일[47]

인간은 누구든지 세상을 바라 볼 때 자기 나름대로의 틀(Frame)을 갖고 바라본다. 다소 거친 개념정의이지만, 이 틀을 '세계관'(World View: WeltAnschauung)이라 할 수 있다. 따라서 성경적 세계관이란 세계를 바라보는 성경적 틀(Biblical Frame)로 규정할 수 있다.[48] 그런데 이 성경적 세계관은 인간의 노력으로 획득되는 것이 아니라, 구속자 예수 그리스도를 통해서만 가능하다. 성경적 세계관으로의 변화는 인간이 예수를 구주로 믿을 때 세계관의 변화와 함께 새로운 피조물이 될 수 있기 때문이다.[49]

그러면 성경적 세계관은 무엇인가? 크게 2가지로 볼 수 있다. 하나는 성경적 세계관의 기초구조로서 창조-타락-구속의 거대담론을 들 수 있다. 하나님께서 창조하신 아름다운 세상이 인간의 타락으로 말미암아 왜곡되었으나, 예수 그리스도의 십자가를 통해 구속되었다는 틀이다. 다른 하나는 성경적 세계관의 구성요소로서 조직신학적 이해론(신론, 인간론, 구원론, 종말론 등)이다. 달리 말하면 우리는 누구인가? 우리는 어디 있는가? 무엇이 잘못되었는가? 무엇이 해법인가? 등으로 구성되어있다.

성경적 세계관에서 특별히 강조하는 3가지 용어가 있다.

첫째는 "문화명령"(Cultural Mandate)이다. 하나님이 '하나님의 형상'대로

---

47 이경재, "영역선교를 위한 성경적 세계관의 필요성,"; 김성원, "왜 영역별 통일 준비인가?- 교계의 통일운동을 중심으로" 「평화통일을위한영역별기반구축포럼 발제문」(평화한국 주최, 2013.10.29)참조

48 1980년대 후반 한국교회의 깨어있는 청년들에게 많은 도전을 주었던 기독교학문연구회의 성경적세계관운동에서는 성경적 세계관을 "세계의 모든 부분을 하나님의 말씀에 비추어서 이해하려는 것"으로 규정하고, "기독교 자체를 삶의 모든 영역과 관련된 것"으로 보는 것으로 정의하였다. 기독교학문연구회 편, 「성경적세계관 자료집」(서울: 기독교학문연구회, 1991), 머리말

49 "누구든지 그리스도 안에 있으면 새로운 피조물이라. 이전 것은 지나갔으니 보라 새것이 되었도다." (고후 5:17)

인간을 창조하시고, 하나님의 일을 인간에게 위임해 주셨다는 것이다.[50] 인간은 생육하고 번성하여 땅에 충만할 뿐만 아니라 땅을 정복하고 모든 생물들을 다스리는 일을 행함으로써 하나님을 피조세계에 가시화하고 영광돌리도록 위임받았다고 본다. 그러나 땅을 정복하라는 뜻이 일부에서 왜곡 폄하하듯 자연을 착취하라는 것이 아니다. 인간에게 맡겨진 다른 피조물들을 가꾸고 돌보라는 뜻임을 분명히 할 필요가 있다.[51]

둘째는 "이원론"(Dualism)비판 이다. 이원론이란 "세계를 지배하는 두 개의 통치원리와 영역이 있다"는 이론이다.[52] 다시 말해 정치와 사회생활, 결혼생활, 육체, 음식 등과 같은 것들은 악한 것으로 간주하고, 교회생활, 영혼 등은 그 자체로서 선한 것으로 규정하는 이론이다. 이같은 생각은 플라톤의 이원론(현실세계 대 이데아세계, 육체 대 영혼)에 의해 영향을 받았다. 그리고 초대교회 이후 기독교발전과정에서 성 어거스틴, 토마스 아퀴나스 등을 통해 순간 대 영원, 자연 대 은총, 세속적 영역 대 거룩한 영역의 이원론 등으로 강조되었다. 그 결과 선을 추구하는 기독인들은 소위 악한 이 세상을 등지고 이른바 선한 저 하늘만 바라보며 살아야 함을 강조케 된다. 그러나 성경은 이원론(Dualism)을 지지하지 않는다. 이중성(Duality)을 지지한다. 구조(structure)의 문제가 아니라, 방향(direction)의 문제라고 보기 때문이다. 본래적으로 구속받을 수 없는 부분과 구속받을 수 있는 부분이 따로 있는 것이 아니다. 하나님을 섬기느냐 아니면 우상을 섬기느냐의 방향이 중요하다. 사람이 마음상태와 삶전체를 통해 하나님께 순종하며 사는 것인지, 불순종하며 사는 것인지가 근본적인 것이 된다.

셋째는 하나님나라이다.[53] 나라 또는 국가는 3가지 요소, 영토·주권·백성으로 구성된다. 일반적으로 나라에 대해 생각할 때 영토를 가장 우선적으로 떠 올린다. 그런데 성경에서는 주권을 가장 중시한다. 하나님 나라는 바로 다름

---

50 "하나님이 자기 형상 곧 하나님의 형상대로 사람을 창조하시되 남자와 여자를 창조하시고 하나님이 그들에게 복 주시며 그들에게 이르시되 생육하고 번성하여 땅에 충만하라. 땅을 정복하라. 바다의 고기와 공중의 새와 땅에 움직이는 모든 생물을 다스리라 하시니라." (창1:27-28)

51 "여호와 하나님이 그 사람을 이끌어 에덴동산에 두사 그것을 다스리며 지키게 하시고" (창2:15)

52 김헌수, "이원론의 올바른 극복을 위하여," 「성경적세계관 자료집」, p. 86

53 허문영, 「기독교정치관 소고」 (대구: 기독교대학설립동역회, 1991), pp. 19-23.

아닌 하나님의 통치하심 또는 하나님의 주권이 인정됨을 의미한다고 볼 수 있다. 구약성경의 핵심은 바로 하나님나라 건설이라고 할 수 있다. 창세기는 하나님나라 백성만들기가 주요 내용이고, 출애굽기부터 레위기,민수기,신명기까지는 하나님나라 주권세우기이고, 여호수아서는 하나님나라 영토만들기로 볼 수 있다. 신약성경의 핵심도 하나님나라 건설이라고 할 수 있다. 예수님께서 이 땅에 오셔서 공생애 시작하실 때 최초로 외치시신 말씀이 하나님나라이며, 우리들이 가장 먼저 해야 할 일도 하나님나라임을 가르쳐주셨고, 하나님나라를 이 땅에 세우시기 위해 십자가에서 돌아가시고 부활하셨기 때문이다. 특히 예수님은 유대인들이 갖고 있는 영토적 개념으로서의 하나님나라에 대한 생각을 교정하시고, 통치(영역)로서의 하나님나라를 선포하셨다.[54] 하나님나라는 예수님의 초림으로 임하였으나, 완성된 하나님나라의 도래는 아직 이뤄지지 않았다. 예수님의 재림으로 새하늘과 새땅이 완성된다. 그러므로 우리들은 초림과 재림 사이시간(between the times)인 이 시대에 "삶의 모든 영역에서 충성의 대상을 놓고 영적대립을 전개" 하면서 사는 것이다. 이 세상에서 성화과정 속에서 하나님나라를 체험하며 살 수 있으나, 완벽한 하나님나라는 예수님 재림 때 영화로운 삶을 살게 되는 것이다.

한편 1980년대 후반부터 1990년대 초반까지 진행된 성경적 세계관운동은 한국적 정착과정에서 새로운 문제의식도 갖게 되었다. 먼저 성경적 세계관 기초구조와 관련된 것으로, 3단계에서 4단계로 발전되어야 함을 다음과 같이 생각게 되었다. 우리의 구원을 위한 예수님의 초림과 더불어 우리 구원의 완성을 위한 예수님의 재림이 강조되어야 한다. 그리고 이 초림과 재림 사이에 살고 있는 현대 그리스도인들이 시대적 상황과 사명을 깨닫고 하나님나라 운동을 위해서 우리 인생을 드려야 한다.[55] 하나님의 창조-인류의 타락-예수님의 구속 3

54 "너희는 가서 모든 족속으로 제자를 삼아 아버지와 아들과 성령의 이름으로 세례를 주고 내가 너희에게 분부한 모든 것을 가르쳐 지키게 하라. 볼찌어다. 내가 세상 끝날까지 너희와 항상 함께 있으리라 하시니라." (마 28:19-20); "오직 성령이 너희에게 임하시면 너희가 권능을 받고 예루살렘과 온 유대와 사마리아와 땅끝까지 이르러 내 증인이 되리라 하시니라." (행 1:8)

55 "그러므로 형제들아 내가 하나님의 모든 자비하심으로 너희를 권하노니 너희 몸을 하나님이 기뻐하시는 거룩한 산 제사로 드리라. 이는 너희의 드릴 영적 예배니라. 너희는 이 세대를 본받지 말고 오직 마음을 새롭게 함으로 변화를 받아 하나님의 선하시고 기뻐하시고 온전하신 뜻이 무엇인지 분

과정에 재림을 통한 예수님의 완성이 보완되어 야한다. 즉 창조-타락-구속-완성 4과정으로 성경적세계관 구조가 설명되어야 한다고 보았다.

그 다음 성경적 세계관 운동성과 관련된 것으로, 이 세계관을 갖게 된 사람들은 마땅히 문화명령과 복음전파명령을 순종하고, 실천하며 살아야 한고 느꼈다. 당시 보수기독교계는 민주화과정을 백안시하고 죽어서가는 하나님나라를 주로 강조했고, 진보기독교계는 민주화과정을 사회구성체논쟁(NL-PDR)과 연계해서 추구하는 모습을 때로는 자신들도 모르는 사이에 왕왕 보여주었다. 복음주의적 변혁열정을 갖게 된 기독청년들에게는 어느 진영도 희망이 될 수 없었다. 이 청년들은 성결한 삶, 거룩한 도시(Holy City), 복음에 기초한 통일한국을 꿈꾸게 되었다. 이 일에 헌신할 마음들이 생겼다. 그리고 교회 뿐만 아니라 정치, 경제, 사회, 문화, 예술, 교육, 가정, 학문, 직장 등 모든 영역에서 그리스도인으로서 하나님나라를 증거하고 확장하면서 살아야 함을 절실히 느끼고, 그렇게 살기로 결심했다. 이들은 이 운동을 하나님나라운동, 성시화운동이라고 생각했다. 또 복음을 알지 못하는 타문화권에 복음을 전파하는 전통적 선교와는 다른 의미의 선교라고도 생각했다. 영역선교라는 개념의 맹아가 싹트기 시작하였다. 지역 선교와 달리 모든 영역에서 예수님의 왕권을 선포하고, 확장해나가는 일도 일어나야 한다고 보고 헌신하기 시작하였다.

2) 온전함 회복 : 복음 · 선교 · 능력

온전한 복음(Whole Gospel)을 지향하자 (마 22:37~40)[56]

하나님 사랑 + 이웃 사랑 Full Gospel + Social Gospel

한국교회는 정의와 공평과 인애가 넘치는 샬롬적 평화를 전심으로 추구해야

변하도록 하라." (롬 12:1-2)

56 예수원 방문 시, 권요셉 형제가 보여준 대천덕 신부님 유고논문에서 배운 아이디어다.

한다. 이를 위해 복음을 물질적 번영과 동일시하는 물질중심주의를 극복할 수 있어야 한다. 물론 성경에는 구원과정에서 물질적 번영이 병행할 수 있음을 보여주는 구절이 많이 있다. 반대로 성경은 구원이 물질적 번영과 상관없음도 보여주고 있다. 한국교회에 구원을 물질적 욕구충족과 연계하여 이해하려는 경향성이 높아지게 된 데는 이유가 있다. 한국전쟁이후 절대빈곤 극복의 산업화 과정을 거치면서 '믿음'과 '번영욕구'가 결합되면서 나타났던 것으로 보인다. 그러나 성경은 하나님 없는 물질적 번영이 얼마든지 가능함도 얘기하고 있다. 물질적 복 그자체가 하나님의 복은 아니다. 잘못된 신앙생활을 해도 물질적 번영이 있을 수 있다. 물론 그 종말은 비참하겠지만.[57]

또한 한국교회가 협소한 복음관을 탈피하기를 기도한다. 자신이 속한 교회에 십일조와 찬양대, 교사와 각종 부서활동을 통해 온갖 정성과 열심을 다해 섬기는 일 정말 귀한 일이다. 그러나 여기에 머물러서는 안 된다. 이 일을 더욱 힘쓰는 동시에 믿지 않는 이웃과 가난한자·약한자·소외된자·병든자·노숙자·탈북자·외국인근로자에 대한 사랑 실천으로까지 나아가야 한다. 물론 일부 교회와 성도들은 잘하고 있다. 그러나 한국교회 전체적으로는 복음의 온전성을 회복하려는 노력이 여전히 필요하다. '교회의 일꾼' 만 양성할 것이 아니다. '하나님 나라의 일꾼'으로 더욱 발전할 수 있도록 도전하고, 양육해야 한다.

온전한 선교(Whole Mission)를 실천하자 (마 20:18~20/ 창 1:28)

선교(Mission)=복음전도(Evangelism)+사회봉사(Social Service)		
지상명령	+	문화명령

선교에 대한 온전한 이해가 한국교회에 뿌리 내려야 한다. 지난 20세기 한국기독교계를 비롯하여 세계기독교계에는 선교개념에 대해 대립적인 이해를 왕왕 보여주었다. 선교를 복음전도에 국한시키는 근본주의적 이해, 선교를 사회참여라는 보는 극단주의적 자유주의적 견해, 선교를 복음전도와 사회참여를

57 "어찌하여 악인이 살고 수를 누리고 세력이 강하냐... 그 집이 평안하여 두려움이 없고... 그 자녀들은 춤추는구나... 그날을 형통하게 지내다가 경각간에 음부에 내려가느니라" (욥 21:7~13)

모두 포함하는 것으로 보는 복음주의적 입장이 그것이다. 특히 보수기독교계의 경우, 선교를 복음전도에 국한시켜 매우 협소하게 이해하는 모습을 많이 보여주었다. 물론 그럴만한 이유가 있었다. 하나는 자유주의신학자들이 '사회복음'(Social Gospel)을 강조하는 가운데 하나님 나라에 대한 오해를 유포하는 데 대한 과민반응이다. 다른 하나는 그리스도인들의 사고방식에 잘못된 영향을 미치고 있는 구조와 방향을 혼동한 성·속 분리의 이원론(Dualism)때문이다.

교회 안에서의 신앙적 삶만 중요하고 가치 있는 일이 아니다. 교회 밖의 일상생활 가운데 신앙적 삶을 사는 것도 중요하고 가치 있는 일이다. 교회 안의 예배·교제·전도·봉사만이 더 가치가 있는 것이 아니다. 교회 밖의 반복되는 일상생활 속에서 하나님 나라와 의를 증거 하는 마음과 자세로 사는 것도 그 못지않게 가치 있는 일이다. 이에 대해 존 스토트(John Stott)와 빌리 그래함(Billy Graham)을 비롯한 복음주의자들은 '로잔언약'(1974)과 '마닐라선언'(1989)을 통해 분명한 입장을 밝혔다. 복음전도와 사회참여가 결코 분리될 수 없는 것이며, 선교는 이 둘을 모두 포함하는 것임을 천명한 바 있다. 복음전도의 반대말은 사회참여가 아니라 복음전도를 하지 않는 것이다. 사회참여도 반대말이 복음전도가 아니라 사회참여 하지 않는 것이 된다. 물론 필자는 우선순위에 있어 복음전도가 사회참여보다 우선하는 것이라고 생각한다.

지역선교 (Local Mission) + 영역선교(Realm Mission)

지역선교도 더욱 열심을 내되, 영역선교[58]에 대해서도 새로운 관심을 갖고 실천하기를 소망한다. 아직도 많은 교회들이 선교를 해외에 나가 복음을 전하는 것으로 국한하고 있다. 물론 이것도 선교에 있어 중요한 부분을 차지한다. 그리고 더욱 힘써야 한다. 그러나 우리는 국내에서도 선교를 할 수 있다. 우리 삶의 현장 또한 중요한 선교지이다. 복음이 전해지고, 사회적 봉사가 이뤄지는 그곳이 바로 선교지이다. 정치·경제·사회·문화·예술·교육·가정 우리 삶의 모든 영역에서도

---

58 정규재, "영역선교와 현장중심의 사역," 「2014세이레평화기도회」 (서울: 평화한국, 2014), pp. 56-57 ; 이장로, 이관우, 허문영 "영역별 통일준비, 어떻게 할 것인가?" 「통일코리아 창간호」 (서울: 통일코리아협동조합, 2014)

하나님의 나라와 하나님의 의가 드러나야 한다.

온전한 힘(Whole Power)을 키우자 (슥 4:6)[59)]

Smart Power (Hard Power +Soft Power) + Spirit Power

미국 외교전문지 Foreign Policy('09.12.30)는 조지 W 부시 전 대통령을 21세기 최악의 패배자로 선정한 바 있다. 그 이유로 '재정흑자와 밝은 미래를 물려받고도 9·11 테러이후 재앙과 같은 선택만 했음'을 들었다. 그래서 '10년간 최악의 패자일 뿐만 아니라 미 역사상 최악의 대통령으로 기록될 만하다'고 주장했다. 이 같은 평가를 미리 예측한 사람이 하버드대학교 케네디대학원장인 조셉 나이(Joseph S. Nye, Jr)라는 전략가다. 그는 부시 전대통령이 테러와의 전쟁을 선포했을 때, 실패할 수 있음을 경고하였다. 다른 나라와의 협조를 구하는데 소홀히 하면서 일방주의적으로 밀어붙이고, 너무 군사력에만 의존하고 있기 때문이라는 것이다. 그는 대안으로 군사력·경제력과 같은 경성권력(Hard Power)와 더불어 가치관·문화·매력과 같은 연성권력(Soft power)를 적절히 병행하는 '똑똑한 힘(현명권력)'(Smart Power)을 구사할 것을 제안하였다. 오바마 정부는 'Smart Power'시대를 지향할 것임을 선언했고, 영국 경제전문지 Economist는 2010년에 가장 자주 쓰일 단어로 'Smart'를 꼽은 바 있다. 실제 스마트 폰은 우리 생활의 필수품이 되었다.

그러나 한국으로서는 Hard Power와 Soft Power를 증대시켜 Smart Power를 열심히 키워도 한정된 자원과 영토로 인해 주변 4대강대국의 국력을 넘어서기가 결코 쉽지 않다. 세계최대 인구대국이자 빠르면 2025년 늦어도 2050년에는 미국도 추월할 것으로 전망되는 중국, 세계최대 영토대국이자 자원대국인 러시아, 세계경제대국 일본, 그리고 절대적 군사력과 경제력 그리고 문화력을 갖고 있는 유일초강국 미국이 그들이기 때문이다. 결국 Smart Power 개념에 기초해서 우리가 세계를 섬기는 데 한계가 있다. 우리 민족이 세계를 섬기기

59 "만군의 여호와께서 말씀하시되 이는 힘(might)으로 되지 아니하며 능(power)으로 되지 아니하고 오직 나의 신(Spirit)으로 되느니라."

위해서는 새로운 개념의 국력이 필요하다. 다름 아닌 총체적 국력인 '온전한 힘'(Whole Power: 하드 파워와 소프트 파워와 스피릿 파워)이다. '온전한 힘'을 추구하는 것이 우리 민족이 살길이다. 온전한 힘 추구전략이 통일한국을 위한 국가전략이 되야 한다. 그 가운데서도 무엇보다 하나님과의 관계회복과 강화에서 나오는 영적 힘이 무엇보다 중요하다고 본다. 특히 이것은 다른 나라와의 관계를 해치는 배타적(zero sum game) 힘이 아니라 함께 잘되는 상생적(positive sum game) 힘이 될 수 있기 때문이다.

여기서 한 가지 유념할 점이 있다. 조지 W 부시 전대통령은 확고한 근본주의적 신앙을 갖고 있는 것으로 알려진 대통령이라는 점이다. 그럼에도 불구하고, 세인의 평가는 매우 부정적이다. 아무리 신앙이 좋다고 하여도 독선적일 경우에는 많은 오류를 범할 수 있다. 마찬가지로 우리나라도 영적 힘(Spirit power)과 총체적 국력(Whole Power)을 크게 키울지라도, 독선적인 나라가 되면 국제사회에 큰 화를 끼칠 수 있음을 조심해야한다. 우리가 지향하는 나라는 군사력과 경제력의 패권과 정복의 힘에 의한 부국강병의 Pax Koreana가 아니다. 사랑과 섬김의 힘에 의한 아름다운 문화의 Shalom Coreana이다. 십자군 힘이 아니라 십자가 사랑으로 평화한국을 이뤄가야 한다.

3) 영역선교 연원

첫째, 성경적 연원으로는 문화명령(창 1:26-28, 창 2:15)과 대명령(Great Commision 마 28:18-20)에서 찾을 수 있다.

둘째, 신학적 연원으로는 칼빈(John Calvin)의 성시화운동, 요한 웨슬레(John Wesley) 홀리클럽운동, 아브라함카이퍼(Abrahamkuyper)의 영역주권론(sovereignty of sphere)이다. 특히 아브라함카이퍼는 "우리 인간 삶의 모든 영역에서 만유의 주재이신 그리스도께서 '나의 것이다!'라고 외치지 않는 영역은 한 치도 없습니다."는 유명한 말을 남겼다.[60]

셋째, 역사적 연원으로서 영국의 윌버포스(William Wilberforce)와 미국의

[60] 정성구, 「아브라함 카이퍼의 사상과 삶」 (킹덤북스, 2010) p.61.

피니(Charles G. Finny)를 들 수 있다. 윌버포스는 영국의 풍습 개혁과 노예해방의 양대 과제를 복음 안에서 주도하면서 풀어냈다. 그 결과 영국은 18세기 해적의 나라에서 19세기 신사의 나라로 질적 변화를 이뤄낼 수 있었다. 피니는 미국의 천박한 풍조와 노예해방의 과제를 대각성운동을 통해 해결해 냈고, 그 결과 미국은 20세기 세계를 선도할 수 있는 도덕적 토대를 만드는데 기여했다.

넷째, 민족사적 연원으로서, 우리 민족에게 들어온 복음은 대한제국말기에 애국계몽운동을 전개하도록 하는 동력이 되었고, 일제하에서는 독립운동과 민족부흥운동의 불씨가 되었다. 그 결과 서양귀신종교로 폄하되었던 기독교가 민족의 고난과 아픔에 동참하는 모습을 보여줌으로써 민족종교로 자리잡게되었다.

4) 통일과 영역선교

탈냉전이후 우리 정부의 정책 흐름을 정리해 보면, 3단계(화해협력,남북연합, 통일국가)통일방안을 정착시킨 노태우·김영삼정부의 통일정책, 분단의 평화적 관리를 중심으로 남북관계를 개선시킨 김대중·노무현 정부의 대북정책, 햇볕정책과 평화번영정책을 북한한테 끌려 다닌 정책으로 평가하고 원칙에 기초한 강경압박정책을 통해 김정일 정권의 조기붕괴를 기대한 이명박정부의 대북정책으로 특징화할 수 있다. 나름대로 시대적 과제를 감당한 의미 있는 정책들이라 하겠다. 그러나 한계도 있다. 분단의 평화적 관리는 통일이전단계에 국한된 정책이다. 급변사태를 기대한 통일정책은 한반도문제가 민족문제일 뿐 아니라 국제문제라는 성격을 간과한 정책이라 할 수 있다. 김정일 정권의 붕괴가 곧 한반도통일로 연결되는 것은 아닐 수 있기 때문이다. 게다가 통합(integration)이 준비되지 않은 통일(unification)은 재앙이 될 수도 있다.[61] 따라서 성급한 통일을 추구하기보다, 제대로 된 통일을 준비해야 한다. 이에 박근혜 정부는 '평화통일 기반구축'을 4대 국정기조 중 하나로 제시하고, 통일대비 역량강화를 통한 실질적 통일준비를 내실화하려고 노력하고 있다. 이런 맥락에서 최근

61 통일은 서로 다른 국가 또는 정치적 실체가 하나로 결합되는 정치적, 국제법적 사건(event)로, 통합은 한 국가 내부의 다양한 구성부분 가운데 상호동질적인 부문간의 조화와 융합의 과정(process)로 규정할 수 있다. 통일은 추상적 당위차원의 문제로, 통합은 구체적 실천과제로 볼 수 있다.

통일정책연구에서도 「통일시대준비를 위한 분야별 미시적 종합연구」와 같은 구체적 각론적 정책연구가 진행되고 있다. 남북한 주민의 공동체적 삶의 현장을 하나로 이을 수 있는 당면하고 실질적 부문(보건의료, 정보통신, 교통인프라, 에너지, 교육, 생태환경, 과학기술 등)의 통합에 대한 대책 연구가 진행되고 있는 것이다.

우리 교회도 복음통일에 대한 준비를 제대로 하기 위해 하나님나라에 기초한 또는 말씀에 기초한 미시적, 구체적 통합준비를 진행해야 한다. 물론 북한에 가서 교회를 개척하는 것은 매우 또는 제일 중요하다. 그러나 동시에 정치, 경제, 사회, 문화, 예술, 교육, 가정 등 모든 영역에서 복음에 기초한 통합을 준비해야 한다. 이것이 바로 복음통일을 위한 영역선교 준비이다.

영역선교는 크게 4가지 대영역으로 구분할 수 있다. 하나님과의 영역(신학), 자신과의 영역(인문과학), 타인과의 영역(사회과학), 자연과의 영역(자연과학)이 그것이다. 신학영역 또는 교회개척영역을 제외한 나머지 3개 대영역을 몇 가지 중영역으로 나눌 수 있다. 중영역 또한 다시 몇 가지 소영역으로 나눌 수 있다. 이렇게 해서 모든 영역에서 하나님나라를 확장해 나갈 수 있을 것이다. 이것이 바로 영역선교 대상이다.

영역선교는 세대교체가 아닌 세대잇기를 통해서 이뤄낼 수 있다. 각 영역별로 멘토세대, 스탭세대, 멘티세대가 함께 모여 그 분야에서 어떻게 하나님나라를 증거하고 확장할 수 있는지를 연구·준비·실천해나가는 것이 영역선교 실천이다.[62] 한반도 복음통일과 세계평화 구현을 모토로 2007년에 출발한 (사)평화한국에서는 1990년대부터 강조해 왔던 영역선교를 구체적으로

---

62 "… 이상에서 말한 것은 내가 바라는 새 나라의 용모의 일단을 그린 것이거니와, 동포 여러분! 이러한 나라가 될진대 얼마나 좋겠는가. 일단 우리네 자손을 이러한 나라에 남기고 가면 얼마나 만족하겠는가. 옛날 한토(漢土)의 기자(箕子)가 우리나라를 사모하여 왔고, 공자께서도 우리 민족이 사는 데 오고 싶다고 하였으며 우리 민족을 인(仁)을 좋아하는 민족이라 하였으니, 옛날에도 그러하였거니와 앞으로도 세계 인류가 모두 우리 민족의 문화를 이렇게 사모하도록 하지 아니하려는가.

나는 우리의 힘으로, 특히 교육의 힘으로 반드시 이 일이 이루어질 것을 믿는다. 우리나라의 젊은 남녀가 다 이 마음을 가질진대 아니 이루어지고 어찌하랴. 나도 일찍 황해도에서 교육에 종사하였거니와 내가 교육에서 바라던 것이 이것이었다. 내 나이 이제 70이 넘었으니 몸소 국민 교육에 종사할 시일이 넉넉치 못하거니와, 나는 천하의 교육자와 남녀 학도들이 한번 크게 마음을 고쳐먹기를 빌지 아니할 수 없다." 단기 4280년 11월 15일 개천절 날 / 1947년 음력 10월 3일 / 김구

전개하기 위해 세이레평화기도회를 통해 기도로 준비하였다. 그리고 2011년부터 영역별모임을 도전하고, 2013년 영역별기반구축포럼을 개최하여 본격적으로 진행하기 시작했다.

5) 영역선교 최근동향

영역선교 중 최근에 추진되고 몇 가지 대표적 사례를 제시해 보면 다음과 같다. 먼저 북한의료선교 영역이다. 전 개성공단 병원장을 8년 가까이 역임하면서 북한근로자 20여 만명 가까이 진료한 김정용 의료선교사는 국내에 들어와 있는 탈북의료인들을 맨투맨 교육을 통해 국가의사고시를 준비시키며 국내의료계에 재취업할 수 있도록 돕고 있다. 또한 북한의료선교를 준비하는 청장년들을 모아 통일한국의 의료체계를 어떻게 복음에 입각하여 구축할 것인지를 연구하는 모임을 금년 상반기에 발족시킬 것을 목표로 준비중에 있다.

북한장애인선교영역도 진행되고 있다. 북한의 장애인 축구국가대표팀을 지도하는 감독직을 맡으면서 인도지원사업과 체육교류사업을 진행함으로서 북한의 신뢰를 얻고 있고, 이를 통해 경색된 남북관계를 개선하는 데 일익이나마 기여하고 있다. 북한 및 세계의 장애인 선교에 관심있는 목회자들과 청년들이 함께 힘을 모아 북한에 장애인 공동체 생활터전구축을 추진하고 있고, 말씀에 기초한 장애인영역에서의 통일을 준비하면서 즐겁게 영역선교를 진행하고 있다.

농업축산영역에서도 준비되고 있다. 그동안 우리나라 돼지전문가, 한우전문가, 산양사업가, 양계사업준비인, 유기농업준비인들이 함께 모여 농축영역에서의 통일준비를 논의하기 시작했다. 이 와중에 북한에서 농업전문가로 활동했던 지하교회 지도자와 만주에서 북한농업선교를 진행하던 식품공학교수가 영역선교를 통한 북한 복음화와 복음통일을 함께 준비하기로 뜻을 모으기 시작했다.

예술영역에서도 그동안 기독인의 관점으로 어떻게 예술분야를 바라보고 창작활동을 해야할 지를 연구해 오던 여성기독예술인들의 모임인「필그림」이라는 단체가 이제 국내들어와 있는 탈북민들을 예술활동을 통해 어떻게 섬기면서, 복음통일을 함께 준비할지 모색하기 시작했다.

연극영역에서는 기독성극을 주로 공연하던 「극단 예배자」가 적극적으로 영역선교를 진행하고 있다.「예배자」는 북한 지하교회 실상을 우리 사회에 알리는 연극을 2013년 초연했는데, 금년 세이레평화기도회기간 무대에 올릴 것을 결정하고, 향후에도 계속 북한선교 및 복음통일 관련 연극을 탈북예술인 및 통일에 관심있는 예술인들과 함께 준비하려고 한다.

청소년영역에서도 일어나고 있다. 이슬람선교사역을 20년 이상 섬겨 오셨던 분들이「통일세대미래포럼」을 발족하고, 청소년패션쇼와과 포럼, 기도회를 통해 다음세대를 깨우며 미래통일을 준비시키는 사역을 진행하고 있다.

탈북인영역에서는 상당한 정도로 진행되고 있다. 탈북청년들이 주도하고 남한청년들이 동참하고 있는「통일비전연구회」가 발족되어 북한실태와 한반도정세를 깊이 있게 연구하는 동시에 회원들의 전공영역(동경대 정치학(북한전공)박사, 서울대 재료공학박사 등)에서의 내실 있는 준비도 독려하면서 통일한국의 주역으로 함께 커가고 있다. 이들은 또한 대원외고, 한영외고 등 고등학생들의 통일동아리인 FPU 세미나를 지도하고, 청소년통일학술대회를 섬기면서 통일미래세대도 준비하고 있다.

행정영역에서도 준비 중이다. 우리나라 성시화운동이 세계성시화운동으로 발전하는 데 일익을 감당했던 전 포항시장이「공직 5원리」라는 책을 성경적 관점에 기초해서 발간하고, 공직영역에서 일하고 있거나 진출하기를 원하는 청년들을 대상으로 한 영역선교모임을 준비 중에 있다.

교회(통일선교사양성)영역에서도 다시 힘을 내기 시작했다. 한기총 통일선교대학이 지난 15년 동안 2700명 이상의 북한선교사를 배출하였으나, 내부사정으로 중지되고 말았다. 그러나 북한선교3세대 목회자라 할 수 있는 분들을 중심으로 한 「통일선교아카데미」가 출범되어, 북한동포의 영혼구원과 통일과정·통일이후 민족복음화를 위해 헌신할 영역별 전문사역자를 양성하는 일이 2014년 4월 개강식과 함께 본격적으로 진행되기 시작하였다.[63]

---

63 양영식, "통일선교아카데미," 「2014세이레평화기도회」(서울:평화한국,2014), pp. 20-21. 통일선교아카데미는 남서울교회,동안교회,만나교회,수원중앙침례교회,주안장로교회,지구촌교회,한국중앙교회,부산호산나교회,할렐루야교회,미국 글로발선교교회 등 10교회 연합으로 창립되었다. 향후 북한선교에 뜻있는 교회들이 계속 동참하기를 기대하고 있다.

통일기도영역에서는 끊임없이 진행되어 왔다. 2007년 임진각 평화누리에서 여러단체들의 연합기도회로 열렸던 쥬빌리코리아 정신을 이어받아 2011년 30여개 단체들이 「쥬빌리통일구국기도회」를 시작하였다. 이들은 2012년부터 매년 쥬빌리코리아 기도큰모임을 진행하였다. 2014년 5월 현재 53개 단체 연합으로 국내 11개, 해외 11개 지역에서 기도회를 진행하고 있다.[64] 사단법인 평화한국도 2007년 출범과 함께 세이레평화기도회를 시작하여 8년째 통일기도운동과 더불어 영역선교운동을 일깨우고 있다. 2014년부터는 서울을 비롯한 대전, 광주, 수원, 춘천, 천안, 포항, 용인, 강릉, 분당 등 전국에서 기도회가 진행될 예정이다.

매거진영역에서는 「통일코리아」가 2014년에 창간되어 복음통일을 위한 통일기반조성차원에서 영역선교 단체들의 노력과 동향을 소개하려고 움직이고 있다.

그 외 다른 여러 영역들에서도 맹아적 영역선교를 통한 통일준비가 활발히 진행되고 있다.

7. 맺음말 : 여호와께서 대사를 행하셨다!

우리가 직면하고 있는 문제는 결코 단순한 문제가 아니다. 한반도를 향해 오는 절대폭풍(북한위기, 안보위기, 경제위기)을 극복하고 우리 민족의 숙원인 평화와 통일을 이루기 위해서는 무엇보다도 먼저 튼튼한 안보력을 구축해야 한다. 구한말 대한제국이 몰락하는 과정에서 일본제국주의 앞에 스러져간 것은 우리나라를 지키는 군대가 너무나도 허약했음을 청일전쟁 120주년에 분명하게 기억하고 반성해야 한다. 이 글을 마무리하는 동안에도 북한의 도발과 주변국의 한반도 침범은 계속되고 있다.[65] 그리고 우호적 국제환경을 만들어야 한다. 제

---

64 이관우, "북한기도운동영역에서 준비하는 통일," 「2014세이레평화기도회」 pp. 24-25.

65 5월 22일 오후 6시 북한군은 NLL이남 연평도근해 초계임무 수행중인 우리해군 유도탄고속함 인근에 2발을 포격하였다. 「연합뉴스」, 2014.5.22; 중국과 러시아는 연합해상군사연습을 실시하면서 한국방공식별구역(KADIZ)와 중첩되는 지역에 항행금지구역을 일방적으로 공시하였고, 러 해상초계기 2대가 동해방공식별구역을 침범하였다. 「뉴데일리」 2014.5.20; 「국민일보」 2014.5.22.

2 구한말 사태가 재연돼서는 안 된다. 더 이상 북한 및 통일문제가 국제적 흥정물이 돼서도 안 된다. 정부는 대북정책과 통일정책을 넘어 국가대전략을 반드시 준비해서 추진해야 한다.

우리 교계도 교회갱신을 위한 '회개·용서·화해 운동'과 민족화해를 위한 '대내공의·대북사랑·대외평화 운동'을 전개하자. 먼저 우리사회를 건강하게 만드는데 기여하자. 선취한 통일한국의 이상사회 모습을 만들자. 정쟁과 부패로 물들어 있는 대한민국을 쇄신하고 극단적 대결을 극복하지 못하면 모든 기회의 창은 다시 닫힐 수 있다. 또 2015년이 국토분단 70년이 됨을 다시 한번 각성하고 하나님께 복음통일의 씨앗이 뿌려지기를 기도하자. 바벨론포로 70년 만에 돌아올 것임을 예언했던 예레미야와 이 책을 읽은 다니엘의 금식기도를 기억하고, 동방의 예루살렘 평양이 무너진지 70년이 되는 해가 다가옴을 주시하자. 지금은 남북관계가 한치 앞도 내다보기 어려운 실정이나, 갈멜산에서 끈질기게 기도하여 3년 반 만에 다시 비가 내릴 수 있도록 응답받은 엘리야 선지자처럼 우리도 기도하자.

복음통일의 그날이 올 때까지 진실함과 꾸준함으로 노력하자. 모든 문제를 단숨에 풀 수 있는 지름길은 없다. 그러나 문제가 있는 곳에 해답은 반드시 있다. 세계 모든 문제가 농축되어 있는 한반도 통일문제를 풀어낼 때, 우리는 민족숙원을 달성할 뿐 아니라 열방의 문제를 해결하는 데 도움이 되는 나라로 일어서게 될 것이다.

이를 위해 우리 모두의 함께 준비함이 반드시 필요하다. 기도로 함께 준비할 수 있다. 물질로 함께 준비할 수 있다. 영역별 모임에 동참해서 함께 준비할 수 있다. 그러면 주님께서 통일을 이루실 것이다. 그리고 선물로 복음통일을 우리에게 주실 것이다.

> " 여호와께서 시온의 포로를 돌리실 때에 우리가 꿈꾸는 것 같았도다.
> 그 때에 우리 입에는 웃음이 가득하고 우리 혀에는 찬양이 찼었도다.
> 열방 중에서 말하기를 여호와께서 저희를 위하여 대사를 행하셨다 하였도다.
> 여호와께서 우리를 위하여 대사를 행하셨으니 우리는 기쁘도다.
> 여호와여 우리의 포로를 남방 시내들 같이 돌리소서!
> 눈물을 흘리며 씨를 뿌리는 자는 기쁨으로 거두리로다.
> 울며 씨를 뿌리러 나가는 자는 정녕 기쁨으로 그 단을 가지고 돌아오리로다!"
> (시 126:1~6)

제 22장
한국장로교회의 일치와 연합 1

> 지금 한국교회 특히 한국장로교회는 보다 심각한 갈등과 분열에 휩싸여 있다. 교단 안의 갈등과 분열은 물론 연합기관 안의 갈등과 분열도 심화되고 있다. 그러면 핵분열된 한국교회의 일치와 연합은 과연 가능하며 특히 300여 개 이상의 교단들로 핵분열된 한국장로교 교단들의 일치와 연합은 과연 가능한가? 가능하다면 그 비결은 무엇인가? 물론 성경은 획일주의적인 일치를 주창하지는 않는다. 하나님은 유일하신 한 분 하나님이심에도 불구하고 인간의 다양성을 무시하시며 획일적인 하나됨을 요구하시지 않고 우리들이 다양성을 서로 인정하면서 조화를 이루는 유기적인 하나됨을 요구하신다고 생각한다.
>
> 김명혁 목사(전 합동신학대학원 총장, 한복협 회장)

기독교의 복음은 영원불변하며 절대적이지만 그 복음을 받아드린 인간들은 다양한 역사와 문화적 전통 위에 서 있는 다양하고 불완전한 인간들이므로, 기독교의 복음이 다양한 역사와 문화의 옷을 입고 다양한 인간들의 삶 속에 나타났을 때 기독교의 복음이 다양하고 불완전한 모습을 띠게 된 것이 사실이다. 다시 말해서 하나님의 무오한 계시의 말씀에 근거한 기독교의 복음은 영원불변하며 절대적이지만, 이 세상에 나타난 기독교의 신학과 교회들의 모습은 다양하고 불완전한 모습을 띠게 된 것이었다. 다시 말해서 이그나시우스와 암브로스와 클레멘트와 어거스틴과 프랜시스와 루터와 칼빈과 웨슬레가 모두 위대한 기독교의 지도자들이었음에도 불구하고 완전하고 절대적인 사람은 이 세상에 한 사람도 없기 때문에, 그 분들의 가르침 위에 선 기독교의 신학과 교회들의 모습은 완전하지도 절대적이지도 못했다. 결국 신학과 교회들 사이에 갈등과 논쟁과 분열이 초래되었다.

따라서 초대 기독교가 300여 년 여기저기서 발전하는 동안 기독교의 신학과 교회들의 모습이 예루살렘적인, 안디옥적인, 로마적인, 알렉산드리아적인, 카르타고적인, 비잔틴적인 다양한 모습을 띠게 되었으며 피차간 갈등과 논쟁을 벌이기도 했다. 나중에는 프랜시스적인, 루터적인, 칼빈적인, 웨슬리적인 다양한 모습을 띠게 되었고 피차간 신학적인 갈등과 논쟁을 벌였다. 우리는 교회사에 나타난 신앙의 선배들을 자기가 서 있는 신학적인 전통과 교파적인 입장에 따라 거의 절대적인 신앙의 스승들로 떠받들지만, 사실 저들은 모두 자신들의 허물과 불완전성을 절감하며 다음과 같은 처절한 회개의 고백들을 했다. "나는 망할 자이옵니다"(어거스틴). "나는 작은 벌레와 같은 죄인입니다"(프랜시스). "나는 버림 받을 죄인입니다"(루터). "나는 망할 자이옵니다"(칼빈). "주님 나는 눈멀고 병 들고 연약한 죄인입니다. 나의 숨은 죄악을 깨닫게 하시고 나를 죄와 불행에서 건져 주시옵소서"(웨슬리).

이천여 년의 기독교 역사를 건너 뛰어 한국교회의 설립과 발전 과정을 간단하게 살펴본다. 1866년 9월 5일 대동강변에 뿌려진 로버트 저메인 토마스 선교사의 순교의 피가 씨앗이 되어 자라기 시작한 한국교회는 주로 선교사들이 전해준 기독교의 복음을 받아드리면서 설립되고 발전했으므로 선교사들이 전해준 기독교의 신학과 교회의 모습에 따라 장로교 감리교 성결교 침례교 등의 다양한 모습을 띠게 된 것은 이해할만한 일이라고 하겠다. 그리고 1950년대에 와서 한국 장로교회가 몇 개의 교단으로 분열된 것도 어느 정도 이해할 수는 있을 것이다. 한국 장로교회의 분열에는 외부적인 요인도 있었고 내부적인 요인도 있었다. 1912년 하나의 교단으로 시작된 장로교는 일제 강점기를 거치면서 제도적인 연합은 지속되었지만 여러 가지 요인들로 인해 균열 현상이 드러나기 시작했다. 즉 일본의 신사 참배 강요에 대한 일사 각오의 반대로부터 1952년에 재건 파 및 고신 교단이 출발했고, 신학적인 입장의 차이로 1953년에 기장 교단이 출발했으며, WCC 신학 노선에 대한 입장 차이로 1959년에 통합 교단과 합동 교단이 출발했다. 그러나 지연과 학연 등 내부적인 요인들도 함께 작용했으며 이와 같은 지연과 학연 등 내부적인 요인들은 차츰 한국교회 특히 장로교회 안에 핵분열을 초래했다. 후기에 나타난 특정 교단들 안의 핵분열은 주도권 다툼과 지연 학연 등 비신학적인 요인들과 무관치 않다고 하겠다.

한국교회의 존경을 받던 교회의 지도자들은 사도 바울을 비롯한 신앙의 선배들의 발자취를 따라 자신의 허물과 죄를 자백하는 처절한 회개와 참회의 고백들을 계속했음도 불구하고 한국교회 특히 장로교회의 핵분열은 계속되었다. "나는 야간과 같은 죄인입니다. 애통하며 회개할 맘 충만케 하시옵소서"(길선주 목사). "나는 죄인 중의 괴수외다"(이기풍 목사). 주기철 김치선 이성봉 손양원 한경직 박윤선 목사님 등도 맨날 울면서 처절한 회개의 기도를 드렸다. 그럼에도 불구하고 한국교회와 한국장로교회는 대규모의 분열과 그 후 핵분열을 초래했다. 물론 분열이 있을 때마다 재결합과 연합의 시도도 있었다. 고신 교단과 합동 교단은 1960년대 재 연합을 추진하다가 정치 논쟁에 휩싸여 통합 논의가 결렬되었다. 1980년대부터는 교단 통합보다는 한국장로교 총연합회(한장총), 한국기독교 총연합회(한기총), 한국기독교 목회자 협의회(한목협), 한국교회 연합을 위한 교단장 협의회(교단장협) 등 다자간의 협의체를 통한 연합과 일치 운동을 활발하게 전개했으나 핵 분열된 한국교회 특히 장로교회의 연합과 통합을 이루어내지는 못했다. 현재 예장 대신, 예장 고신, 예장 백석, 예장 합신 등 교단들은 신학적인 차이가 적은 교단들과의 합동을 추진하고 있는데 그 결과가 주목을 받기도 한다. 지금 한국교회 특히 한국장로교회는 보다 심각한 갈등과 분열에 휩싸여 있다. 교단 안의 갈등과 분열은 물론 연합기관 안의 갈등과 분열도 심화되고 있다.

그러면 핵 분열된 한국교회의 일치와 연합은 과연 가능하며 특히 300여 개 이상의 교단들로 핵 분열된 한국장로교 교단들의 일치와 연합은 과연 가능한가? 가능하다면 그 비결은 무엇인가? 물론 성경은 획일주의적인 일치를 주창하지는 않는다. 하나님은 유일하신 한 분 하나님이심에도 불구하고 인간의 다양성을 무시하시며 획일적인 하나됨을 요구하시지 않고 우리들이 다양성을 서로 인정하면서 조화를 이루는 유기적인 하나됨을 요구하신다고 생각한다. 그래서 나는 하나님은 매우 '민주적인' 하나님이라고 말한다. 사실 절대 무오한 성경 말씀도 다양성 가운데 조화를 이루게 하셨다. 마태복음은 유대적인 특성을 띠게 하셨고, 마가복음은 사건중심적인 특성을 띠게 하셨고, 누가복음은 가난한 자들과 병든 자들과 여인들에 대한 사회적인 관심을 기울이는 특성을 띠게 하셨고, 요한복음과 요한계시록은 하늘을 바라보는 천상적인 특성을 띠게 하셨다.

성경은 다양성을 무시하는 획일주의를 주창하지는 않지만 그렇다고 다양성을 무시하는 갈등과 분쟁을 정당화하지도 않는다. 성경은 다양성을 인정하는 유기적인 하나됨을 거듭해서 강조한다. "몸은 하나인데 많은 지체가 있고 몸의 지체가 많으나 한 몸임과 같이 그리스도도 그러하니라 우리가 유대인이나 헬라인이나 종이나 자유자나 다 한 성령으로 세례를 받아 한 몸이 되었고 또 다 한 성령을 마시게 하셨느니라"(고전12:12,13). "이제 지체는 많으나 몸은 하나라"(고전12:20). 제자들을 위한 예수님의 마지막 기도 중의 하나도 하나가 되게 해 달라는 기도였다. "저희를 보전하사 우리와 같이 저희도 하나가 되게 하옵소서"(요17:11). 사도 바울은 자기들의 지도자들을 배타적으로 높임으로 발생한 고린도 교회 안에 분열을 책망했다. "어떤 이는 말하되 나는 바울에게라 하고 다른 이는 나는 아볼로에게라 하니 너희가 사람이 아니리요 그런즉 아볼로는 무엇(무슨 물건)이며 바울은 무엇(무슨 물건)이뇨 저희는 아무 것도 아니로되 오직 자라나게 하시는 이는 하나님뿐이니라"(고전3:4-7). 그리고 자기를 극도로 낮추면서 이렇게 고백했다. "우리가 세상의 더러운 것과 만물의 찌끼같이 되었도다"(고전4:13). 결국 사도 바울의 간곡한 권면은 온유와 겸손과 인내와 사랑 가운데서 하나 되게 하신 것을 힘써 지키라는 것이었다(엡4:1-3).

핵분열과 갈등으로 치닫고 있는 한국교회 특히 한국장로교회가 과연 일치와 연합을 이루는 것이 가능한 일인가? 최근 한국교회가 갈등과 분열의 극치로 치닫고 있는 캄캄한 현실에 비추어볼 때 한국장로교회의 일치와 연합은 거의 불가능하게 보인다. 그러나 그럼에도 불구하고 역사는 때로는 불가능에서 가능으로 탈바꿈하기도 하므로 일치와 연합의 비결을 모색해 보는 것이 아무 소용이 없는 일은 아니라고 생각한다. 물론 필자에게 주어진 "한국장로교회의 일치와 연합"이라는 제목으로 글을 쓰라는 과업은 너무 무거운 거의 불가능한 과업이기는 하다. 그러나 그럼에도 불구하고 필자에게 주어진 불가능한 과업을 수행하며 일치와 연합의 비결을 모색해 보려고 한다.

우선 몇몇 교계 지도자들의 의견을 들어본다. 지난(2012년) 2월 10일 "한국교회의 화해와 협력"이란 주제로 모인 "한국복음주의협의회" 월례 모임에서 몇몇 교계 지도자들이 분열의 원인과 함께 일치와 연합의 비결을 모색해 보았는데 그 때 발표된 의견들을 요약해본다.

백석대학교의 교수이며 기독교연합신문의 주필인 언론인 최명국 교수님은 한국사회와 교계의 갈등과 분열상이 지역이기주의와 함께 비윤리적인 물신주의적 삶에서 비롯했다고 분석했다. "우리사회는 지금 지역이기주의를 비롯 세대 간의 갈등, 이념, 가치관 신념의 갈등, 반미 대 친미 갈등, 노사, 빈부, 여야, 계층, 보수와 진보 언론에 이르기까지 갈등이 증폭되고 있다. 교계도 예외 없이 교권, 금권 주의 등으로 인해 분쟁·분열이 끊이질 않는다. 상호존중과 조화가 아니라 상대방을 쓰러뜨리려고 하는 '죽기 아니면 살기' 식의 힘겨루기이다. 흑백논리와 양극화의 오랜 세월을 거치면서 우리 자신도 모르게 '야성적인' 투사로 길들여져 가고 있지 않느냐 생각할 때 사회통합과 교회화합은 저 멀리 강 건너편에 있는 것 같아 안타까움을 금할 수 없다." "작금 한국교회 분쟁·분열의 원인 제공은 교회 지도자들의 비윤리적 행동에서 비롯되고 있다. 교단 및 단체장들의 금권선거, 교회재정의 불투명한 운영, 교회재산의 사유화 시비 등 기독교 지도자의 윤리는 교회 안팎으로부터 심한 지탄을 받고 있다. 한국교계 부패의 한복판에는 직분과 돈 관계가 깊이 자리 잡고 있는 것 같다. 물신주의를 어떻게 극복할 것이냐가 분쟁을 극복하는 핵심이 될 것이다. 외형의 크기, 돈이 목회의 중심으로 옮겨가고 자신을 높이는 업적주의나 소영웅주의에 물들어가고 있기 때문에 오늘의 분쟁과 분열을 재생산하고 있는 것이 아닌가 반성하게 되는 것이다." 결국 다양성 안에서의 조화를 이루도록 힘쓰며 자신을 희생하려는 순교자적인 삶의 자세를 지니는 것이 필요하다고 결론을 내렸다. "분명히 알아야 할 것은 사회 통합이나 교계의 분쟁 극복은 획일적인 것이 아니라 다양성 안에서 만나는 조화와 성취라는 점이다. 교회가 이 세상에서 해야 할 일은 화해의 성취이다. 지금 한국 교회는 한 사람이든 두 사람이든 말이 아니라 행동을 요구한다. 말의 옳음에 머물지 않고 자신을 희생하려는 순교자적 자세가 보여질 때 분쟁·분열은 극복될 수 있을 것이다."

덕수교회의 담임인 손인웅 목사님은 교회의 유기적인 하나됨을 지적하며 유기적인 하나됨을 깨트리고 교회의 분열을 조장하는 것은 인간의 죄성과 불완전성 때문이라고 지적했다. "하나님께서 세워주신 교회는 본래 하나의 교회이다. 예수께서 제자공동체가 하나 되게 기도하셨다. 사도 바울은 몸은 하나이지만 지체는 여럿이요, 지체가 여럿이지만 몸은 하나라고 가르쳤다. 사도적 신앙을 계승해온 초대교회가 가장 힘써온 것은 하나의 교회를 지켜온 일이다. 그래서 니케아 콘스탄티노플 신조에서 '하나의 거룩한 보편적 사도적인 교회'라고 확실하게 고백함으로 오늘에까지 전승되고 있다. 여기서 교회의 단일성은 제도나 조직이나 교회의 획일성을 의미하는 것이 아니라 본질상 영적으로 하나의 교회이며 또 하나여야 한다는 것과 은사의 다양성을 강조한 것이다."

"주께서 주신 교회가 본래 하나의 교회였음에도 불구하고 분열된 것은 무슨 연고였는가? 한마디로 말하면 인간의 죄성 때문이요, 인간의 불완전성 때문이다. 리처드 니버는 교회 분열의 원인을 경제적, 정치적, 지역적, 문화적, 인종적 배경 등으로 분류해서 연구했다. 그리고 교회의 분열은 윤리적 패배라고 선언하였다. 교회의 분열은 인간의 죄성 때문에 일어나는 일이기에 어떠한 이유라도 합리화할 수 없다." 그리고 한국교회는 이제 교회 분열의 죄를 통렬히 회개하고 비본질적인 요소의 차이의 장벽을 넘어서서 연합과 일치를 이루기 위해 살신성인하는 결단을 하여야 한다고 강조했다. "우리 한국 개신교회는 200여개가 넘는 교파, 교단들로 분열되어서 세상 사람들 보기에도 부끄럽고, 선교의 심각한 장애요소로 등장하는 것을 통렬히 회개하고 연합과 일치를 위해서 살신성인하는 결단을 해야만 할 것이다. 교회연합 일치 운동이 어려운 것은 교회의 본질을 추구하지 아니하고, 신학이나 교리나 의식이나 제도와 같은 비본질적인 요소의 차이의 장벽을 넘지 못하고 지나친 교파주의에 집착하기 때문이다. 한마디로 철저하게 회개해야 한다. 왜냐하면 그리스도의 하나의 몸을 찢어놓은 죄를 범했기 때문에 회개하면 다시 하나로 복원될 수 있다. 그리고 모든 교파와 교단의 다른 것만을 부각시켜서 분열을 더욱 조장하는 것을 지양하고 공통점을 계속 찾아내고 공동체 의식을 강화해 나가야 한다." 그리고 한목협과 미래목회포럼과 한국교회희망봉사단과 부활절 연합예배 등을 통해서 연합운동과 일치 운동을 펴 온 것을 소개했다. 그리고 한기총과 NCCK와의 통합을 통한 한국교회의 연합과 일치 운동을 펴 나아가는 것이 한국교회를 살리는 길이라고 강조했다. "NCCK와 한기총을 통합하여 하나의 연합기구로 교단장협의회를 복원하는 방법이다."

경동교회의 담임인 박종화 목사님은 교회의 분열이 죄책 고백의 대상이라고 지적하며 '다름'을 서로 인정하며 '모이는 교회의 삶'을 통해서 그리고 선교와 봉사를 통해서 일치를 추구하는 것이 바람직하다고 제안했다. "교회분열은 죄책 고백의 대상이다. 그리스도의 몸을 찢은 현실에 대한 죄책일 것이다. 초기한국 장로교의 경우 개혁교회 전통을 명시하는 많은 신조들 가운데서 하나의 공통된 신조 (예: "웨스터민스터 신조", "장로교 신조")를 인정하고 지니고 있으면서도 성서해석 방법이나 신학적 입장 등의 차이로 분열된 경우가 이에 속할 것이다. 오늘 날 성숙해진 신학과 신앙의 입장에서 보면 분열의 원인으로 지칭된 것들이 '틀림'의 대상이 아니라, 다양성을 지니는 '다름'이었다고 할 수 있을 것이다." "한국 상황에서 보면 '기구' 중심의 일치의 맹점은 거의 항상 교권과 자리 및 이권다툼이라는 비신앙적 비신학적 요인들이 크게 자리한다. 그리고 일치를 이루기 위해서는 한국교회가 우선적으로 실천해야 할 과제가 있다고 본다. 하나는 '모이는 교회의 삶'을 통한 일치이다. 즉 '예배의 일치'이다. 신학적 성향이나 교리입장을 말하기 전에 하나님께 드리는 예배의 일치를 이루자는 것이다. 전국교회가 주일마다 같은 성경본문으로 말씀이 선포되는 강단의 일치가 있을 수 있다. 또 하나는 교회 일치가 선교와 봉사를 위한 일치여야 한다는 점이다. 교회의 존립 근거도 그렇고 교회의 일치 노력의 목표 역시 구원의 복음을 전파하고 봉사하는 것이어야 한다고 믿는다. 일치의 목적은 바로 교회 일치, 선교 일치, 봉사 일치인 셈이다." 마지막으로 평화와 통일을 위한 교회의 일치된 노력이 필요하다고 지적했다. "마지막으로 평화와 통일을 위한 교회의 일치된 노력이다. 교파간의 갈등 못지않게 남북갈등은 분단이 내어놓은 죄악이다. 자유 민주사회를 이끌고 사는 우리는 북한의 체제나 제도를 내용상으로 수용하는 것이 아니라 통일의 상대로서의 현실을 인정하는 것일 뿐이다. 말하자면 통일지향의 '평화 공존'이며 그런 정신하에서의 '분단 평화관리' 일 것이다. 한국교회는 통일지향에서 '북한동포'가 평화통일의 주체가 될 수 있도록 배려해야 한다."

그러면 이제 필자의 한국교회 특히 한국장로교회의 일치와 연합에 대한 서론적인 이야기를 해본다. 우선 이 세상에 존재하는 모든 신학과 모든 교회의 바람직한 일치와 연합은 거의 불가능하다고 생각한다. 인간은 모두 이기적이고 자기중심적이고 자만하고 배타적인 기질을 지니고 있는 죄인들이기 때문이다.

아무리 성경을 많이 알고 아무리 성령의 충만을 많이 받아도 인간은 여전히 이기적이고 자기중심적이기 때문이다. 성경을 많이 알고 성령의 충만을 많이 받을수록 더욱 더 자만해 지고 더욱 더 자칭 의인이 되기가 쉽기 때문이다. 오늘날 한국교회 특히 한국 장로교회가 극심한 분쟁과 분열에 휩싸이게 된 원인도 한국교회 특히 한국장로교회가 설교를 너무 잘하고 은혜를 너무 많이 받고 교회가 너무 커졌기 때문이라고 생각한다. 세상에 존재하는 모든 신학과 모든 교회의 바람직한 일치와 연합은 거의 불가능함에도 불구하고 성경은 다양성 가운데 유기적인 하나됨을 유지하라고 거듭해서 권면하고 분부하기 때문에 우리는 불가능해 보이는 교회의 일치와 연합을 위해서 최선의 노력을 다해야 한다고 생각한다.

그러면 이제 필자의 한국교회의 일치와 연합에 대한 개인적인 경험담을 소개한다. 필자는 본래는 근본주의에 가까운 보수적인 입장에 서서 소위 개혁주의적인 신학이나 신앙노선과 다른 거의 모든 신학과 교회와 교회 지도자들을 정면으로 비판하던 사람이었다. 귀국 후 강원용 목사님도 조용기 목사님도 정면으로 비판하던 사람이었다. WCC의 신학적 입장을 언제나 앞장서서 비판했다. 1983년 7월 캐나다 뱅쿠버에서 개최된 제6차 WCC 총회에 참석하여 한 시간도 빠지지 않고 발표들을 경청한 후 WCC의 신학 노선을 조목조목 비판하기도 했다. 물론 반북, 반일적인 입장을 강하게 취했고 반 모슬렘, 반 타종교적인 입장을 취했다. 그런데 언제부터인가 다른 교회와 다른 신학과 다른 교회지도자들에 대한 태도가 바뀌어지기 시작했다. 강원용 목사님과 조용기 목사님을 존경하게 되었고, 북한에 대해서 긍휼의 마음을 품게 되었고, 일본에 대해서 사랑과 존경의 마음을 품게 되었고, 모슬렘이나 타종교인들에 대해서 관용의 마음을 품게 되었다. 결국 교회 연합운동에 적극적으로 참여하게 되었고 타종교인들과의 교제와 협력까지 도모하며 "민족의 화해와 평화를 위한 종교인 모임"을 만들기도 했다.

어떻게 이런 변화가 일어났는가? 몇 가지 과정을 서술해 본다. 첫째로, 필자가 교회사와 어거스틴을 전공하고 라토렛, 베인톤, 펠리칸, 윈터, 스토트 박사 등의 가르침을 받으므로 소위 '역사적인 안목'을 지니게 된 것이 사고의 변화를 가져오게 된 아주 중요한 배경적인 요인이 되었다. 결국 필자는 흑백 논리를 버리고 사고의 '양면성' 과 '균형'을 지니게 되었고 '양극을 붙잡는 역동적인 통일성'을 받아드리며 강조하게 되었다. 결국 하나님의 주권을 강조하는 칼빈에게서도 인간의 자유의지를 강조하는 웨슬리에게서도 배울 점이 있다는 사실을 인정하게 되었다.

둘째로, 십자가에 나타난 '버림'과 '가난해짐'과 '약해짐'과 '착해짐'과 '주변 지향적'임과 '긍휼'(자비)과 '용서'와 '사랑'의 모순되는 듯한 복음의 특성들을 묵상하고 또 묵상하므로 사도 바울이 배설물로 여기며 버렸던 인간적이고 세속적인 지혜와 가치관을 조금씩 버리게 되었고 모두를 향한 긍휼과 용서와 사랑의 자세를 지니며 살기를 소원하게 되었다. 결국 성 프랜시스와 손양원 목사님과 한경직 목사님을 사랑하고 존경하며 조금이라도 닮고 싶은 소원을 지니게 되었다.

셋째로, 사도 바울을 비롯한 신앙의 선배들의 처절한 죄 고백의 부르짖음을 들으면서 내가 할 수 있는 가장 기본적이고 가장 중요한 것은 진리의 깃발을 휘두르는 것이 아니고 나의 허물과 죄성을 낱낱이 고백하는 처절한 회개와 참회의 고백임을 알게 되었고 그래서 부족하니마 날마다 회개와 참회의 고백을 하게 되었다. 결국 나는 아무도 판단하거나 정죄할 자격이 전혀 없는 죄인중의 죄인임을 인정하며 고백하게 되었고 모두를 품고자 하는 낮고 겸손한 자세를 취하게 되었다.

넷째로, 필자는 타 교단의 지도자들과 만나서 친숙하게 교제하면서 즐거움을 누리게 되었고 그들로부터 많은 것을 배우게 되었다. 통합교단의 지도자들과 교제하면서 통합교단이 상식적이고 앞선 교단임을 알게 되었고, 성결교 교단의 지도자들과 교제하면서 성결교 교단이 순수하고 복음적인 교단임을 알게 되었고, 기장교단의 지도자들(이중표 목사님, 박종화 목사님, 전병금 목사님, 이동휘 목사님 등)과 교제하면서 기장교단도 복음적이고 합리적이고 앞선 교단임을 알게 되었고, 대신교단의 지도자들과 교제하면서 대신교단이 순수하고 복음적인 교단임을 알게 되었고, 순복음 교단의 지도자들과 교제하면서 순복음 교단이 기도와 열정이 대단한 귀한 교단임을 알게 되었다.

다섯째로, 필자는 그동안 예배와 회개와 봉사 등을 주제로 여러 교단의 지도자들과 함께 모여 연합과 일치를 모색하는 일을 계속했다. 즉 2005년 4

월에는 강변교회에서 김창인 목사님, 강원용 목사님, 조용기 목사님 등을 모시고 5월에는 이종성 목사님, 이성택 목사님, 주선애 교수님, 홍순우 목사님 등을 모시고 "제가 잘못했습니다" 라는 주제로 회개 모임을 마련했다. 2006년 부활절 때는 거의 깨어질 뻔한 부활절연합예배를 함께 드릴 수 있도록 손인웅 목사님 등과 함께 심부름의 일을 했는데 너무너무 힘이 들었다. 2007년 2월 9일에는 강변교회에서 "하나되게 하시고 거룩하게 하옵소서" 라는 주제로 교계 지도자들이 함께 모여 찬양과 말씀과 기도를 했는데, 박종순 목사님, 신경하 감독님, 박경조 주교님, 황우여 의원님. 유재건 의원님, 안만수 목사님, 최희범 목사님, 박종화 목사님, 손인웅 목사님, 김광준 신부님, 권오성 목사님, 이용규 목사님, 정진경 목사님 등 한기총과 교회협 임원들이 다수 참석했고 여야 의원들이 특별 찬양을 했다. 2008년 1월 11일 강변교회에서 "주여 우리를 살려 주시옵소서" 라는 주제로 기도 모임을 가졌는데, 옥한흠 목사님, 방지일 목사님, 조용기 목사님, 정진경 목사님, 이수영 목사님, 박종화 목사님, 손인웅 목사님, 김상복 목사님, 유재필 목사님. 최희범 목사님, 전병금 목사님 등이 참석했고 은퇴 목회자 24명과 은퇴 여 교역자 24명이 특별 찬양을 했다. 1995년경부터 재난에 처한 북한동포를 비롯한 아프리카 부르키나 파소와 방글라데시와 연변 조선족 아이들과 아프가니스탄 어린이들을 돕는 일은 범 교단적으로 수행해왔다.

이제 한국교회 특히 한국장로교회의 일치와 연합에 대한 필자의 개인적인 소견을 피력하므로 글을 마무리하려고 한다. 첫째로, 교단들 간의 제도적인 합동 또는 통합을 서두르기 전에 합동 또는 통합을 하기를 원하는 교단들끼리 2,3년 동안 친밀한 교제와 교류를 시도하는 것이 바람직하다고 생각한다. 즉 목사 장로 기도회나 여전도회 수련회 등을 함께 개최하고 신학교 교류와 강단 교류를 시도하고 그리고 가능하면 봉사활동을 함께 하면서 이제는 함께 살아도 편안하고 즐거울 것이라는 감을 피차 가지게 될 때 교단들간의 제도적인 합동 또는 통합을 실현하는 것이 바람직하다고 생각한다. 둘째로, 한국교회의 연합과 일치를 추구하고 있는 기구들인 한국장로교 총연합회(한장총), 한국기독교 목회자 협의회(한목협) 등을 통해 교단의 지도자들이 다른 교단의 지도자들과 자주 만나서 교제와 교류를 시도하며 서로를 이해하고 서로를 배우려고 하는 포용적인 자세를 지니도록 최선을 다하는 것이 필요하다고 생각한다. 셋째로, 무엇보다 가장 중요한 것은 우리 선배들이 평생 힘썼던 처절한 회개와 참회의 고백을 몸에 지니도록 최선을 다하는 것이 중요하다고 생각한다. 그래서 의인 의식이나 지위나 명예를 추구하는 세속적인 욕망을 버리고 낮은 자세를 지니고 모두를 존경하며 품을 수 있는 온유 겸손 포용의 자세를 지니도록 최선을 다하는 것이 필요하다고 생각한다. 교단의 일치와 연합은 결국 교회 지도자들의 온유 겸손 포용의 자세에 달려있기 때문이다. 필자의 심정을 솔직하게 표현하면, 필자는 지금 합동교단에 속해도 좋고, 고신교단에 속해도 좋고, 통합교단에 속해도 좋고, 기장교단에 속해도 좋고, 대신교단에 속해도 좋을 것 같다. 필자는 은퇴 후 지난 4년 3개월 동안 전국에 흩어져 있는 다양한 교단에 속한 작은 교회들을 한 주에 평균 두 교회씩 방문하며 설교하고 있는데 그 결과 교단 의식이나 내 교회 의식이 거의 사라졌기 때문이다.

주님께서 간절하게 기도하신 대로 아니 지금도 기도하고 계시는 대로 한국교회가 특히 한국장로교회가 속히 모두 회개하고 십자가의 흔적을 몸에 지니고 하나 되기를 힘쓰기 바란다. 한국교회가 소금과 빛의 모습을 지니고 모두에게 착한 행실을 나타내 보이는 아름다운 섬김의 교회로 탈바꿈하게 되기를 바란다. 더 큰 채찍으로 맞기 전에 그렇게 되기를 간절히 소원한다. 주님께서 드린 간절한 기도의 말씀과 사도 바울이 전한 간절한 권면의 말씀을 함께 들으므로 글을 마무리한다. "거룩하신 아버지여 내게 주신 아버지의 이름으로 저희를 보전하사 우리와 같이 저희도 하나가 되게 하옵소서"(요17:11). "모든 겸손과 온유로 하고 오래 참음으로 사랑 가운데서 서로 용납하고 평안의 매는 줄로 성령의 하나 되게 하신 것을 힘써 지키라 몸이 하나이요 성령이 하나이니 이와 같이 너희가 부르심의 한 소망 안에서 부르심을 입었느니라 주도 하나이요 믿음도 하나이요 세례도 하나이요 하나님도 하나이시니 곧 만유의 아버지시라 만유 위에 계시고 만유를 통일하시고 만유 가운데 계시도다"(엡4:2-6). "우리가 유대인이나 헬라인이나 종이나 자유자나 다 한 성령으로 세례를 받아 한 몸이 되었고 또 다 한 성령을 마시게 하셨느니라"(고전12:13).

제 23장
한국장로교회의 일치와 연합 2

오늘날 한국교회 특히 한국장로교회에 요청되는 세계선교와 세계봉사의 과제를 정성과 지성으로 결심하고 수행하려면, 오늘의 세계현상에 대한 열린 자세뿐만 아니라, 우리식의 장로교회 역사와 전통과는 전혀 다른 교회전통과 신앙전통에서 살아온 수많은 나라, 사회, 인종, 문화의 사람들과 정직하고 열림 소통이 먼저 있어야 한다. 세계는 이미 한 지구촌으로 살아간다. 다원주의 사회이다. 다양한 문화와 문명이 만나 역사를 형성한다. 다양한 인간이 만나 공생의 문화와 생활터전을 만들어가야 한다. 여기서 중요한 것은 "홀로 빨리" 짧은 길을 가는 것이 아니라, "함께 천천히" 먼길을 가야 한다는 점이다.

박종화 목사(경동교회 담임)

본래 모슬렘으로 살다가 기독교인이 된 Sanneh는 이슬람과 기독교의 차이점 하나를 아주 재미있게 분석한다. 이슬람 경전인 <꾸란>을 제대로 읽고 이해하려면 아랍어를 연구하고 아랍의 문화와 사고방식을 섭렵해야 한다고 주장한다. 그만큼 아랍적 언어와 삶에 틀이 박혀있고, 따라서 다른 언어로의 번역이 불가능하고 다른 문화상황에 기초한 해석의 다양성이 차단된다고 한다. 그에 비해서 기독교의 경전인 <성경>은 얼마든지 다른 언어로 번역되고 다른 다양한 문화상황이나 사고의 틀에서도 공통의 이해가 가능하다는 것이다. 그 실증이 바로 주님이 승천하신 후에 마가의 다락방에 모였던 각기 다른 언어를 쓰고 다른 문화생활권에서 모인 사람들이 주님의 복음을 각기의 언어 곧 방언을 하면서 동일하게 듣고 알고 받아들였다는 사도행전의 사건을 그 출발의 예로 든다.[1] 결국 이 사람이 말하는 것은 기독교의 복음은 처음부터 다양하게 "번역 가능한 양태"(translability)를 띠고 있다는 점이다. 아주 중요한 지적이라 본다.

---

1 Lamin Sanneh, Translating Message :The Missionary Impact on Culture, Orbis 1987, 특히 211ff.

1. 몸은 하나, 지체는 여럿

기독교 복음은 출발부터 다양한 언어권과 문화 생활권에 접목되면서 복음을 수용하면서 형성된 삶의 현장속의 교회의 역사적 전통과 체제, 내세우는 교리와 신학의 강조점, 선교와 봉사의 방향성 등에 있어서 다양성을 띠고 발전된 셈이다. 예컨대 이슬람이 나름의 역사적 종족적 차이에 따라 수니파와 시아파로 대별되기도 하지만 기독교의 경우처럼 다양한 교파나 교단으로 분화 내지 분열되지 않음을 알 수 있다. 기독교의 경우 기본적으로 그리스도의 몸인 교회는 "하나"이나, 몸에 붙어있는 지체인 역사와 사회 속에 존재하는 현실 교회는 "여럿"이다. 여기서 말하는 "한 몸 - 여러 지체"(예: 롬12장)를 기본으로 하여 교회일치를 말할 때 주로 "다양성 속의 일치"(unity in diversity, Faith & Order/Lausanne 1927)라고 규정해 왔다. 다양성은 곧 지체로서의 다양성이다. 교회론과 관련해서 말하면 이 다양성은 다양한 역사와 문화의 틀 속에서 잉태하고 발전된 "교파전통 상의 다양성"(confessions/confessional churches)을 의미한다. 크게 보면 천주교회, 정교회, 개신교회 전통일 것이고, 개신교회의 경우를 보면 성공회, 장로교회, 감리교회, 루터교회, 침례교회, 구세군, 오순절 교회 등으로 나누어진 다양성일 것이다. 이런 다양성의 핵심은 역시 두 가지일 것이다. 하나는 교파전통에 따른 교리적-신학적 강조점 내지 특성("Faith")이고, 다른 하나는 교파전통 마다의 교권과 정치 형태 및 제도의 특성("Order") 문제이다.

2. 한국장로교회의 현실: 다양성이 아니라 분열이다

장로교회는 한 몸인 교회의 한 지체이다. 예컨대 장로교회가 주님의 몸된 교회의 "허파" 역할을 하는 지체라 하자. 그렇다면 300여 교단으로 갈라진 한국장로교회는 300개의 허파로 작용하는 지극히 비정상적인 지체인 셈이다. 몸을 건강하게 보필할 수 가 없다. 앞서서 "faith"와 "order" 상의 다양성을 말했지만, 한국장로교 교단들은 기본적으로 위의 두 요소가 동일하다. 장로교 신조와 교리를 지니고 있고, 장로교회 체제와 제도를 똑같이 지니고 있다. 그럼에도 불구하고 서로 갈라진 교회의 모습을 "교파 분열적 교회"(denominations/denominational churches)라 이름 한다. 한국장로교회는 장로교회이기에 갖는 교파전통 상의 다양성에다가 같은 장로교회 이면서도 서로 갈라져 사는 교파 분열적 비극이라는 이중적 분할구도에 살고 있다.

필자의 소견이기는 하지만, 교파 전통적인 다양성을 반드시 정당화시킬 필요는 없으나, 경우에 따라서 그러한 다양성이 신앙과 직제 문제에 있어서 우리들 교회를 오히려 보다 풍성하고, 보다 심오하며, 보다 폭넓게 만들어 주기도 한다고 믿는다. 획일주의적 정통성 주장은 오히려 자유하게 하시는 복음의 은총을 얽어맨다고 생각한다. 다양성은 오히려 풍요한 양식일 수도 있다. 교회일치를 이루더라도 그 일치 안에 이런 긍정적인 다양한 요소들을 살려두는 지혜가 필요할 것이라고 본다. 하지만 한국장로교회의 교파분열은 "faith" 차원에서도, 또 "order" 차원에서도 정당성이 없다. 한국의 지나간 역사적 상황이 지금처럼 적대적 냉전대결을 벗어난 시점이었더라면, 지금처럼 사회의 선진화와 경제적 발전을 구가할 만한 시점이었더라면, 지금처럼 진보든 보수든 신학적 자각과 수준이 고양되어 있는 시점이었더라면, 지금처럼 다양한 의견과 주장이 갈등을 수렴하고 포용사회를 이끌어 갈 수 있는 민주화된 시점이었더라면, "고신", "기장", "합동", "통합"의 분열은 일어나지 않을 수 있었을 거라고 믿는다. 이런 분열은 각기 당대의 구체적인 분열의 시대와 연관된 결과물이며, 교회론적 내지 신학적 성숙이 아직은 미진하던 시대의 시대적 산물임도 사실이다. 오늘의 상황은 과거의 분열야기 상황과 확연히 다르다. 그렇다고 해서 과거의 역사적 분열을 정당화할 수도 없지만 또 반대로 폐기처분할 수도 없다. 당시의 분열의 신학적-비신학적 요인들을 진지하게 분석하여 오늘의 상황에서 "유감"을 표하고, 선언적 의미이기는 하나 각기 과거 분열의 "상처를 씻어주고, 포용하고, 서로 화해하는" 결단의 조치를 취할 수 있다고 본다. 중간 단계이기는 하지만 이들 교단교회들이 예를 들면 〈한국장로교총연합회〉를 함께 구성하여 교류와 협력을 다지는 것도 이런 일의 일환이라고 생각한다. 다만 하나의 어려운 과제가 남아있다. 분열된 교회들의 분열요인이 지금은 해소되었다고 하더라도, 분열된 교회들이 각기 거대한 체제/제도로서의 교파교회를 굳건히 세워놓고 있다는 사실이다. 이것이 현실이다. 일치를 논하면서 가장 해결이 힘든 문제가 바로 이런 제도와 체제 곧 "order"의 문제이다. 참고로 이 4대 분열 이후의 장로교단 핵분열의 현상은 여기서 별도로 다룰 필요가 없다고 생각하기에 접어두기로 하겠다.

3. 어떤 일치가 희망적인가

오늘 우리는 곰곰이 생각해보아야 할 것이 있다. 교회 역사를 역순으로 거슬러 올라가볼 필요가 있다. 우리 한국장로교회는 주로 미국장로교회의 선교열매이고 일부는 카나다와 호주의 개혁/장로교회의 소산물이다. 이들 장로교회들의 선조는 스코틀랜드 장로교회이다. 구라파 대륙의 칼빈과 그 후예들이 "개혁교회"(reformed churches)를 세운 반면, 영국에서의 개혁교회는 "장로교회"(presbyterian churches)라는 이름을 지닌다. 말하자면 전자에 비해서 후자는 "order" 쪽에 관심을 두는 개혁교회를 이루어 내었다. 솔직히 말하자면 영국의 왕권 체제와 영국성공회의 감독체제의 합작에 대한 반발과 대안으로서의 스코틀랜드 공화정 운동과 맞물린 "장로체제"를 개혁교회의 핵심체제로 만든 것이다. 여기서 감독제와 장로제의 장단점 내지는 차이를 상론할 계제는 아니지만, 반드시 짚고 넘어가야 할 점이 있다.

하나는 개혁교회가 반드시 장로체제와 동일시되는 것은 아니라는 점이다. 예를 들어 〈헝가리 개혁교회〉는 다수교회인 천주교와의 동등한 사회적 역할과 과제 수행을 위해 천주교와 똑같은 감독제도/주교제도를 두고 있다. 현재 한국 개신교 내지 장로교회의 경우 한국 사회에서 진정한 신앙적 권위의 목소리를 낼 수 있는 "공교회적 지도력/대표성"을 지니고 있는지, 개 교회 또는 노회나 총회 차원에서 "우리들끼리의 리그"의 주인공으로서의 역할로 장로체제가 축소 왜곡되고 있는 것은 아닌지 심각하게 반성해봐야 한다. 교회가 "아래로부터의 사랑의 봉사"와 "사회를 향한 교회의 공공 대표성 제고"라는 두 축의 교회역할을 장로체제가, 그것도 "항존직/평생직"으로 선출되는 한국교회 만의 장로직 (여기에는 "목사"와 "장로"가 동시에 포함됨) 체제가, 성실히 수행하고 있는지 물어야 한다. 장로제 기반의 개혁교회 체제가 본래 서구 민주주의의 발현에 혁혁한 공헌한 점을 염두에 둔다면 한국 장로교회의 역행적 체제는 시급히 갱신되어야 마땅하다고 믿는다.

또 하나의 바람이 있다. 장로교회/개혁교회 자체도 그렇지만, 한국장로교회의 태생적 제한성도 마찬가지로, 우리의 "faith"는 주님의 몸의 한 "지체"인 교회로서의 그것이다. 우리의 신학과 교리와 활동 영역이 절대적 지위를 지니지 않는다. 개신교 안의 다양한 형제자매 교파교회들과 공존하며, 거슬러 올라가면 천주교와 정교회라는 초대교회사와 중세교회사의 두 축이 현존하고 있다. 장로교회가 갑자기 하늘에서 떨어진 신비의 교회가 아니다. 한국장로교회는 신학도 교리도 그 폭과 깊이가 세계 교회사의 광대한 신학과 교리의 광맥에서 보면 너무도 편협하고 얇다. 열린 소통이 긴급히 요청된다. 오늘날 한국교회 특히 한국장로교회에 요청되는 세계선교와 세계봉사의 과제를 정성과 지성으로 결심하고 수행하려면, 오늘의 세계현상에 대한 열린 자세뿐만 아니라, 우리 식의 장로교회 역사와 전통과는 전혀 다른 교회전통과 신앙전통에서 살아온 수많은 나라, 사회, 인종, 문화의 사람들과 정직하고 열림 소통이 먼저 있어야 한다. 세계는 이미 한 지구촌으로 살아간다. 다원주의 사회이다. 다양한 문화와 문명이 만나 역사를 형성한다. 다양한 인간이 만나 공생의 문화와 생활터전을 만들어가야 한다. 여기서 중요한 것은 "홀로 빨리" 짧은 길을 가는 것이 아니라, "함께 천천히" 먼길을 가야 한다는 점이다.

〈한국장로교총연합회〉가 추천하는 "한 지붕 여러 가정" 식의 한국장로교회의 연합이 하나의 좋은 시작일 수 있다고 본다. 하지만 우리들 스스로 미리부터 경고하고 결단을 만들어가야 할 사항이 있다. 기구연합 만으로는 해법이 아니라는 점이다. 특히 한국교회는 기구난립이 기구연합의 부산물로 의례히 등장하기 때문이다. 기구연합 속에는 항상 "일감 연합"이 둥지를 터야 한다. 예를 들면 이런 것들이다.

한국장로교회는 예배연합을 이루어야 한다. 일 년 52주 가운데서 상당수의 주일을 또는 일정한 주일에 전국교회가 주일예배를 같은 성경본문, 같은 찬송, 같은 설교, 같은 기도를 드릴 수 있도록 시도해 보자. 예배공동체를 통한 영적일치가 있어야 한다.

한국장로교회는 강단교류와 함께 신학교류를 활성화해야 한다. 한 지붕 여러 가정의 실질적 발현이 여기서 출발해야 한다. 신학교육 커리큘럼의 일부를 신학대학 또는 신대원 상호간의 학점교환 내지 상호인정을 통하여 연합성과 열림의 공간을 마련할 수 있고, 목회자들의 계속교육 프로그램을 일정부분 공동으로 할 수 있으면 좋을 것이다. 이것이 곧 강단과 신학교육의 일치이다.

한국장로교회는 세계선교와 세계봉사에 있어서 공동의 프로젝트 및 협력 프로그램을 수립하여 실천할 수 있어야 한다. 이 경우 연합하여 특정 지역, 특정교회나 집단에 특정 프로그램을 지원하고 관리하는 "선택과 집중"의 선교봉사를 하는 일이다. 교회일치는 바로 선교적 일치요, 봉사적 일치의 모습을 띠어야 한다고 믿는다.

맺는말

지난 한국기독교 역사는 하나님의 특별한 섭리 속에 진행되었다. 1884년 6월 감리교 맥클레이 선교사가 입국하고 같은 해 9월 20일 북장로교선교회 소속 호러스 알렌이 제물포에 입국하면서 시작된 한국선교가 올해로 130주년을 맞는다. 1884년 호러스 알렌이 입국한 후 지금까지 한국장로교회는 기도와 말씀과 선교로 특징되는 교회 역사를 이어왔다.

1866년 대동강에서 27살의 젊은 나이로 순교한 토마스 선교사가 장로교인이었고 만주에서 한국선교를 준비하며 예수성교전서를 간행하고 한국인들을 훈련시켜 한국선교의 중요한 토대를 구축한 존 로스와 존 매킨타이어도 장로교 선교사였고, 한국에 파송된 탁월한 선교사들 상당수가 장로교인이었다. 확실히 한국교회 역사에서 장로교는 선교의 태동, 발전, 영향에 있어서 독보적인 위치를 차지했다. 우리는 지금까지 연구를 통해 다음 몇 가지 중요한 사실을 확인할 수 있었다.

첫째, 한국에 파송된 선교사들은 스코틀랜드 아일랜드 장로교 전통의 신앙, 청교도들의 신앙과 정신을 계승한 신앙인들이었다. 따라서 이들은 신학적으로 보수적이었고 금연금주를 비롯한 청교도적 삶의 실천을 강조했고 그런 신앙을 한국교회에 물려주었다.

둘째, 한국에 입국하기 전 이미 본국에서 놀라운 부흥을 경험한 뜨거운 신앙의 소유자들이었다. 때문에 복음의 열정이 대단했고 성령의 은혜를 간절히 사모했다. 선교사들이 전해준 불타는 복음을 한국교회가 그대로 계승했다. 20세기에 들어서면서 1903년 원산부흥운동, 1907년 평양대부흥운동, 1909년 백만인구령운동으로 대변되는 놀라운 대부흥운동이 한반도에서 일어난 것도 우연이 아니다. 선교가 시작되고 불과 사반세기도 되기 전에 한국교회가 이처럼 놀라운 부흥을 경험한 것은 세계선교 사상 유례를 찾기 힘든 일이다. 신학적으로 건강하면서도 부흥운동에 대해 열려 있었기 때문에 한국장로교회가 놀라운 성장을 이룩하면서도 사회적 민족적 책임 구현을 통해 사회와 민족을 선도할 수 있었다.

셋째, 평양대부흥운동이 놀랍게 한반도 전역을 휩쓸고 있던 바로 그해 독노회가 조직되고 이어 5년 후 총회가 조직된 것은 세계선교 사상 유례를 찾기 힘든 일이다. 일제의 강제 합병을 통해 우리의 주권을 상실한 이 땅에 한국교회는 노회 조직을 통해 전국적인 네트워크를 가진 유일한 기관이었다. 자연히 교회는 국권을 상실한 한국 민족에게 희망을 제공했다. 105인 사건, 3·1 독립운동, 신사참배 도전 앞에서도 흔들리지 않고 나라와 민족을 선도할 수 있었다.

넷째, 해방 후 한국은 남북 분단의 아픔을 겪어야 했다. 하나였던 한국장로교회도 1952년 고신이, 1953년 기장이, 1959년 통합과 합동이 분열되면서 4개 교단이 되었다. 의견의 차이가 있을 수 있지만 고신의 분열은 신사참배문제, 기장의 분열은 신학적인 문제, 통합과 합동의 분열은 WCC 에큐메니칼 문제가 주된 분열 요인이었다. 이후 예장합동에서 1979년 개혁측이 분열되었고 안타깝게도 여기서 또 다시 수많은 분열이 연쇄적으로 일어나 보수적인 한국장로교회는 분열의 이미지를 한국교회에 심어주었다. 그러나 다행하게도 2005년 예장합동과 개혁이 다시 연합하여 하나 되는 역사가 있었다.

다섯째, 1960년대 이후 한국장로교회가 놀라운 교회 성장과 민주화를 이룩하는 과정에서 결정적인 역할을 감당했다. 예장 합동은 교회성장의 주역으로, 다시 해외선교운동의 주역으로 쓰임 받았고, 군사정권 하에 한국장로교회 중 기장은 민주화 운동의 선봉에 있었다. 한국교회는 서로를 존중하고 이룬 업적을 인정해야 할 것이다.

여섯째, 한국교회는 2000년대 이후 새로운 도전에 직면했다. 이단의 발흥, 세속화, 이슬람 세력의 등장, 교회의 침체, 해외선교의 쇄락, 금권주의와 물량주의는 한국교회가 만난 이 시대의 도전들이다. 요즘처럼 우리 사회에 반기독교 정서가 만연된 적은 없었다. 왜 그 같은 비판을 받아야하는지 대체 그 원인이 무엇인지 우리 모두 깊은 성찰과 자성이 있어야 할 것이다. 자정 능력을 상실한 한국교회가 진정성 있는 개혁을 통해 거듭나지 않는다면 소망이 없다.

이제 한국교회는 오늘날의 급속한 침체를 벗어나 그 옛날의 영광을 회복해야 할 것이다. 이를 위해서 한국장로교회는 본래의 종교개혁의 정신을 회복하고 미국의 1차 대각성운동과 평양대부흥운동과 같은 놀라운 부흥을 경험해야 할 것이다.

마지막으로 남북통일의 과업을 한국교회가 감당해야 할 것이다. 바벨론 포로도 70년을 넘지 않았다. 그런데 어느 듯 올해로 우리나라가 남북분단 69년을 맞았고, 2015년이면 70년이 된다. 지금 북한에는 생명 내 걸고 예수를 믿는 지하 교인들이 급증하고 있다. 전하는 바에 의하면 14만 명이나 된다고 한다. 통일은 우리 민족이 감당해야 할 가장 중요한 시대적 과업이다.

이제 한국교회는 통일의 주역으로 쓰임 받아야 할 것이다. 동방의 예루살렘이라 불렸던 북녘 땅 평양에 종소리가 다시 울려 퍼지고 북한 전역에 한국교회의 성장과 개혁의 신화였던 장대현교회, 산정현교회 같은 그 옛날의 영광스러운 교회들이 회복되고 한국교회와 민족의 지도자들을 배출했던 평양신학교가 다시 재건되어 아시아와 세계선교의 사명을 감당하는 그 날이 오기를 간절히 사모한다. 오 주여 이 민족의 죄악을 용서하시고 이와 같은 은혜를 어서 속히 베풀어 주시옵소서!

참고 문헌

외국 문헌

Allen, Clark D. *Avison of Korea.* Yonsei University Press, 1979.

Beyerhaus, Peter. *Die Selbstandigkeit der jungen Kirchen als missionarischen Problem.* Wuppertal-Barmen: Verlag der Rheinischen Missions-Gesellschaft, 1956.

Bird, Isabella. *Korea and Her Neighbours.* Charles E. Tuttle, 1898.

__________. *Korea and Her Neighbors.* Seoul: Yonsei University Press, 1970.

Brown, Arthur Judson. *One Hundred Years. A History of the Foreign Missionary Work of the Presbyterian Church in the U.S.A. with Some Account of Countries, People and the Policies and Problems of Modern Missions.* New York:Fleming H. Revll Co., 1936.

______________. *The Korean Conspiracy Case.* New York: Northfield Press, 1912.

Calvin, John. *Institutes of The Christian Religion.* Trans. Henry Beveridge. Grand Rapids, MI: Eerdmans, 1989.

Carpenter, Frank G. *Japan and Korea.* New York: Doubleday Page & Company, 1926.

Clark, Charles Allen. *The Nevius Plan for Mission Work, Illustrated in Korea.* Seoul: CLS, 1937.

Fenwick, Malcolm C. *The Church of Christ in Corea.* Hodder & Stoughton, 1911.

Fisher, Earnest J. *Pioneers of Modern Korea.* The Christian Literary Society of Korea, 1977.

Gale, James S. *Korea in Transition.* New York: Laymen's Missionary Movement,

1909.

Gifford, Daniel L. *Every-Day Life in Korea.* New York:Fleming H. Revell Co., 1898.

Gilmore, George W. *Korea From Its Capital: With A Chapter on Missions.* Philadelphia:Presbyterian Board of Publication and Sabbath-School, Work, 1892.

Grayson, James Huntly. *Early Buddhism and Christianity in Korea:A Study in the explantation of Religion.* Leiden:E. J. Brill, 1985.

Herstein, H. H. *Challenge and Survival: The History of Canada.* Prentice-Hall of Canada, Ltd., 1970.

Hulbert, Homer B. *The Passing of Korea.* Seoul: Yousei University Press, 1969.

Johnston, John Alexander. *The Presbyterian Church in Canada.* The Committee on History, 1985.

Kerr, Edith A. & Anderson, George. *The Australian Presbyterian Mission in Korea 1889-1941.* Australian Presbyterian Board of Missions, 1970.

Loetscher, Lefferts A. *A Brief History of the Presbyterians.* Philadelphia: The Westminster Press, 1983.

McCrae, Helen. *A Tiger on Dragon Mountain: the Life of Rev. Duncan M. McCrae.* William and Crue, 1982.

McCully, Elizabeth A. *A Corn of Wheat or the Life of W. J. McKenzie of Korea.* Westminster, 1903.

_________________. *Our Share in Korea.* The Presbyterian Church in Canada, 1925.

___________________. *Women's Work in Korea.* The Presbyterian Church in Canada, 1925.

McNab, John. *They Went Forth.* McClelland and Stewart Ltd., 1933.

Moffett, S. A. "Life at Korean Outpost," *The Church at Home and Abroad.* May, 1894.

Moffett, Samuel H. *A History of Christianity in Asia Vol.2.* New York: Orbis

Books, Maryknoll.

_______. *The Christians of Korea.* New York: Friendship Press, 1962.

Moir, John S. *Enduring Witness: A History of the Presbyterian Church in Canada.* The Committee on History, Presbyterian Church in Canada, 1975.

Morgan, Henry, ed. *The Canadian Men and Women of the Time.* Toronto: William Briggs, 1912.

Morton, Desmond. *A Short History of Canada.* Hurtig Publishers Ltd., 1983.

Nevius, Helen S. Coan. *The Life of John Livingston Nevius.* New York: Fleming H. Revell, 1895.

Nevius, John L. *China and the Chinese,* New York: Harper & Brothers, 1892.

Paik, L. George. *The History of Protestant Mission in Korea 1832-1910.* Pyeng Yang:Union Christian College, 1929.

Ramsay, William M. *Church History 101: An Introduction for Presbyterians.* Louisville: Geneva Press, 2005.

Rhodes, Harry A. ed.. *History of the Korea Mission, Presbyterian Mission, U.S.A. Vol. I 1884-1934.* Seoul:Chosen Mission Presbyterian Church, U.S.A., 1934.

______________. *History of the Korea Mission Presbyterian Church U. S. A. 1884-1934.* Seoul, Chosen: The Chosen Mission Presbyterian Church.

Robert. E.. Speer. *Report on the Mission in Korea of the Presbyterian Board of Foreign Mission. New York: The Board of Foreign Missions,* 1989.

Rutt, Richard. *A Biography of james Scarth Gale and A New Edition of His History of the Korean People.* Royal Asiatic Society, Korea Branch, 1972.

Scott, William. *Canadians in Korea.* United Church in Canada, 1970.

Special Correspondent of The Japan Chronicle. *The Korean Conspiracy Trial,* 1912.

Sweet, William Warren. *The Story of Religion in America.* New York: Harper

&Row, 1950.

Tucker, Ruth A. *From Jerusalem to Iroan Jaya : A Biographical History of Christian Missions.* Grand Rapids, MI: Zondervan, 1983.

Underwood, Elizabeth. *Challenged Identities: North American Missionaries in Korea, 1884-1934.* Seoul: Royal Asiatic Society, 2003.

Underwood, Horace G. *The Call of Korea Political-Social- Religious.* New York: Fleming H. Revell Co., 1908.

Underwood, Lillias H. *Fifteen Years Among the Top-Knots or Life in Korea. Boston,* New York, Chicago: American Tract Society, 1904.

__________________. Underwood of Korea. New York: Fleming H. Revell Co., 1918.

Walker, Williston. *A History of the Christian Church.* New York: Charles Scribner's Sons. 1934.

Wasson, Alfred W. *Church Growth in Korean.* New York: International Missionary Council, 1934.

Weber, Timothy P. *Living in the Shadow of the Second Coming: America Premilennianism,1875-1982.* Chicago and London: University of Chicago Press, 1987.

Wells, David. F., ed. *Reformed Theology in America: A History of its Modern Development.* Grand Rapids: Eerdmans, 1985.

William N. Blair & Bruce F. Hunt. *The Korean Pentecost and The Sufferings which Followed.* The Banner of Truth Trust, 1977.

Yoo, Young Sik. *Earlier Canadian Missionaries in Korea: A Study in History 1888-1895.* The Society for Korean and Related Studies, 1987.

외국 논문

Blair, Herbert E. "Fifty Years of Development of the Korean Church." *The Fiftieth Anniversary Celebration of the Korea Mission of the Presbyterian Church in the U.S.A.(June 30-July 3, 1934),* Seoul: Post Chapel, John D. Wells School, 1934.

Clark, Charles Allen. "Fifty Years of Mission Organization Principles and Practice," *The Fiftieth Anniversary Celebration of the Korea Mission, PCUSA,* June 30- July 3, 1934.

Conn, Harvie M. "Studies in Theology of Korean Presbyterian Church," *Westminster Theological Journal 29*(November, 1966).

___________. "Studies in the Theology of the Korean Presbyterian Church: An Historical Outline," *Part 1, Westminster Theological Journal* (1968).

D. L. Gifford, "Mission Policy," *Korea Repository*(1895?).

Moffett, Samuel A. "Missionary Life and Service," *The Fiftieth Anniversary Celebration of the Korea Mission of the Presbyterian Church in the U.S.A. June 30-July 3,* 1934.

Ross, John. "A Bright Light in Northern Korea," *The Foreign Missionary.* Sep., 1886.

Schirrmacher, Thomas. "Rafus Anderson and die Selbstandiskeit det einherimischen Kirchen," Evangelikal Missiologie 2, no. 199(1996) : 22-23.

Shin, Bok Yun, "A Critical Appraisal of Conflicts among Korean Churches: Focusing on Korean Presbyterian Denominations," *Theological Journal of KIMCH: The Korean Church and Its Theology Yesterday, Today and Tommorrow,* Vol. 1. Seoul: Kimchi International, 2009: 67-90.

Underwood, Horace G. "Principles of Self-Support in Korea," *KMF* Ⅳ:6(Jun., 1908).

________, "Christianity in Korea," *Missiology: An International Review. Vol.* XXII, No.1. January 1994.

Vinton, C. C. "The Presbyterian Mission Work in Korea," *The Missionary Review of the World* vol. 9, No. 6 (September 1893).

Yoo, Young Sik. "The Impact of Canadian Missionaries in Korea: A Historical Survey of Early Canadian Mission Work, 1888-1898," Ph. D. thesis, University of Toronto, 1996.

외국 기타

"Letter of Mrs. Horace G. Underwood(Lillias)", *Rev. Underwood's Missionary Letters(1885-1916),* Feb. 2. 1895.

"Korea, The Hermit Nation," *MRW* (September, 1889).

"Missionary correspondence from all parts of the World-field," *MRW* (April, 1889)

"Obituary" (Mrs. William McCully) housed in Colchester Historical Museum.

"Progress and Results of Missions:Monthly Bulletin," *MRW* (April, 1889).

Annual Report of the Central Presbyterian Church for the Year of Ending December 31, 1888.

Annual Report, PCUSA (1909).

Annual Report, PCUSA (1937).

Baird, Richard H. *William M. Baird of Korea.*

Beaver, Pierce R. *The History of American Protestant Missions.* 1975.

H. G. Underwood's Letter to Dr. Ellinwood, September, 30, 1887.

James S. Gale's Letter to F. F. Ellinwood, Dec., 26, 1899.

________________________________, March 18, 1893.

________________________________, Nov., 25, 1891.

________________________________, September 12, 1891.

________________________________, September 27, 1900.

Letter from Helyn Anderson, Librarian, Colchester Historical Society, to Young Yoo, dated March 8, 1984.

Lottie, B. Eugene. *Personal Reports of The Southern Missionaries in Korea* 1895(1). Oct. 21. 1895.

Markham Township Census 1861.

Minutes of the Foreign Mission Committee of the General Assembly of the Presbyterian Church in Canada. October 1893.

Quarto-Centennial Papers Read Before the Korean Presbyterian Mission of the Presbyterian Church in the United States of America at Annual Meeting in Pyeng Yang, August, 27, 1909.

Record of Proceedings of the First General Council, Toronto. June 10-18, 1925.

The Acts and Proceedings of the General Assembly of the Presbyterian Church in Canada, Montreal. June 8-17, 1897.

The Acts and Proceedings of the Twenty-second General Assembly of the Presbyterian Church in Canada. June 10-18, 1896.

Yun Chi-Ho's Diary, vol. 4. November 27. 1895.

번역 문헌

Brown, George Thompson. "마포삼열과 네비우스 선교 방법", 『장신논단』 (1990)

Fitzmire, John R. *The Presbyterians.* 한성진 역. 『미국장로교회사』. 서울: CLC, 2004.

Garrison, David. 『하나님의 교회개척 배가운동』. 이명준역. 서울: 요단출판사, 2005.

Japan Chronicle 특파원. *The Korean Conspiracy Trial* 1912. 윤경로 역. 서울: 한국기독교역사연구소, 2001.

Longfield, Bradley J. *The Presbyterian Controversy.* 이은선 역. 『미국 장로교회 논쟁』. 서울: 아가페문화사, 1992.

Marsden, George M. *Understanding Fundamentalism and Evangelicalism.* 홍치모 역. 『미국의 근본주의와 복음주의 이해』. 서울: 성광문화사, 1992.

Noll, Mark A. *A History of Christianity in the United States and Canada.* 최재건 역. 『미국 캐나다 기독교 역사』. 서울: CLC, 2005.

Smylie, James. *A Brief History of the Presbyterians.* 김인수 역. 『간추린 미국장로회사』. 서울: 대한기독교서회, 2006.

Underwood, Lillias H. 『언더우드, 한국에 온 첫 선교사』. 이만열 역. 서울: 기독교문사, 1993.

칼 바르트. 『교회교의학』. II/1. 황정욱 역. 서울: 대한기독교서회, 2010.

________. 『교회교의학』. II/2. 황정욱 역. 서울: 대한기독교서회, 2007.

________. 『교회교의학』. III/1. 황정욱 역. 서울: 대한기독교서회, 2005.

국내 문헌

100년사 편찬위원회. 『총신대학교 100년사 제1권』. 서울: 총신대학교, 2002.

Clark, Charles Allen. 『한국교회와 네비우스 선교 정책』.

KNCC인권위원회 편. 『한국교회 인권선교20년사』. 서울: 한국기독교교회협의회, 1994.

경건과 신학 연구소 편집부. 『만수 김정준 구약신학』. 서울: 경건과신학연구소, 2004.

郭安連 編輯. 『長老教會史典彙集』. 京城: 朝鮮耶蘇教書會, 1918.

__________. 『한국교회와 네비우스 선교정책』. 박용규. 김춘섭 역. 서울: 대한기독교서회, 1994.

김경재. 『한국문화신학』. 서울: 한국신학연구소, 1983.

_____. "한국 신학의 태도와 흐름". Available at: http://cyw.pe.kr/xe/263465.

_____. 『종교다원시대의 기독교 영성』. 서울: 다산글방, 1992.

_____. 『문화신학 담론』. 서울: 대한기독교서회, 1997.

_____. 『영과 진리 안에서 – 숨밭 김경재의 이야기 신학』. 서울: 대한기독교서회,

1999.
______. 『김재준 평전』. 서울: 삼인, 2001.
______. 『이름 없는 하느님』. 서울: 삼인, 2002.
김남식. 『韓國長老教神學思想史』. 서울: 도서출판 베다니, 1997.
김남일. 『민중신학자 안병무 평전: 성문 밖에서 예수를 말하다』. 서울: 사계절, 2007.
김대인. 『숨겨진 한국교회사 민족교회의 발생』. 서울: 한들출판사, 1995.
김명배. 『해방후 한국기독교사회운동사』. 서울: 북코리아, 2009.
김명수. 『안병무: 시대와 민중의 증언자』. 현대신학자평전 11. 서울: 살림, 2006.
______. 『안병무의 신학사상』. 서울: 한울아카데미, 2011.
김명용. "한국의 신학적 현황과 장신대의 신학적 위치". 「교회와 신학」 21 (1989. 5): 175–97.
______. 『열린신학 바른교회론』. 서울: 장로회신학대학교, 1997.
______. 『현대의 도전과 오늘의 조직신학』. 서울: 장로회신학대학교, 1997.
______. "바른신학과 바른목회". 「장신논단」 14 (1998): 162–91.
______. 『이 시대의 바른 기독교 사상』. 서울: 장로회신학대학교출판부, 2001.
______. 『칼 바르트의 신학: 20세기 최고의 신학이 교부』. 서울: 이레서원, 2007.
김승태 편. 『신사참배거부항쟁자들의 증언』. 다산글방, 1993.
________. 『일제강점기 종교정책사 자료집』. 한국기독교역사연구소, 1996.
________. 『한국기독교와 신사참배문제』. 한국기독교역사연구소, 1991.
김양선. 『한국 기독교 해방 10년사』. 서울: 대한예수교장로회 총회, 1956.
______. 『한국기독교사연구』. 서울: 기독교문사, 1980.
김영재. 『믿음 그리고 행함』. 수원: 합동신학대학원 출판부, 2004.
______. 『박윤선: 경건과 교회의 쇄신을 추구한 개혁신학자』. 서울: 살림, 2007.
______. 『되돌아보는 한국 기독교』. 수원: 합신대학원출판부, 2008.
김영한. 『한국 기독교문화 신학』. 서울 : 성광문화사, 1992.
______. 『21세기 문화 변혁과 개혁신앙』. 서울: 예영, 2007.
______. 『21세기 한국 기독교문화와 개혁신앙』. 서울: 예영, 2008.
______. 『개혁주의 통일신학: 선진사회적 자유민주통일론』. 서울: 숭실대 출판부,

2012.
김요나. 『고향을 묻지 맙시다』. 서울: 도서출판 엠마오, 1987.
김용준. "대한예수교장로회의 원교회상". 『대한예수교장로회와 WCC』. 김용준 엮음. 서울: 수송교회당회, 1969.
김원모. 『개화기 한미 교섭관계사』. 서울: 단국대학교출판부, 2003.
김이태. "장신대 신학의 위치와 그 특성". 43-71. 장신대 편. 장로회신학대학의 신학 노선』. 서울: 장신대, 1989.
김인수 역. 『제임스 S. 게일 목사의 선교 편지 1891-1890』. 서울: 쿰란출판사, 2009.
______. 『간추린 한국교회의 역사』. 서울: 한국장로교출판사, 1998.
______. 『한국기독교회사』. 서울: 한국장로교출판사, 1994.
김재준. "대전전후 신학사조의 변천"(제 1회 장로교 청년 전국대회 초청 강연, 1949년 11월, 시민관). 『장공 김재준 저작 전집』. 제1권: 81-82.
______. "신학의 갈 길". 「사상계」 (1962년 2월).
______. 『장공 김재준 저작 전집』. 총18권. 서울: 한신대출판부, 1992.
김정준. 『기독교장로회 해설』. 서울: 대한기독교장로회 종교교육부, 1956.
______. 『만수 김정준전집』. 총6권. 서울: 한국신학연구소, 1988-1991.
김진호, 이정희, 차정식, 최형묵, 황용연. 『죽은 민중의 시대 안병무를 다시 본다』. 서울: 삼인, 2006.
김창주. "만수 김정준 교수의 신학 세계". 「신학지평」 56 (2010): 8-42.
노치준. 『일제하 한국기독교 민족운동 연구』. 한국기독교역사연구소, 1993.
대한예수교장로회 총회 역사편찬위원회 편. 『총회 창립 90주년 기념 대한예수교장로교회사』 상. 서울: 대한예수교장로회 총회, 2003.
레온하르트 라가츠. 『예수의 비유』. 류장현 옮김. 서울: 다산글방, 2001.
류장현. 『하나님 나라와 새로운 사회』. 도서출판 동신, 2000.
______. 『한국의 성령운동과 영성』. 서울: 프리칭아카데미, 2004.
______. 『포스트모던 사회와 교회』. 서울: 프리칭아카데미, 2006.
______. 『종말론적 신학과 교회』. 수원: 한신대학교출판부, 2009.
______. 『예수를 살리는 교회 예수를 죽이는 교회』. 서울: 프리칭아카데미, 2009.

______.『한국교회 신앙운동의 통섭』. 서울: 프리칭아카데미, 2009.
문일평. 『한미오백년사』. 탐구당, 1975.
문희석. 『한국교회구약성경해석사』. 서울: 대한기독교출판사, 1987.
민경배. 『대한예수교장로회 백년사』. 서울: 대한예수교장로회총회, 1994.
______.『한국기독교교회사』. 증보판. 서울: 대한 기독교서회, 1973.
______.『알렌의 宣敎와 近代韓美外交史』.
______.『한국기독교사』. 서회, 1982.
______.『한국기독교회사』. 서울: 대한기독교 출판소 1982.
민족사바로찾기국민회의. 『독립운동총서(6): 종교.교육 투쟁』. 서울: 민문고, 1995.
박동현 편.『가시떨기나무의 참 하나님』. 서울: 장로회신학대학교출판부, 2005.
박아론.『보수 신학은 어디로 가고 있는가』. 서울: 총신대학교 출판부, 1985.
______. 『보수신학 연구』. 서울: CLC, 1993.
______. 『현대신학 속의 보수신학』. 서울: CLC, 1999.
박영창. 『정의가 나를 부를 때』. 성광문화사, 1982.
박용규. 『강규찬과 평양산정현교회』. 서울: 한국기독교사연구소, 2011.
______. 『근대교회사』. 서울: 총신대학교 출판부, 1995.
______. 『뛰면서 일하는 기계-김두영 목사 신앙수기』. 한국복음문서연구회 출판부, 1973.
______. 『평양 대부흥운동』. 생명의 말씀사, 2000.
______. 『평양산정현교회』, 생명의말씀사, 2006.
______. 『한국기독교회사 1권』. 서울: 생명의말씀사, 2004.
______. 『한국기독교회사 2권』. 서울: 생명의말씀사, 2004.
______. 『한국장로교 사상사』. 서울: 총신대학 출판부, 1992.
박윤선.『성경과 나의 생애』. 서울: 영음사, 1992.
박응규.『한부선 평전』. 도서출판 그리심, 2004.
방병덕.『대한예수교장로회 제 44회 총회분열과 통합에 대한 회고』. 서울: 대한예수교장로회(통합) 서울북노회 송천교회.
박형룡.『기독교현대신학 난제 선평』. 평양: The Presbyterian Publication Fund,

1935. 증보판. 서울: 신망애, 1975.
_____. "근본주의". 「신학지남」 25/1 (1959년 12월): 12-24.
_____. "근본주의 신앙". 「파수군」 106 (1961년 1월): 24-29.
_____. "한국장로교회의 신학적 전통". 「신학지남」 43/3 (1976년 가을호): 11-22.
_____. 『교의신학 서론』. 박형룡박사저작전집 1. 서울: 한국 기독교교육연구소, 1977.
백낙준. 『韓國改新敎史』. 서울: 연대출판부, 1991.
_____. 『한국개신교사』. 서울: 연세대학교 출반부 1973.
_____. 『한국개신교회사 1832-1910』. 서울: 연세대학교출판부, 1998.
변태섭. 『한국사통론』. 서울: 삼영사, 1993.
새문안교회 70년사 편찬위원회. 『새문안교회 70년사』, 1958.
서영일. 『박윤선의 개혁신학 연구』. 서울: 한국 기독교역사연구소, 2000.
선우 훈. 『민족의 수난』. 서울: 애국동지회 서울 지회, 1955.
손규태. 『장공 김재준의 정치신학과 윤리 사상』. 서울: 대한기독교서회, 2002.
손인수. 『한국 근대교육사』. 연세대 출판부, 1971.
송인도. "이성휘의 '아가서 주석'에 나타난 아가서 이해에 관한 연구". 석사 학위 논문, 장로회신학대학교 대학원, 2002.
宋吉燮. 『韓國神學思想史』. 서울: 대한기독교출판사, 1987.
숭실대학교 90년 편찬위원회. 『숭실대학교 90년사』. 서울: 숭실대학교 출판부, 1995.
숭실대학교. 『숭실대학교 90년사』. 서울: 숭실대학교 출판부, 1997.
심군식. 『박윤선 목사의 생애』. 서울: 영문, 1996.
안병무. 『역사와 증언』. 서울: 대한기독교서회, 1972.
_____. 『해방자 예수』. 서울: 현대사상사, 1975.
_____. 『성서적 실존』. 서울: 한국신학연구소, 1975.
_____. 『시대와 증언』. 서울: 한길사, 1978.
_____. 역사와 해석』. 서울: 대한기독교서회, 1982.
_____. 『진실 때문에』. 서울: 샘터사, 1982.
_____. 『옳은 민족 옳은 역사』. 서울: 한길사, 1982.

_____. 『역사의 예수』. 서울: 전망사, 1983.
_____. 『역사 앞에 민중과 더불어』. 서울: 한길사, 1986.
_____. 『민중신학 이야기』. 서울: 한국신학연구소, 1987.
_____. 『민중사건 속의 그리스도』. 서울: 한국신학연구소, 1989.
_____. 『갈릴래아의 예수』. 서울: 한국신학연구소, 1990.
_____. 『우리가 만난 예수』. 서울: 형성사, 1991.
_____. 『사랑에는 연습이 없습니다』. 서울: 베틀, 1993.
_____. 『그래도 다시 낙원에로 환원시키지 않았다』. 서울: 한국신학연구소, 1995.
_____. 『너는 가능성이다』. 서울: 사계절, 1996.
_____. 『공관복음서의 주제』. 서울: 한국신학연구소, 1996.
_____. 『우리와 함께 하는 예수』(성서의맥 2). 서울: 한국신학연구소, 1997.
_____. 『생명을 살리는 신앙』(성서의맥 3). 서울: 한국신학연구소, 1997.
_____. 『불티』(성서에세이 1). 서울: 한국신학연구소, 1998.
_____. 『구걸하는 초월자』. 서울: 한국신학연구소, 1998.
_____. 『기독교의 개혁을 위한 신학』. 서울: 한국신학연구소, 1999.
_____. 『한국 민족 운동과 통일』. 서울: 한국신학연구소, 2001.
양낙흥. 『조나단 에드워즈 생애와 사상』. 서울: 부흥과 개혁사, 2004.
연규홍. 『새역사 50년사: 한국기독교장로교회의 발자취』, 서울: 한국기독교장로회출판사, 2003.
_____. 『한국장로교회와 칼빈신학사상』. 서울: 한빛출판사, 1996.
연동교회. 『연동교회 애국지사 16인 열전』. 2009.
오덕교. 『장로교회사』. 수원: 합동신학대학원 출판부, 2008.
오영석. 『사도신조 해설』. 평신도신앙교육교재 2. 서울: 대한기독교서회, 1991.
_____. 『조직신학의 이해』. 서울: 대한기독교서회, 1992.
_____. 『신앙과 이해』. 서울: 대한기독교서회, 1999.
와타나베 노부오(김산덕 역). 『신사참배를 거부한 그리스도인』. 엘맨출판사, 2002.
유동식. 『한국 신학의 광맥』. 서울: 전망사, 1986; 재판, 서울: 다산 글방, 2000.

유영식 역. 『케이프 브레튼에서 소래까지: 윌리암 존 매켄지 선교사의 생애와 황해도 선교기』. 서회, 2002.
유영식, 이상규, 존 브라운, 탁지일. 『부산의 첫 선교사들』. 한국장로교출판사. 2007.
윤경로. 『한국근대사의 기독교사적 이해』. 서울: 역민사, 1992.
윤철호. 『예수 그리스도 상 하권』. 서울: 한국장로교출판사, 1998.
______. 『성서, 신학, 설교: 설교형식으로 풀어쓴 조직신학 강의』. 서울: 장로회신학대학교 출판부, 2000.
______. "예수 그리스도의 복음전파와 하나님 나라의 구현을 위한 에큐메니칼 개혁신학과 신학교육". 「교회와 신학」 45 (2001년 여름호): 14-23.
______. 『기독교 인식론과 해석학』. 서울: 한국장로교출판사, 2001.
______. 『현대신학과 현대개혁신학』. 서울: 장로회신학대학교, 2003.
______. 『21세기 한국 교회와 하나님 나라를 위한 실천신학』. 서울: 장로회신학대학교출판부, 2006.
______. 『세계와의 관계성 안에 계신 하나님: 틸리히와 캅의 신학에 대한 비교연구를 중심으로』. 마펫 종교개혁 시리즈 2. 서울: 한국장로교출판사, 2006.
______. 『신뢰와 의혹: 통전적인 탈근대적 기독교 해석학』. 서울: 기독교서회, 2007.
______. 『현대 신학자들의 설교』. 서울: 한들출판사, 2011.
______. 『삼위일체 하나님과 세계』. 서울: 장로회신학대학교 출판부, 2011.
윤춘병·조명호 편저. 『마라나타』. 보이스사, 1990.
이광린. 『한국사강좌 V』 근대편. 서울: 일조각, 1981.
이근삼 전집 편찬 위원회. 『이근삼 전집』.10권. 서울: 생명의 양식, 2007-2008.
이기백. 『한국사신론』. 서울: 일조각, 1990.
이덕주. 『사랑의 순교자 주기철 목사 연구』. 한국기독교역사박물관, 2003.
______. 『한국 토착교회 형성사 연구』. 서울: 한국기독교역사연구소, 2000.
______. 『한국교회 처음 이야기』. 서울: 홍성사, 2006.
이덕주·조이제 편. 『한국그리스도인의 신앙고백』, 서울: 한들출판사, 1997.

이만열. 『역사에 살아있는 그리스도인』. 서울: 한국기독교역사연구소, 2007.
______. 『한국기독교와 민족의식』. 서울: 지식산업사, 1992.
이상규. 『한국교회 역사와 신학』. 서울: 생명의 양식, 2007.
이선근. 『한국사』 현대 편, 진단학회. 서울: 을묘문화사, 1963.
______. 『선비목회자 봉경 이원영 연구』. 서울: 기독교문사, 2001.
이종성, 김명용, 윤철호, 현요한 공저. 『통전적 신학』. 서울: 장로회신학대학교출판부, 2004.
이종성. 『신론』. 서울: 대한기독교서회, 1980.
______. 『그리스도론』. 서울: 대한 기독교출판사, 1984.
______. 『종말론 1, II』. 서울: 대한기독교서회, 1990.
______. 『윤리학 I』. 서울: 대한기독교출판사, 1992.
______. 『윤리학 II』. 서울: 대한기독교출판사, 1992.
______. 『신학서론』. 서울: 대한기독교출판사, 1993.
______. 『삼위일체론을 중심한 신학과 철학의 알력사』. 서울: 장로회신학대학교출판부, 2005.
이형기. "장로회신학대학의 신학적인 좌표". 「장신논단」 1 (1985. 11): 15–78.
장동민. 『대화로 풀어보는 한국교회사1』. 서울: 부흥과 개혁사, 2009.
______. 『박형룡의 신학 연구』. 서울: 한국 기독교역사연구소, 1998.
______. 『박형룡: 한국 보수신학 수호자』. 서울: 살림, 2006.
정성구. 『교회의 개혁자 요한 칼빈』. 서울: 하늘기획, 2009.
조지 톰슨 브라운. 『한국 선교이야기: 미국남장로교한국선교역사』 (1892–1962) 천사무엘, 김균태, 오승재 역. 서울: 도서출판동연, 2010.
조항래. 『국체보상운동사』. 서울: 아세아문화사, 2007.
주재용. "한국 기독교 역사에 있어서의 박형룡의 위치". 「신학사상」 25 (1979년 여름): 280.
______. "한국신학 이대로 좋은가?" 79–102. 한국 기독교학회 편. 『전환기에 선 한국 교회와 신학』. 서울: 양서각, 1988.
______. 엮음. 『김재준의 생애와 사상』. 서울: 풍만, 1986.
______. 『한국 그리스도교 신학사』. 서울: 대한기독교서회, 1998.

주재용 외. 『한국기독교 100년사』. 서울: 한국기독교장로회, 1993.
中村敏. 『日本における福音派の歴史』いのちのことば社、2000.
차영배. 『개혁교의학 II/1: 삼위일체론』. 서울: 총신대학 출판부, 1982.
______. 『H. Bavinck의 신학의 방법과 원리』. 서울: 총신대학 출판부, 1983.
______. 『성령론: 구원론 부교재』. 서울: 지민, 2008.
천사무엘. 『김재준: 근본주의와 독재에 맞선 예언자적 양심』. 서울: 살림, 2003.
車載明. 『朝鮮예수敎長老會史記』 上. 京城:新門內敎會堂. 1928.
채기은. 『한국교회사』. 서울: 기독교문서선교회, 1993.
최봉기. 『말콤 C. 펜윅: 한국기독교 토착화의 거보』. 펜윅신학연구소, 1996.
최덕형. 『한국교회 친일파 전통』. 서울: 본문과 현장 사이, 2000.
최종고. 『이 한 목숨 주를 위해 – 최덕지 목사 전기』. 도서출판 진서천, 1981.
한경직. 『한경직목사 설교전집』 제 4권, 한경직목사기념사업회, 2009.
한국개혁신학회. 「한국개혁신학」 21 (2007): 박형룡 신학의 재조명.
______________. 「한국개혁신학」 25 (2009): 박윤선의 개혁신학 재조명.
한국기독교 장로회 편. 『한 소망 안에서: 한국–캐나다교회 선교협력 100주년 기념 문집』.
한국신학연구소 편. 『한국민중신학의 전개』. 서울: 한국신학연구소, 1990.
한국기독교역사연구소. 『한국 기독교의 역사 1』. 서울: 기독교문사, 1989.
한국기독교역사학회 편. 『한국기독교의 역사II』. 서울: 기독교문사, 2011.
한국사특강편찬위원회 편. 『한국사특강』. 서울: 서울대학교 출판부, 1993.
한규원. 『개화기 한국기독교 민족교육의 연구』. 서울: 국학자료원, 1997.
한신대학교수단. 『김재준 전집』 5권. 오산: 한신대학교출판부, 1992.
한신대학교수단. 『한신대학 50년사』. 오산: 한신대학교 출판부, 1990.
합동신학교. 『박윤선의 생애와 사상』. 수원: 합동신학교출판부, 1995.
허순길. Presbyter in Volle Rechten. Kampen, 1972.
______. 『개혁해 가는 교회』. 서울: 총회 출판국, 1991.
______. 『봉사신학 개론』. 서울: 영문, 1992.
______. 『개혁교회의 목회와 생활』. 서울: 총회출판국, 1994.
______. 『고신대학원 50년사』. 서울: 영문, 1996.

______. 『한국장로교회사』. 서울: 대한 예수교 장로회 (고신) 역사 편찬위원회, 2002.
현요한. 『생명의 영으로 충만한 삶』. 서울: 장로회신학대학교. 1998.
______. 『성령, 그 다양한 얼굴』. 서울: 장로회신학대학교. 1998.
______ 편. 『기독교와 과학』. 서울: 장로회신학대학교출판부. 2002.
______. 『신학은 하나님 배우기: 신학 영성 실천의 재연합』. 서울: 대한기독교서회, 2011.
헐버트 박사 기념사업회. 『헤이그 만국평화회의 관련 일본정부 기밀문서 자료집』. 헐버트 박사 기념사업회 편역. 서울: 선인, 2007.
황정욱. 『칼빈의 초기 사상 연구』 I, II. 수원: 한신대학교 출판부, 2000. 2002.
______. 『예루살렘에서 장안까지』. 수원: 한신대학교출판부, 2005.
______. 『장로교회사 1: 개혁파 교회의 역사와 신학』. 수원: 한신대학교출판부, 2006.

국내논문

강승삼. "한국장로교회 해외선교의 역사적, 선교 정책적 분석연구(1965–1990)1," 『신학지남』 (286)(2006, 봄호): 116–137.
_____. "한국장로교회와 총회세계선교회의 21세기 선교정책의 과제와 전망," 『신학지남』 (288)(2006, 가을호): 49–67.
강영심. "朝鮮國民會硏究." 『韓國獨立運動史硏究』 3. 서울: 한국독립운동사연구소, 1989.
김남식. "네비우스 宣敎方法, 上," 『현대사조 33집』 (1980. 9).
_____. "네비우스 宣敎方法, 中," 『현대사조 34집』 (1980. 10).
_____. "네비우스 宣敎方法, 下," 『현대사조 35집』 (1980. 11).
_____. "네비우스 宣敎方法, 完" 『현대사조 36집』 (1980. 12).
김영재. "네비우스 선교방법이 한국 교회성장에 미친 영향," KMQ (5)(2002, 가을호).
김창수. "일우 강우규의사의 사상과 항일투쟁," 『이화사학연구』 30. 서울:

이화사학연구소, 2003.
국사편찬위원회. "秘密結社發見處分의 件," 『韓國獨立運動史』 二. 1968.
奇一. "回顧四十年" 『新民』, 1927. 7월.
라용화. "칼빈주의적 복음주의 신학과 한국장로교회," 『신학지남』 268호 (2001년 가을호).
마삼락. "현대 기독교의 난관과 기회". 朴昌睦 편역. 『世界教會運動小考』. 서울: 聖學社, 1957.
"민중신학의 산실 기장 선교신학원". 「희망세상」(2007년 5월호). Available at: http://blog.yahoo.com/_JRSHGZGWSYNEF4IGPGYPMHYNPA/articles/5443.
박경수. "부처와 칼뱅: 16세기 교회일치의 옹호자들". 『칼빈연구』 제2집 (2004): 161–185.
________. "성만찬론에 나타난 칼뱅의 교회일치를 위한 노력: <성만찬에 관한 소논문>(1541)과 <취리히합의>(1549)를 중심으로". 『칼빈연구』 제3집 (2005) : 207–228.
박기호. "박태로, 김영훈, 사병순: 한국교회의 첫 중국주재 선교사 삼인방," KMQ (20)(2006, 여름 가을호):107–111.
______. "이기풍 목사, 한국 최초의 타문화권 선교사," KMQ (19)(2006. 봄호).
_____. "한국 선교의 산증인 말씀의 사람 방지일 선교사." KMQ (22)(2007, 봄호).
박용규. "초기 한국장로교회와 기독교민족운동 재평가", 『신학지남』 2010년 겨울호.
_______. "한국교회 종말론 신앙: 역사적 조명," 『성경과 신학』 제27권 (2000): 190–222.
성남용. "선교정책으로 비추어본 한국선교와 정책선교를 위한 실천계획," 『총신 100만 연구논문집』. 총신100만 기도후원회(2009).
아누손 분넛. "태국내 한국인 선교사와 사역," KMQ(22)(2007, 봄호).
안교성. "한국교회 선교의 기원에 관한 소고," KMQ(31)(2009, 가을호).
_______. "한국교회 최초의 타문화권선교, 산동선교의 역사적 의의," KMQ(32)(2009, 겨울호):86–100.
오선택. "한국인 선교사의 키르키즈 선교사역 20년의 회고와 반성," 『한국교회의 아시아선교역사 포럼 발제자료』. 마닐라: 마닐라포럼 (2012. 2. 7), 미간행.

오성종. "신약의 '천국'/'하나님 나라'와 한국 교회의 개념 이해". 369-93. 『나와 함께 하신 하나님의 은혜: 김영한 박사 은퇴 기념 논문집』. 서울: 미션앤컬처, 2012.

옥성득. "평양 대부흥운동과 길선주의 영성의 도교적 영향". 『한국기독교와 역사』 제25호 (2006. 9): 57-95.

유해무. "칼빈의 교회론." 『칼빈과 교회』. 부산: 개혁주의 학술원, 2007.

윤경로. "105인 사건과 기독교 수난-기소자 122인의 인물 분석을 중심으로-", 『한국기독교와 민족운동』. 서울: 보성, 1986.

______. "105인 사건에 관한 기독교사적 이해", 『기독교사상』 1988년 12월.

윤정란. "기독교의 민족운동," 『한국독립운동의 역사, 종교계의 민족운동』. 천안: 독립기념관 한국독립운동사연구소, 2008.

윤철호. "통전적 생명신학과 선교". 「한국선교 120주년 기념 세계평화와 생명을 위한 선교대회」. 세계교회협력센터, 2004년 3월 19 26일 (서울: 한국장로교출판사, 2004)=『21세기 한국 교회와 하나님 나라를 위한 실천신학』. 서울: 장로회신학대학교출판부, 2006, 10장.

______. "통전적 생명신학과 한국교회의 과제". 『하나님의 나라, 역사 그리고 신학. 이형기 교수 은퇴기념 논문집』 이형기 교수 은퇴기념 논문 편찬위원회, 2004.

이만열. "선교정책과 교단의 형성과정," 『빛과 소금』. 두란노 서원 (1985, 8월).

이상규. "칼빈과 교회연합운동," 『칼빈과 교회』. 부산: 개혁주의 학술원, 2007.

______. "호주장로교 신학," 복음주의 역사신학회, 『역사신학논총』 제5집

李瑄根. "露日戰爭 이후 日帝 大韓侵略의 기본방향-韓日議定書와 乙巳五條約 체결의 경위-", 『사학연구』 1964. 18.

이종윤. "칼빈과 한국 장로교회의 성장과 과제," 『칼빈과 한국교회』. 안명준 편집. 서울: SFC 출판부, 2010.

임희국. "불링거의 생애와 신학사상". 『16세기 종교개혁과 개혁교회의 유산』. 서울: 한국장로교출판사, 2003.

정민영. "바람직한 한국선교의 미래를 위한 제안," KMQ(24)(2007, 가을겨울호).

조동걸. "1910년대 독립운동의 변천과 특성," 『한민족 독립운동사』 3. 서울: 국사편찬위원회, 1998.

趙庭京. "J. S. Gale의 韓國認識과 在韓活動에 關한 一硏究". 이화여자대학교, 석사논문, 1985.

朱洪根. "宣教師奇一의 生涯와 韓國基督教에 끼친 貢獻". 皮漁善神學校 석사논문, 1985.

최병호. "몽골한인선교역사." 『한국교회의 아시아선교역사 포럼 발제자료』. 마닐라: 마닐라포럼(2012. 2. 7), 미간행.

하경택. "한국 신학의 개척자 이성휘 교수". 2009년 1월 14일자 「한국기독공보」. Available at: http://blog.naver.com/kjyoun24?Redirect=Log&logNo=60060243285.

한숭홍. "정통 보수주의 신학사상 1". 「목회와 신학」 16 (1990. 10): 196–209.

______. "정통 보수주의 신학사상 II". 「목회와 신학」 17 (1990. 11): 172–79.

______. "김재준의 신학사상 II". 「목회와 신학」 19 (1991. 1): 188–97.

______. "계보별로 본 한국신학사". 「장신논단」 제9집 (1993. 12): 569–95.

______. "남궁 혁의 생애와 신학사상 I". 「목회와 신학」 53 (1993. 11): 214–23.

______. "남궁 혁의 생애와 신학사상 II". 「목회와 신학」 54 (1993. 12): 220–25.

______. "남궁 혁의 생애와 신학사상 III". 「목회와 신학」 55 (1994. 1): 201–15.

______. 『한국신학사상의 흐름』. 상권. 서울: 장신대 출판부, 1996.

______. 『한국신학사상의 흐름』. 하권. 서울: 장신대 출판부, 1996.

______. "21세기 한국 신학의 과제와 전망". 「장신논단」 12 (1996. 11): 322–32.

한철하. "김재준의 성경관과 신정통주의 신학". 「신학사상」 50 (1985년 가을).

현요한. "하나님의 평화로운 생명: 통전적 신학 형성을 위한 하나의 제안". 춘계신학강좌, 2003년 4월 23일.

후꾸다 다까시. "한국선교사들: 그들의 공헌과 약점." KMQ (17)(2005, 가을호).

국내 사전류, 일간지 및 기타

『경안노회 제 2회 회록』(1922. 6)

『기독공보』. 1954. 4. 12.

__________. 1959. 12. 7.

__________. 1960. 2. 1.

『기독신보』. 1934. 8. 22.

『대한그리스도인회보』 1권 44호, 1897.12.1.

『대한매일신보』 1905. 12. 1.

____________. 1907. 10. 5.

____________. 1907. 4. 14.

____________. 1907. 4. 19.

____________. 1907. 8. 22.

____________. 1909. 2. 11.

『대한예수교 장로회 총회 회의록 II』. 서울: 대한예수교장로회 총회, 1946.

『대한예수교장로회 로회회록』(1907)

『대한예수교장로회 제 44회 총회(통합측) 회록』(1959)

『대한예수교장로회총회 제 39회 회록』(1954)

『동아일보』 1920. 05. 28.

__________. 1920. 08. 23.

『사진으로 보는 연동교회100년사』

『守眞祭壇-再建敎會』(대한예수교장로회재건서울중앙교회, 1963 추정)

『조선예수교장로회 경남노회록』

『조선예수교장로회 총회 제 22회 회록』(1933)

『조선예수교장로회 총회 제 24회 회록』(1935)

『조선예수교장로회 총회 제 27회 회록』(1938)

『조선예수교장로회 총회 제 31회 회록』(1942)

『조선예수교장로회총회록』

『한국기독교장로회 제57회 총회록』. 서울: 한국기독교장로회 총회, 1972.

『황성신문』 1907. 4. 8.

http://www.kucc.org/xe/index.php.

http://ydpc.org/bbs/board.php?bo_table=com01_1&page=2

기독교대백과사전편찬위원회. 『기독교대백과사전 제 11권』. 서울: 기독교문사, 1989.

__________________________. 『기독교대백과사전 제 20권』. 서울: 기독교문사, 1996.

__________________________. 『기독교대백과사전 제 2권』. 서울: 기독교문사, 1981.

__________________________. 『기독교대백과사전 제 6권』. 서울: 기독교문사, 1982.

__________________________. 『기독교대백과사전 제 8권』. 서울: 기독교문사, 1983.

조동진. "바울의 집 설립자 조동진 목사," 『기독신문』 2011. 1. 21.

______."바울의 집 설립자 조동진 목사." 『기독신문』 2011. 2. 16.

한국세계선교협의회. "2012년 1월 한국선교사 파송현황," KWMA. http://www.kwma.org/에서 2012, 1, 17 인출.

NCOWEIV 기획연구팀. 『2006 세계선교대회/NCOWEIV 주제발제 자료집』 (2006).

『朝鮮日報』 1923年 2月 14日(四). 『東亞日報』 1923年 3月 4日(四).

『東亞日報』 1923年 3月 6日(三). 『朝鮮日報』 1923年 4月 20日(四).

색 인

한국어

(ㄱ)

(ㄴ)

(ㄷ)

(ㄹ)

(ㅁ)

(ㅂ)

(ㅇ)

(ㅈ)

로마자

숫자